Geschenke und Steuern, Zölle und Tribute

Culture and History of the Ancient Near East

VOLUME 29

Geschenke und Steuern, Zölle und Tribute

Antike Abgabenformen in Anspruch und Wirklichkeit

Herausgegeben
von H. Klinkott, S. Kubisch und
R. Müller-Wollermann

BRILL

LEIDEN • BOSTON
2007

This book is printed on acid-free paper.

Library of Congress Cataloging-in-Publication Data

Geschenke und Steuern, Zolle und Tribute : antike Abgabenformen in Anspruch und Wirklichkeit / herausgegeben von H. Klinkott, S. Kubisch und R. Muller-Wollermann.
p. cm. — (Culture and history of the ancient Near East, ISSN 1566-2055 ; v. 29)
Conference proceedings.
Includes bibliographical references and index.
ISBN 978-90-04-16065-1 (hardback : alk. paper) 1. Taxation—Middle East—History—To 1500—Congresses. 2. Tariff—Middle East—History—To 1500—Congresses. 3. Diplomatic gifts—Middle East—History—To 1500—Congresses. I. Klinkott, Hilmar. II. Kubisch, S. (Sabine) III. Müller-Wollermann, Renate.
HJ212.G47 2007
336.2009'014—dc22

2007037303

ISSN 1566-2055
ISBN 978 90 04 16065 1

PRINTED IN THE NETHERLANDS

INHALTSVERZEICHNIS

WIRTSCHAFTSETHNOLOGISCHE DEFINITION

SEKTION I: ÄGYPTEN

SEKTION II: SYRIEN UND PALÄSTINA

SEKTION III: MESOPOTAMIEN

SEKTION IV: FRÜHES KLEINASIEN UND GRIECHENLAND

SEKTION V: HELLENISMUS UND ROM

VERZEICHNIS DER TEXTABBILDUNGEN

Stephan Johannes Seidlmayer

Renate Müller-Wollermann

Astrid Nunn

Karen Radner

Jürgen Bär

Diamantis Panagiotopoulos

Andreas Grüner

VERZEICHNIS DER TAFELN

DIAMANTIS PANAGIOTOPOULOS

ANDREAS GRÜNER

VORWORT

Der vorliegende Band ist das Resultat eines 2004 veranstalteten interdisziplinären Workshops zu antiken Abgabenformen. Die Idee, eine solche Tagung zu veranstalten, ist jedoch einige Jahre alt. Sie entstand aus Diskussionen zwischen dem Archäologen Diamantis Panagiotopoulos und dem Althistoriker Hilmar Klinkott über die spezifischen Eigenheiten der einzelnen Kulturen und deren Gemeinsamkeiten sowie dem Wunsch nach einer fächerübergreifenden Terminologie. Später konnte in Tübingen noch die Ägyptologin Renate Müller-Wollermann dazugewonnen werden. Mit dem von der DFG geförderten Tübinger Graduiertenkolleg „Anatolien und seine Nachbarn", dem Renate Müller-Wollermann und Hilmar Klinkott angehörten, waren schließlich auch die tatsächlichen Möglichkeiten für eine Umsetzung dieser Idee gegeben. Somit ist hier an erster Stelle dem Graduiertenkolleg und seinem Sprecher Peter Pfälzner für die Aufnahme dieses Workshops in das Programm und die bereitwillige und aktive Unterstützung in der Planung zu danken. Das Graduiertenkolleg und seine Mitarbeiter halfen bei der Planung und Umsetzung in vielerlei Hinsicht. Insbesondere der Koordinatorin Anne Wittke und den Hilfskräften des Instituts für Klassische Archäologie sind die Teilnehmer der Tagung zu großem Dank verpflichtet, ihnen ist die hervorragende Organisation der technischen Betreuung und der Verpflegung während der Tagung zu verdanken. Ebenfalls zu großem Dank verpflichtet sind wir dem Verlag Brill Boston für die Aufnahme des Bandes in die Reihe „Culture and History of the Ancient Near East". Last but not least danken wir Anna Kühne für die mühevolle Arbeit, die im Manuskript markierten Begriffe für die Indizes in den Computer zu übertragen.

Die Herausgeber
Tübingen, im April 2006

EINLEITUNG

Kaum anders als heutzutage beruhte die Macht und Einflußnahme antiker Staatswesen zu einem wesentlichen Teil auf ihrer wirtschaftlichen Stärke. Ihre Nutzung durch den König bzw. eine „staatliche Zentrale" erfolgte den regionalen und politischen Bedingungen gemäß in facettenreicher Vielfalt: Einheimische, Fremde, Unterworfene und Abhängige hatten ihre spezifischen Zahlungen zu leisten. Und auch die zwischenstaatlichen Beziehungen waren nicht nur durch den Handel, sondern auch vom diplomatischen Austausch von Gaben und Gegengaben bestimmt. In einem solchen System der Reziprozität verpflichtete ein Geschenk zum Gegengeschenk und schuf damit nicht nur auf persönlicher, sondern auch auf zwischenstaatlicher und diplomatischer Ebene Bindungen und Abhängigkeiten. In diesem Zusammenhang können sogenannte freiwillige Geschenke ganzer Völkerschaften, die in auffallender Regelmäßigkeit vom König in ihrer Lieferung erwartet werden, sogar steuer- oder tributähnlichen Charakter annehmen. Hier wird sichtbar, wie leicht die Abgabenbegriffe ineinander übergehen und wie sehr sie von der modernen Terminologie und ihrem wertenden Verständnis abhängig sind. Tribute wie Steuern können aus allen denkbaren Gütern – Naturalien, Stoffen, Gefäßen, Edelmetallen, Geld oder gar Truppen – bestehen und unterscheiden sich daher in der Sache oft nicht voneinander. Steuern sind in den Quellen meist in einer Vielzahl spezieller Einzelformen, wie etwa dem Zehnt, der Kopfsteuer, der Viehsteuer, der Erstlingssteuer oder Zöllen, einem Sonderfall von Steuer, für ein- und ausgeführte Waren zu fassen.

Ein kulturenübergreifender Vergleich zeigt in Kürze die zahlreichen Gemeinsamkeiten, aber auch die vielen spezifischen Charakteristika und Unterschiede, die eine einheitliche Terminologie wünschbar, die moderne aber ohne ausführliche Definition nicht verwendbar machen. Aus dieser Notwendigkeit entstand die Idee zu einer interdisziplinären Forschungstagung zum Thema der antiken Abgaben.

Ein grundlegendes Ziel des Graduiertenkollegs „Anatolien und seine Nachbarn", in dessen Rahmen dieser Workshop stattfand, war die Vermittlung interdisziplinärer Arbeit nicht nur in der Lehre, sondern auch in der Forschung. Im Laufe der Seminare, Vorträge und Diskussionen wurde immer deutlicher, wie zentral die Bedeutung von Gaben und

Abgaben sowohl für archäologische als auch historische und philologische Arbeiten ist und wie stark aber die Begrifflichkeiten in den verschiedenen Kulturräumen voneinander abweichen. Erst recht wird dieses Desiderat im Dialog der altertumswissenschaftlichen Fächer bewußt, wenn dieselben Phänomene in vergleichbaren politischen Strukturen der verschiedenen Kulturen einmal als Tribut- und in einem anderen Fall als Steuerleistung angesprochen werden oder gänzlich unkommentiert bleiben. Derartigen Termini und der mit ihnen verbundenen Wertung kommt besonders bei den zwischenstaatlichen Beziehungen entscheidendes Gewicht zu. Vor diesem Hintergrund wurde der Bedarf einer grundlegenden und möglichst einheitlichen Terminologie für die auch im Graduiertenkolleg vertretenen altertumswissenschaftlichen Fächer Ägyptologie, Alte Geschichte, Altorientalistik, Hethitologie, Vorderasiatische Archäologie, Klassische Archäologie und Theologie resp. Biblische Archäologie deutlich. Dafür wurde vom 1.–4. Juli 2004 in Tübingen ein Workshop veranstaltet, in dem die Verwendung und Bedeutung der verschiedenen Abgabenformen in ihrer schriftlichen, bildlichen und materiellen Wiedergabe in den jeweiligen antiken Kulturen mit ihrem indigenen Verständnis untersucht wurden. Die antiken Termini sollten dann in der Verbindung mit den modernen Abgabenbegriffen in einem ersten Schritt kulturintern, in einem zweiten fächerübergreifend definiert werden.

Die Beiträge des vorliegenden Bandes wollen somit den Anstoß zu einer Diskussion geben, die die Notwendigkeit einer derartigen Unternehmung bewußt macht, die Schwierigkeiten des Themas aufzeigt und eine Ausgangsbasis für weiterführende Arbeiten bietet.

Die Tagung und auch der vorliegende Band wurden nach Sektionen der verschiedenen antiken Kulturräume gegliedert. Vertreten sind daher Ägypten, der Levanteraum mit Syrien, Mesopotamien, das mykenische Griechenland, Kleinasien von der hethitischen bis in die hellenistische Zeit sowie das römische Reich. Innerhalb jeder Sektion standen sich philologisch-historische und archäologische Beiträge gegenüber. Diese sollten zunächst versuchen, aus ihrem speziellen Arbeitsgebiet die grundlegenden Fragen zu Charakterisierung, Identifizierbarkeit und Definition der Abgaben zu klären, um dann im Vergleich einen kultureigenen Konsens zu erarbeiten, der auch Entwicklungsprozesse deutlich machen sollte.

Zunächst sollten die einzelnen Abgabenformen, die für den jeweiligen Kulturraum bekannt sind, in ihrer Eigenbegrifflichkeit zusammengestellt werden. Entsprechend war in der archäologischen Forschung die bildliche Darstellung der verschiedenen Abgaben zu untersuchen sowie zu prüfen, inwieweit sich die dargestellten Objekte im archäologischen Befund nachweisen lassen. Nicht zuletzt galt es dabei auch zu klären, ob der archäologische Befund grundsätzlich Auskunft über spezielle Abgabentypen geben kann. Vor dem Hintergrund der textlichen Überlieferung war damit zu hinterfragen, ob sich den Darstellungen und Befunden entnehmen läßt, auf welchem Weg die Objekte den Besitzer gewechselt haben.

Weiterhin war zu klären, in welcher Weise die Gaben sich so grundsätzlich voneinander abheben, daß sie sprachlich mit eigenen Begriffen belegt wurden. Für einen Definitionsversuch der verschiedenen Abgabenformen sollte versucht werden, sich zunächst von den herkömmlichen, modernen Begriffen zu lösen, um die Termini in ihrer antiken Ausprägung zu charakterisieren. Mit Blick auf die archäologische Einordnung betrifft dies vor allem die Bedeutung der materiellen Zusammensetzung der Abgaben. Sollte diese kein charakteristisches Kriterium darstellen, was ist dann als entscheidendes Merkmal für eine Abgrenzung von anderen Abgaben zu bestimmen?

Die Existenz verschiedener Abgabenformen erfordert zudem eine Auseinandersetzung mit den jeweils spezifischen Verfahren ihrer Einsammlung und Weiterverwendung. Damit eröffnet sich ein weites Feld von Fragen nach dem Modus der Eintreibung der Abgaben, nach einer zentralen oder dezentralen Registratur, in der möglicherweise Sollstand und geleistete Werte verzeichnet wurden, nach der Einlagerung durch die Empfänger in einzelnen oder verschiedenen ‚Kassen' sowie nach der Zuführung zu ihrer jeweils wesenseigenen Bestimmung. Im Verständnis der verschiedenen Abgabentypen standen sich dabei durch Gebende und Nehmende zwei Perspektiven gegenüber, die nicht nur durch eine jeweils eigene Wahrnehmung gekennzeichnet sind, sondern auch den Unterschied zwischen dem politischen, ideologischen oder religiösen Anspruch und der administrativen Wirklichkeit markieren.

Dabei ist zu erwarten, daß die einzelnen Abgabenbegriffe durch den politischen und administrativen Kontext bedingt Veränderungen unterliegen können, die bis zum Verschwinden oder zur Neuschöpfung spezieller Termini oder Abgabenarten führten. Mit den Sektionen sollte daher durch die einzelnen Beiträge außerdem ein Überblick über den behandelten Zeitabschnitt im entsprechenden geographischen Raum geboten werden, der derartigen Entwicklungsprozessen bzw. den Konstanten Rechnung trägt. Besonders letztere können einen Ausgangspunkt bieten, um auch kulturübergreifende Wesensmerkmale zu beobachten und so allgemeingültige, fächerübergreifend für die Antike verwendbare Definitionen der Abgabenformen festzulegen.

In erster Linie dient dieser komplexe Fragenkatalog dazu, auf die thematischen Schwierigkeiten aufmerksam zu machen sowie die unterschiedlichen Aspekte und Ebenen in ihrer vielschichtigen Verknüpfung zu verdeutlichen. Eine konsequente Anwendung des gesamten Aufgabenspektrums bei jedem der Beiträge und in allen Kulturräumen ist nicht zu realisieren. Allein die Quellenlage im Allgemeinen und die Bedeutung des Themas in den Quellen im Besonderen erschweren eine einheitliche Anwendung des Fragenkatalogs. Zudem geht jeder Bearbeiter die Problematik bei der Deutung der Abgabenbegriffe mit eigenen Vorstellungen oder in Kenntnis einer wirtschaftstheoretischen Diskussion in seinem Fach an. In diesem Sinne spiegelt der Band das vielfältige Spektrum im Bewußtsein der komplexen Schwierigkeiten, in der wissenschaftlichen Herangehensweise sowie in der kulturübergreifenden und interdisziplinären Relevanz wider.

Die Beiträge bearbeiten das Thema systematisch im Hinblick auf gezielte Fragestellungen und bieten konkrete Lösungsansätze. Damit wird eine Diskussionsgrundlage für die weitere Erforschung der Problematik zur Verfügung gestellt.

Die Herausgeber
Tübingen, im April 2006

VERZEICHNIS DER ABKÜRZUNGEN

AA	Archäologischer Anzeiger
ÄA	Ägyptologische Abhandlungen
ÄAT	Ägypten und Altes Testament
AbB	Altbabylonische Briefe in Umschrift und Übersetzung
AchHist	Achaemenid History
ActIr	Acta Iranica
ADPV	Abhandlungen des Deutschen Palästinavereins
AfO	Archiv für Orientforschung
AfO Bh.	Archiv für Orientforschung, Beiheft
ÄgFo	Ägyptologische Forschungen
AHw	Wolfram von Soden, *Akkadisches Handwörterbuch* I–III, Wiesbaden 1965–1981
AJA	American Journal of Archaeology
ÄL	Ägypten und Levante
AoF	Altorientalische Forschungen
AMI	Archäologische Mitteilungen aus dem Iran
AMIT	Archäologische Mitteilungen aus Iran und Turan
AnalRom	Analecta Romana Instituti Danici
AnatSt/AnSt	Anatolian Studies
AntPl	Antike Plastik
AO aktuell	Alter Orient aktuell
AOAT	Alter Orient und Altes Testament
ArchCl	Archeologia Classica
ArchHom	Archaeologia Homerica
AS	Assyriological Studies
ASAE	Annales du Service des Antiquités d'Égypte
ATD ER	Das Alte Testament Deutsch. Ergänzungsreihe
AVO	Altertumskunde des Vorderen Orients
BaF	Baghdader Forschungen
BAH	Bibliothèque Archéologique et Historique
BaM	Baghdader Mitteilungen
BaM Bh.	Baghdader Mitteilungen, Beiheft
BAR	British Archaeological Reports International Series
BASOR	Bulletin of the American Schools of Oriental Research

BBB	Bonner Biblische Beiträge
BBVO	Berliner Beiträge zum Vorderen Orient
BCH	Bulletin de Correspondance Hellénique
BCH Suppl.	Bulletin de Correspondance Hellénique, Supplement
Bd'E	Bibliothèque d'Étude
BIFAO	Bulletin de l'Institut Français d'Archéologie Orientale
BiOr	Bibliotheca Orientalis
BJb	Bonner Jahrbücher
BK	Biblischer Kommentar
BN	Biblische Notizen
BSA	British School at Athens
BSAE	British School of Archaeology in Egypt
BullCom	Bulletino della Commissione Archeologica Comunale di Roma
BWANT	Beiträge zur Wissenschaft vom Alten und Neuen Testament
BZAW	Beihefte der Zeitschrift für die alttestamentliche Wissenschaft
CA	Current Anthropology
CB OTS	Coniectanea Biblica. Old Testament Series
CG	Catalogue général des antiquités égyptiennes du Musée du Caire
CM	Cuneiform Monographs
CMS Beih.	Corpus der Minoischen und Mykenischen Siegel, Beihefte
CRRAI	Compte Rendu (de la . . . e) Rencontre Assyriologique Internationale
CSSH	Comparative Studies in Society and History
DAA	Denkmäler Antiker Architektur
EA	Epigraphica Anatolica
EdF	Erträge der Forschung
EEF	Egypt Exploration Fund
EES	Egypt Exploration Society, Memoirs
FAOS	Freiburger Altorientalische Studien
FAT	Forschungen zum Alten Testament
FIFAO	Fouilles de l'Institut Francais d'Archéologie Orientale
FuB	Staatliche Museen zu Berlin. Forschungen und Berichte
GAG	Wolfram von Soden, *Grundriß der akkadischen Grammatik.* Analecta Orientalia 33 (3. Auflage), Rom 1995.
GM	Göttinger Miszellen

GOF	Göttinger Orientforschungen
GRBS	Greek, Roman and Byzantine Studies
HdO	Handbuch der Orientalistik
Historia ES	Historia Einzelschriften
HUCA	Hebrew Union College Annual
IstMitt	Istanbuler Mitteilungen
JA	Journal Asiatique
JARCE	Journal of the American Research Center in Egypt
JbAC	Jahrbuch für Antike und Christentum
JBTh	Jahrbuch für Biblische Theologie
JdI	Jahrbuch des Deutschen Archäologischen Instituts
JESHO	Journal of the Economic and Social History of the Orient
JHS	Journal of Hellenic Studies
JJLG	Jahrbuch der Jüdisch-Literarischen Gesellschaft
JNES	Journal of Near Eastern Studies
JQR	Jewish Quarterly Review
JRS	Journal of Roman Studies
JSJ SS	Journal for the Study of Judaism. Supplement Series
JSOTSS	Journal for the Study of the Old Testament. Supplement Series
KAT	Kommentar zum Alten Testament
LSTS	Library of Second Temple Studies
MÄS	Münchner Ägyptologische Studien
MDAIK	Mitteilungen des Deutschen Archäologischen Instituts Abt. Kairo
MDAI [R]	Mitteilungen des Deutschen Archäologischen Instituts, Römische Abt.
MDOG	Mitteilungen der Deutschen Orient-Gesellschaft
MHE	Mesopotamian History and Environment
MIFAO	Memoires de l'Institut Francais d'Archéologie Orientale
MIO	Mitteilungen des Instituts für Orientforschung
MOS Studies	Middle Eastern Studies Programme, Studies
MusHelv	Museum Helveticum
MVAeg	Mitteilungen der Vorderasiatisch-Aegyptischen Gesellschaft
NBA	Nürnberger Blätter zur Archäologie
NSc	Notizie degli Scavi di Antichità
OA	Opuscula Atheniensia

OrAnt	Oriens Antiquus
OBO	Orbis Biblicus et Orientalis
OBO SA	Orbis Biblicus et Orientalis Series Archaeologica
OINE	Oriental Institute Nubian Expedition
OIP	Oriental Institute Publications
OLA	Orientalia Lovaniensia Analecta
OTS	Oudtestamentische Studien
OxfJA	Oxford Journal of Archaeology
PdÄ	Probleme der Ägyptologie
PEQ	Palestine Exploration Quarterly
PIHANS	Publications de l'Institut historique-archéologique néerlandais de Stamboul
ProcCambrPhilSoc	Proceedings of the Cambridge Philological Society
PSBA	Proceedings of the Society of Biblical Archaeology
QGS	Quaderni di Geografia Storica
RA	Revue Archéologique
RAC	Reallexikon für Antike und Christentum
RAssyr	Revue d'Assyriologique et d'Archéologie orientale
Rd'E	Revue d'Égyptologie
RE	Realencyclopädie der Classischen Altertumswissenschaft
REA	Révue des Études Anciennes
RecTrav	Recueil de travaux relatifs à la philologie et à l'archéologie égyptiennes et assyriennes
REJ	Révue des Études Juives
RHA	Revue hittite et asianique
RlA	Reallexikon der Assyriologie
RM	Römische Mitteilungen
RPh	Revue de Philologie
SAA	State Archives of Assyria
SAAS	State Archives of Assyria Studies
SAGA	Studien zur Archäologie und Geschichte Altägyptens
SAK	Studien zur Altägyptischen Kultur
SAK Beih.	Studien zur Altägyptischen Kultur, Beihefte
SBA	Saarbrücker Beiträge zur Altertumskunde

SBAB.AT	Stuttgarter Biblische Aufsatzbände. Altes Testament
SFSHJ	South Florida Studies in the History of Judaism
SJE	Scandinavian Joint Expedition to Sudanese Nubia
SJLA	Studies in Judaism in Late Antiquity
SMEA	Studi Micenei ed Egeo-Anatolici
STAR	Studies in Theology and Religion
StAT	Studien zu den Assur-Texten
StBoT	Studien zu den Boğazköy Texten
StOr	Studia Orientalia
StP SM	Studia Pohl: Series Maior
TaPhA	Transactions and Proceedings of the American Philological Association
TAVO	Beihefte zum Tübinger Atlas des Vorderen Orients Reihe B (Geisteswissenschaften)
THeth	Texte der Hethiter
ThWAT	Theologisches Wörterbuch zum Alten Testament
Trans	Transeuphratène
TSAJ	Texts and Studies in Ancient Judaism
TUAT	Texte aus der Umwelt des Alten Testaments
UF	Ugarit-Forschungen
UÖAI	Untersuchungen der Zweigstelle Kairo des Österreichischen Archäologischen Instituts
VT	Vetus Testamentum
VWGTh	Veröffentlichungen der Wissenschaftlichen Gesellschaft für Theologie
WVDOG	Wissenschaftliche Veröffentlichungen der Deutschen Orient-Gesellschaft
YNER	Yale Near Eastern Researches
ZA	Zeitschrift für Assyriologie und Vorderasiatische Archäologie
ZABR	Zeitschrift für Altorientalische und Biblische Rechtsgeschichte
ZDPV	Zeitschrift des Deutschen Palästinavereins
ZPE	Zeitschrift für Papyrologie und Epigraphik

AUTORENVERZEICHNIS

Dr. Jürgen Bär (Universität Heidelberg)
Dr. Jan Gerrit Dercksen (Universität Leiden)
Amir Gilan, MA (Freie Universität Berlin)
Dr. Andreas Grüner (Universität München)
Dr. Hilmar Klinkott (Universität Tübingen)
Dr. Ekin Kozal (Universität Çanakkalı)
Dr. Sabine Kubisch (Universität Heidelberg)
Dr. Renate Müller-Wollermann (Universität Tübingen)
Prof. Dr. Herbert Niehr (Universität Tübingen)
PD Dr. Mirko Novák (Universität Tübingen)
PD Dr. Astrid Nunn (Universität Würzburg)
Prof. Dr. Diamantis Panagiotopoulos (Universität Heidelberg)
Prof. Dr. Peter Pfälzner (Universität Tübingen)
Prof. Dr. Karen Radner (London, University College)
Prof. Dr. Martin Rössler (Universität Köln)
Prof. Dr. Stephan Johannes Seidlmayer (Freie Universität Berlin/ Berlin-Brandenburgische Akademie der Wissenschaften)
Prof. Dr. Stefan Schreiner (Universität Tübingen)
Prof. Dr. Christof Schuler (Epigraphische Kommission des DAI, München)
Prof. Dr. Reinhard Wolters (Universität Tübingen)

WIRTSCHAFTSETHNOLOGISCHE DEFINITION

VON DER GABE ZUR ABGABE: TRANSAKTIONEN IM POLITISCHEN KONTEXT

Martin Rössler (Köln)

Anstelle eines detaillierten Vergleichs auf empirischer Basis soll im Folgenden versucht werden, die zentralen theoretischen Begriffe der Thematik zu klären und ihre wechselseitigen Beziehungen zu erläutern. Dies ist insofern ein schwieriges Unterfangen, als innerhalb der Ethnologie allein zum Begriff der Gabe mittlerweile ein praktisch unüberschaubares Schrifttum vorliegt, und zwar nicht allein in Gestalt ethnografischer Zeugnisse, sondern ebenso im Hinblick auf theoretische Debatten, an denen sich auch zunehmend Ökonomen beteiligen.[1] Ganz andere Verhältnisse finden sich hingegen im Hinblick auf die Begriffe der Abgabe, der Steuern und des Tributs, mit denen sich die Ethnologie vergleichsweise wenig beschäftigt hat. Ein Grund für dieses Ungleichgewicht liegt sicherlich im Untersuchungsgegenstand des Faches, wie er zumindest aus einer eher konventionellen Sicht definiert ist: Während die Gabe eine universelle Transaktion innerhalb menschlicher Gesellschaften darstellt, spielen Abgaben wie zum Beispiel Steuern, Zölle und Tribute nur unter bestimmten politisch-strukturellen Voraussetzungen und ursprünglich nur in einem Teil menschlicher Gesellschaften überhaupt eine Rolle. Hinzu kommt, daß es sich bei diesen Gesellschaften entweder um solche handelt, mit denen sich spezialisierte und überwiegend historisch orientierte Wissenschaften beschäftigen (wie u.a. die Ägyptologie oder die Altamerikanistik), oder aber um historische und/oder seit langem verschwundene Gesellschaften, über die uns nur spärliche dokumentarische Zeugnisse zur Verfügung stehen, wie es etwa für einige Regionen Westafrikas der Fall ist.[2] Auch mit diesen

[1] Als einige zentrale Werke aus der Ethnologie seien genannt: Mauss, *Die Gabe*; Sahlins, in: Banton, *Relevance of Models*, S. 139–236; Gregory, *Gifts and Commodities*; Gregory, *Savage Money*; Parry/Bloch, *Money and Morality*; Humphrey/Hugh-Jones, *Barter*; Thomas, *Entangled Objects*; Weiner, *Inalienable Possessions*. Einen Überblick über Perspektiven, die von der Theorie rationalen Handelns beeinflußt sind, vermittelt Görlich, *Tausch*; und Görlich, in: Sociologus 42, 1992, S. 24–42.

[2] Zu zahlreichen Beispielen s. Ki-Zerbo, *Geschichte Schwarz-Afrikas*, passim; Tymowski, in: Claessen/van de Velde, *Early State Dynamics*, S. 54–69.

Untersuchungsgegenständen befassen sich überwiegend Historiker. Der Ethnologie als einer primär gegenwartsbezogenen Sozialwissenschaft bleibt es allein überlassen, aus unterschiedlich dicht dokumentierten Fallstudien heraus allgemeine Prinzipien abzuleiten.

Es bietet sich für den hier verfolgten Zweck zunächst an, von einzelnen Begriffen und den ihnen zugrundeliegenden Charakteristika auszugehen und daraufhin zu einer Systematisierung zu gelangen. Ein in diesem Zusammenhang übergreifender und damit als Ausgangspunkt geeigneter Begriff ist derjenige der Transaktion.[3]

Transaktion als Handlung

Eine Transaktion bezeichnet allgemein den Statuswechsel eines Gutes zwischen zwei Parteien, seien es Personen oder Gruppen. Dabei ist weder etwas ausgesagt über die spezifische Charakteristik des Gutes, noch über die genaue Art und Weise des Statuswechsels. In jedem Falle sind mit jeder Transaktion Kosten verbunden, die sich jedoch in Abhängigkeit von den jeweiligen Umständen der Transaktion erheblich unterscheiden können.[4] Transaktionen, die wir für die hier verfolgten Ziele auch als Transmissionen oder Tauschhandlungen bezeichnen können, lassen sich sowohl hinsichtlich a) des ihnen zugrunde liegenden Handlungscharakters oder auch b) hinsichtlich des mit ihnen verbundenen strukturellen Musters unterscheiden. In bezug auf den Handlungscharakter liegen Transaktionen zwischen zwei Parteien vereinfacht betrachtet in dreierlei Form vor.[5]

1. Gabentausch
2. Tauschhandel
3. Markt- oder Warentausch

Der Gabentausch (oder auch zeremonieller Tausch) stellt die sozialen Beziehungen zwischen den beteiligten Parteien in den Mittelpunkt und

[3] Zu dem vor allem im Kontext der Neuen Institutionenökonomie und darauf basierenden ethnologischen Arbeiten wichtigen Konzept der Transaktion s. Acheson, in: Ensminger, *Economic Anthropology*, S. 27–58; Plattner, in: Plattner, *Economic Anthropology*, S. 209–221; Sandler, *Economic Concepts*.

[4] Die Transaktionskosten beziehen sich auf "the time, effort, and expense of obtaining the information necessary to make an exchange, negotiate the exchange, and enforce the exchange agreement once made" (Acheson, in: Ensminger, *Economic Anthropology*, S. 29).

[5] S. hierzu als Überblick: Rössler, *Wirtschaftsethnologie*, S. 189–209.

bezeichnet den Austausch von nicht entfremdeten Objekten zwischen Partnern in einem Status reziproker und prinzipiell symmetrisch angelegter Abhängigkeit.[6] Für die (durchaus sehr umstrittene) Definition der Gabe, die aus konventioneller Sicht meist der Ware gegenüber gestellt wird, ist dabei entscheidend a) daß sie nicht entfremdet ist, das heißt, daß die Beziehung zwischen Akteur und Objekt und somit die soziale Komponente bei der Transaktion im Vordergrund steht, b) daß weder Tauschwert noch Gebrauchswert noch Nützlichkeit bei der Transaktion eine Rolle spielen müssen, sowie c) daß eine sozialmoralische Verpflichtung zur Erwiderung der Gabe, also ein Schuldnerverhältnis generiert wird. Die Gabe wird nach Marcel Mauss[7] als ‚totale soziale Tatsache' und somit als zentral für die Aufrechterhaltung der Sozialstruktur vieler Gesellschaften begriffen, wie beispielsweise für Melanesien besonders reich dokumentiert ist. Seit Mauss wird in den Sozialwissenschaften generell davon ausgegangen, daß das Konzept des altruistischen Geschenks im Sinne einer ‚reinen Gabe', für die nichts zurückgegeben werden muß, vergleichsweise selten auftritt, wenn es dies denn überhaupt geben sollte. Malinowski hatte entsprechendes für die Trobriand-Inseln behauptet – eine Aussage, die Mauss strikt zurückwies.[8] Allerdings betrachtete Malinowski das Geschenk, die ‚reine Gabe' (*pure gift*), als einen Extremfall, der auf Trobriand nur gelegentlich vorkomme. Obwohl Mauss[9] im französischen Original seiner These entsprechend die Unterscheidung von *don* gegenüber *cadeau* und *présent* nicht vornimmt, muß generell zwischen Geschenk und Gabe unterschieden werden. Im Gegensatz zur Gabe darf ein Geschenk weder an den Schenkenden zurück – noch an Dritte weitergegeben werden; darüber hinaus schließt es anders als die Gabe das Moment der Dankbarkeit seitens des Beschenkten ein. Ebenso wie die Gabe unterliegt das Geschenk aber sozialen Regulativen.[10] Im Einzelfall ist der Übergang zwischen beiden Konzepten fließend und muß nach kulturspezifischen Gegebenheiten beurteilt werden.

---

[6] Gregory, *Gifts and Commodities*, S. 41–43.
[7] Mauss, *Die Gabe*, passim.
[8] Malinowski, *Argonauten*, S. 217f.
[9] Mauss, ebd.
[10] S. Carrier, *Gifts and Commodities*, S. 145–150. Carrier weist zu Recht darauf hin, daß das Geschenk in westlichen Gesellschaften von den Sozialwissenschaften auf bemerkenswerte Weise ignoriert wurde.

Beim Tauschhandel steht demgegenüber das Verhältnis der getauschten Objekte zueinander und nicht die Beziehung zwischen den Tauschenden im Mittelpunkt. Bedingung für diese Form der Transaktion ist, daß a) kein Geld als Tauschmittel einbezogen wird und daß b) im Gegensatz zum Gabentausch der Einfluß sozialer Faktoren eher nebensächlich ist. Aus der Sicht der beteiligten Parteien ist der Tauschhandel nach dem Prinzip von Angebot und Nachfrage ausgerichtet und daher ebenso profitorientiert wie der Warenhandel.[11] Dabei orientiert sich der Profit an nach kulturspezifischen Konventionen gesetzten Tauschraten oder sogenannten Gewohnheitspreisen (etwa x Säcke Hirse gegen eine ausgewachsene weibliche Ziege), die in der Regel eine wesentlich längerfristige Kontinuität aufweisen als Preise innerhalb eines Marktes im eigentlichen Sinne.[12]

Beim Warentausch steht ebenfalls das Verhältnis zwischen den getauschten Objekten und die daran gebundene Profitorientierung im Vordergrund, wobei jedoch – im Gegensatz zum Tauschhandel – der Tauschwert der Waren entlang eines monetären Wertmaßstabs festgelegt ist. Waren sind Güter, die gezielt für den Tausch hergestellt werden. Im Gegensatz zum Gabentausch handelt es sich beim Warentausch um eine Transaktion entfremdeter Objekte zwischen voneinander unabhängigen Parteien unter Einbeziehung eines Prozesses der Preisbildung nach den Gesetzen von Angebot und Nachfrage. Die Beziehung zwischen Akteur und Objekt sowie die soziale Komponente der Transaktion spielen gemessen am Gebrauchs- und vor allem am Tauschwert der Ware eine untergeordnete Rolle. In neueren Arbeiten wird der früher als eindeutig aufgefaßte Gegensatz zwischen Gaben- und Warentausch jedoch so strikt nicht mehr aufrecht erhalten: Zum einen ist der Begriff der Ware nicht eindeutig definierbar; zum anderen beinhaltet auch jede Transaktion des Warentauschs wie alle ökonomischen Prozesse eine soziale Dimension. Darüber hinaus werden, wie Gell betont,[13] auch beim

[11] Ein in der ethnologischen Literatur klassisches Beispiel ist der Tausch von Salzbarren gegen Rindenbaststoffe oder auch Werkzeuge im Hochland von Neuguinea (Godelier, in: Godelier, *Perspectives*, S. 127–151).

[12] Zu Gewohnheitspreisen s. Cashdan, in: Cashdan, *Risk and Uncertainty*, S. 259–278. In vielen Regionen Afrikas hat sich in jüngerer Zeit ein Wandel von Gewohnheitspreisen hin zu Marktpreisen vollzogen, die sich flexibel und kurzfristig variierend am Verhältnis von Angebot und Nachfrage orientieren. Eine wichtige Voraussetzung für diese Prozesse sind niedrigere Transaktionskosten u.a. durch verbesserte Transportmöglichkeiten (LKW) und Kommunikationstechniken (Telefon). S. Rössler/Bollig, *Ethnicization*.

[13] Gell, in: Humphrey/Hugh-Jones, *Barter*, S. 145; s. auch Appadurai, in: Appadurai, *Social Life of Things*, S. 3–63.

Gabentausch die getauschten Objekte entfremdet, da a) der Gebende im Moment der Transaktion die Kontrolle über das Gegebene und den ihm inhärenten Wert verliert und diese Kontrolle vollständig auf den Empfangenden übergeht, und weil b) das Schuldner-Gläubiger-Verhältnis zwischen Gebendem und Empfangendem nicht prinzipiell anders gestaltet ist als beim Warentausch. Der Kontrast zwischen Gabe und Ware stellt somit keineswegs die Basis einer Typologie sämtlicher Wirtschaftsformen dar, reichend von einer ‚Gabenwirtschaft' bis hin zu einer ‚Warenwirtschaft'. Vielmehr sind alle Wirtschaftsformen aufgebaut aus miteinander verbundenen Sphären kommunalen und kommerziellen Wertes.[14]

Transaktionsmuster

In bezug auf die ihnen zugrundeliegenden strukturellen Muster lassen sich Transaktionen zwischen zwei Parteien ebenfalls nach drei Prinzipien unterscheiden:[15]

1. Reziprozität
2. Redistribution
3. Markttausch

Reziprozität bezeichnet Bewegungen im Rahmen einer symmetrischen Beziehung, und zwar dergestalt, daß eine Aktion und eine Reaktion zwischen zwei Gruppen vorliegt. Man unterscheidet generalisierte, balancierte und negative Reziprozität.[16] Es gibt zahlreiche Varianten bezüglich jeder dieser Unterformen in Abhängigkeit von unterschiedlichen sozialen Distanzen sowie von Rang- und Reichtumsunterschieden innerhalb einer Gruppe bzw. zwischen den Transaktionspartnern.

Unter Redistribution – innerhalb dieses Beitrages ein sehr wichtiger Begriff – werden Bewegungen in Richtung auf ein Zentrum und von diesem wieder zurück verstanden, und zwar als kollektive Struktur von Verteilungsmechanismen innerhalb einer größeren Gruppe, die eine zentralisierte Struktur aufweist.

[14] Gudeman, *Anthropology of Economy*, S. 81.
[15] Polanyi, *Transformation*, S. 77–87.
[16] Sahlins, in: Banton, *Relevance of Models*, S. 139–236; Rössler, *Wirtschaftsethnologie*, S. 183–189.

Markttausch schließlich bezeichnet die wirtschaftlichen Mechanismen innerhalb eines von multiplen Mustern von Angebot und Nachfrage gesteuerten (und damit Preisbildungen unterlegenen) Marktsystems, also sowohl zwischen Gruppen als auch innerhalb einer Gruppe.

Diese drei Grundmuster können durchaus nebeneinander bestehen. Wichtig ist jedoch vor allem, daß sie auch spezifische Qualitäten von Beziehungen implizieren: Jede Transaktion setzt grundsätzlich eine Beziehung zwischen zumindest zwei involvierten Parteien voraus, sei es zwischen dem Gebenden und dem Empfangenden einer Gabe im zeremoniellen Tausch oder zwischen Käufer und Verkäufer in einem Elektronikmarkt. Diese Beziehung weist immer eine spezifische Qualität auf, die sich sowohl auf a) das Getauschte selbst als auch auf b) die Tauschparteien erstreckt.

Bezüglich des ersten Aspektes (a) wird bei der generalisierten Reziprozität weder der Wert des Gegebenen noch der Zeitpunkt der Gegengabe ermessen bzw. festgelegt. Umgekehrt muß im Falle balancierter Reziprozität der Wert der Gegengabe ein nach kulturspezifischen Setzungen definiertes Äquivalent der Gabe darstellen, wie auch der Zeitpunkt dafür (zumindest annähernd) festgelegt ist. Negative Reziprozität hat das Ziel, ein Gut gegen ein weniger wertvolles oder gar ohne Gegengabe zu erlangen.

Hinsichtlich des zweiten Aspektes (b) ist eine wichtige Überlegung, daß die Beziehungen zwischen den Transaktionspartnern, und damit ein wesentliches Charakteristikum der Transaktionen selbst, ebenfalls unterschiedlicher Art sein können, wobei man grob die zwei Kategorien der langfristigen, persönlichen Beziehung/Transaktion und der kurzfristigen, unpersönlichen Beziehung/Transaktion unterscheiden kann.[17]

Kurzfristige, unpersönliche Transaktionen werden zwischen zwei Akteuren vollzogen, die außerhalb der konkreten Transaktion selbst keinerlei soziale und/oder ökonomische Beziehung untereinander aufweisen. Es handelt sich um eine rein instrumentelle, zeitlich begrenzte Beziehung, innerhalb derer es jeder Partei allein um ihren maximalen Vorteil bei der Transaktion geht (beispielsweise bei einem einmalig besuchten Gebrauchtwagenhändler). Auf diesem Konzept beruht die westliche Wirtschaftstheorie des perfekten Wettbewerbsmarktes.

Langfristige, persönliche Transaktionen sind hingegen eingebettet in die soziale Struktur und haben Bestand auch außerhalb einer konkreten

[17] Plattner, in: Plattner, *Economic Anthropology*, S. 210f.

Transaktion. Es gilt jedoch festzuhalten, daß nahezu alle Transaktionen auf irgendeine Weise in Beziehungen zwischen den Transaktionspartnern eingebettet sind, und zwar entweder, weil dies langfristig wirtschaftliche Vorteile erbringt, oder auch, weil es beispielsweise politisch erforderlich ist. Nur die Art und Weise der Einbettung unterscheidet sich graduell von Fall zu Fall. Perfekt unpersönliche Transaktionen gibt es nicht, auch nicht im Falle des von einem Käufer X nur einmal im Leben besuchten Gebrauchtwagenhändlers. Es handelt sich dabei folglich um ein rein theoretisches Modell.

Der Begriff der Einbettung beinhaltet unter allen Umständen eine mehr oder weniger ausgeprägte Senkung von Informationskosten und eine Risikominimierung,[18] und zwar insofern, als für jede Transaktion ein bestimmter Informationsstand, also ein gegenseitiges Wissen der Parteien voneinander, eine Rolle spielt, das bei riskanten Transaktionen (Gebrauchtwagenkauf!) für jede Partei Vorteile erbringt. Eine riskante Transaktion im ökonomischen Sinne besteht zum Beispiel auch im Falle der oben erläuterten generalisierten Reziprozität,[19] indem hier weder Art noch Zeitpunkt der Gegengabe genau festgelegt sind. Einbettung liegt jedoch auch aus dem Grunde immer vor, daß zwischen Transaktionspartnern grundsätzlich irgendeine Art sozialer und/oder politischer Beziehungen besteht – und seien es feindliche.

Transaktionen im sozialen und politischen Kontext

Im direkten Anschluß an diese Feststellung gilt es zusammenfassend festzuhalten, daß alle Arten von Transaktionen in unterschiedlichem Maße ökonomische, soziale, politische oder ideologische Aspekte einbeziehen.

[18] S. hierzu Cashdan, *Risk and Uncertainty*; Knight, *Risk*, passim.

[19] Das Konzept der Reziprozität ist insbesondere unter Jägern und Sammlern häufig idealisiert und romantisiert worden. Einst als vorbildliches Muster sozialen und altruistischen Verhaltens gepriesen, geht man heute zunehmend davon aus, daß beispielsweise das Teilen von Nahrung in solchen Gesellschaften ebenso von egoistischen Strategien beherrscht wird, wie sie prägend für den kapitalistischen Markt sind. Entsprechende Untersuchungen basieren häufig auf spieltheoretischen Modellen. S. Smith/Boyd, in: Cashdan, *Risk and Uncertainty*, S. 167–191; Kaplan/Hill, in: CA 26, 1985, S. 223–246. Auch ist in vielen Gesellschaften das Teilen auf Verlangen (*demand sharing*) anstelle freiwilligen Gebens die Regel. Da das generöse Geben bei ausbleibenden Gegengaben auf Dauer zu erheblichen wirtschaftlichen Nachteilen führen kann, ist das Verleugnen oder Verstecken eigener Ressourcen durchaus übliche Praxis. S. Peterson, in: American Anthropologist 95, 1993, S. 860–874; Berzborn, *Haushaltsökonomie*.

Wenn eingangs gesagt wurde, daß eine Transaktion allgemein den Statuswechsel eines Gutes bezeichnet, so ist in diesem Zusammenhang der Begriff des Gutes sehr weit gefaßt. Ein Gut kann zum einen (als Sachgut) materieller Natur sein, aber auch eine Dienstleistung oder Hilfeleistung oder ähnliches umfassen, ohne daß dabei im Gegenzug immer ein ‚Entgelten' im Sinne einer Zahlung vorliegen muß. Gleichwohl gibt es vom einen Fall zum anderen ein gewisses Übergewicht jeweils der sozialen, politischen oder wirtschaftlichen Komponente. So sind in den Gabentausch zwar *per definitionem* materielle Objekte involviert, doch übersteigt, wie bereits oben erwähnt, seine soziale Bedeutung bei weitem die ökonomische. Tauschhandel und Warenhandel sind demgegenüber Transaktionen, die primär ökonomischer Natur sind. Geht man auf der zweiten analytischen Ebene von den Mustern der Transaktion aus, so ist Reziprozität ein überwiegend soziales Prinzip, während sich die Bedeutungsebenen der Redistribution gleichermaßen auf den sozialen, wirtschaftlichen wie vor allem auch auf den politischen und ideologischen Bereich erstrecken. Während kurzfristige, unpersönliche Transaktionen überwiegend von wirtschaftlichen Interessen dominiert sind, sind für langfristige, persönliche Transaktionen meist soziale, politische und ideologische Motivationen entscheidend.

Schließlich hat es eine Reihe von Modellen gegeben, die einzelne Kategorien von sowohl Transaktionshandlungen als auch Transaktionsmustern zu verschiedenen gesellschaftlichen, politischen und wirtschaftlichen Rahmenbedingungen in Relation setzen. Diese basieren in der Regel auf Ansätzen aus dem US-amerikanischen Neoevolutionismus, mit zum Teil deutlichen Parallelen zum Neomarxismus.[20] Generell gehen diese Ansätze auf einer sehr allgemeinen Ebene von einer im historischen Verlauf aufgrund multifaktorieller Einflüsse zunehmenden Komplexität menschlicher Gesellschaften im Verlaufe der letzten (ungefähr) 10.000 Jahre aus.

[20] S. hierzu Service, *Organization*, passim; Sahlins, in: Banton, *Relevance of Models*, S. 183; Polanyi, in: Polanyi et al., *Trade and Market*, S. 250f.; Polanyi, *Transformation*, S. 77–87. Auf das Einbringen der konzeptionell ähnlichen, sich jedoch teilweise mit der hier verwendeten Taxonomie überschneidenden Begriffe von Fried (*egalitarian society, rank society, stratified society, state*) verzichte ich, da dies die Darstellung sehr verkomplizieren würde. S. Fried, *Evolution*, passim. Unberücksichtigt bleibt auch die Marxsche Terminologie von ‚Produktionsweisen', die z.T. auch über bestimmte Formen der Gabe und Abgabe definiert sind (s. Claessen, *Structural Change*, S. 26f.).

Tabelle 1

Typus polit. Organisation	Subsistenz-grundlage	Sozial-struktur	Transaktions-muster	Transaktions-handlung*
band society	Jagen/ Sammeln	‚egalitär'	Generalisierte Rez.	Gabentausch
tribal society	Gartenbau	segmentär	Balancierte Rez.	GT/ Tauschhandel
chiefdom	Intensivbau	stratifiziert	Redistribution	GT/ TH/(Markt)
early state				

* GT = Gabentausch, TH = Tauschhandel

Die Zeile zum frühen Staat bleibt zunächst unausgefüllt. Es handelt sich bei dieser Darstellung selbstverständlich um eine äußerst grobe und für empirische Anwendungen nahezu untaugliche Klassifikation, da beispielsweise alleine unter den zusammenfassend als *tribal societies*[21] bezeichneten Gesellschaften unzählige spezifische Ausformungen sozialer Struktur vorliegen, die von quasi-egalitär bis hin zu subtilen Unterscheidungen sozialer Ränge zwischen Gruppen wie auch zwischen Individuen reichen. Darüber hinaus finden sich Transaktionsmuster wie auch typische Formen von Transaktionshandlungen sehr häufig parallel in ein und derselben Gesellschaft.[22] In den *tribal societies* im Hochland von Neuguinea zum Beispiel herrschen Muster der Reziprozität zwischen segmentären Gruppen mit relational gleichem Status vor, während politische Anführer und damit politische Strukturen in Mechanismen der Redistribution eingebunden sind. Ebenso ist hier der Gabentausch im sozialen und zeremoniellen Leben von zentraler Bedeutung, während zumindest traditionell für die lokale Ökonomie der Tauschhandel prägend war. Auch war für das ämtergebundene Häuptlingstum in Polynesien die Redistribution das dominante Transaktionsmuster, während im zeremoniellen Leben der Gabentausch von eminenter Bedeutung war und in einigen Fällen auch Handel nach dem Prinzip des Markttauschs praktiziert wurde. Die oben stehende Darstellung bezieht sich folglich allein auf besonders charakteristische bzw. jeweils dominante Formen.

[21] Ich belasse es hier zunächst bei den englischen Bezeichnungen, da insbesondere die *tribal society* im Gegensatz zum deutschen Ausdruck der ‚Stammesgesellschaft' präzise definiert ist.

[22] S. zum folgenden Sahlins, in: CSSH 5, 1963, S. 285–303; Service, *Origins*, passim.

Dabei lautet die entscheidende Überlegung, daß die Form von Transaktionen in hohem Maße von den jeweils spezifischen Mustern sozialer und politischer Beziehungen geprägt ist. Das heißt aber nicht, daß wir es hier mit einer schlichten Evolution von Transaktionshandlungen und -mustern zu tun haben, die vom Gabentausch über den Tauschhandel zum Warentausch verlaufen wäre.[23] Eine solche Aussage wird von den vorliegenden ethnografischen Evidenzen nicht gestützt bzw. in vielen Fällen eindeutig widerlegt, da ein Objekt in direkter Folge unterschiedlichen Formen von Tauschhandlungen unterworfen sein kann.[24] Es handelt sich vielmehr nur um abstrahierte Konstruktionen und Verallgemeinerungen zu heuristischen Zwecken.

Komplexe politische Strukturen

Im direkten Anschluß soll ein bisher ausgeklammerter Schritt vorgenommen werden. Er schließt einerseits sämtliche der angesprochenen Phänomene ein und leitet andererseits zu weiteren, noch nicht angesprochenen über. Als Ausgangspunkt sollen dazu diejenigen soziopolitischen Organisationsformen vorindustrieller Gesellschaften dienen, die in der Fachliteratur als komplexe Häuptlingstümer/Königtümer (*chiefdoms/kingdoms*) mit Übergang zum frühen Staat (*early state*) bezeichnet werden.[25] Darüber hinaus spielen in diesen Kontexten bestimmte Formen von Transaktionen eine wesentliche Rolle, die sich unter den Bedingungen einfacherer soziopolitischer Strukturen nicht finden. Um sich diesen Punkten anzunähern, bietet es sich abermals an, von einer bestimmten

[23] Dabei spielt speziell der Tauschhandel eine zentrale Rolle, da er aus Sicht der klassischen Ökonomie als der Ursprung des Warentausches betrachtet wird, und zwar dahingehend, daß er vor der Entstehung einer Form des Geldes gewissermaßen ein notwendiges Übel darstellte. Zunehmende Arbeitsteilung, die Ausbildung von Märkten und Geld wären entsprechend ein evolutiver Fortschritt des Tauschhandels gewesen. S. Gregory, in: Ingold, *Encyclopedia*, S. 928–931.

[24] Auch aufgrund der Tatsache, daß Gabentausch, Tauschhandel und Warentausch unter denselben Akteuren parallel praktiziert werden können, erweist es sich als unmöglich, die kapitalistische Waren-Ökonomie (und somit die Ware) beispielsweise der melanesischen Gaben-Ökonomie (und somit der Gabe) kontrastiv gegenüber zu stellen. Entsprechende Modelle haben ihren Ursprung in kolonialen Wirtschaftssystemen, innerhalb derer der (lange romantisierte) Gabentausch als scheinbar überdeutlicher Kontrast zur Produktion von *cash crops* aufgefaßt wurde (s. Gregory, *Savage Money*, S. 47f.; Thomas, *Entangled Objects*).

[25] Als Grundlage für die folgenden Ausführungen dienen Claessen/Skalník, *Early State*; Claessen/van de Velde, *Early State Dynamics*; Earle, *Chiefdoms*; Earle, *Chiefs*; Kirch, *Polynesian Chiefdoms*; Johnson/Earle, *Evolution*.

Begrifflichkeit aus dem Spektrum von Transaktionen auszugehen, und zwar vom Begriff der Abgabe.

Unter einer Abgabe versteht man allgemein die Transaktion eines Gutes von einer untergeordneten Gruppe an eine übergeordnete Institution, und zwar in der Regel an eine zentrale politische Institution. Eine Form regelmäßiger, individualisierter Abgaben sind beispielsweise Steuern oder obligatorische Arbeitsleistungen zugunsten der betreffenden Institution, während unregelmäßige und kontextbezogene Abgaben in Form von Zöllen vorliegen. Eine unter (oft militärischem) Zwang auferlegte Sonderform der Abgabe ist der Tribut.

Es handelt sich also zunächst immer um Transaktionen innerhalb einer asymmetrischen soziopolitischen Beziehung. Dennoch spricht man auch dann von Abgaben, wenn solche beispielsweise innerhalb einer nach verwandtschaftlichen Prinzipien organisierten Gesellschaft nach dem Prinzip der Reziprozität geleistet werden, um anschließend verschiedenen Formen von Redistribution zu unterliegen. Dies wurde in manchen Häuptlingstümern dergestalt praktiziert, daß Nahrungsmittel vom politischen Zentrum akkumuliert und zu bestimmten zeremoniellen Anlässen an Funktionäre oder auch an die Produzenten selbst rückverteilt wurden (s.u.). Mit steigendem Grad an sozialer Stratifikation finden sich zunehmend komplexe Gegenleistungen für entrichtete Abgaben, wobei diese Gegenleistungen seitens der übergeordneten Institution im Interesse der gesamten Gesellschaft liegen (Verwaltung, Infrastruktur, Militär). Da nun solche Gegenleistungen den vorausgegangenen Abgaben nicht notwendigerweise im Sinne einer nachvollziehbaren Wertäquivalenz entsprechen müssen (schon aufgrund der asymmetrischen Beziehung zwischen den Parteien), handelt es sich bei der Abgabe grundsätzlich um eine Sonderform von Transaktion.[26] Sie kann zwar wie gesagt durchaus als balanciertes reziprokes Muster vorliegen, sehr häufig und in einem beinahe willkürlichen Sinne jedoch auch dem Muster der negativen Reziprozität folgen. Dies ist zum Beispiel dann der Fall, wenn die übergeordnete Institution ihre Monopolstellung ausnutzt und

[26] Das Problem der Wertäquivalenz zwischen einer Gabe/Leistung und Gegengabe/Gegenleistung stellt sich in zahllosen Kontexten der Zahlung (N.B.: nicht Bezahlung). In einer Gesellschaft, in der ein Brautgeld von 10 Rindern gezahlt wird, ist eine Frau nicht ‚weniger wert' als in einer Gesellschaft, in der das übliche Brautgeld 100 Rinder beträgt. Auch Blutgelder, Sühnegelder und die uns vertrauten Schmerzensgelder und Geldstrafen basieren letztendlich auf mehr oder weniger willkürlichen Setzungen, die dennoch nach gesellschaftlichem Konsens akzeptiert werden.

keine adäquaten Gegenleistungen für die Abgabe erbringt. In diesem Fall liegt die hinlänglich bekannte ‚Ausbeutung des Volkes' vor.

Zur Erläuterung gehe ich zunächst kurz auf die wichtigsten Charakteristika komplexerer soziopolitischer Strukturen ein.

Das Häuptlingstum

Im Unterschied zu segmentären *tribal societies* zeichnet sich das Häuptlingstum, wie es in Ozeanien, West- und Südafrika, in Teilen Nordamerikas und Südostasiens existierte, vor allem durch ein Muster kontinuierlich zentralisierter und monopolisierter Autorität im Rahmen einer mehr oder weniger ausgeprägten gesellschaftlichen Stratifikation aus. Die auf territorialer Basis zentralisierte Autorität ist vor allem gestützt auf die Redistribution von produzierten Überschüssen, die für ein solches System Voraussetzung sind. Die monopolisierte Machtausübung äußert sich unter anderem in der Zuweisung von Landrechten, im Bereich der Kriegführung, jedoch insbesondere im Prinzip der Redistribution. Dies hat man sich so vorzustellen, daß das Volk regelmäßig Güter (vor allem Nahrungsmittel, aber auch andere Güter) als Abgabe an den Häuptling abführt, der diese Güter anschließend rückverteilt, und zwar meist im Rahmen aufwendiger Riten. Unterschiede gibt es dahingehend, ob die Rückverteilung an die tatsächlichen Produzenten der Güter erfolgt oder nur an andere Teile der Gesellschaft, zum Beispiel Funktionäre oder Krieger.[27]

Zurückbehalten wird vom politischen Zentrum in jedem Falle ein Teil, der zum Unterhalt aller Personen dient, die nicht am Produktionsprozeß beteiligt sind, wie der Häuptling selbst sowie Funktionäre und Militärs. Redistribution stützt also, ausgehend von einer zentralen Institution, die Gruppensolidarität. Das diesen Systemen zugrunde liegende politische Prinzip ist die Sicherung von Loyalität vermittels der zentralen Kontrolle ökonomischer Verteilungsmechanismen, das heißt, ein Häuptlingstum ist prinzipiell das Resultat einer ausgeprägten Differenzierung

[27] Für das Tahiti des 18. Jahrhunderts macht Claessen von dieser Unterscheidung die Definition von Redistribution abhängig: Wenn Redistribution so definiert sei, daß der Herrscher den Großteil der Güter nur an Nichtproduzenten verteilt, ließe sich das tahitianische System als Redistribution bezeichnen. Dies treffe jedoch nicht zu, wenn unter Redistribution verstanden werde, daß zumindest Teile der akkumulierten Güter an die Produzenten selbst zurückgegeben werden (s. Claessen, in: Claessen/Skalník, *Early State*, S. 463).

ökonomischer Funktionen. Vor allem über das institutionalisierte Prinzip der Abgabe wird, trotz häufig fehlender Märkte, die Nutzung von Ressourcen gesteuert und gleichzeitig die logistische Basis für Unternehmungen wie Kriegszüge, Kommunalarbeit oder religiöse Zeremonien, aber auch für die Nahrungsverteilung in Krisensituationen wie etwa Hungerzeiten bereitgestellt. Der Häuptling als der Redistributor kommunaler Ressourcen poolt Überschüsse innerhalb der Gemeinschaft und redistribuiert sie im allgemeinen Interesse. Aus seiner Generosität und aus der Kontrolle der Distribution erwächst ihm Prestige, das seinerseits die Basis für Ausweitung seiner Macht in politischer und zeremonieller Hinsicht ist.

Mit dem Entstehen des Häuptlingstums wurden daher politisches und wirtschaftliches Zentrum faktisch deckungsgleich. Die Beziehung zwischen den Produzenten und dem Verteilungszentrum ist aus Sicht des letzteren gekennzeichnet durch 1) die Kontrolle der Ressourcen und der Nutzungsrechte über das Land, 2) die Kontrolle der Produktion, 3) die institutionalisierte Autorität in allen sozialen Belangen und somit die Konstituierung asymmetrischer Machtbeziehungen und schließlich 4) die Legitimation des gesamten Systems in Ideologie und Zeremoniell.

Je größer dabei die technologische Effizienz und je ausgeprägter die Überschußproduktion ist, desto größer sind a) der Anteil der Nichtproduzenten in der Gesellschaft, b) die Frequenz und das Ausmaß der Abgaben und schließlich c) die Komplexität der Distributionsmechanismen. Wie die Rückverteilung diesbezüglich genau gestaltet ist, unterliegt im Einzelfall extremen Variationen und reicht von ebenmäßigen Anteilen bis zu streng nach sozialem Rang geschichteten Anteilen wie es zum Beispiel im alten Hawai'i der Fall war. Zu betonen ist in diesem Zusammenhang auch, daß die Redistribution im Rahmen des Häuptlingstums häufig entlang verwandtschaftlicher Kriterien strukturiert ist, so daß hier die Kriterien der sozialen Nähe – ansonsten entscheidend für das Muster der Reziprozität – ebenfalls noch von Bedeutung sind.[28]

Der frühe Staat

Wirtschaft und Politik nehmen beim Übergang vom Häuptlingstum zum frühen Staat parallel an Komplexität zu. Entscheidende Faktoren bei

---

[28] Darüber hinaus ist hier der Einfluß ökologischer und technologischer Variablen zu berücksichtigen, indem beispielsweise der Gartenbau produktiver ist als das Jagen und Sammeln. Diese Faktoren müssen hier vernachlässigt werden.

diesem Schritt waren das Bevölkerungswachstum, Kriegführung und kriegerische Eroberung, die Produktion von Überschüssen, Erhebung von Tribut sowie die Legitimation von Herrschaft durch eine Ideologie. Wie diese Faktoren mit den in der Entwicklung des frühen Staates beständig wachsenden sozialen Ungleichheiten zusammenhingen, entzieht sich offensichtlich jeder Generalisierbarkeit. Darüber hinaus ist in bezug auf all diese Aspekte keine strikte Grenzziehung zwischen Häuptlingstum und Staat möglich.[29]

Im frühen Staat, für den als ethnografische Beispiele unter anderem Ankole (im heutigen Uganda), Volta, Zulu, Azteken und Inka häufig zitiert werden, nahm die Produktion von landwirtschaftlichen Überschüssen durch abermals effizientere Produktionsstrategien bereits aufgrund der deutlich gesteigerten Bevölkerungsdichte noch größere Dimensionen an. Überschüsse waren notwendig, um den nicht in den Produktionsprozeß involvierten Teil der Bevölkerung zu ernähren, der den zentralisierten Staat im eigentlichen Sinne konstituiert. Dies ist in dem Sinne zu verstehen, daß für den Staat übergreifende Assoziationen wie Handelsverbände, Beamtentum und Militär sowie Berufsstände kennzeichnend werden. Anstelle der zentralen Figur des Häuptlings bzw. des Königs ist die politische Führung nun verteilt auf verschiedene Institutionen mit einer Bürokratie, unterstützt durch eine formale, kodifizierte Gesetzgebung.

Neben die Redistribution von Gütern tritt wie erwähnt die Entwicklung eines Markt- und Handelswesens – vor allem auch des Fernhandels – sowie erweiterter Formen von Abgaben. So nennen Claessen und Skalník[30] als ein Definitionskriterium des frühen Staates mindestens zwei Strata der Herrscher und der Beherrschten, deren Beziehung untereinander durch das politische Prinzip der Dominanz seitens der Herrschenden respektive durch Tributzahlungen seitens der Beherrschten geprägt ist. Legitimiert ist das System durch eine gemeinsame Ideologie mit Reziprozität als Grundprinzip. In bezug auf den letztgenannten Sachverhalt muß hier unterstrichen werden, daß Reziprozität selbst in der Struktur des frühen Staates bei weitem nicht ‚verschwunden' ist. Im Gegenteil kann sie sogar als eines der konstituierenden Merkmale des frühen Staates aufgefaßt werden, wenngleich selbstverständlich

[29] Claessen/Skalník, in: Claessen/Skalník, *Early State*, S. 625–629. Beispielsweise werden Tahiti und Hawai'i, in der Stichprobe (N=21) des Strukturvergleichs von Claessen und Skalník als frühe (wenngleich als rudimentäre) Staaten klassifiziert, im überwiegenden Teil der Literatur als Häuptlingstümer definiert.

[30] Claessen/Skalník, in: Claessen/Skalník, *Early State*, S. 640.

mit anderen Inhalten versehen als beispielsweise unter Jägern und Sammlern.[31]

Entsprechende politische Gebilde waren weltweit außerordentlich variabel organisiert. Vergleichsweise einfach strukturierte Staaten wie Tahiti oder Volta, die auch als komplexe Häuptlingstümer bezeichnet werden können, kannten zum Beispiel keine differenzierte Bürokratie. Auch waren Markt und Handel von geringer Bedeutung. Während das Erheben von Steuern in diesen Beispielen unbekannt war, stellten Tributzahlungen von Nachbargruppen, die in Kriegszügen unterworfen worden waren, sowie gemeinnützige Arbeitsleistungen wichtige Wirtschaftsfaktoren dar. In den Staaten der Yoruba und Inka gab es hingegen Handel und Märkte auf regionaler Basis sowie bezahlte Funktionäre in einer ausdifferenzierten Bürokratie, die durch regelmäßige Tribute und Zwangsarbeit unterhalten wurde. Das Reich der Azteken, als einer der komplexesten frühen Staaten, verfügte spätestens im frühen 16. Jahrhundert über eine hochgradige Arbeitsteilung und -spezialisierung, einen reich entwickelten überregionalen Handel, eine differenzierte Marktwirtschaft sowie über ein System der gezielten Eintreibung von Steuern.[32] Abgaben existierten in vielfältiger Form: Während Freie unter anderem an Bewässerungssystemen und Tempeln Fronarbeit leisten oder Abgaben in Form von Mais oder Stoffen entrichten mußten, waren Adlige zu Dienstleistungen in der Verwaltung verpflichtet. Von den Provinzen wurden in regelmäßigen Intervallen (vierteljährlich bis jährlich) Tribute erhoben in Form von Nahrungsmitteln, Stoffen, Handwerksprodukten, Edelmetallen, Schmuck oder auch Sklaven, d.h. Kriegsgefangenen, die man unter anderem als Menschenopfer benötigte. Zu speziellen Anlässen, etwa zu Tempeleinweihungen, wurden für eine Vielzahl von Zwecken weitere Abgaben erhoben, sei es zur Unterstützung administrativer wie militärischer Aktivitäten, als Rücklage für Hungerzeiten oder sei es zur Finanzierung von Fernhandelsexpeditionen.

Die Finanzierung von Verwaltung, Religionsausübung und Militär im frühen Staat wurde folglich hauptsächlich durch das Erheben von Steuern und Pachtzahlungen unter den Bürgern, Tributen von den Eroberten

[31] S. auch Trouwborst, in: Claessen/van de Velde, *Early State Dynamics*, S. 129–137, der diese Thematik anhand von historischen Beispielen aus dem afrikanischen Zwischenseengebiet illustriert.

[32] S. Berdan, in: Plattner, *Economic Anthropology*, S. 85–91; Hicks, in: Claessen/van de Velde, *Early State Dynamics*, S. 91–107; Kurz, in: Claessen/Skalník, *Early State*, S. 169–189; Schaedel, in: Claessen/Skalník, *Early State*, S. 289–320.

und Zollabgaben im Rahmen des Handels sichergestellt.[33] Die Kontrolle über diese Einnahmen oblag zentralen politischen oder auch religiösen Institutionen, denn häufig fungierten Tempel als Zentren der Redistribution. Sie kontrollierten Land und Arbeit, unterhielten große Lager beweglicher Güter und waren in Handelsaktivitäten engagiert.

Abgaben im Sinne von Steuern und Zöllen umfaßten dabei viele Formen. Sie wurden teils in Naturalien, teils in Geld geleistet,[34] teils auch in Form von gemeinnütziger Arbeit. Die Grundlage war, verallgemeinernd gesprochen, vermutlich das Konzept, daß alle Ressourcen prinzipiell dem Regenten gehören und daß auf dieser Voraussetzung basierend jede Transaktion mit dem Ziel, Güter zu produzieren oder Reichtum zu akkumulieren, zunächst über eine weitere Transaktion – die Steuer- bzw. Zollabgabe – vom politischen Zentrum ‚gekauft' werden mußte.

Das Erheben von Tributen in Gestalt von Naturalien, Geld oder auch Arbeit für einen Eroberer stellte eine weitere wichtige Einkommensquelle dar, die in der Regel mit militärischen Repressalien durchgesetzt wurde.[35] Die genauen Umstände der Tributzahlung variierten dabei in Entsprechung der Umstände der Eroberung beträchtlich: Mal handelte es sich um festgelegte und regelmäßige Forderungen, mal um gelegentliche Gaben.[36] Auch für das westafrikanische Reich Songhai im 16. Jahrhundert wird der Begriff der Gabe dem in anderen Kontexten üblichen Verständnis von Tribut vorgezogen, mit der Begründung, daß die sozioökonomischen Strukturen nach wie vor traditioneller Natur waren, das heißt, wie vor der politischen Expansion überwiegend auf dem Prinzip des Gabentauschs beruhten. Angemessen ist hier, von einem ‚wechselseitigen Tribut' zu sprechen.[37] Dieser Sachverhalt weist darauf hin, daß wir es bei dem Konzept der Gabe mit einem kontinuierlichen Spektrum zu tun haben, das von ihrem ‚konventionellen' Verständnis bis hin zu faktischen Zwangsabgaben reicht.

---

[33] Dabei erweist sich bei einem systematischen Vergleich, daß auch die Aristokratie von Steuerzahlungen keineswegs ausgeschlossen war. Claessen, in: Claessen/Skalník, *Early State*, S. 552f.

[34] Dies bezieht sich vor allem auf Kopfsteuer, Bodensteuer, Viehsteuer, Handelssteuer, Marktsteuer oder Hafensteuer.

[35] Earle, *Chiefs*, S. 105f; Johnson/Earle, *Evolution*, S. 258f. Militärische Gewalt, faktisch ausgeübt oder als latente Bedrohung, gilt als Schlüsselelement nicht nur für die Entstehung größerer politischer Institutionen wie komplexer Häuptlingstümer und Staaten, sondern speziell auch für die Etablierung und den dauerhaften Erhalt von Tributzahlungen seitens der Unterworfenen. S. auch Claessen, *Structural Change*, S. 109f.

[36] Berdan, in: Plattner, *Economic Anthropology*, S. 96.

[37] Ki-Zerbo, *Geschichte Schwarz-Afrikas*, S. 151.

In genereller Hinsicht symbolisiert der Tribut jedoch die politische und ökonomische Kontrolle einer Gruppe über eine andere, wobei der Kontrolle über die Produktionsmittel – hier zuvorderst Land – besondere Bedeutung zukommt. Zusätzlich stützen alle Formen von Abgaben die staatlichen Aktivitäten und den Lebensstandard der Herrschenden. Entsprechend variieren die Forderungen auch in Abhängigkeit von den jeweiligen Bedürfnissen des Staates und selbstverständlich auch in Abhängigkeit von den verfügbaren Ressourcen.

Wenngleich Zahlungen von Unterlegenen an Dominante oft auch außerhalb der institutionellen Bedingungen des Staates vorkamen, so zum Beispiel seitens seßhafter Bauern an nomadisierende Gruppen,[38] so gilt dennoch als generelle Aussage festzuhalten: Eine komplexe Bürokratie mit einem System von Steuern und Zollabgaben nach innen und – der frühe Staat wird als die erste Kriegsmaschinerie der Menschheitsgeschichte beschrieben[39] – dem Erheben von Tributen nach außen, als militärisch aufgezwungene Sonderform der Abgabe, wurde erst in komplexen, zentralisierten und speziell staatlichen Strukturen institutionalisiert.

Von der Gabe zur Abgabe

Zusammenfassend ist für den frühen Staat also kennzeichnend, daß zentrale Institutionen Abgaben/Steuern seitens der Bevölkerung, Zölle im Handelsverkehr sowie Tribute als regelmäßige Abgabe von abhängigen Gruppen einforderten. Märkte, Fernhandel und Steuern/Zölle/Tribute waren dabei meist in komplizierten und häufig instabilen Arrangements miteinander verwoben, die von Fall zu Fall sehr unterschiedlich strukturiert waren und jeweils die eine oder andere Form der Abgabe als ökonomischen Schwerpunkt aufweisen konnten.

An dieser Stelle muß auf die oben angesprochenen strukturellen Muster von Transaktionen zurückgekommen werden. Es wurde festgestellt, daß das Prinzip der Reziprozität auch in komplexeren politischen

[38] Dies war typisch für die Mongolei, in der Sahara und im Sahel sowie unter manchen nordamerikanischen Indianern. Das Erzwingen der Subordination von seßhaften Bauern ist geradezu ein typisches Merkmal des Hirtennomadismus. Das sozioökonomische System einiger Gruppen der Tuareg (einer stratifizierten Nomadengesellschaft) basierte auf Tributforderungen von Karawanen (s. Sáenz, in: Earle, *Chiefdoms*, S. 100–118.)

[39] Cohen, in: Foster/Rubinstein, *Peace and War*, S. 264.

Strukturen und selbst im Staat von erheblicher Bedeutung ist, indem es beispielsweise auch in den Staaten der Inka und Azteken die relativ symmetrischen Beziehungen zwischen Verwandten, Dorfbewohnern oder auch Herrschern von Stadtstaaten untereinander entscheidend prägte.[40] Auch ist das Verhältnis zwischen der Leistung, etwa einer Steuer, einerseits und der Gegenleistung seitens der Zentralinstitution andererseits immer durch Reziprozität gekennzeichnet. Der zitierte Begriff des ‚wechselseitigen Tributs' im Sinne von Abgabe/Gabe und Gegengabe im ehemaligen westafrikanischen Reich Songhai unterstreicht diesen Aspekt ebenfalls. Aus einer anderen Perspektive stellen Steuern, Zölle und Tribute jedoch auch Facetten des Redistributionsprinzips von Abgaben dar. Im frühen Staat bestand allein die Besonderheit, daß die Redistribution von Steuern und Tributen als Folge strikter politischer Zentralisierung durch eine komplexe, sakrale oder profane Autoritätsstruktur gesteuert und verwaltet wurde. Schließlich erweist sich mit dem Markttausch eines breiten Spektrums von Gütern auf lokaler, regionaler und interregionaler Ebene auch das dritte Transaktionsmuster als für den Staat bedeutsam. In der Zusammenschau dieser Aspekte wird abermals deutlich, daß hier keineswegs eine nach zwingenden Gesetzen verlaufende evolutionäre Abfolge von Transaktionsmustern vorliegt, sondern daß diese, wie auch mehrere Formen von Transaktionshandlungen, vielmehr grundsätzlich parallel existieren.

Dies darf nicht so interpretiert werden, daß es diesbezüglich keine historischen Entwicklungen gegeben hätte, denn die einzelnen Abgabeformen traten mit wachsender Komplexität soziopolitischer Strukturen im historischen Prozeß sehr wohl nacheinander auf. In *band societies* kann beispielsweise von Tributforderungen nicht die Rede sein, sehr wohl jedoch in staatlichen Gebilden von Gabentausch oder Tauschhandel. Andererseits gibt es Anzeichen dafür, daß mit zunehmender gesellschaftlicher Differenzierung das Prinzip der Reziprozität mehr und mehr asymmetrische Züge annahm und somit in der ökonomischen Praxis die ‚Gabe' graduell in die ‚Abgabe' transformiert wurde – wenngleich Reziprozität als Ideologie unverändert Bestand hatte.[41] Die zunehmende Akzentuierung gesellschaftlicher Ungleichheiten bzw. asymmetrischer Beziehungen zwischen nicht produzierenden Herrschern und produzierenden Beherrschten hatte den vorliegenden

[40] S. Earle, *Chiefs*, passim.
[41] Trouwborst, in: Claessen/van de Velde, *Early State Dynamics*, S. 135f.

Evidenzen zufolge ihren Beginn in freiwilligen Gaben und gelegentlicher Arbeit seitens der Bevölkerung an bzw. für den Regierungsapparat, bevor nach und nach systematisch auferlegte, regelmäßige Abgaben und Arbeiten zum Nutzen des Staates eingeführt wurden, bis schließlich in der Endphase der Entwicklung strikt geregelte Steuererhebungen und Zwangsarbeit, die nicht selten gewaltsam erzwungen wurden, die Regel waren.[42] Die vom politischen Zentrum akkumulierten Überschüsse wurden vornehmlich für politische Ziele eingesetzt, nämlich um über die Redistribution Folgschaft zu sichern und Macht zu bündeln. Gleichzeitig wies dieses System jedoch immer eindeutige Züge von Reziprozität auf, und zwar im Sinne gegenseitiger Verpflichtungen, aber auch gegenseitigen Nutzens für beide Parteien. Mit wachsender Komplexität des Staates verlor diese Reziprozität immer weniger ihren balancierten Charakter und nahm schließlich rein ideologische Züge an, während in der Praxis institutionalisierte Ungleichheiten mit Zügen von Ausbeutung dominierten.[43]

Speziell in den komplexeren politischen Formationen verdient daher die Beziehung zwischen den parallel existierenden einzelnen Handlungsformen und Strukturprinzipien von Transaktionen besondere Aufmerksamkeit (s. folgende Tabelle 2).

Typus polit. Organisation	Subsistenz-grundlage	Sozialstruktur	Transaktions-muster	Transaktions-handlung*	Gabe/ Abgabe
band society	Jagen/ Sammeln	‚egalitär'	Generalisierte Reziprozität	GT	Gabe
tribal society	Gartenbau	segmentär	Balancierte Rez.	GT/TH	Gabe
chiefdom	Intensivbau	stratifiziert	Redistribution	GT/TH/ (MT)	Gabe/ Abgabe
*early state***	Intensivbau Handel Handwerk Bürokratie Militär	stratifiziert differenziert Klassen Stände Assoziationen	Reziprozität Redistrib. MT	GT/TH/ MT	Gabe/ Abgabe Steuer Zoll Tribut

* GT = Gabentausch, TH = Tauschhandel, MT = Markttausch
** Die jeweils in einzelnen Zeilen stehenden Begriffe weisen nicht notwendigerweise eine Beziehung untereinander auf.

[42] Skalník, in: Claessen/Skalník, *Early State*, S. 602f. Vgl. Claessen/Skalník, in: Claessen/Skalník, *Early State*, S. 641.
[43] Skalník, in: Claessen/Skalník, *Early State*, S. 610, 614.

Abermals sei betont, daß diese Typologie extrem verallgemeinernd ist. Als kurze Illustration sei darauf verwiesen, daß beispielsweise Malinowski[44] die Zahlungen von Überschüssen an Knollenfrüchten, die ein *chief* auf den Trobriand-Inseln nach jeder Ernte von den matrilinearen Verwandten seiner (oft sehr zahlreichen) Ehefrauen erhielt, gleichermaßen als Ehegaben wie als Tribute bezeichnete. Es handelt sich bei dieser Gesellschaft um eine Übergangsform zwischen *tribal society* und einfach strukturiertem Häuptlingstum. Die *chiefs* versuchten, durch strategische Heiraten mit Frauen aus anderen Siedlungen eine Ausweitung ihrer ökonomischen und politischen Kontrolle auf mehrere Dörfer zu erreichen, also nur innerhalb eines eng begrenzten Territoriums. Wir haben es hier mit einer Mischform aus Gabentausch, Redistribution und Tributzahlung zu tun, die sich in die oben stehende Tabelle kaum einordnen läßt.[45]

Dennoch erscheint es sinnvoll, darauf aufbauend anhand der zentralen Begrifflichkeiten, die als Ausgangspunkt gedient hatten, ein weiteres Schema zu erstellen. Dieses soll in erster Linie veranschaulichen, daß wir es bei allen Formen von Transaktionen grundsätzlich nicht mit starren Kategorien zu tun haben, sondern vielmehr bezüglich jedes Einzelaspektes mit kontinuierlichen Skalen, die zudem in ihren Wechselwirkungen mit ökonomischen Grundmustern einerseits sowie mit sozialen und politischen Strukturen andererseits betrachtet werden müssen. Hinzu kommen ideologische/religiöse sowie ökologische Faktoren, die in jedem Einzelfall von erheblichem Einfluß sein können, auf die jedoch in der folgenden Darstellung aus Gründen der Anschaulichkeit verzichtet werden soll.

In dem Diagramm erfolgt die Steigerung soziopolitischer Komplexität und die wachsende Bedeutung asymmetrischer Beziehungen (Ungleichheiten) auf der x-Achse, die wachsende wirtschaftliche Bedeutung des Warentausches, und damit kurzfristiger, unpersönlicher Transaktionen, gegenüber dem Gabentausch mit langfristigen, persönlichen Transaktionen, auf der y-Achse.[46] Entsprechend sind die Konzepte der Gabe,

[44] Malinowski, *Korallengärten*, S. 75.

[45] S. auch Johnson/Earle, *Evolution*, S. 275. Auch bezeichnen Johnson und Earle (ebd., S. 283) das Prinzip der Redistribution im polynesischen Häuptlingstum als „a form of tributary taxation", über welche das gesamte politische Gemeinwesen finanziert wurde.

[46] Damit ist, um es zu wiederholen, nicht ausgesagt, daß die Gabe notwendigerweise der Ware konzeptionell entgegengesetzt ist. Auch wird der Tauschhandel hier nicht berücksichtigt.

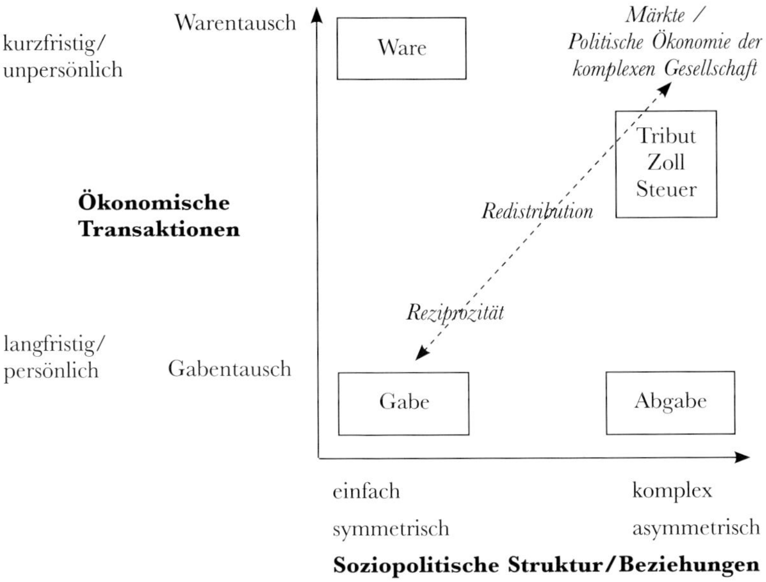

der Ware und der Abgabe eingetragen, wobei den Gegenpol zur Gabe auf der ‚ökonomischen Achse' die Ware darstellt, während dies auf der ‚soziopolitischen Achse' die Abgabe ist. Idealtypisch bedeutet dies, daß wir prinzipiell alle uns bekannten Gesellschaften in dieses Feld einbringen können – begonnen mit der strukturell einfachen, egalitären Gesellschaft mit einem dominanten Gabentausch nach den Grundsätzen der Reziprozität unten links, bis hin zur hochkomplexen staatlichen Gesellschaft mit Warentausch und diversen Formen von Abgaben oben rechts. Kursiv gesetzt sind Reziprozität und Redistribution, die (anders als in Tabelle 1 dargestellt) als Transaktionsmuster keiner politischen Ökonomie eindeutig und exklusiv zuzuordnen sind.

Das Problem besteht darin, daß, von möglicherweise ganz wenigen Ausnahmen abgesehen, keine sozioökonomische Realität in dieses Quasi-Koordinatensystem einzuordnen ist, weder in historischer Perspektive noch unter rezenten Bedingungen. Vor dem Hintergrund der voranstehenden Ausführungen und der bereits zitierten Literatur liegen einige wesentliche Gründe für diesen Sachverhalt darin:

1. Politik und Sozialstruktur: Ausgehend von paläolithischen *band societies* verlief die Evolution sozialer und politischer Strukturen, insbesondere des Staates, weltweit sehr unterschiedlich und resultierte in einer unüberschaubaren Heterogenität, die sich jeder strengen Kategorisierung entzieht.

2. Ökonomie: Für die Entwicklung wirtschaftlicher Transaktionen vom Teilen der Jagdbeute bis hin zur Einbeziehung von Allzweck-Geld als universellem Tauschmittel und Wertmaßstab gilt das gleiche.[47] Unterschiedliche Formen von Transaktionshandlungen sowie auch die Strukturprinzipien von Transaktion existieren in der Mehrheit aller Gesellschaften parallel zueinander, nur in jeweils unterschiedlicher Gewichtung.
3. Gabe, Ware, Abgabe: Abermals von wenigen Ausnahmen abgesehen, erscheint die eindeutige Definition dieser Begriffe im weltweiten Kulturvergleich heute unsicherer denn je.

Dennoch lassen sich einige Punkte ausmachen, die trotz dieser Einschränkungen evident sind. Die Transaktionsformen des Gabentauschs, des Tauschhandels und des Warentauschs entwickelten sich ohne Zweifel aufeinanderfolgend, und zwar in mehr oder weniger direkter Entsprechung der Evolution sozioökonomischer und politischer Systeme. Dies bedeutet nicht, wie nachgewiesen wurde, daß mit der Herausbildung jeder späteren Form die früheren verschwunden wären, und dies bedeutet ebenfalls nicht, daß beispielsweise der Tauschhandel eine zwingende Vorbedingung für den Markttausch gewesen wäre.

Abgaben in unterschiedlicher Form können vor diesem Hintergrund als eine Folgeerscheinung komplexerer sozialer und politischer Institutionen aufgefaßt werden. Sie nahmen im historischen Verlauf zum einen kontinuierlich differenziertere und spezialisiertere Formen an, zum anderen wurden sie von einer eher freiwilligen Gabe in immer rigiderer Form institutionalisiert und schließlich zur erzwungenen Abgabe umgestaltet. Anhand der zur Verfügung stehenden Daten läßt sich im interkulturellen Vergleich durchaus eine Folge erstellen, die sich von der Gabe am einen Ende bis hin zum Steuersystem am anderen Ende erstreckt. Das Geschenk – ein hier aus bestimmten Gründen vernachlässigtes Konzept – stellt einen Sonderfall dar, der als vergleichsweise zeitlos und nicht in Zusammenhang mit spezifischen gesellschaftlichen Verhältnissen stehend betrachtet werden muß.

Analoge Verhältnisse lassen sich bezüglich der Reziprozität, der Redistribution und des Markttauschs als den wesentlichen Strukturmustern

[47] Allein die Definition des Geldes ist seit den Zeiten eines Aristoteles bis heute unter Ökonomen wie Ethnologen äußerst umstritten. Gilt dies bereits für den europäischen Kontext, so wird das Problem bei Einbeziehung außereuropäischer Formen des Geldes noch komplizierter (Rössler, *Wirtschaftsethnologie*, S. 209–219).

von Transaktionen konstatieren. Auch sie lassen sich einerseits in eine historische Folge bringen und existieren andererseits in vielen Gesellschaften mit jeweils spezifischen Bezügen nebeneinander. Reziprozität und Redistribution werden entweder zumindest als Ideologie aufrecht erhalten oder, speziell im Falle der Redistribution, auch als wirtschaftliche Praxis über lange Zeiträume hinweg perpetuiert – wie wir wissen, bis in die Verhältnisse des modernen postindustriellen Staates hinein.

Hinsichtlich spezieller Terminologien zu Gaben und Abgaben im ethnografischen Einzelfall bietet sich als einzig praktikable Lösung an, die spezifischen Eigenheiten dieses Einzelfalls abzuklären und in den Kontext der historischen Zusammenhänge, so weit wir sie kennen, kritisch einzubringen. Daß es in diesem Zusammenhang nicht nur zu konzeptuellen Problemen der Einordnung von Systemen der Gabe und der Abgabe, der Gegenseitigkeit und der Rückverteilung, sondern auch zu Bedeutungsverschiebungen einzelner Begriffe im Verlauf der Geschichte kommt, ist unvermeidbar. Dies legt Zeugnis ab von der Komplexität menschlicher Kultur in Vergangenheit und Gegenwart.

Bibliographie

Acheson, James M., *Transaction Cost Economics: Accomplishments, Problems, and Possibilities*, in: Jean Ensminger (ed.), *Theory in Economic Anthropology*, Walnut Creek 2002, S. 27–58.

Appadurai, Arjun, *Introduction: Commodities and the Politics of Value*, in: Arjun Appadurai (ed.), *The Social Life of Things. Commodities in Cultural Perspective*, Cambridge 1986, S. 3–63.

Banton, *Relevance of Models*: Michael Banton (ed.), *The Relevance of Models for Social Anthropology*, London 1965.

Berdan, Frances, *Trade and Markets in Precapitalist States*, in: Stuart Plattner (ed.), *Economic Anthropology*, Stanford 1989, S. 78–107.

Berzborn, *Haushaltsökonomie*: Susanne Berzborn, *Haushaltsökonomie, soziale Netzwerke und Identität. Risikominimierende Strategien von Pastoralisten und Lohnarbeitern im Richtersveld, Südafrika*, Dissertation, Philosophische Fakultät der Universität zu Köln. Publikation unter URN: nbn:de:Hbz:38–13187; URL: http:// kups.ub.uni-koeln.de/volltexte/2004/1318.

Carrier, *Gifts & Commodities*: James G. Carrier, *Gifts & Commodities; Exchange & Western Capitalism since 1700*, London 1995.

Cashdan, *Risk and Uncertainty*: Elizabeth Cashdan (ed.), *Risk and Uncertainty in Tribal and Peasant Economics*, Boulder 1990.

Cashdan, Elizabeth, *Information Costs and Customary Prices*, in: Elisabeth Cashdan (ed.), *Risk and Uncertainty in Tribal and Peasant Economics*, Boulder 1990, S. 259–278.

Claessen, Henri J. M., *Early State in Tahiti*, in: Claessen/Skalník, *Early State*, S. 441–467.

Claessen, Henri J. M., *The Early State: A Stuctural Approach*, in: H. J. M. Claessen/P. Skalník (eds.), *The Early State*, The Hague 1978, S. 533–596.

Claessen, *Structural Change*: Henri J. M. Claessen, *Structural Change. Evolution and Evolutionism in Cultural Anthropology*, Leiden 2000.

Claessen/Skalník, *Early State*: Henri J. M. Claessen/Peter Skalník (eds.), *The Early State*, The Hague 1978.

Claessen, Henri J. M./Skalník, Peter, *Limits: Beginning and End of the Early State*, in: Claessen/Skalník, *Early State*, S. 619–635.

Claessen, Henri J. M./Skalník, Peter, *The Early State: Models and Reality*, in: Claessen/Skalník, *Early State*, S. 637–650.

Claessen/van de Velde, *Early State Dynamics*: Henri J.M. Claessen/Peter Skalník (eds.), *Early State Dynamics*, Leiden 1987.

Cohen, Ronald, *War and Peace Proneness in Pre- and Postindustrial States*, in: M. LeCron Foster/R.A. Rubinstein (eds.), *Peace and War, Cross-Cultural Perspectives*, New Brunswick 1986, S. 253–267.

Earle, *Chiefdoms*: Timothy Earle (ed.), *Chiefdoms: Power, Economy, and Ideology*, Cambridge 1991.

Earle, *Chiefs*: Timothy Earle, *How Chiefs Come to Power. The Political Economy in Prehistory*, Stanford 1997.

Ensminger, *Economic Anthropology*: Jean Ensminger (ed.), *Theory in Economic Anthropology*, Walnut Creek 2002.

Foster/Rubinstein, *Peace and War*: Mary LeCron Foster/Robert A. Rubinstein (eds.), *Peace and War, Cross-Cultural Perspectives*, New Brunswick 1986.

Fried, *Evolution*: Morton H. Fried, *The Evolution of Political Society; An Essay in Political Economy*, New York 1967.

Gell, Alfred, *Inter-Tribal Community Barter and Reproductive Gift-Exchange in Old Melanesia*, in: C. Humphrey/S. Hugh-Jones (eds.), *Barter, Exchange and Value. An Anthropological Approach*, Cambridge 1992, S. 142–168.

Godelier, *Perspectives*: Maurice Godelier, *Perspectives in Marxist Anthropology*, Cambridge 1977.

Godelier, Maurice, *'Salt Money' and the Circulation of Commodities among the Baruya of New Guinea*, in: Maurice Godelier, *Perspectives in Marxist Anthropology*, Cambridge 1977, S. 127–151.

Görlich, Joachim, *Gabentausch und Tauschhandel in Melanesien als strategische Interaktion*, in: Sociologus 42, 1992, S. 24–42.

Görlich, *Tausch*: Joachim Görlich, *Tausch als rationales Handeln: Zeremonieller Gabentausch und Tauschhandel im Hochland von Papua-Neuguinea*, Berlin 1992.

Gregory, *Gifts and Commodities*: Christopher A. Gregory, *Gifts and Commodities*, London 1982.

Gregory, Christopher A., *Exchange and Reciprocity*, in: Tim Ingold (ed.), *Companion Encyclopedia of Anthropology*, London 1994, S. 911–939.

Gregory, *Savage Money*: Christopher A. Gregory, *Savage Money. The Anthropology and Politics of Commodity Exchange*, Amsterdam 1997.

Gudeman, *Anthropology of Economy*: Stephen Gudeman, *The Anthropology of Economy. Community, Market, and Culture*, Oxford 2001.

Humphrey/Hugh-Jones, *Barter*: C. Humphrey/S. Hugh-Jones (eds.), *Barter, Exchange and Value. An Anthropological Approach*, Cambridge 1992.

Ingold, *Encyclopedia*: Tim Ingold (ed.), *Companion Encyclopedia of Anthropology*, London 1994.

Johnson/Earle, *Evolution*: A. W. Johnson/T. Earle, *The Evolution of Human Societies. From Foraging Group to Agrarian State*, Stanford 2000.

Kaplan, H./Hill, K., *Food Sharing Among Ache Foragers: Tests of Explanatory Hypotheses*, in: CA 26, 1985, S. 223–246.

Kirch, *Polynesian Chiefdoms*: Patrick V. Kirch, *The Evolution of Polynesian Chiefdoms*, Cambridge 1984.

Ki-Zerbo, *Geschichte Schwarz-Afrikas*: Joseph Ki-Zerbo, *Die Geschichte Schwarz-Afrikas*, Wuppertal 1979.

Knight, *Risk*: Frank Knight, *Risk, Uncertainty and Profit*, New York 1921.

Kurz, Donald V., *The Legitimation of the Aztec State*, in: Claessen/Skalník, *Early State*, S. 169–189.
Malinowski, *Argonauten*: Bronislaw Malinowski, *Argonauten des westlichen Pazifik*, Frankfurt 1979 [1922].
Malinowski, *Korallengärten*: Bronislaw Malinowski, *Korallengärten und ihre Magie. Bodenbestellung und bäuerliche Riten auf den Trobriand-Inseln*, Frankfurt 1981 [1935].
Mauss, *Die Gabe*: Marcel Mauss, *Die Gabe. Form und Funktion des Austauschs in archaischen Gesellschaften*, Frankfurt/Main 1990 [1923–24].
Parry/Bloch, *Money and Morality*: Jonathan Parry/Maurice Bloch (eds.), *Money and the Morality of Exchange*, Cambridge 1989.
Peterson, Nicolas, *Demand Sharing: Reciprocity and the Pressure for Generosity among Foragers*, in: American Anthropologist 95, 1993, S. 860–874.
Plattner, *Economic Anthropology*: Stuart Plattner (ed.), *Economic Anthropology*, Stanford 1989.
Plattner, Stuart, *Economic Behavior in Markets*, in: Stuart Plattner (ed.), *Economic Anthropology*, Stanford 1989, S. 209–21.
Polanyi, Karl, *The Economy as 'Instituted Process'*, in: K. Polanyi/C. M. Arensberg/ H. W. Pearson (eds.), *Trade and Market in the Early Empires*, New York 1957, S. 243–270.
Polanyi et al., *Trade and Market*: K. Polanyi/C. M. Arensberg/H. W. Pearson (eds.), *Trade and Market in the Early Empires*, New York 1957.
Polanyi, *Transformation*: Karl Polanyi, *The Great Transformation. Politische und ökonomische Ursprünge von Gesellschaften und Wirtschaftssystemen*, Frankfurt 1978 [1944].
Rössler, *Wirtschaftsethnologie*: Martin Rössler, *Wirtschaftsethnologie. Eine Einführung*, 2. überarbeitete und erw. Auflage, Berlin 2005.
Rössler/Bollig, *Ethnicization*: Martin Rössler/Michael Bollig, *Ethnicization, Militancy and Capitalization of the Periphery: Transformations of Socio-Economic Strategies in Arid Africa*. Working Paper, SFB 389, 2003.
Sáenz, Candelario, *Lords of the Waste: Predation, Pastoral Production, and the Process of Stratification among the Eastern Twaregs*, in: Timothy Earle (ed.), *Chiefdoms: Power, Economy, and Ideology*, Cambridge 1991, S. 100–118.
Sahlins, Marshall, *Poor Man, Rich Man, Big-Man, Chief: Political Types in Melanesia and Polynesia*, in: CSSH 5, 1963, S. 285–303.
Sahlins, Marshall, *On the Sociology of Primitive Exchange*, in: Michael Banton (ed.), *The Relevance of Models for Social Anthropology*, London 1965, S. 139–236.
Sandler, *Economic Concepts*: Todd Sandler, *Economic Concepts for the Social Sciences*, Cambridge 2001.
Schaedel, Richard P., *Early State of the Incas*, in: Claessen/Skalník, *Early State*, S. 289–320.
Service, *Organization*: Elman Service, *Primitive Social Organization. An Evolutionary Perspective*, New York 1962.
Service, *Origins*: Elman Service, *Origins of the State and Civilization; The Processes of Cultural Evolution*, New York 1975.
Skalník, Peter, *The Early State as a Process*, in: Claessen/Skalník, *Early State*, S. 597–618.
Smith, Eric A./Boyd, Robert, *Risk and Reciprocity: Hunter-Gatherer Socioecology and the Problem of Collective Action*, in: Elisabeth Cashdan (ed.), *Risk and Uncertainty in Tribal and Peasant Economics*, Boulder 1990, S. 167–191.
Thomas, *Entangled Objects*: Nicholas Thomas, *Entangled Objects. Exchange, Material Culture and Colonialism in the Pacific*, Cambridge (Mass.) 1991.
Trouwborst, Albert A., *From Tribute to Taxation. On the Dynamics of the Early State*, in: Claessen/van de Velde, *Early State Dynamics*, S. 129–137.
Tymowski, Michal, *The Early State and After in Precolonial West Sudan*, in: Claessen/van de Velde, *Early State Dynamics*, S. 54–69.
Weiner, *Inalienable Possessions*: Annette B. Weiner, *Inalienable Possessions: The Paradox of Keeping-While-Giving*, Berkeley 1992.

SEKTION I

ÄGYPTEN

GABEN UND ABGABEN IM ÄGYPTEN DES ALTEN REICHES

Stephan Johannes Seidlmayer (Berlin)

Grundtatsachen des frühen Staates sind institutionalisierte soziale Ungleichheit und tributäre ökonomische Beziehungen.[1] Gaben und Abgaben – allgemeiner gesagt, der durch diese soziale Formation geprägte Fluß von Gütern und Leistungen durch das gesellschaftliche System – betreffen daher den soziopolitischen Kern dieses Typus sozialer Organisation.

Das Alte Ägypten des 3. Jahrtausends v.Chr. bietet zur Diskussion dieser Fragen offenkundig einen Fall besonderer Signifikanz. Zwar liegen die Entstehung der komplexen Gesellschaft und des Staates historisch bereits um mehrere Jahrhunderte zurück (vorrangig in der 2. Hälfte des 4. Jahrtausends), doch trennt das Alte Reich noch ein weiter Weg vom ausgereiften Staat etwa der 12. Dynastie und des Neuen Reiches. In dieser Entwicklung steht das 3. Jahrtausend v.Chr. als eine expansive Phase – expansiv vermutlich demographisch, auf jeden Fall ökonomisch und strukturell.

Diese dynamische Periode wird durch eine komplexe Quellenlage beleuchtet, und darin liegt eine besondere Chance, sich der Komplexität der kulturellen und historischen Strukturen und Prozesse angemessen zu nähern. Archäologische Zeugnisse der „materiellen Kultur", ein besonders reicher ikonographischer Quellenbestand und signifikante Textzeugnisse rücken in je eigener Perspektive unterschiedliche Aspekte in den Blick und erlauben in ihrer Summe, ein differenziertes Bild zu zeichnen.

In diesem Beitrag soll in der Kenntnisnahme der Dokumentation der Akzent auf den überwiegend vernachlässigten archäologischen Zeugnissen liegen, allerdings ohne den Kontext der Quellenlage insgesamt zu ignorieren. Dabei ist es sinnvoll, zunächst den Güterfluß *innerhalb* des ägyptischen Staates und der ägyptischen Gesellschaft und danach die *Außen*beziehungen Ägyptens in den Blick zu fassen.

[1] S. etwa die Definition in Trigger, *Early Civilizations*, S. 6–8.

Gaben und Abgaben innerhalb der ägyptischen Gesellschaft

1 *Die Ikonographie von Gabe und Abgabe*

Abgaben sind *das* große Thema der Ikonographie des Alten Reiches. Dabei sind die Szenen regelmäßig im rituellen Kontext des Totenkults angesiedelt. In der Dekoration der Totentempel der Könige kommt das tributäre System auf gesamtstaatlicher Ebene, also die Steuererhebung selbst, am direktesten zur Darstellung.

Seit dem Beginn der 4. Dynastie gehören hier Bilder, in denen gezeigt wird, wie die Abgaben gebracht werden, auf denen der Kult in den Tempelanlagen materiell basierte, zum Standardrepertoire der Bildprogramme. Im Tempel am Aufweg der Knickpyramide des Snofru in Dahschur wird erstmals in der Sockelzone der Wände ein Fries von Gaben bringenden Frauen abgebildet, die Gehöfte personifizieren, die zur Versorgung des königlichen Totenkults eingerichtet worden waren (Abb. 1).[2] Durch in die Folge eingefügte Gauzeichen ist die Domänenprozession geographisch verortet und gegliedert. Diese Darstellung ist – ebenso wie äquivalente Bilder in anderen königlichen Totentempeln – mit mannigfachen Problemen verbunden, die hier nicht im Einzelnen diskutiert werden können. So ist die Rekonstruktion der fragmentarisch erhaltenen Bildfriese des Tempels insbesondere mit Blick auf ihre geographische Verteilung umstritten.[3] Auch verdiente es der Charakter der Domänengründung zwischen Neukonstitution von Produktionskapazitäten im Kontext eines Prozesses innerer Kolonisation und bloßer administrativer Erfassung bestehender Einheiten genauer durchleuchtet zu werden. Schließlich ist durchaus offen, ob mit der in den Denkmälern des Alten Reiches so prominenten Domänenwirtschaft prinzipiell die *gesamte* agrarische Produktion oder nur ein verwaltungstechnisch spezifisches Segment erfaßt ist. Immerhin kann meiner Auffassung nach davon ausgegangen werden, daß der Fries im Tempel der Knickpyramide ebenso wie ähnliche, ursprünglich quantitativ noch viel umfangreichere Domänenprozessionen in den Königstempeln im Prinzip das gesamte ägyptische Land, von Elephantine bis ins Delta

---

[2] Fakhry, *The Monuments of Sneferu*, S. 17–58.

[3] S. Jacquet, *Domaines funéraires*, S. 125–137; die Rekonstruktion, auf der Gundlach, *Zwangsumsiedlung*, S. 71ff. fußt, ist keineswegs sicher.

Abb. 1: Domänenprozession im Tempel am Aufweg der Knickpyramide des Snofru in Dahschur.

repräsentierten. Die Friese zeigen also das ganze Land, wie es Gaben für den Kult des Königs abliefert.

Dieser Sachverhalt erhält in einem doppelten Kontext Bedeutung. Zum einen ist der Gesamtbestand des Dekors der Totentempel in Betracht zu ziehen. Trotz der fragmentarischen Überlieferung dieser großen Denkmäler ist erkennbar, daß das Themenspektrum ihrer Bebilderung durchaus begrenzt war.[4] Es kreist um den Verkehr des Königs mit den Göttern, die Durchführung auf das Königtum bezogener Rituale und um den Sieg des Königs gegen fremde Länder. Szenen vom Bau der Pyramidenanlagen aber auch auswärtige Expeditionen haben durch unerwartete Neufunde jüngst Belegsubstanz gewonnen.[5] Entscheidend ist, daß Szenen, die das Verhältnis des Königs zum Land Ägypten zeigen – gleichsam sein „innenpolitisches" Wirken – nicht vorkommen. Dieser immerhin theoretisch denkbare Themenkreis ist der Bilderwelt des Alten Ägypten so fremd geblieben, daß man als Ägyptologe Schwierigkeiten hat sich vorzustellen, wie solche Szenen überhaupt aussehen könnten. Aber natürlich ließen sich Szenen denken, in denen Pharaoh seinem Volk huldreich begegnet, wie es die Künste

[4] Stockfisch, *Totenkult des ägyptischen Königs*.
[5] Hawass/Verner, in: MDAIK 52, 1996, S. 177–186.

anderer Zeiten und Kulturen durchaus kennen. Als Fazit bleibt, daß die Abgabenprozessionen der Domänenfriese tatsächlich der *einzige* Kontext sind, in dem die Relation zwischen Land und Herrschaft angesprochen wird. Die Rolle des Landes im ideologischen Horizont des Staatskultes liegt darin, daß es Abgaben bringt. Steuern zu zahlen ist hier die *raison d'être* Ägyptens.

Dieser Sachverhalt gewinnt weiter an Bedeutung, wenn man das Thema der Ab(Gabe) in der Bilderwelt weiter verfolgt. Die Domänenaufzüge behandeln den Gegenstand nur am Konkretesten – fast sind die Prozessionen wie „Kontoauszüge" der Tempel zu lesen –, aber sie stehen nicht allein. Auf einer Stufenleiter der Abstraktion folgen zunächst Bildzyklen, die ohne die einzelnen Güter noch zu spezifizieren die Verwaltungsbezirke (Gaue) des Landes in ihrer Rolle als Lieferanten für den Königskult darstellen. Dafür stehen die bekannten statuarischen Triaden aus dem Taltempel des Königs Mykerinos, die jeweils den König und eine Gaupersonifikation zuseiten der Göttin Hathor abbilden.[6] Auch hier zeigen die Aufschriften auf den Statuenbasen[7] sehr deutlich, daß die Darstellung der Gaue sich aus ihrer Rolle als Gabenbringer für den Königskult begründet. Die Präsenz der Göttin Hathor ergibt sich wohl daraus, daß sie in einem *mr.t*-Heiligtum im Taltempelbereich verehrt wurde, wo anscheinend auch die *rꜣ-š*-Institution angesiedelt war, die nach Ausweis der Abusir-Papyri in der Verwaltung der eingelieferten Abgaben eine Schlüsselrolle gespielt hat.[8] Der Triadenzyklus läßt sich also wie eine Zusammenfassung eines Domänenfrieses verstehen und steht übrigens auch in seiner rekonstruierbaren räumlichen Anordnung im Hof des Totentempels in enger Parallele zum Domänenfries des Tempels der Knickpyramide.

Das Thema der (Ab)Gabe wird jedoch in noch stärker generalisierender Abstraktion behandelt. Maßgeblich bezeugen dies die Reliefs von den Türwangen eines Seiteneingangs im Totentempel des Sahure in

[6] Reisner, *Mycerinus*, S. 109f. Entgegen der Vorstellung von Wood, in: JEA 60, 1974, S. 82–93 gehe ich davon aus, daß im Bildzyklus der Triaden im Prinzip alle Gaue abgebildet und daß die Figuren im Hof des Tempels aufgestellt waren. Die Gruppe MMA 18.2.4, die König Sahure mit der Personifikation des Gaues von Koptos zeigt (*Egyptian Art in the Age of the Pyramids*, S. 328–330), dürfte aus einem äquivalenten Kontext im Totentempel dieses Königs stammen.

[7] Reisner, ebd., Pl. 46.

[8] Das Argument ist ausgeführt in Seidlmayer, in: Bietak, *Haus und Palast*, S. 210 Anm. 81.

Abusir (Abb. 2).[9] Hier stehen neben den Personifikationen geographischer Großeinheiten (Ober- und Unterägyptens, des *w3d-wr*-Meeres) Personifikationen von Naturkräften wie „(des Prinzips) der Knospung“, „(des Prinzips) der Gabe“ oder des männlichen Samens, verbildlicht durch eine schwangere Frau.[10] Domänen und Gaue erscheinen damit als konkrete Instantiierungen übergreifender, abstrakter Prinzipien der Lebendigkeit der Welt, die ihr Ziel in ihrem Beitrag für den Kult des Königs finden.

Die Logik dieses Nexus wird in dem heiligen Buch durchsichtig, mit dem ein Raum im Zugang zum zentralen Obeliskenmal im Sonnenheiligtum des Neuserre in Abu-Gurob, die sogenannte „Weltkammer“ ausgeschmückt ist.[11] Hier werden die Szenen, die das Leben und Treiben der Natur und der Menschen in den Jahreszeiten schildern, durch große Personifikationen der Jahreszeiten selbst gleichzeitig graphisch verklammert, inhaltlich resumiert und szenisch motiviert (Abb. 3). Diese Personifikationen bringen nämlich wiederum ihre Gaben für den Kult des Tempels. Und in diesem Falle zeichnet sich ein ideologischer Begründungszusammenhang ab. Das heilige Buch der Weltkammer stammt aus dem Kult und ist abgebildet in einem Tempel des Sonnengottes. Die Folge der Jahreszeiten visualisiert den Gedanken, daß der Sonnengott durch seinen Lauf die Zeit und in ihr die Welt erschafft. Die Abgabe, die die Welt dem Kult der Gottheit spendet, ist ihre reziproke Antwort auf diesen Schöpfungsakt.

In diesen imaginären Begründungszusammenhang fügt sich die Bilderwelt der königlichen Totentempel ein. Als Sohn,[12] Erbe und Stellvertreter des Schöpfergottes tritt der König in den so gedachten Nexus des gegenseitigen Austauschs ein, so daß die konkrete Steuerleistung der Dörfer überall im Land als die Erfüllung einer Verbindichkeit im Horizont sakraler Reziprozität erscheint, die keiner weiteren Begründung bedarf.

Selbstverständlich ist der kultische Kontext, in dem dieser „letzte Grund“ der (Ab)Gaben des Landes formuliert wird, nicht zu übersehen; ebensowenig ist aber zu ignorieren, daß das Alte Reich – jedenfalls

[9] Borchardt, *Das Grabdenkmal des Sahu-Re II*, Blatt 29–30.

[10] Zu Personifikationen s. Baines, *Fecundity Figures*.

[11] PM (2)II.1, S. 319–324; zur Rekonstruktion der Wandeinteilung s. Smith, *Interconnections*, Figs. 178–179.

[12] Das Epitheton *z3-Rˁ* „Sohn des Sonnengottes“ kommt in der 4. Dynastie auf und expliziert den sakralen Status des Königs aus seiner Beziehung zum Sonnengott. Zur Beleglage Beckerath, *Handbuch der Königsnamen*, S. 25f.

Abb. 2: Naturpersonifikationen, die Gaben für den Totenkult des Königs bringen, im Totentempel des Sahure in Abusir.

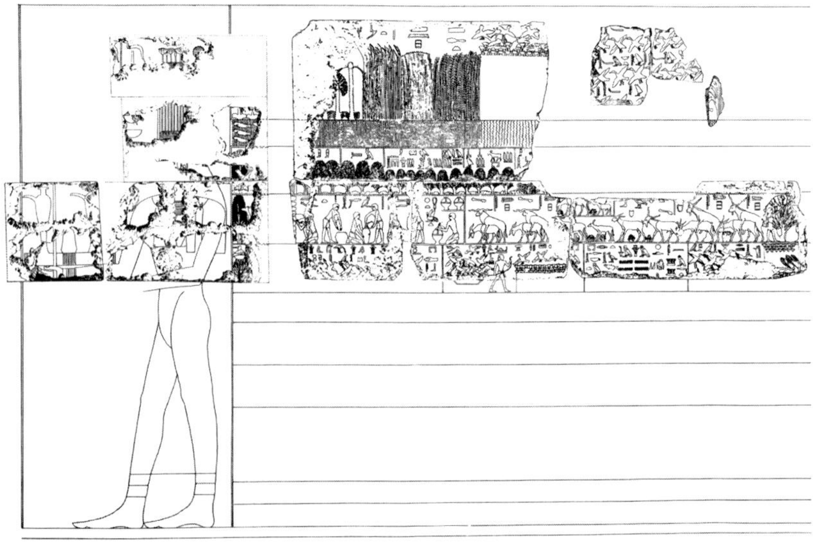

Abb. 3: Rekonstruktion eines Abschnitts der Dekoration der „Weltkammer" im Sonnenheiligtum des Neuserre; Naturbilder und Personifikation der Überschwemmungs-Jahreszeit, die Gaben für den Kult des Tempels bringt.

soweit mir präsent ist – keinerlei sonstige Begründung für den staatlichen Leistungsanspruch formuliert hat. Der König (d.i. der Staat) erscheint als „Nehmer", ohne daß darin ein legitimationsbedürftiges Problem gesehen wird. Dies ändert sich bekanntlich fundamental in der Ersten Zwischenzeit, in der im Milieu der oberägyptischen Machthaber ein Diskurs über die Legitimation der Herrschaft entsteht, in dessen Folge sich das Königtum etwa des Mittleren Reiches entschieden als „Geber" profiliert[13] – eine fundamentale Umpolung des ideologischen Bezugssystems, die die Signifikanz der umrissenen Befunde des Alten Reiches unterstreicht.

(Ab)Gabe ist jedoch nicht nur ein Thema der Kultanlagen der Könige. Auch die Darstellungen in den monumentalen Grabanlagen der hohen Funktionäre kreisen um dasselbe Thema, wobei sich dort allerdings ideologische Höhenflüge der eben skizzierten Art verbieten. Aus dem zentralen Kultereignis, um das die Bilderwelt der Gräber entwickelt ist, dem Opferkult für den Inhaber des Grabes, wird zuallererst eine lange Kette der sozioökonomischen „Anamnese" der materiellen Grundlage des Totenkults angesponnen.

Auch in den Monumentalgräbern der Elite kann diese Darstellung des ökonomischen Hintergrunds die elementare und dabei juristisch konkreteste Form der Domänenprozession annehmen. Das Thema bleibt jedoch keineswegs auf dieses Darstellungsformat beschränkt. Im Gegenteil charakterisiert es die Bilderwelt der Gräber in viel höherem Maße, die Leistungserbringung für das Totenopfer in einer langen Kette sozial bedingter Produktions- und Arbeitsabläufe dem Betrachter vor Augen zu stellen (Abb. 4). Von Pflügen, Aussaat und Ernte, Speichern, Backen, Anliefern und Präsentieren läßt sich z.B. der Weg des Getreidekorns bruchlos vom Feld bis auf den Opfertisch verfolgen.

Tatsächlich ist darin ein prägendes – wenn auch gewiß nicht das einzige – Prinzip in der Konstruktion der Bilderwelt der Monumentalgräber des Alten Reiches zu erkennen. Aus dem Blickpunkt des Totenkults wird eine Perspektive auf die soziale und ökonomische Welt des Alten Ägypten entwickelt, und in dieser ist das Grundmotiv der Abgabe dominant, ja obsessiv. Wenn alle Szenen aus dem sog. „täglichen Leben" eigentlich auf einen Akt der Abgabeleistung fokussieren,

[13] Zur Neufokussierung des herrschaftslegitimatorischen Diskurses in der Ersten Zwischenzeit s. Seidlmayer in: Shaw, *Oxford History of Ancient Egypt*, Oxford 2000, S. 128–133.

Abb. 4: Produktion und Abgabeleistung in einem Wandbild im Grab des Nianchchnum und Chnumhotep in Saqqara.

ist darin ein konstitutives, kohärenzstiftendes Element dieser Bilderwelt zu erkennen.

Es liegt nahe, diesen Befund mit der sehr spezifischen Situation des Totenkults zu erklären und dadurch in seiner Bedeutung zu relativieren. So zu argumentieren, griffe jedoch meiner Auffassung nach zu kurz. Entscheidend ist, daß im Apropos des Totenkults eine symbolische und rituelle Welt konstruiert wird, deren Inhalt die Festschreibung (nicht die Erfindung) von Status-, Abhängigkeits- und Eigentumsbeziehungen ist. Die Gedankenwelt der funerären Kultur fokussiert auf Dienst und (Ab)Gabe, *weil* die soziale Welt, die sie im Horizont des Todes zu rekonstruieren und stabilisieren trachtet, darauf basiert. Wie Trigger in den Opferritualen archaischer Staaten die tributären Relationen, die sie im Kern charakterisieren, überhöht und symbolisch ausagiert erkennt, läßt sich dieses Verstehensmodell direkt zur Erhellung der Semantik des ägyptischen Totenkults fruchtbar machen.[14]

[14] Trigger, *Early Civilizations*, S. 103; Fitzenreiter, *Toteneigentum im Alten Reich*.

2 *Administrative Quellen*

Der Bildbefund belegt den pervasiven und fundamentalen Charakter der Abgabenleistung aus dem Blickpunkt der Elite. Dabei sind die Darstellungen eingebettet in eine rituelle Matrix, in der der herrschaftliche Charakter des Systems, das der Abgabenleistung zugrunde liegt, akzentuiert wird – etwa in Szenen, in denen die Revision der Güter und die Bestrafung irgendwie säumiger Verwalter gezeigt wird.[15]

Die konkrete Implementation dieses Systems der Abgabenleistung in einem administrativen System wird in einer beachtlichen Zahl schriftlicher Zeugnisse sichtbar. In der verfügbaren Quellenlage bleiben die Einblicke punktuell, doch sind sie dadurch nicht weniger signifikant. An dieser Stelle kann das Material in seiner ausgedehnten Problematik nicht diskutiert werden,[16] es soll jedoch wenigstens in Stichworten angesprochen sein.

Die administrative Einhebung der Abgaben an der Basis dokumentieren die erst teilweise publizierten Papyri aus Gebelên.[17] Diese Akten aus der Verwaltung zweier Domänen wohl aus der späten 4. Dynastie verzeichnen etwa Personenlisten und Listen, in denen die Einzahlung von Stoff-Abgaben verbucht ist. Hier wird erkennbar, wie kleinteilig der administrative Apparat jede einzelne Person erfaßte. Das andere Ende des Abgabenflusses repräsentieren die Aktenarchive insbesondere aus der Verwaltung des Totentempels des Königs Neferirkare in Abusir.[18] Diese Dokumente aus dem Ende der 5. und der 6. Dynastie verzeichnen die Leistungen, die der Totentempel erhielt. Hier wird sichtbar, wie die aus dem ganzen Land eingehobenen Abgaben offenbar zunächst in der zentralen Palastverwaltung konzentriert und von dort an die finalen Leistungsempfänger weiterverteilt wurden. In der Verbindung beider Quellengruppen ist das redistributive System musterhaft zu erschließen.

Die Ebene der juristischen Definition des Systems wird insbesondere in einer Reihe königlicher Dekrete sichtbar.[19] Sie handeln in der

---

[15] Harpur, *Decoration in Egyptian Tombs*; Beaux, in: BIFAO 91, 1991, S. 33–53.

[16] Zu vielen Aspekten dieses Materials Müller-Wollermann, in: JESHO 28, 1985, S. 121–168.

[17] Posener-Kriéger, in: RdÉ 27, 1975, S. 211–221; dies., in: *Hommages Jean Leclant* I, BdÉ 106.1, Kairo 1994, S. 315–325; außerdem stütze ich mich auf Informationen aus einem Gastseminar, das Frau Posener-Kriéger im Sommersemester 1995 in Heidelberg abhielt.

[18] Posener-Kriéger, *Les archives de Néferirkarê-Kakai*, und zusammenfassend dies., in: Lipiński, *State and Temple Economy*, S. 133–151.

[19] Goedicke, *Königliche Dokumente*.

Regel von der Aussetzung staatlicher Leistungsforderungen gegenüber begünstigten Institutionen und Personen. Schutzdekrete für königliche Totenkulte und ihre Pyramidenstädte, für Provinztempel aber auch für die Totenkulte von Privatpersonen nennen detaillierte Kataloge von normalerweise erhobenen, im spezifischen Fall aber suspendierten Forderungen.

Die ausgefeilte Terminologie dieser Texte sowohl hinsichtlich der Abgaben- wie der Personenkategorien ist sachlich nur begrenzt verständlich. Pauschal wird daraus aber erkennbar, wie komplex und kompliziert das Verwaltungs- und Abgabensystem des Alten Reiches aufgebaut war und welch umfänglicher Apparat zum Abgabeneinzug bestand. Der Textbefund zeigt also ein dem thematischen Fokus des ikonographischen Befundes durchaus korrespondierendes Bild.

3 *Archäologische Zeugnisse*

Bild- und Textquellen zeigen den Fluß von Gaben und Abgaben aus einer spezifischen und dadurch auch eingeschränkten Perspektive. Das entwertet diese Quellen keineswegs. Wenn die Bilder ideologische „letzte Gründe" sichtbar machen, bleibt zwar offen, ob auch aus Sicht der Bauern die Steuerleistung aus der ontologischen Sonderstellung des Königs ausreichend begründet gedacht war, oder ob sie bloß *nolens volens* als hergebrachte und unausweichliche Tatsache ihres sozialen Lebens hingenommen wurde. Trotzdem ist von Belang, wie im Horizont der Elite darüber gedacht wurde. Andererseits zeigen die administrativen Dokumente, wie das System faktisch implementiert war, doch bleibt angesichts des ausschnitthaften Charakters der Überlieferung immer die Frage, ob durch sie der Gesamtumfang der ägyptischen Ökonomie (wenigstens exemplarisch) beleuchtet wird, oder ob hier nur die Verhältnisse in spezifischen Segmenten – etwa im Umfeld der königlichen Totenkulte – in den Blick treten.

Es ist daher ein naheliegendes Bedürfnis, ein Quellencorpus zu suchen, das einerseits eine globalere, tatsächlich umfassende Perspektive auf das sozioökonomische System bietet und andererseits die praktizierte Wirklichkeit gegenüber ideologischen oder juristischen Postulaten in den Vordergrund rückt. Solche Quellen hofft man, in der Archäologie im engeren Sinne – also den „Sachquellen" – zu finden. Wie jede Materialgruppe, so unterliegen auch die archäologischen Zeugnisse spezifischen Regelmäßigkeiten und beinhalten eine spezifische Fokussierung.

Es liegt in der Natur asymmetrischer Austauschbeziehungen, nicht nur sozial, sondern auch materiell asymmetrisch zu sein. Die Abgaben des Volkes an den Staat, der Abhängigen an ihre Herren bestanden in Nahrungsmitteln, anderen Basisprodukten (etwa Stoffen) und Arbeitsleistungen. Diese Werte haben die Eigenschaft, nach dem Konsum nicht mehr auffindbar zu sein – oder überall. Das gesamte materielle Erscheinungsbild der Elitekultur steht für die Realität und den Umfang der erbrachten Abgabeleistungen. Gerade der Bereich der funerären Kultur belegt im archäologischen Bild des Alten Ägypten Konsumtionsvorgänge, und deshalb kann eine Verteilungskarte der (Elite-) Friedhöfe des Alten Ägypten als Verteilungskarte des Konsums gelesen werden und illustriert stringent die ökonomische Asymmetrie zwischen Residenz und Provinz, zwischen Elite und Grundschicht und damit indirekt Richtung, Regularität und Volumen der Abgabenleistungen. Diese Befundlage bleibt zwar unspezifisch, ist aber nichtsdestoweniger eindrucksvoll.

Darüber hinaus bietet das archäologische Material jedoch die Chance, einen anderen Aspekt des Warenverkehrs in den Blick zu nehmen, nämlich den des Rückflusses von Gütern aus der elitären Produktion an die Grundschicht. Dieser Aspekt ist weder Thema elitärer ideologischer Reflexion noch Anliegen der überlieferten Verwaltungstexte. Trotzdem läßt sich zeigen, daß der redistributive Apparat in der Realität auch einen „absteigenden" Zweig besaß.

Um den Warenrückfluß aus der Zentrale an die Basis der Gesellschaft im archäologischen Material identifizieren zu können, müssen methodisch zwei Bedingungen erfüllt sein. Die Gegenstände, an denen solche Beobachtungen festgemacht werden sollen, müssen nachweisbar oder wenigstens mit vernünftiger Wahrscheinlichkeit aus zentraler Produktion stammen. Weiter müssen die Güter im Bereich des Konsums angesiedelt sein, denn das Ziel ist es ja, Material zu identifizieren, das die Grundschichtpersonen zur eigenen Verwendung erhalten haben und nicht um Güter (etwa Werkzeuge), mit denen die zentrale Organisation ihre Produktionsorgane ausgestattet hat.

Gerade diese zweite Bedingung läßt sich leicht erfüllen, wenn man sich auf Grabfunde bezieht. Wie gesagt ist ja die funeräre Kultur ein Phänomen des Konsums. Und es gibt Materialgruppen, die auch die erste Bedingung erfüllen. Immerhin zwei Beispiele sollen hier diskutiert werden.

Daß Steingefäße nicht aus der Haushaltsproduktion, sondern aus spezialisierten Werkstätten stammen, ist beweisbar. Eine erste Restriktion ergibt sich schon aus der Gewinnung der verarbeiteten Gesteine. Auch der am häufigsten benutzte ägyptische Alabaster (Kalzit), erst recht natürlich die farbigen Hartgesteine waren nur an bestimmten, teils entlegenen Lagerstätten zu gewinnen. Weiter wurden in den Städten des Alten Reiches auf Elephantine und Hierakonpolis Steingefäßfabriken aus dem frühen Alten Reich (3.–4. Dynastie) gefunden.[20] Die Situationen, die dort aufgedeckt wurden, belegen einen fließbandartig organisierten, arbeitsteiligen Produktionsprozeß. Und die staatlichen Verwaltungssiegel auf den Verschlüssen von Dokumenten und Gefäßen, die in den entsprechenden Stadtgebieten in großer Zahl gefunden wurden, belegen, daß diese Stätten in staatlicher Hand lagen.

Steingefäße waren bekanntlich eine Obsession der funerären Kultur gerade in der Frühzeit und im frühen Alten Reich. Die elitären Bestattungen sind mit Hunderten und Tausenden oft großer und kostbarer Gefäße bestückt.[21] Dieser Gebrauch von Steingefäßen blieb jedoch nicht auf die Elite beschränkt. Sie finden sich nämlich regelhaft in den zeitgenössischen Gräberfeldern der Provinz. In den Gräbern der frühen Phase des Dorffriedhofes Naga el-Dêr 500–900 wurden in 211 Gräbern insgesamt 174 Steingefäße gefunden.[22] Es handelt sich dabei um meist kleine, dennoch oft mehrteilige Beigabengruppen, bestehend aus sehr schönen Gefäßen, die zwar nach Zahl und Größe, nicht aber qualitativ hinter denen der Elitegräber zurückbleiben. Diese Situation ist kein Einzelfall. Die frühen Gräber der Nekropolen in Qau (Abb. 5), Sedment und Mayana, Lahun (Baschkatib) zeigen völlig äquivalente Verteilungsbilder.[23] Es ist also eindeutig feststellbar, daß Steingefäße aus zentraler Produktion regelhaft bis an die Basis der Gesellschaft im gesamten Land zur Verteilung kamen.

Im späten Alten Reich hat sich die typologische Situation (und haben sich sicher die zugrunde liegenden kosmetischen Sitten) grundlegend gewandelt. Nun sind die Steingefäße – weitaus überwiegend aus Kalzitalabaster gefertigt – regelmäßige Komponente im Kontext eines auf Körperpflege und Körperschmuck fokussierten Segments der

---

[20] Quibell/Green, *Hierakonpolis II*, S. 17f. u. Pl. 68, sowie Ziermann, in: Kaiser, in: MDAIK 50, 1988, S. 150f. u. Taf. 51.

[21] Z.B. Garstang, *Reqaqnah and Bêt Khallaf*, S. 24ff. – ganz zu schweigen von den Massen an Steingefäßen, die in den unterirdischen Galerien im Grabkomplex des Djoser gefunden wurden.

[22] Reisner, *Provincial Cemetery*, S. 36ff., und die statistischen Aufstellungen S. 54.

[23] Qau: Brunton, *Qau and Badari I*, Pl. 18–20; Sedment und Mayana: Petrie/Brunton, *Sedment I*; Baschkatib: Petrie, *Lahun II*, Pl. 54.

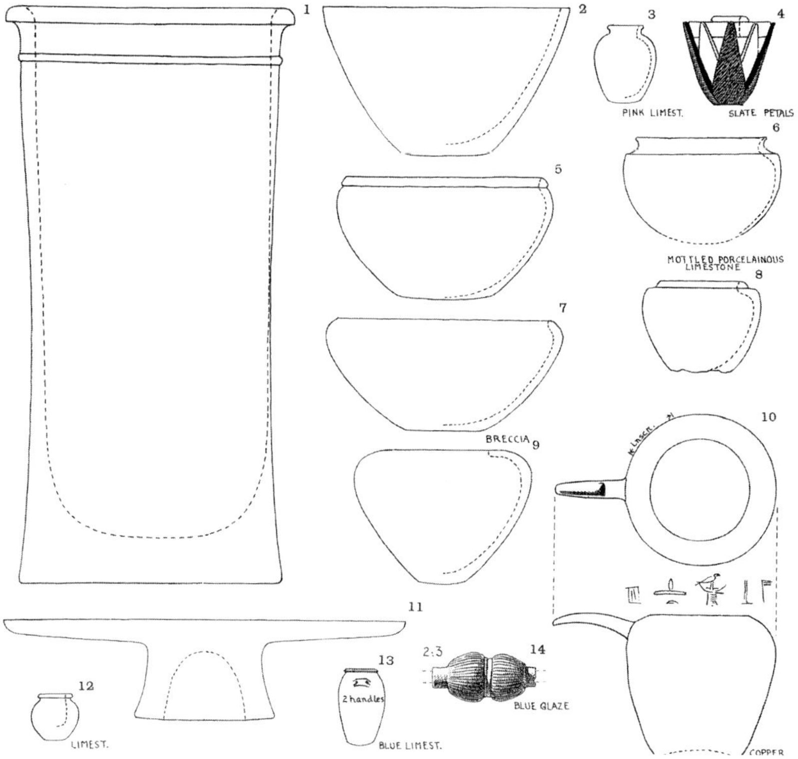

Abb. 5: Gruppe von Steingefäßen aus dem Grab des Priesters Nemti-hetep (Grab 429) aus der 3. Dyn. in Qau el-Kebir.

Beigabensitte.[24] Auch diese Gefäße kommen – eher noch zahlreicher, da die funeräre Kultur der Grundschicht bekanntlich im späten Alten Reich floriert – auf Grundschicht-Gräberfeldern im ganzen Land vor, dort insbesondere in den Bestattungen von Frauen (Abb. 6).[25] Auch diese Stücke stammen meines Erachtens zweifelsfrei aus einer spezialisierten und zentralisierten Produktion, wobei man sich allerdings gerade in dieser Zeit Werkstätten in den Provinzstädten und in der Hand der provinziellen Elite vorstellen möchte. Entscheidend ist, daß in den Stücken keine Produktion aus dem dörflichen Milieu vorliegt. Dies geht meiner Auffassung nach ebenso aus dem Material wie aus der

[24] Reisner, *Provincial Cemetery*, S. 56ff. beschreibt die neue Serie der Steingefäße.
[25] S. Brunton, *Qau and Badari I*, Pls. 26–29. Die geschlechtsgebundene Verteilung der Objekte ist dokumentiert bei Seidlmayer, in: Davies, *Problems and Priorities*, S. 189.

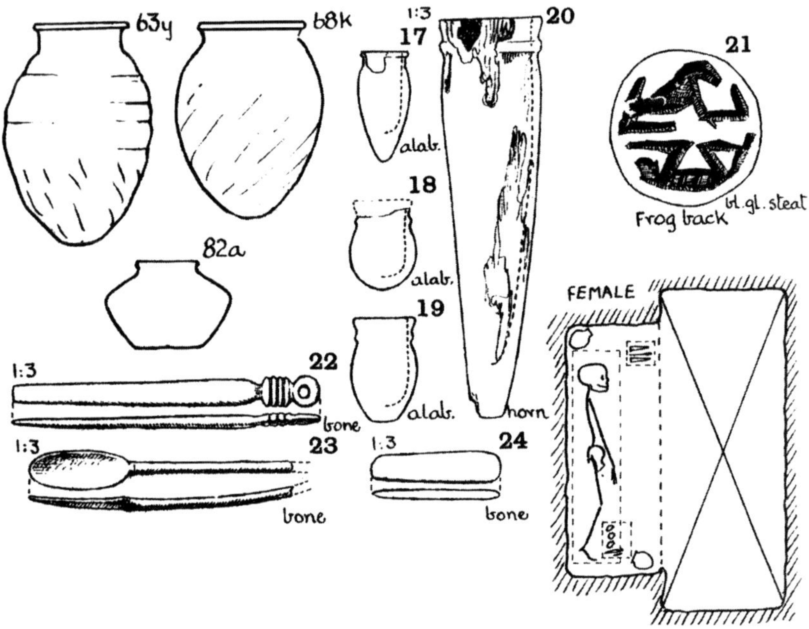

Abb. 6: Typische Beigabengruppe einer weiblichen Bestattung des späten Alten Reiches (Mostagedda 10020) mit Steingefäßen und Kosmetikutensilien.

handwerklichen Qualität hervor, die hinter den Objekten aus elitärem Gebrauch (etwa aus den Gräbern der Oasengouverneure in Balat)[26] durchaus nicht zurücksteht.

Dieses Argument läßt sich durch den Blick auf die Situation in der 1. Zwischenzeit weiter substantiieren. Nach dem Alten Reich kommt ja der morphologische Horizont der Kohl-Töpfe auf, und die Gefäße aus den provinziellen Grundschichtfriedhöfen der Ersten Zwischenzeit sind charakteristisch aus dem in Ägypten ubiquitären Kalkstein gefertigt und oft von handwerklich rudimentärer Qualität (Abb. 7).[27] Dieser markante Wandel kann als Folge des Kollabierens der Produktions- und Verteilungsformen von Gütern des gehobenen Verbrauchs nach dem Alten Reich interpretiert werden.

Ein zweiter, in diesem Kontext nicht weniger signifikanter Materialbereich ist der der Gegenstände aus Metall, insbesondere aus Kupfer, aber

[26] Z.B. Valloggia, *Mastaba de Medou-Nefer*, S. 106ff.; Minault-Gout, *Mastaba d'Ima-Pépi*, S. 104ff. und die anderen Publikationsbände der Grabung in FIFAO.

[27] S. Brunton, *Qau and Badari I*, Pls. 28.168–29.189.

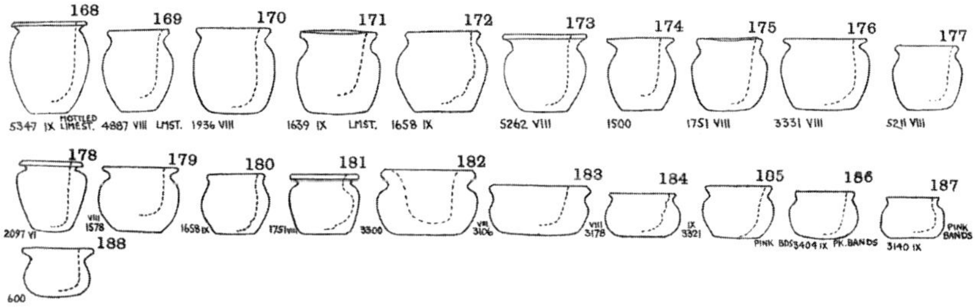

Abb. 7: Kohl-Töpfe der Ersten Zwischenzeit aus den Gräberfeldern der Qau-Region.

auch – in geringem Umfang – aus Gold. Diese Metalle kommen aus Minenbetrieben, die entweder ganz in staatlicher Hand lagen, oder wurden durch staatlich ausgestattete Expeditionen beschafft. Eine derartige Produktionssiedlung aus der 4. Dynastie ist z.B. in Buhen am Zweiten Katarakt belegt.[28] Zwar ist der durch die Ausgräber für die Kupferverhüttung in Anspruch genommene Ofen eindeutig als Brennofen für Keramik erkannt, doch belegt das nach Emery in der Siedlung gefundene Kupfererz, daß die Gewinnung und Aufbereitung von Kupfer zum Tätigkeitsprofil dieser Einrichtung gehörte – eine Schlußfolgerung, die – obwohl die Lagerstätten des nubischen Kupfers nicht zweifelsfrei identifiziert sind[29] – angesichts der Gesamtsituation (etwa des auffallenden Kupfer-Reichtums der nubischen A-Gruppe)[30] nicht unplausibel scheint.

Auch Gegenstände aus Kupfer kommen in den Gräberfeldern der Grundschicht im Alten Reich regelmäßig vor. Die als Einzelstücke kostbarsten Objekte sind die teils gegossenen, teils aus Blech geschnittenen Spiegel, die etwa ab der 5. Dynastie eine große Verbreitung hatten.[31] Seltener, aber gleichfalls belegt, sind Gefäße, vor allem Waschgefäße und (Knickrand)Schalen aus Kupfer.[32] Weiter gibt es kupferne Nadeln, Modellwerkzeuge und – aufgrund der Grabsitte selten – Waffen. Häufig ist Kupfer auch belegt in Form der Drahtösen, die zur Verschnürung und Versiegelung an Kosmetikkästen angebracht waren. Der Kupfergebrauch im konsumtiven Bereich, insbesondere in der Sphäre der Kosmetik, ist also in der Grundschicht durchwegs gut belegt.

[28] Emery, in: Kush 11, 1963, S. 116–120.
[29] El-Sayed el-Gayar/Jones, in: JEA 75, 1989, S. 31–40.
[30] Nordström, *Neolithic and A-Group Sites*, S. 21.
[31] Brunton, *Qau and Badari I*, Pls. 38–40.
[32] Radwan, *Kupfer- und Bronzegefäße*, S. 35–84.

Noch schärfer stellen sich die Verhältnisse mit Blick auf das Gold dar. Im Alten Reich wurde Gold vorwiegend aus Minen der Koptos-Region zwischen dem Niltal und dem Roten Meer bezogen.[33] Es ist klärlich ein aufwendig gewonnenes, hochgradig kontrolliertes und statusbedeutendes Material. Wie im Falle der Gegenstände aus Kupfer muß man sich im klaren sein, daß die Verteilung von Gegenständen aus Gold im archäologischen Befund nur in einer kupierten Verteilung nachweisbar ist. Durch Beraubung ist zweifellos der größte Teil der wertvollen und beliebig weiter verwendbaren Metalle frühzeitig den Gräbern wieder entnommen und in den aktuellen Nutzungskreislauf eingespeist worden.

Trotzdem läßt sich zeigen, daß auch Gold regelhaft in der Ausstattung der Gräberfelder der Grundschicht in der ägyptischen Provinz vorkommt.[34] Es wurde für Schmuckgegenstände verwendet, insbesondere für Amulette und Perlen (Abb. 8). Die Mengen, die dabei zum Einsatz kamen, sind freilich minimal. So gibt es Perlen, die nur in dünnes Goldblech gewickelt wurden. Trotzdem bleibt es eine Tatsache, daß selbst Gold in den breiten Gebrauch gelangt ist: Man konnte im Alten Reich bei gewöhnlichen Leuten oder auf dem Land ab und zu ein billiges Schmuckstück aus Gold sehen.

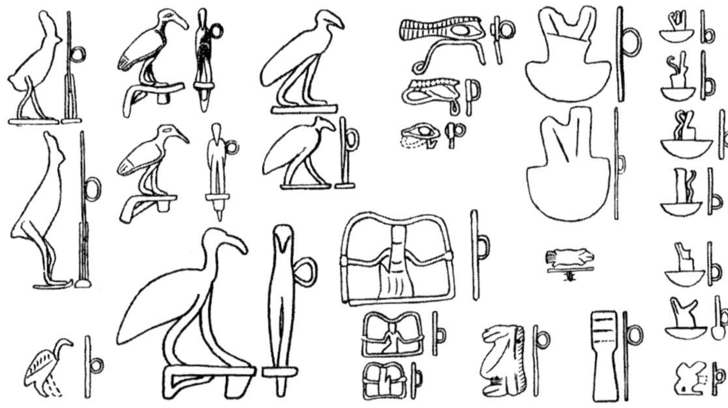

Abb. 8: Beispiele von aus Gold gefertigten Amuletten aus den Gräberfeldern der Qau-Region.

[33] S. Nicholson/I. Shaw, *Ancient Egyptian Materials*, S. 161f.; Klemm/Klemm, in: MDAIK 50, 1994, S. 189–222.

[34] Quantitative Angaben etwa Seidlmayer, in: Davies, *Problems and Priorities*, S. 190f.

Der archäologische Befund belegt also unzweideutig, *daß* es einen Bereich gibt, in dem Güter aus zentraler Produktion in den Konsum der Grundschicht gekommen sind, und er belegt, daß dies *regelmäßig* und *systematisch* geschehen ist. Naturgemäß kommt es darauf an, vor diesem Hintergrund die sozialen Mechanismen zu identifizieren, die hinter diesen Verteilungsbefunden stehen. Dabei ist hauptsächlich an zwei Formen zu denken, nämlich an Geschenke und an Binnenhandel. Beides ist bezeugt.

Tatsächlich ist die Verteilung von Geschenken an Dienstpersonal direkt ikonographisch belegt. Ein Trakt im Totentempel des Sahure ist mit Szenen bebildert, in denen Schmuckstücke an Diener und Dienerinnen verteilt werden.[35] Äquivalente Darstellungen sind auch im Bildprogramm von Elitegräbern belegt (Abb. 9).[36] Auch hier wird die Verteilung von Schmuckstücken an Untergebene gezeigt. Natürlich springt ins Auge, wie dieser Bildbestand auch sachlich an die archäologischen Verteilungsbefunde anschließt.

Abb. 9: Austeilen goldener Schmuckstücke an Dienerinnen. Szene im Grab des Achethetep aus Saqqara.

[35] Borchardt, *Das Grabdenkmal des Königs Sahu-Re*, Blatt 52–54.

[36] Klebs, *Die Reliefs des Alten Reiches*, S. 25f.; Ziegler, *Mastaba d'Akhet-hetep*, S. 116–119.

Die Verteilung von Huldgaben ist auf einem höheren sozialen Niveau auf breitester Basis belegt und hier in ihrer sozialen Implikation noch besser zu definieren. Gerade im späten Alten Reich spielt die Verteilung von Huldgaben des Hofes an die Großen der Provinz eine Schlüsselrolle in den Beziehungen zwischen Zentrale und Peripherie.[37] Neben Sachgeschenken für die Grabausstattung (Sarkophage, Scheintüren usf.), wie sie aus biographischen Inschriften gerade für die memphitische Elite bezeugt sind, geht es im Kontakt zwischen Residenz und Provinz insbesondere um spezialisiertes *know how*: Künstler und Ritualisten werden in die Provinz entsandt, um dort Objekte und Handlungen kompetent nach den Standards der memphitischen Elitekultur auszuführen. Für die Existenz eines Binnenhandels im kleinen Maßstab ist natürlich auf die Marktszenen in Gräbern des Alten Reiches zu verweisen (Abb. 10).[38] Auch in diesem Kontext lassen sich die wertvollen Objekte, die sich in den Gräbern finden, vorstellen, wenn sie in diesen Szenen auch nicht direkt nachweisbar sind. Jede Argumentation muß diese beiden Möglichkeiten abwägen und kombinieren.

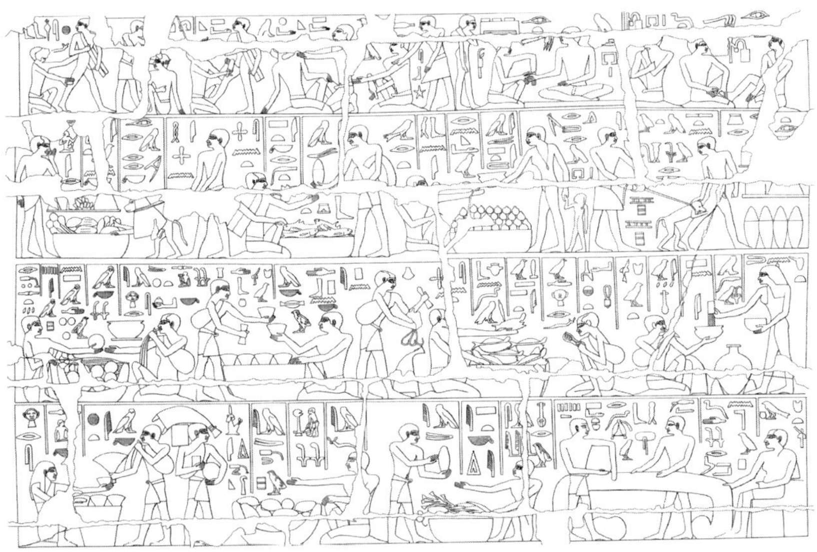

Abb. 10: Marktszene im Grab des Nianchchnum und des Chnumhotep in Saqqara.

[37] Müller-Wollermann, *Krisenfaktoren*, S. 66f.; Seidlmayer, in: Shaw, *Oxford History of Ancient Egypt*, S. 120f.

[38] Müller-Wollermann, in: JESHO 28, 1985, S. 138–142.

Die Verteilung von Geschenken erscheint auch archäologisch sehr deutlich. Einen dafür aussagekräftigen Materialbereich stellen die mit Königsnamen beschrifteten Steingefäße dar. So gibt es z.B. von König Snofru, wie es scheint, eine ganze Emission von Steingefäßen mit Königsnamen. In Elkab, Naga el-Dêr und Reqaqna wurden entsprechende Stücke gefunden (Abb. 11).[39] Ähnlich besitzen den Charakter einer Serie Steingefäße in Affenform, die mit dem Namen Pepis II. beschriftet sind.[40]

Solche Stücke finden sich in Gräbern der provinziellen Führungsschicht (so in Elkab und Balat), aber eben auch in den Bestattungen gewöhnlicher Leute auf den Dorffriedhöfen. Man kann sich nicht vorstellen, daß die Personen, in deren Gräbern diese Stücke ihre letzte Verwendung erfahren haben, die ersten Adressaten der königlichen Gabe waren. Vielmehr ist davon auszugehen, daß solche Stücke weiterverschenkt und -verhandelt wurden und durch eine unter Umständen mehrstufige Kette von Transaktionen an ihren Endbesitzer (bzw. ihre Endbesitzerin) gelangt sind. Die Objekte traten also in eine Weiterverteilungskette ein, durch die die Sachen in Umlauf kamen. Daß im Einzelfall auch Grabraub eine Rolle dabei gespielt haben kann, wenn kostbare Objekte in die Hand einfacher Leute kamen, kann nicht bestritten werden. Dennoch können die angetroffenen Verteilungsverhältnisse nicht allein oder auch nur wesentlich durch diesen Faktor erklärt werden. Ein kulturprägender Zug kann schließlich nicht allein auf Illegalität gründen. Daß zu einem Zeitpunkt ihres „*use life*" gestohlene Gegenstände schließlich in einer rituellen Bestattung als normale Beigaben verwendet werden konnten, impliziert, daß es reguläre Wege gab, auf denen solche Gegenstände in die Hand solcher Leute kommen konnten.

Da es sich hier nicht um Einzelfälle, sondern regelhafte Verteilungsbilder handelt, läßt sich daraus eine wesentliche Konsequenz ableiten, nämlich die, daß die Geschenke solcher Sachen nicht fakultativ, sondern systematisch und notwendig waren. Dies impliziert auch, daß die elitäre Produktion ein Segment einschloß, in dem Gegenstände *zum Verschenken* an „das Volk" gefertigt wurden. Das bedeutet, daß es *eine* Komponente staatlicher Produktion war, Gegenstände für den Breitenkonsum herzustellen.

---

[39] Quibell, *El-Kab*, S. 4 und Pl. 3; Garstang, *Reqaqnah and Bêt Khallaf*, Pl. 25; Reisner, *Provincial Cemetery*, S. 249.

[40] Valloggia, in: *Livre du Centenaire*, S. 143–151.

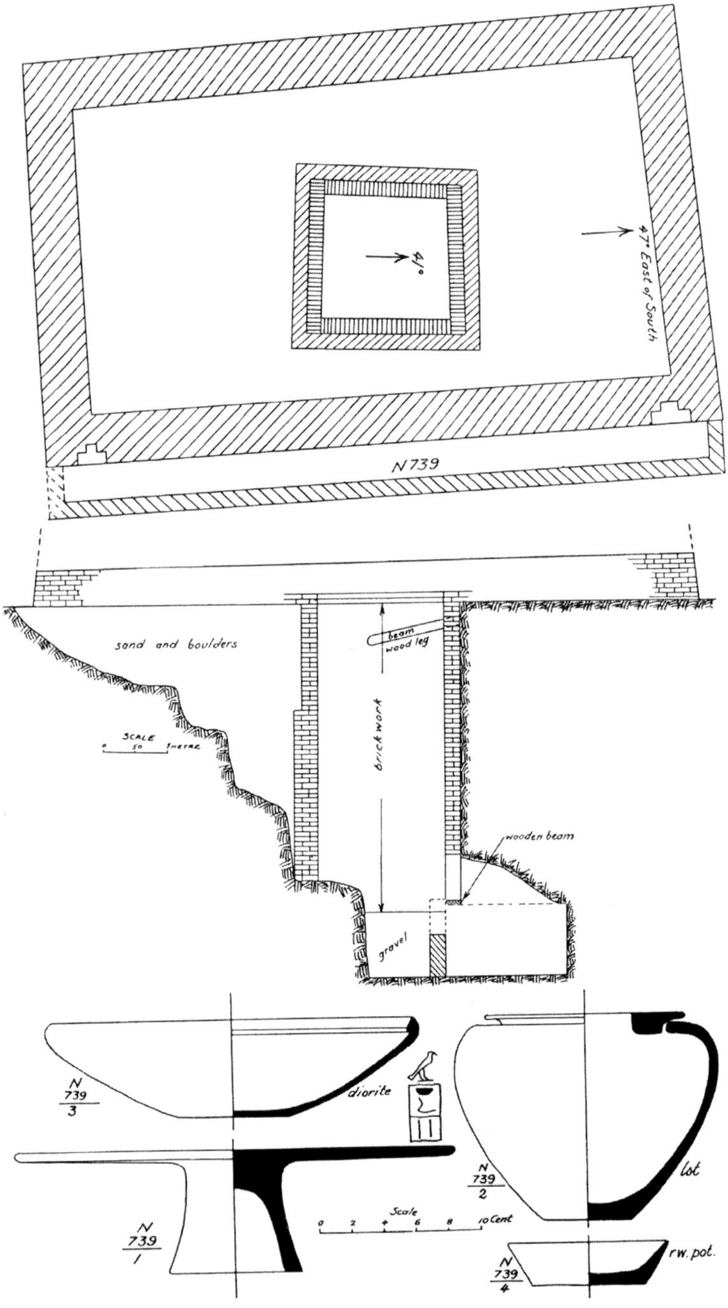

Abb. 11: Grabgruppe (Naga el-Dêr N739) mit einem mit dem Namen des Snofru beschrifteten Steingefäß.

Im Falle der Metalle liegen die Verhältnisse deshalb noch komplizierter, weil sich Kupfer und Gold natürlich wiederholt umschmelzen und -schmieden lassen, so daß man nicht annehmen darf, die Objekte seien in *der* Form, in der sie in den Gräbern auftauchen, aus staatlich-elitärer Produktion gekommen. Eine solche Annahme wäre in der Tat problematisch, jedenfalls in den Objektbereichen – wie etwa den Amuletten –, die typologisch in der Grundschichtkultur der Provinz angesiedelt sind.[41] Aber auch hier würde der mehrstufige Mechanismus aus der Kombination von wiederholtem Geschenk und Handel die Verteilungsbefunde angemessen erklären können.

Als Fazit dieser Durchsicht des archäologischen Materials ergibt sich deutlich, daß dem sozial aufsteigenden Zweig der *Ab*gabe im redistributiven System des Alten Reiches durchaus auch eine sozial absteigende Linie der *Gunst*gabe zur Seite steht. Quantitativ sind beide Linien nicht entfernt vergleichbar – obwohl immerhin zu beachten ist, daß im späten Alten Reich die königlichen Hulderweise an die Provinzelite ein bedeutendes Material und bedeutendes *know how* wieder zurück in die provinziellen Gemeinschaften kanalisiert hat. Gerade im Umfeld des ausgehenden Alten Reiches ist erkennbar, wie die Existenz dieses absteigenden Astes des Verteilungssystems eine kulturprägende Wirkung entfalten konnte.[42]

Vor diesem Hintergrund ist damit festzuhalten, daß die Einbindung in den komplexen Staat den Grundschichtgemeinschaften nicht nur Lasten aufgebürdet hat. Der Nutzen, den sie daraus zogen, bestand auch nicht *nur* in zweifelhaften Dienstleistungen wie „Sicherheit“ oder „Behagen, sich in einer wohlorganisierten imaginären Welt zu wissen“, sondern *auch* in der Teilhabe an Kulturgütern und Lebensformen, die in dieser komplexen Organisation entstanden waren und nur in ihr aufrecht erhalten werden konnten. Dienst und Huld erscheinen dabei als eine Form vertikaler sozialer Bindung und als Instrumente zur Manipulation dieser Form des sozialen Zusammenhangs.

---

[41] Zur Verbreitung der Amulette Dubiel, in: AoF 31, 2004, S. 156–188, und dies., *Amulette, Perlen und Siegel*, i.Dr.

[42] Seidlmayer, in: Shaw, *Oxford History of Ancient Egypt*, S. 120–128.

Warenverkehr zwischen Ägypten und den umliegenden Völkern

1 *Die Situation und ihre Charakteristika*

Der Blick auf die innerägyptischen Austauschbeziehungen fokussiert zwangsläufig die vertikale Achse des Warenflusses mit seinen soziologischen und ideologischen Implikationen. Die Austauschbeziehungen des pharaonischen Ägypten nach außen, mit anderen Völkern und Ländern, stehen demgegenüber unter grundlegend anderen Vorzeichen. Tatsächlich ist die Situation Ägyptens im 3. Jahrtausend v.Chr. hier durch eine ganz spezielle Konstellation geprägt.

Im Prozeß der Staatsentstehung hat Ägypten bekanntlich ja nur eine relativ kurze Phase paralleler Entwicklung zu seinen Nachbarn gekannt. Im Ende des 4. Jahrtausends v.Chr., im unmittelbaren Vorfeld der Staatsentstehung sind etwa in Nubien zwei Elitefriedhöfe bekannt (Sayala 137 und Qustul L), die „Häuptlinge" oder „Proto-Könige" ägyptischen Zuschnitts im unternubischen Raum belegen.[43] Im Material dieser Gräberfelder wird der intensive Austausch mit den zeitgenössischen ägyptischen Zentralorten greifbar, ein Austausch der Objekte, etwa der Prunkkeule mit reliefverziertem, vergoldetem Griff aus Sayala,[44] aber auch eine Kommunikation ikonographischer Motive und damit von Wert- und Begriffssystemen, wie sie der reliefverzierte Räuchernapf aus Qustul prominent illustriert.[45] Diese Phase der Einbettung der ägyptischen politischen Einheiten (damals Stadtstaaten) in ein Umfeld prinzipiell gleichartiger und gleichrangiger Partner und damit ein System, das vom Verkehr von Prunkgeschenken in der Führungsschicht geprägt war, war jedoch nur von kurzer Dauer. Mit Beginn des 3. Jahrtausends entstand in Ägypten der das ganze untere Niltal umfassende pharaonische Flächenstaat, ein System sozio-spatialer Extension, dem in der damaligen Welt nichts Vergleichbares zur Seite stand. Daher war die Relation Ägyptens zu seinem Umland im 3. Jahrtausend durch ein tiefes Gefälle an Macht und Organisationspotential geprägt.

[43] Sayala: Firth, *Survey of Nubia*, S. 204ff.; Qustul: Williams, *A-Group Royal Cemetery*.
[44] Firth, *Survey of Nubia*, Pl. 18.
[45] Williams, *A-Group Royal Cemetery*, Pls. 34 und 38.

2 *Krieg und Beute*

Diese Situation prägt die militärischen Verhältnisse. Der pharaonische Staat war in der Lage, die Wahrnehmung seiner Interessen in den Gebieten außerhalb seiner Grenzen – jedenfalls innerhalb eines gewissen Radius – im Zweifelsfall mit Waffengewalt durchzusetzen. Andererseits ist das militärische Verhältnis von Staaten zu Gebieten nichtstaatlich organisierter, zumal mobiler Bevölkerungen auch durch eine charakteristische Hilflosigkeit geprägt. Da lokale institutionalisierte Machtstrukturen nicht existieren, gibt es kein Herrschaftssystem, das durch Eroberung übernommen werden konnte, um dadurch die Dominanz über ein Gebiet auf Dauer zu stellen. Nach Abschluß einer Militäroperation kehrten die Verhältnisse vielmehr wieder in ihre Ausgangslage zurück. Das führt zu der Paradoxie, daß die Außenpolitik Ägyptens im Alten Reich zwar dauernd eine aggressive Komponente enthielt, die Militäroperationen aber nicht zu einem dauerhaften, stabilen Verhältnis der Herrschaft über ein erobertes Gebiet führten.

Mit Blick auf Fragen des Warenflusses gesehen, ist das Beute-Machen ein relevanter Aspekt militärischer Operationen. Tatsächlich gibt es eine Reihe von Zeugnissen, die Beute mit siegreicher Kriegführung assoziieren. Hier läßt sich schon aus der Frühzeit die „Libyer-Palette" anführen, die Reihen erbeuteten Viehs zeigt.[46] Im Alten Reich belegen z.B. ein Annaleneintrag Snofrus und mehrere Felsinschriften (Abb. 12) eine bedeutende, numerisch wahrscheinlich gewaltig überhöhte Beute an Vieh und Gefangenen aus Nubien, ohne daß sich allerdings das Zielgebiet der Expedition bestimmen ließe.[47] Auch die Darstellung des libyschen Krieges im Totentempel des Sahure listet gewaltige Beutemengen auf, wobei der Umstand, daß die Darstellung später mehrfach identisch kopiert wurde[48] (und vielleicht schon selbst Kopie eines älteren Bildes ist), einen Schatten auf jede im modern-ereignisgeschichtlichen Sinne historische Deutung der Szene wirft. Auch biographische Inschriften, in denen Expeditionsleiter von Militäroperationen berichten, erwähnen die mitgeführte Beute, lassen allerdings auch keinen Zweifel am primären Charakter der Unternehmungen als Strafexpeditionen.[49] Insgesamt

[46] Asselberghs, *Chaos en beheersing*, Pl. 92.

[47] Schäfer, *Ein Bruchstück altägyptischer Annalen*, S. 30 = Urk. I, 236, 8–18; Helck, in: SAK 1, 1974, S. 215–226.

[48] Borchardt, *Grabdenkmal des Sahu-Re*, Bl. 1; Leclant, in: *Livre du Centenaire*, S. 49–54; Macadam, *The Temples of Kawa II*, S. 63–65 und Pls. 9 und 49.

[49] Kloth, *(Auto-)biographische Inschriften*, S. 189–195.

Abb. 12: Annaleninschrift des Snofru mit einem Bericht über einen Beutezug nach Nubien und Felsinschriften des hohen Alten Reiches aus dem Chor el-Aqiba (Nubien) von einer solchen Expedition.

spricht die Quellenlage weder dafür, daß Ägypten auf regelmäßiger Basis Raubzüge in sein Umland unternommen hätte, noch werden dauerhaft geregelte Tributbeziehungen sichtbar.

Angesichts dieser militärischen Aporie wird der Warenaustausch mit den Nachbargebieten charakteristisch in zwei Organisationsformen durchgeführt, nämlich in Beschaffungsexpeditionen und durch staatlichen Handel.

3 *Expeditionen*

Die Beschaffung von Gütern, die aus dem Ausland bezogen wurden, wurde in den direkt angrenzenden Gebieten durch Beschaffungsexpeditionen durchgeführt. Dies betrifft vor allem die Ausbeutung von Steinbrüchen und mineralischen Ressourcen. Dabei ist zu bedenken, daß die mobilen Bevölkerungen, die in den entsprechenden Wüstengebieten lebten, wohl weder das *know how* besaßen, komplexe Güter (bestimmte Mineralien, zur Weiterverarbeitung geeignete Steinblöcke u.dgl.) zu erkennen und fachgerecht zu bergen, noch in der Lage waren, Arbeitskraft in dem Umfang zu mobilisieren, der notwendig war, beispielsweise schwere Steinblöcke oder große Quantitäten anderer Substanzen zu bewegen. Die Einsparung von Kosten für einen Zwischenhandel mit lokalen Mittelsleuten dürfte durch die vermutlich viel höheren Kosten der ägyptischen Expeditionen bei weitem aufgezehrt worden sein.

Die ägyptische Expeditionstätigkeit in den benachbarten Wüstengebieten und im nubischen Niltal ist außerordentlich gut belegt. Zahlreichen Felsinschriften sind etwa die Daten und das Tableau der Mitglieder der Expeditionstruppen zu entnehmen.[50] Auch archäologische Zeugnisse

[50] Eichler, *Expeditionswesen*.

geben Informationen zur ägyptischen Expeditionstätigkeit. Die ägyptische Produktionssiedlung in Buhen wurde bereits erwähnt,[51] das Steinbruchsgebiet von Toschke[52] und insbesondere die in der Ostsahara begangenen Routen mit ihren Versorgungsdepots[53] sind durch die Feldforschung jüngster Zeit detailliert bekannt geworden.

Diese unter militärischer Absicherung betriebene Selbstbeschaffung von Gütern aus den umgebenden Territorien spielte einseitig das Organisationspotential des pharaonischen Staates aus und fällt damit im strengen Sinne nicht in den Rahmen der hier angesetzten Fragestellung. Allerdings blieb der topographische Radius, der auf diese Art zugänglich war, begrenzt. Ein Warenverkehr über diesen Radius hinaus mußte sich auf soziopolitisch interaktive Formen stützen.

4 *Handel und Anwerbung*

Auch staatliche Handelsexpeditionen sind für das Alte Reich auf breiter Basis bezeugt. Insbesondere der nubische Handel ist durch die biographischen Inschriften der damit betrauten Provinzfunktionäre von Elephantine detailliert beleuchtet. Bei aller Diskussion um die exakte geographische Verortung der dort geschilderten Vorgänge[54] scheint sich mehr und mehr eine Interpretation zu konsolidieren, daß der staatliche ägyptische Handel im Alten Reich (ganz wie es dann im Mittleren Reich eindeutig der Fall war) den unternubischen Talabschnitt durch die eigene Expeditionstätigkeit übersprungen und erst im Kerma-Becken südlich des 3. Katarakts den Anschluß an die Handelsströme des Sudan und aus dem Inneren Afrikas gefunden hat. Die Partner, mit denen Ägypten hier vorrangig zu tun hatte, das Volk des Landes *Ȝm*,[55] sind archäologisch wohl mit der frühen Kerma-Kultur zu identifizieren.

Als archäologische Belege für diesen Kontakt Ägyptens zur frühen Kerma-Kultur können die Steingefäße mit Königsnamen des Alten Reiches aus dem Umfeld der Großen Deffufa von Kerma herangezogen

[51] S.o. Anm. 28.

[52] Engelbach, in: ASAE 33, 1933, S. 65–74; ders., in: ASAE 38, 1938, S. 369–390; Shaw/Heldal, in: Egyptian Archaeology 23, 2003, S. 14–16.

[53] Kuper/Förster, in: Egyptian Archaeology 23, 2003, S. 25–28; Kuhlmann, in: *Tides of the Desert* (Fs. R. Kuper), S. 125–170.

[54] Zur Rekonstruktion der Reiseroute des Harchuf grundlegend Edel, in: Firchow, *Ägyptologische Studien*, S. 51–75, und neuer, aber m.E. irrig, O'Connor, in: JEA 73, 1987, S. 99–136.

[55] Zu Name und Lokalisation des Landes Iam s. Priese, in: AoF 1, 1974, S. 7–41; Vercoutter, in: *Livre du Centenaire*, S. 157–178; Darnell, in: GM 94, 1986, S. 17–23.

werden,[56] obwohl hier streng genommen unklar bleibt, wann und unter welchen Bedingungen diese Stücke nach Kerma gekommen sind. Jüngere Funde hingegen, wie etwa ein ägyptischer beschrifteter Kupferspiegel des Alten Reiches aus der Nekropole von Kerma[57] oder eine Stele mit der Namensaufschrift zweier ägyptischer Expeditionsleiter von dort[58] belegen den Kontakt zweifelsfrei.

Die erwähnten Texte zeigen, daß der Austausch in diesem Rahmen einerseits dem Erwerb von Exotica aus dem Afrika-Handel, andererseits der Anwerbung von Söldnertruppen galt. Dabei ist deutlich, daß die Güter und Dienstleistungen, um die es hier ging, in einer einvernehmlichen Austauschoperation übergeben und bezahlt wurden. Die dabei verwendete Terminologie, in der der Handelspartner „zufriedengestellt" (*sḥtp*) wird, entspricht der Terminologie innerägyptischer Geschäfte (etwa beim Erwerb von Dienstleistungen im Grabbau)[59] vollständig. Grundsätzlich anders als im näheren geographischen Umfeld spielt eine militärische Dominanz Ägyptens hier offenkundig keine Rolle.

Beachtung verdient, daß die erworbenen Handelsgüter im gleichen Atemzug als *Geschenke* der Göttin Hathor, Herrin des Landes *Jmȝȝw*, an den ägyptischen König bezeichnet werden.[60] Interessant ist nicht allein, daß die Handelswaren letztlich in der Kategorie des Geschenks gedacht wurden, sondern vor allem, daß es Geschenke nicht etwa der *Fürsten* fremder Länder sind, sondern Geschenke der Gottheiten, die als für diese Länder zuständig betrachtet wurden. Es ist also keine Rede von einem Austausch von Königsgeschenken auf gleicher Ebene, vielmehr sind es Gaben, in denen sich der Segen der Götter für Pharao konkretisiert. Dasselbe Denkmodell findet sich erneut in der Dekoration der königlichen Totentempel. Auch hier werden die Vertreter der fremden Länder von den „zuständigen" Göttern dem ägyptischen König

[56] Reisner, *Excavations at Kerma I-III*, S. 31; Lacovara, in: Davies, *Egypt and Africa*, S. 118–128.

[57] Bonnet, in: Genava 32, 1984, S. 14–15; Bonnet et al., Kerma, S. 77. Der Fund des Spiegels in einem Grab des *Kerma Ancien* beweist, daß das Stück schon im späten Alten Reich durch Handel nach Nubien gekommen ist, und schließt einen langwierigen sekundären Transmissionsverlauf aus. Dabei ist die Inschrift darauf durchaus nicht so zu deuten, daß die benannte ägyptische Eigentümerin in Kerma bestattet worden sei; tatsächlich lassen sich viele Ereignisabläufe denken, unter denen der Spiegel aus der Hand seiner Ersteigentümerin in den Handel gekommen sein kann.

[58] Bonnet et al., *Kerma*, S. 75–77; ders., in: Genava 39, 1991, S. 9 Fig. 6.

[59] S. die Belege in Müller-Wollermann, in: JESHO 28, 1985, S. 142–144.

[60] Urk. I, 128.12.

als Geschenk zugeführt.[61] Dieselbe logische Mehrschichtigkeit, in der profane Vorgänge in ein ideologisches Weltbild monolithischer Struktur integriert werden, wurde bereits oben mit Blick auf die innerägyptische Abgabenleistung angetroffen.

Die verfügbare Quellenlage erlaubt es, solche Verhältnisse vor allem in der Beziehung Ägyptens zu seinem südlichen Nachbarraum zu dokumentieren. Es scheint aber, daß vergleichbare Verhältnisse auch sonst bestanden haben. Die Reliefs im Totentempel des Sahure zeigen ja angeworbene asiatische Seeleute,[62] und auch die kürzlich bekannt gewordene Punt-Expedition dieses Königs brachte Puntiten mit.[63] Die Steingefäße mit ägyptischen Königsnamen des Alten Reiches aus Byblos[64] unterliegen natürlich denselben Interpretationsvorbehalten wie die erwähnten Stücke aus Kerma. Immerhin scheint sich darin eine auch in diesem Punkt vergleichbare materielle Beleglage anzudeuten.

Wenn sich so der staatliche Außenhandel für das Alte Reich sehr gut dokumentieren läßt, bleibt doch zu fragen, ob sich die Präsenz „ausländischer" Objekte im ägyptischen Fundbestand dadurch vollständig erklären läßt. Naturgemäß ist auch davon auszugehen, daß Gegenstände, die auf staatlicher Ebene beschafft wurden und in den Gebrauch der Elitekultur eingegangen waren, in den Geschenkkreislauf innerhalb der ägyptischen Gesellschaft eingingen und dadurch teilweise auch dem Gebrauch der Breitenkultur verfügbar wurden.

Eine schlüssige Untersuchung der Verteilungsmuster würde allerdings erst bei Vorliegen genauerer Materialanalysen auf breiter Basis möglich werden. So wäre es z.B. notwendig, unter der Unzahl der als „Elfenbein" klassifizierten Perlen, Amulette u.dgl. zwischen Knochen, Nilpferd-Elfenbein und Elephanten-Elfenbein genau trennen zu können. Ein ebenso interessantes Gebiet wäre das der Hölzer. Zwar ist z.B. der Import afrikanischer Edelhölzer – ebenso wie der im ägyptologischen Bewußtsein präsentere von Holz aus der Levante – stark bezeugt.[65]

---

[61] Borchardt, *Grabdenkmal des Sahu-Re*, Blatt 5.

[62] Bietak, in: Baines et al., *Pyramid Studies*, S. 35–40.

[63] Hawass/Verner, in: MDAIK 52, 1996, S. 177–186; zusätzlich stütze ich mich auf mündliche Informationen der Finder.

[64] Helck, *Beziehungen*, S. 21 Anm. 64; Espinel, in: SAK 30, 2002, S. 103–119.

[65] S. Nicholson/Shaw, *Ancient Egyptian Materials*, S. 334–352 mit Angaben zum geographischen Vorkommen der einzelnen identifizierten Holzarten. Weitere relevante Informationen sind in der bevorstehenden Publikation der Grabungsbefunde von der Qubbet el-Hawa durch K.-J. Seyfried (A. und E. Edel, *Die Felsgräbernekropole der Qubbet el Hawa bei Assuan*, aus dem Nachlaß verfaßt und hrsg. von K.-J. Seyfried und G. Vieler, i. Vb.) zu erwarten.

Die Verteilungsmuster, die den Ge- und Verbrauch dieses Materials in Ägypten durchsichtig machen würden, sind – meiner Kenntnis nach – aber noch nicht erhoben.

Wenn diese Frage also derzeit noch offen bleiben muß, lassen sich doch auch Objektbereiche benennen, die man sich als Gegenstände des staatlichen Expeditionswesens schlecht vorstellen kann. Hier ist z.B. an Muschelschalen und Schneckengehäuse vom Roten Meer zu denken, die etwa im Körperschmuck der provinziellen Gemeinschaften Mittelägyptens eine relevante Rolle gespielt haben.[66] Vergleichbares ist für Halbedelsteine anzunehmen, die zu Amuletten und Perlen verarbeitet wurden, obwohl hier verläßliche Material- und Provenienzbestimmungen noch nötig wären.

In solchen Objekten dürfte ein Kleinhandel auf der unteren sozialen Ebene anzusetzen sein, als dessen Vermittler die mobilen Bevölkerungsgruppen der Wüstengebiete anzunehmen sind. Mit Blick etwa auf die Molluskenschalen vom Roten Meer wäre an das in den Bergen zwischen dem Niltal und dem Roten Meer beheimatete *Mḏ3*-Volk zu denken, das weite Landstriche durchstreift hat und in der 2. Zwischenzeit gerade in Mittelägypten durch wichtige Gräberfelder belegt ist. Für solche Bewohner karger Lebensräume könnte ein Handel mit derartigen Sachen in ihren wohl ökologisch notwendigen Austauschkontakten zur seßhaften agrarischen Bevölkerung des Niltals[67] zum Einkauf von Nahrungsmitteln oder Gebrauchsgütern eine wichtige Rolle gespielt haben.

Die landschafts- und klimageschichtlichen Einsichten der jüngeren Forschung und konkrete Funde von nubischem und *pan grave*-Material in Ägypten[68] lassen mehr und mehr das Bild eines Niltals mit offenen Flanken entstehen, so daß die Kontaktbereiche zu Bevölkerungen der an das Niltal angrenzenden Wüsten- und Steppenzonen immer breiter werden. Alles das spricht dafür, daß die Formen des Kontakts und des materiellen Austauschs Ägyptens mit seinen Nachbarterritorien

---

[66] S. die Angaben in den Registern in Brunton, *Qau and Badari II*, passim.

[67] Zu Definition und Entstehung nomadischer Lebensformen s. Sadr, *The Development of Nomadism*.

[68] Zu erinnern ist insbes. an den Fund von Friedhöfen der *pan grave* Kultur und der C-Gruppe in Hierakonpolis (Friedman et al., in: Sudan and Nubia 5, 2001, S. 29–45; dies., in: Sudan and Nubia 8, 2004, S. 47–59), die sog. „saharanische" Keramik von Armant (Mond/Myers, *Cemeteries of Armant*, S. 267–276 und Pl. 74) und äquivalente Funde aus Abydos-Süd (Dreyer, in: MDAIK 38, 1982, S. 92 mit Anm. 44).

mehrschichtig zu rekonstruieren sind und nicht auf die alleinige Dominanz staatlich organisierter Beschaffungs- bzw. Handelsoperationen reduziert werden dürfen.

Fazit

Einmal mehr bestätigt diese Durchsicht, in welchem Maße Material und Methode den Blick auf die Dinge bestimmen. So blendet der hier vorrangig gewählte archäologische Zugang ebenso das Juristische (damit auch Terminologische) wie das Narrativ-Prozedurale des konkreten Einzelablaufs aus. Im Gegenzug werden andere Aspekte erkennbar. Das ikonographische Quellenmaterial erschließt die Ebene der ideologischen Abstraktion. Güteraustausch unterliegt dem Modell der rituellen Gabe, die in einem Weltbild sakraler Konstellationen verortet ist. Unbezweifelbar ist eine solche Sicht der Dinge kulturell real; sie ist jedoch auch insofern kulturell gebunden, als sie keinesfalls aus der rekonstruierbaren Realität herleitbar ist.

Die Stärke des archäologischen Objektmaterials ist es demgegenüber, bis zu einem gewissen Grade – nämlich soweit es um den Austausch von Objekten (und nicht Dienstleistungen) geht und diese Objekte nachvollziehbar einer Provenienz zugeordnet werden können – die Faktizität von Austauschvorgängen zu belegen, die dadurch in Quantität, Reichweite und Bedeutung erkennbar werden. Dadurch werden auch Austauschvorgänge an der Basis der Gesellschaft erkennbar, die parallel neben den textlich und ikonographisch thematisierten Vorgangsebenen liegen. Die sozialen Mechanismen, die hinter den Austauschvorgängen liegen, zu erschließen, ist nicht möglich ohne ein Modellgerüst, in das die Befunde eingehängt werden können. Wenn dies gelingt, geben sie allerdings Aufschluß über das Gesamtsystem, als das die Gesellschaft ökonomisch und soziologisch verstanden werden muß.

Inhaltlich scheinen mir abschließend zwei Befunde hervorgehoben werden zu müssen. Zum einen halte ich es für wichtig, daß sich aufzeigen läßt, wie das gesellschaftliche System in *beide* Richtungen, aufsteigend *und* absteigend durch Abgabe und (Huld)gabe mithilfe materieller Transaktionen verkettet ist. Gaben bilden eine doppelte Verknüpfung der Stufenleiter sozialer Differenzierung, indem sie die vertikale Konstellation von Bevölkerungssegmenten mit dem Inhalt sozialer Prozesse erfüllen.

Zum zweiten scheint mir das archäologische Material einen starken Akzent auch auf die horizontalen Austauschvorgänge durch Handel insbesondere an der Basis der Gesellschaft zu legen. Zahlreiche und für die materielle Kultur an der Basis der Gesellschaft konstitutive Verteilungssachverhalte sind nicht anders als durch ein dichtes und regelmäßiges Netz des Tauschhandels sowohl innerhalb Ägyptens wie mit den Bevölkerungen der Nachbarterritorien zu verstehen. Ein alleiniger Fokus auf staatlich-institutionelle Verteilungs- und Austauschvorgänge vermag die angetroffene soziokulturelle Realität nicht zu erklären.

Bibliographie

Asselberghs, *Chaos en beheersing*: Henri Asselberghs, *Chaos en beheersing*, Leiden 1961.

Baines, *Fecundity Figures*: John Baines, *Fecundity Figures, Egyptian Personification and the Iconology of a Genre*, Warminster 1985.

Baines, *Pyramid Studies*: John Baines et al. (eds.), *Pyramid Studies and Other Essays Presented to I.E.S. Edwards*, Egypt Exploration Society Occasional Publications 7, London 1988.

Beaux, Nathalie, *Ennemis étrangers et malfaiteurs égyptiens*, in: BIFAO 91, 1991, S. 33–53.

Beckerath, *Handbuch der Königsnamen*: Jürgen v. Beckerath, *Handbuch der ägyptischen Königsnamen*, MÄS 49, Mainz 1999.

Bietak, *Haus und Palast*: Manfred Bietak (ed.), *Haus und Palast im Alten Ägypten*, UÖAI 14, Wien 1996.

Bietak, Manfred, *Zur Marine des Alten Reiches*, in: John Baines et al. (eds.), *Pyramid Studies and Other Essays Presented to I.E.S. Edwards*, Egypt Exploration Society Occasional Publications 7, London 1988, S. 35–40.

Bonnet, Charles, *Les fouilles archéologiques de Kerma (Soudan)*, in: Genava 32, 1984, S. 5–20.

Bonnet, Charles, *Les fouilles archéologiques de Kerma (Soudan)*, in: Genava 39, 1991, S. 5–20.

Bonnet, *Kerma*: Charles Bonnet et al., *Kerma, royaume de Nubie*, Genève 1990.

Borchardt, *Grabdenkmal des Sahu-Re*: Ludwig Borchardt, *Das Grabdenkmal des Königs Sahu-Re, II. Die Wandbilder*, WVDOG 26, Leipzig 1913.

Brunton, *Qau and Badari I*: Guy Brunton, *Qau and Badari I*, BSAE 44, London 1927.

Brunton, *Qau and Badari II*: Guy Brunton, *Qau and Badari II*, BSAE 45, London 1928.

Darnell, John Coleman, *Irem and the Ghost of Kerma*, in: GM 94, 1986, S. 17–23.

Davies, *Egypt and Africa*: W. V. Davies (ed.), *Egypt and Africa*, London 1991.

Davies, *Problems and Priorities*: W. V. Davies et al. (eds.), *Problems and Priorities in Egyptian Archaeology*, Studies in Egyptology, London 1987.

Dreyer, Günter, *Die kleine Stufenpyramide von Abydos-Süd*, in: MDAIK 38, 1982, S. 83–93.

Dubiel, Ulrike, *Anthropomorphe Amulette in den Gräbern der Region von Qau el-Kebir (Mittelägypten)*, in: AoF 31, 2004, S. 156–188.

Dubiel, *Amulette, Perlen und Siegel*: Ulrike Dubiel, *Studien zu Typologie, Verteilung und Tragesitte der Amulette, Perlen und Siegel im Alten und Mittleren Reich anhand der Gräberfelder der Region zwischen Qau el-Kebir und Matmar*, OBO i.Dr.

Edel, Elmar, *Die Reiseberichte des Ḥrw-ḫwjf (Herchuf)*, in: O. Firchow (ed.), *Ägyptologische Studien*, Berlin 1955, S. 51–75.

Egyptian Art in the Age of the Pyramids, Catalogue of an Exhibition Held at the Metropolitan Museum of Art, New York 1999.

Eichler, *Expeditionswesen*: Eckhard Eichler, *Untersuchungen zum Expeditionswesen des Alten Reiches*, GOF IV.26, Wiesbaden 1993.

el-Gayar, El-Sayed/Jones, Michael P., *A Possible Source of Copper Ore Fragments Found at the Old Kingdom Town of Buhen*, in: JEA 75, 1989, S. 31–40.
Emery, Walter B., *Egypt Exploration Society, Preliminary Report on the Excavations at Buhen 1962*, in: Kush 11, 1963, S. 116–120.
Engelbach, Reginald, *The Quarries of the Western Nubian Desert*, in: ASAE 33, 1933, S. 65–74.
Engelbach, Reginald, *The Quarries of the Western Nubian Desert and the Ancient Road to Tushka*, in: ASAE 38, 1938, S. 369–390.
Espinel, Andrés Diego, *The Role of the Temple of Ba'alat Gebal as Intermediary Between Egypt and Byblos During the Old Kingdom*, in: SAK 30, 2002, S. 103–119.
Fakhry, *The Monuments of Sneferu*: Achmed Fakhry, *The Monuments of Sneferu at Dahshur, II. The Valley Temple, part 1 The Temple Reliefs*, Cairo 1961.
Firth, *Survey of Nubia*: Cecil M. Firth, *The Archaeological Survey of Nubia, Report for 1910–1911*, Cairo 1927.
Fitzenreiter, *Toteneigentum*: Martin Fitzenreiter, *Zum Toteneigentum im Alten Reich*, Achet 4, Berlin 2004.
Friedman, Renée et al., *Nubians at Hierakonpolis*, in: Sudan and Nubia 5, 2001, S. 29–45.
Friedman, Renée et al., *The Nubian Cemetery at Hierakonpolis*, in: Sudan and Nubia 8, 2004, S. 47–59.
Garstang, *Reqaqnah and Bêt Khallaf*: John Garstang, *Tombs of the Third Egyptian Dynasty at Reqaqnah and Bêt Khallaf*, Westminster 1904.
Goedicke, *Königliche Dokumente*: Hans Goedicke, *Königliche Dokumente aus dem Alten Reich*, ÄA 14, Wiesbaden 1967.
Gundlach, *Zwangsumsiedlung*: Rolf Gundlach, *Die Zwangsumsiedlung auswärtiger Bevölkerung als Mittel ägyptischer Politik bis zum Ende des Mittleren Reiches*, Stuttgart 1994.
Harpur, *Decoration in Egyptian Tombs*: Yvonne Harpur, *Decoration in Egyptian Tombs of the Old Kingdom*, Studies in Egyptology, London 1987.
Hawass, Zahi/Verner, Miroslav, *Newly Discovered Blocks from the Causeway of Sahure*, in: MDAIK 52, 1996, S. 177–186.
Helck, Wolfgang, *Die Bedeutung der Felsinschriften J. Lopez, Inscriptiones rupestres 27 und 28*, in: SAK 1, 1974, S. 215–226.
Helck, *Beziehungen*: Wolfgang Helck, *Beziehungen Ägyptens zu Vorderasien*, ÄA 5, Wiesbaden ²1971.
Jacquet, *Domaines funéraires*: Helen Jacquet, *Les noms des domaines funéraires sous l'Ancien Empire Égyptien*, BdÉ 34, Le Caire 1962.
Kaiser, Werner et al., *Stadt und Tempel von Elephantine, 15./16. Grabungsbericht*, in: MDAIK 44, 1988, S. 135–182.
Klebs, *Reliefs des Alten Reiches*: Luise Klebs, *Die Reliefs des Alten Reiches*, Heidelberg 1915.
Klemm, Rosemarie/Klemm, Dietrich, *Chronologischer Abriß der antiken Goldgewinnung in der Ostwüste Ägyptens*, in: MDAIK 50, 1994, S. 189–222.
Kloth, *(Auto-)biographische Inschriften*: Nicole Kloth, *Die (auto-) biographischen Inschriften des ägyptischen Alten Reiches*, SAK Beih. 8, Hamburg 2002.
Kuhlmann, Klaus Peter, *The „Oasis Bypath" or the Issue of Desert Trade in Pharaonic Times*, in: *Tides of the Desert* (Fs. R. Kuper), Africa Praehistorica 14, Köln 2002, S. 125–170.
Kuper, Rudolph/Förster, F., *Khufu's „mefat" expeditions into the Libyan Desert*, in: Egyptian Archaeology 23, 2003, S. 25–28.
Lacovara, Peter, *The Stone Vase Deposit at Kerma*, in: W. V. Davies (ed.), *Egypt and Africa*, London 1991, S. 118–128.
Leclant, Jean, *La „famille libyenne" au temple haut de Pépi Ier*, in: *Livre du Centenaire*, MIFAO 104, Le Caire 1980, S. 49–54.
Lipinski, *State and Temple Economy*: E. Lipinski (ed.), *State and Temple Economy in the Ancient Near East I*, OLA 5, Leuven 1979.
Livre du Centenaire: *Livre du Centenaire*, MIFAO 104, Le Caire 1980.
Macadam, *The Temples of Kawa II*: M.F. Laming Macadam, *The Temples of Kawa II*, London 1955.

Minault-Gout, *Mastaba d'Ima-Pépi*: Anne Minault-Gout, *Le mastaba d'Ima-Pépi*, FIFAO 33, Le Caire 1992.
Mond/Myers, *Cemeteries of Armant*: Robert Mond/Oliver H. Myers, *Cemeteries of Armant*, EES 42, London 1937.
Müller-Wollermann, *Krisenfaktoren*: Renate Müller-Wollermann, *Krisenfaktoren im ägyptischen Staat des ausgehenden Alten Reiches*, Diss. Tübingen 1986.
Müller-Wollermann, Renate, *Warenaustausch im Ägypten des Alten Reiches*, in: JESHO 28, 1985, S. 121–168.
Nicholson/Shaw, *Ancient Egyptian Materials*: Paul T. Nicholson/Ian Shaw (eds.), *Ancient Egyptian Materials and Technology*, Cambridge 2000.
Nordström, *Neolithic and A-Group Sites*: Hans Ake Nordström, *Neolithic and A-Group Sites*, SJE 3, Stockholm 1972.
O'Connor, David, *The Location of Irem*, in: JEA 73, 1987, S. 99–136.
Petrie, *Lahun II*: William Matthew Flinders Petrie et al., *Lahun II*, BSAE 33, London 1923.
Petrie/Brunton, *Sedment I*: William Matthew Flinders Petrie/Guy Brunton, *Sedment I*, BSAE 34, London 1924.
PM III,1: Bertha Porter/Rosalind Moss, *Topographical Bibliography of Ancient Egyptian Hieroglyphic Texts, Reliefs, and Paintings, III Memphis, part 1 Abu Rawâsh to Abûsîr*, Oxford [2]1974.
Posener-Kriéger, *Les archives de Néferirkarê-Kakai*: Paule Posener-Kriéger, *Les archives du temple funéraire de Néferirkarê-Kakai*, BdÉ 65, Le Caire 1976.
Posener-Kriéger, Paule, *Le coffret de Gébelein*, in: *Hommages Jean Leclant I*, BdÉ 106.1, Le Caire 1994.
Posener-Kriéger, Paule, *Les papyrus d'Abousir et l'économie des temples funéraires de l'Ancien Empire*, in: E. Lipinski (ed.), *State and Temple Economy in the Ancient Near East I*, OLA 5, Leuven 1979, S. 133–151.
Posener-Kriéger, Paule, *Les papyrus de Gébelein, remarques préliminaires*, in: RdÉ 27, 1975, S. 211–221.
Priese, Karl Heinz, *ꜥrm und ꜣm, das Land Irame*, in: AoF 1, 1974, S. 7–41.
Quibell, *El-Kab*: James Edward Quibell, *El-Kab*, BSAE 3, London 1898.
Quibell/Green, *Hierakonpolis II*: James Edward Quibell/F. W. Green, *Hierakonpolis II*, BSAE 5, London 1902.
Radwan, *Kupfer- und Bronzegefäße*: Ali Radwan, *Die Kupfer- und Bronzegefäße Ägyptens*, Prähistorische Bronzefunde II.2, München 1983.
Reisner, *Excavations at Kerma I–III*: George Andrew Reisner, *Excavations at Kerma I–III*, Harvard African Studies 5, Cambridge (Mass.) 1923.
Reisner, *Mycerinus*: George Andrew Reisner, *Mycerinus, The Temple of the Third Pyramid at Giza*, Cambridge (Mass.) 1931.
Reisner, *Provincial Cemetery*: George Andrew Reisner, *A Provincial Cemetery of the Pyramid Age*, Naga-ed-Dêr III, Oxford 1932.
Sadr, *Development of Nomadism*: Karim Sadr, *The Development of Nomadism in Ancient North East Africa*, Philadelphia 1991.
Schäfer, *Bruchstück altägyptischer Annalen*: Heinrich Schäfer, *Ein Bruchstück altägyptischer Annalen*, Berlin 1902.
Seidlmayer, Stephan, *Wirtschaftliche und gesellschaftliche Entwicklung im Übergang vom Alten zum Mittleren Reich*, in: W. V. Davies et al. (eds.), *Problems and Priorities in Egyptian Archaeology*, Studies in Egyptology, London 1987, S. 175–217.
Seidlmayer, Stephan, *Die staatliche Anlage der 3. Dyn. in der Nordweststadt von Elephantine*, in: Manfred Bietak (ed.), *Haus und Palast im Alten Ägypten*, UÖAI 14, Wien 1996, S. 195–214.
Seidlmayer, Stephan, *The First Intermediate Period (c.2160–2055 BC)*, in: Ian Shaw (ed.), *The Oxford History of Ancient Egypt*, Oxford 2000, S. 118–147.
Urk. I: Kurt Sethe, *Urkunden des Alten Reichs*, Leipzig 1903.

Shaw, Ian/Heldal, T., *Rescue Work in the Khafra Quarries at Gebel el-Asr*, in: Egyptian Archaeology 23, 2003, S. 14–16.

Smith, *Interconnections*: William Stevenson Smith, *Interconnections in the Ancient Near East*, New Haven 1965.

Stockfisch, *Totenkult des ägyptischen Königs*: Dagmar Stockfisch, *Untersuchungen zum Totenkult des ägyptischen Königs im Alten Reich, Die Dekoration der königlichen Totenkultanlagen*, Hamburg 2003.

Trigger, *Early Civilizations*: Bruce Trigger, *Early Civilizations, Ancient Egypt in Context*, Cairo 1993.

Valloggia, Michel, *Deux objets thériomorphes découverts dans le mastaba V de Balat*, in: *Livre du Centenaire*, MIFAO 104, Le Caire 1980, S. 143–151.

Valloggia, *Mastaba de Medou-Nefer*: Michel Valloggia, *Le mastaba de Medou-Nefer*, FIFAO 31, Le Caire 1986.

Vercoutter, Jean, *Le pays Irem et la pénétration égyptienne en Afrique*, in: *Livre du Centenaire*, MIFAO 104, Le Caire 1980, S. 157–178.

Williams, *A-Group Royal Cemetery*: Bruce Beyer Williams, *The A-Group Royal Cemetery at Qustul: Cemetery L*, OINE 3, Chicago 1986.

Wood, Wendy, *A Reconstruction of the Triads of King Mycerinus*, in: JEA 60, 1974, S. 82–93.

Ziegler, *Mastaba d'Akhet-hetep*: Christiane Ziegler, *Le mastaba d'Akhet-hetep*, Paris 1993.

Abbildungsnachweis

Abb. 1 nach: A. Fakhry, *The Monuments of Sneferu at Dahshur II.1*, Cairo 1961, Fig. 15.

Abb. 2 nach: L. Borchardt, *Das Grabdenkmal des Königs Sahure II*, Leipzig 1913, Blatt 29–30.

Abb. 3 nach: W. S. Smith, *Interconnections in the Ancient Near East*, New Haven 1965, Fig. 178b.

Abb. 4 nach: H. Altenmüller, *Das Grab des Nianchchnum und Chnumhotep*, AV 21, Mainz 1977, Abb. 12.

Abb. 5 nach: G. Brunton, *Qau and Badari I*, BSAE 44, London 1927, Pl. 18.

Abb. 6 nach: G. Brunton, *Mostagedda*, London 1937, Pl. 64.

Abb. 7 nach: G. Brunton, *Qau and Badari I*, BSAE 44, London 1927, Pl. 28–29.

Abb. 8 nach: G. Brunton, *Qau and Badari II*, BSAE 45, London 1928, Pl. 95–99.

Abb. 9 nach: Ch. Ziegler, *Le mastaba d'Akhethetep*, Paris 1993, S. 116–119.

Abb. 10 nach: H. Altenmüller, *Das Grab des Nianchchnum und Chnumhotep*, AV 21, Mainz 1977, Abb. 10.

Abb. 11 nach: G. A. Reisner, *A Provincial Cemetery of the Pyramid Age*, Naga-ed-Dêr III, Oxford 1932, S. 249.

Abb. 12 nach: H. Schäfer, *Ein Bruchstück altägyptischer Annalen*, Berlin 1902, S. 30, bzw. J. Lopez, *Las inscripciones rupestres faraonicas entre Korosko y Kasr Ibrim*, Madrid 1966, S. 25 und 28.

ÜBERBLICK ÜBER DIE TERMINOLOGIE DER ABGABEN IN DEN ALTÄGYPTISCHEN SCHRIFTQUELLEN VOM ALTEN BIS ZUM NEUEN REICH

Sabine Kubisch (Heidelberg)

Für Abgaben im weitesten Sinne existieren im Alten Ägypten zahlreiche Begriffe, ohne daß ihre jeweiligen Bedeutungen klar voneinander abzugrenzen wären. Je nach Textgattung kann ein und derselbe Begriff in ganz unterschiedlichen Kontexten gebraucht werden.

Um die Abgabenpolitik einer Gesellschaft zu analysieren, ist es zunächst notwendig, ihre Wirtschaftsstruktur zu verstehen. Für antike Kulturen, speziell für das Alte Ägypten gibt es dazu zahlreiche Ansätze und Theorien, die hier jedoch nicht ausgeführt werden können.[1] Von der ausschließlichen Sichtweise auf eine alte Zivilisation entweder als ‚primitive' oder als ‚moderne' Kultur ist man mittlerweile abgekommen. Gerade die frühen Hochkulturen zeichnen sich dadurch aus, Elemente von beidem zu besitzen, d.h. sie bilden eine eigene Kategorie mit speziellen Merkmalen, was die Anwendung von Wirtschaftsmodellen sowohl ‚primitiver' als auch ‚moderner' Gesellschaften unmöglich macht. Es muß ein ganzheitlicher Ansatz gefunden werden, der beide Aspekte und die besonderen Eigenheiten einer frühen Hochkultur berücksichtigt. Leider steht ein solcher Versuch noch aus.

Ein Beispiel soll die Problematik verdeutlichen: Zwei der am häufigsten belegten Termini im Zusammenhang mit dem Thema Abgaben sind *jnw* und *b3k.w*, sie sind vom Alten Reich bis ins Neue Reich gut belegt. Ein Hauptproblem bei der Interpretation dieser Begriffe stellen deren vielseitige Verwendungsmöglichkeiten dar. So werden in den Annaleninschriften Thutmosis' III. – einer königlichen Propagandaschrift, auf die unten noch einzugehen sein wird – die jährlichen Abgaben der unterworfenen Völker aus Nubien als *b3k.w* bezeichnet,

[1] Dazu sei auf das erste Kapitel bei Eichler, *Expeditionswesen*, S. 1–26, verwiesen, in dem ein hervorragender Überblick über die Forschungsgeschichte und die einzelnen Theorien gegeben sowie die Anwendbarkeit der Ansätze für die Ägyptologie diskutiert wird.

derjenigen aus dem Vorderen Orient als *jnw*.[2] Einer Untersuchung von Bleiberg[3] zufolge, die ebenfalls auf den Annaleninschriften basiert, werden *jnw* von Einzelpersonen abgeliefert und fließen in die Kasse des Königs, wogegen *b3k.w* von einer Region bzw. Gruppen von Menschen abgeliefert werden und in das Redistributionssystem eingehen. D.h. *jnw* sind reziproke Geschenklieferungen, *b3k.w* dagegen regelmäßige, also steuer- oder tributähnliche Abgaben, die im redistributiven Kreislauf einkalkuliert werden können.

Aus privaten und administrativen Texten geht nun aber hervor, daß *jnw* weder nur von Einzelpersonen abgegeben werden noch ausschließlich von Ausländern. Außerdem erhält die Abgabe *jnw*, die ja eigentlich unregelmäßig ist, in den Annaleninschriften, ebenso wie *b3k.w*, den Zusatz *n ḫr.t rnp.t* – jedes Jahr. Den Verwaltungsakten der Tempel ist dagegen zu entnehmen, daß es sich bei den *b3k.w* um regelmäßige Tempeleinkünfte handelt, *jnw* dagegen unregelmäßige königliche Zuwendungen für den Tempel darstellen. All diese Unterschiede und Differenzen beziehen sich zunächst nur auf Inschriften des Neuen Reiches, die des Alten und Mittleren Reiches sind hierbei noch nicht berücksichtigt worden! Diese einleitenden Bemerkungen sollen lediglich den disparaten Charakter der Quellen darstellen. Je nach Textgattung kann ein Begriff verschiedene Bedeutungen annehmen, was seine Interpretation erschwert.[4]

Unter dieser Voraussetzung wird im folgenden ein Überblick über die Arten von Abgaben gegeben, wie sie sich anhand der nichtliterarischen Quellen darstellen.

Altes Reich

1 *Steuersystem*

Über den Vorgang der Steuereintreibung im Alten Reich existieren nur indirekte Quellen, diese sind dafür aber verhältnismäßig aussagekräftig. Es handelt sich dabei um königliche Dekrete, in denen es um die

---

[2] *jnw*: Urk. IV 699,4; 700,16; 701,11; *b3k.w*: Urk. IV 702,8; 703,4 (beide Male zerstört); 708,8; 715,10.

[3] *jnw*: Bleiberg, in: JARCE 21, 1984, S. 155–167; *b3k.w*: ders., in: JARCE 25, 1988, S. 157–168.

[4] S. auch Liverani, *Prestige and Interest*, S. 260–6.

Steuerbefreiung von Institutionen (z.B. Pyramidenstädte, Tempel oder Totenstiftungen), Land und auch Einzelpersonen (z.B. Priester) geht.[5] Eine solche Befreiung erfolgte nicht pauschal, sondern für bestimmte, genau definierte Leistungen, bei denen es sich einerseits um Abgaben, andererseits um Arbeitsverpflichtungen bzw. Pflichtdienste (zugunsten des *pr nsw.t*, also des Königshauses) handeln konnte.[6] Sie galt nur für einen gewissen Zeitraum, d.h. die Exemption mußte gegebenenfalls nach einer bestimmten Zeit wiederholt werden. In manchen Fällen wird explizit festgehalten, daß die Befreiung „bis in alle Ewigkeit" gilt.[7] Auch diese Betonung spricht dafür, daß der Vorgang üblicherweise wiederholt werden mußte.

Für den Fall, daß dennoch jemand einen Steuerbefreiten zu einer Abgabe oder einer Pflichtarbeit zwingen sollte, wurden drastische Strafen angedroht: Arbeit in den Granitsteinbrüchen und Zwangsabgabe der Ernteerträge an die Staatskasse.[8]

Anhand eines Dekretes aus der Regierungszeit Pepis II.[9] soll das Abgabesystem, soweit es sich aufgrund der Beleglage erschließt, erläutert werden.

> Auszüge aus dem Edikt des Königs Neferkare'-Pepi II. für den Min-Tempel in Koptos:
>
> I. Horus *Nṯrj-ḫ'w* – Jahr nach der 11. Zählung, zweiter Monat der *šmw*-Jahreszeit, Tag 28.
>
> II. Der König befahl (an) den Vorsteher der Residenz, den Wesir und Vorsteher der königlichen Aktenschreiber *D'w*, den Fürsten und Vorsteher von Oberägypten *Ḫwj*, den Vorsteher der Priester, den *sḥḏ*-Priestern und Magistraten des Distriktes von Koptos.
>
> III. (Betreffend) den Vorsteher der Priester und die *sḥḏ*-Priester des Min in Koptos im Zwei-Falken-Gau, alle Angehörigen des Besitzes des Min-Tempels, die Funktionäre der Gefolgschaft und des Tagdienstes des Min, die Arbeiter und Maurer dieses Tempels (oder) die dort sind.
>
> IV. Nicht erlaubt die Majestät, daß man sie in die Königshürden setzt, in die Rinderweiden, Eselweiden, Kleinviehweiden (des) *pr-z3* (oder in)

[5] Goedicke, *Königliche Dokumente.*

[6] Die ägyptischen Begriffe *k3.t* und *mḏd* werden parallel verwendet. Bei *mḏd* handelt es sich um eine materielle Aufwendung, *k3.t* impliziert eine regelmäßige Arbeitsleistung. In den Dekreten wird es mit dem Zusatz *n.t pr n nsw.t* verwendet, was bedeutet, daß diese Arbeiten zugunsten des Königshauses bzw. der königlichen Verwaltung geleistet werden müssen. S. dazu Goedicke, *Königliche Dokumente*, S. 59 u.ö. Zu *mḏd* ebd., S. 124f., zusammenfassend S. 244ff.

[7] Goedicke, *Königliche Dokumente*, S. 55f., Abb. 5.

[8] Z.B. im Edikt des Neferirkare': Goedicke, *Königliche Dokumente*, S. 24.

[9] Koptos B: Übersetzung nach Goedicke, *Königliche Dokumente*, S. 87–89, Abb. 8.

irgendeine Pflichtarbeit (*wnw.t*) oder eine Steuer (*mḏd*), die veranlagt (wtl. *jp.t* – gezählt) ist in der königlichen Verwaltung, in alle Ewigkeit. Sie sind heute erneut freigestellt auf Befehl des Königs von Ober- und Unterägypten Neferkare', er lebe immer und ewig.

IX. So befiehlt der König von Ober- und Unterägypten Neferkare', er lebe immer und ewig.

X. Gebracht werde eine Urkunde über diesen Befehl, die auf eine Stele aus festem Kalkstein gesetzt werde am Torbau des Min-Tempels in Koptos im Zwei-Falken-Gau, damit die Funktionäre dieses Distriktes (es) sehen, daß sie diese Priester nicht zu irgendeiner Arbeit des Königshauses in alle Ewigkeit nehmen sollen.

XIV. Und weiter, irgendein Magistrat oder Funktionär, der nicht gemäß dem Wortlaut dieses Befehls handeln sollte, er werde zur ‚Halle des Horus' genommen, nachdem dies von der Majestät zu tun befohlen war. Nicht aber erlaubt die Majestät, daß sie Priester sind in der Pyramide *Mn-ʿnḫ-Nfr-kꜣ-Rʿ* ewiglich.

XV. Weiter betreffend irgendwelches *ʿḥt*-Land oder Pflugrechte, das gestiftet ist für die Priesterstellen dieses Tempels: die Majestät befiehlt deren Exemtion entsprechend dem Eigentum des Min von Koptos heute erneut durch Befehl zugunsten des Königs von Ober- und Unterägypten Neferkare', er lebe immer und ewig.

XVI. Gesiegelt in der persönlichen Gegenwart des Königs.

Als Adressaten (Abschnitt II–III) werden der Wesir, der in diesem Fall gleichzeitig königlicher Aktenschreiber war, und ein Fürst und Vorsteher von Oberägypten genannt, des weiteren der Priestervorsteher, die Priester sowie die Distriktsoberhäupter. Die ersten beiden Personen waren sicherlich die zuständigen Residenzbeamten, wogegen das Priesterkollegium als direkt betroffene Gruppe angesprochen wurde. Die zuletzt genannten Distriktsoberhäupter (*ḥrj.w tp*) mußten zweifellos über alles, was in ihrem Bezirk passierte, informiert werden.

Im folgenden Abschnitt (IV–X) werden die betroffenen Personen mit ihren Titeln noch einmal genau aufgezählt. Danach wird ebenso genau definiert, was Teil der Steuerbefreiung ist. Demnach durften die Tempelangehörigen weder in den königlichen Domänen eingesetzt noch zu einer Arbeitsleistung oder Abgabe verpflichtet werden. Aus dem nächsten Satz wird deutlich, daß es sich nicht um eine pauschale Befreiung handelt. Es folgen weitere detaillierte Aufzählungen von wie auch immer gearteten Befreiungen. Am Schluß (XIV) wird eine Strafe angedroht, für den Fall, daß diesem Befehl nicht Folge geleistet wird. Außerdem (XV) wird auch das Ackerland, das mit den entsprechenden Priesterstellen verbunden und demnach Eigentum des Tempels war, von der Steuer befreit.

Das Hauptanbauprodukt ist Getreide; aufgrund dessen sowie aufgrund seiner Meßbarkeit, Lager- und Transportfähigkeit dürfte es sich wohl um die häufigste Form der Abgabe handeln. Der Begriff, der in diesem Zusammenhang immer wieder auftaucht, lautet *mḏd*. Dabei handelt es sich um einen abstrakten Begriff, wie am Determinativ der Buchrolle erkennbar ist. Außerdem ist der Terminus bestimmten Arbeitsleistungen gegenübergestellt, d.h., es kann sich bei *mḏd* nicht auch um eine Art Frondienst handeln.[10] In einem anderen Text,[11] in dem es um den Totenpriesterdienst geht, bezeichnet das sicherlich verwandte Wort *mḏd.t* den Anteil des Totenpriesters an der Stiftung. Im selben Text wird *mḏd* mit der Bedeutung „Einteilung" verwendet. D.h. in einem Zusammenhang, in dem es um die Zählung, also die Veranlagung eines „Anteils" geht, haben wir es sicher mit einer Steuer zu tun.[12]

In einem anderen Dekret desselben Königs[13] werden eine Reihe von Abgaben, von denen das Tempelpersonal des Min-Tempels befreit ist, genau aufgezählt: Gold, Kupfer, Schmuck, Material für das Lebenshaus, Verpflegung, Viehfutter, Seile, Stricke und Häute. Die Bezeichnung für Abgabe ist hier aber nicht *mḏd*, sondern *mꜣꜥ.w*.

Die Besteuerungsgrundlage stellt eine jährlich oder alle 2 Jahre[14] durchzuführende Zählung (*jp.t*, *ṯnw.t*) dar. Die Annahme einer jährlichen Neuberechnung ergibt sich aus der Abhängigkeit der Ernte von der jährlichen Nilüberschwemmung. Die Äcker wurden neu vermessen und ihr Wert anhand der Höhe der Nilüberschwemmung neu bestimmt. Diese Veranlagung richtete sich vermutlich nach dem Umfang des Besitzes und wurde wohl nicht *ad personam*, sondern auf Grund und Boden und deren Erträge erhoben. Fur eine Kopfsteuer gibt es nur sehr wenige und indirekte Belege.[15] Die Höhe der Steuern richtete sich nach der

---

[10] Wie anderweitig auch vorgeschlagen wurde: WB II, 192,14; Gardiner, in: PSBA 34, 1912, S. 262ff.; ausführlicher und mit weiterer Literatur Goedicke, *Königliche Dokumente*, S. 59f. (13); 124f. (23).

[11] Stiftungsurkunde des *Kꜣ-m-nfrt*: Urk. I 13,2; 14,1; 14,11.

[12] Verführerisch wäre es, das Zahlwort 10, das den Lautwert *mḏ* besitzt, mit diesem Terminus in Verbindung zu bringen. Eine solche Annahme kann jedoch nicht bestätigt werden. Die Lautung und auch die Schreibung des Zahlwortes stimmen mit dem vorliegenden Begriff nicht überein.

[13] Goedicke, *Königliche Dokumente*, S. 118, Abb. 9.

[14] Dies geht aus dem Palermostein hervor: Schäfer, *Annalen*.

[15] Die Bezeichnung *ẖwj* in der Titulatur einiger Beamter deutet auf deren Steuerbefreiung hin, außerdem erwähnt eine Person namens *Dbḥnj* (Urk. I 21,5), daß seine Eltern aufgrund seiner Leistungen von den Steuern ausgenommen wurden. Vgl. dazu Müller-Wollermann, in: JESHO 27, 1985, S. 151f. m. Anm. 99.

Höhe der Erträge. Anhand der Berechnungsgrundlage durch die *jp.t* erfolgte dann die eigentliche Eintreibung, für die im Alten Reich ab Asosi und Teti das Wesirat zuständig war. Die Eintreibung selbst wird in den Schriftquellen aber nicht thematisiert.

Anhand der Dekrete ergibt sich: Die allgemeine Steuerbezeichnung im Alten Reich lautete *mḏd*, im Gegensatz dazu stehen die Termini *k3.t* und *wnw.t*, bei denen es sich um Arbeitsleistungen handelt. Zur Arbeitsleistung waren alle Untertanen verpflichtet, wogegen Abgaben nur diejenigen zu leisten hatten, die eigenes Vermögen besaßen.

2 *Einnahmen aus dem Ausland*

Am aussagekräftigsten sind für Informationen über Auslandseinkünfte die Inschriften des Harchuf und des Sabni aus Assuan, die im Auftrag des Königs Expeditionen nach Nubien unternahmen und von dort fremde Güter (*jnw*) mitbrachten.

Bei den Expeditionen nach Byblos oder in nubische Regionen wurde wohl eine Art Handel getrieben, d.h. von diesen Expeditionen wurden außergewöhnliche und in Ägypten nicht erhältliche Waren mitgebracht:

> Seine Majestät des Merenre, mein Herr schickte mich . . . nach Jam, um den Weg zu diesem Land zu öffnen. Ich tat es in 7 Monaten, ich brachte von dort alle *jnw*, die schön und selten waren. Man lobte mich sehr dafür.[16]

Eine wirtschaftliche Notwendigkeit bestand offenbar nicht, da die nubischen Güter meistens Prestigeobjekte ohne großen wirtschaftlichen Wert waren. Harchuf zählt z.B. folgendes auf:

> Ich kam zurück mit 300 Eseln, beladen mit Weihrauch, Ebenholz, *ḥknw*-Öl, Pantherfellen, Elefantenzähnen, Wurfhölzern und allen Arten von guten Produkten (*m3ʿ.w*).[17]

Indirekt wurden selten auch Gegengaben erwähnt,[18] diese Güter waren ökonomisch ebenfalls nicht relevant. So spricht Sabni davon, Öle, Honig und Kleidung mit nach Nubien genommen zu haben, was für eine Tributeintreibung nicht nötig gewesen wäre. Die Expeditionen wurden im Auftrag des Königs unternommen, die mitgebrachten Güter gingen

[16] Aus der Biographie des Harchuf: Urk. I 124,9–14.

[17] Aus der Biographie des Harchuf: Urk. I 126,17–127,3.

[18] Müller-Wollermann, in: JESHO 27, 1985, 136. Biographie des Sabni: Urk. I S. 136,4–5.

in den Privathaushalt des Königs ein. Eine Unterwerfung dieser Völker oder die Eroberung der Regionen wird in den Inschriften nicht erwähnt, es schienen reine Handelsunternehmungen gewesen zu sein.

Sicherlich war der Güteraustausch nicht immer ausgeglichen, sprich der ägyptische Teil kleiner. Es mag es sich bei den Lieferungen trotz aller Freiwilligkeit durchaus auch um eine Sicherheitsmaßnahme der Fremdländer gehandelt haben, um ägyptischen Übergriffen und Beutezügen zu entgehen.[19]

Eine Art Vereinbarung über die Regelmäßigkeit oder eventuelle Frequenz sowie die Höhe der Abgaben, wie sie für eine Tributbeziehung nötig wäre, existiert nicht. Nicht zuletzt sind *jnw*-Lieferungen nicht nur aus dem Ausland belegt, was die Übersetzung mit ‚Tribut' erschwert. Im folgenden Textbeispiel aus der Biographie des Tjetji aus der 11. Dynastie geht es sowohl um *jnw*-Lieferungen aus Ägypten als auch aus dem Ausland:

> Der Schatz war in meiner Hand (und) unter meinem Siegel, bestehend aus dem Ausgesuchten von allen guten Dingen, die der Majestät meines Herrn gebracht wurden aus Ober- und Unterägypten, bestehend aus allen Sachen, die das Herz erfreuen, als *jnw*-Lieferungen dieses Landes insgesamt, wegen des Respekts vor ihm in diesem Land (i.e. Ägypten) (*m jnw n tꜣ pn mj qd=f n snḏ=f ḫtḫt tꜣ pn*), (und) die der Majestät des Herrn gebracht wurden von seiten der Herrscher über das Rote (Wüsten-)Land, wegen des Respekts (*snḏ*, auch zu übersetzen mit Furcht!) vor ihm in den Fremdländern (*jnn.t n ḥm n nb m-ꜥ ḥqꜣ.w ḥrj.w-tp dšr.t n snḏ=f ḫtḫt ḫꜣs.wt*).[20]

Der eben erwähnte Terminus *jnw* ist ein häufiger und vieldiskutierter Begriff in diesem Zusammenhang. In den oben erwähnten Wirtschaftsdekreten des Alten Reiches kommt er überhaupt nicht vor, in den biographischen Inschriften ist er hingegen belegt. Die Bedeutung des Begriffes ist äußerst vielschichtig, zudem scheint sie sich im Laufe der Zeit, gemeinsam mit dem Wandel der politischen Verhältnisse, auch zu ändern. So hatte der Terminus im Alten Reich sicher eine andere Konnotation als im Neuen Reich, d.h. man muß die Belege aus den verschiedenen Epochen getrennt voneinander betrachten.

In früherer Zeit wurde *jnw* häufig mit „Tribut" übersetzt. Vor allem R. Müller-Wollermann hat aber mehrfach dargelegt, daß es sich bei *jnw*-Lieferungen keinesfalls um Tribute im Sinne dieses Wortes

[19] Ähnlich auch Franke, *Heqaib*, S. 198, Anm. 514. Vgl. auch die unten zitierte Stelle aus der Biographie des Tjetji.

[20] London BM EA 614: HTBM I, pl. 49 = Lichtheim, *Autobiographies*, Nr. 19, S. 47, vgl. auch Franke, *Heqaib*, S. 14.

handeln kann. Die Argumente dafür seien hier kurz zusammengefaßt.[21] Tributbringer und -empfänger gehören üblicherweise nicht ein und derselben Nation an, d.h. Tribute sind innerhalb eines Landes nicht zu erwarten. Außerdem ist eher eine Nation oder ein Land tributpflichtig, weniger aber einzelne Personen. Für *jnw* gilt nun aber generell, daß sie sowohl von Ausländern als auch von Ägyptern geliefert werden. Im Mittleren Reich sind z.B. *jnw* des Deltas und im Neuen Reich *jnw* des Tempels belegt.[22]

Außerdem werden *jnw* von Ländern und Stämmen gebracht, aber auch von Einzelpersonen.[23] Sie fließen nicht in das Redistributionssystem ein, sondern gehen in das private Eigentum des Königs über. Damit handelt es sich also auch nicht um Steuern, also einen festgelegten Anteil des persönlichen Einkommens, der regelmäßig an die Staatskasse abzuführen war.

Eine Tributbeziehung setzt eine mehr oder weniger gewaltsame und dauerhafte Unterwerfung eines fremden Volkes voraus. Dies ist im Alten Reich aber nicht der Fall. Zwar wurden Raubzüge gegen Nomadenstämme in Nubien oder Libyen unternommen, dabei wurde aber lediglich Beute gemacht. Man beraubte den Stamm seiner ökonomischen Grundlage, machte ihn aber nicht abgabepflichtig. Ein Beispiel dafür ist die Biographie des Pepinacht aus Assuan,[24] der im Auftrag des Königs die nubischen Länder Wawat und Irtjet „zerhackt". Diesen Auftrag führt er zur Zufriedenheit des Herrschers aus, schlachtete eine Menge Feinde ab und machte zahlreiche Gefangene. Pepinacht brachte zusätzlich die beiden Häuptlinge dieser Länder, deren Söhne und hohe Militärs an den Hof des Pharaohs, außerdem verschiedene Sorten Rinder. In diesem Zusammenhang fällt der Ausdruck *m ḥtp.w*, was ‚*als Opfergabe/Geschenk*' zu übersetzen ist. D.h. die Häuptlinge galten selbst als Kriegsbeute.

---

[21] Dazu R. Müller-Wollermann, in: GM 66, 1983, S. 81.

[22] Auch im Alten Reich: Gordon, *Context and Meaning*, S. 54f.: *jp jnw n njw.t n.t ḏ.t jnj.n tꜣ-mḥw r pr.t-ḫrw* – Zählen der Lieferungen der Totenstiftungen, die Unterägypten brachte als Totenopfer. Grab des Akhethotep in Saqqara, 5. Dyn. Der Ausdruck *jp jnw* kommt sonst nur noch einmal im Mittleren Reich (Gordon, *Context and Meaning*, S. 92ff.) und einmal im Neuen Reich (Gordon, *Context and Meaning*, S. 155f.) vor.

[23] Abu-Sir-Papyri, 5. Dyn.: Gordon, *Context and Meaning*, S. 77.

[24] Urk. I 132ff.; Übersetzung bei Lichtheim, *Autobiographies*, S. 15f. Ähnlich auch in den Annalen des Snofru: „Zerstören Nubiens, Holen von 70 000 Gefangenen und 200 000 Rindern und Schafen." (Urk. I 236,10), vgl. außerdem Müller-Wollermann, in: JESHO 28, 1985, S. 156f.

Mittleres Reich

Die Beleglage für das Mittlere Reich ist zu diesem Thema dürftig. In der Titulatur des Sarenput aus Elephantine[25] aus der 12. Dynastie kommen mehrere Begriffe für Abgaben vor:

> Oberster der Siegel, Vorsteher aller *g3w.t*-Abgaben der Türöffnung der Fremdländer (= Grenzfestung) als Schatz des Königs (*ḫkr.w nsw.t*), dem die *jnw*-Lieferungen des *mḏ3*-Landes gemeldet wurden, bestehend aus der *b3k.w*-Produktion der Herrscher der Fremdländer.

Die Begriffe *g3w.t* und *jnw* sowie *ḫkr.w nsw.t* und *b3k.w* stehen in Parallelismus. *g3w.t* ist auch in anderen Inschriften belegt, diese Abgabe kommt sowohl aus dem Ausland (oder angeschlossenen Kolonien) als auch aus Teilen Ägyptens. In diesem Fall sind die Abgaben der Festung gemeint, wobei dort auch Lieferungen der nubischen „Kolonien" gesammelt werden.

Es handelt sich dabei vermutlich um eine Art Steuer, wie eine Inschrift der 13. Dynastie zu bestätigen scheint:

> einer, der die [Fremdländer] durchstreift, . . . um die Rinder für seinen Gott zu suchen als *g3.wt*-Abgabe an männlichen Rindern.[26]

Der Begriff ist weiterhin in einer Annaleninschrift Amenemhets II. belegt,[27] er bezeichnet dort Abgaben aus Reṯenu (Syrien) und dem Libanon sowie einem weiteren Fremdland, dessen Name zerstört ist. Aus diesem Text geht hervor, daß die Abgabe direkt zum Palast gebracht wurde und in die Staatsverwaltung einging. Sie war also Teil des Redistributionssystems. Dabei schien jedes Land wirtschaftlich bedeutende Güter zu liefern, wie z.B. Holz aus dem Libanon. Gleichzeitig wurden in diese Länder ägyptische Expeditionen entsandt, deren mitgebrachte Güter aufgezählt werden und wiederum keine spezielle Bezeichnung eines Abgabentyps o.ä. erhalten.

In derselben Inschrift werden auch Delegationen aus Nubien, aus Asien und von Nomaden erwähnt, die Geschenke an den ägyptischen Hof bringen. Nur in einem Fall – bei Nubien – wird die Bezeichnung *b3k.w* genannt, in den anderen beiden Fällen heißt es lediglich „das Bringen von . . . – Aufzählung dessen, was abgeliefert wird". Es werden

[25] Franke, *Heqaib*, S. 192ff., zur genannten Textstelle bes. S. 197, Anm. 4 und S. 14f.
[26] Kairo CG 20764: Vernus, in: Rd'E 37, 1986, S. 141ff., pl. 16.
[27] Altenmüller/Moussa, in: SAK 18, 1991, S. 1–49.

Weihrauch, Edelsteine, Pigmente, Pflanzen und andere Naturprodukte sowie Waffen gebracht. Die Zusammensetzung und geringen Mengen der Güter lassen darauf schließen, daß es sich um symbolische, d.h. wirtschaftlich nicht sehr relevante Abgaben handelt. Wahrscheinlich sind es wiederum keine Tribute. Der Text datiert in die frühe Regierungszeit Amenemhets II. Laut dem Bearbeiter H. Altenmüller lassen sich diese Abgaben sehr gut mit dem Beginn seiner Alleinregierung verbinden. Demnach könnte es sich also um Gratulationsgeschenke der ausländischen Gesandten handeln, die ihre Glückwünsche zum Ausdruck bringen und gleichzeitig die guten Beziehungen zu Ägypten bekräftigen wollten.

Neues Reich

Im Neuen Reich zeigt sich uns ein verändertes Bild. Während der sogenannten 2. Zwischenzeit war Ägypten zu großen Teilen von den sogenannten Hyksos besetzt. Die Pharaonen dieser Zeit beherrschten nur einen, und zwar den wirtschaftlich unbedeutenderen Teil des Landes. Die fruchtbaren Ebenen des Deltas, aus denen der Löwenanteil der landwirtschaftlichen Produktion kam, waren unter der Kontrolle der Hyksos. Damit gerieten Ausländer in einer bisher unbekannten Weise in das Blickfeld der Ägypter. Im Alten und Mittleren Reich wurde alles Fremde als chaotisch betrachtet, quasi „symbolisch ausgesperrt“[28] und weitestgehend ignoriert. Da es nie eine ernstzunehmende Bedrohung von außen gegeben hatte, konnte eine solche Sichtweise auch funktionieren. Mit der Einwanderung der Hyksos und ihrer Okkupation großer Teile Ägyptens war man jedoch gezwungen, das Fremde bzw. die Fremden als politisch einzubeziehenden Faktor wahrzunehmen und auf ihn zu reagieren. Das Weltbild des Neuen Reiches stellt sich somit nicht mehr als „ägyptischer Kosmos und äußeres Chaos“ dar, sondern als eine „vom Sonnengott geschaffene Welt, die von vielen Völkern bewohnt“ wird,[29] wodurch sich für Ägypten ganz neue Möglichkeiten erschließen. Das Fremde wurde als ein Gegenpart wahrgenommen, den man unterwerfen und tributpflichtig machen oder ihn durch diplomatische Heiraten und Verträge an sich binden konnte.

[28] Assmann, *Sinngeschichte*, S. 227.
[29] Zitate von Assmann, *Sinngeschichte*, S. 227.

Die Epoche der 2. Zwischenzeit schien eine Art Trauma zu verursachen und sorgte nicht nur für tiefgreifende ideologische Veränderungen, sondern auch für eine neue Außenpolitik. Daß gerade die 18. Dynastie die größten Feldherren der ägyptischen Geschichte hervorbrachte, war sicherlich eine Folge dieser Fremdherrschaft. Die Herrscher des Neuen Reiches waren gezwungen, auf die Erfahrungen der vorangegangenen 2. Zwischenzeit zu reagieren. So begegnete man einer neuen potentiellen Bedrohung durch Fremde am Beginn des Neuen Reiches, indem man verstärkt außenpolitisch aktiv wurde[30] und so einer Einwanderung von Ausländern und einer weiteren Fremdherrschaft vorbeugte. Ägypten ging aufgrund dieser traumatischen Erfahrungen gezielt von der Defensive in die Offensive, die bereits mit der Vertreibung der Hyksos durch Kamose und Ahmose begann.[31] Als Grundlage für diese Eroberungsstrategie und diplomatische Bündnispolitik der 18. Dynastie waren die Erfahrungen der Fremdherrschaft bzw. ihre Verarbeitung unverzichtbar. Durch die Rückeroberung Ägyptens wurden die Voraussetzungen für die gewaltigen Expansionsbestrebungen der folgenden Könige nach Nubien und in den vorderasiatischen Raum geschaffen. So waren die folgenden Jahre durch enorme Kampagnen und die gewaltsame Unterwerfung fremder Völker bestimmt.[32]

Thutmosis I. drang mit seinen Eroberungsfeldzügen bis an den Euphrat vor, Thutmosis III. ersetzte dann die reine Eroberungsstrategie durch eine systematische Annexionspolitik. Eine eroberte Region wurde politisch unterworfen und administrativ an Ägypten angegliedert.[33] Es wurden Garnisonen errichtet und ägyptische Beamte eingesetzt, die Höhe der Abgaben festgelegt und eine ägyptische wirtschaftliche und kulturelle Infrastruktur errichtet.[34]

Im Zusammenhang mit dem neuen ideologischen und politischen Weltbild steht somit natürlich auch eine andere Abgabenpolitik. Zum einen waren verstärkt Einkünfte aus dem Ausland zu verzeichnen, zum anderen erforderte die Ausrüstung eines leistungsstarken Heeres immense finanzielle Mittel. Die innerägyptischen Leistungen flossen zum großen Teil in die Versorgung des Heeres.

---

[30] So auch Assmann, *Sinngeschichte*, S. 226.

[31] Laut Polz, in: Guksch/Polz, *Stationen*, S. 219–231, handelt es sich dabei nicht um einen Befreiungs-, sondern um einen Expansionskrieg.

[32] So z.B. in der Biographie des Ahmose, Sohn des Ibana, Urk. IV 5ff.

[33] Der ägyptische Begriff dafür lautet *swsḫ tȝš.w* – ‚die Grenzen erweitern'. Dies kann als das politische Programm des Neuen Reiches gelten. Vgl. dazu Galán, *Victory and Border*.

[34] Assmann, *Sinngeschichte*, S. 228.

Als Zeichen der Unterwerfung lieferten die Völker eine Abgabe ab, die wiederum *jnw* genannt wird. Belegt wird dies z.B. durch die Texte der Gebel-Barkal-Stele und der Annaleninschriften Thutmosis' III., in denen es unter anderem um die Belagerung von Megiddo geht:

> Sie sind nach Megiddo geeilt. Meine Majestät hat es sieben Monate lang belagert. Nicht kamen sie beim Anflehen Meiner Majestät heraus, um zu sagen: Gib uns deinen Atem, unser Herr! ... Da hat jener Feind zusammen mit den Großen, die bei ihm waren, veranlaßt, daß man zu Meiner Majestät herauskommt. Ihre Kinder insgesamt sind unter zahlreichen Abgaben (*jnw*) aus Gold und Silber, alle ihre Pferde, die bei ihnen waren, ihre großen Streitwagen aus Gold und Silber, zusammen mit denen, die bunt waren, alle ihre Panzerhemden des Kampfes, ihre Bogen und ihre Pfeile und alle ihre Waffen des Kampfes. Es ist dies, mit dem sie gekommen waren, um zu kämpfen, von ferne (?), gegen Meine Majestät. Da haben sie es als Abgaben (*jnw*) für Meine Majestät gebracht. Da standen sie auf ihren Mauern beim Lobpreis geben für Meine Majestät, damit man für sie den Atem des Lebens gibt. Da hat Meine Majestät veranlaßt, daß man sie einen Eid leisten läßt mit den Worten: ‚Wir werden niemals wieder Schlechtes gegen *Mn-ḫpr-Rꜥ*, der ewig leben möge, unseren Herrn, in unserer Lebenszeit unternehmen, denn wir haben seine Macht gesehen. Er hat uns den Atem nach seinem Willen gegeben ...‘[35]

Offenbar hatten sich die Gegner in Megiddo verschanzt und wurden belagert. Schließlich ergaben sie sich, indem sie die Festung verließen und Thutmosis *jnw*-Lieferungen überbrachten. Dabei handelte es sich unter anderem um die Ausrüstung, mit dessen Hilfe sie den ägyptischen König besiegen wollten, also Pferde, Streitwagen und Waffen. Dies und auch die Tatsache, daß die Kinder der Fürsten die Gegenstände überbrachten, macht den Symbolcharakter der Handlung deutlich. Dafür erhielten sie vom König eine Gegengabe. Diese Gegenleistung bestand aus der symbolischen Handlung des Verleihens des *ṯꜣw n ꜥnḫ* – ‚des Lebenshauches‘. Im Austausch für die *jnw*-Lieferungen kamen die Fremdvölker also in den Genuß königlicher Gnade und wurden von weiteren militärischen Maßnahmen und Raubzügen verschont. Diese Handlung beinhaltete aber auch den Schutz des ägyptischen Königs vor Angriffen aus anderen Richtungen, außerdem erkaufte sich der lokale

---

[35] Gebel-Barkal-Stele Thutmosis' III. (Boston MFA 23.733): Urk. IV 1234ff., vgl. auch Klug, *Königliche Stelen*, S. 193ff.

Herrscher damit die Erhaltung seiner politischen Position,[36] wie auch aus den Annaleninschriften des Thutmosis hervorgeht:

> Siehe, die Herrscher dieses Fremdlandes kamen auf ihren Bäuchen, um den Boden zu küssen vor der Macht Seiner Majestät und um Luft für ihre Nasen zu erbitten wegen der Größe seiner Kraft und der Größe der *bꜣw*-Macht des Amun über alle Fremdländer . . . Alle Fürsten wurden weggebracht wegen der Macht Seiner Majestät, indem sie unter ihren *jnw*-Lieferungen sind, bestehend aus Silber, Gold, Lapislazuli und Türkis, und indem sie Getreide, Wein, großes und kleines Vieh für die Armee Seiner Majestät herbeibrachten. Eine jede Gruppe von ihnen war unter ihren *jnw*-Lieferungen auf der Fahrt nach Süden. Siehe, Seine Majestät setzte die Fürsten wieder ein, in jeder Stadt.[37]

Es sind keine Vasallenverträge überliefert, lediglich der Eid, den die Besiegten leisten mußten. Darin verpflichteten sie sich, Thutmosis als ihren Herrn zu akzeptieren und zu respektieren. Eine Abgabenregelung ist in diesem Eid zwar nicht enthalten, man kann jedoch davon ausgehen, daß die unterworfenen Völker in der Folge auch eine Abgabe leisten mußten.[38] Diese *bꜣk.w* genannten steuerähnlichen Leistungen erfolgen regelmäßig. Aber da die unterworfenen Gebiete in die ägyptische Verwaltung integriert und damit Teil des Landes wurden, Tribute aber nur von unabhängigen Völkern gezahlt werden, ist der Begriff ‚Steuer' vielleicht angebrachter.

Es ist offensichtlich, daß sich die Völker ergeben und daß der Lebenshauch eine Art Synonym dafür ist, verschont zu werden. Sie machen sich abhängig vom ägyptischen Pharao und sind in der Folge vermutlich eine Art Provinz.

Die vielseitige Verwendbarkeit von *jnw* macht eine exakte Deutung unmöglich, so daß sich zunächst lediglich die Bedeutung ‚Lieferung' festhalten läßt. Römer[39] stellte fest, daß *bꜣk.w*, auf die ich gleich noch kommen werde, im Unterschied zu *jnw* Lieferungen darstellen, die bereits in einem Abhängigkeitsverhältnis geleistet wurden. Das würde bedeuten, daß *jnw* eine mehr oder weniger freiwillige Abgabe von nicht bzw. noch nicht unterworfenen Völkern darstellt.[40] Dagegen spricht

---

[36] Liverani, *Prestige and Interest*, S. 232–3.

[37] Annaleninschriften Thutmosis' III. (18. Dynastie, Urk. IV 662,8 – 663,1), nach der Einnahme von Megiddo.

[38] S. dazu auch Müller-Wollermann, in: GM 66, 1983, S. 85.

[39] Römer, *Gottes- und Priesterherrschaft*, S. 386.

[40] So auch Spalinger, in: SAK 23, 1996, S. 353–376.

auf den ersten Blick die Angabe „dieses Jahr" im Zusammenhang mit den *jnw*.

Bei der Annahme von derartigen Gaben ist nicht zu erwarten, daß sie regelmäßig, sondern aufgrund eines bestimmten Anlasses erfolgen. Diese Zeitangabe taucht in Verbindung mit *jnw* nur in den Annaleninschriften Thutmosis' III. auf, grundsätzlich erfolgen *jnw* unregelmäßig. Die Zeitangabe bezieht sich jeweils auf einen Kriegszug dieses Königs, der im Verlauf von vielen Jahren jährlich einen solchen in diese Regionen unternahm, bei dem *jnw* abgeliefert wurden. Zwangsläufig erfolgte die Abgabe in diesem Fall doch regelmäßig, nämlich jedes Jahr. Sie war aber in Art und Höhe dennoch nicht festgelegt, und die Region war nicht in die ägyptische Verwaltung integriert. Nirgends ist davon die Rede, daß die *jnw* unter Zwang abgeliefert wurden, im Gegenteil, sie wurden scheinbar freiwillig abgegeben, um den Hauch des Lebens zu erhalten. Dies kann aber nur die ägyptische Sicht der Dinge wiedergeben. In dem Moment, in dem eine Abgabe mit der Intention einer entsprechenden Gegenleistung abgeliefert wird, ist sie nicht mehr uneigennützig und manchmal – wie in unserem Fall – nicht einmal mehr freiwillig. Wenn wir davon ausgehen, daß es sich nicht um eine ideelle Gegengabe, sondern um einen höchst realen Vorgang, nämlich das Am-Leben-Lassen der Fremdvölker, handelt,[41] müssen wir auch annehmen, daß diese Völker die *jnw* unter einem gewissen, wenn auch subtilen Druck brachten. Stellt man auch die vor Gewalt nur so strotzenden Feldzugsberichte der Könige der 18. Dynastie in Rechnung, wird deutlich, daß es eine Frage des Überlebens war, den Hauch des Lebens zu bekommen oder nicht. Damit kann von einer freiwilligen Abgabe nicht die Rede sein. *Jnw*-liefernde Völker waren meistens nicht unbedingt unterworfen und Teil der ägyptischen Verwaltung, sie waren aber auch nicht so stark, als daß sie es sich hätten leisten können, auf den „Lebenshauch" des Pharao zu verzichten. Es entsteht ein Rechtsverhältnis, das für beide Seiten Verpflichtungen enthält. Die *jnw*-liefernden Völker wurden von weiteren ägyptischen Angriffen verschont,[42] standen unter dem Schutz des ägyptischen Königs, außerdem erkaufte sich der lokale Herrscher damit die Erhaltung seiner politischen Position.[43]

Jnw wurden aber auch von Völkern gebracht, die nie in einem Abhängigkeitsverhältnis zu Ägypten standen, z.B. von den Mittani

[41] Liverani, *Prestige and Interest*, S. 257.
[42] Liverani, *Prestige and Interest*, S. 257.
[43] Liverani, *Prestige and Interest*, S. 232–3.

oder den Hethitern. Meist erfolgte eine solche Gabe anläßlich eines bestimmten Ereignisses, z.B. zur Krönung. In diesem Zusammenhang waren *jnw* also vergleichbar mit diplomatischen Geschenken. Aus privaten und administrativen Texten geht hervor, daß auch Privatpersonen *jnw* erhalten können, daß diese aus ägyptischen Regionen stammen können[44] und daß sogar der König *jnw* an einen Tempel[45] oder an verdiente Beamte[46] vergeben konnte. *jnw* waren also in der Regel mit der persönlichen Kasse des Königs verbunden. Er erhielt sie und konnte sie nach Belieben weiterverteilen.

Eine Auflistung verschiedener Einkünfte aus Ländern des Vorderen Orients und Nubiens zur Zeit Thutmosis' III. anhand der sogenannten Annaleninschriften ist der Übersicht zu entnehmen:[47]

> *Vorderer Orient* (liefert *jnw* ab):
> ASSYRIEN: Lapislazuli, Gefäße, Schmuck
> SYRIEN (Retenu, Djahi): Fürstentochter mit Goldschmuck und Lapislazuli, Diener und Dienerinnen, Sklaven und Sklavinnen, Pferde, Wagen, Ochsen, Stiere, Vieh, Schafe, Ziegen, Gold- und Silbergefäße, Waffen, Weihrauch, Wein, Farben, verschiedene Holzarten, Elfenbein, Quarz, Gefäße, Mineralien, Kupfer, Blei, Myrrhe, Malachit, Bronzewaffen, Moringaöl
> BABYLONIEN: Lapislazuli
> HETHITERLAND: Silber, weißer Stein (Marmor?), Holz (Rest zerstört)
> ZYPERN: Kupfer, Zinn, Lapislazuli, Elfenbein, Holz
> ALALACH: Sklaven und Sklavinnen, Kupfer, Holz, alle „süßriechenden Pflanzen dieses Landes"
> *ṯnj* (?): kretisches Silbergefäß, Eisengefäße
> *Nubische Länder* (liefern *bꜣk.w* ab):
> KUSCH: Gold, Sklaven und Sklavinnen, Nubier, verschiedene Rinderrassen (*jwꜣ, wnḏw, kꜣ-jdr*)
> WAWAT: Gold, Sklaven und Sklavinnen, männliche Nubier, verschiedene Rinderrassen; außerdem jeweils „alle guten Dinge", die meistens nicht näher spezifiziert werden, sowie die Ernteerträge des Landes.

Aus dieser Liste wird deutlich, daß die als *jnw* bezeichneten Waren stark variieren, wogegen *bꜣk.w* aus Nubien immer aus Gold, Sklaven, Nubiern (womit vielleicht Söldner gemeint sind) und Rindern sowie den Ernteerträgen und einigen wenigen Luxusgütern bestanden.

---

[44] Biographie des Kenamun: Urk. IV 1394,4; Biographie des Nacht: Urk. IV 1606,8; beide erhalten *jnw* aus dem Nildelta.

[45] Haring, *Divine Households*, S. 47ff.

[46] Mittleres Reich: *Beni Hasan I*, Taf. 26, vgl. auch Müller-Wollermann, in: GM 66, 1983, S. 88–9.

[47] *jnw*: Urk IV 699,4; 700,16; 701,11; *bꜣk.w*: Urk. IV 702,8; 703,4 (beide Male zerstört); 708,8; 715,10.

Bis auf die zum Schluß genannten, nicht näher spezifizierten „guten Dinge" bestehen *b3k.w* also aus wirtschaftlich offenbar einkalkulierten Gütern. Nubien wurde in fast allen Epochen von Ägypten kontrolliert und daher als Teil Ägyptens betrachtet.[48] Während der 2. Zwischenzeit verlor Ägypten zwar die Kontrolle über diese Region, aber bereits mit Gründung der 18. Dynastie begann auch die Rückeroberung Nubiens. Ab Thutmosis II. war Nubien wieder fest in die ägyptische Verwaltung und das Wirtschaftssystem integriert.[49] Die Abgabenleistungen aus diesen Regionen wurden somit nur registriert, auf ihre Eintreibung nicht explizit eingegangen. Eine militärische Machtdemonstration war offenbar nicht erforderlich.

Das Land *Rmnn* (Libanon) lieferte ebenfalls *b3k.w*-Abgaben ab, die einzelnen Güter werden jedoch nicht aufgezählt. Nach einer Definition von Römer[50] könnte es sich dabei um Arbeitsprodukte handeln, die vor Ort hergestellt und vermutlich gemeinsam mit den Ernteerträgen an die kanaanitischen Häfen oder lokale Administrationszentren geliefert wurden.

In der Inschrift des Minmose wird von der Eroberung fremder Länder gesprochen, die danach dem Schatzhaus unterstellt wurden:

> Diese Fremdländer aber, . . . die mein Herr mit seiner Kraft, mit seinem Bogen, mit seinem Pfeil und mit seiner Streitaxt eroberte. Ich weiß das, denn ich habe sie verwaltet, als sie dem Schatzhaus unterstellt worden waren.[51]

Diese Abgaben kommen demnach der Landesverwaltung zugute. Der Begriff *b3k.w* bezeichnet also eine regelmäßige Abgabe,[52] die sowohl aus dem Ausland als auch innerhalb Ägyptens erfolgte. So stellen *b3k.w* einerseits regelmäßige Tempeleinkünfte, andererseits aber auch regelmäßig zu leistende Abgaben unterworfener Völker dar. Die *b3k.w* aus dem Ausland stehen in direktem Zusammenhang mit einer Eroberung

[48] Dazu ausführlich Zibelius-Chen, *Expansion nach Nubien*, S. 185ff.

[49] Zibelius-Chen, *Expansion nach Nubien*, S. 192f.

[50] Römer, *Gottes- und Priesterherrschaft*, S. 384.

[51] Inschrift des Minmose, 18. Dynastie: Urk. IV 1442,3–15.

[52] Vgl. z.B. Annaleninschriften Thutmosis' III.: Urk. IV 700,6–9: „Die Häfen waren ausgestattet mit allen Dingen gemäß ihrer jährlichen Veranlagung (*nt-ꜥ*), und die Leistung (*b3k*) des Libanon war gemäß ihrer jährlichen Veranlagung (*nt-ꜥ*) . . .", Inschrift des Minmose: Urk. IV 1442,4–11: „Ich machte Ober-Retenu steuerpflichtig (*ḥtr*) mit /// [Silber, Gold], Edelsteinen . . . Ich ließ die Häuptlinge von Retenu ihre jährlichen Abgaben (*b3k.w n ḥr.t rnp.t*) wissen. Ich machte die Häuptlinge Nubiens steuerpflichtig (*ḥtr*) mit Gold, Elfenbein . . . mit den jährlichen Abgaben wie Hörige seines Palastes (*ḥtr.w n tnw rnp.t mj mrt ꜥḥ=f*)."; vgl. Liverani, *Prestige and Interest*, S. 259.

durch den Pharao und einer administrativen Eingliederung des Landes in die ägyptische Wirtschaft.

Für Abgaben aus dem vorderasiatischen Raum wird neben *jnw* und *b3k.w* auch der Begriff *šm.w* verwendet, und zwar für Lieferungen aus dem Land Djahi, einem Teil Syriens. *šm.w* kann einerseits mit ‚Ernte', andererseits auch mit ‚Ernteertrag' übersetzt werden. Die aufgezählten Güter bestehen folgerichtig aus Naturalien, Mengen werden nicht angegeben. Die Abgabe erfolgte sicherlich an eine ägyptische Verwaltungsinstanz, offensichtlich an die Häfen an der kanaanitischen Küste.[53] Neben dem Ackerland, für das ein Teil der Ernte als Steuer abgeführt werden mußte, existierten auch im Ausland (Megiddo) königliche und tempeleigene Domänenfelder, deren Erträge komplett nach Ägypten abgeliefert wurden.[54]

Auch der Begriff *ḥtr* spielt in der Abgabenpolitik eine Rolle, und wiederum kommt der Terminus in unterschiedlichen Kontexten vor. Das Wort ist als Nomen, aber auch als Verb belegt, und es kann parallel zu *b3k.w* verwendet werden, wie aus der oben erwähnten Inschrift des Minmose hervorgeht. Es kommt sowohl in königlichen als auch in privaten Inschriften vor. Es kann sich auf Abgaben aus dem Ausland („*Empfangen . . . von Gold des elenden Kusch als jährliches ḥtr durch den Königlichen Siegelbewahrer . . . Mn-ḫpr-Rꜥ-snb*"[55]) beziehen, aber auch auf Lieferungen für einen Tempel. So nimmt z.B. der Scheunenverwalter des Amuntempels Ineni die gefangenen Nubier in Empfang „*als Gottesopfer des Amun . . . zusammen mit den jnw-Lieferungen eines jeden Fremdlandes, die Seine Majestät dem Tempel des Amun gegeben hatte als ḥtr für jedes Jahr.*".[56] Das heißt, eine eigentlich unregelmäßige *jnw*-Lieferung konnte in eine jährliche Abgabe umgewandelt werden. Der König verpflichtete sich, dem Tempel eine bestimmte Abgabe regelmäßig zu leisten, wodurch aus *jnw* ein Soll (*ḥtr*) wird. Thutmosis III. bestimmte z.B. eine Reihe von Zuwendungen für die Restaurierung des Tempels von Semna[57] und Opferstiftungen für ein alljährlich stattfindendes Fest im Amuntempel.[58] Diese Zuwendungen hießen ebenfalls jährliche *ḥtr*.

---

[53] Entsprechend in den Annaleninschriften ausgedrückt: Urk. IV 719, s. dazu auch Panagiotopoulos, in: ÄL 10, 2000, S. 148 und Redford, *Egypt, Canaan, and Israel*, S. 211.

[54] Panagiotopoulos, in: ÄL 10, 2000, S. 148.

[55] Urk. IV 931,8–10.

[56] Urk. IV 70,2–6.

[57] Urk. IV 196,7–9.

[58] Urk. IV 746,9–14. Amenophis II. setzt eine ebensolche Stiftung für Anuket fest: Stele in Elephantine, s. Urk. IV 1299,3–9 = Kluge, *Königliche Stelen*, S. 284.

Der Begriff *ḥtr* kann neben verschiedenen anderen Termini für Abgaben auftauchen, z.B. in der Inschrift des Sennefer:

> ... Ich empfing Millionen /// ihre Leistungen (*bꜣk.w*) gemäß der Veranlagung (*šꜣjj.t*, wtl. ‚das Bestimmte‘) ihrer Städte als *ḥtr* eines jeden Jahres.[59]

Er kann in privatem und königlichem Kontext verwendet werden, Nutznießer kann der Staat oder ein Tempel sein, die Quelle sowohl in Ägypten als auch im Ausland liegen. Aus den Textbeispielen und ihren sehr unterschiedlichen Kontexten läßt sich schließen, daß *ḥtr* eine sehr allgemeine Bedeutung haben muß und nicht eine konkrete Abgabe, sondern eher „Soll“ bezeichnet. Ähnlich verhält es sich mit dem Begriff *šꜣjj.t*, der ebenfalls keine explizite Abgabe beschreibt. Während *ḥtr* zumeist mit dem Zusatz ‚jedes Jahr‘ versehen wird, taucht *šꜣjj.t* in Verbindung mit den Gegenständen auf, deren Abgabe verpflichtend war.

Fazit

Die gesamte Bandbreite der Abgaben im Alten Ägypten konnte hier nicht dargelegt werden, es wurde vielmehr versucht, einige zentrale Begriffe[60] im Verlauf der ägyptischen Geschichte zu verfolgen und ihre Bedeutung zu erfassen. Dabei läßt sich folgendes festhalten (vgl. auch die Übersicht am Ende des Artikels).

Ein Begriff für eine steuerähnliche Abgabe, die von Ägyptern an die „Staatskasse“ abgegeben wird, lautet *mḏd* und existiert nur im Alten Reich. Diese Steuer wurde auf Grundbesitz erhoben und floß in das Redistributionssystem ein.

Der Terminus *jnw* ist seit dem Alten Reich belegt und bezeichnet nicht ausschließlich Abgaben. *Jnw* sind eng mit der Kasse des Königs verbunden und waren nicht Teil des Redistributionssystems. Es können Geschenke sein, die der König von fremden, nicht unterworfenen Völkern zu bestimmten Anlässen erhält oder selbst an Privatpersonen oder Tempel vergibt. Darüber hinaus bezeichnet *jnw* Abgaben aus besiegten, aber nicht administrativ integrierten Ländern des Vorderen Orients als

[59] Urk. IV 530,14–16.

[60] S. auch die Zusammenfassung weiterer Begriffe bei Römer, *Gottes- und Priesterherrschaft*, S. 376–411. Vgl. Warburton, *State and Economy*, S. 219–291 und s. dazu auch die Rezension von R. Müller-Wollermann, in: BiOr 57, 2000, Sp. 72–75.

Ausdruck ihrer Ergebenheit. Diese Leistungen erfolgten unregelmäßig und waren in der Höhe nicht festgelegt. In der Folge eines Feldzuges wurden *jnw* abgeliefert, als Gegenleistung verlieh der Pharao *ṯ3w n ʿnḫ* – den ‚Lebenshauch'. Nur in diesem Zusammenhang könnte *jnw* die Konnotation ‚Tribut' enthalten.

Aus dem syro-palästinensischen Raum wird die Abgabe *šm.w* geleistet, die die Ernte oder den Ernteertrag bezeichnet.[61] *šm.w* stellt den Anteil dar, der allein durch die Fruchtbarkeit der Äcker und nur indirekt durch menschliche Arbeitskraft hervorgebracht wurde.

Der Begriff *b3k.w* bezeichnet als Abgabe aus dem Ausland offenbar die Produkte, die im Unterschied zu *jnw* in einem Abhängigkeitsverhältnis entstanden waren. Im Unterschied zu *šm.w* wurden für die Herstellung von *b3k.w* sachliche oder tierische Arbeitsmittel bzw. menschliche Arbeitskraft benötigt. Es wurden vorwiegend Leistungen aus Nubien so bezeichnet. Große Teile Nubiens waren in die ägyptische Verwaltung integriert und somit Teil des Landes. Im Laufe der Zeit scheint mit *b3k.w* eine Art Steuer bezeichnet zu werden.

Die Begriffe *ḥtr* und *š3jj.t* hängen eng zusammen. Beide Termini bezeichnen nicht eine eigentliche Abgabe. Vielmehr scheint es etwas wie Soll, Verpflichtung oder Auflage zu beinhalten, womit aber auch eine qualitative Denotation nicht ausgeschlossen werden kann.

Die Problematik bei der Interpretation liegt oftmals darin, daß das Quellenmaterial zu disparat ist, um eine eindeutige Definition zuzulassen, wie bei *jnw* oder *b3k.w*. Auf der anderen Seite macht ein zu spezieller Quellenkontext eine genaue Begriffsbestimmung ebenfalls unmöglich. Hinzukommt das Problem des Wirtschaftsmodells. Jeder Versuch, die Terminologie zu verstehen und einzuordnen, setzt die genaue Kenntnis des altägyptischen Wirtschaftssystems voraus. Dies kann aber höchstens ansatzweise möglich sein, da es keine erläuternden Quellen zu dem Thema gibt, quasi grundsätzliche Literatur anstelle von Texten, in denen das System angewendet und seine Kenntnis vorausgesetzt wird. In dem Moment, in dem Begriffe wie Steuer, Lohn oder Tribut verwendet werden, wird stillschweigend ein System vorausgesetzt, in dem diese Begriffe ihren Platz haben. Das ist für das Alte Ägypten aber sicher nicht der Fall. Z.B. erhielt ein Arbeiter in Deir el-Medineh für seine Arbeit an den Königsgräbern natürlich eine Gegenleistung. Dabei handelt es sich aber nicht um ein Arbeitsentgelt im heutigen Sinn des Wortes,

---

[61] Belegt aber auch in Ägypten, s. Römer, *Gottes- und Priesterherrschaft*, S. 378f.

da Arbeit selbst noch nicht als Ware betrachtet wurde. Vielmehr stellt er seine Arbeitskraft Ägypten bzw. dem König zur Verfügung, konnte sich somit nicht mehr selbst versorgen und erhielt daher vom König resp. dem „Staat" als Gegenleistung regelmäßige Nahrungsrationen und Kleidung etc.

Eine zentrale Verwaltung war für das Einsammeln und Umverteilen von Gütern zuständig, wir finden jedoch keine allgemeine Steuerbehörde. Materiell gesehen haben wir es also zweifellos mit Abgaben zu tun, politisch-ökonomisch gesehen jedoch nicht mit Steuern.

Es läßt sich kaum vermeiden, moderne Begriffe zur Beschreibung antiker Abgabenformen zu verwenden, dennoch muß man sich dabei immer vor Augen halten, daß das Verständnis der meisten dieser Termini heute von einem Wirtschaftssystem geprägt ist, das damals nicht gegeben war.

Bibliographie

Altenmüller, Hartmut/Moussa, Ahmed M., *Die Inschrift Amenemhets II. aus Memphis*, in: SAK 18, 1991, S. 1–49.

Assmann, *Sinngeschichte*: Jan Assmann, *Ägypten. Eine Sinngeschichte*, München – Wien 1996.

Beni Hasan I: Percy. E. Newberry, *Beni Hasan I*, London 1893.

Bleiberg, Edward, *The King's Privy Purse During the New Kingdom: An Examination of jnw*, in: JARCE 21, 1984, S. 155–167.

Bleiberg, Edward, *The Redistributive Economy in New Kingdom Egypt: An Examination of bꜣkw(t)*, in: JARCE 25, 1988, S. 157–168.

Eichler, *Expeditionswesen*: Eckard Eichler, *Untersuchungen zum Expeditionswesen des ägyptischen Alten Reiches*, Göttinger Orientforschungen 26, Wiesbaden 1993.

Franke, *Heqaib*: Detlef Franke, *Das Heiligtum des Heqaib auf Elephantine*, SAGA 9, Heidelberg 1994.

Galán, *Victory and Border*: José M. Galán, *Victory and Border. Terminology related to Egyptian Imperialism in the XVIIIth Dynasty*, HÄB 40, Hildesheim 1995.

Gardiner, Alan H., *Review zu Les décrets royaux de l'ancien empire égyptien*, by Raymond Weill, in: PSBA 34, 1912, S. 262ff.

Goedicke, *Königliche Dokumente*: Hans Goedicke, *Königliche Dokumente aus dem Alten Reich*, ÄA 14, Wiesbaden 1967.

Gordon, *Context and Meaning*: Andrew H. Gordon, *The Context and Meaning of the Ancient Egyptian Word jnw from the Proto-Dynastic Period to the End of the New Kingdom*, Ann Arbor 1983.

Haring, *Divine Households*: Ben Haring, *Divine Households. Administrative and economic aspects of the New Kingdom royal memorial temples in Western Thebes*, Egyptologische Uitgaven XII, Leiden 1997.

HTBM I: *Hieroglyphic Texts from Egyptian Stelae in the British Museum I*, London 1911.

Janssen, Jac. J., *bꜣkw: From Work to Product*, in: SAK 20, 1993, S. 81–94.

Klug, *Königliche Stelen*: Andrea Klug, *Königliche Stelen in der Zeit von Ahmose bis Amenophis III.*, Monumenta Aegyptiaca VIII, Turnhout 2002.

Lichtheim, *Autobiographies*: Miriam Lichtheim, *Ancient Egyptian Autobiographies Chiefly of the Middle Kingdom*, OBO 84, Freiburg (Schweiz) 1988.

Liverani, *Prestige and Interest*: Mario Liverani, *Prestige and Interest. International Relations in the Near East ca. 1600–1100 B.C.*, Padove 1990.

Müller-Wollermann, Renate, *Bemerkungen zu den sogenannten Tributen*, in: GM 66, 1983, S. 81–93.

Müller-Wollermann, Renate, *Warenaustausch im Ägypten des Alten Reiches*, in: JESHO 28, 1985, S. 121–168.

Müller-Wollermann, Renate, *Rez. zu D. Warburton, State and Economy*, in: BiOr 57, 2000, Sp. 72–75.

Panagiotopoulos, Diamantis, *Tributabgaben und Huldigungsgeschenke aus der Levante. Die ägyptische Nordexpansion in der 18. Dynastie aus strukturgeschichtlicher Sicht*, in: ÄL 10, 2000, S. 139–158.

Polz, Daniel, *Theben und Avaris. Zur „Vertreibung" der Hyksos*, in: Heike Guksch/Daniel Polz (eds.), *Stationen. Beiträge zur Kulturgeschichte Ägyptens* (Festschrift R. Stadelmann), Mainz 1998, S. 219–231.

Redford, *Egypt, Canaan, and Israel*: Donald B. Redford, *Egypt, Canaan, and Israel in Ancient Times*, Princeton 1992.

Römer, *Gottes- und Priesterherrschaft*: Malte Römer, *Gottes- und Priesterherrschaft in Ägypten am Ende des Neuen Reiches*, ÄAT 21, Wiesbaden 1994.

Schäfer, *Annalen*: Heinrich Schäfer, *Ein Bruchstück altägyptischer Annalen*, Berlin 1902.

Spalinger, Anthony, *Extension of an Egyptian Bureaucratic Term*, in: SAK 23, 1996, S. 353–376.

Urk. I: K. Sethe, *Urkunden des ägyptischen Altertums*, Bd. 1: Urkunden des Alten Reichs, Leipzig 1933.

Urk. IV: K. Sethe, *Urkunden des ägyptischen Altertums*, Bd. 4: Urkunden des Neuen Reichs, Berlin-Graz 1961 (Nachdruck der 2. Auflage).

Vernus, Pascal, *Études de philologie et de linguistique* (5), in: Rd'E 37, 1986, S. 139–147.

Warburton, *State and Economy*: David A. Warburton, *State and Economy in Ancient Egypt*, OBO 151, Freiburg (Schweiz) – Göttingen 1997.

WB: *Wörterbuch der ägyptischen Sprache*, hrsg. von Adolf Erman und Hermann Grapow, 6 Bde., Berlin – Leipzig [2]1957.

Zibelius-Chen, *Expansion nach Nubien*: Karola Zibelius-Chen, *Die ägyptische Expansion nach Nubien. Eine Darlegung der Grundfaktoren*, TAVO, Reihe B, Nr. 78, Wiesbaden 1988.

STEUERN, ZÖLLE UND TRIBUTE IN DER ÄGYPTISCHEN SPÄTZEIT

Renate Müller-Wollermann (Tübingen)

Eine Darstellung der Wirtschaft Ägyptens im ersten vorchristlichen Jahrtausend zu schreiben, stellt nach wie vor ein Desiderat dar. Dies hängt zum einen mit den Vorlieben bzw. Antipathien bestimmter Personen zusammen. Für Wolfgang Helck, den Nestor der ägyptischen Verwaltungs- und Wirtschaftsgeschichte, hörte das Alte Ägypten mit dem Ende des Neuen Reiches auf. Überhaupt beschäftigten sich Wirtschaftshistoriker auf Grund der Masse der überlieferten Texte vorwiegend mit der Ramessidenzeit und ließen andere Epochen außer acht. Damit ist bereits der zweite Grund für die Vernachlässigung des ersten Jahrtausends angeschnitten: nämlich die im Vergleich zum Neuen Reich geringe Zahl der relevanten Textquellen. Die Texte, und zwar alle Texte dieser Zeit sind überdies nicht in handlichen Urkunden- oder Inschriftensammlungen zusammengeführt, wie dies für frühere Epochen der Fall ist. Die beschränkte Zahl der Texte läßt sich wiederum auf mindestens zwei Ursachen zurückführen. Zum einen liegt die Hauptstadt Ägyptens in dieser Zeit im Delta, und aus dieser Region sind wegen der wenigen wasserfreien Stellen bekanntlich nur wenige Papyri erhalten. Zum anderen handelt es sich nicht um eine Großreichszeit, sondern Ägypten stellt während dieser Periode zu bestimmten Zeiten gar kein Einheitsreich dar, zu anderen Zeiten ist Ägypten einer Fremdherrschaft, zumal der der Perser, unterworfen. Ägypten ist aber in dieser Zeit nicht auf sich selbst zurückgeworfen, sondern pflegt Außenkontakte in sämtliche Himmelsrichtungen, ab der 26. Dynastie zumal auch mit der griechischen Welt. Somit sollte man also für die Frage nach Zöllen und den sogenannten Tributen bestimmte Informationen erwarten können, vorausgesetzt, die Quellen lassen einen nicht im Stich.

Ich möchte im folgenden nicht von der ägyptischen Terminologie ausgehen. Deren Fallstricke hat Sabine Kubisch in ihrem Beitrag (s. oben S. 65f.) dargelegt. Ich möchte stattdessen von den Sachverhalten ausgehen und erst gegen Ende auf das Problem der Termini, ägyptischer wie moderner, zurückkommen. (Zu den Termini wie Sachverhalten vgl. die Tabelle.)

	1. innerägyptische Abgaben	2. Hafenabgaben und Zölle	3. Abgaben des Auslands an Ägypten	4. Abgaben Ägyptens an das Ausland
ỉn.w	X		X	
b3k.w	X		(X)	
ḥtr.w	X		(X)	
sn.w n wdi̯		X		
šm.w	X			
škr	X			
(akkad.) tāmartu				X
(aram.) *tšj* < *t3 š3i̯.yt*		X		
(hebr.) *ʿōnæš*			X	

Abgabentermini und -sachverhalte

Unterschieden seien im folgenden vier Typen von Abgaben:

1. Abgaben von Ägyptern an Ägypter, u.a. gemeinhin Steuern genannt,[1] aber auch Abgaben an Tempel sind hier zu nennen, sofern sie keine Opfer darstellen. Daß es auch noch andere, private, gibt, wie z.B. Geburtstagsgeschenke, sei außer acht gelassen;
2. Hafenabgaben und Zölle, die an Ägypter entrichtet werden; die zahlenden Personen können entweder Ägypter oder Ausländer sein;
3. Abgaben vom Ausland an Ägypten und
4. Abgaben von Ägypten ans Ausland.

Die letzten beiden Typen werden gemeinhin als Tribute bezeichnet. Kriegsbeute sei hier genauso wenig als Abgabe bezeichnet wie Diebesgut.[2]

[1] Unter „Steuern" seien hier Abgaben verstanden, die vom Staat ohne besondere Gegenleistung für allgemeine Ziele eingesetzt werden.

[2] Zu Krieg und Beute im ägyptischen Alten Reich s. Seidlmayer in diesem Band S. 53f.

Abgaben von Ägyptern an Ägypter

Ich beginne mit den innerägyptischen Abgaben, in erster Linie den Steuern, – und am Anfang aller Arbeiten über das spätzeitliche Ägypten steht selbstredend Herodot. Dieser schreibt in Buch II, 177:

> Amasis war es auch, der das Gesetz erließ, wonach jeder Ägypter dem ersten Beamten seines Gaues alljährlich die Höhe seines Einkommens angeben muß; und wer das nicht tat und sich über sein ehrliches Einkommen nicht ausweisen konnte, wurde mit dem Tode bestraft.

Nun ist Herodot bekanntlich nicht immer wörtlich zu nehmen, und Amasis, der vorletzte König der 26. Dynastie, ist denn auch nicht als großer Legislator bekannt.[3] Des weiteren ist weder aus dieser noch aus irgendeiner anderen pharaonischen Epoche zu belegen, daß fehlerhafte Einkommensteuererklärungen mit der Todesstrafe geahndet wurden. Was sich aber in ägyptischen Texten der in Rede stehenden Zeit tatsächlich nachweisen läßt, ist, daß wie in früherer Zeit auch die Provinzbeamten für die Steuereintreibung zuständig waren (hierzu s. unten). Des weiteren sind aber auch Priester bzw. Tempelangestellte in die Steuererhebung involviert. Jedenfalls rühmt sich ein Priester des Amun und Schreiber des Schatzhauses der Amundomäne aus Theben unter Osorkon II., daß er die Steuerlast (*ḥtr.w*) gelindert und die Steuerrückstände gestundet habe.[4] Offenbar wurden die Steuern – zumindest zunächst – an den Amuntempel geliefert. Über die Steuer selbst, zumal auf Land, dem Hauptproduktionsmittel, weiß man allerdings weniger. Glücklicherweise und zufälligerweise sind aber aus der Zeit des Amasis eine Reihe von demotisch geschriebenen Pachtverträgen erhalten.[5] Leider stammen sie alle aus Theben, so daß man an der Verallgemeinerbarkeit der Aussagen Zweifel anmelden kann. Diese Pachtverträge wurden jeweils für ein Jahr abgeschlossen und betrafen Ländereien, die dem thebanischen Amuntempel gehörten. Festgelegt wird, daß der Pächter nach der Ernte ein Drittel bzw. ein

---

[3] S. hierzu Donald B. Redford, in: Watts, *Persia and Torah*, S. 137f. Gegen Redford ist aber m.E. in P. Rylands IX, XVI, 1–5, kein Hinweis auf eine Einkommensteuer zu finden; zu dem dort genannten *sʿnḫ* „Pension" s. Vittmann, *Papyrus Rylands 9*, Teil II, S. 517.

[4] S. zuletzt Karl Jansen-Winkeln, in: Rd'E 55, 2004, S. 48f. und Taf. 11.

[5] Hughes, *Saite Demotic Land Leases*.

Viertel davon dem Verpächter abtreten muß.[6] In diesem Drittel bzw. Viertel sind sowohl die Pachtabgabe als auch die Steuer enthalten. Die Steuer betrug vermutlich 1/10 der Ernte.[7] Für die Entrichtung der Steuer ist in der Regel der Verpächter zuständig, aber es kann auch anderes vereinbart werden. Der Verpächter ist gegebenenfalls auch verpflichtet, Steuerforderungen des Amuntempels gegenüber dem Pächter abzuwehren. Von Steuern an den Staat ist in diesen Texten im Gegensatz zu den ptolemäischen Pachturkunden nicht die Rede.[8] Als Terminus für diese Steuer wird häufig das Wort *šm.w* benutzt,[9] das ursprünglich die Ernte als solche bezeichnet. Interessanterweise kann dieses Wort *šm.w* auch für andere Objekte wie z.B. Gänse verwendet werden, wenn das gepachtete Land offenbar gar nicht für den Getreideanbau genutzt wurde, sondern als Gänsewiese.[10] *šm.w* kann dann in ptolemäischer Zeit auch die Pachtabgabe bezeichnen, und häufig kann man nur dem Kotext entnehmen, ob Steuer oder Pacht gemeint ist. In pharaonischer Zeit existiert aber wohl kein spezielles Wort für „Pachtabgabe", wie früher vermutet, sondern in den Texten steht nur konkret die Bruchangabe ein Drittel oder ein Viertel. Zum anderen gibt es aber auch Texte *šm.w* betreffend, die eindeutig keine Pachtverträge sind, sondern Abrechnungen oder Quittungen.[11] Bezeichnenderweise beträgt hier die *šm.w*-Abgabe nicht einen Bruchteil der Ernte, sondern eine in Maßangaben konkret festgelegte Getreideabgabe. Auch in diesen Fällen könnte man geneigt sein, *šm.w* als Steuer zu begreifen – vorausgesetzt, die betreffenden Ländereien sind nicht gepachtet worden, was sich den Texten nicht entnehmen läßt.[12] In einem Fall (P. Louvre E.7842) ist der Empfänger der Abgabe der Amuntempel in Koptos, der Text stammt aus dem Jahr 31 des Amasis, im zweiten Fall (P. Saqqara Sekhemkhet) sind die Empfänger Tempelangehörige, Ort und Datum aber unbekannt. Damit sind wir mit unseren Kenntnissen über Steuer auf Ackerland auch schon fast am Ende. Steuerquittungen sind lediglich

[6] S. hierzu Donker van Heel, *Abnormal Hieratic and Early Demotic Texts*, S. 90.114.

[7] Ebd., S. 90f.

[8] Zur ptolemäischen Erntesteuer s. Felber, *Demotische Ackerpachtverträge*, S. 142–150.

[9] Zu *šm.w* im Neuen Reich s. Warburton, *State and Economy*, S. 282–286; s. des weiteren Sabine Kubisch in diesem Band, S. 81.

[10] P. Straßburg 5,9. Zum gesamten Text s. Vleeming, *Gooseherds of Hou*, S. 46–59.

[11] P. Louvre E. 7842 und P. Saqqara Sekhemkhet, s. Eugene Cruz-Uribe, in: Enchoria 17, 1990, S. 55–60 und Taf. 3.

[12] Allerdings wird P. Louvre E. 7842 einem Archiv zugerechnet, zu dem auch Pachturkunden gehören; s. Seidl, *Rechtsgeschichte der Saiten- und Perserzeit*, S. 6.

in einer Abschrift auf einem Papyrus aus der Zeit Psammetichs I. überliefert,[13] in griechisch-römischer Zeit sind sie Massenware. Des weiteren werden auf der Naukratisstele Produktionssteuern erwähnt (dazu s. unten); ein Terminus hierfür fehlt.

Darüber hinaus ist eine Steuer auf den Verkauf von Land bezeugt, die durchweg 1/10 des Wertes des Landes beträgt.[14] Ein eigener Terminus ist für diese Steuer nicht belegt, in späteren griechischen Texten heißt sie ἐγκύκλιον. Die Tatsache, daß sich der griechische Terminus in demotischen Texten transkribiert wiederfindet,[15] könnte darauf hindeuten, daß ein ägyptisches Wort nicht existierte. Leider ist diese Steuer nur aus vier Texten bekannt, die aus dem 7. und 6. Jh. v.Chr. stammen und wiederum sämtlich Ländereien betreffen, die dem Amuntempel in Theben gehören. In drei Fällen mußte die Steuer direkt an den Schreiber der Amundomäne entrichtet werden, im vierten und jüngsten Fall an thebanische Beamte, die die Abgabe an den Amuntempel weiterleiteten, ob vollständig, mag bezweifelt werden.[16] Steuern sind aber nur für Landverkauf belegt, nicht für Landschenkungen und auch nicht für den Verkauf anderer Immobilien wie z.B. Häusern. Steuern sind des weiteren noch auf einer Stele aus dem Serapeum bei Memphis, der Begräbnisstätte der heiligen Apisstiere, bezeugt.[17] Ich werde auf diese Stele noch genauer zurückkommen; im Moment sei nur so viel gesagt, daß hier *ḥtr.w*- und *b3k.w*-Abgaben Ägyptens an die Residenz erwähnt werden. *b3k.w*-Abgaben an die Residenz wollen auch die unterworfenen Fürsten Tanutamani in der Traumstele liefern. Sie bestehen de facto aus „allen guten Dingen Unterägyptens und allen Speisen Oberägyptens".[18] Beide Termini, *ḥtr.w* und *b3k.w*, werden standardmäßig im Neuen Reich verwendet und benennen zum einen wohl eher landwirtschaftliche Produkte, zum anderen in Handarbeit hergestellte Objekte. Schließlich sei noch eine Textstelle erwähnt, die trotz ihrer substantiellen Aussage bislang in der Ägyptologie weitgehend ignoriert wurde. Es handelt sich um P. Rylands 9, einen umfangreichen demotischen Text aus der

[13] P. Turin 244 (= P. Turin 2119): Revillout/Boudier, *Textes démotiques*, S. 11f., Tafel ohne Nr.

[14] S. Vleeming, in: Johnson, *Multi-Cultural Society*, S. 343–350, bes. S. 343f. und die Tabelle auf S. 346.

[15] Ebd., S. 350.

[16] Ebd., S. 349.

[17] Emile Chassinat, in: RecTrav 22, 1900, S. 166.

[18] Zu dieser Textstelle s. zuletzt Breyer, *Tanutamani*, S. 211f.492f.

Perserzeit, der diverse Mißstände in Mittelägypten beschreibt.[19] Dort heißt es unter anderem, daß die großen Tempel Ägyptens Steuern zahlen mußten, als „diese schlimme Zeit kam".[20] Mit „dieser schlimmen Zeit" ist der Assyrereinfall in Ägypten 150 Jahre zuvor gemeint. Was man dieser Stelle entnehmen kann, ist, daß Tempel in schlechten Zeiten Steuern zahlen mußten, in guten hingegen offenbar nicht. Dies beantwortet eine Gretchenfrage der Ägyptologie, ob nämlich Tempel überhaupt Steuern zahlen mußten oder nicht – eine Frage, die durch die Gegenüberstellung von Staat und Kirche in der europäischen Geschichte aufgeworfen wurde. Meines Erachtens wird hier und nicht nur hier klar, daß im Grunde genommen die ägyptischen Tempel das Sparschwein der Nation waren. In guten Zeiten wurden sie vom König beschenkt, in schlechten Zeiten wurden sie ausgeplündert. Letzteres bestätigt auch eine Passage aus der Ökonomik des Aristoteles oder besser: Pseudo-Aristoteles.[21] König Taos der 30. Dynastie erhält vom Athener Chabrias den Ratschlag, seinen Feldzug gegen die Perser mit vermehrten Abgaben der Tempel zu finanzieren. Zurück zu P. Rylands 9. Der dort verwendete Terminus für Steuer lautet *šqr* bzw. *šqr*. *šqr*/*šqr* ist ein semitisches Lehnwort – man vergleiche hebräisch *śākar* „mieten" – und hat wohl erst in der Perserzeit über das Aramäische Eingang ins Demotische gefunden.[22] In der Ptolemäerzeit wandelt sich die Bedeutung zu „Miete, Pacht" und ist später im Koptischen als *škjor* „Miete, Pacht" nur noch in dieser Bedeutung erhalten.

Ein letzter Text schließlich steht thematisch an der Grenze zwischen Steuern und Tributen. Dies ist die Stele des kuschitischen Königs Piye, aufgestellt im Amuntempel von Napata am 4. Nilkatarakt.[23] Piye erobert in seinem 20. Regierungsjahr, d.i. das Jahr 728 v.Chr., auf einem Feldzug von Süden her sukzessive das politisch zersplitterte Ägypten. Als erster unterwirft sich der Fürst Namart von Hermopolis. Im Text heißt es: „Er (nämlich Namart) warf sich auf seinen Leib vor seiner Majestät: ‚[Friede mit dir,] Horus, Herr des Palastes. Es ist deine Macht, die mir das zugefügt hat. Ich bin ein Diener des Königs, verpflichtet zu Abgaben (*ḥtr m b3k.w*) an das Schatzhaus . . . Ich habe für dich mehr getan

[19] Vittmann, *Papyrus Rylands 9*.

[20] Kol. VI 16; vgl. auch den Fortgang des Textes bis Kol. VII 3: Vittmann, *Papyrus Rylands 9*, I, S. 26–28.132–135, II, S. 409–411.

[21] II,2 25a; s. Groningen/Wartelle, *Aristote Économique*, S. 26.

[22] Vittmann, *Papyrus Rylands 9*, II, S. 411.

[23] Grundlegende Publikation des Textes: Grimal, *Stèle triomphale de Pi(ʿankh)y*.

als sie.'[24] Dann brachte er Silber, Gold, Lapislazuli, Türkis, Kupfer und viele Edelsteine aller Art dar. Und das Schatzhaus wurde mit diesen Geschenken (*ỉn.w*) gefüllt. Er brachte ein Pferd mit seiner Rechten und ein Sistrum in seiner Linken, ein Sistrum aus Gold und Lapislazuli."[25] Dieser Moment der Unterwerfung des Namart ist erfreulicherweise nicht nur im Text ausgeführt, sondern auch im Giebelfeld der Stele dargestellt (s. Abb. 1).

Im Anschluß an die Unterwerfung heißt es im Text: „Dann wurde seine (d.i. Namarts) Habe dem Schatzhaus überschrieben und sein Speicher der Domäne des Amun in Karnak."[26] Die Unterwerfungsprozeduren der anderen ägyptischen Fürsten weiter im Norden werden im Text kürzer abgehandelt und auch nicht detailliert bildlich dargestellt. Aber auch bei ihnen werden die Getreidevorräte dem Amuntempel in Karnak übergeben und die übrigen beweglichen Besitztümer dem Schatzhaus des Königs Piye.[27]

Zur Terminologie. Die kostbaren Objekte, die Namart zu Beginn überreicht, werden als *ỉn.w* bezeichnet, als Huldigungsgeschenk, um einen Begriff von Diamantis Panagiotopoulos aufzugreifen.[28] Diese Abgaben werden nur einmal geleistet; bezeichnenderweise wird auch nur ein Pferd übergeben und der Rest der Tiere Namart überlassen.[29] Die nachfolgenden Abgaben, die offenbar dauernd erfolgen sollten, werden *b3k.w* genannt, zu denen man in der Art von *ḥtr.w* verpflichtet ist. Meines Erachtens sollte man diese Abgaben nicht als Tribute interpretieren, sondern eher als Steuern, die in einem wiedervereinigten

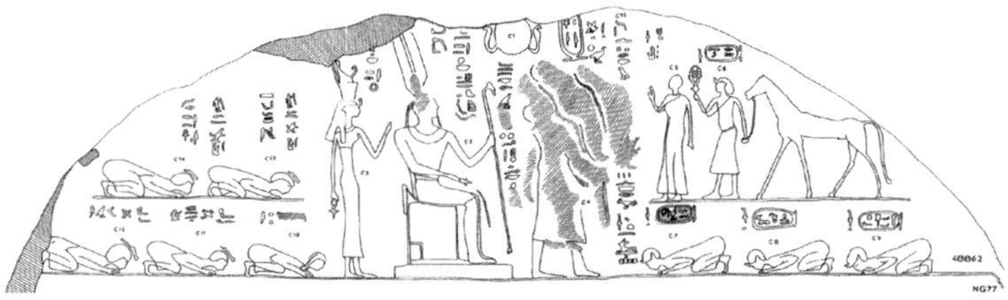

Abb. 1: Giebelfeld der Piye-Stele (aus: N.-C. Grimal, *La stèle triomphale de Pi(ʿnkh)y au Musée du Caire JE 48862 et 47086–47089*, Kairo 1981, Taf. V).

[24] Wer diese „sie" sind, ist unklar, vermutlich die anderen Lokalfürsten Ägyptens.
[25] Z. 56–58; Grimal, ebd., S. 58f.
[26] Z. 69f., ebd., S. 70f.
[27] Z. 81, ebd., S. 82f.; Z. 83, ebd., S. 88f. (Schatzhaus und Speicher gehen an die Domäne des Amun); Z. 84f., ebd., S. 90f.
[28] Panagiotopoulos, in: ÄL 10, 2000, passim.
[29] Auf diesen Sachverhalt weist Goedicke, *Pi(ankh)y in Egypt*, S. 63, hin, der die Übergabe des Pferdes als symbolisches Geschenk bezeichnet.

Königtum Ägypten an den König Piye gezahlt werden mußten. Daß dieser König eigentlich ein Fremdherrscher war, dürfte dann keine Rolle mehr gespielt haben. Piye verstand sich als ägyptischer König Ägyptens. Und anstelle der Provinzbeamten, die für die Eintreibung der Steuern verantwortlich waren, wie wir anfangs gesehen haben, fungierten jetzt die früheren Lokalherrscher.

Eine innerägyptische Abgabe, die keine Steuer darstellt, da ihre Erhebung okkasionell ist, besteht in Form einer Nekropolenabgabe, die für jeden Toten erhoben wird. Gezahlt wird sie formal durch den Totenpriester, de facto aber von der Familie des Verstorbenen, und zwar an den „Vorsteher der Nekropole", der dies wohl an den Tempel, dem die Nekropole zugehört, weiterreicht. In früherer Zeit besteht sie wohl aus Gütern, so z.B. einem Rind,[30] in der Perserzeit aus 1/2 bis 1 Kite Silber,[31] d.h. etwa 4,5 bis 9 Gramm, wobei nicht eindeutig ist, ob die Abgabe tatsächlich in Silber oder nicht vielmehr in Naturalien geleistet wurde. Wofür diese Abgabe verwendet wird, ist unklar.[32]

Hafenabgaben und Zölle

Ich komme zu meinem zweiten Abschnitt: Hafenabgaben und Zölle, und ich befasse mich im wesentlichen mit vier Texten. Der erste Quellentext belegt eindeutig innerägyptische Hafenabgaben und ist gleichzeitig der früheste. Es handelt sich um die sogenannte Chronik des Prinzen Osorkon aus der 22. Dynastie, angebracht an den Tempelwänden von Karnak.[33] Dieser Osorkon war der älteste Sohn des Königs Takeloth II. und bekleidete eine Reihe wichtiger politischer, militärischer und religiöser Ämter gegen Ende des 9./Anfang des 8. Jahrhunderts v.Chr. Seine ‚Chronik' umfaßt eine ganze Reihe diverser, historisch interessanter Textsorten, u.a. ein Befreiungsdekret für die Schiffer des Amuntempels. Dem Dekret Osorkons zufolge sollen sie von Schiffahrtsabgaben namens *sn.w n wdị* befreit werden, und zwar auf

---

[30] P. Louvre 7850; s. zuletzt Donker van Heel, *Abnormal Hieratic and Early Demotic Texts*, S. 222–225 mit älterer Literatur.

[31] P. Kairo 50062: Spiegelberg, *Demotische Inschriften*, S. 52 und Taf. 26.

[32] Zu wesentlich besser bezeugten Nekropolenabgaben in griechisch-römischer Zeit s. Devauchelle, in: BIFAO 87, 1987, S. 141–160 und Taf. 23–26, mit älterer Literatur.

[33] Die grundlegende Publikation und Bearbeitung des Textes stellt Caminos, *Chronicle of Prince Osorkon*, dar.

dem Nil in jedem Hafen jeglicher Stadt.[34] Daraus kann man nur im Umkehrschluß die Erkenntnis gewinnen, daß normalerweise Schiffsleute in Ägypten an den einzelnen Anlegestellen am Nil eine Abgabe zahlen mußten. Über Art und Höhe der Abgaben sowie ihren Verbleib erfährt man allerdings gar nichts. Auch mit dem Terminus hatte der Herausgeber des Textes seine Schwierigkeiten und verstand ihn etymologisch als Opfergabe.[35] Meines Erachtens ist er allerdings mit einem bereits in der Ramessidenzeit belegten Wort *sn.w* in Verbindung zu bringen, das schlicht und einfach „Summe, Betrag" heißt.[36] Somit hieße die Abgabe „Betrag des Wegfahrens" und wäre eine Hafenabgabe, kein Binnenzoll, für den es ohnedies keine Indizien gibt.

Den chronologisch gesehen nächsten Text stellt eine Stele dar, auf der der König Taharqa aus der 25. Dynastie Zuwendungen für den Ptahtempel in Memphis festhält.[37] Neben umfangreichen Sach- und Landschenkungen wird bestimmt, daß der Tempel monatlich 23 *hnw* Öl, das sind knapp 11 Liter, erhalten soll.[38] Dieses Öl soll von der Anlegestelle von Memphis von den „Oberen der Kaufleute" abgezweigt werden. Dies heißt, daß die Kaufleute, die im Hafen von Memphis anlegen, normalerweise Öl abliefern müssen. Es ist aber völlig unklar, ob es sich um ägyptische oder ausländische Kaufleute handelt, und es ist weiterhin unklar, ob es sich um eine Hafenabgabe oder Zoll handelt. Auch ein Terminus für diese Abgabe ist nicht belegt. Des weiteren sollte man annehmen, daß diese wie auch immer einzustufende Abgabe nicht durchweg aus Öl bestanden hat, sondern je nach Ladung des Schiffes variieren konnte. Warum ausgerechnet das abzuliefernde Öl an den Ptahtempel weitergeliefert werden sollte, bleibt auch undeutlich.

Viel klarer hingegen sollten die Daten des dritten Textes sein, der hier vorgestellt werden soll. Es handelt sich immerhin um einen Papyrus von ursprünglich etwa 64 Kolumnen Länge.[39] Gemeint ist das aramäische Zollregister, das in Elephantine gefunden wurde, aber aller Wahrscheinlichkeit nach nicht dort abgefaßt wurde. Datiert ist es in ein

[34] A. Kol. 51f., ebd., S. 69f.
[35] Ebd., S. 70 Anm. e.
[36] Janssen, *Commodity Prices*, S. 508f.
[37] Meeks, in: *Hommage à la mémoire de Serge Sauneron*, I, Kairo 1979, S. 221–259 und Taf. 38.
[38] Ebd., S. 227.
[39] Porten/Yardeni, *Aramaic Documents*. S. des weiteren Lipiński, in: OLP 25, 1994, S. 61–68.

Jahr 11, das entweder Xerxes I. oder Artaxerxes I. zuzuschreiben ist.[40] (Für die Details sei auf Abb. 2, S. 98/99 verwiesen.)

Notiert worden sind über 10 Monate hinweg, das ist die Schifffahrtssaison,[41] die Ankunft und Abfahrt diverser Schiffe samt Herkunft, Ladung und Abgaben. (Die Monate sind oben auf Abb. 2 abgetragen, von Hathyr bis Mesore.) Im erhaltenen Text belegt sind 42 Schiffe, davon sind 36 ionische Schiffe aus Kleinasien, wie an der Nennung des Kapitäns, seines Vatersnamens und dem Ethnikon erkenntlich ist. Die übrigen 6 Schiffe stammen aus Sidon bzw. Phönizien, wie anhand der Ladung erkenntlich wird; die Namen der Kapitäne sind so gut wie nicht mehr erhalten. Ionische wie sidonische Schiffe werden in kleinere und größere unterschieden, wobei die kleineren mehr als 40 Tonnen, die größeren mehr als 60 Tonnen Ladung mit sich führen.[42] Die Ladung besteht aus Gold, Silber, Bronze, Zinn, Eisen, diversen Hölzern, Wolle, Wein und Öl. Erhoben werden Einfuhrzölle, Ausfuhrzölle und Hafenabgaben. Als Einfuhrzoll zahlten die ionischen Schiffe ein Fünftel der Ladung, und zwar in Gold und Silber, z.T. auch in Waren, die phönizischen Schiffe ein Zehntel der Ladung, und zwar ausschließlich in Waren. Der in Gold zu zahlende Zoll betrug bei großen Schiffen 12 Statere, bei kleinen 10, wobei der Gewichtsstandard der Statere unterschiedlich war. Bei Ladungen mit Öl wurden Schiffe mit mehr als 50 Amphoren anders verzollt als solche mit weniger als 50 Amphoren. Erstere mußten 3/200 für die ersten 50 Amphoren zahlen und 1/10 für jede weitere, der Zollsatz für Schiffe mit weniger als 50 Amphoren ist anders, aber unbekannt. Mit ähnlich krummen Zahlen könnte man noch fortfahren. Warum die Zahlen derart wenig eingängig sind, entzieht sich unserer Kenntnis. Was man den Daten aber entnehmen kann, sind die Kriterien, nach denen die Zölle erhoben wurden. Relevant waren 1. die Herkunft des Schiffes, 2. die Größe des Schiffes und 3. die Ladung des Schiffes. Des weiteren ist ein Ausfuhrzoll belegt, aber nur für Natron, und dies ist nur bei ionischen Schiffen bezeugt. Um die Angelegenheit noch komplizierter zu machen, gibt es darüber hinaus noch ein „Silber der Männer", das entweder in Silber oder in Waren entrichtet werden mußte und möglicherweise auf die Besatzung erhoben wurde. Schließlich wurde noch eine weitere

[40] Briant/Descat, in: Grimal/Menu, *Le commerce*, S. 62.
[41] Hierzu s. aber kritisch Fabre, *Destin maritime*, S. 23.
[42] Briant/Descat, in: Grimal/Menu, *Le commerce*, S. 68.

Silberabgabe erhoben, die bei großen Schien fix war und wohl eher eine Art Hafenabgabe darstellte. Der aramäische Terminus hierfür beinhaltete das Wort *tšj*, das auf ägyptisches *tꜣ šꜣi̯.yt* „die Abgabe“ zurückgeht.[43] Möglicherweise wurde von der persischen Verwaltung diese Hafenabgabe als ägyptische Besonderheit betrachtet, für die man über kein eigenes Wort verfügte. Jedenfalls scheint diese Abgabe aber der in der Chronik des Prinzen Osorkon genannten zu entsprechen. Trotz oder vielleicht gerade wegen der diversen Abgabenarten in diesem Text zeichnet sich aber als gemeinsame Linie ab, daß die Abgabenpolitik von den ökonomischen Interessen Ägyptens geleitet war.

Zur Erklärung des aramäischen Zollregisters wurde in letzter Zeit mehrfach, wenn auch wenig hilfreich, die Naukratisstele herangezogen. Überhaupt gehört die Naukratisstele zu einer der am häufigsten zitierten und zugleich am wenigsten verstandenen Texte.[44] Es handelt sich dabei um eine Stele des Königs Nektanebos I., des ersten Königs der 30. Dynastie, die im Großen Temenos von Naukratis gefunden wurde. Ein Pendant hierzu mit fast identischem Text wurde vor wenigen Jahren vor der Mittelmeerküste in der Nähe von Abuqīr aus dem Wasser gehoben.[45] Die Kernaussagen der beiden Stelen bestehen aus dreierlei: 1. Gold, Silber, Holz oder überhaupt alle Güter, die über das Meer von den Griechen kommen, werden in der Stadt *T-ḥnt* für das Haus des Königs einer Abgabe unterworfen. 2. Alles Gold, Silber oder alle Dinge, die in *Pr-mry.t*, genannt Naukratis, hergestellt werden, werden gleichfalls einer Abgabe an das Königshaus unterworfen. 3. 1/10 all dessen, was in *T-ḥnt* oder Naukratis einer Abgabe unterworfen ist, kommt dem Neithtempel in Sais zugute. Im ersten Fall handelt es sich um einen Einfuhrzoll, im zweiten Fall um eine Produktionssteuer (s. oben); über Art und Höhe dieser Abgaben wissen wir nichts. Auch bleibt unklar, ob der zehnte Teil, der an den Neithtempel geht, vom Zoll bzw. der Steuer abgezweigt wird, das Königshaus also weniger erhält, oder ob diese Last den importierenden Griechen oder den Produzenten in Naukratis zusätzlich aufgebürdet wird. Man möchte letzteres annehmen. Termini für all diese Abgaben sind nicht belegt. Wichtig festzuhalten ist aber jedenfalls, daß in *T-ḥnt* = Thonis = Herakleion an

---

[43] Yardeni, in: BASOR 293, 1994, S. 72 mit Anm. 25 auf S. 78; Lipiński, in: OLP 25, 1994, S. 67. Zu *šꜣi̯.yt* im Neuen Reich s. Warburton, *State and Economy*, S. 278–281.

[44] S. zuletzt und vorangehende Übersetzungen korrigierend Lichtheim, in: *Studies in Honor of George R. Hughes*, S. 139–146.

[45] S. Yoyotte, in: Égypte Afrique et Orient 24, 2001, S. 24–34.

	A	B	C	D	E	F	G	H	I
1	Total Ships	Total Ionian Ships	Total Sidonian Ships	Athyr התחור	Choiak כיחך	Tybi תעבי	Mehir מחיר	Phamenoth פמנחתף	Pharmuthi פרמותי
2	42 =	19 Large 17 ʾswt 36 +	3 ʿʾ 3 šyry 6	3 רבה Large 1 אסות ʾswt 2	3 רבה Large 1 אסות ʾswt 2	3 רבה Large 2 אסות ʾswt 1	3 רבה Large 1 אסות ʾswt 2	4 רבה Large 3 אסות ʾswt 1	4 רבה Large 3 אסות ʾswt 1
3	Commodities Taken as Duty and Tithe	Total Duty and Tithe	Single Ship						
4	Gold	398 Staters	Large = 12 Staters ʾswt = 10 Staters	12+20=32	12+20=32	24+10=34	12+20=32	36+10=46	36+10=46
5		33k, 5š, 9ḥ	Large = 1 k, 6 ḥ ʾswt = 8 š, 15 ḥ	ח ש כ 36 6 2	ח ש כ 36 6 2	ח ש כ 27 8 2	ח ש כ 36 6 2	ח ש כ 33 8 3	ח ש כ 33 8 3
6	Silver		Large = 50 k, 12 ḥ, 2 q ʾswt = 10 k, 2 ḥ, 2 q	ר ח כ 2 17 70	ר ח כ 2 17 70	ר ח כ 2 27 110	ר ח כ 2 17 70	ש כ 1 160	ש כ 1 160
7	Silver of the Men		Large = 5 š, 15 h, 2 q ʿʾ = 1 k, 2š, 3 ḥ 3 k, 6 š, 12 ḥ	ר ח ש 2 15 5	ר ח ש 2 15 5	ח כ 31 1	ר ח ש 2 15 5	ר ח ש כ 2 6 6 1	ר ח ש כ 2 6 6 1
8	Total Silver	1,136+? karsh		ח ש כ 33 5 70	ח ש כ 33 5 70	ר ח ש כ 2 18 1 111	ח ש כ 33 5 70	ר ח ש כ 2 6 7 161	ר ח ש כ 2 6 7 161
9	Ionian Wine	408$\frac{1}{2}$ Jars	Large = 21$\frac{1}{2}$ Jars	21$\frac{1}{2}$	21$\frac{1}{2}$	43	21$\frac{1}{2}$	64$\frac{1}{2}$	64$\frac{1}{2}$
10	Sidonian Wine Year 10	257 Jars	ʿʾ = Variable						
11	Silver of the Men	46 Jars	ʿʾ = 15$\frac{1}{3}$ Jars						
12	Total Year 10	303 Jars							
13	Sidonian Wine Year 11	182$\frac{1}{2}$ Jars	šyry = Variable						
14	Silver of the Men	25$\frac{1}{2}$ Jars	šyry = 8$\frac{1}{2}$ Jars						
15	Total Year 11	208 Jars							
16	Total Sidonian Wine	511 Jars							
17	Total Wine	919$\frac{1}{2}$ Jars							
18	Oil Oil + ḥmwš	195 JARS	Large = 9$\frac{1}{2}$ JARS 9$\frac{2}{3}$, 15 yw or 10$\frac{1}{4}$	15 יו ,9$\frac{2}{3}$	15 יו ,9$\frac{2}{3}$	12 יו ,19$\frac{2}{3}$	15 יו ,9$\frac{2}{3}$	[?+]29$\frac{1}{3}$	[?+]29$\frac{1}{3}$
19	Shalmaite Bronze	2,100 karsh	šyry, ʿʾ = Variable						
20	sny-iron	1,000 karsh	ʿʾ = Variable						
21	pkʾn-iron	4,100 karsh	ʿʾ = Variable						
22	Total Iron	5,100 karsh	ʿʾ = Variable						
23	Tin	200 karsh	šyry = Variable						
24	Wool of Kefar Ṣʿ	2,100 karsh	ʿʾ = Variable						
25	Wool of Kefar ··n	715 karsh	šyry = Variable						
26	Wood of ʾkʾpk	900 karsh	šyry, ʿʾ = Variable						
27	[?]	?	ʿʾ = Variable ?						
28	Clay of šmwš	600 karsh	šyry = Variable						
29	Cedarwood BOARD	50	ʿʾ = Variable						
30	Cedarwood BEAM	5	ʿʾ = Variable						
31	Cedarwood PLANK	53	šyry = Variable						
32	Cedarwood pʿmy	24	šyry = Variable						
33	Old OARS	3	ʿʾ = 1						
34	New OARS	50	šyry = Variable						
35	Total OARS	53							
36	Wooden SUPPORT	19	Large = 1	1	1	2	1	3	3
37	Total Wood	204							
38	Total Empty JARS	570	Large = 30	30	30	60	30	90	90
39	Uncoated JARS	190	Large = 10	10	10	20	10	30	30
40				Ar1:1–Br1:5	Br1:6–Cr1:1	Cr1:2–Dr2:15	Dr2:16–DDr1:7	DDr1:8–DDr5:10	DDr5:11–DDr9:16
	A	B	C	D	E	F	G	H	I

Abb. 2: Monatliche Zollabgaben in der Perserzeit.

Pahons פחנס	Payni פאוני	Epiph אפף	Mesore מסורע				
				ס"ה ספינות צידוניות	ס"ה ספינות יווניות	ס"ה ספינות	1
5 רבה Large 3 אסות ỉswỉ 2	5 רבה Large 1 אסות ỉswỉ 3 עא ʿ 1	6 רבה Large 2 אסות ỉswỉ 1 עא ʿ 1 שירי šyry 2	6 רבה Large 2 אסות ỉswỉ 2 עא ʿ 1 שירי šyry 1	עא 3 שירי 3 6 +	רבה 19 אסות 17 36 =	42	2
				נתונים לספינה בודדת	ס"ה מנדתא ומעשרא	המצרכים שהופרשו מהם מנדתא ומעשרא	3
36+20=56	12+30=42	24+10=34	24+20=44	רבה = סתתרן 12 אסות = סתתרן 10	סתתרן 398	זהב	4
ח ש כ 18 7 4	ח ש כ 11 5 3	ח ש כ 27 8 2	ח ש כ 2 7 3	רבה = כרש 1 ח 6 אסות = ש 8 ח 15	כ 33 ש 5 ח 9		5
ר ח ש כ 2 16 1 170	ח כ 20 80	ר ח כ 2 27 110	ח כ 30 120	רבה = כ 50 ח 12 ר 2 אסות = כ 10 ח 2 ר 2		כסף	6
ר ח ש כ 2 6 6 1	ר ח ש כ 12?6 3 2 15 5	ח ש כ 12?6 3 31 1	ח ש כ 12?6 3 31 1	רבה = ש 5 ח 15 ר 2 עא = כ 1 ש 2 ח 3 או: כ 3 ש 6 ח 12		כסף גבריא	7
ח ש כ 23 7 171	ר ח ש כ 2 7 2 84	ר ח ש כ 2 30 7 114	ח ש כ ? 9 124		כרשן ?+1,136	ס"ה כסף	8
$64\frac{1}{2}$	$21\frac{1}{2}$	43	43	רבה = כנדן $21\frac{1}{2}$	כנדן $408\frac{1}{2}$	חמר יון	9
	110	102	45	עא = מְשתנה	כנדן 257	חמר צידנין שנת 10	10
	$15\frac{1}{3}$	$15\frac{1}{3}$	$15\frac{1}{3}$	עא = כנדן $15\frac{1}{3}$	כנדן 46	כסף גבריא	11
	$125\frac{1}{3}$	$117\frac{1}{3}$	$60\frac{1}{3}$		כנדן 303	ס"ה שנת 10	12
		143	$39\frac{1}{2}$	שירי = מְשתנה	כנדן $182\frac{1}{2}$	חמר צידנין שנת 11	13
		17	$8\frac{1}{2}$	שירי = כנדן $8\frac{1}{2}$	כנדן $25\frac{1}{2}$	כסף גבריא	14
		160	48		כנדן 208	ס"ה שנת 11	15
					כנדן 511	ס"ה חמר צידנין	16
					כנדן $919\frac{1}{2}$	ס"ה חמר	17
$[?+]29\frac{1}{3}$	$10\frac{1}{4}$	$19\frac{2}{3}$, יו 12	$19\frac{2}{3}$, יו 12	רבה = ספן $9\frac{1}{2}$ $9\frac{2}{3}$, יו 15 או: $10\frac{1}{4}$	ספן 195	משח + משח חמוש	18
	1,000	1,100		שירי, עא = מְשתנה	כרשן 2,100	נחש שלמוא	19
			1,000	עא = מְשתנה	כרשן 1,000	פרזל סני	20
		2,100	2,000	עא = מְשתנה	כרשן 4,100	פרזל פכדן	21
		2,100	3,000	עא = מְשתנה	כרשן 5,100	ס"ה פרזל	22
		200		שירי = מְשתנה	כרשן 200	אפץ	23
			2,100	עא = מְשתנה	כרשן 2,100	קמר כפר צע	24
		715		שירי = מְשתנה	כרשן 715	קמר כפר ..ן	25
		900		שירי, עא = מְשתנה	כרשן 900	עקי אכדפך	26
	?			עא = מְשתנה ?	?	?	27
		600		שירי = מְשתנה	כרשן 600	סין שמוש	28
		50		עא = מְשתנה	50	עק ארז מלות	29
		5		עא = מְשתנה	5	עק ארז סי	30
			53	שירי = מְשתנה	53	עק ארז פק	31
			24	שירי = מְשתנה	24	עק ארז פעמי	32
	1	1	1	עא = 1	3	לקן עתיקן	33
		30	20	שירי = מְשתנה	50	לקן חדתן	34
					53	ס"ה לקן	35
3	1	2	2	רבה = 1	19	עק סמבת	36
					204	ס"ה עקן במנין	37
90	30	60	60	30 רבה = 10	570	ספן ריקנן	38
30	10	20	20		190	זי לא ספיתן	39
DDr9:17–Kr2:21	Kr2:22–Gr2:13	Gr2:14–Fr3:25	Jr1:1–Fv3:17	C	B	A	40
J	K	L	M				

Aus: Porten/Yardeni, *Aramaic Documents*, S. 291

der Mündung des Kanopischen Nilarms die griechischen Schiffe einer Zollabgabe unterworfen wurden. Ich möchte unterstreichen, daß dies in Thonis erfolgte und nicht in Naukratis, wie oft behauptet. Dies ändert meiner Meinung nach nichts an der Interpretation von Naukratis als Emporion, wie es bereits Herodot nennt,[46] oder als „port of trade" im Polanyischen Sinn, wie es Astrid Möller herausgearbeitet hat.[47] Nur darf man die Naukratisstele dafür nicht als Kronzeugen heranziehen.

Für die Eintreibung der Zölle dürfte in letzter Instanz der „Türvorsteher" an den Grenzen Ägyptens zuständig gewesen sein.[48] Wie die Biographie eines dieser Beamten[49] und auch die schon zitierte Naukratisstele zeigen, ging zumindest ein Teil der Zölle an Tempel, die neben den staatlichen Schatzhäusern als Wirtschaftszentren fungierten.

Abgaben vom Ausland an Ägypten

Ich komme zu meinem dritten Abschnitt: Abgaben vom Ausland an Ägypten. Allzu viele Informationen sind hier nicht zu erwarten, da Ägypten seinen Herrschaftsbereich in Vorderasien längst eingebüßt hat. So beklagt denn auch der schon zitierte Taharqa der 25. Dynastie in einem an den Gott Amun gerichteten Text im Karnaktempel, daß ihm, Amun, die Abgaben von Syrien verloren gegangen seien.[50] Als Terminus erscheint *in.w*, das als unregelmäßige Abgabe des Auslands speziell an den König selbst oder den Tempel hinlänglich bekannt ist. Möglicherweise sind hier aber de facto lediglich Handelsgüter gemeint. Als zweites komme ich auf die schon anfangs erwähnte Stele aus dem Serapeum zurück.[51] Sie stammt aus dem 52. Jahr Psammetichs I., d.h. 612 v.Chr., und berichtet vom Begräbnis eines heiligen Apisstieres. Der Text beschreibt u.a. die Einbalsamierung des Stieres und die Anfertigung des Sarges durch ausländische Handwerker:

[46] Herodot II, 178–179.

[47] Möller, *Naukratis*.

[48] Zum Zollwesen der Saitenzeit und Trägern dieses Titels s. Posener, in: Revue de Philologie 21, 1947, S. 117–131.

[49] Statue des *Nḫt-Ḥrw-ḥ3b*, Kol. 12–18, s. Tresson, in: KEMI 4, 1931–33, S. 126–144 und Taf. VIIIf.

[50] Vernus, in: BIFAO 75, 1975, S. 29–31.

[51] Chassinat, in: RecTrav 22, 1900, S. 166.

> Sein Sarg war vom Holz der Aleppokiefer, des Wacholders und der Zeder, dem besten von jedem Land. Ihre Fürsten sind Abhängige des Palastes, und ein Beamter[52] des Königs ist über sie gesetzt. Ihre *ḥtr.w* und *b3k.w*-Abgaben sind für die Residenz festgelegt, wie es in Ägypten der Fall ist.

Nach ägyptischer Sicht leistet also die Levante keinen Tribut, schon gar nicht eine einmalige Unterwerfungsabgabe, sondern reguläre Steuern wie das ägyptische Kernland auch. (Von daher sind die Markierungen in der Tabelle eingeklammert.) In der Tat läßt sich für diese Zeit archäologisch ein Wechsel von assyrischer zu ägyptischer Herrschaft innerhalb dieser Region nachweisen.[53] Die Auseinandersetzungen zwischen Ägypten und Assyrien bilden auch den Hintergrund für die letzte Textquelle zu diesem Abschnitt. Es handelt sich um den alttestamentlichen Text 2. Könige 23, in dem beschrieben wird, wie König Necho, der Nachfolger Psammetichs, gegen die Assyrer zu Felde zieht und sich der König von Juda auf die Seite der Assyrer stellt. Er wird von Necho bei Megiddo getötet und sein von Juda eingesetzter Nachfolger Joahas abgesetzt. Dies wird wie folgt beschrieben: „Doch der Pharao Necho setzte ihn (nämlich Joahas) zu Ribla im Land Hamat als König von Jerusalem ab und legte dem Land eine Geldbuße von hundert Talenten Silber und einem Talent Gold auf. Dann machte der Pharao Necho Eljakim, den Sohn Joschijas, anstelle seines Vaters Joschija zum König und änderte seinen Namen in Jojakim. Joahas aber nahm er fest und brachte ihn nach Ägypten, wo er starb. Jojakim lieferte dem Pharao das Silber und das Gold ab. Doch mußte er das Land besteuern, um das Geld aufbringen zu können, das der Pharao forderte. Nach dem Vermögen eines jeden Bürgers trieb er von den Bürgern des Landes das Silber und das Gold ein, um es an den Pharao Necho abzuliefern." Die Abgabe Judas wird im Hebräischen mit *ʿōnæš* wiedergegeben, also eigentlich „Strafzahlung", die für die Unbotmäßigkeit Judas auferlegt wird. Die Zahlung wird weder als Tribut noch als Steuer interpretiert.

---

[52] Ob im Original *śḥḏ* „Aufseher" oder *śmr* „Freund" steht, müßte durch eine Kollationierung der Stele geklärt werden.

[53] S. Schipper, *Israel und Ägypten*, S. 230.

Abgaben von Ägypten ans Ausland

Die vierte und letzte Gruppe von Abgaben, die von Ägypten ans Ausland, findet man selbstredend nicht in ägyptischen Texten belegt, denn dies entsprach nicht offizieller Politik, und was nicht sein durfte, wurde auch nicht offiziell schriftlich festgehalten. Die Empfänger dieser Abgaben kennen diese Skrupel natürlich nicht, und so findet man insbesondere in assyrischen Texten diverse Hinweise auf Abgaben der Ägypter an die Assyrer. Daher steht auf dem Assurprisma Sargons II. folgende Notiz: „Schilkanni, den König von Ägypten, [...] warfen die Furchtbarkeit und der Schreckensglanz Assurs, meines Herrn, nieder, und er brachte mir als sein Begrüßungsgeschenk 12 große Pferde aus Ägypten, derengleichen es im Lande nicht gab.“[54] Der genannte König Schilkanni ist Osorkon IV., der zuvor den Fall der Stadt Raphia und die Ansiedlung von Assyrern in diesem Raum dulden mußte. Der verwendete babylonische Terminus *tāmartu*, das entspricht assyrisch *nāmurtu*, wird von Bär als Audienzgeschenk bezeichnet[55] und kommt damit dem ägyptischen *in.w* sehr nahe. Von ökonomischer Bedeutung war dieses Geschenk sicherlich nicht, sondern ähnlich wie die Abgabe Nimrods an Piye in erster Linie ausgesprochen symbolträchtig. Pferde als Abgabe Ägyptens erscheinen auch in einem Brief aus Ninive, der aus der frühen Regierungszeit Sargons II. stammt, wohl um 716 v.Chr., d.h. wieder aus der Zeit Osorkons IV.[56] Nicht näher spezifizierbar, möglicherweise aber auch aus Pferden bestehend sind hingegen die ägyptischen Abgaben in den Annalen Sargons II.:

> Von Pharao, dem König von Ägypten, Samsi, der Königin der Araber, It'amra, dem Sabäer, und den Königen der Meeresküste und der Wüste erhielt ich als ihre Abgabe Gold, Staub seines Gebirges, erlesene Edelsteine, Elfenbein, Ebenholzsamen, allerlei Gewürzpflanzen, Pferde und Kamele ...[57]

Weniger spezifisch sind dann die Erwähnungen jährlicher Abgaben und Tribute in den Annalenfragmenten Asarhaddons.[58] Lediglich in

[54] Zitiert nach Borger, in: *TUAT* I/4, S. 383.
[55] Bär, *Tribut*, S. 9.
[56] Saggs, in: Iraq 17, 1955, S. 134f. Zur Datierung s. Postgate, *Governor's Palace Archive*, S. 11 Anm. 29a.
[57] Zitiert nach Borger, in: *TUAT* I/4, S. 380; ähnlich auch die Große Prunkinschrift Sargons II., s. ebd., S. 383.
[58] Streck, *Assurbanipal*, S. 216f.; Borger, *Inschriften Asarhaddons*, S. 99.

einem Text werden 9 Talente und 19 Minen Gold, 30418 Schafe, 19323 Esel und anderes aufgeführt.[59] Auch wenn diese Leistungen umfangreich erscheinen mögen, ist nicht völlig eindeutig, wer hierfür aufkommen mußte.[60]

Von ganz anderer Art waren dann schon die Abgaben, die Ägypten an die persischen Fremdherrscher zu entrichten hatte. Herodot berichtet, daß Ägypten zusammen mit Lybien, Kyrene und Barka 700 Talente Silber und den Ertrag des Fischfangs des Moerissees im Fayyūm an Persien sowie 120 Maß Korn – das sind etwa 70.000 hl – an die persische Garnison in Memphis zahlen mußte.[61] Die Fischerei im Fayyūm erbrachte, wiederum nach Herodot, 6 Monate lang 1 Talent Silber pro Tag und die übrigen 6 Monate 20 Minen pro Tag,[62] das sind rund 240 Talente im Jahr. Ob alle Abgaben, deren Wert in Silber angegeben ist, tatsächlich in Silber gezahlt wurden oder in Naturalien, ist unklar, desgleichen, wieviel an den persischen Königshof geliefert wurde und wieviel an den Satrapen in Ägypten.[63] In der Ägyptologie ist eine kontroverse Diskussion darüber entbrannt, ob dies eine beträchtliche Belastung für Ägypten darstellte oder nicht.[64] Vergleichszahlen sprechen m.E. dagegen. 700 Talente Silber, etwas über 200 Kilo, aus ganz Nordafrika sind jedenfalls nicht übermäßig viel, wenn man bedenkt, daß das arme, kleine Juda 100 Talente als Strafzahlung entrichten mußte. Und sie sind erst recht nicht viel, wenn man vergleicht, daß Ptolemaios III. 40.000 Silbertalente aus dem 3. Syrischen Krieg mit nach Ägypten brachte und daß Osorkon I. in den ersten dreieinviertel Jahren seiner Regierung mindestens 180.000 Kilo Silber an die Tempel des Landes stiftete.[65]

Zurück von den beeindruckenden Zahlen zu den Niederungen der Terminologie. In den 20er Jahren des letzten Jahrhunderts forderte der Altorientalist Benno Landsberger, die Eigenbegrifflichkeit von Kulturen –

---

[59] Pritchard, *ANET*, S. 293f.

[60] Elat, in: AfO, Beiheft 19, S. 249.

[61] Hdt. III 91. Die Garnison in Memphis – ihre Größe ist unbekannt – mußte allerdings selbst *mndt*'-Abgaben in Naturalien zahlen; s. Segal, *Aramaic Texts*, S. 39f. No. 24. Die persische Garnison in Elephantine wurde hingegen von den Persern selbst finanziert.

[62] Hdt. II 149.

[63] Zu ersterem Problem s. Briant, *Histoire de l'Empire perse*, I, S. 417–419, zu letzterem s. ebd., S. 414f.

[64] S. Sternberg-el-Hotabi, in: ZÄS 127, 2000, S. 154f.; anders Bresciani, in: Briant/Herrenschmidt, *Le tribut*, S. 29f.

[65] Naville, *Bubastis*, Taf. 51f.

und er meinte damit in erster Linie altorientalische Kulturen – zu berücksichtigen.[66] Diese Forderung hatte und hat ihre Berechtigung. Nur, was tun, wenn wie hier im Falle der ägyptischen Kultur diese in einem Bereich keine präzise Begrifflichkeit ausgebildet hat? Die Bezeichnungen, die in ägyptischen Texten für Abgaben erscheinen, stellen keine Begriffe oder Termini dar, sondern sind Ausdruck einer nur kontextuell verständlichen Wortwahl. Eine Reihe von ihnen sind zudem nur in einem einzigen Text bezeugt, was die Bestimmung nicht gerade erleichtert. Eine Rückkehr zur modernen Terminologie stellt mit Sicherheit keine Lösung dar, und selbst ein Wort wie *tributum* ist aus ägyptischer Sicht bereits ein Modernismus. Ein Ausweg könnte meines Erachtens darin bestehen, von der Begrifflichkeit wegzukommen und sich der „Sachlichkeit“ zuzuwenden. Ob man die Sachverhalte so klassifizieren sollte, wie ich dies hier versucht habe, oder anders, mag man diskutieren. Immerhin hat sich im nachhinein herausgestellt, daß für die Verwaltung meiner vier Typen von Abgaben unterschiedliche Personen zuständig sind. Man könnte aber mit dem Rückgriff auf die Sachverhalte vermeiden, eine Systematik in die Texte hineinzulesen, die diese gar nicht vermitteln wollten.

Bibliographie

Bär, *Tribut*: Jürgen Bär, *Der assyrische Tribut und seine Darstellung. Eine Untersuchung zur imperialen Ideologie im neuassyrischen Reich*, AOAT 243, Neukirchen/Vluyn 1996.

Borger, Rykle, *Historische Texte in akkadischer Sprache aus Babylonien und Assyrien*, in: TUAT I/4, Gütersloh 1984, S. 354–410.

Borger, *Inschriften Asarhaddons*: Riekele Borger, *Die Inschriften Asarhaddons Königs von Assyrien*, AfO Bh. 9, Nachdruck Osnabrück 1967.

Bresciani, Edda, *Osservazioni sul sistema tributario dell'Egitto durante la dominazione persiana*, in: Pierre Briant/Clarisse Herrenschmidt (eds.), *Le tribut dans l'empire perse. Actes de la table ronde de Paris 12–13 Décembre 1986*, Paris 1989, S. 29–33.

Breyer, *Tanutamani*: Francis Breyer, *Tanutamani. Die Traumstele und ihr Umfeld*, ÄAT 57, Wiesbaden 2003.

Briant, *Histoire de l'empire perse*: Pierre Briant, *Histoire de l'empire perse de Cyrus à Alexandre*, 2 Bde., AchHist X, Paris 1996.

Briant, Pierre/Descat, Raymond, *Un registre douanier de la satrapie d'Égypte à l'époque achéménide (TAD C3,7)*, in: Nicolas Grimal/Bernadette Menu (eds.), *Le commerce en Égypte ancienne*, Bd'E 121, Kairo 1998, S. 59–104.

Briant/Herrenschmidt, *Le tribut*: Pierre Briant/Clarisse Herrenschmidt (eds.), *Le tribut dans l'empire perse. Actes de la table ronde de Paris 12–13 Décembre 1986*, Paris 1989.

[66] Landsberger, in: Islamica 2, 1926, S. 355–372.

Caminos, *Chronicle of Prince Osorkon*: Ricardo A. Caminos, *The Chronicle of Prince Osorkon*, Rom 1958.
Chassinat, Émile, *Textes provenant du Sérapéum de Memphis (Suite)*, in: RecTrav 22, 1900, S. 163–180.
Cruz-Uribe, Eugene, *A Note on the Early Demotic Grain Formula*, in: Enchoria 17, 1990, S. 55–68 und Taf. 3–4.
Devauchelle, Didier, *Notes sur l'administration funéraire égyptienne à l'époque gréco-romaine*, in: BIFAO 87, 1987, S. 141–160 und Taf. 23–26.
Donker van Heel, *Abnormal Hieratic and Early Demotic Texts*: K. Donker van Heel, *Abnormal Hieratic and Early Demotic Texts Collected by the Theban Choachytes in the Reign of Amasis. Papyri from the Louvre Eisenlohr Lot*, Dissertation Faculteit der Godgeleerdheit, Rijksuniversiteit te Leiden 1996.
Elat, Moshe, *The Impact of Tribute and Booty on Countries and People within the Assyrian Empire*, in: AfO Bh. 19, Vorträge gehalten auf der 28. Rencontre Assyriologique Internationale in Wien 6.–10. Juli 1981, Horn 1982, S. 244–251.
Felber, *Demotische Ackerpachtverträge*: Heinz Felber, *Demotische Ackerpachtverträge der Ptolemäerzeit. Untersuchungen zu Aufbau, Entwicklung und inhaltlichen Aspekten einer Gruppe von demotischen Urkunden*, ÄA 58, Wiesbaden 1997.
Fabre, *Destin maritime*: David Fabre, *Le destin maritime de l'Égypte ancienne*, London 2004/2005.
Grimal, *Stèle triomphale de Pi(ʿankh)y*: N.-C. Grimal, *La stèle triomphale de Pi(ʿankh)y au Musée du Caire JE 48862 et 47086–47089*, Kairo 1981.
Grimal/Menu, *Le commerce*: Nicolas Grimal/Bernadette Menu (eds.), *Le commerce en Égypte ancienne*, Bd'E 121, Kairo 1998.
Goedicke, *Pi(ankh)y in Egypt*: Hans Goedicke, *Pi(ankh)y in Egypt. A Study of the Pi(ankh)y Stela*, Baltimore 1998.
Groningen/Wartelle, *Aristote Économique*: B.A. van Groningen/André Wartelle, *Aristote Économique*, Paris 1968.
Hughes, *Saite Demotic Land Leases*: George Robert Hughes, *Saite Demotic Land Leases*, Chicago 1952.
Jansen-Winkeln, Karl, *Zu einigen Inschriften der Dritten Zwischenzeit [Tafel X–XVI]*, in: Rd'E 55, 2004, S. 45–79.
Janssen, *Commodity Prices*: Jac. J. Janssen, *Commodity Prices from the Ramessid Period*, Leiden 1975.
Johnson, *Multi-Cultural Society*: Janet H. Johnson (ed.), *Life in a Multi-Cultural Society. Egypt from Cambyses to Constantine and Beyond*, Chicago 1992.
Landsberger, Benno, *Die Eigenbegrifflichkeit der babylonischen Welt*, in: Islamica 2, 1926, S. 355–372.
Lichtheim, Miriam, *The Naucratis Stela Once Again*, in: *Studies in Honor of George R. Hughes. January 12, 1977*, Chicago 1976, S. 139–146.
Meeks, Dimitri, *Une fondation memphite de Taharqa (Stèle du Caire JE 36861)*, in: *Hommages à la mémoire de Serge Sauneron*, I, Kairo 1979, S. 221–259 und Taf. 38.
Möller, Astrid, *Naukratis. Trade in Ancient Greece*, Oxford 2000.
Naville, *Bubastis*: Edouard Naville, *Bubastis (1887–89)*, EEF 8, London 1891.
Panagiotopoulos, Diamantis, *Tributabgaben und Huldigungsgeschenke aus der Levante. Die ägyptische Nordexpansion in der 18. Dynastie aus strukturgeschichtlicher Sicht*, in: ÄL 10, 2000, S. 139–158.
Porten/Yardeni, *Aramaic Documents*: Bezalel Porten/Ada Yardeni, *Textbook of Aramaic Documents from Ancient Egypt, 3, Literature. Accounts. Lists*, Jerusalem 1993.
Posener, Georges, *Les douanes de la Méditerranée dans l'Égypte saïte*, in: Revue de philologie de littérature et d'histoire anciennes 21, 1947, S. 117–131.
Postgate, *Governor's Palace Archive*: J.N. Postgate, *The Governor's Palace Archive* (= Cuneiform Texts from Nimrud II), Hertford 1973.
Pritchard, *ANET*: James B. Pritchard (ed.), *Ancient Near Eastern Texts Relating to the Old Testament*, [3]Princeton 1969.

Redford, Donald B., *The So-Called "Codification" of Egyptian Law under Darius I*, in: Watts, *Persia and Torah*, S. 135–159.

Revillout/Boudier, *Textes démotiques*: E. Revillout/E. Boudier, *Quelques textes démotiques archaïques*, Paris 1895.

Saggs, H.W.F., *The Nimrud Letters, 1952 – Part II*, in: Iraq 17, 1955, S. 126–154 und Taf. XXX–XXXV.

Schipper, *Israel und Ägypten*: Bernd Ulrich Schipper, *Israel und Ägypten in der Königszeit. Die kulturellen Kontakte von Salomo bis zum Fall Jerusalems*, OBO 170, Freiburg/Schweiz-Göttingen 1999.

Segal, *Aramaic Texts*: Judah Benzion Segal, *Aramaic Texts from North Saqqâra with some Fragments in Phoenician*, London 1983.

Seidl, *Rechtsgeschichte der Saiten- und Perserzeit*: Erwin Seidl, *Ägyptische Rechtsgeschichte der Saiten- und Perserzeit*, ÄgFo 20, Glückstadt [2]1968.

Sternberg-el-Hotabi, Heike, *Politische und sozio-ökonomische Strukturen im perserzeitlichen Ägypten: neue Perspektiven*, in: ZÄS 127, 2000, S. 153–167 und Taf. XXIV–XXV.

Streck, *Assurbanipal*: Maximilian Streck, *Assurbanipal und die letzten assyrischen Könige bis zum Untergange Niniveh's, II. Teil: Texte*, Leipzig 1916.

Tresson, Paul, *Sur deux monuments égyptiens inédits de l'époque d'Amasis et de Nectanébo Ier avec trois planches*, in: KEMI 4, 1931–33, S. 126–150 und Taf. VII–IX.

Vernus, Pascal, *Inscriptions de la Troisième Période Intermédiaire (I)*, in: BIFAO 75, 1975, S. 1–66 und Taf. I–V.

Vittmann, *Papyrus Rylands 9*: Günter Vittmann, *Der demotische Papyrus Rylands 9, Teil I: Text und Übersetzung, Teil II: Kommentare und Indizes*, ÄAT 38, Wiesbaden 1998.

Vleeming, *Gooseherds of Hou*: S.P. Vleeming, *The Gooseherds of Hou (Pap. Hou). A Dossier Relating to Various Agricultural Affairs from Provincial Egypt of the Early Fifth Century B.C.*, Löwen 1991.

Vleeming, Sven P., *The Title of the Scribes (and) Representatives*, in: Janet H. Johnson (ed.), *Life in a Multi-Cultural Society. Egypt from Cambyses to Constantine and Beyond*, Chicago 1992, S. 343–350.

Warburton, *State and Economy*: David A. Warburton, *State and Economy in Ancient Egypt. Fiscal Vocabulary of the New Kingdom*, OBO 151, Freiburg/Schweiz-Göttingen 1997.

Watts, *Persia and Torah*: James W. Watts (ed.), *Persia and Torah. The Theory of Imperial Authorization of the Pentateuch*, Atlanta 2001.

Yardeni, Ada, *Maritime Trade and Royal Accountancy in an Erased Customs Account from 475 B.C.E. on the Aḥiqar Scroll from Elephantine*, in: BASOR 293, 1994, S. 67–78.

Yoyotte, Jean, *Le second affichage du décret de l'an 2 de Nekhtnebef et la découverte de Thônis-Héracléion*, in: Égypte Afrique et Orient 24, 2001, S. 24–34.

Abbildungsnachweis

Abb. 1 aus: Grimal, *Stèle triomphale de Pi(ʿankh)y*, Taf. V.
Abb. 2 aus: Porten/Yardeni, *Aramaic Documents*, S. 291.

SEKTION II

SYRIEN UND PALÄSTINA

DAS SYSTEM DES „KOMMERZIALISIERTEN GESCHENKAUSTAUSCHES“ IM 2. JAHRTAUSEND V.CHR. IN SYRIEN

Peter Pfälzner (Tübingen)

Ich bitte hiermit um Gold von meinem Bruder, ... Möge mir mein Bruder in großen Mengen Gold schicken, das nicht bearbeitet ist, und möge mir mein Bruder viel mehr Gold schicken als meinem Vater.

(Mittani, ca. 1350 v.Chr.)

... könnten Sie mir eine Summe Geldes schicken, damit ich mein Leben erleichtern kann. Die Zeiten sind hart bei mir. In der Hoffnung auf eine günstige Antwort, ...

(Burkina Faso, 2000 n.Chr.)

Einleitung

Das Phänomen des Geschenkaustausches im bronzezeitlichen Syrien läßt sich philologisch als auch archäologisch untersuchen. In altorientalischen Texten werden Geschenke häufig direkt als solche angesprochen. Sie werden mit den akkadischen Wörtern *šubultum, šurubtum, tāmartum* oder *qištum* bezeichnet,[1] wobei zu hinterfragen ist, welche kulturelle Praxis damit verknüpft war und welche spezifischen Funktionen damit einhergingen. Auf archäologischem Feld ergibt sich eine anders geartete Problemstellung: Es gilt zu beurteilen, auf welche Weise Objekte aus einem archäologischen Kontext als Geschenke (in ihrem spezifischen historisch-kulturellen Kontext) zu identifizieren sind. Um sich diesen Fragen anzunähern, ist zunächst eine theoretische anthropologische Auseinandersetzung mit dem Phänomen des Geschenks nötig. Diese theoretischen Vorüberlegungen sind mit textlichen Hinweisen aus dem spezifischen kulturellen Kontext Syriens und den umgebenden Regionen im 2. Jahrtausend v.Chr. in Bezug zu setzen. Erst danach soll die Frage nach den konkreten Objekten und Motivationen des Geschenkaustausches im bronzezeitlichen Syrien erörtert werden.

[1] Durand, *ARMT 21*, S. 512–5; Zaccagnini, in: Carruba et al., *Studi orientalistici*, S. 194–198; Lerouxel, in: FM VI, 2002, S. 418.

Die Funktion der Geschenke

Der Austausch von Geschenken zwischen altsyrischen und altbabylonischen Herrscherhäusern ist in eindrucksvoller Weise in den Texten aus Mari aus dem 18./17. Jh. v.Chr. belegt.[2] In diese Praxis waren alle wichtigen Zentren der politischen Landkarte Syriens und Mesopotamiens in dieser Zeit involviert: Mari, Subat Enlil/Sehna, Ekallatum, Esnunna, Babylon, Elam, Karkemis, Halab/Yamhad, Qatna und Hazor. Die Ursachen für den regen Austausch von Geschenken zwischen den Dynasten sind auf zwei unterschiedlichen Gebieten zu suchen: der symbolischen Motivation, die politisch und diplomatisch ausgerichtet ist, und der ökonomischen Motivation, die auf wirtschaftlichen Gewinn abzielt. Lerouxel[3] ist – entgegen den meisten anderen Historikern – überzeugt, daß die ökonomische Motivation überwiegt, indem der Geschenkaustausch eine verdeckte ökonomische Transaktion darstellt.

Diese Ambivalenz ist ein generelles Problem bei der Beurteilung der Funktion und der Intention von Geschenken, auch im interkulturellen Vergleich. Im allgemeinen ist zu beobachten, daß die symbolische Rolle bei der Beurteilung von Geschenkaustausch in den Vordergrund gestellt wird. Dabei wird die ökonomische Rolle des Geschenks häufig unterschätzt. Diese bedeutende ökonomische Funktion herauszustellen, ist ein Hauptanliegen dieses Aufsatzes.

Der Wirtschaftshistoriker Karl Polanyi hat das Geschenk als eine Art der ökonomischen Transaktion in sein System des Austausches (Handels) einbezogen.[4] Dies geht von Polanyis Definition des Handels aus als einer „Methode, Güter zu erhalten, die nicht am Ort vorhanden sind". Darin bezieht er die Konzepte des Tauschhandels, des Tributs, der Beute – und des Geschenks ein. Vor diesem Hintergrund kann man von „Geschenk-Handel" oder „Gabentausch" sprechen.

Überträgt man diese Prämisse auf die Bronzezeit Vorderasiens, wird die ökonomische Funktion des Geschenks beispielhaft durch einen der sogenannten Mittani-Briefe aus dem 14. Jh. v.Chr. deutlich, der in Tell el-Amarna in Ägypten gefunden wurde und Teil der Amarna-Korrespondenz ist. Hierin bittet der mittanische König Tušratta den ägyptischen Pharao Amenophis IV./Echnaton persönlich um Geschenke.

[2] Durand, *ARMT 21*, S. 506–25; Lerouxel, in: FM VI, 2002, S. 413–463.

[3] Lerouxel, in: FM VI, 2002, S. 432.

[4] Polanyi, in: Dalton, *Primitive, Archaic, and Modern Economies*, S. 3–25; Polanyi, in: Sabloff/Lamberg-Karlovsky, *Ancient Civilization and Trade*, S. 133–154.

Er spezifiziert die Art des erwünschten Geschenks als Gold, und zwar in unbearbeitetem Zustand. Dieses war geschätzter als Fertigprodukte aus Gold, da es als Rohmaterial direkt verwendbar war.

> EA 19, Z. 49ff.:
> Nun hat mein Bruder Gold geschickt. Ich sage: Es kann wenig sein oder nicht, nicht wenig, sondern viel, auf jeden Fall war es bearbeitet. Aber obwohl es bearbeitet ist, habe ich mich sehr darüber gefreut, und was auch immer mir mein Bruder schickt, freue ich mich darüber. Hiermit schreibe ich jetzt meinem Bruder und möge mir mein Bruder viel mehr Liebe erweisen als meinem Vater. Ich bitte hiermit um Gold von meinem Bruder, . . . Möge mir mein Bruder in großen Mengen Gold schicken, das nicht bearbeitet ist, und möge mir mein Bruder viel mehr Gold schicken als meinem Vater.[5]

Die Praxis des Bittens um Geschenke

Bei der Lektüre des Mittani-Briefes EA 19 fällt auf, daß Tušratta sein Anliegen sehr fordernd vorträgt. Er spricht mit deutlich negativem Unterton an, daß die vorherige Lieferung aus bearbeitetem Gold bestand, und er drückt seine sehr verhaltene Freude über diese zurückliegende Lieferung aus. Schließlich betont er, daß er für die nächste Geschenksendung nur unbearbeitetes Gold erwünscht und dies noch dazu in großen Mengen, was mehrmals wiederholt wird, um die Nachdrücklichkeit zu unterstreichen. Er scheint keine Bedenken zu haben, die Bitte um Geschenke könne als zu aufdringlich erscheinen.

Daraus sollte nun keinesfalls ein persönlicher Charakterzug Tušrattas abgeleitet werden. Viele andere altorientalische Briefschreiber des 2. Jahrtausends v.Chr. haben ihre Bitte um Geschenke mit ähnlich geringer Zurückhaltung formuliert. Auch die Tatsache, daß es sich bei den erbetenen Geschenken um Rohmaterial handelt, ist kein Einzelfall. Ähnliches ist aus den Briefen des Kassitenherrschers Burna-Buriaš an Echnaton zu entnehmen.[6] Schon in altsyrischer Zeit (18./17. Jd. v.Chr.) finden sich zahllose Beispiele für die Praxis des direkten Forderns von Geschenken. Ein Brief aus Mari veranschaulicht dies:

> Sprich zu Jahdun-Lim, so spricht Yahmid-Lim: Verweigere mir nicht einen Stamm von Buchsbaumholz von 5 Ellen Länge und x Ellen Breite,

---

[5] Nach Moran, *The Amarna Letters*, S. 43–45.
[6] Vgl. EA 7 bis EA 11; s. Moran, *The Amarna Letters*, S. 12–23.

> sondern schicke ihn zu mir. Ich werde dir . . . schicken. Schreib mir, was du brauchst, und ich werde es dir schicken.[7]

Hier wird auf wenig zurückhaltende Art Holz erbeten, also ein Rohmaterial. Ferner wird darauf hingewiesen, daß der Geschenkaustausch auf Gegenseitigkeit beruhen soll, indem der Wunsch des Briefpartners bezüglich eines Gegengeschenks erfragt wird. Dieses Prinzip bezeichnet man mit Karl Polanyi als das der „generalisierten Reziprozität".[8] Dabei findet ein Austausch von Gütern zwischen zwei Personen oder Parteien statt, ohne daß zum Zeitpunkt der Übergabe der Güter in die eine Richtung schon feststeht, was und zu welchem Zeitpunkt als Gut in die Gegenrichtung fließen wird. Dieser zunächst einseitige und später kompensierte, freiwillige Warenfluß entspricht dem Prinzip des Geschenkes. Es handelt sich um ein ökonomisches Prinzip, welches sowohl für viele einfach strukturierte als auch für komplex organisierte Gesellschaften kennzeichnend ist. Selbst in der heutigen westlichen Gesellschaft werden sozial institutionalisierte Geschenke, wie Geburtstags- oder Weihnachtsgeschenke – dem Grundsatz der generalisierten Reziprozität folgend – meist nur so lange von einer Seite kontinuierlich überreicht, wie eine Kompensation durch unspezifizierte Gegengeschenke bei entsprechenden Gelegenheiten innerhalb eines bestimmten, persönlich definierten Zeitraums stattfindet.

Wie die oben zitierten Briefpassagen belegen, war das Prinzip der generalisierten Reziprozität fester Bestandteil der sozialen und ökonomischen Beziehungen zwischen Herrschern und sicher auch zwischen Privatpersonen der altorientalischen Welt des 2. Jahrtausends v.Chr. Es wurde in den syrischen und mesopotamischen Staaten der Mittleren und Späten Bronzezeit in einen kulturellen Mechanismus umgesetzt, der die konkrete Forderung nach einem Geschenk nicht als etwas Unmoralisches oder Aufdringliches aufgefaßt hat. Sie wird vielmehr von der Gesellschaft ethisch akzeptiert. Man kann diese kulturelle Praxis als „das fordernde Bitten um Geschenke" bezeichnen.

Der ethnographische Vergleich zeigt, daß diese Praxis nicht vereinzelt steht, sondern in vielen ähnlich komplexen Kulturen beheimatet ist. Am Beispiel von zahlreichen traditionellen westafrikanischen Gesellschaften wird deutlich, daß das Geschenk dort eine ähnlich zentrale

---

[7] Text TH 87–112; vgl. Charpin/Ziegler, *Mari et le Proche-Orient*, S. 65; Lerouxel, in: FM VI, 2002, S. 41.

[8] Polanyi, in: Dalton, *Primitive, Archaic, and Modern Economies*, S. 3–25.

Rolle in den sozialen und ökonomischen Beziehungen zwischen den Mitgliedern der Gesellschaft einnimmt, wie dies für den Alten Orient rekonstruierbar ist. Sie sind häufig ein fester Bestandteil der lokalen Austauschsysteme. Im Fall der Wolof und der Fulani im Senegal und in Gambia läßt sich dies veranschaulichen.[9] Die Wolof sind Ackerbauern (und pflegen die Töpferei), während die Fulani Viehzucht betreiben, so daß beide Gruppen über ein abweichendes Güterspektrum verfügen. Die Fulani-Hirten wenden sich an die Wolof und fragen nach Hirse, Gemüse und Keramikgefäßen. Sie erhalten dies auf ihre Bitte meist als ein Quasi-Geschenk. Die Wolof-Bauern wenden sich zu einem späteren Zeitpunkt an die Fulani mit der Bitte um Milch, was ihnen ebenfalls meist in Form eines Geschenks gewährt wird. Hier liegt folglich eine klassische Form generalisierter Reziprozität vor. Der „Geschenk-Handel" ist bei den Wolof und Fulani wie auch bei zahlreichen anderen Gruppen Westafrikas Teil des traditionellen Wirtschaftssystems.

Die ethische Akzeptanz des Prinzips der „fordernden Bitte um Geschenke" ist dabei auch in den genannten westafrikanischen Gesellschaften gegeben. Auch dort wird die Bitte um Geschenke nicht selten in Briefen formuliert, die in ihrem Tenor auffällig an die entsprechenden altorientalischen Briefpassagen erinnern. Drei Auszüge aus Briefen, die der Verfasser persönlich erhalten hat, mögen dies verdeutlichen:

> Beispiel 1: Hema K. (Bobo Dioulasso, Burkina Faso), 2.6. 2000:
> Nach Ihrer Rückkehr habe ich noch keinen Brief von Ihnen erhalten. Ich bin beunruhigt.... Ich bitte Sie um eine Hilfe. Ich möchte zu Ihnen zu Besuch kommen. Aus Mangel an einer Transportmöglichkeit kann ich dies nicht. Könnten Sie kommen, um mich abzuholen, oder könnten Sie mir eine Summe Geldes schicken, damit ich mein Leben erleichtern kann. Die Zeiten sind hart bei mir. In der Hoffnung auf eine günstige Antwort,....
> (übersetzt aus dem Französischen)

> Beispiel 2: Boubacar T. (Bandiagara, Mali), 2.5.2000:
> .... Ich hoffe, es geht Ihnen und der Familie gut. Ich schreibe Ihnen wegen einer Hilfe. Ich möchte, daß Sie mir finanziell helfen, um das Dach (des Hauses) meiner Familie zu erneuern. Vielen Dank für das Verständnis dafür. Ich zähle stark auf Sie. Grüßen Sie die Eltern von mir, meine besten Wünsche. Wegen der Hilfe: Sie ist auf Grund des Regens, der das Dach meiner Familie beschädigt hat.
> (übersetzt aus dem Französischen)

---

[9] Ames, in: Bohannan/Dalton, *Markets in Africa*, S. 29–60.

> Beispiel 3: Seedy J. (Kembujeh, Gambia) 31.8.1997:
> Wie geht es Ihnen und der Familie? Ich hoffe, dieser Brief erreicht Sie bei bester Gesundheit. Ich versprach, Ihnen etwas (ein Geschenk) zu senden, aber ich habe es nicht gesendet. Ich habe kein Geld, deshalb habe ich nichts gesendet. . . . Sie wissen, mein Vater Amadou ist sehr alt, er hat nicht viel Geld, um meine Schule zu bezahlen, und ich schreibe es Ihnen, damit Sie mir helfen, meine Schule zu bezahlen. Meine Mutter ist auch sehr alt, sie sagt auch, sie kann meine Schule nicht bezahlen. Deshalb berichte ich es Ihnen, daß Sie meine Schule bezahlen. Viele Grüße,. . . . .
> (übersetzt aus dem Englischen)

Gemeinsam ist diesen Briefen, daß sie ohne viel Umschweife und ohne große Zurückhaltung eine konkrete Bitte um ein Geschenk (in diesem Fall Bargeld) enthalten. Dies verdeutlicht, daß in der traditionellen westafrikanischen Gesellschaft das „fordernde Bitten um Geschenke" ethisch akzeptiert ist und nicht als Aufdringlichkeit empfunden wird. Sie wird vielmehr aus einer engen persönlichen oder sozialen Verbundenheit abgeleitet.

Das „fordernde Bitten um Geschenke" läßt sich folglich als ein interkulturelles Phänomen erkennen. Für den Alten Orient und im besonderen die Gesellschaft des 2. Jahrtausends v.Chr. ist analog zu erwarten, daß das genannte Prinzip nicht nur im Verhältnis zwischen den Herrschern sondern auch in den Beziehungen innerhalb der einfachen Bevölkerung von Bedeutung war. Getreide, Milchprodukte und Tiere könnten theoretisch die Objekte der generalisierten Reziprozität in diesem Sektor der Gesellschaft gewesen sein. Die Einseitigkeit der textlichen Überlieferung mag der Grund dafür sein, daß die Praxis des „fordernden Bittens um Geschenke" überwiegend für die Herrscherelite der Gesellschaft belegt ist.

Eine Theorie der sozio-ökonomischen Rolle des Geschenkaustausches

Wir haben gesehen, daß es interkulturell gültige Formen des Geschenkaustausches gibt, die auf dem Prinzip der Reziprozität beruhen. Sie sind idealtypisch in der Unterform der generalisierten Reziprozität ausgebildet, bei der weder der Wert des Geschenks noch der Zeitpunkt des Gegengeschenks festgelegt werden. Die Bereitschaft zur Beteiligung an dieser Art des Geschenkaustausches ist einerseits mit sozialer Verpflichtung, anderseits durch das Streben nach Prestigegewinn oder wirtschaftlicher Absicherung begründet.

Versucht man, die Motivationen der Geschenkgeber und die der Geschenknehmer bei dieser Form des Austausches zu präzisieren, lassen sich mehrere Varianten unterscheiden.

Für die Geschenknehmer sind zwei unterschiedliche Motive ausschlaggebend:

Variante (a): Der Geschenknehmer ist der ökonomisch Schwächere und deshalb von Geschenken abhängig zur regelmäßigen Sicherung der Subsistenz oder seiner Grundbedürfnisse im Falle einer ökonomischen Krise. Bei dieser Variante ist der Geschenknehmer rein ökonomisch motiviert.

Variante (b): Der Geschenknehmer ist ökonomisch gleichrangig oder sogar stärker als der Geschenkgeber und erstrebt Geschenke zur Sicherung seines gehobenen ökonomischen Status oder sozialen Prestiges. Darin ist eine sozio-ökonomische Motivation begründet.

Für die Motivationen der Geschenkgeber sind ebenfalls mehrere Varianten zu unterscheiden:

Variante (a): Der Geschenkgeber erstrebt Solidarität von Seiten des Geschenknehmers im Falle einer zukünftigen eigenen wirtschaftlichen Krise oder bei temporären Engpässen seiner Subsistenzversorgung. Dies ist ein rein ökonomisches Motiv.

Variante (b): Der Geschenkgeber sieht sich sozial verpflichtet, Geschenke zu geben, um selbst Geschenke besonderer Güter zu erhalten, die nicht anderweitig erhältlich sind. Darin kommt ein sozio-ökonomisches Motiv zum Ausdruck.

Variante (c): Der Geschenkgeber beabsichtigt, sein soziales Prestige zu konsolidieren oder zu vergrößern, um auf Gefolgschaft und Unterstützung durch die Geschenknehmer, zum Beispiel auf politischer oder militärischer Ebene, rechnen zu können. Dies entspricht dem Konzept des Patronats, mit dem Geschenkgeber als Patron und den Geschenknehmern als Klientel. Es handelt sich in diesem Fall um ein sozio-politisches Motiv.

Für alle diese unterschiedlichen Motivationsvarianten des Geschenkaustausches gibt es gesellschaftsintern eine grundlegende soziopsychologische Voraussetzung: Das „fordernde Bitten um Geschenke" gilt nicht als etwas Unmoralisches. Wie gezeigt wurde, trifft dies für den Alten Orient in gleicher Weise zu wie für die traditionellen Kulturen Westafrikas.[10]

---

[10] Selbst als Tourist kann man diese Einstellung der traditionellen Bevölkerung bei

In der heutigen westlichen Gesellschaft wurde dieses ethische Prinzip abgeschafft, die Frage nach Geschenken gilt als moralisch verwerflich. Dies erklärt sich aus einer veränderten Wirtschaftsweise. Alle Transaktionen von Gütern beruhen hier ausschließlich auf dem Prinzip der Marktwirtschaft, bei dem der Austausch von Gütern direkt und preisfixiert erfolgt. Ein reziproker Austausch wird im allgemeinen nicht gepflegt, so daß der Geschenksektor gesamtgesellschaftlich relativ unbedeutend ist.[11] Der Geschenkaustausch ist hingegen ein fester Bestandteil eines nicht-marktregulierten Wirtschaftssystems. Dies verdeutlicht, daß die besprochenen gesellschaftlichen Konzepte letztendlich durch ökonomische Prinzipien bestimmt werden.

Zusammenfassend läßt sich herausstellen, daß Geschenke sowohl symbolisch als auch kommerziell motiviert sind. Die kommerzielle Seite ist häufig die dominante. Doch auch der symbolische Aspekt des Geschenks ist nicht unbedeutend. Er erstreckt sich auf die Bereiche der Diplomatie, der politischen Koalitionen und Allianzen. Es handelt sich gewissermaßen um den „politischen Aspekt" der Ökonomie. Eine klare Trennung des ökonomischen und des symbolischen Aspektes ist nicht sinnvoll, da sich beide Prinzipien funktional ergänzen. Dennoch erscheint es gerechtfertigt, vom Prinzip des „kommerzialisierten Geschenkaustausches" zu sprechen.

Geschenkaustausch im alt- und mittelsyrischen Königtum von Qatna

Vor dem Hintergrund der theoretischen Überlegungen zur sozio-ökonomischen Rolle des Geschenkaustausches, die eine interkulturelle Konstante zu erkennen geben, soll versucht werden, diese Ergebnisse in Form eines Fallbeispiels auf die Befunde aus dem Königtum von Qatna anzuwenden. Qatna liegt im westlichen Syrien im Einzugsbereich des Orontes. Während der Mittleren Bronzezeit (2000–1550 v.Chr.) war Qatna neben Halab/Yamhad das bedeutendste Königtum Syriens und stand

Reisen in West- und auch Nordafrika häufig beobachten, was häufig vom westlichen Betrachter als Belästigung oder Aufdringlichkeit mißverstanden wird.

[11] Abgesehen von besonderen, zeitlich eng umgrenzten rituellen Anlässen, wie dem Weihnachtsfest, welches eine kurzfristige Wiederbelebung generalisierter Reziprozität darstellt und – wenn auch nur bei Kindern – das „fordernde Bitten um Geschenke" (in Form eines Wunschzettels) kurzfristig ethisch erlaubt.

in engem Kontakt mit den anderen altorientalischen Großmächten, wie Mari, Babylon und Elam. Während der Späten Bronzezeit (1550–1200 v.Chr.) hatte es seine herausragende politische Stellung in Syrien eingebüßt und war Vasall des mittanischen Großreichs geworden. Allerdings bestanden auch zu dieser Zeit Beziehungen zu den anderen syrischen Königtümern und zu dem mächtigen südlichen Nachbarn Ägypten.

a) *Der textliche Befund zum Geschenkaustausch in Qatna*

Konkrete Hinweise auf den Geschenkaustausch der Könige von Qatna mit anderen Herrschern in altsyrischer Zeit sind aus den Mari-Texten zu erhalten (ca. 1700 v.Chr.). Sie zeigen, daß Qatna in das System des dynastischen Geschenkaustausches der Mittleren Bronzezeit in Vorderasien fest eingebunden war. Ein Brief des Samsi-Addu, des Königs von Assyrien, an seinen Sohn Yasmah-Addu, der König in Mari war, veranschaulicht dies:

> Sprich zu Yasmah-Addu, so spricht Samsi-Addu, dein Vater. Laß in einem versiegelten Reisekoffer 3 Stoffe, 2 Turbane und 2 Vasen als Geschenk von mir zum Prinzen von Qatna bringen, und als Geschenk von Dir versiegele 2 Stoffe und 2 Turbane.[12]

Hier werden nicht Rohmaterialien als Geschenk übergeben, sondern Fertigprodukte, nämlich Textilien und Gefäße. Sie wurden zwar aus Assur – bzw. der Residenzstadt des assyrischen Königs, Subat-Enlil – in Auftrag gegeben, müssen aber von Mari aus nach Qatna expediert worden sein. Obwohl die Geschenke sicherlich als Gesamtlieferung auf den Weg gebracht wurden, ist der Geschenkgeber in jedem Fall spezifiziert, was eine unabdingbare Voraussetzung für eine generalisierte Reziprozität darstellt.

In einem zweiten Beispiel (ARM V 20) schreibt Ishi-Addu, der König von Qatna, an Isme-Dagan, den König von Ekallatum und ebenfalls Sohn des Samsi-Addu, König von Assyrien.

> Sprich zu Isme-Dagan, so spricht Ishi-Addu, Dein Bruder. Dies ist eine Angelegenheit, über die man eigentlich nicht spricht, aber in der Tat muß ich darüber sprechen und mein Herz erleichtern. Du verhältst Dich doch als souveräner König. Du hast von mir zwei weiße Pferde erbeten, die Du wolltest, und ich ließ sie Dir schicken. Jedoch waren es 20 Minen Zinn, die Du mir hast schicken lassen. Du mußt also sicher keine Wünsche

[12] Nach Lerouxel, in: FM VI, 2002, S. 421.

> haben, ohne es mir geradeheraus zu sagen. Jedoch hast Du mir da recht wenig Zinn bringen lassen. Hättest Du mir doch gar nichts bringen lassen! Ich erstatte darüber dem Gott meines Vaters Bericht, selbst wenn mein Herz sich dabei verdunkelt. Der Preis dieser zwei Pferde beträgt bei uns in Qatna 600 Schekel Silber, das ist ihr Wert- und Du hast mir 20 Minen Zinn geschickt! Wer dies hört, was wird er wohl sagen? Wird er sich nicht über uns mokieren? Dieses Haus ist Dein Haus! An was fehlt es Dir in Deinem? Gibt ein Bruder nicht seinem Bruder das, was er braucht? Wenn Du mir lieber überhaupt kein Zinn geschickt hättest, hätte sich mein Herz nicht verdunkeln müssen. Das bist doch nicht Du, der souveräne König. Warum hast Du so etwas gemacht? Dieses Haus ist doch Dein Haus![13]

Zunächst ist diesem Brief faktisch zu entnehmen, daß ein Geschenkaustausch zwischen Qatna in Syrien und Ekallatum am Tigris in Mesopotamien bestand, bei dem Pferde aus Qatna nach Ekallatum und in umgekehrter Richtung Zinn gelangten. Beides waren sehr wichtige und kostbare Wirtschaftsgüter. Qatna dürfte sogar eine Art Monopolstellung in der Aufzucht der sehr geschätzten weißen Pferde besessen haben.

Es handelt sich allerdings hierbei um einen Beschwerdebrief von beeindruckender Klarheit und Offenheit. Er beruht darauf, daß der König Ishi-Addu als Geschenknehmer von 20 Minen Zinn dies nicht als adäquate Gegengabe für die vorher von ihm geschenkten weißen Pferde empfindet. Folglich sind seine Erwartungen in die Mechanismen der generalisierten Reziprozität in diesem Fall nicht erfüllt worden. Dies veranschaulicht, daß zwischen den Geschenkgebern nachträglich eine klare Wertevaluation der Geschenke stattfand, obwohl Art und Wert der Gegengabe vorher sicherlich nicht vereinbart gewesen waren. Diese Wertevaluation scheint normalerweise auch nicht offen ausgesprochen worden zu sein („*eine Angelegenheit, über die man eigentlich nicht spricht*"). Daran ist zu erkennen, daß die Gegenseitigkeit der Geschenke tatsächlich in generalisierter, nicht festgelegter Form konzipiert war. Es handelt sich folglich um ein typisches Beispiel generalisierter Reziprozität.

Der Wunsch nach einem adäquaten Geschenk wird in sehr offener, fordernder Art ausgesprochen („*das Herz erleichtern*"). Die fordernde Position nach einer wertvolleren Gegengabe wird dabei mit dem Vorwurf kombiniert, die Regeln der Reziprozität sträflich mißachtet zu haben („*hättest Du mir doch gar nichts bringen lassen*"; „*warum hast Du so etwas gemacht?*"). Der Absender verweist darauf, daß durch diese Mißachtung

---

[13] Nach Lerouxel, in: FM VI, 2002, S. 415f.

der Reziprozitätsregeln die mit dem Geschenkaustausch beabsichtigte Solidarität von Geschenkgeber und Geschenknehmer in Frage gestellt wird (*„Gibt ein Bruder nicht seinem Bruder das, was er braucht?“*; *„Dieses Haus ist doch Dein Haus“*). Es wird ferner deutlich gemacht, daß durch eine nicht adäquate Gegengabe das soziale Prestige des Geschenkgebers beschädigt wird (*„Wer dies hört, was wird er wohl sagen? Wird er sich nicht über uns mokieren?“*).

Ins Positive verkehrt, lesen sich diese Vorwürfe wie ein Handbuch für die Erfordernisse und Prinzipien des Geschenkaustausches in der altorientalischen Gesellschaft des 2. Jahrtausends v.Chr. Die in diesem Brief mit der Beschwerde verbundene Forderung nach einem wertvolleren Geschenk veranschaulicht, daß sich die psychologische und ethische Verhaltensweise des Herrschers von Qatna vollständig in das verbreitete Prinzip des „fordernden Bittens um Geschenke“ einfügt.

Die ökonomische Bedeutung des Geschenkaustausches wird dadurch verdeutlicht, daß es sich bei dem als Geschenk nach Qatna gekommenen Zinn um ein wichtiges Rohmaterial zur Herstellung von Bronze handelt und daß der König von Qatna das eigene Geschenk nach seinem Gegenwert in Form des Zahlungsmittels Silber bewertet. Der kommerzialisierte Geschenkaustausch hatte folglich auch für das Königtum von Qatna eine große Bedeutung.[14]

b) *Der archäologische Befund zum Geschenkaustausch in Qatna*

Bei der Suche nach archäologischen Objekten, die das Zeugnis eines Geschenkaustausches sein könnten, ist man mit der methodischen Schwierigkeit konfrontiert, einen Prozeß nachweisen zu wollen, der an dem Objekt selbst in den meisten Fällen keine direkten Spuren hinterlassen hat. So ist man in den meisten Fällen auf indirekte Argumentationen angewiesen. Wie solche Argumentationswege aussehen können, soll durch einige Beispiele verdeutlicht werden.

Eine sehr allgemeine Art der Argumentation bezieht sich auf die Erklärung der Existenz zahlreicher Bronzeobjekte, die bei der Ausgrabung des Königspalastes in Qatna sowohl in den oberirdischen Palasträumen als auch in der im Jahr 2002 entdeckten unterirdischen

[14] Für die Praxis des Geschenkaustausches während der Späten Bronzezeit im Umfeld von Qatna führt Diamantis Panagiotopoulos Argumente an, allerdings interpretiert er diese Gaben als Objekte mit symbolischem Wert, die im Mittelpunkt einer politischen Handlung standen; s. Panagiotopoulos, in: ÄL 10, 2000, S. 146.

Königsgruft zu Tage kamen.[15] In der Königsgruft fanden sich über 50 Pfeil- bzw. Speerspitzen größeren Formats, dazu Lanzenspitzen, Nadeln und andere Bronzeobjekte. Diese Objekte datieren mit dem gesamten Inventar der Gruft in die Späte Bronzezeit (15./14. Jd. v.Chr.). Die typologische Einheitlichkeit der Pfeil- und Speerspitzen spricht für eine lokale Waffenproduktion. Bestätigt wird diese Annahme durch eine Tontafel aus der im Königspalast gefundenen Kanzlei des Königs Idanda von Qatna (14. Jd. v.Chr.), auf der die königliche Anordnung zur Produktion von 18.600 Bronzeschwertern aufgezeichnet ist.[16] Dafür müssen lokale Manufakturen unter direkter Kontrolle des Königs zur Verfügung gestanden haben. Für eine Produktion von Bronzegegenständen dieses Umfangs sind zudem große Mengen Kupfers und Zinns notwendig. Der Rohmaterialimport dürfte – zumindest teilweise – auf der Basis des kommerzialisierten Geschenkaustausches organisiert worden sein, wie der mehrere Jahrhunderte ältere Brief des Ishi-Addu (s.o.) anzeigt, der die Beschaffung von Zinn durch Geschenkaustausch für die Zeit um 1700 v.Chr. belegt. Die Disposition der Rohmaterialien in der Verantwortung des Königs – wie im Beispiel des Idanda – verweist darauf, daß es sich bei dem Rohmaterialimport – ähnlich wie einige Jahrhunderte früher bei Ishi-Addu – um einen kommerzialisierten Geschenkaustausch des Königshauses gehandelt haben könnte.

Weniger konkrete Belege, aber eine ähnliche Argumentationskette liegt für die Goldgegenstände aus Qatna vor, die in großen Mengen in der Königsgruft unter dem Palast entdeckt wurden.[17] Insgesamt fanden sich in der Königsgruft über 1150 Fundstücke aus Gold oder aus Komposit-Material unter Verwendung von Gold, allerdings zum Teil in sehr kleinen Formaten. Viele der dekorierten Gegenstände tragen Einzelmotive, die aus anderen Kulturregionen, wie zum Beispiel Ägypten oder Mesopotamien, übernommen sind. Ungeachtet dessen läßt aber die stilistische und technologische Betrachtung der Stücke[18] eine auffällig starke innere Geschlossenheit erkennen. Dies spricht für eine lokale Produktion der meisten der Goldgegenstände. Das dafür notwendige kostbare Rohmaterial – bearbeitetes oder unbearbeitetes

[15] Vgl. Al-Maqdissi/Dohmann-Pfälzner/Pfälzner/Suleiman, in: MDOG 135, 2003, S. 189–218; Pfälzner, in: NBA 19, 2002/03, S. 85–102.

[16] Lesung nach Thomas Richter (persönliche Mitteilung); zum Textfund s. Richter, in: MDOG 135, 2003, S. 167–188.

[17] Vgl. Al-Maqdissi/Dohmann-Pfälzner/Pfälzner/Suleiman, in: MDOG 135, 2003, S. 192ff.

[18] Durchgeführt von Marta Abbado, Edilberto Formigli und Elisa Rossberger.

Gold – könnte auf ähnliche Weise nach Qatna gelangt sein wie das Zinn, nämlich – unter anderem – durch den kommerzialisierten Geschenkaustausch in den Händen des Königs.

Einen direkteren Beleg für importierte Waren stellen Steingefäße mit Inschriften dar, die ihre Herstellungsregion und ihren früheren Besitzer zu erkennen geben. Zwei solcher Gefäße fanden sich in der Königsgruft von Qatna. Das eine besteht aus Serpentinit und trägt eine Inschrift des ägyptischen Königs Amenemhet III. (ca. 1853–1805 v.Chr.).[19] Dieses Gefäß war Teil des Grabinventars aus dem 14. Jh. v.Chr., besaß also schon ein beachtliches Alter zum Zeitpunkt der letzten Verwendung der Königsgruft. Für die Frage des Zeitpunktes und der Umstände des Imports dieses Objektes ergeben sich mehrere Alternativen: Das Gefäß könnte zur Zeit der 12. ägyptischen Dynastie, also zeitgenössisch zu dem inschriftlich belegten Besitzer oder Auftraggeber von Ägypten nach Qatna gelangt sein. Dann wäre es sicherlich ein Geschenk des genannten ägyptischen Pharaos an einen Herrscher in Qatna gewesen. Wie aus der Sinuhe-Erzählung ableitbar ist, dürfte Qatna bereits zur Zeit der 12. Dynastie, also im 20.–19. Jd. v.Chr. ein Königtum besessen haben,[20] so daß diese Option historisch möglich ist. Alternativ könnte das Gefäß zu einem späteren Zeitpunkt von Ägypten nach Qatna gelangt sein, zum Beispiel während der Hyksos-Zeit oder – zeitgenössisch zum Grabinventar aus Qatna – während der 18. Dynastie. Unter dieser Voraussetzung könnte das Objekt entweder als eine reine Handelsware, die z.B. aus geplünderten älteren Gräbern Ägyptens stammen könnte, oder im Rahmen eines Geschenkaustausches zwischen einem späteren ägyptischen Pharao und einem mittelsyrischen Herrscher von Qatna von Ägypten nach Syrien gebracht worden sein.

Das zweite Steingefäß mit Inschrift besteht aus Kalzit. Es trägt eine Inschrift der Ahmes Nefertari, der Mutter des Amenophis I., vom Beginn der 18. Dynastie, also aus der Zeit um 1550 v.Chr.[21] Dieses Gefäß besitzt einen sehr geringeren zeitlichen Abstand zwischen seiner Herstellung und seiner (letzten) Verwendung im Rahmen des königlichen Grabinventars in Qatna aus dem 14. Jh. v.Chr. Dies schränkt den möglichen Zeitpunkt der Überbringung von Ägypten nach Qatna auf die 18. Dynastie ein. Es könnte sehr wohl bereits in der Zeit von

[19] Lesung nach Alexander Ahrens (persönliche Mitteilung).
[20] Schneider, in: ÄL 12, 2002.
[21] Lesung nach Alexander Ahrens (persönliche Mitteilung).

Amenophis I. und seiner Mutter als Geschenk nach Qatna gelangt sein. Selbst wenn dieser Austausch erst durch einen späteren Herrscher der 18. Dynastie erfolgt sein sollte, ist die Wahrscheinlichkeit eines königlichen Geschenkaustausches am größten, da es sich um ein Objekt aus der regierenden Dynastie Ägyptens handelt.

Daß Geschenke speziell für eine Grabstätte überreicht wurden, ist in den Mari-Texten der altsyrischen Zeit belegt. In Mari-Text ARMT XXV 17 wird erwähnt, daß der König von Mari Geschenke für das Grab des verstorbenen Königs Yarim-Lim von Yamhad (Aleppo) sendet, und zwar eine *katappum*-Waffe aus Silber und „Augen" aus Gold.[22]

Fazit

Die allgemeine Theorie der sozio-ökonomischen Rolle des Geschenkaustausches hilft beim Verständnis der Austauschbeziehungen Syriens im 2. Jahrtausend v.Chr. Das System des kommerziellen Geschenkaustausches war vor allem im Verhältnis zwischen den Herrschern der syrischen und der benachbarten Königtümer sowohl in altsyrischer als auch in mittelsyrischer Zeit sehr bedeutend. Objekte dieses Austausches waren sowohl exklusive Einzelgegenstände, wie zum Beispiel Steingefäße aus Ägypten, als auch Rohmaterialien wie Zinn und Gold. Im Falle von Qatna waren außerdem nachweislich weiße Pferde und sicherlich auch Zedernholz aus dem direkt benachbarten Libanongebirge wichtige Geschenkgüter. Während die Sphäre des königlichen Geschenkaustausches durch Texte gut beleuchtet ist, sind die für die normale Bevölkerung zu erwartenden entsprechenden Praktiken zwar nicht durch Texte belegt, aber aus der allgemeinen Theorie mit großer Plausibilität ableitbar. Für alle gesellschaftlichen Sphären dürfte dabei das Konzept des „fordernden Bittens um Geschenke" weit verbreitet und gesellschaftlich akzeptiert gewesen sein.

[22] Lerouxel, in: FM VI, 2002, S. 439.

Bibliographie

Ames, D. W., *The Rural Wolof of The Gambia*, in: P. Bohannan/G. Dalton (eds.), *Markets in Africa*, North-Western University Press 1962, S. 29–60.

Al-Maqdissi, Michel/Dohmann-Pfälzner, Heike/Pfälzner, Peter/Suleiman, Antoine, *Das königliche Hypogäum von Qatna. Bericht über die syrisch-deutsche Ausgrabung im November–Dezember 2002*, in: MDOG 135, 2003, S. 189–218.

Charpin/Ziegler, *Mari et le Proche-Orient*: D. Charpin/N. Ziegler, *Mari et le Proche-Orient à l'époque amorrite. Essai d'histoire politique*, FM V, Mémoires de N.A.B.U. 6, 2003.

Durand, *ARMT 21*: Jean-Marie Durand, *Archives Royales de Mari XXI. Textes Administratifs des salles 134 et 160*, Paris 1983.

Lerouxel, François, *Les échanges de présents entre souverains amorrites au XVIIIe siècle av.n.è.*, in: FM VI, Recueil d'Études à la mémoire d'André Parrot, Mémoires de N.A.B.U. 7, 2002, S. 413–463.

Moran, *The Amarna Letters*: William L. Moran, *The Amarna Letters*, Baltimore/London 1992.

Panagiotopoulos, Diamantis, *Tributabgaben und Huldigungsgeschenke aus der Levante. Die ägyptische Nordexpansion in der 18. Dynastie aus strukturgeschichtlicher Sicht*, in: ÄL 10, 2000, S. 139–158.

Pfälzner, Peter, *Die Politik und der Tod im Königtum von Qatna*, in: NBA 19, 2002/03, S. 85–102.

Polanyi, Karl, *Traders and Trade*, in: J. A. Sabloff/C. C. Lamberg-Karlovsky (eds.), *Ancient Civilization and Trade*, Albuquerque 1975, S. 133–154.

Polanyi, Karl, *Societies and Economic Systems*, in: G. Dalton (eds.), *Primitive, Archaic, and Modern Economies. Essays of Karl Polanyi*, Boston 1971, S. 3–25.

Richter, Thomas, *Das „Archiv des Idanda". Bericht über die Inschriftenfunde der Grabungskampagne 2002 in Mišrife/Qatna*, in: MDOG 135, 2003, S. 167–188.

Schneider, Thomas, *Sinuhes Notiz über die Könige. Syrisch-anatolische Herrschertitel in ägyptischer Überlieferung*, in: ÄL 12, 2002, S. 257–272.

Zaccagnini, Carlo, *On gift exchange in the Old Babylonian period*, in: Onofrio Carruba/Mario Liverani/Carlo Zaccagnini (eds.), *Studi orientalistici in ricordo di Franco Pintore*, Studia Mediterranea 4, 1983, S. 189–253.

DIE LEVANTE IM ERSTEN JAHRTAUSEND: HANDELSWAREN, FREIWILLIGE ODER UNFREIWILLIGE ABGABEN?

Probleme der Archäologischen Zuweisung

Astrid Nunn (Würzburg)

Einleitung

In diesem Vortrag geht es darum, archäologische Funde, die – modern ausgedrückt – in Syrien, Israel-Palästina und im Libanon gemacht wurden und in das erste vorchristliche Jahrtausend datieren, in bestimmte Kategorien zu ordnen. Die in diesem Workshop interessierenden Kategorien sind die der Handelswaren, der nicht freiwilligen Abgaben, Tribute und Beutewaren sowie die der mehr oder weniger freiwilligen Geschenke. Können wir heute den Darstellungen oder den archäologischen Befunden entnehmen, wie die Objekte den Besitzer wechselten? Auf die theoretische Diskussion und die antike Terminologie gehe ich nicht ein, da diesen Themen in diesem Band eigene Vorträge gewidmet sind.[1]

Aus schriftlichen Quellen wissen wir, daß Assurnaṣirpal II. (883–859 v.Chr.) der erste neuassyrische König ist, dem die phönizischen Städte Tribut bezahlen müssen. Für die im Süden von Phönizien anschließende Gegend Israel ist es der König Jehu, der als erster Herrscher in der Eisenzeit (IIB) Tribut an einen assyrischen König abliefert. Das war im Jahr 841 v.Chr. Jehu (oder ein Stellvertreter?) ist kniend vor dem König Salmanassar III. auf dem sog. Schwarzen Obelisken in Wort und Bild festgehalten (Abb. 1, B1). Nach Assurnaṣirpal und Salmanassar III. ist es Adadnirari III. (810–783 v.Chr.), der Rebellionen westlicher Koalitionen niederschlägt. Er bekommt Tribute von Tyr und Sidon und denkt als erster über einen ständigen Tribut nach. Tiglatpilesar III., Sargon II. und Sanherib zählen zu den weiteren assyrischen Königen, die Tribut

[1] S. die Beiträge von Martin Rössler und Karen Radner für die neuassyrische und neubabylonische Terminologie sowie von Hilmar Klinkott für die achaimenidische Terminologie.

aus Syrien-Palästina einfordern werden.[2] Die Quellen zum neuassyrischzeitlichen Tributwesen sind neuassyrische Bilder und Texte. Aus dem Westen selbst – damit meine ich hier Phönizien, Israel-Palästina und Syrien – gibt es weder Bilder noch schriftliche Quellen. Längere und offizielle Texte wurden im Westen auf Holztafeln, Leder – und Papyrusrollen geschrieben und sind verschwunden. Die Abwesenheit von Bildern läßt sich vielleicht dadurch erklären, daß der Westen ja der unterworfene Teil war und daß man sich selbst nicht als Tributbringer darstellen wollte. Was die Achaimenidenzeit betrifft, so mußten die Provinzen hohe Steuern in Geld oder Metall und Tribute abliefern. Nur wenige Texte geben über die hier behandelte Gegend Auskunft.[3] Am genauesten sind noch die griechischen Autoren. Eine ergiebige Quelle für Bilder von „Warenbringern" könnten die Apadana-Reliefs in Persepolis sein. Jedoch ist gerade die Identifikation der Völker aus dem Westen nach wie vor unsicher. Für die zwischen neuassyrischer und achaimenidischer Zeit geschaltete spätbabylonische Zeit zeigen die Eroberung Jerusalems und die Deportierung der jüdischen Bevölkerung nach Babylon in den Jahren 597 und 586 v.Chr. unter Nebukadnezar II. exemplarisch, daß die Beziehungen zwischen Babylonien und dem Westen nicht gewaltfrei waren. Es wird angenommen, daß die neubabylonischen Könige die Verwaltungsstrukturen – somit auch das Tribut- und Abgabensystem – des neuassyrischen Reichs übernahmen. Doch ist kaum etwas bekannt.[4] Mehrere Könige bekunden in ihren Inschriften ihre Liebe zu Zedernbalken, die sie in ihren Bauten verwenden.[5] Ob sie als Tribut oder als Handelsware nach Babylon kamen, ist unklar. Diese zu großen Lücken und der Mangel an bebildertem Material waren für mich Anlaß, die spätbabylonische Zeit auszuklammern.

Die neuassyrische Zeit

(Eisenzeit-IIB-Zeit: 900–850 v.Chr. und Eisenzeit-IIC-Zeit: 850–586 v.Chr.)
Woraus bestehen Tribute und Abgaben in der neuassyrischen Zeit?

---

[2] Zum Tauziehen in den Beziehungen zwischen Assyrien und dem Westen sowie zwischen den westlichen Provinzen untereinander s. Kah-Jin Kuan, *Historical Inscriptions*.

[3] S. den Beitrag von Hilmar Klinkott in diesem Band, sowie Dandamaev/Lukonin, *The culture and social institutions*, S. 177–195.

[4] Joannès, *La Mésopotamie au 1er millénaire*, S. 91; Edzard, *Geschichte*, S. 240.

[5] Z.B. Inschrift Nebukadnezars II. im Wadi Brisa: Borger, *Historische Texte*, S. 405.

1 *Die Textquellen*

Faßt man die neuassyrischen Textquellen zusammen, so sind stets Gold und Silber die erstgenannten, von den assyrischen Königen begehrten Waren. An Rohprodukten folgen Zinn, Eisen, Blei, Kupfer oder Bronze, Edelsteine, Elefantenhaut und Elefantenstoßzähne sowie Hölzer, wie Ebenholz und Buchsbaumholz. Bearbeitete Gegenstände waren Metallschalen, -vasen und -eimer, Elfenbeinplaketten, mit Elfenbein intarsierte *nîmedu*-Stühle, ein königliches Szepter (Salmanassar III.). Aus Holz bestanden Lanzen (*puruḫtu*). Sehr gepriesen waren auch Leinengewänder mit mehrfarbigen Mustern, Gewänder aus dunkelroter Wolle, blau- und purpurgefärbte Wolle. Tiere werden seltener genannt: gefärbte Lämmer, wilde Vögel, deren Flügel gefärbt waren, Pferde, Maulesel, Groß- und Kleinvieh. Schließlich werden noch Königstöchter, Konkubinen, Musiker und Musikerinnen in Texten erwähnt. Insgesamt kam alles, was für den königlichen Schatz wertvoll genug war, sei es in Form von Rohstoffen, von verarbeiteten Produkten oder sogar von Menschen in Frage. Nur bei Salmanassar III. wird Wein genannt. Wein sowie andere Nahrungsmittel wie Öl oder Korn wurden aus dem Westen nach Assyrien und später in das achaimenidische Reich exportiert. Sie waren aber normalerweise keine erzwungenen Abgaben, sondern Handelswaren.

2 *Die Bildquellen*

Betrachten wir nun die Bildquellen. Sämtliche Bilder, die westliche Tributbringer zeigen, stammen aus assyrischen oder aus von Assyrien abhängigen Städten, wie etwa Ḫadātu. Eine präzisere Herkunft als ganz allgemein der Westen ist für die Tributbringer meist nicht möglich. Die Bildträger – etwa das bronzene Balawat-Tor, das steinerne Thronpodest Salmanassars III., der ebenfalls steinerne „Schwarze Obelisk" und die Elfenbeinplaketten – sind sehr unterschiedlicher Natur[6] (s. Abb. 1a und b). Auf dem zweiten Register (Register B) des Schwarzen Obelisken Salmanassars III. bringt Jehu von Israel mehrere Objekte, von denen nicht alle deutbar sind: ein Henkelgefäß mit Knopffuß, ein rundliches Gefäß, eine Vase, Stöcke? (B3), quadratische Gegenstände, Eimer und ein Tablett mit fünf ovalen Gegenständen darauf (B4). Auf dem vierten

[6] Bär, *Tribut*, S. 118–124 (Balawat-Tor), 134–139 (Thronpodest Salmanassars III.), 152–160 (Schwarzer Obelisk), 166–181 (Elfenbeine).

Register D bringt der Suhäer – seine Gegend liegt in einer Flußaue des Euphrat – für uns erkennbar Stoffbahnen (D2), Eimer und Elefantenstoßzähne (D3–4). Schließlich bringen die nordsyrischen Hattinäer, im fünften Register E abgebildet, Elfenbeinstoßzähne (E1–2) sowie Metalleimer (E1–4) und -becken (E3).

Auf der Nordseite des Thronpodests Salmanassars III. erscheinen nordsyrische Tributbringer gleich hinter dem „Winker". Sie sind mit Eimern, Stoffbahnen auf einer Stange, Metallbarren, Stoßzähnen, Balken, Henkelkannen, Kesseln und weiteren Gefäßen beladen. Dank Inschrift wissen wir, daß es sich um Metalle, Ebenholz, Zedernstämme, buntfarbige Kleider und Leinen handelt. Das Balawat-Tor ließ ebenfalls Salmanassar III. herstellen. Die Register III, V und VI sind mit Zügen von westlichen Völkern geschmückt. Sie bringen große und kleine Metallgefäße verschiedener Formen, Stoßzähne, Holzbalken, Rinder, Capriden und Pferde.[7]

In Til Barsip gab es einen assyrischen Gouverneurspalast, der in der 2. Hälfte des 8. Jahrhunderts erstmals mit Wandmalereien verziert wurde (sog. „Erster Stil"). Die Bilder des Raumes 47 zeigen syrische Gefangene, die dem König Waffen, Edelmetall, Schalen und Elefantenstoßzähne bringen.[8]

Obwohl es auch spätere Tributszenen gibt, bewegte diese Thematik vor allem Assurnaṣirpal II. und Salmanassar III., die beide Könige der frühen neuassyrischen Expansion sind.[9]

3 *Das archäologische Material*

Welche unter all den abgegebenen Waren haben 1. archäologische Spuren hinterlassen, und 2., können diese Spuren in ein Tribut- oder

[7] King, *Bronze Reliefs*, Taf. 13–14, 25–28, 31–35.

[8] Thureau-Dangin/Dunand, *Til-Barsip*, Taf. 44, 52; Parrot, *Assur*, Abb. 111, 113, 114, 266, 346 (seitenverkehrt) und Nunn, *Wandmalerei*, S. 110, Taf. 82–83. Die mögliche Deutung des Raumes 47 als Privatgemach für Frauen in Nunn, *Wandmalerei*, S. 105ff. und 117, basiert auf der architektonischen Deutung, die Turner, in: Iraq 32, 1970, S. 180, 191f., 195f., vorgeschlagen hat. Seiner Meinung nach gehören die Vorhöfe A und B zum *bābānu*, dessen Thronsaal der Raum 22 ist. Der private Bereich liegt um den Hof C, der wiederum von den zwei prachtvoll und gleich ausgestatteten Räumen 24 und 47 umgeben ist. Da die Räume 24 und 25 näher am *bābānu* liegen und schon in der ersten Malphase schön bemalt waren, waren sie möglicherweise den Männern zugeordnet. Die zwei anderen Haupträume 47 und 45 wären demnach den Frauen bestimmt gewesen. Dies bleibt jedoch eine Hypothese.

[9] Lamprichs, *Westexpansion*, S. 357.

Abgabensystem eingeordnet werden? Außer Holz, Stoffen und Viktualien, die nicht oder kaum erhalten geblieben sind, hätten theoretisch sämtliche anderen Waren überdauern können. Archäologische Spuren haben jedoch nur Metallschalen und Elfenbeinobjekte hinterlassen. Sie sind im westlichen Ursprungsgebiet und im Abnehmerland Assyrien gefunden worden.

3.1 *Das archäologische Material aus dem Ursprungsgebiet Phönizien/Syrien/Palästina*

Das eigentliche Phönizien[10] hat kaum und das syrische Binnenland einige Elfenbeine ans Licht gebracht. Einige Funde stammen aus Hama, die meisten aus den nordsyrischen Städten (Tell Halaf, Zincirli, Karkemiš, Sakçe Gözü, Tell Rifa'at).[11] Die größte Gruppe wurde in der Residenz des assyrischen Gouverneurs in Arslan Taš/Ḫadātu ans Licht gebracht. Dieser Fund zeigt exemplarisch, mit welchen Problemen man im Hinblick auf das hier gestellte Thema konfrontiert wird. Ein Elfenbein trägt den Namen Hazael. Der hier genannte Hazael ist sehr wahrscheinlich mit dem gleichnamigen König von Damaskus identisch, der ein Zeitgenosse Salmanassars III. war. Hazael ließ also vielleicht diese Elfenbeine, die Möbelteile waren, für sich herstellen. Die Liebe zu Elfenbeinobjekten in der Levante ist durch den immer wieder zitierten Satz aus 1 Kön 22,39: „und das Elfenbeinhaus, das er (Ahab) baute", belegt. Ahab, König von Israel, war ebenfalls ein Zeitgenosse Salmanassars III. Hesechiel erzählt, daß die Tyrer sogar ihre Schiffe mit Elfenbeinintarsien versahen. Auch der ägyptische Stil in Ḫadātu läßt auf eine phönizische Herstellung schließen. Wie kamen die Elfenbeine nach Ḫadātu? Hazaels Nachfolger, Bar Hadad III., konnte die Zerstörung von Damaskus durch Adadnirari III. 805 v.Chr. nur durch eine sehr große Tributzahlung abwenden.[12] Zum Tribut gehörten Elfenbeinbetten und -stühle, die der assyrische König im Palast von Damaskus entgegennahm. Waren diese Elfenbeine Teil des Tributs, den Bar Hadad III. Adadnirari III. bezahlen mußte? Eine weitere Möglichkeit: Tiglatpilesar III. plünderte 732 v.Chr. Damaskus und nahm die Elfenbeine nach Ḫadātu mit. Dafür spricht, daß Ḫadātu unter Tiglatpilesar III. mit

---

[10] Wenige Stücke aus Sarepta: Herrmann, *Ivories*, S. 35. Für Sidon: Barnett, *Nimrud ivories*, S. 226–227 (neuassyrisch); Decamps de Mertzenfeld, *Ivoires phéniciens*, S. 102–103 (achaimenidisch). Für Byblos: Winter, in: Iraq 38, 1976, S. 14.

[11] Zusammenfassung in Herrmann, *Ivories*, S. 30–36.

[12] „Prophylaktischer" Tribut, s. Beitrag von J. Bär.

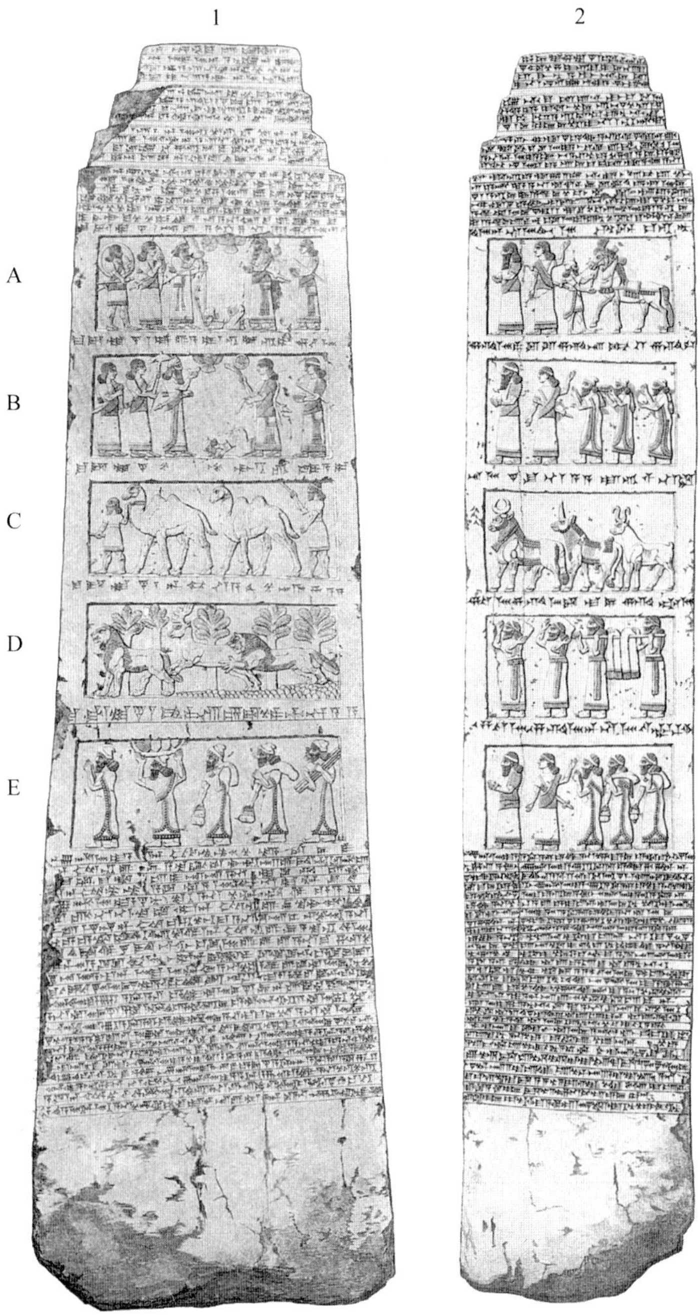

Abb. 1a: Der Schwarze Obelisk, Seite 1 und 2.

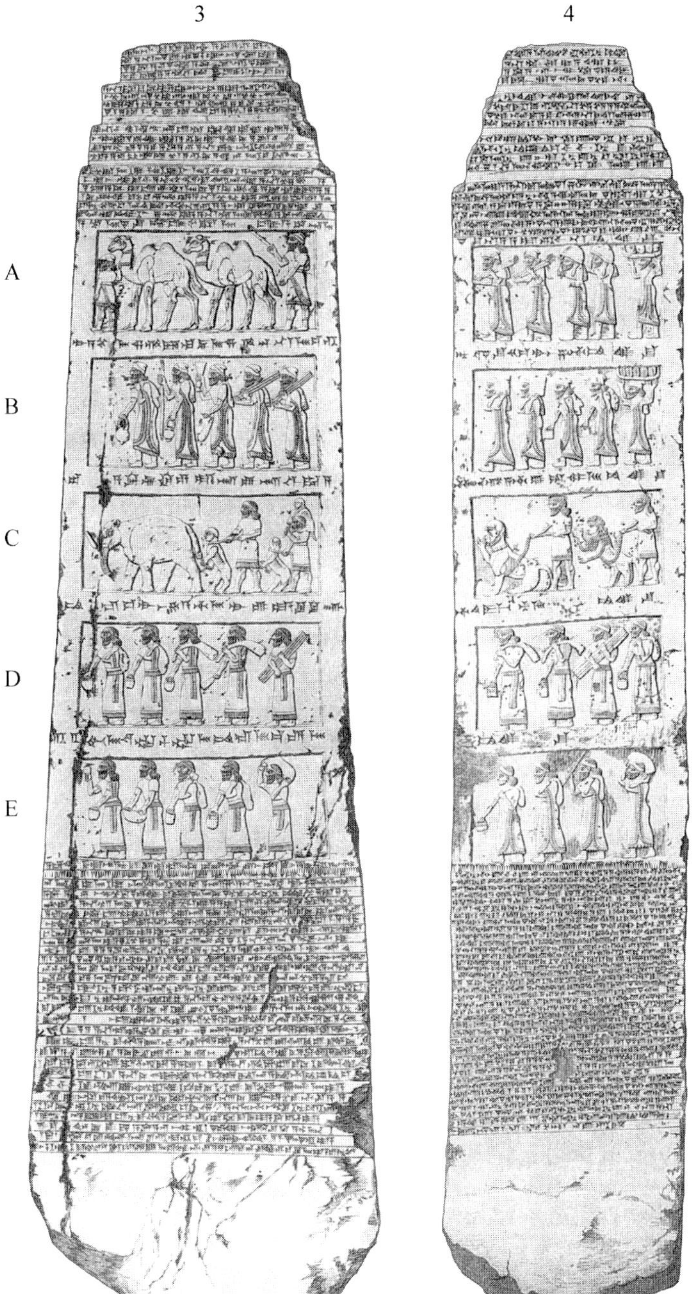

Abb. 1b: Der Schwarze Obelisk, Seite 3 und 4.

Sicherheit Residenz war, davor ist es nicht sicher. Tribut oder Beute? Diese Frage können wir bei keinem der Elfenbeinfunde beantworten. Hinzu kommt, daß einige Elfenbeine vielleicht auch als „normale" Handelsware ihren Ursprungsort verließen.

Die im Palast von Samaria gefundenen Elfenbeine sind ebenfalls lokale Produkte unterschiedlicher westlicher Provenienz, die wohl vom lokalen Herrscher in Auftrag gegeben worden waren. Der König Omri, der seine Hauptstadt etwa 875 v.Chr. in Samaria gründete, war, wie auch sein oben erwähnter Nachfolger Ahab, bekannt dafür, daß er luxuriöse Produkte schätzte. Elfenbeine aus Samaria werden im Nimruder Fort Salmanassar vermutet.[13] Samaria wurde 721 v.Chr. durch Sargon zerstört. Daher ist es möglich, daß der neuassyrische Herrscher einen Teil der Elfenbeine als Beute nahm. Sollte dies stimmen, fielen ein Teil der Samaria-Elfenbeine den assyrischen Plünderungen zum Opfer, ein Teil blieb aber in Samaria selbst zurück. Dasselbe Modell läßt sich auf weitere Elfenbeine anwenden. Einige Nimruder Elfenbeine (Layard-Gruppe) aus dem Nordwestpalast Assurnaṣirpals II., ein Großteil der im Fort Salmanassar gefundenen Stücke und die Elfenbeine (Loftus-Gruppe) des „Burnt Palace"[14] wurden möglicherweise in Hama hergestellt. 720 v.Chr. plünderte Sargon II. Hama. Ein Teil der Elfenbeine kam nach Nimrud, der Rest blieb zerschlagen an Ort und Stelle.[15]

3.2 *Das archäologische Material aus Assyrien*

Die größte Zahl von Elfenbeinobjekten kam in Nimrud ans Licht. Der Zeitraum, in dem Elfenbeine v.a. produziert wurden, fällt mit der großen assyrischen Westexpansion unter Assurnaṣirpal II. und Salmanassar III. zusammen. Zu diesem Zeitpunkt kamen viele Objekte nach Nimrud.[16] Einen weiteren Teil brachte möglicherweise Sargon noch vor der Fertigstellung Ḫorsābāds nach Nimrud mit. Eine Tributliste Sanheribs zeigt aber, daß es noch im 7. Jahrhundert Elfenbeinlieferungen vom Westen nach Assyrien gab. Das assyrische Interesse könnte eine Erklärung dafür darstellen, weswegen so wenige Elfenbeine in den Herstellungsländern selbst gefunden wurden.

Dasselbe Szenario läßt sich für die verzierten Metallschalen wiederholen. Diese in der Levante hergestellten Schalen wurden im gesamten

---

[13] Mallowan/Herrmann, *Furniture*, S. 39; Herrmann, *Ivories*, S. 33–35.

[14] W. K. Loftus bezeichnet den „Burnt Palace" als „South-East Palace"; Mallowan, *Nimrud* I, S. 200–223.

[15] Lamprichs, *Westexpansion*, S. 352.

[16] Lamprichs, *Westexpansion*, S. 355–379.

Mittelmeerraum wie auch im Nimruder Nordwestpalast gefunden. Für die privaten Haushalte, ob im Westen oder im Osten, bedeuteten sie gekauften Luxus. Für den assyrischen König mögen sie Beutewaren, Geschenke oder Handelswaren gewesen sein.

Bemerkenswerterweise gibt es meines Wissens keine Darstellungen von westlichen Tributbringern auf Elfenbeinen des phönizischen und syrischen Stils. Westliche Tributbringer fanden sich auf Elfenbeinen assyrischen Stils (siehe im Beitrag von J. Bär, Abb. 3). Sie wurden demnach in Assyrien hergestellt und stellten keine Tributware dar.[17]

Zusammenfassend: Es ist nie bezeugt, um welche Warenart es sich bei Elfenbeinen und Schalen handeln könnte. Deswegen müssen wir sie vorerst unspezifisch als Tribute, Abgaben, Beutestücke, Importe oder Geschenke nach Assyrien betrachten. Lediglich die Elfenbeine des assyrischen Stils, also auch die mit westlichen Tributbringern, sind keine Tribute.

4 *Über die Aushändigung der Tributzahlungen*

Über die Übergabe des Tributs berichten einige assyrische Texte.[18] Die Tribute werden zum König gebracht. Dabei fand die Übergabe nicht immer im zentralen Palast statt. Assurnaṣirpal II. blieb bisweilen in den Orten, wo er den Tribut entgegennahm. In Til Barsip werden die Tributbringer dem sitzenden assyrischen König vorgeführt. Vor ihm steht wohl der Kronprinz, es folgen assyrische Beamte und der „Einführer" mit seiner zur Einführung erhobenen Hand. Diese Darstellung ist möglicherweise ein Abbild der wirklich in diesem Palast stattfindenden Übergabe.

Die Achaimenidenzeit

Mit der Einnahme Babylons 539 v.Chr. wurde Kyros, der Achaimenide, auch Herrscher über die westlichen Gebiete Phöniziens, Syriens und

[17] Aus Ḫadātu und Samaria stammen keine Elfenbeine mit Tributszenen. Elfenbeine mit westlichen Tributbringern s. Bär, *Tribut*, S. 82–85 (Elfenbeine aus dem Nordwestpalast in Nimrud), 144–147 (Elfenbeine aus dem Fort Salmanassar), 166–176 (Elfenbeine aus dem Nabû-Tempel in Nimrud), 179–181 (Elfenbeine aus dem Zentralpalast in Nimrud, Zeit Tiglatpilesars III.), alle genannten Elfenbeine sind in assyrischem Stil gearbeitet. S. auch Mallowan/Davies, *Ivories*, S. 13–14.

[18] Bär, *Tribut*, S. 12–18; s. auch seinen Beitrag in diesem Band.

Palästinas. Sie blieben achaimenidisch bis 333 v.Chr. (bzw. 332 v.Chr. für Tyros). Diese Regionen waren ein Teil der Satrapie ʿAbar Nahara. 518–517 v.Chr. forderte Darius I. wahrscheinlich erste Tributzahlungen.

1 *Die Textquellen*

Die achaimenidischen Quellen selbst liefern keine Informationen über westliche Tribute. Herodot (III.90–94) berichtet über die Steuerzahlung der westlichen autonomen Gebiete, zu denen auch die Phönizier gehören. Diese 350 babylonischen Talente – ein Talent entspricht 30 kg – wurden in Silber, also nicht in einheimischen Münzen, entrichtet. Weiterhin erfahren wir über Herodot (VII.89), wieviele der insgesamt 1207 Schiffe die einzelnen Mittelmeerprovinzen im Achaimenidenreich zu stellen hatten:

> „Die Phönizier mit den Syrern in Palästina" müssen bei weitem die größte Zahl liefern, nämlich 300 Schiffe. Handelsschiffe sind kaum abgebildet. Wir sehen sie auf Sanheribs Orthostaten in Ninive oder auf einer achaimenidenzeitlichen Münze aus Byblos. Xerxes „ließ Tauwerk aus Byblos und aus weißem Flachs für die Brücken herstellen, dessen Lieferung er den Phoinikern und den Ägyptern auferlegt hatte" (Herodot, VII.25).

Wein aus dem syrischen Halbun wurde am persischen Hof getrunken. Tauwerk und Wein stellten wohl Handelswaren dar.

2 *Die Bildquellen*

Die immer wieder herangezogene Bildquelle, um etwas über Tribute an den achaimenidischen Herrscher zu erfahren, sind die Reliefs auf den Apadana-Treppen von Persepolis.[19] Jedoch bleiben zwei Punkte unsicher. Zum einen ruht die Identifikation der einzelnen Delegationen auf dem Vergleich mit den Gewändern, die die durch Inschriften identifizierten Delegationen auf einigen Grabfassaden von Naqš-i Rustam tragen. Da aber die Gewänder in Naqš-i Rustam und in Persepolis nicht völlig übereinstimmen, gehen die Meinungen zur Identifizierung der Völker bis heute auseinander. Orientiere ich mich an den letzten Werken – etwa

[19] Die ausführlichste und am besten ausgeführte ist die Osttreppe Darius' I., die Nordtreppe geht auf Xerxes und Artaxerxes I., die Westtreppe auf Artaxerxes III. zurück.

von P. Briant[20] oder B. Jacobs[21] –, so gibt es keine Darstellungen von Völkern aus Syrien und Palästina. Wenn Delegationen überhaupt in Frage kommen, dann sind es die VI. (Taf. Ia) und die VIII. (Taf. Ib, vgl. auch Tabelle 1). Zum anderen ist die Funktion der getragenen Waren unklar. Handelt es sich um Tribute oder um Geschenke?[22] Jedenfalls tragen die westlichen Delegationen – also Lyder, Ionier, vielleicht auch Syrer – Metallgefäße und -schmuck, Metallbarren, Gewänder, Wagen und Pferde.

Tab. 1: Verteilung der Delegationen auf den Apadana-Reliefs in Persepolis.

Delegation mit Tributen	Koch, *Persepolis*	Hachmann, in: Finkbeiner et al., *Kulturgeschichte Vorderasiens*; Briant, *L'Empire Perse*	Jakobs, in: Welt und Umwelt der Bibel 12/2, 1999, S. 30f.	Walser, *Völkerschaften*, S. 78–83, 86–88 (auch Herzfeld)
VI: Armreife mit Greifenkopf, Schalen, Vasen mit Tierhenkeln, Wagen, Pferde	Lyder	Lyder	Lyder	Syrer
VIII: Schalen, Bronzebarren in Form von Tierfellen, Gewänder, Widder	Syrer	Assyrer	Assyrer	Kiliker
XII	Ionier	Ionier	?	Lyder?

[20] Briant, *L'Empire perse*, S. 187–188.

[21] Jacobs, in: Welt und Umwelt der Bibel, 12/2, 1999, S. 30f. Zum politischen Aspekt s. ders., *Satrapienverwaltung*, S. 153–161; Hachmann, in: Finkbeiner et al., *Kulturgeschichte Vorderasiens*, S. 195–223.

[22] S. den Beitrag von H. Klinkott in diesem Band. Briant, *L'Empire perse*, S. 187, 408 ist gegen eine scharfe Trennung zwischen Tribut und Gabe bei den Delegationen.

3 *Das archäologische Material*

Von den in Persepolis abgebildeten Waren können wir heute nur noch Metallobjekte, also Gefäße und Schmuck, erwarten.

3.1 *Das archäologische Material aus Syrien-Palästina*

Achaimenidenzeitliche Metallgefäße und Schmuck wurden in der Tat im Westen gefunden. Fast sämtliche Schalen[23] und Schmuckstücke[24] stammen aus Gräbern. Diese Fundlage offenbart uns zweierlei. Diese Stücke haben überlebt, weil sie geschützt in Gräbern verborgen blieben. Zweitens gehörte der Schmuck der lokalen Bevölkerung, da sie in diesen Gräbern bestattet wurde.[25] Es ist demnach anzunehmen, daß Metallgefäße und Schmuck in der lokalen Bevölkerung einen hohen Wert genossen und sich in reichen lokalen Haushalten fanden, wo sie nicht überlebten. Wertvolle, im Westen produzierte Metallobjekte dienten also sowohl dem privaten Gebrauch wie auch als Tributware oder Geschenke. Produkte der Toreutik sind in der Achaimenidenzeit sicherlich lokal hergestellt, entsprechen jedoch international-achaimenidischen Standards, die wenig über das darbringende Volk und über das Tributsystem aussagen.[26]

3.2 *Das archäologische Material aus Persien*

Wenn wir also annehmen müssen, daß die im Westen gefundenen Metallobjekte keine Tribute oder Abgaben darstellen, finden wir sie in dem Land, das sie als Tribut oder als Geschenk annahm? Das sog. „Schatzhaus" in Persepolis diente als Lager für die Tribute, Steuern und Gaben aus dem gesamten achämenidischen Reich.[27] Das Schatzhaus wurde bekanntlich durch Alexanders Soldaten geplündert. Für uns ist das Ergebnis leider mager. Die aramäisch beschrifteten Steinobjekte stammen aus Arachosien, zahlreiche weitere westliche Steingefäße

---

[23] Abka'i-Khavari, in: AMI 21, 1988, S. 95–99; Nunn, *Nekropolen und Gräber*, S. 389–463. Gräber in Al-Mina, Ra's Šamra, Ǧabla, Deve Hüyük, Aleppo, Neirab, Til Barsip, Ḫān Šayhūn, Kamid el-Loz, Sidon, Tell Fara, Samaria, Gezer, Beth-Šemeš/Ain Šems, Lakhiš, Khirbet Ibsan.

[24] Rehm, *Schmuck der Achämeniden*: Schmuckfunde aus Gräbern in Ugarit, Deve Hüyük, Neirab, Til Barsip, Kamid el-Loz, Atlit, Gezer, Tell el Farah und aus einem Haus in Ašdod.

[25] Dies gilt auch für die Nekropole von Deve Hüyük, Nunn, *Nekropolen und Gräber*, S. 407–408.

[26] Rehm, *Schmuck der Achämeniden*, S. 48–49.

[27] Schmidt, *Persepolis II*.

tragen Hieroglyphen. Aus der Levante werden nur Glasgefäße vermutet, mit dem Argument, Glasproduktion sei ein typisch westliches Produkt.

4 *Über die Aushändigung der Tributzahlungen*

In Persepolis selbst werden die Tribut- oder Gabenbringer abwechselnd durch einen Perser und einen Meder eingeführt. Im Gegensatz zu Assyrien werden die Szenen nicht von kriegerischen Bildern begleitet. Obwohl die Bilder den Anschein einer gewaltloseren Ab- oder Übergabe von Waren aus den beherrschten Ländern geben, kann ich mir nicht vorstellen, daß der Übergang des Tributs von der einen Hand in die andere im Achaimenidenreich auffallend anders verlief als in der neuassyrischen Zeit.

Zusammenfassung

Der Beitrag der Archäologie zum gegebenen Thema ist sehr karg. Der Grund dafür ist die unspezifische Fundlage möglicher Tribute oder Abgaben oder eine Fundlage, die es verbietet, die Funde als Tribute zu betrachten. Dazu gehören Gräber oder private Häuser.

Als Schlußbeispiel möchte ich den archäologisch sehr schönen Befund von al-Mina zeigen.[28] Al-Mina liegt 2 km vor der Orontes-Mündung, 20 km nördlich der syrisch-türkischen Grenze. L. Woolley grub dort gut erhaltene Magazine aus (Abb. 2). Magazine waren Orte, in denen verschiedene Waren mit unterschiedlichen Zielen aufbewahrt wurden, also auch solche, die theoretisch Geschenke oder Tribute sein könnten. Zu den teilweise unbeschädigten Funden von al-Mina gehören zahlreiche einheimische Amphoren und Krüge sowie aus Attika importierte schwarzfigurige Schalen und Lekythen. Sie datieren den Bau zwischen 520 und 375 v.Chr. Hier gibt es keinen Grund, diese Keramik als Tributware oder als Geschenk zu betrachten. Es handelt sich um in Magazinen aufbewahrtes, zur Weiterverteilung an die lokale Bevölkerung gedachtes Handelsgut.

Die Tatsache, daß Waren in der Levante nicht als Tribut, als Geschenk oder als Beute erkennbar sind, läßt sich vielleicht schon

[28] Nunn, *Der figürliche Motivschatz*, S. 125–61, 225–227.

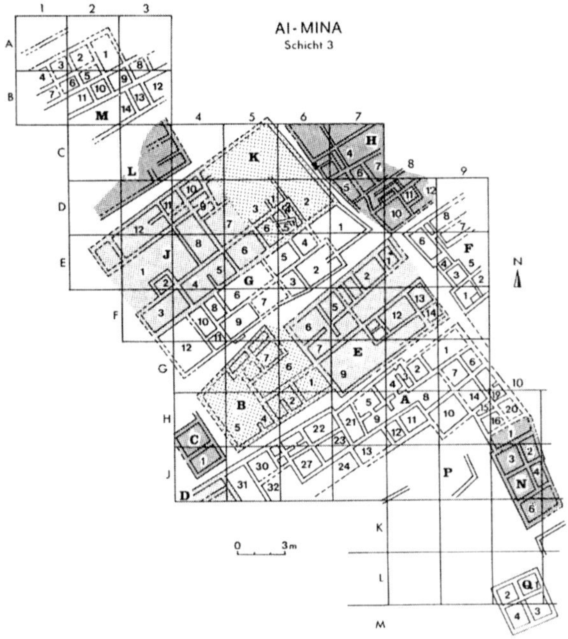

Abb. 2: Al-Mina, Schicht 3.

dadurch erklären, daß man dort weder Tribute, noch Geschenke oder Beute überhaupt finden kann. Zwei Gründe sind vorstellbar: Diese Waren haben tatsächlich ihr angestammtes Land nach Osten verlassen. Einen zweiten Grund sehe ich im Wert solcher Objekte. Sie waren dazu prädestiniert, wieder verwendet zu werden.

Bibliographie

Manijeh Abka'i-Khavari, *Die achämenidischen Metallschalen*, in: AMI 21, 1988, S. 91–137.

Bär, *Tribut*: Jürgen Bär, *Der assyrische Tribut und seine Darstellung. Eine Untersuchung zur imperialen Ideologie im neuassyrischen Reich*, AOAT 243, Neukirchen-Vluyn 1996.

Barnett, *Nimrud ivories*: Richard D. Barnett, *A Catalogue of the Nimrud ivories*, London 1957.

Borger, *Historische Texte*: Rykle Borger, *Historische Texte in akkadischer Sprache aus Babylonien und Assyrien*, TUAT 1/4, S. 354–410.

Briant, *L'Empire Perse*: Pierre Briant, *Histoire de l'Empire perse. De Cyrus à Alexandre*, Paris 1996.

Dandamaev/Lukonin, *Culture and social institutions*: Muhammad A. Dandamaev/Vladimir G. Lukonin, *The culture and social institutions of ancient Iran*, Cambridge 1989.

Decamps de Mertzenfeld, *Ivoires phéniciens*: Christiane Decamps de Mertzenfeld, *Inventaire commenté des ivoires phéniciens*, Paris 1954.
Edzard, *Geschichte*: Dietz Otto Edzard, *Geschichte Mesopotamiens. Von den Sumerern bis zu Alexander dem Großen*, München 2004.
Finkbeiner et al., *Kulturgeschichte Vorderasiens*: Uwe Finkbeiner/Reinhard Dittmann/Harald Hauptmann (eds.), *Beiträge zur Kulturgeschichte Vorderasiens*. Festschrift für Rainer Michael Boehmer, Mainz 1995.
Rolf Hachmann, *Die Völkerschaften auf den Bildwerken von Persepolis*, in: Uwe Finkbeiner/Reinhard Dittmann/Harald Hauptmann (eds.), *Beiträge zur Kulturgeschichte Vorderasiens*. Festschrift für Rainer Michael Boehmer, Mainz 1995, S. 195–223.
Herrmann, *Ivories*: Georgina Herrmann, *Ivories from Room SW 37 Fort Shalmaneser*, London 1986.
Joannès, *La Mésopotamie au 1er millénaire*: Francis Joannès, *La Mésopotamie au 1er millénaire avant J.-C.*, Paris 2000.
Jacobs, *Satrapienverwaltung*: Bruno Jacobs, *Die Satrapienverwaltung im Perserreich zur Zeit Darius' III.*, TAVO B 87, Wiesbaden 1994.
B. Jacobs, *Ein Großreich stellt sich dar*, in: Welt und Umwelt der Bibel 12/2, 1999, S. 27–31.
Kah-Jin Kuan, *Historical Inscriptions*: Jeffrey Kah-Jin Kuan, *Neo-Assyrian Historical Inscriptions and Syria-Palestine*, Hong Kong 1995.
King, *Bronze Reliefs*: Leonard W. King, *Bronze Reliefs from the gates of Shalmaneser King of Assyria B.C. 860–825*, London 1915.
Koch, *Persepolis*: Heidemarie Koch, *Persepolis. Glänzende Hauptstadt des Perserreichs*, Mainz 2001.
Lamprichs, *Westexpansion*: Roland Lamprichs, *Die Westexpansion des neuassyrischen Reichs. Eine Strukturanalyse*, AOAT 239, Neukirchen-Vluyn 1995.
Mallowan, *Nimrud* I: Max Mallowan, *Nimrud and its Remains* I, London 1966.
Mallowan/Davies, *Ivories*: Max Mallowan/Leri G. Davies, *Ivories in Assyrian Style*, London 1970.
Mallowan/Herrmann, *Furniture*: Max Mallowan/Georgina Herrmann, *Furniture from SW.7 Fort Shalmaneser*, London 1974.
Nunn, *Wandmalerei*: Astrid Nunn, *Die Wandmalerei und der glasierte Wandschmuck im Alten Orient*, HdO, Leiden 1988.
Nunn, *Der figürliche Motivschatz*: Astrid Nunn, *Der figürliche Motivschatz Phöniziens, Syriens und Transjordaniens vom 6. bis zum 4. Jahrhundert v.Chr.*, OBO SA 18, Freiburg-Göttingen 2000.
Astrid Nunn, *Nekropolen und Gräber in Phönizien, Syrien und Jordanien zur Achämenidenzeit*, in: UF 32, 2000, S. 389–463.
Parrot, *Assur*: André Parrot, *Assur*, München 1961.
Rehm, *Schmuck der Achämeniden*: Ellen Rehm, *Der Schmuck der Achämeniden*, AVO 2, Münster 1992.
Schmidt, *Persepolis II*: Erich F. Schmidt, *Persepolis II. Contents of the Treasury and other Discoveries*, OIP 69, Chicago 1957.
Thureau-Dangin/Dunand, *Til-Barsip*: François Thureau-Dangin/Maurice Dunand, *Til-Barsip*, BAH 23, Paris 1936.
Geoffrey Turner, *The State Appartments of Late Assyrian Palaces*, in: Iraq 32, 1970, S. 177–213.
Walser, *Völkerschaften*: Gerold Walser, *Die Völkerschaften auf den Reliefs von Persepolis*, Berlin 1966.
Irene Winter, *Phoenician and North Syrian ivory carving in historical context: Questions of style and distribution*, in: Iraq 38, 1976, S. 1–22.

Abbildungsnachweis

Abb. 1: Jutta Börker-Klähn, *Altvorderasiatische Bildstelen und vergleichbare Felsreliefs*, BaF 4, Mainz 1982.
Abb. 2: Nunn, *Der figürliche Motivschatz*, S. 227.
Taf. Ia: Walser, *Völkerschaften*, Taf. 13.
Taf. Ib: Walser, *Völkerschaften*, Taf. 15.

ABGABEN AN DEN TEMPEL IM YEHUD DER ACHAIMENIDENZEIT

Herbert Niehr (Tübingen)

Der Zweite Tempel in Jerusalem

Nach der Zerstörung des Ersten Tempels im Jahre 587/586 v.Chr. verlor der Ort dieses Heiligtums keineswegs seine Relevanz. Auf den Grundmauern des Ersten Tempels erfolgte in achaimenidischer Zeit, näherhin im Jahr 520 v.Chr., der Neubau seines Nachfolgebaus. Dieser Zweite Tempel wurde 515 v.Chr. eingeweiht.

Der Bau des Zweiten Tempels in Jerusalem unterscheidet sich in mehrfacher Hinsicht von den Gegebenheiten des Ersten Tempels. Letzterer war aufgrund der Anordnung des Königs Salomo (1Kön 5,15–32; 6–8) erbaut worden, und es kam ihm die Funktion eines königlichen Reichsheiligtums zu. Er war jedoch im Unterschied zum späteren Zweiten Tempel nicht das einzige Heiligtum im Königreich Juda. Der Bau des Zweiten Tempels erfolgte zwar noch in einer Zeit, in der das davidische Königtum nicht gänzlich untergegangen war, aber das Königshaus hatte keinerlei politische Macht mehr. Diese war 587/586 v.Chr. von den Davididen auf die Babylonier und 539 v.Chr. dann auf die Achaimeniden übergegangen. In Babylon lebten noch Abkömmlinge der Davididen, von denen hier vor allem Serubbabel zu nennen ist. Zusammen mit Jerusalemer Priestern und den Propheten Haggai und Sacharja mühte sich Serubbabel um die Grundsteinlegung des Zweiten Tempels. Es gab somit noch eine Königsfamilie, die den Bau des Tempels ideologisch unterstützte.[1] Dazu kam das Bestreben der Jerusalemer Priester, wieder ein zentrales Heiligtum zu errichten. Im Unterschied zum Ersten Tempel bildete der Zweite Tempel das einzige Heiligtum innerhalb der Provinz Yehud.

[1] Vgl. dazu die Übersicht bei Niehr, in: Becking/Korpel, *Crisis of Israelite Religion*, S. 229–236 und zuletzt Bedford, *Temple Restauration*, S. 85–299.

Macht man sich die geringen Ausmaße der Provinz Yehud im ausgehenden 6. und im 5. Jh. v.Chr. klar,[2] dann wird deutlich, warum der Zweite Tempel den Anspruch, das einzig legitime YHWH-Heiligtum zu sein, erfüllen konnte.

Von jedem Ort in Yehud war der Tempel in ein bis zwei Tagesreisen von maximal 50 Kilometern zu erreichen, so daß das Aufsuchen des Tempels zur Übergabe des Zehnten und anderer Abgaben im Rahmen einer mehrfach im Jahr zu vollziehenden Wallfahrt vorgeschrieben und auch erfüllt werden konnte.

An der Spitze des Zweiten Tempels und seiner Administration stand der Hohepriester, der immer mehr Macht auf sich und die Priester des Tempels vereinigte und, wie das Buch Sacharja zeigt, zusehends zu einer königlichen Repräsentationsfigur wurde. Die Priesterschaft wurde von der Priesterfamilie der Zadoqiden dominiert, die bis in die frühhellenistische Zeit auch den jeweiligen Hohenpriester stellte. Aus dieser Familie hatte sich bereits die Priesterschaft des Ersten Tempels rekrutiert.[3]

Das judäische Königtum als Geldgeber für den Bau und den Unterhalt des Zweiten Tempels fiel allerdings aus. Im Reformentwurf des Buches Ezechiel (Ez 40–48) wird deshalb ein Tempelland vorausgesetzt (Ez 45,1–8), und in Num 35,1–8 werden Städte und Weideflächen für die Leviten gefordert. Weitere Texte deuten an, daß dem Tempel über Gelübde, Vermächtnisse oder Konfiskationen Land zufallen konnte (Lev 27,14–29; Esr 10,8).[4] Ebenso gibt es Indizien dafür, daß einzelne Priester Landbesitz ihr eigen nannten (Neh 13,10),[5] wobei es sich allerdings nicht um Tempelland handelte.

Dagegen besagen priesterliche und auch deuteronomische Texte des Pentateuch, daß Priester und Leviten nicht über Landbesitz verfügen, sondern vielmehr vom Zehnten und von Gaben leben sollten (Num 18,20–24; Dtn 14,27–29 18,1–2). Demnach scheint der Zweite Tempel keinen eigenen Landbesitz, den er im Sinne einer Tempelökonomie hätte bewirtschaften können, zur Verfügung gehabt zu haben. Dieser Umstand der Landlosigkeit des Tempels bzw. des eher geringen Landbesitzes des Tempels veranlaßte zusammen mit der Tatsache, daß es

[2] Vgl. dazu die Diskussion bei Carter, *Emergence*, S. 75–113; Bernett, in: Alkier/Witte, *Die Griechen*, S. 76f.; Grabbe, *History*, S. 134–140 und die Karte ebd., S. XXI.

[3] Vgl. dazu Schaper, *Priester*, S. 26–42, 174–194, und Grabbe, *History*, S. 224–235.

[4] Vgl. Blenkinsopp, in: Transeuphratène 21, 2001, S. 61–68.

[5] Vgl. Grabbe, *History*, S. 208.

nur noch ein Heiligtum in der Provinz Yehud gab, die Priester zur Einführung eines Abgabensystems, welches parallel zur achaimenidischen Finanzverwaltung aufgebaut wurde.

Es ist nicht zu übersehen, daß am Jerusalemer Tempel auch die Steuern der Provinz Yehud für die achaimenidische Zentralregierung gesammelt und der Transfer dieser Steuern zur Regierung organisiert wurden. Dabei ging es vor allem um Silber, welches in den Einschmelzstellen des Tempels eingeschmolzen sowie in Standardformen gebracht wurde (vgl. Sach 11,13) und anschließend zu den zentralen Schatzhäusern in Persepolis und Susa gelangte. Die in Naturalien überbrachten Steuern verblieben hingegen beim Tempel und konnten von den Priestern und dem restlichen Tempelpersonal konsumiert werden. Über die Verteilung der Steuern und Abgaben wachte ein Komitee.[6]

Quellen

Die wichtigste Quelle für den Zweiten Tempel in Yehud und seine Verwaltung stellt das Alte Testament dar. Daneben gibt es einige Papyri aus Elephantine, die einen Einblick in die Finanzierung des dortigen YHWH-Tempels gestatten. Einen wichtigen Gesichtspunkt stellen dann noch zeitgenössische Analogien dar.

Was das Alte Testament angeht, so sind für unsere Thematik drei Literaturkomplexe anzusprechen. Für das Thema Kult und Ritual kommt der Pentateuch mit seinen Vorschriften, insbesondere die priesterschriftlichen Quellen in den Büchern Exodus, Leviticus und Numeri zum Tragen. Deren Bezugnahme auf den Kult des Zweiten Tempels hatte schon Julius Wellhausen Ende des 19. Jh. erkannt.[7] Daneben ist als zweiter Komplex das Buch Deuteronomium in bezug auf seine Kultgesetzgebung zu konsultieren. Den dritten Quellenbereich stellen die Bücher Esra und Nehemia mit den darin geschilderten Maßnahmen der Oberschicht und den Edikten der persischen Könige dar.

Allerdings stimmen die alttestamentlichen Quellen dieser drei Literaturkomplexe in etlichen Details nicht überein. So gewinnt man den Eindruck, daß in ihnen diverse Tendenzen zum Ausdruck kommen.

---

[6] Vgl. dazu Schaper, in: VT 45, 1995, S. 528–539; ders., in: VT 47, 1997, S. 200–206; ders., *Priester*, S. 137–150; ders., in: ZDPV 118, 2002, S. 158–164; Grabbe, *History*, S. 208.

[7] Vgl. Wellhausen, *Prolegomena*, S. 34–38.

Vor allem in den Texten des Pentateuch stößt man auf unterschiedliche Konzeptionen. Dabei handelt es sich zum einen um die Konzeption der Priesterschrift und der von ihr abhängigen Texte und zum anderen um die Konzeption des Deuteronomiums. Unterschiede zeigen sich beispielsweise beim Thema der Präsenz YHWHs im Tempel, die entweder als Anwesenheit seiner Herrlichkeit (*kabod*) oder seines Namens (*šem*) konzipiert ist,[8] bei der Diskussion um den Status der Toten[9] und bei den Vorschriften über die Feste, die nach der Priesterschrift in den Familien, nach dem Deuteronomium aber zentral am Tempel gefeiert werden sollten.[10] Vor diesem Hintergrund mannigfacher inhaltlicher und konzeptioneller Differenzen zwischen Priesterschrift und Deuteronomium ist ein einheitliches und schlüssiges Bild zum Thema der Abgaben an den Zweiten Tempel nicht zu erlangen, ein Umstand, der in der Forschung bereits aufgefallen ist.[11] Auch die Frage nach Anspruch und Wirklichkeit der Abgabenpraxis ist auf der Basis des Quellenmaterials aus Priesterschrift und Deuteronomium nicht definitiv zu beantworten. Eine gewisse Hilfe liefern die jüngeren Bücher Esra und Nehemia. Aber auch in diesen Büchern ist eine Diskrepanz zwischen dem idealen Anspruch und der Realität der Steuerpraxis zu erkennen.

Hinsichtlich der Papyri fallen vor allem die Papyrusfunde ins Gewicht, die in den drei Ausgrabungskampagnen während der Jahre 1906 bis 1908 auf der Nil-Insel Elephantine gemacht wurden. Insbesondere die im letzten Jahrzehnt des 5. Jh. v.Chr. verfaßte Korrespondenz der Judäo-Aramäer von Elephantine mit dem Hohenpriester von Jerusalem und dem Gouverneur von Yehud ist von Bedeutung für die Frage nach der überregionalen Relevanz des Zweiten Tempels. Des weiteren gibt es Papyri aus Elephantine, die über Abgaben an das YHWH-Heiligtum dieser Kolonie informieren.

Zum weiteren Vergleich mit Jerusalem lassen sich die Königsstädte der Levante heranziehen, über die z.T. quellenmäßig mehr bekannt ist. Dies gilt etwa für die Stadt Sidon.[12]

---

[8] Vgl. dazu Mettinger, *Dethronement*, S. 38–134.
[9] Vgl. dazu Niehr, in: Albertz/Becking, *Yahwism*, S. 136–155.
[10] Vgl. dazu Berlejung, in: JBTh 18, 2004, S. 25–27.
[11] Vgl. Grabbe, *Religion*, S. 137f.; ders., *History*, S. 235f.
[12] Vgl. dazu Elayi, *Sidon*, S. 137–159, 197–233.

Königliche Stiftungen und Steuerfreiheit für das Tempelpersonal

Da schon anläßlich der Weihe des Zweiten Tempels im Jahre 515 v.Chr. Serubbabel sowie andere Davididen in den Quellen nicht mehr genannt werden, geht man in der Forschung davon aus, daß Serubbabel der persischen Zentralgewalt zu gefährlich geworden und deshalb aus Yehud entfernt worden war. Insofern richteten sich die Petitionen der Priester des Zweiten Tempels bezüglich königlicher Stiftungen und Steuerfreiheit für das Tempelpersonal an den achaimenidischen Hof. In diesem Zusammenhang sind drei Texte aus dem Buch Esra anzusprechen, da hierin ein königliches Edikt des Kyros und seine Bestätigung durch Darius zitiert werden.

Im Hinblick auf das in Esra 1,2–4 zitierte Edikt ist die Fiktion der alttestamentlichen Autoren mit Händen zu greifen, vor allem deshalb, weil zur Zeit der Eroberung Babylons durch Kyros Jerusalem noch nicht im Blick der Achaimeniden lag, da Palästina und Ägypten erst 525 v.Chr. durch Kambyses erobert wurden.[13] Hinzu treten inhaltliche Schwierigkeiten, die darin liegen, daß Kyros im ersten Jahr seiner Herrschaft über Babylon kaum an den Jerusalemer Tempel gedacht haben wird. Noch unwahrscheinlicher ist, daß er allen Menschen in seinem Reich die materielle Unterstützung des Tempelbaus in Jerusalem ans Herz gelegt haben könnte.[14]

Weniger umstritten im Hinblick auf seine Historizität ist hingegen der zweite Text in Esra 6,1–12, bei dem es sich in den Versen 3–5 um den Extrakt eines königlichen Dekretes handeln könnte. In der Zeit des Darius macht es tatsächlich Sinn, durch die Unterstützung des Jerusalemer Tempels die wichtige Provinz Yehud, die im Übergangsbereich nach Ägypten lag, innerlich zu befrieden. Man denke auch an die Tempelpolitik des Kambyses in Ägypten. Insofern wird in der gegenwärtigen alttestamentlichen Wissenschaft Esr 6,3–5 als historisch durchaus möglich betrachtet. So mit unterschiedlichen Argumenten etwa seitens H. Donner, R. Albertz und J. Schaper.[15] Insofern könnte es für die beiden letzten Jahrzehnte des 6. Jh. v.Chr. eine finanzielle

[13] Vgl. zuletzt Albertz, *Exilszeit*, S. 103–105; Bedford, *Temple Restauration*, S. 114–129.

[14] Vgl. zu den theologischen Tendenzen des Textes Gunneweg, *Esra*, S. 41–44.

[15] Vgl. Donner, *Geschichte*, S. 441; Schaper, *Priester*, S. 62–67, und Albertz, *Exilszeit*, S. 104.

Zuwendung des Achaimenidenherrschers für Bau, Ausstattung und Unterhalt des Zweiten Tempels in Jerusalem gegeben haben.

Der dritte Text aus dem Esrabuch, Esr 7,12–26, hat die Befreiung des Jerusalemer Tempelpersonals (Priester, Leviten, Sänger, Torwächter, Tempeldiener und Arbeiter des Tempels) von den staatlichen Steuern zum Thema (Esr 7,24). Diese Steuerbefreiung wird vielfach als historisch zuverlässig eingestuft.[16] Jedoch wird auch eine Ansetzung von Esr 7,12–26 in die hellenistische Zeit vertreten,[17] was, wenn diese Ansetzung zutrifft, eine historische Auswertung des Textes für die Achaimenidenzeit unmöglich machen würde.

Allerdings sollte man die Unterstützung der lokalen Kulte durch die achaimenidische Zentralregierung auch wieder nicht überschätzen, wie es teilweise in den antiken Quellen von Herodot bis zum Alten Testament geschehen ist und von daher auch Eingang in die moderne Literatur gefunden hat.[18]

Abgaben an den Tempel

Im achaimenidenzeitlichen Yehud sind zwei Arten von Steuersystemen auszumachen. Zum einen ein staatliches System, welches die Kopfsteuer (aramäisch: *b^elô*) und die Grundsteuer (aramäisch: *h^alākh*) umfaßte und diese unter dem Oberbegriff „Steuer" (aramäisch: *mindāh/middāh*) an den Hof des Großkönigs abführte.[19] Dieses staatliche Steuersystem ist im Alten Testament mit seiner aramäischen Terminologie belegt. Dabei ist deutlich, daß die aramäischen Steuertermini auf die Begriffe des assyrischen Reiches zurückgehen. Dies zeigt sich an den Termini *mindāh/middāh*, welches auf akkadisch *mandattu* (Staatssteuer), *b^elô*, was auf akkadisch *biltu* (Kopfsteuer) und *h^alākh*, was auf akkadisch *ilku* (Grundsteuer) zurückzuführen ist.[20] Zum anderen, und dies soll hier im Vordergrund stehen, gab es ein religiöses Steuersystem, an dem das Alte Testament in besonderer Weise interessiert ist. Hier findet sich

[16] So zuletzt Schaper, *Priester*, S. 75, 134f.

[17] So Grätz, *Edikt*.

[18] Vgl. dazu Ahn, in: Kratz, *Religion und Religionskontakte*, S. 195–200, und Grabbe, *History*, S. 215.

[19] Vgl. dazu grundlegend Wiesehöfer, *Persien*, S. 98–102; Briant, *L'Empire perse*, S. 399–487, und für Yehud Schaper, *Priester*, S. 141–150.

[20] Vgl. im einzelnen zu den aramäischen Termini Vogt, *Lexicon*, S. 28, 51, 106, und Hoftijzer/Jongeling, *Dictionary*, S. 166, 283, 656; zu den akkadischen Termini AHw, S. 126, 371f., 572.

eine hebräische Terminologie, die ein vierfaches System erkennen läßt, welches im weiteren Verlauf dieses Kapitels besprochen wird. Beide Steuersysteme koexistierten.[21]

In diesem Zusammenhang ist eine Besonderheit beim Personal des Zweiten Tempels anzumerken. Es handelt sich um die Unterscheidung von Priestern und Leviten,[22] die in dem aus einer priesterlichen Schule stammenden Buch des Propheten Ezechiel und der im Pentateuch enthaltenen Quelle der Priesterschrift immer wieder begegnet. Hinter dieser Zweiteilung steht die Tatsache, daß von König Joschija um 620 v.Chr. der Kult des Königreiches Juda auf den Tempel in Jerusalem konzentriert wurde,[23] eine Maßnahme, die sich auf Dauer aber erst am Zweiten Tempel durchsetzen ließ. Im achaimenidischen Yehud gab es nur den Zweiten Tempel, so daß die Priester der ehemaligen Landheiligtümer arbeitslos waren (vgl. 2Kön 23,9). Diese Priester der Landheiligtümer wurden seit der Joschijazeit als Leviten bezeichnet. Sie hatten Anspruch auf eine Versorgung durch den Jerusalemer Tempel, an dem sie auch niedere Dienste, nicht aber den Opferdienst versehen durften.[24] Somit gingen die Opfer, die bislang an die Heiligtümer außerhalb Jerusalems gingen, auf den Jerusalemer Tempel über, da dieser nun eine kultische Monopolposition in Yehud einnahm.

Dieser komplexen Situation von nur einem Heiligtum, aber unterschiedlichem Kultpersonal mußte nun Genüge getan werden. Dies geschah über ein System von Abgaben und Steuern, in dem sich Altes und Neues miteinander verbanden.

Aus den Quellen läßt sich ein vierfaches System von Steuern und Abgaben ersehen. Es umfaßt im Einzelnen: 1. den Zehnten mit den Erstlingen und der Erstgeburt, 2. die Tempelsteuer, 3. die Opferanteile sowie 4. die Gelübde und Weihungen.

1 *Der Zehnte*

Die Abgabe des Zehnten ist keineswegs eine Erfindung der Achaimenidenzeit. Vielmehr ist sie schon bekannt als Abgabe an den König in

---

[21] Vgl. Schaper, *Priester*, S. 149f.

[22] Vgl. zum Folgenden grundlegend Wellhausen, *Prolegomena*, S. 115–145, sowie zuletzt Dahmen, *Leviten*; Nurmela, *Levites*; Achenbach, in: ZAR 5, 1999, S. 285–309; Schaper, *Priester*, S. 79–129, 226–302; Cardellini, *Leviti*.

[23] Vgl. dazu Niehr, in: Groß, *Jeremia*, S. 33–55.

[24] Anders noch Dtn 18,1–8, wonach auch die Leviten, wenn sie in Jerusalem weilten, den Opferdienst am Jerusalemer Tempel versehen durften.

Ugarit, in Griechenland oder als Abgabe an Tempel in Babylon und in Altsüdarabien. Der Hintergrund für die Abgabe des Zehnten liegt ursprünglich in der Landwirtschaft im Sinne einer jährlich zu entrichtenden Steuer auf die Erträge von Feldern und Gärten. Anhand babylonischer Dokumente wird deutlich, daß der Zehnte sowohl vom Tempelland als auch von nicht der Tempelverwaltung unterstehendem Land geliefert wurde. Bis zur Achaimenidenzeit unterlagen auch die Könige von Babylon der Abgabe des Zehnten.[25]

Mehrere alttestamentliche Quellen schreiben die Abgabe des Zehnten (*maʿśer*) an den Tempel vor. Dabei sind die Verhältnisse für den Ersten Tempel nicht klar. Grundsätzlich kann aber mit der Einrichtung dieser Steuer auch im königszeitlichen Juda gerechnet werden. Der Zehnte dürfte die Haupteinkommensquelle für den Tempel und das Tempelpersonal dargestellt haben.

Dtn 14,22–29 fordert programmatisch die Abgabe des Zehnten vom gesamten Ernteertrag. Als Beispiele werden Getreide, Most und Öl aufgezählt. Sollte der Weg für die Ablieferung des Zehnten nach Jerusalem zu weit sein, so ist auch eine Ablösung der Naturalien in Silber gestattet.[26] Allerdings macht das Deuteronomium nicht den Unterschied zwischen Priestern und Leviten (Dtn 18,1), wie er im achaimenidischen Yehud jedoch vorgenommen wurde. In Dtn 26,12–15 dagegen werden die Leviten zu den *personae miserae* gezählt.

Ein weiterer Akzent wird dadurch gesetzt, daß nach Dtn 14,22–29 der oben genannte Zehnte am Tempel abgeliefert und zusammen mit den Erstlingen von Rindern, Schafen und Ziegen in einem Mahl vor Gott verzehrt werden soll (vv. 22f.). Dies entspricht wohl weniger einer Praxis als vielmehr einer bestimmten Festtheorie des Buches Deuteronomium, der zufolge das Volk Israel als „Familie YHWHs", in der alle Menschen Geschwister sind, konzipiert ist.[27]

Mit diesem Verzehr des Zehnten begegnen wir einer Redistribution von Abgaben, die in der Religionsgeschichte keineswegs analogielos ist. So ist aus dem hethitischen Bereich ein großes Festmahl mit Verzehr der mitgebrachten Gaben beim Fest des Gottes Telipinu belegt.[28]

---

[25] Vgl. zu diesem Überblick Jursa, *Tempelzehnt*, S. 4–33.

[26] Vgl. ausführlich Schaper, *Priester*, S. 95–115.

[27] Vgl. dazu Braulik, in: Braulik, *Deuteronomium*, S. 107f., und als Grundlage ders., in: Braulik, *Theologie des Deuteronomiums*, S. 161–218; ders., in: Georg Braulik, *Deuteronomium*, S. 79–81; Berlejung, in: JBTh 18, 2004, S. 48–57.

[28] Vgl. dazu den Artikel von A. Gilan in diesem Band.

Aber auch sonst ist im hethitischen Kult der Verzehr der Opfergaben durch Priester und Festteilnehmer dokumentiert.[29]

Hinsichtlich der Aufbewahrung der Abgaben und Steuern am Tempel erfahren wir von der Existenz von hierfür bestimmten Räumen (*l^e^šākôt*) und Schatzkammern (*ʾoṣārôt*) am Tempel, über die ein aus zwei Priestern und zwei Leviten zusammengesetztes Aufsichtsgremium zu wachen hatte (Neh 10,38–40; 13,12f.). Mit dem in diesem Zusammenhang fallenden *terminus technicus liškāh* wird der Bereich der am Tempel abgehaltenen Mähler und Gelage angesprochen, wie er auch anderweitig im Alten Testament begegnet.[30]

Nach Num 18,20–32 und Neh 10,38–40; 12,47 soll der Zehnte an die Leviten gehen, da diese sonst keine Einkommensquelle haben. Ein Zehntel davon soll dann an die Priester gehen, die an den Opferanteilen partizipieren.[31]

Daß die oben genannte Zuweisung des Zehnten an die Leviten nicht reibungslos vonstatten ging, zeigt Neh 13,10–13. Hier wird zunächst festgestellt, daß der Zehnte für das levitische Tempelpersonal nicht abgeführt wurde.[32] Im Hintergrund steht ein Konflikt zwischen Nehemia und den Priestern, denen Nehemia mißtraute, weshalb er den Leviten die Wache an den Stadttoren übertrug. Als Vergeltung hielten die Priester die für die Leviten bestimmten Abgaben von den Zehnten und Opfergaben zurück. Aus diesem Grund mußten sich die Angestellten des Tempels auf ihre Ländereien zurückziehen, um überhaupt überleben zu können. Hierin wird die ökonomische Abhängigkeit des Tempelpersonals vom Zehnten deutlich. Nehemia, dem am Wiederaufbau Jerusalems gelegen war, ließ dieses Tempelpersonal nach Jerusalem zurückholen. Der Provinz Yehud kam dabei die Pflicht zu, den Zehnten von Getreide, Wein und Öl in die Vorratskammern des Tempels zu liefern.

Dem entspricht in der Erzählliteratur das Motiv von der Gabe des Zehnten als einem der Ideale des frommen Jahweverehrers. Dies wird etwa von Tobit ausgesagt, wobei zur Gabe des Zehnten noch die Erstlingsfrüchte genannt werden (Tob 1,6f.).

---

[29] Vgl. dazu Haas, *Geschichte*, S. 673, 675, 743–747.

[30] Vgl. dazu Burkert, in: Janowski et al., *Religionsgeschichtliche Beziehungen*, S. 19–38.

[31] Vgl. Albertz, *Religionsgeschichte*, S. 492.

[32] Vgl. zum folgenden Schaper, in: VT 47, 1997, S. 200–206; Grabbe, *History*, S. 236 und zum Verhältnis des Nehemia zu Priestern und Leviten vgl. Schaper, *Priester*, S. 226–245.

In diesem Abschnitt über die Abgabe des Zehnten ist auch das Thema der Erstlinge (*bikkurîm; re'šît*) und der Erstgeburt (*bᵉkorāh; paeṭaer raeḥaem*) anzusprechen.

Erstlinge sind in der Gesetzgebung des Bundesbuches (Ex 23,19; vgl. 34,26) erwähnt. Sie sollen in das Haus des Herrn gebracht werden. Ein Umfang dieser Abgaben oder ein Termin für ihre Abgabe werden nicht genannt. In den Quellen der achaimenidischen Zeit erfolgt eine Ausdehnung des Begriffs auf alle Erstprodukte (Num 18,12f.; Neh 10,38; Ez 44,30), und der Abgabetermin wird auf das Wochenfest, d.h. auf das Erntefest nach der Weizenaussaat im Frühjahr, gelegt (Lev 23,15–21; Num 28,26–31). Nach Dtn 18,3–4 hat der Priester am Jerusalemer Tempel einen Rechtsanspruch auf den Erstertrag von Getreide, Most, Öl und Schafschur.

Als Abgabetermin dieser Erstlinge von Öl, Wein und Korn ist wohl an das Laubhüttenfest im Herbst zu denken. Die Entstehung dieses Festes wird in Heiligtümern verortet, wo derartige Feiern mit dem Bau von Laubhütten praktikabel waren. Das Deuteronomium nahm dann eine Transformierung des Festes vor, in dem es die lokalen Lesefeste unter dem Titel des Laubhüttenfestes nach Jerusalem im Sinne einer zentralen Feier am Tempel transferierte. Dies dürfte jedoch kaum der Realität entsprochen haben, sondern sich eher der deuteronomischen Systematik der Einheit des Kultortes verdanken.[33]

Es besteht allerdings in der Forschung keine Einigkeit darüber, wie das Verhältnis von Erstlingen und Zehnten gestaltet war. Der Grund dafür liegt in den Quellen, die keine einheitliche Sicht des Verhältnisses dieser beiden Abgabenformen zueinander gestattet. In Dtn 14,28; 18,4; 26,10.12 und 2 Kön 4,42 scheinen sich Erstlinge und Zehnter weitgehend zu decken.[34] In Num 18,11–32 wird hingegen zwischen Zehntem für die Leviten und Erstlingen für die Priester differenziert, ein Zug, der sich auch in späteren Erzählungen und Bestimmungen findet. Wie schon O. Eissfeldt gesehen hat, sind die Erstlinge der den Jerusalemer Priestern zufallende Teil des Zehnten.[35]

In Analogie zu den Vorschriften hinsichtlich der Erstlinge stehen die für die Auslösung der Erstgeburt relevanten Bestimmungen. Diese gehen

[33] Vgl. zum ländlichen Hintergrund des Laubhüttenfestes und seiner Transformierung Weinfeld, *Deuteronomy*, S. 218–221; Körting, *Schall*, S. 89f.; Berlejung, in: JBTh 18, 2004, S. 22f., 25f.

[34] Vgl. dazu North, in: ThWAT 6, 1987–1989, S. 436.

[35] Vgl. Eissfeldt, *Erstlinge*, S. 50, und Schaper, *Priester*, S. 98–100.

von der Grundannahme aus, daß jede männliche Erstgeburt von Mensch und reinem Vieh YHWH gehört (Ex 12,12; 22,28f.; 34,19f.; Dtn 15,19–23). Die Erstgeburt vom Vieh kann als Opfer dargebracht werden, was beim Menschen natürlich ausscheidet. Dies erklärt paradigmatisch die Erzählung von der (Nicht-)Opferung des Isaak in Gen 22, die zudem seine Auslösung durch einen Widder zeigt. Auch am Tempel muß die männliche Erstgeburt durch ein Tieropfer oder die Gabe von Silber ausgelöst werden (Ex 13,12f.15; aber Ez 20,25f.). Im Falle der Erstgeburt vom Vieh kann eine Auslösung durch Silber vorgenommen werden.

2 *Die Tempelsteuer*

Nach Neh 10,33f. wird von jedem Israeliten eine Tempelsteuer in der Höhe eines Drittelšeqel pro Jahr gefordert. Allerdings differieren die Angaben zur Höhe dieser Steuer, da nach Ex 30,13.15 ein halber Šeqel als Tempelsteuer fällig war. Dies kam dem Lohn für zwei Arbeitstage gleich. Die Tempelsteuer kam nach Neh 10,33f. der Bereitstellung der Opfermaterie im Tempel[36] sowie den Arbeiten am Tempel zugute. Letztere wurden in vorexilischer Zeit durch die Kasse des Königs sowie durch Spenden (vgl. 2Kön 22,4–7) finanziert. Somit diente die Tempelsteuer nicht in direkter Weise dem Unterhalt der Priester und Leviten.

In den Quellen aus der Zeit nach dem Nehemiabuch ist vom Bezahlen der Tempelsteuer nicht mehr die Rede. Deshalb nimmt man an, daß diese Steuerpraxis recht bald wieder zum Erliegen kam und sie erst wieder ab der Hasmonäerzeit eingeführt wurde.[37] Aus diesem Grund ist sie dann im Neuen Testament, wo nach Mt 17,24–27 eine Doppeldrachme als Tempelsteuer zu bezahlen ist, bekannt.

Diese Tempelsteuer hatte ihre besondere Bedeutung darin, daß sie für die Bewohner der Diaspora galt, die im Unterschied zu den Bewohnern der Provinz Yehud den Zehnten nicht bezahlen konnten. Jeder erwachsene Israelit ab dem 20. Lebensjahr war zur Bezahlung der Tempelsteuer verpflichtet. Sie galt als religiöse Pflicht für alle Juden (3Makk 2,27–33).[38]

[36] In diesem Zusammenhang ist auch die in Neh 10,35 genannte Holzspende anzusprechen.
[37] Vgl. Ådna, *Tempel*, S. 102f.
[38] Vgl. auch Ådna, *Tempel*, S. 106–109, zur Zahlungsmoral.

Im Zusammenhang der Finanzierung von Bauarbeiten am Tempel unter Nehemia legt sich ein Blick auf den zeitgenössischen YHWH-Tempel von Elephantine nahe. Nach dessen von den Chnum-Priestern betriebener Zerstörung im Jahre 410 v.Chr. und seinem nach 407 v.Chr. erfolgten Wiederaufbau informiert der Papyrus TAD C 3.15 über eine Abgabe von 318 Šeqel an den Tempel.[39] Die Spende war bestimmt für den YHWH-Tempel (Zeile 1), wurde im einzelnen aber aufgeteilt auf die Götter Yahu (126 Šeqel), Anatbethel (120 Šeqel) und Ašimbethel (70 Šeqel). Über die Verwendung des Restbetrags von 2 Šeqel sind wir nicht informiert. Diese Aufteilung läßt sich wohl nur damit erklären, daß die Einzelbeträge für die Wiederherstellung der Kultbilder verwendet wurden.[40] Hiermit liegt keine regelmäßig zu bezahlende Tempelsteuer, sondern eine Spende vor. Über Tempelsteuern aus Elephantine sind wir nicht informiert.

3 *Die Opferanteile*

Die unter König Joschija erfolgte Kultzentralisation nach Jerusalem, d.h. die Abschaffung aller Opferstätten des Landes, bewirkte eine Konzentration aller Opfergaben nach Jerusalem (2 Kön 23,1–20). Die Priester der anderen dem Gott YHWH geweihten Opferstätten wurden nunmehr als Leviten bezeichnet. Sie konnten nach Jerusalem kommen, am Tempel einen niederen Dienst versehen, und sie wurden dort auch versorgt (Dtn 18,1–2.6–8).

Nach Dtn 18,3 hatte der Priester beim Schlachtopfer von Rind und Kleinvieh ein Anrecht auf bestimmte Opferanteile. So standen ihm die Vorderkeule, die Kinnbacken und der Fettmagen der dargebrachten Tiere zu.

Das Thema der Priesteranteile wird auch in den beiden Sammlungen von Opfervorschriften in Lev 1–5 und Lev 6–7 angesprochen. So begegnen vor allem ein Rest des Speiseopfers (Lev 2,3.10; 5,13; 7,9–10), das Fell eines Opfertieres (Lev 7,8) sowie Brust und der rechte Schenkel eines Opfertieres beim Brandopfer (Lev 7,32f.34f.). Ebenso stehen die 12 Schaubrote, die wöchentlich vor dem Allerheiligsten des Tempels neu aufgelegt werden, den Priestern zu (Lev 24,8f.).

[39] Der Text bei Porten/Yardeni, *Aramaic Documents*, S. 226–234.

[40] So der Vorschlag von Knauf, in: Kratz, *Religion und Religionskontakte*, S. 185.

Nach Lev 7,29–36 besteht die Abgabe aus *t^{e}nûpāh* und *t^{e}rûmāh*. Auf diese beiden wichtigen Abgabetermini ist eigens einzugehen.

Der Terminus *t^{e}nûpāh* meint wörtlich die „Schwingung“ oder die „Erhebung“. So sollen nach Lev 7,30 Brust und Fett eines Opfertieres beim *š^{e}lamîm*-Opfer geschwungen bzw. erhoben werden. Das Fett wird daraufhin auf dem Altar verbrannt, und die Brust gehört den Priestern als ihr Opferanteil. Ebenso soll nach v 32 dem Priester die Keule als *t^{e}nûpāh* gehören. In diesem Text ist allerdings nur der amtierende Priester gemeint, während die Brust allen Priestern zukam.[41]

In bezug auf die *t^{e}nûpāh* hat J. Milgrom herausgestellt, daß dieser Terminus immer im kultisch-religiösem Kontext im Sinne einer Erhebung („Elevation“) auftritt.[42]

Lange Zeit wollte man in *t^{e}rûmāh* eine spezifische kultisch-rituelle Abgabe sehen. Etymologisch dachte man an eine Ableitung von nordwestsemitisch *rûm* H („erheben“) und bestimmte deshalb *t^{e}rûmāh* als „Hebe(-opfer)“. Alternativ wurde eine Ableitung von akkadisch *râmu* III („schenken“) erwogen, was zu einer Bestimmung von *t^{e}rûmāh* als „Gabe“ führte.[43]

Nun konnte jedoch Th. Seidl anhand einer Analyse der syntaktischen Positionen und Funktionen von *t^{e}rûmāh* in nominalen Fügungen folgendes Ergebnis aufzeigen: „Die nominalen Fügungen lassen erkennen, daß *trwmh* in der Mehrzahl der Fälle vielfache Abgabearten bezeichnen kann: naturale, fiskalische, bodengebundene, sachbezogene. Aus der dominaten (*sic!*) Fügung mit *(l=) YHWH* läßt sich folgern, daß mit *trwmh* die Überführung des genannten Gegenstands aus dem profanen in den sakralen Bereich umschrieben wird, und daher die Bezeichnung »Weihegabe« gerechtfertigt ist.“[44] Als Ergebnis der Untersuchung der verbalen Fügungen läßt sich mit Seidl *t^{e}rûmāh* als Objekt zu Verben des Gebens, Nehmens und Herbeibringens aufweisen.[45] Insgesamt hält Seidl zur der mit *t^{e}rûmāh* bezeichneten Sache fest: „*trwmh* ist genereller Terminus für Abgaben jeder Art. Wenn diese, wie häufig, als YHWH übereignet bezeichnet werden, sind sie als dem Kultpersonal zufallende Anteile oder Weihegaben zu verstehen. Nur drei von insgesamt 76 Belegen

---

[41] Vgl. Rendtorff, *Leviticus*, S. 256.
[42] Vgl. Milgrom, *Studies*, S. 133–158.
[43] Vgl. zur Übersicht Seidl, in: BN 79, 1995, S. 30.
[44] Seidl, in: BN 79, 1995, S. 33.
[45] Vgl. Seidl, in: BN 79, 1995, S. 35.

von *trwmh* lassen an spezielle Abgaben und Anteile im kultischen Vollzug der Teilung der Opfermaterie, speziell beim *zbḥ šlmym* denken."[46]

Num 18 regelt die Frage der Priestereinkünfte. Demnach fällt das, was nicht verbrannt wird, den Priestern zu (vv. 8–10). Des weiteren stehen den Priestern und ihren Familien die Abgaben von Öl, Most und Getreide sowie die Erstlingsfrüchte zu. Die Erstgeburten von Mensch und unreinem Vieh müssen gegen Geld ausgelöst werden. Hingegen werden die Erstgeburt von Rind, Schaf und Ziege geopfert, und ihr Fleisch gehört den Priestern (vv. 11–19). Umgekehrt sollen die Priester keinen Erbanteil, d.h. Landbesitz haben (vv. 20–24). Von den Leviten wird verlangt, daß sie von ihren Einkünften den Zehnten an die Priester abgeben.[47]

4 *Gelübde und Weihegaben*

Lev 27 führt Regelungen an, die dann greifen, wenn jemand ein Gelübde abgelegt hat und dieses durch eine Bezahlung ablösen will. Dies gilt für Gelübde, die sich auf Personen (vv. 1–8), auf Tiere (vv. 9–13), auf Häuser (vv. 14–15) und auf Grundstücke (vv. 16–24) beziehen. Bei Tieren, Häusern und Grundstücken wird bei der Ablösung ein Fünftel über den Wert hinaus verlangt. Grundsätzlich können Erstgeburten, Banngut oder der Zehnte nicht abgelöst werden (vv. 26–33). Soll dies aber aus ungenannten Gründen doch der Fall sein, so muß auch hier ein Fünftel des Wertes dazugezahlt werden.

Auswertung

Auch wenn nicht alle Details klar sind, so liegen doch die Grundzüge eines ausgearbeiteten Steuersystems zugunsten des Zweiten Tempels während der Achaimenidenzeit vor unseren Augen. Neben einem hier nicht weiter besprochenen staatlichen System geht es um vier sich ergänzende Steuerarten zugunsten des Zweiten Tempels. In diesem Steuersystem war die Bevölkerung aus Yehud wie auch die Bevölkerung der Diaspora erfaßt. Die Begünstigten waren das Tempelpersonal, die Opferdarbringung am Tempel und der Unterhalt des Tempels. Ein

---

[46] Seidl, in: BN 79, 1995, S. 35f.

[47] Zu weiteren Einzelheiten von Num 18 vgl. Seebass, *Numeri*, S. 214–237.

Teil der Steuern hing mit dem agrarischen Jahr zusammen. Es findet sich eine zunehmende Ablösung von Naturalgaben durch finanzielle Leistungen.

Grundsätzlich standen in der Achaimenidenzeit alte neben neuen Steuern. Alt waren der Zehnte, die Opferanteile für die Priester und die Votive. Neu war die Tempelsteuer und die Möglichkeit, den Zehnten, die Erstlinge und die Erstgeburt sowie die Gelübde auszulösen. An dieser Auslösung wird das allmähliche Vordringen der Geldwirtschaft in das Yehud der Achaimenidenzeit ablesbar.

Bibliographie

Achenbach, Reinhard, *Levitische Priester und Leviten im Deuteronomium*, in: ZABR 5, 1999, S. 285–309.

Ådna, *Tempel*: Jostein Ådna, *Jerusalemer Tempel und Tempelmarkt im 1. Jahrhundert n.Chr.*, ADPV 25, Wiesbaden 1999.

Ahn, Gregor, *»Toleranz« und Reglement. Die Signifikanz achaimenidischer Religionspolitik für den jüdisch-persischen Kulturkontakt*, in: Kratz, *Religion und Religionskontakte*, S. 191–209.

AHw: Wolfram von Soden, *Akkadisches Handwörterbuch* I–III, Wiesbaden 1965–1981.

Albertz, *Religionsgeschichte*: Rainer Albertz, *Religionsgeschichte Israels in alttestamentlicher Zeit* 2, ATD ER 8/2, Göttingen 1992.

Albertz, *Exilszeit*: Rainer Albertz, *Die Exilszeit*, Stuttgart 2001.

Albertz/Becking, *Yahwism*: Rainer Albertz/Bob Becking (eds.), *Yahwism after the Exile*, STAR 5, Assen 2003.

Alkier/Witte, *Die Griechen*: Stefan Alkier/Markus Witte (eds.), *Die Griechen und das antike Israel*, OBO 201, Freiburg – Göttingen 2004.

Becking/Korpel, *Crisis of Israelite Religion*: Bob Becking/Marjo C. A. Korpel (eds.), *The Crisis of Israelite Religion*, OTS XLII, Leiden 1999.

Bedford, *Temple Restauration*: Peter Ross Bedford, *Temple Restauration in Early Achaemenid Judah*, JSJ SS 65, Leiden 2001.

Berlejung, Angelika, *Heilige Zeiten. Ein Forschungsbericht*, in: JBTh 18, 2004, S. 3–61.

Bernett, Monika, *Polis und Politeia. Zur politischen Organisation Jerusalems und Jehuds in der Perserzeit*, in: Stefan Alkier/Markus Witte (eds.), *Die Griechen und das antike Israel*, OBO 201, Freiburg – Göttingen 2004, S. 73–129.

Blenkinsopp, Joseph, *Did the Second Jerusalemite Temple Possess Land?*, in: Trans 21, 2001, S. 61–68.

Braulik, *Theologie des Deuteronomiums*: Georg Braulik, *Studien zur Theologie des Deuteronomiums*, SBAB.AT 2, Stuttgart 1988.

Braulik, *Deuteronomium*: Georg Braulik, *Studien zum Deuteronomium und seiner Nachgeschichte*, SBAB.AT 33, Stuttgart 2001.

Briant, *L'Empire Perse*: Pierre Briant, *Histoire de l'Empire Perse*, Paris 1996.

Burkert, Walter, *Lescha – Liškah. Sakrale Gastlichkeit zwischen Palästina und Griechenland*, in: Bernd Janowski/Klaus Koch/Gernot Wilhelm (eds.), *Religionsgeschichtliche Beziehungen zwischen Kleinasien, Nordsyrien und dem Alten Testament*, OBO 129, Freiburg – Göttingen 1993, S. 19–38.

Cardellini, *Leviti*: Innocenzo Cardellini, *I „Leviti", l'Esilio e il Tempio. Nuovi elementi per una rielaborazione (Cathedra)*, Rom 2002.

Carter, *Emergence*: Charles E. Carter, *The Emergence of Yehud in the Persian Period*, JSOTSS 294, Sheffield 1999.

Dahmen, *Leviten*: Ulrich Dahmen, *Leviten und Priester im Deuteronomium*, BBB 110, Bodenheim 1996.
Donner, *Geschichte*: Herbert Donner, *Geschichte des Volkes Israel und seiner Nachbarn in Grundzügen* 2, ATD ER 4/2, Göttingen 1995.
Eissfeldt, *Erstlinge*: Otto Eissfeldt, *Erstlinge und Zehnten im Alten Testament*, BWANT 22, Stuttgart 1917.
Elayi, *Sidon*: Josette Elayi, *Sidon, Cité autonome de l'Empire Perse*, Paris 1989.
Grabbe, *Religion*: Lester L. Grabbe, *Judaic Religion in the Second Temple Period*, London-New York 2000.
Grabbe, *History*: Lester L. Grabbe, *A History of the Jews and Judaism in the Second Temple Period I*, LSTS 47, Sheffield 2004.
Grätz, *Edikt*: Sebastian Grätz, *Das Edikt des Artaxerxes*, BZAW 337, Berlin 2004.
Groß, *Jeremia*: Walter Groß (ed.), *Jeremia und die „deuteronomistische Bewegung"*, BBB 98, Weinheim 1995.
Gunneweg, *Esra*: Antonius H. J. Gunneweg, *Esra*, KAT XIX/1, Gütersloh 1985.
Haas, *Geschichte*: Volkert Haas, *Geschichte der hethitischen Religion*, HdO I/15, Leiden 1994.
Hoftijzer/Jongeling, *Dictionary*: Jacob Hoftijzer/Klaas Jongeling, *Dictionary of the Northwest Semitic Inscriptions*, HdO I/21, Leiden 1995.
Janowski et al., *Religionsgeschichtliche Beziehungen*: Bernd Janowski/Klaus Koch/ Gernot Wilhelm (eds.), *Religionsgeschichtliche Beziehungen zwischen Kleinasien, Nordsyrien und dem Alten Testament*, OBO 129, Freiburg-Göttingen 1993.
Jursa, *Tempelzehnt*: Michael Jursa, *Der Tempelzehnt in Babylonien vom siebenten bis zum dritten Jahrhundert v.Chr.*, AOAT 254, Münster 1998.
Knauf, Ernst Axel, *Elephantine und das vor-biblische Judentum*, in: Reinhard G. Kratz (ed.), *Religion und Religionskontakte im Zeitalter der Achämeniden*, VWGTh 22, Gütersloh 2002, S. 179–188.
Körting, *Schall*: Corinna Körting, *Der Schall des Schofar. Israels Feste im Herbst*, BZAW 285, Berlin-New York 1999.
Kratz, *Religion und Religionskontakte*: Reinhard G. Kratz (ed.), *Religion und Religionskontakte im Zeitalter der Achämeniden*, VWGTh 22, Gütersloh 2002.
Mettinger, *Dethronement*: Tryggve N. D. Mettinger, *The Dethronement of Sabaoth*, CB OTS 18, Lund 1982.
Milgrom, *Studies*: Jacob Milgrom, *Studies in Cultic Theology and Terminology*, SJLA 36, Leiden 1983.
Niehr, Herbert, *Die Reform des Joschija*, in: Walter Groß (ed.), *Jeremia und die „deuteronomistische Bewegung"*, BBB 98, Weinheim 1995, S. 33–55.
Niehr, Herbert, *Religio-political Aspects of the Early-Post-Exilic Period*, in: Bob Becking/ Marjo C. A. Korpel (eds.), *The Crisis of Israelite Religion*, OTS XLII, Leiden 1999, S. 228–244.
Niehr, Herbert, *The Changed Status of the Dead in Yehud*, in: Rainer Albertz/Bob Becking (eds.), *Yahwism after the Exile*, STAR 5, Assen 2003, S. 136–155.
North, Robert, *Art. ʿaeśaer, ʿśr, maʿaśer*, in: ThWAT 6, 1987–1989, S. 432–441.
Nurmela, *Levites*: Risto Nurmela, *The Levites. Their Emergence as a Second-Class Priesthood*, SFSHJ 193, Atlanta 1998.
Porten/Yardeni, *Aramaic Documents*: Bezalel Porten/Ada Yardeni, *Textbook of Aramaic Documents from Ancient Egypt III*, Jerusalem 1993.
Rendtorff, *Leviticus*: Rolf Rendtorff, *Leviticus*, BK III/1, Neukirchen-Vluyn 2003.
Schaper, Joachim, *The Jerusalem Temple as an Instrument of the Achaemenid Fiscal Administration*, in: VT 45, 1995, S. 528–539.
Schaper, Joachim, *The Temple Treasury Committee in the Times of Nehemiah and Esra*, in: VT 47, 1997, S. 200–206.
Schaper, *Priester*: Joachim Schaper, *Priester und Leviten im achaimenidischen Juda*, FAT 31, Tübingen 2000.

Schaper, Joachim, *Numismatik, Epigraphik, alttestamentliche Exegese und die Frage nach der politischen Verfassung des achaimenidischen Juda*, in: ZDPV 118, 2002, S. 150–168.
Seebass, *Numeri*: Horst Seebass, *Numeri*, BK IV/2, Neukirchen 2003.
Seidl, Theodor, *t·rūmā – die „Priesterhebe"?*, in: BN 79, 1995, S. 30–36.
Vogt, *Lexicon*: Ernst Vogt, *Lexicon Linguae Aramaicae Veteris Testamenti Documentis Antiquis Illustratum*, Rom 1971.
Weinfeld, *Deuteronomy*: Moshe Weinfeld, *Deuteronomy and the Deuteronomic School*, Oxford 1972.
Wellhausen, *Prolegomena*: Julius Wellhausen, *Prolegomena zur Geschichte Israels*, Berlin [6]1927 = 1981.
Wiesehöfer, *Persien*: Josef Wiesehöfer, *Das antike Persien*, Zürich 1993.

„...DEM KAISER, WAS DES KAISERS IST" – STEUERN, ZÖLLE UND ABGABEN IN DER (FRÜH-) RABBINISCHEN LITERATUR

Stefan Schreiner (Tübingen)

Im Blick auf Steuern und Abgaben sowie deren Erhebung und Eintreibung scheint sich über die Jahrhunderte, über Länder- und Kulturgrenzen hinweg erstaunlich wenig geändert zu haben. Nicht nur die Begründung ihrer Festsetzung und die Verfahrensweise bei ihrer Eintreibung sind weithin gleich geblieben, auch die damit verbundenen Probleme wie Steuergerechtigkeit, Steuerschuld und Steuerfreiheit, Steuerbetrug und Steuerflucht sind Gegenstand öffentlicher Diskussion nicht erst in unseren Tagen geworden. Schließlich hat es Klagen über zu hohe oder zu viele Steuern auch schon immer gegeben.

Wenn auch seit dem Verlust jüdischer Eigenstaatlichkeit und damit einhergehendem Leben unter fremder Herrschaft im eigenen Lande, zunächst unter Persern, dann unter Griechen und schließlich unter Römern,[1] oder in der Diaspora[2] die Entwicklung des jüdischen Steuerrechts und Steuersystems natürlich nicht losgelöst von der Entwicklung zu betrachten sind, die die jeweiligen rechts-, wirtschafts- und sozialgeschichtlichen Verhältnisse unter den verschiedenen Fremdherrschaften im eigenen Lande sowie in den Ländern der Diaspora genommen haben und viele diesbezügliche Details zudem erst in *taqqānōt*, in rechtlich bindenden rabbinischen „Anordnungen" der nachtalmudischen Zeit

[1] Zur Geschichte der Juden in Palästina s. u. a. Avi-Yonah, *Geschichte der Juden*; Alon, *The Jews in their Land*; Schürer, *History of the Jewish People*; Schäfer, *Geschichte der Juden*; ders., *History of the Jews*; Smallwood, *Jews under Roman Rule*; Stemberger, *Juden und Christen*; Noethlichs, *Juden im christlichen Imperium Romanum*; ferner: Goodman, *Jews in the Graeco-Roman world*; Baltrusch, *Juden und Römisches Reich*. – Zur rechtlichen Situation s. u.a. Linder, *Jews in Roman legislation*; Noethlichs, *Judentum und römischer Staat*; Rabello, *Jews in the Roman Empire*.

[2] Zur Geschichte der Juden in der Diaspora s. u.a. Funk, *Juden in Babylonien*; Neusner, *Jews in Babylonia*; Neusner, in: Temporini/Haase, *ANRW II*, Bd. 9/1, S. 46–69; Neusner, *Israel and Iran in Talmudic Times*; Neusner, *Israel's Politics in Sasanian Iran*; Neusner, *Talmudic Judaism in Sasanian Babylonia*; Oppenheimer, *Babylonia Judaica*; Barclay, *Jews in the Mediterranean Diaspora*; Levy, *History of the Jews of Iran*, S. 1–154.

ihre Ausprägung erfahren haben,[3] gehen die ihnen zugrundeliegenden Prinzipien ebenso wie die verwendeten steuerrechtlichen Begriffe und die mit ihnen beschriebenen Sachverhalte dennoch in die frühjüdische Zeit zurück und haben ihren Niederschlag in der entsprechenden frührabbinischen, talmudischen Literatur gefunden. Dabei ist im Blick auf diese Zeit und Literatur gleichsam zwischen zwei Systemen von Steuern und Abgaben zu unterscheiden:

Denn dem Thema Steuern und Abgaben begegnen wir darin zum einen im Sinne einer „Berichterstattung", z.B. über Diskussionen um die Rechtmäßigkeit der den Juden seitens der jeweiligen nichtjüdischen Regierung auferlegten Steuern und den Umgang mit ihnen. Wohl nicht zufällig sind fast alle Bezeichnungen dieser den Juden auferlegten Steuern, wovon noch zu sprechen sein wird, aus dem Griechischen bzw. Lateinischen einerseits und dem Persischen andererseits entlehnt und im Hebräischen und Aramäischen Fremdworte,[4] weswegen denn auch ihre Schreibung oft erheblich voneinander abweichen kann.

Diesen von außen auferlegten Steuern und Abgaben gegenüber stehen zum anderen die „Gemeindeabgaben", das sind jene Steuern und Abgaben, die innerhalb der jüdischen Gemeinde, von ihren Mitgliedern also, erhoben worden sind, um mit ihnen die halachisch als Aufgaben der Gemeinschaft definierten Aufgaben erfüllen zu können. Deren Regelungen sind im wesentlichen aus den entsprechenden biblischen Bestimmungen, so hinsichtlich der „Priesterhebe" (*terūmā*); der „Zehnten" (*maʿaserōt*), des „Zweiten Zehnten" (*maʿasēr šēnī*) und des „Armenzehnts" (*maʿasēr ʿānī*); der „Ackerecke" (*pēʾā*), der „liegen gelassenen oder vergessenen Garbe" (*šikhḥā*) und „Nachlese" (*leqeṭ*); der „Almosen" (*ṣedāqā*), der Drittel- und Halb-Sheqel, des „Erlaß- und Jubeljahrs" (*šemiṭṭā* und *yōvēl*) etc., hergeleitet und im Rahmen der jüdischen Selbstverwaltung weiterentwickelt worden. Für diese „Gemeindeabgaben" sind daher in der Regel hebräische und/oder aramäische Bezeichnungen belegt, vorhandene diesbezügliche Lehn- oder Fremdworte sind die Ausnahme.

Dabei sind bei alledem die Verhältnisse in *Ereṣ Israel* von den Verhältnissen in den Ländern der Diaspora – zunächst jedenfalls – nicht allein dadurch voneinander verschieden, daß es unterschiedliche

---

[3] Für das mittelalterliche Spanien s. dazu z.B. Neuman, *Jews in Spain*, Bd. I, S. 60–111 und 241–253.

[4] Eine Ausnahme bilden die reichsaramäischen Bezeichnungen aus der frühpersischen bzw. Achämenidenzeit, die sich z.B. in Esra 4,13.20 und 7,24 finden.

Regierungen waren, unter deren Herrschaft Juden lebten (hier Rom, dort zunächst parthische, dann sasanidische Herrschaft), sondern ebenso auch dadurch, daß die Halacha zwischen *Ereṣ Israel* und den Ländern der Diaspora unterscheidet und für *Ereṣ Israel* oft andere halachische Bestimmungen gelten als für die Länder der Diaspora.

Hinzu kommt, daß die unterschiedlichen Regierungen bei den Juden auf unterschiedliche Akzeptanz trafen. Während die parthische Herrschaft als vergleichsweise „leichtes Joch" galt, aus dem nach 226 n.Chr. unter sasanidischer Herrschaft, freilich nicht durchgängig, ein „schweres Joch" wurde (bGit 17a Anf.[5]), wurde die griechische (seleukidische) und mehr noch die römische Herrschaft über *Ereṣ Israel* nicht nur allgemein als Fremdherrschaft empfunden, sondern nachgerade als *memšelet zādōn*, als „Herrschaft des Frevels" angesehen, der die Legitimation fehlte.[6] Seinen Ausdruck fand dieses Empfinden nicht zuletzt in den Klagen über die auferlegten Lasten, die die Untertanen in Form von Fronarbeit und Spanndiensten oder in Gestalt von Steuern, Zöllen und Abgaben zu tragen hatten. So klagte einst Rabban Gamli'el (1./2. Jh. n.Chr.), daß es neben „den Badehäusern (*merḥaṣāʾōt*) und den Theatern (*tarṭiyyāʾōt*)" die in den steuerpflichtigen Provinzen erhobenen „Zölle (*mikhsāʾōt*) und Steuern (*arnōnīyyōt*)" sind, die zu den „vier Dingen" (*devārīm*) zählen, mit denen die römische Regierung (*malkhūt*) ihre Untertanen „auffrißt" (*ōkhelet*), wobei die Zölle interessanterweise an erster Stelle genannt werden (ARN A XXVIII,4/43a).[7] Während R. Gamli'el mit seiner ablehnenden Haltung gegenüber dem (römischen) Theater durchaus nicht allein stand,[8] teilte die Mehrheit der antiken rabbinischen Gelehrten seine negative Einstellung zu den (römischen) Badehäusern allerdings nicht.[9] Hingegen waren sie sich wiederum alle einig, wenn es um Zölle und Steuern ging, gleichviel, um welche Zölle und Steuern im einzelnen es sich dabei handelte, um Grundsteuer (*tributum solis* bzw. *agri*) und Kopfsteuer (*tributum capitis*), die die beiden einzigen in den Provinzen erhobenen direkten Steuern bildeten,[10] oder um allgemeine Abgaben (*anforta*), Wege-, Brücken- oder Warenzölle (*portoria*); und noch im 4.

[5] S. dazu Steinsaltz, *Bavli Giṭṭin*, S. 72.

[6] S. dazu Stemberger, *Römische Herrschaft*.

[7] S. dazu Avi-Yonah, *Geschichte der Juden*, S. 94–95, und Stemberger, *Einleitung in Talmud und Midrasch*, S. 78.

[8] S. dazu Jacobs, in: Schäfer, *Talmud Yerushalmi*, S. 327–347.

[9] S. dazu Schwartz, in: Schäfer, *Talmud Yerushalmi*, S. 203–218, und Jacobs, in: Schäfer, *Talmud Yerushalmi*, S. 219–311.

[10] Schürer, *History of the Jewish People* I, S. 401–404.

Jh. n.Chr. wird ähnliche Klage laut, der zufolge es „mit der Regierung Esaus [= Roms] ist wie mit einem Kleid in einer Dornenhecke: Wenn man es auf der einen Seite losmacht, zerreißt es an der anderen. Bevor die Naturalabgabe abgeliefert ist, ist schon die Kopfsteuer an der Reihe, und bevor noch diese entrichtet ist, werden andere Abgaben erhoben" (PesR X; vgl. dazu auch RuthR I Anf.).

Halachisch gesehen, rechtlich also war die römische Herrschaft über *Ereṣ Israel* eine Herrschaft von Räubern und Mördern, gegen die sich aufzulehnen ebenso gerechtfertigt war, wie die von ihnen erlassenen Gesetze und auferlegten Steuern zu mißachten. Denn „Mördern, Räubern und Zöllnern darf man durch Gelübde versichern, daß etwas Priesterhebe ist, auch wenn es keine Priesterhebe ist, daß etwas königliches Gut ist, auch wenn es kein königliches Gut ist etc.", wie es in mNed III,4 heißt (vgl. bNed 27b–28a; bBQ 94b; bBB 127b; Josephus BellJud II,16,5; 17,2–5).

Zöllner und Steuereinnehmer

Daß Zöllner (*mōkhēs*/aram. *mokhsā* pl. *mokhsīn*[11] *bzw. dēmōsnāʾī* < griech. δημοσιώνης bzw. τελώνης, lat. *publicanus*), wie in der eben zitierten Mischna geschehen, mit Mördern und Räubern in einem Atemzug genannt werden (können), hat seinen Grund darin, daß sie als Zollpächter[12] zunächst keine ordentlichen Staatsbeamten waren, die nach festgesetztem Tarif handelten, sondern für sich selbst sorgten (bBQ 113a: *mōkhēs ha-ʿōmēd mē-ēlāw*), indem sie sich entsprechend großzügig bereicherten. Rechtlich gesehen galten sie daher als *gannāvīm* bzw. *gazlānīm*, als „Diebe" bzw. „Räuber" (bSanh 25b), was sie in der Praxis auch nur allzu oft waren: „Die Zöllner nahmen ihm den Esel weg und gaben ihm dafür einen, den sie einem anderen weggenommen hatten", wird in mBQ X,2 erzählt. Schimʿon b. Laqisch scheut sich daher nicht, Zöllner nach dem Bildwort in Amos 5,19 mit einem menschenfressenden Bären zu vergleichen (bSanh 98b).[13] Entsprechend groß war auch die Angst, die eine Begegnung mit ihnen einflößen konnte (yShab VI,10/8d; Tan *Šofṭim* X).[14] Von daher versteht sich auch, daß sie in nicht gerade

[11] Denominativ von *mekhes*; s. Levy, *Wörterbuch*, Bd. III, Sp. 113–115.

[12] Abrahams, in: ders., *Pharisaism*, Bd. I, S. 54–61; Schürer, *History* I, S. 374f.

[13] Avi-Yonah, *Geschichte der Juden*, S. 98.

[14] S. dazu auch die Erläuterungen von Hüttenmeister, *Shabbat*, S. 206–207 Anm. 320.

hohem Ansehen standen. Dabei sind es nicht allein die Zöllner selber, die in solch schlechtem Licht erschienen, sondern ebenso ihre ganzen Familien, auf die das negative *image* eines Zöllners übertragen wurde. So heißt es in bShevu 39a:

> Es gibt keine Familie, in der einer ein Zöllner ist, deren Mitglieder nicht alle Zöllner sind (d. h. angesehen werden, als ob sie alle Zöllner wären), oder in der es Räuber (*listīm*[15]) gibt, deren Mitglieder nicht alle (als) Räuber (angesehen) sind.

Rechtlich als „Räuber" eingestuft, konnten Zöllner, und ähnlich übrigens auch Steuereinnehmer, daher nicht *ḥavērīm* werden, wurden also zur (pharisäischen) Gemeinschaft (*ḥavūrā*) nicht zugelassen; im Gegenteil:

> Früher pflegte man zu sagen: Einen *ḥāvēr*, der Steuereintreiber bzw. Zöllner wird, verstößt man aus der *ḥavūrā*; denn man sagt: Solange er Steuereintreiber bzw. Zöllner ist, ist er nicht zuverlässig. Trennt er sich aber von der Steuereintreiberei, dann ist er zuverlässig.
> (tDem III,4; yDem II,3/23a; vgl. bBekh 31a)[16]

Darüber hinaus konnten sie nicht als Zeugen vor Gericht auftreten und schon gar nicht als Richter (*dayyān*) fungieren (bSanh 25b). Auch durfte man weder bei ihnen Geld wechseln noch von ihnen Geld für die Sozialkasse („Almosen") annehmen, es konnte ja gestohlenes oder zu Unrecht erworbenes Geld sein (mBQ X,2; bBQ 113a).[17]

Später allerdings (zur Begründung s.u.) machte man einen Unterschied zwischen einem *mōkhēs še-yeš lō qīṣbā*, einem ordentlichen oder beamteten Zöllner, der einen festgesetzten Tarif hat und dabei bleibt, und einem *mokhes še-'ēn lō qīṣbā*, einem nichtordentlichen oder nichtbeamteten Zöllner, der keinen festgesetzten Tarif hat und Zölle willkürlich erhebt (bBQ 113a–114a; vgl. bNed 28b; bSanh 25b). Die diesbezügliche rabbinische Diskussion zusammenfassend, schrieb Mose b. Maimon: „In welchem Falle gilt die Gleichsetzung von Zöllner und Räuber? Dann, wenn der Zöllner ein Nichtjude (*goy*) oder ein für sich selber sorgender

---

[15] Von griech. ληστής (s. Krauss, *Lehnwörter*, Bd. II, S. 315 s. v. *līsṭīs*); hier an Stelle der sonst üblichen Begriffe *gannāvīm* bzw. *gazlānīm*.

[16] Von daher verstehen sich Kontroversen wie in Mt 9,9–13 || Mk 2,13–17 || Lk 5,27–32; vgl. Mt 18,17.

[17] So auch noch Mose b. Maimon, *MT hil. gezēlā we-avēdā* V,1–2.8–9, in: ders., *Mišneh Tōrā hūʾ ha-yad ha-ḥazāqā*, ed. M.D. Rabinowitz/Sh.T. Rubinstein et al., 17 Bde., Jerusalem [6 u.7]5741–1745 / 1981–1985, Bd. XIV, S. 139.141f (ferner zitiert: MT hil. . . . Kap. . . . , § . . . / Bd. . . ., S. . . .); zur Sache s. auch Schürer, *History*, Bd. I, S. 376.

Zöllner oder königlicher Beamter ohne festen Tarif ist, sondern nimmt, was er will, und beläßt, was er will. Wenn aber der Zoll, über den der König entschieden und geboten hat, daß er [der Zöllner] ein Drittel oder ein Viertel oder einen festgesetzten Betrag nimmt, und er [der König] einen Juden als Zöllner eingesetzt hat, um diesen [festgesetzten] Teil für den König einzutreiben, und bekannt ist, daß dieser Mann zuverlässig ist und den Betrag, den der König festgesetzt, nicht erhöht hat, dann fällt er nicht unter die Rubrik Räuber, denn das Gesetz des Königs ist Gesetz, und nicht nur das, sondern das Verbot des Raubs übertritt, wer sich der Zollzahlung entzieht, denn er beraubt die Kammer des Königs, gleichviel ob der König ein Nichtjude oder ob der König ein Jude ist."[18]

In etwas besserem Ruf standen dem gegenüber die Steuereinnehmer (*gabbay* pl. *gabbāʾīm*/aram. *gabbōyā* pl. *gabbōyīn*;[19] im Talmud auch *zaharūrā* pl. *zaharūrayyā*/*zaharūrē*, *zīharōrā* oder *zīharārā*[20]), denn anders als die Zöllner waren sie ordentliche Beamte und damit an geregelte Verhaltens- und Verfahrensweisen gebunden. Doch auch ihr Ansehen war (wie das der oft mit „Räubern" gleichgesetzten Zöllner) nicht das beste (ySanh VI,9/23c; yHag II,3/77d unten).[21] Nur allzu verständlich ist daher auch, daß man sich gleichsam mit Genuß die Qualen ausmalte, die die Zöllner, und in ähnlicher Weise auch die Steuereinnehmer, dermaleinst in der Hölle erleiden werden (yHag II,2/77d).

Daß unter solchen Umständen jeglicher Umgang mit Zöllnern und Steuereinnehmern problematisch und Steuer- und Abgabenverweigerung nicht nur geduldet, sondern unter bestimmten Bedingungen erlaubt, wenn nicht sogar geboten war, versteht sich nachgerade von

[18] Mose b. Maimon, *MT hil. gezēlā we-avēdā* V,11 / Bd. XIV, S. 142f; vgl. dazu das zur Erklärung des Schriftverses Jes 61,8 („denn der Ewige liebt Recht und haßt Geraubtes [*gāzēl*] als Opfer") von R. Joḥanan im Namen R. Shimʿon b. Joḥais erzählte Gleichnis von dem an einem Zollhaus (*bēt ha-mekhes*) vorüber ziehenden König (bSuk 30a).

[19] Der Begriff wird sowohl für diejenigen Personen verwendet, die als Steuerpächter die an die Regierung abzuführenden Steuern eintreiben (*gabbāʾē mas* bzw. *gabbāʾē ṭimyōn* < ταμιεῖον „Staatsschatz"), als auch für die, die die Almosen für die Gemeinde sammeln (*gabbāʾē ṣedāqā*), also gleichbedeutend mit *parnās(-īm)* (bArakh 6a; bNed 65a); s. dazu *ʿArukh Shalem*, Bd. IV, S. 42b–43a s. v. *ṭimyōn* oder *ṭamyōn*; Levy, *Wörterbuch*, Bd. I, S. 293 s. v. *gabbāy*.

[20] Die Herkunft dieses Begriffs ist unklar. Im Talmud steht er als Bezeichnung der Grundsteuereinnehmer (so z.B. in bBB 55a).

[21] Die Ambivalenz des Urteils belegen die beiden aphorismusartigen Formulierungen in bBQ 94a; bSanh 25b: *setam gabbay kāšēr* | | bBM 15b: *setam gabbāy pāsūl*. – Zum Nebeneinander (und späteren Gegenüberstellung) von Steuereintreiber und Zöllner vgl. tBM VIII,26, und Goldschmid, in: REJ 34, 1897, S. 192–217, dort S. 215f.

selbst.[22] Ganz allmählich erst sollte sich an dieser Haltung etwas ändern; und es dauerte bis weit ins 2. Jahrhundert n.Chr. hinein, bis man sich mit der Herrschaft Roms über *Ereṣ Israel* abgefunden hatte (MekhY *Ba-ḥodeš* I/ed. Horovitz-Rabin S. 202; vgl. bKet 66b) und dementsprechend die auferlegten Steuern und Abgaben nicht nur als rechtens zu akzeptieren und zu zahlen bereit war (bPes 112b; vgl. yKet XII,3/34d–35a), sondern in deren Zahlung eine halachisch gerechtfertigte Leistung gegenüber der Regierung erkannte, wie der breit diskutierten Auslegung der eben zitierten Mischna (mBQ X,2) im babylonischen Talmud unter mehrfacher Berufung auf das Prinzip *dīnā de-malkhūtā dīnā* („das Gesetz der Regierung ist Gesetz") zu entnehmen ist (bBQ 113a–b).[23]

„Das Gesetz der Regierung ist Gesetz"

Dieses von Mar Samuel (3. Jh. n.Chr.),[24] dem Rektor der Akademie in Neharde'a, formulierte Prinzip (*dīnā de-malkhūtā dīnā*) nennt die Grundbedingung für das Leben der Juden in der Diaspora, insofern als es von den Juden verlangt, die staatliche Ordnung des Landes, in dem bzw. unter dessen Herrschaft sie leben, als legitime Ordnung anzuerkennen (bBB 54b–55a; bBQ 113a–b; bGit 10b; bNed 28a–b). Die sich daraus ergebenden Konsequenzen beschreibt eine auf R. Ḥanina mit Bezug auf HL 2,7 zurückgeführte aggadische Überlieferung, die von drei Eiden erzählt, die Gott Israel und die Völker schwören läßt, damit sie zusammenleben können (bKet 111a). Während Mar Samuels *dīnā de-malkhūtā dīnā* bestimmt, daß das jeweils geltende staatliche Recht eines Exillandes für die dort lebenden Juden geltendes Recht, also verbindlich und zu befolgen ist, das gilt insbesondere hinsichtlich der von der Regierung erlassenen Steuergesetze, wie Mose b. Maimon später ausdrücklich hinzufügte,[25] nennt die aggadische Überlieferung von den drei Eiden

---

[22] In diesen Zusammenhang gehört auch die Auseinandersetzung über die Steuerfrage in Mt 22,17–22 || Mk 12,13–17 || Lk 20,20–26.

[23] Stemberger, *Römische Herrschaft*, S. 107f.

[24] Stemberger, *Einleitung in Talmud und Midrasch*, S. 92–93. – Zu Entstehung und Bedeutung dieses Prinzips s. Posen, *dīnā de-malekhūtā dīnā*; Shilo, *Dina de-Malkhuta Dina*; Atlas, in: HUCA 46, 1975, S. 269–288; Schreiner, in: Kotowski et al., *Geschichte der Juden* II, S. 58–68, dort S. 58f.

[25] Mose b. Maimon *MT hil. zekhiyyā ū-mattānā* I,15/Bd. XV, S. 195; *hil. gezēlā we-avēdā* V,11/Bd. XIV, S. 143; vgl. dazu auch *Shulḥan 'Arukh, Ḥošen Mišpaṭ* § 194,1; 369,2.7–9.

drei wesentliche „Bedingungen", die das Zusammenleben von Juden und Nichtjuden in der Diaspora ermöglichen sollen. Beide zusammen, Mar Samuels Prinzip und die Geschichte von den drei Eiden, bilden gleichsam eine Art Verfassung für die Diasporaexistenz: Danach sollen die Juden schwören, (1) „daß sie nicht wie eine Mauer[26] ins Land der Väter hinaufziehen", also nicht die Wiederherstellung eines jüdischen Staates aus eigener Kraft versuchen, und (2) „daß sie nicht gegen die Völker der Welt rebellieren", sich also den Staaten gegenüber, in denen sie leben, loyal verhalten. Die Völker der Welt hingegen sollen schwören, (3) „daß sie Israel nicht über Gebühr (*yōtēr midday*) versklaven", also die unter ihnen lebenden Juden nicht ohne Maß unterdrücken.

Wenn dieses Prinzip und seine Deutung auch nicht früher als seit dem 3./4. Jahrhundert n.Chr., und dort zunächst für die Länder der östlichen Diaspora, im Sasanidenreich also, belegt ist, galt es der Sache nach gleichwohl offenbar schon früher, wie nicht zuletzt der Rezeption des Briefes zu entnehmen ist, in dem einst Jeremia an die Deportierten im Lande Babylon geschrieben hatte: „Sorgt euch um das Wohlergehen der Stadt/des Landes, in die/in das Ich euch weggeführt habe etc." (Jer 29,7; vgl. dazu mAv III,2 und bAZ 4a).

Unter Berufung auf dieses Prinzip (*dīnā de-malkhūtā dīnā*) wird daher im babylonischen Talmud beispielsweise erklärt, daß das persische Gesetz, dem zufolge auch ein jüdischer Landbesitzer die Grundsteuer an den persischen König zu entrichten hat, halachisch gültig ist. Daraus folgt, daß persische Steuerbeamte das Recht haben, das Land eines steuerpflichtigen Juden, der die Grundsteuer (*ṭasqā*) nicht bezahlt hat, an jemanden zu verkaufen, der diese Steuer an seiner Stelle bezahlt (bBB 55a; vgl. auch bBM 73b). Ebenso gilt das persische Gesetz, dem zufolge sich derjenige, der die Kopfsteuer (*kargā*) nicht bezahlt hat, als Sklave an den verkauft, der diese Steuer für ihn bezahlt (bYev 46a; bBM 73b). Der Regel *middā ke-neged middā* („Maß für Maß") gemäß[27] ist der Verkauf des Stück Landes rechtlich allerdings nur dann gültig, wenn er wegen nicht gezahlter Grundsteuer erfolgt, nicht jedoch, wenn er wegen – beispielsweise – nicht gezahlter Kopfsteuer geschehen ist (bBB 55a).

So gesehen, schließt das Prinzip *dīnā de-malkhūtā dīnā* ein, daß nicht nur die Gesetze der Regierung zu befolgen und die von ihr auferlegten

[26] Was nach Raschi (z. St. s.v. *ke-ḥōmā*) „alle auf einmal" bedeutet.
[27] S. dazu Ego, in: Assmann et al., *Gerechtigkeit*, S. 163–182.

Steuern auch zu bezahlen sind, sondern im Gegenzug Steuerverweigerung bzw. Steuerflucht als Verstoß gegen geltendes Recht eingestuft und als *gēzel ha-rabbīm*, als „Beraubung der Allgemeinheit", definiert wurde, weil der Steuersünder durch sein Verhalten die Steuerlast der anderen vergrößerte. Entsprechend hart sollte daher nach rabbinischem Recht Steuerverweigerung bzw. Steuerflucht bestraft werden (bBB 35b und 88b). Denn „jemand, der sich der Steuerpflicht entzieht, ist wie einer, der Blut vergossen hat – und nicht nur [wie einer, der] Blut vergossen, sondern [wie einer, der] Götzendienst begangen, kriminelle Handlungen verübt und den Sabbat entweiht hat" (EvelR II,9).[28] Nach späterer Regelung sollte deswegen nicht nur der Steuersünder, sondern ebenso auch der säumige Steuereinnehmer bestraft werden (vgl. *Sēfer Ḥasīdīm*, ed. Wistinetzky §§ 671, 1386, 1451).[29]

In nachtalmudischer Zeit ist das Prinzip des *dīnā de-malkhūtā dīnā* allerdings dahingehend präzisiert – und damit eingeschränkt – worden, daß es nur dann Gültigkeit hat und zu befolgen ist, wenn einerlei Recht und Gesetz für alle Untertanen des Königs gilt. Die diesbezügliche Halacha zusammenfassend, schrieb Mose b. Maimon: „Jedes Gesetz, das der König für alle erlassen hat und nicht nur für einen Menschen [oder eine Gruppe] allein gilt, ist kein Raub (*gāzēl*); alles hingegen, was er [nur] einem einzelnen nimmt, es sei denn, daß dieser nicht dem allen bekannten Gesetz gemäß handelt, sondern dagegen verstößt, ist dann Raub. Steuereinnehmer des Königs und seine Beamten also, die Ländereien gegen Zahlung der Steuer verkaufen, die für Ländereien festgesetzt ist – ihr Verkauf ist [rechtmäßiger] Verkauf.[30] Die Steuer aber, die jede Person zu entrichten hat [= Kopfsteuer], darf er nur von der Person selbst einziehen. Wenn sie [die Steuereinnehmer des Königs] ein Stück Land gegen Zahlung der Kopfsteuer verkauft haben, dann ist dies kein [rechtmäßiger] Verkauf, [sondern Raub,] selbst wenn das Gesetz des Königs so lautete" (*MT hil. gezēlā we-avēdā* V,14/Bd. XIV, S. 144). In Anspielung auf das *dīnā de-malkhūtā dīnā* haben die Rechtsgelehrten daher für diesen Fall formuliert: *gazlānūtā de-malkhūtā lāw dīnā* („Raub der Regierung ist kein Gesetz").

[28] Vgl. bSanh 25b und Mose b. Maimon, *MT hil. gezēlā we-avēdā* V,12–13/Bd. XIV, S. 143f.

[29] Zum System der Steuereintreibung s. Avi-Yonah, *Geschichte der Juden*, S. 98–102.

[30] Vgl. bBB 55a.

Terminologische Klärungen

Bevor wir uns den Begriffen zuwenden, die in der frührabbinischen Literatur zur Bezeichnung der einzelnen Steuern, Zölle und Abgaben verwendet werden, sei zunächst noch einmal an die oben erwähnte Zweiteilung des Steuer- und Abgabensystems erinnert, mit dem wir es hier zu tun haben. Dem Thema entsprechend geht es im folgenden allein um die „Berichterstattung" über die steuerlichen Verhältnisse der Zeit nach der Zerstörung Jerusalems und des Zweiten Tempels durch die Römer im Jahre 70 n.Chr., die frühpersische (achämenidische),[31] griechische (seleukidische)[32] und frührömische Zeit[33] werden dabei übergangen.

Entsprechend der Zweiteilung des Steuer- und Abgabensystems haben wir es zum einen mit Steuern und Abgaben zu tun, die seitens der jeweiligen Regierung Juden wie Nichtjuden gleichermaßen auferlegt waren, und zum anderen mit solchen, die als innerjüdische Gemeindeabgaben zu bezeichnen und von den zuvor genannten zu unterscheiden sind. Im ersten Fall handelt es sich daher natürlich nicht um „jüdische" Steuern im eigentlichen Sinne, sondern um die jüdische (hebräische oder aramäische) Dokumentation des römischen bzw. des persischen (parthischen und dann sasanidischen) Steuersystems. Insofern soll es im folgenden denn auch weder um eine erneute Darstellung des römischen noch des persischen (parthischen oder sasanidischen) Steuersystems als solchem gehen, sondern allein um die Auflistung und Klärung der dafür in der frührabbinischen Literatur verwendeten hebräischen und/oder aramäischen Begriffe. Wenn diese auch – wie eingangs schon angedeutet – im wesentlichen Fremd- oder Lehnworte sind, werden zunächst jedoch für beide Arten von Steuern und Abgaben Worte verwendet, die als Bezeichnungen von Steuern und Abgaben aus der hebräischen Bibel bekannt sind. Im Laufe der Zeit haben sie allerdings einen zum Teil erheblichen Bedeutungswandel erlebt und werden jetzt in einer von ihrer ursprünglichen abweichenden Bedeutung verstanden und gebraucht. Das gilt für die hebräischen Begriffe *mas* und *mekhes* ebenso wie für die aus der persischen Zeit stammenden aramäischen Termini *mindā*, *belō* und *halākh*.

---

[31] S. dazu den Beitrag von H. Niehr im vorliegenden Band.

[32] Zu den von den Seleukiden erhobenen Steuern und Abgaben s. I Makk 10,29–42; 11,34–35; 13,35–40, und Josephus Ant XIII,2,3.

[33] Vgl. dazu Josephus Ant XVIII,1,1.6; BellJud VII,8,6; 10,1 u. ö. sowie die noch immer gute Übersicht bei Goldschmid, in: REJ 34, 1897, S. 192–214.

(a) *Römische Steuern und Abgaben*

Das in der Bibel „Frondienst" (zugunsten des Herrschers/Königs) bedeutende *mas* (Gen 49,15; Ex 1,11; II Sam 20,24; I Kön 4,6; 5:27 u. ö.)[34] wird jetzt zur Bezeichnung der *Steuer* (*mas*, pl. *missīm/missīn*) schlechthin;[35] und das ursprünglich eine von der Kriegsbeute an die Priester zu entrichtende Abgabe bezeichnende *mekhes* (Num 31,28. 37–41) wird jetzt allgemein für „Wege- oder Warenzoll" (*vectigal; portorium*) verwendet.[36] Die in Esra 4,13.20 und 7,24 in einem Atemzug genannten, an den persischen Großkönig zu entrichtenden Abgaben resp. Steuern *mindā*, *belō* und *halākh*, was immer ihre ursprüngliche Bedeutung gewesen ist, stehen jetzt für „allgemeine oder Grundsteuer (*tributum solis* bzw. *agri* oder *publica*), Kopfsteuer (*tributum capitis*) und Naturalabgaben (*vectigalia*)".

Die drei zuletzt genannten, in Esra 4,13.20 und 7,24 erwähnten Steuerarten erklärt Rav Jehuda b. Jeḥezqel (3. Jh.)[37] folgendermaßen: „*mindā*, das ist *menat ha-melekh* (Abgabe an den König); *belō*, das ist *kesef gulgoltā* (Kopfsteuer); und *halākh*, das ist *arnōnā* (Naturalabgabe)" (bBB 8a = bNed 62b; Yalq I: *Devarim* § 951/Bl. 341d oben; anders BerR LXIV,9/ed. Mirkin Bd. III, S. 33: „*mindā*, das ist *middat ha-areṣ* [Grundsteuer]; *belō*, das ist *prōbāgīrōn* [Kopfsteuer]; und *halākh*, das ist *angrōṭīnā* [Frondienst?]"). Mit anderen Worten, er erklärt sie mit Begriffen, die seit römischer Zeit für regelmäßig oder nur zu bestimmten Zeiten an den Staat zu leistende Steuern oder Dienstpflichten stehen. So heißt es in einer von Rabbi Jakob b. Idis[38] im Namen R. Joḥanans überlieferten Aufzählung der – im übrigen nicht allein von den Juden, sondern von allen – zu zahlenden Steuern:

> Entrichte deine *gulgoltā* (Kopfsteuer), deine *dīmōsīn* (Grundsteuern) und deine *arnōnīn* (Naturalabgaben). Hat einer nichts [bezahlt], droht ihm Strafe (*qenēs*) (Yalq I: *Shemot* § 386 / Bl. 113d = Yalq II: *Mishle* § 953/ Bl. 494c; PesK II,2/Bl. 17b; vgl. bSanh 26a Anf.).

Wie der eben zitierten Aufzählung R. Joḥanans zu entnehmen ist, handelt es sich bei der von Rav Jehuda als *menat ha-melekh* (Abgabe an den König) und in BerR LXIV,9 als *middat ha-areṣ* definierten *mindā* (< *middā*) um die unter dem aus dem Griechischen entlehnten *dēmōsīn*

---

[34] Jacob, *Genesis*, S. 914; Jacob, *Exodus*, S. 10.

[35] *Ōṣar lešōn ha-Talmud*, Bd. XXV, S. 822.

[36] Herzfeld, *Handelsgeschichte der Juden*, S. 159–162; Goldschmid, in: REJ 34, 1897, S. 199f.

[37] Stemberger, *Einleitung in Talmud und Midrasch*, S. 95.

[38] Stemberger, *Einleitung in Talmud und Midrasch*, S. 97.

(auch: *dīmās/dīmūsīʾā*, pl. *dīmūsyāʾōt/dīmōsiyyōt* < δημόσιον/pl. δημόσια) bekannte allgemeine oder Grundsteuer (*tributum solis* bzw. *agri* oder *publica*), die sich nach der *middā*, der Größe des Stück Landes richtete und deren Höhe bei der römischen Eroberung von *Ereṣ Israel* ein für allemal festgelegt worden und an den kaiserlichen *fiscus* und nicht an die Staatskasse (*aerarium*) abzuführen war.[39] Diese Grundsteuer war eine der Gemeinde auferlegte Steuer, die sie wiederum von ihren steuerpflichtigen Einwohnern (*pōrʿē ha-mās*) erhob.

Anstelle des Begriffs *dēmōsīn* taucht später, seit dem 4. Jahrhundert etwa, in der rabbinischen Literatur auch der Begriff *pās* (auch: *pīs* oder *pūs*, pl. *pīssīm/pīssīn*) auf (yPea I,1/15b; bBB 8a; Yalq II: *Jeremia* § 312/414d).[40] Wenn auch Herkunft und Etymologie dieses Wortes unklar bzw. umstritten sind,[41] ergibt sich sein Sinn gleichwohl zum einen aus bBB 8a, wo *pīs* zu den Steuern zählt, die die Gemeinde zu entrichten hat, und zum anderen aus der Aufzählung der Steuern in yPea I,1/15b. Dort heißt es in einer Auslegung von Prov 3,26 im Namen Rabbi Abbas:[42]

> Wenn du aus deinem Beutel ein Almosen gibst, wird der Heilige, gepriesen sei Er, dich bewahren vor *pīssīn* (Grundsteuern), *zīmāyōt* (Geldstrafen), *gulgolyōt* (Kopfsteuern) und *arnūniyyōt* (Naturalabgaben). yPea I,1/15b = BerR I,14/ed. Mirkin Bd. I, S. 15

Eine ähnliche Aufzählung (in freilich anderem Kontext) findet sich in der Auslegung von Jer 30,10 in WayR XXIX,2 (ed. Mirkin Bd. VIII, S. 109):

> Da sprach zu ihm [Jakob] der Heilige, gepriesen sei Er: Wenn du geglaubt hättest und hinaufgezogen wärst, würdest du nie wieder hinabziehen. Jetzt aber, weil du nicht geglaubt hast und nicht hinaufgezogen bist, werden deine Kinder durch die vier Reiche in dieser Welt unterdrückt werden durch *missim* (Steuern), durch *arnūniyyōt* (Naturalabgaben), durch *zēmīyōt* (Geldstrafen) und durch *gulgolyōt* (Kopfsteuern),

sowie in der Parallele in Yalq II: *Jeremia* § 312/Bl. 414d:

---

[39] Goldschmid, in: REJ 34, 1897, S. 204–205.

[40] Weitere Belege bei Wewers, *Pea*, S. 10 Anm. 82.

[41] Graetz, *Geschichte der Juden*, Bd. IV, S. 313 Anm. 4, hatte *pīs* (pl. *pīsīn*) einst zur Kurzform von *pīsūs* erklärt und von lat. *fiscus* hergeleitet. Steinsaltz, *Yerushalmi Peʾa*, S. 20 am Rand, deutet es als Abkürzung von λοιπάς, und Mirkin, *Midrasch Rabba*, Bd. I, S. 15 Anm. z. St., leitet es von lat. *passus* (Wegezoll) her.

[42] Stemberger, *Einleitung in Talmud und Midrasch*, S. 97.

> [...] werden deine Kinder durch die vier Reiche in dieser Welt unterdrückt durch *pissim* (Grundsteuern), durch *hōnāyōt* (Konfiskationen),[43] durch *zēmīyōt* (Geldstrafen) und durch *gulgolyōt* (Kopfsteuern).

Die zitierten Aufzählungen enthalten zugleich den „Standardkatalog" der den Juden auferlegten römischen Steuern und Abgaben.

belō, die zweite von Rav Jehuda aufgelistete Steuer, wird von ihm als *kesef gulgōlet* bzw. abgekürzt *gulgōlet* „Kopfsteuer" (aram. *gulgoltā* pl. *gulgolyōt*; lat. *tributum capitis*) gedeutet. Dagegen spricht auch nicht die Deutung in BerR LXIV,9 als *prōbāgīrōn* (in EstR Einl. 5: *prīgīnōn*), das nach M. A. Mirkin von griech. παραγγαρεία (> hebr. *parangarya*) herzuleiten ist und *mas gulgōlet* meint, nach S. Krauss[44] hingegen aus *kerisargirōn* (< griech. χρυσαργύριον) korrumpiert ist und „eine Art Steuer" bezeichnet. Gegen die Krauss'sche Interpretation ließe sich indessen einwenden, daß χρυσαργύριον für die seit Pompeius' Zeit bereits von jüdischen Handwerkern erhobene Gewerbesteuer steht, die späterhin – neben der Kopfsteuer? – als eine Art Einkommensteuer gehandhabt wurde (Josephus Ant XIV,6,1; yBQ III,3/3c).[45]

Hinter der „Kopfsteuer" verbirgt sich die wahrscheinlich seit frühpersischer Zeit erhobene Tempelsteuer in Höhe von zunächst einem Drittel-Sheqel (Neh 10,33–34), die später auf einen Halb-Sheqel erhöht worden ist (Ex 30,11–16) und einmal jährlich im Monat Adar (mSheq I,1.3) von allen männlichen Juden ab dem zwanzigsten Lebensjahr in „tyrischer Münze" (tKet XIII,3: *kesef ṣōrī*) zur Bestreitung der Kosten für die täglichen Opfer im Tempel (mSheq IV,1–3) zu entrichten war (Josephus *Ant.* XVIII,9,1; mSheq passim; Mt 17,24).[46]

Nach der Zerstörung Jerusalems und des Zweiten Tempels im Jahre 70 n.Chr. blieb diese pro-Kopf-Steuer (*census capitum*) zwar erhalten; unter dem unter Vespasian eingeführten Namen *fiscus Iudaicus* wurde daraus jedoch eine Zwangsabgabe im Wert von 2 Drachmen (δίδραχμον), die an den Tempel des *Iupiter Capitolinus* in Rom abzuführen war (Josephus, BellJud VII,6,6; bKet 87 und 100; bGit 52; bBM 98; bNed 62b; bBB 8a; BerR LXIV,9/ed. Mirkin Bd. III, S. 33; EstR I,5). Die rabbinischen Gelehrten sahen im *fiscus Iudaicus* eine unrechtmäßige Steuer (mSheq

[43] Nach Krauss, *Lehnwörter*, Bd. II, S. 298, aus *anōniyyōt* < *anōnā* korrumpiert; s. dazu Krauss, *Lehnwörter*, Bd. II, S. 66.

[44] Krauss, *Lehnwörter*, Bd. II, S. 298.

[45] So Goldschmid, in: REJ 34, 1897, S. 211; und *'Arukh Shalem*, Bd. IV, S. 326.

[46] Schürer, *History*, Bd. II, S. 270–272 (Lit.).

VIII,8); denn die Halb-Sheqel-Steuer war eine Abgabe an den Tempel in Jerusalem gewesen, der aber existierte nicht mehr. Wenn auch Kaiser Nerva (96–98 n.Chr.) die Schmach dieser Besteuerung etwas abgemildert hatte (*calumnia fisci Iudaici sublata*), blieb der *fiscus Iudaicus* nicht nur bis ins 3. Jahrhundert erhalten,[47] sondern lieferte noch im hohen Mittelalter das Vorbild für spätere diskriminierende Judensteuern wie den durch Kaiser Ludwig den Bayern seit 1342 im Heiligen Römischen Reich erhobenen *Güldenen Opferpfennig* in Höhe von jährlich 1 Goldgulden.

Das von Rav Jehuda mit dem aus dem griech. ἔρανος (lat. *annona* (*militaris*)) abgeleiteten *arnōnā* (pl. *arnōnīn*) erklärte *halākh* schließlich steht für die „Einquartierungsabgabe", das sind die bei Römern und Byzantinern aus der öffentlichen Kasse zu bezahlenden Diäten in Form von Naturalien (*vectigalia*), die der ursprünglichen Bedeutung des Wortes entsprechend die Verpflegung meint, die die Einwohner einer Stadt beim Durchzug (*halākh*) des Herrschers und/oder seiner Soldaten bereitzustellen hatten. Dementsprechend wird in bPes 6a (vgl. bSanh 26a) das dazu abzuliefernde Vieh *behēmat arnōnā* genannt.

Aus dieser ursprünglich nur bei bestimmten Anlässen (s.o.) erhobenen *annona* wurde in der 2. Hälfte des 3. Jahrhunderts n.Chr., insbesondere dann in der Zeit der Soldatenkaiser (235–305), eine reguläre Steuer, die seit Diokletian (284–305 n.Chr.) in ihrer Höhe festgeschrieben war[48] und auf der Grundlage einer alle 15 Jahre stattfindenden Schätzung des Grundbesitzes (*census*) erhoben wurde. Bereits im 4. Jh. n.Chr. wird sie allerdings nicht mehr erwähnt.[49] Daher wird der Begriff *arnōnīn* später ganz allgemein für *Steuern* verwendet, so in Yalq I: *Wayyiqra* § 567/174b unten: *bāsār wa-dām nōtēn annūnas we-HQB"H nōtēn annūnas* „der Mensch erlegt Steuern auf, und der Heilige, gepriesen sei Er, erlegt Steuern auf".

Dem gegenüber wird *halākh* in BerR LXIV,9 als *angrōṭīnā* (nach anderer Lesart: *andrōṭīnā*) interpretiert und erhält damit einen anderen Sinn; denn nach M.A. Mirkin ist *angrōṭīnā* von griech. ἀγγαρεία herzuleiten[50] und entspricht damit dem seit achämenidischer und seleukidischer Zeit

---

[47] Goldschmid, in: REJ 34, 1897, S. 202–204; Ginsburg, in: JQR N.S. 21, 1930, S. 281–291; Bruce, in: PEQ 96, 1964, S. 34–46; Noethlichs, *Judentum und römischer Staat*, S. 20–21 mit S. 162, Anm. 167.

[48] vgl. dazu Rav Jehuda in yKet X,5/34a; R. Abba in yPea I,1/15b.

[49] Goldschmid, in: REJ 34, 1897, S. 206f.; Avi-Yonah, *Geschichte der Juden*, S. 96.

[50] Nach Krauss, *Lehnwörter*, Bd. II, S. 63 s. v., ist *angrōṭīnā* aus *angaryā anōnā* gebildet, *angaryā* wiederum aus ἀγγαρεία. – Zur Sache s. Goldschmid, in: REJ 34, 1897, S. 207f.

bekannten *mas ʿavōdā šel ha-netūnīm* („Frondienst der Untertanen"; vgl. I Makk 10,30).

Bleibt schließlich das *aurum coronarium*, die „Kronsteuer", die in den oben erwähnten Aufzählungen zwar nicht vorkommt, als „Krongeld", *demē kelīlā* oder *kelīlāʾē* (bBB 8a; 18a; MegTaan II u. ö.), dennoch auch im rabbinischen Schrifttum hinlänglich belegt ist. Ursprünglich als freiwillige Krönungsabgabe (*munus voluntatis*) gedacht und von den palästinischen Patriarchen (*nesīʾīm*) den jüdischen Gemeinden auferlegt, die ihrer Jurisdiktion unterstanden – wie I Makk 13,32.39 zu entnehmen ist, handelt es sich dabei um eine vergleichsweise alte Institution – ist daraus im Laufe der Zeit eine feste Steuer geworden (*mas kelīlā*), die jedes 5. Jahr erhoben wurde und in Krisenzeiten in Gold bezahlt werden mußte.[51]

(b) *Steuern im persischen (sasanidischen) Reich*

Die aus dem römischen Steuersystem bekannten Steuern hatten – zumindest zum Teil – ihre sachlichen Entsprechungen in der östlichen Diaspora, d. h. im persischen (sasanidischen) Reich, wenn sie dort auch unter anderen Namen figurierten.[52] Das gilt für die allgemeine bzw. Grundsteuer ebenso wie für die Kopfsteuer.

Der Kopfsteuer entspricht in der östlichen Diaspora nach talmudischer Überlieferung die *kargā* (auch: *akkargā*), unter der auch in nachtalmudischer Zeit noch die Kopfsteuer zitiert wird (z.B. von R. Salomo ibn Adret, Responsen, Bd. V, Nr. 178 und 220). Im Targum wird *kargā* allerdings auch in allgemeinem Sinne gebraucht, so in TJ Qoh 2,8 für hebr. *kesef we-zāhāv*, in TJ Klgl 1,1 für „Tribut" oder in II Chr 9,14 für „Steuer" (*mas*). Dazu paßt dann auch der Ausdruck *hanāyāt ševōq kargā* „Genuß des Steuererlasses" in TJ Est 2,18.

Daß es sich bei *kargā* zunächst aber um einen *terminus technicus* für „Kopfsteuer" handelt, geht zweifelsfrei z. B. aus bBB 55a hervor, wo der aus dem Persischen *xarag/karag* (vgl. arab. *ḫarāǧ*[53]) entlehnte Begriff und die damit beschriebene Sache folgendermaßen definiert werden: „Die *kargā* lastet auf dem Kopf der Person", meint also eine persönlich zu erbringende Steuerpflicht (vgl. bSanh 109a: „Ich bringe

---

[51] S. dazu Goldschmid, in: REJ 34, 1897, S. 197; ferner: Jastrow, *Dictionary*, Bd. I, S. 642b s. v. *kelīl*; Sokoloff, *Dictionary*, s. v. *kelīl*; *ʿArukh Shalem*, Bd. IV, S. 233f. s. v. *kelīl*.

[52] Neusner, *Jews in Babylonia*, Bd. III, S. 24–26.

[53] Über das türkische *harac* ist daraus im Polnischen *haracz* „Schutzgeld" geworden.

die Kopfsteuer dem Kaiser."), und derjenige, der sie nicht zahlt oder nicht zahlen kann und dafür von einem anderen die Steuer bezahlt bekommt, begibt sich damit in dessen Schuldknechtschaft: „Derjenige, der die Kopfsteuer nicht bezahlt, ist dem unterworfen, der die Kopfsteuer [für ihn] bezahlt" (*lišta'bēd le-mān de-yāhēv kargā*) (bBM 73b). Und um die Mittel für die Kopfsteuer zu haben, darf man Verkäufe auch ohne gerichtliche Bekanntmachung tätigen (bKet 87a und 100b).

Das Gegenstück zur Kopfsteuer, die allgemeine oder Grundsteuer, heißt hier *ṭasqā* (das in bQid 70b dafür stehende *dasqā* dürfte wohl auf einen Hör- oder Schreibfehler zurückgehen).[54] Der Begriff ist dem griechischen τάξις (vgl. arab. *ṭaqs* bzw. *ṭasq* „Rangstufe"; lat. *tasca*) entlehnt und als *mas še-nōtnīn min ha-qarqā'*, als „eine für Grund und Boden zu entrichtende Steuer", definiert. Denn „die Nutzung des Bodens ist der Grundsteuer unterworfen (*ar'ā le-ṭasqā meša'bedā*), und der König hat geboten: Wer die Grundsteuer zahlt, darf den Boden nutzen" (*mān de-yāhēv ṭasqā lē-khūl ar'ā*) (bBM 73b = bBB 54b unten; vgl. bNed 46b; bBM 110a; bBB 54b–55a). Umgekehrt gilt, daß derjenige, der die Grundsteuer zahlt, dann auch Anrecht auf die Nutzung des Bodens hat, für den er die Grundsteuer gezahlt hat, wie es in bGit 58b heißt: „er lieh sich ein Stück Land zur Nutzung, indem er die Grundsteuer zahlte".

(c) *Zölle, Straf- und Bußgelder*

Neben diesen Steuern ist die Rede immer wieder auch von weiteren Abgaben und Zöllen, die für verschiedene Handelswaren, insbesondere Luxusgüter, zu entrichten waren, oder aber als Wege- und/oder Brückenzölle erhoben wurden. Wie dem Ausdruck *ševāqū lēh mīkhsā* „sie erließen ihm den Zoll" (bAZ 4a u.ö.) zu entnehmen ist, konnten solche Zölle dann auch wieder erlassen werden.

Der für Abgaben und Zölle verwendete Sammelbegriff lautet *mekhes* bzw. aram. *mikhsā* (pl. *mikhsā'ōt*).[55] Als Sammelbegriff steht *mekhes* bzw. aram. *mikhsā* sowohl für die von den Erträgen des Feldes und des Viehs zu leistende Abgabe als auch, wie indirekt zumindest aus mKil IX,2 und mShab VIII,2 zu schließen ist (vgl. EvelR II,9), für die auf Handelswaren (einschließlich Sklaven) und Luxusgüter (mKelim XVII,16; mOrla

[54] Levy, *Wörterbuch*, Bd. II, S. 169f.; Sokoloff, *Dictionary*, S. 508.

[55] Von akkad. *miksu*; s. dazu *'Arukh Shalem*, Bd. V, S. 137f.; Goldschmid, in: REJ 34, 1897, S. 199–202.

I,3; bBB 127a) erhobenen Zölle, deren Zahlung durch eine entsprechende Zollbescheinigung (*qešer mokhsīn*) bestätigt wurde.[56] Schließlich bezeichnet derselbe Begriff auch den Wege- und Brückenzoll:

> R. Jehuda eröffnete und sprach: Wie gut sind die Werke dieses Volkes [der Römer]; sie haben Märkte errichtet, haben Brücken errichtet, haben Badehäuser errichtet [...]. Da entgegnete R. Shimʿon b. Joḥai und sprach: Alles, was sie errichtet haben, haben sie nur zu ihrem eigenen Nutzen errichtet. Sie haben Märkte errichtet – um einen Platz für Huren zu haben, Badehäuser – um sich darin zu amüsieren, Brücken – um von ihnen Zoll zu kassieren (*liṭṭōl mēhen mekhes*). bShab 33b; vgl. dazu die Parallele in bAZ 2b

Zu diesen Zöllen kommen weitere Abgaben, die am Ende mehr als Straf- und Bußgelder aufzufassen, aber dennoch als reguläre Abgaben gehandhabt worden sind. Zusammengefaßt werden sie unter dem vom griech. ζημία „Strafe, Spanndienste" abgeleiteten Begriff *zīmyā, zīmyōn* oder *zēmiyyā* (pl. *zīmīn/zēmiyyōt* oder *zumot*, so in ySheviʿit V,9/36a Ende),[57] mit dem zunächst nur die Gestellungspflicht von Tieren gemeint ist, z.B. eines Esels zum Frondienst (mBM VI,3: *ha-ḥamōr* [...] *še-naʿasēt angaryā*[58]), dann aber ganz allgemein für Zwangsarbeit oder Frondienste Verwendung findet, zu denen Juden von den Römern herangezogen wurden. Solche „Spanndienste" konnten später aber auch die Form von besonderen Abgaben oder Steuerzuschlägen annehmen, die von den römischen Behörden erhoben wurden (Tan *Naso* X), so daß der Begriff *zīmyā/zēmiyyā* schließlich zum Sammelbegriff für „Bußgelder, Geldstrafe" werden konnte (yPea I,1/15b = BerR I,14/ed. Mirkin Bd. I, S. 15, WayR XXIX,2/ed. Mirkin Bd. VIII, S. 109; Yalq II: *Jeremia* § 312/Bl. 414d).

---

[56] Wie Tan *lekh-lekha* III,5 zu Gen 12,10 zu entnehmen ist, galten für die auf Handelswaren erhobenen Zölle offenbar feste Sätze: „Als sie [Abraham und Sara] am Nil in Ägypten ankamen, sagte Abraham zu Sara: Meine Tochter, ein Land der Hurerei ist Ägypten. Darum stecke ich dich in einen Kasten und verschließe ihn. So machte er's, und als sie am Nil in Ägypten ankamen, fragten ihn die Zöllner: Was trägst du in dem Kasten? Da sagte er zu ihnen: Bohnen. Sagten sie zu ihm: Das stimmt nicht, es ist Pfeffer. Zahle uns den Zoll für Pfeffer. Da sagte er zu ihnen: Ich zahle. Sagten sie zu ihm: Das stimmt doch nicht, denn dieser Kasten ist voll mit Goldstücken. Da sagte er zu ihnen: Ich zahle euch den Zoll für die Goldstücke" (vgl. TanB I/S. 65).

[57] Vgl. dazu Jastrow, *Dictionary*, S. 394b unten, und Krauss, *Lehnwörter*, Bd. II, S. 247 s. v. *zīmyā*; Goldschmid, in: REJ 34, 1897, S. 212.

[58] Zu *angaryā* < griech. ἀγγαρεία s. Krauss, *Lehnwörter*, Bd. II, S. 63.

Jüdische Gemeindesteuern und Abgaben

Diesen von der jeweiligen Regierung auferlegten und an sie abzuführenden Steuern gegenüber standen nun solche, die die jüdische Gemeinschaft – und dies meint hier in erster Linie die an einem Ort/in einer Stadt ansässige, der Munizipalverfassung (πολίτευμα) entsprechend autonom als *qehilla* bzw. lat. *communitas* oder *civitas Iudaeorum* organisierte jüdische Einwohnerschaft (Gemeinde)[59] – seit dem Beginn der Diasporaexistenz als eigene Gemeindesteuern und Abgaben für kommunale, religiöse und soziale Zwecke festlegen konnte. Vorbild waren dafür die in der hebräischen Bibel enthaltenen Bestimmungen hinsichtlich der Erstlingsabgaben, der verschiedenen Zehnten, (*ma'aserōt*, *ma'asēr šēnī* und *ma'asēr 'ānī*), der „Priesterhebe" (*terūmā*), „Ackerecke" (*pē'ā*), der „liegen gelassenen Garbe" (*šikhᵉḥā*) und der der „Nachlese" (*leqeṭ*), des Brach- und Erlaß-Jahres (*šemiṭṭā* und *yōvēl*), des „Almosens" (*ṣedāqā*) und – bis zur Tempelzerstörung – des Drittel- bzw. später Halb-Sheqels („Tempelsteuer"), aus denen sie hergeleitet worden sind.[60] Aus den diesbezüglichen biblischen Bestimmungen entwickelte sich im Laufe der Zeit ein System von Gemeindesteuern und Abgaben, das den Aufgaben und Erfordernissen der Gemeinde entsprechend immer wieder neu angepaßt wurde. So wurden nach der Tempelzerstörung aus der „Tempelsteuer" beispielsweise die Unterhaltsbeiträge für die Akademien in Palästina und Babylonien, die teils als Kopf-, teils als Vermögenssteuer (s. dazu unten) von den Gemeindemitgliedern erhoben wurden.

Im einzelnen ergaben sich die von der jüdischen Gemeinde erhobenen Steuern und Abgaben aus den Aufgaben, zu deren Wahrnehmung bzw. Erfüllung die Einwohner einer Stadt, d.i. die Gemeinde und ihre Mitglieder, durch entsprechende halachische Regelungen und Bestimmungen gemeinschaftlich verpflichtet waren (tBM XI,23).

Dazu gehörte an erster Stelle die Sorge um die äußere Sicherheit der Gemeinde: „Man zwingt jeden, an der Stadtmauer, den Stadttoren und Riegeln mitzubauen", heißt es in mBB I,5 = bBB 7b. Danach folgt die gemeinschaftliche Pflicht zum Bau einer Synagoge und zum Ankauf von „Torarolle, Propheten und Schriften", einer heiligen Schrift also,

---

[59] Dazu Schreiner, in: Kotowski et al., *Geschichte der Juden* II, S. 58–68, bes. S. 62f.

[60] S. dazu Art. Abgaben und Steuern, in: EJ[1], Bd. I, Sp. 247–300, dort Sp. 249–252.

damit sie allen Gemeindemitgliedern zum Lesen zugänglich sind.[61] Gleichermaßen abgabenfinanziert war/ist nach tBM XI,17 darüber hinaus auch die Einrichtung und Aufrechterhaltung von Wasserzufuhr (Graben von Brunnen und Legen einer Wasserleitung) und Abwasserbeseitigung sowie die Bewässerung der für die Lebensmittelversorgung der Gemeinde notwendigen Äcker, Weinberge und Obstgärten.[62] Ebenfalls gemeinschaftlich hatte die Einwohnerschaft durch entsprechende Abgaben die in ihrer Mitte lebenden Armen und Waisen mit Essen, Kleidung und Wohnung zu versorgen. Wenn jemand verarmte und seine Steuern nicht mehr zu bezahlen in der Lage war, durfte er nicht dem Steuereintreiber „überlassen" werden, der ihn dann in Schuldknechtschaft „verkaufen" konnte, sondern er mußte von der Gemeinde davor bewahrt werden (bBB 8b). Schließlich hatte die Gemeinde auch eine Auslösepflicht in dem Fall, daß einer der ihren in Sklaverei oder Gefangenschaft geraten war etc. (*pidyōn ha-nefeš*) (bBB 8a–b).[63]

Der Erledigung bzw. Erfüllung dieser Gemeinschaftsaufgaben dienten im einzelnen u. a. die folgenden Abgaben:

die Zehnten, d.h. die ursprünglich für Leviten und Priester bestimmten ersten „Zehnten"[64] (*maʿaserōt*, vgl. dazu Num 18,21–32; Lev 27,30–33), der „Zweite Zehnte" (*maʿasēr šēnī*, vgl. dazu Dtn 14,22–27; 26,2–15 und den gleichnamigen Mischnatraktat mMSch) und der „Drittjahres-" oder „Armenzehnte" (*maʿasēr ʿānī*, vgl. dazu Dtn 14,28–29; 26, 12 und den Mischna- und Talmudtraktat Pea, passim),[65] die als Abgaben nicht nur über die Tempelzerstörung hinaus beibehalten (vgl. Mt 23,23; Lk 11,42), sondern hinsichtlich dessen, was der Verzehntung unterlag, sogar noch ausgeweitet wurden (mMaas I,1; vgl. mAv V,8 und *Shulḥan ʿArukh Yore Deʿa* §§ 249 und 331);[66]

[61] Vgl. Mose b. Maimon *MT hil. šekhēnīm* VI,1/Bd. XV, S. 306f; *Shulḥan ʿArukh, Ḥošen Mišpaṭ* § 163,1.

[62] Vgl. Mose b. Maimon *MT hil. šekhēnīm* VI,3 und 7/Bd. XV, S. 307–309; *Shulḥan ʿArukh, Ḥošen Mišpaṭ* § 163,2.

[63] Vgl. Mose b. Maimon *MT hil. mattʿnōt ʿaniyyīm* VIII,10/Bd. IX, S. 120; *Shulḥan ʿArukh, Yore Deʿa* § 252,1.

[64] Vgl. dazu die Hinweise auf deren Durchführung in Neh 10,37f; 12,44f; 13,5.12; Mal 3,8f.

[65] S. dazu Funk, *Monumenta Talmudica*, Bd. II: Recht, S. 166–167.

[66] Schürer, *History of the Jewish People*, Bd. II, S. 257–274.

die Beiträge zur „Armen-/Sozialkasse (*quppā šel ṣedāqā*),[67] die durch zwei [*gabbāʾē ṣedāqā*] eingesammelt und durch drei verteilt werden" (mPea VIII,7 = yPea VIII,7/21a = bBB 8b; bSanh 17b; Yalq I: *Shemot* § 379/111d). Gleichfalls an die Armen-/Sozialkasse abzuführen war auch das Geld, das in der Öffentlichkeit, z.B. auf dem Markt, gefunden worden ist (bBB 8b unten);

die als *māʿā* (pl. *māʿōt* „Geld"), bezeichneten Abgaben,[68] zu denen z.B. *meʿōt ḥiṭṭīn* („Weizengeld") gehörte, das – wie sein Name anzeigt – zum Kauf von Weizen(mehl) gebraucht wurde, das an die Armen zum Backen der Mazzen für Pessach verteilt wurde (yBB I,4/12d).

Nicht als Abgaben im eigentlichen Sinne zu verstehen – aber dennoch zuweilen als solche behandelt worden – sind die unter dem Begriff *qenās* bzw. *qenāsā* (< griech. κῆνσος/ lat. *census*) zusammengefaßten Buß-/Strafgelder bzw. Geldstrafen,[69] die nach bBQ 15a im Unterschied zur Entschädigungszahlung (*māmōnā*) aufgrund einer gerichtlichen Entscheidung bzw. Bestrafung erhoben werden (vgl. mShevu V,4; bBQ 41b), wie z.B. die nach Dtn 22,28–29 auf Vergewaltigung stehende Geldstrafe (mKet III passim; bKet 29a.42a.43a u.ö.; bBQ 38b), die – wie bei allen in der Bibel festgesetzten Strafmaßen – für alle gleich hoch war, oder die Geldbuße für unterlassene Zehnte, die als *qenāsā la-ʿaniyyīm*, als „Almosen für die Armen" (bYev 86b) an die Armen-/Sozialkasse abzuführen waren.

Steuerpflicht und Steuerfreiheit

Als steuer- und abgabenpflichtig angesehen wurde grundsätzlich jeder, „der 12 Monate am Ort ansässig ist. Hat er in der Stadt ein Haus gekauft, ist er sofort den Einwohnern der Stadt gleichgestellt", also steuer- und abgabenpflichtig (mBB I,5 = bBB 7b).[70] Hinsichtlich der Beiträge zur Armen-/Sozialkasse beginnt die Beitragspflicht

[67] Mit *quppā* (*šel ṣedāqā*) gleichbedeutend wird im Talmud häufig auch das aus dem griech. ἀρνακίς entlehnte *arnāqā* bzw. *arnāqī* (*ṣedāqā*) gebraucht; s. dazu Krauss, *Lehnwörter*, Bd. II, S. 133.

[68] *Ōṣar lešōn ha-talmud*, Bd. XXV, Sp. 832–841.

[69] In palästinischen Targumim steht *qenās*/*qenāsā* (pl. *qenāsīn*, so TJ I Ex 15,25) gelegentlich auch allgemein für „Strafe", so z.B. in TJ I Ex 21,30 *qenāsā de-māmōnā* „Geldstrafe", TJ I Num 15,32 *qenāsā de-šabbʿtā* „Todesstrafe bei Sabbatentweihung".

[70] Vgl. Mose b. Maimon *MT hil. šekhēnīm* VI,5/Bd. XV, S. 308; *Shulḥan ʿArukh, Ḥošen Mišpaṭ* § 163,2.

allerdings auch in dem Fall, daß man kein Haus gekauft hat, bereits nach Ansässigkeit von weniger als 12 Monaten; denn „man ist verpflichtet beizutragen nach dreißig Tagen zur Speisung [der Armen], nach drei Monaten zur [Armen]kasse, nach sechs Monaten zur Bekleidung [der Armen], nach neun Monaten zum Begräbnis [der Armen] und nach 12 Monaten zur Sicherheit der Stadt" (bBB 8a unten; vgl. tPea IV,9; yPea VIII,6/21a).

Freilich gab es für einige Personen und Personengruppen, so für Gelehrte und Waisen, Ausnahmen bzw. Befreiungen von der Steuer- und Abgabenpflicht. Wenn auch diese Ausnahmen bzw. Befreiungen immer wieder einmal Gegenstand der Diskussion geworden sind, galt grundsätzlich, daß die Gelehrten (*rabbānan* bzw. *talmīdē ḥakhāmīm*), und zwar ohne Ansehen der Person – wie einst Priester, Leviten und anderes Tempelpersonal zumindest seit der persischen Zeit –, von allen an die Regierung zu entrichtenden Steuern und Abgaben, der Grund- und Kopfsteuer also befreit waren (bBB 8a). Befreit waren sie sodann, wie mehrheitlich akzeptiert wurde, von denjenigen Steuern und Abgaben, die zum Schutz der Stadt, Bau der Stadtmauer u. dgl., erhoben wurden, „denn die Tora schützt sie" (bBB 7b–8a; bNed 62b).[71] Hingegen hatten sie, wie alle anderen auch, ihren Beitrag zur Aufrechterhaltung der Infrastruktur der Gemeinde, Einrichtung und Instandhaltung der Wasserversorgung und Abwasserbeseitigung, Anlage und Reparatur von Straßen und Wegen und dergleichen, zu leisten (bBB 8a).[72] Dessen ungeachtet blieb es ihnen jedoch unbenommen, von sich aus Steuern und/oder Abgaben an die Gemeinde zu entrichten (bYev 17a; bSanh 27a–b; bYoma 77a).

Waisen waren, ohne Ansehen der Person, von allen Zahlungen an die Armen-/Sozialkasse sowie von der Auslösepflicht für in Gefangenschaft Geratene oder als Sklaven Verkaufte (*pidyōn ha-nefeš*) befreit und hatten nur zum Schutz der Stadt, zum Graben von Brunnen und zum Bau von Wasserleitungen für die Wasserversorgung der Stadt sowie zur Feldbewässerung beizutragen. Allerdings mußten sie davon unmittelbaren Nutzen haben. Sollten sie aber Abgaben entrichtet haben, z.B. zum Graben eines Brunnens, ohne entsprechenden Nutzen daraus ziehen

[71] Vgl. Mose b. Maimon *MT hil. šekhēnīm* VI,6/Bd. XV, S. 308; *Shulḥan 'Arukh, Ḥošen Mišpaṭ* § 163,4 und *Yore De'a* § 243,2.

[72] Vgl. Mose b. Maimon *MT hil. talmūd tōrā* VI,10/Bd. II, S. 112f.; *hil. šekhēnīm* VI,6/Bd. XV, S. 308; *Shulḥan 'Arukh, Ḥošen Mišpaṭ* § 163,4–5 und *Yore De'a* § 243,2.

zu können, z.B. weil man kein Wasser gefunden hat, war ihnen der entrichtete Betrag zurückzuzahlen (bBB 8a–b).[73]

Schließlich konnten Personen, die kein eigenes Einkommen hatten, bei der Steuerverwaltung einen Steuernachlaß bzw. Steuererlaß beantragen, und es stand dann offenbar im Ermessen des Steuereinnehmers, ob er dem Antrag stattgab oder nicht (bBB 55a: *hittīr mi-dīmōsyā šelhen* „er erließ [ein Drittel] von ihrer Grundsteuer").

Die Festsetzung der Steuern und Abgaben, die der einzelne zu zahlen hatte, erfolgte aufgrund von „Schätzung" (*ʿerekh* pl. *ʿarākhīn*). Nicht einig waren sich die Gelehrten allerdings darüber, wie „geschätzt werden" sollte bzw. nach welchem Kriterium die zu entrichtenden Steuern und Abgaben anzusetzen waren: ob (1) als Kopfsteuer, und dabei entweder nach der Zahl der Familienoberhäupter (*roʾš ha-bayit*) oder der Familienangehörigen (*gulgolyōt*), oder (2) als Vermögenssteuer. Festsetzung nach dem Vermögen bedeutet in diesem Falle: entweder entsprechend der finanziellen Möglichkeiten einer Familie, also nach dem geschätzten Einkommen bzw. Vermögen einer Familie, oder aber „nach der Nähe der Wohnung zur Stadtmauer, ob er näher an der Stadtmauer oder weiter weg von ihr wohnt" (bBB 7b), mit anderen Worten, nach dem Nutzen bzw. dem Vorteil, den der Steuerpflichtige durch die nicht zuletzt auch mit seinen Steuergeldern bezahlten Gemeindeaufgaben hat.

Während am Ende die Festsetzung der zu entrichtenden Steuern und Abgaben nach dem Prinzip einer Kopfsteuer mehrheitlich abgelehnt wurde, verband man die beiden anderen Kriterien in der Weise miteinander, daß als Bemessungsgrundlage der zu leistenden Steuern und Abgaben zuerst das (Familien)einkommen und das (Familien)vermögen herangezogen und danach die „Nähe zur Stadtmauer", also der Nutzen bzw. Vorteil der zu entrichtenden Steuer für den Steuerpflichtigen berücksichtigt wurden (bBB 7b): „Ein Armer, der näher an der Stadtmauer wohnt, soll mehr bezahlen als der, der weiter weg von ihr wohnt; und ein Reicher, der näher an der Stadtmauer wohnt, soll mehr bezahlen als der, der weiter weg von ihr wohnt. Aber: ein Reicher, der weiter weg von ihr wohnt, soll mehr bezahlen als ein Armer, der näher an ihr wohnt".[74] Und diese Regelung galt *mutatis mutandis* auch

[73] Vgl. Mose b. Maimon *MT hil. mattenōt ʿaniyyōm* VII,12/Bd. IX, S. 115f.; *Shulḥan ʿArukh, Yore Deʿa* § 248,3.

[74] Vgl. Mose b. Maimon *MT hil. šekhēnīm* VI,4/Bd. XV, S. 308; *Shulḥan ʿArukh, Ḥošen Mišpaṭ* § 163,3.

für alle anderen Fälle, für die die Gemeinschaft aufzukommen hatte, z.B. Auslösung von Gefangenen etc. (bBQ 116b; vgl. yBB I,4/12d).

Es bleibt am Ende nur zu bedauern, daß in der frührabbinischen Literatur kein Text enthalten ist, der das ganze System von Gemeindesteuern und Abgaben in systematischer Darstellung bietet; dies ist in der Regel erst in den sog. Gemeindeordnungen der Fall, wie sie seit dem Mittelalter und der frühen Neuzeit nachweisbar und in unterschiedlicher Qualität und Vollständigkeit überliefert sind[75]. Dennoch erlauben es die zugegebenermaßen oft weit verstreuten Hinweise und Belege, zumindest die Grundzüge dieses Steuer- und Abgabensystems zu beschreiben, ohne daß dies hier allerdings in einer seine Entwicklung diachron berücksichtigenden Weise geschehen konnte. Auch in dieser Hinsicht konnte es nur darum gehen, anhand der verwendeten Begriffe auf einige, wesentlich erscheinende Aspekte dieses Steuer- und Abgabensystems hinzuweisen.

Bibliographie

Abrahams, Israel, *Publicans and Sinners*, in: ders., *Studies in Pharisaism and the Gospels*, 2 Bde., o. O. 1917–1924 (repr. in 1 Bd., New York 1967), I, S. 54–61.

Abrahams, *Pharisaism*: Israel Abrahams, *Studies in Pharisaism and the Gospels*, 2 Bde., o. O. 1917–1924 (repr. in 1 Bd., New York 1967).

Alon, *The Jews in their Land*: Gedaliah Alon, *The Jews in their Land in the Talmudic Age*, 2 Bde., Jerusalem 1980–1984.

'Arukh Shalem: Natan ben Yeḥi'el, *'Arukh Shalem – Aruch completum sive lexicon vocabula et res quae in libris Targumicis, Talmudicis et Midraschicis continentur*, ed. Alexander Kohut/Samuel Krauss, 9 Bde., New York ²1955.

Assmann et al., *Gerechtigkeit*: Jan Assmann/Bernd Janowski/Michael Welker (eds.), *Gerechtigkeit – Richten und Retten in der abendländischen Tradition und ihren altorientalischen Ursprüngen*, München 1998.

Atlas, Samuel, *Dina D'malchuta Delimited*, in: HUCA 46, 1975, S. 269–288.

Avi-Yonah, *Geschichte der Juden*: Michael Avi-Yonah, *Geschichte der Juden im Zeitalter des Talmud*, Studia Judaica 2, Berlin 1962.

Bałaban, Majer, *Die Krakauer Judengemeinde-Ordnung von 1595 und ihre Nachträge*, in: JJLG 10, 1912, S. 296–360; 11, 1916, S. 88–114 (= Textedition ohne Übersetzung; Neuausgabe mit polnischer Übersetzung, Einleitung und ausführlichem Kommentar: Jakimyszyn, *Statut*: Anna Jakimyszyn, *Statut krakowskiej gminy żydowskiej z roku 1595*, Kraków 2005).

[75] Ein sehr schönes Beispiel dafür ist die umfangreiche sog. „Krakauer Judengemeinde-Ordnung von 1595"; s. dazu die Textedition von Bałaban, in: JJLG 10, 1912, S. 296–360; 11, 1916, S. 88–114 (Neuausgabe mit polnischer Übersetzung, Einleitung und ausführlichem Kommentar: Jakimyszyn, *Statut*).

Baltrusch, *Juden und Römisches Reich*: Ernst Baltrusch, *Die Juden und das Römische Reich. Geschichte einer konfliktreichen Beziehung*, Darmstadt 2002.

Barclay, *Jews in the Mediterranean Diaspora*: John M. G. Barclay, *Jews in the Mediterranean Diaspora – from Alexander to Trajan (323 BCE–117 CE)*, Edinburgh 1996.

Bruce, I. A. F., *Nerva and the Fiscus Judaicus*, in: PEQ 96, 1964, S. 34–46.

Ego, Beate, *„Maß gegen Maß". Reziprozität als Deutungskategorie im rabbinischen Judentum*, in: Jan Assmann/Bernd Janowski/Michael Welker (eds.), *Gerechtigkeit – Richten und Retten in der abendländischen Tradition und ihren altorientalischen Ursprüngen*, München 1998, S. 163–182.

Encyclopedia Judaica: das Judentum in Geschichte und Gegenwart, ed. Jakob Klatzkin et al., 10 Bde., Berlin 1928–1934.

Funk, *Juden in Babylonien*: Salomon Funk, *Die Juden in Babylonien*, 2 Bde., Berlin 1902–1908.

Funk, *Monumenta Talmudica*: Salomon Funk et al. (eds.), *Monumenta Talmudica*, Bd. II: *Recht*, bearb. von Salomon Gandz, Wien 1913 (repr. Darmstadt 1972).

Ginsburg, Michael S., *Fiscus Judaicus*, in: JQR N.S. 21, 1930, S. 281–291.

Goldschmid, Léopold, *Les impots et droit de douane en Judée sous les Romains*, in: REJ 34, 1897, S. 192–217.

Goodman, *Jews in the Graeco-Roman World*: Martin Goodman, *Jews in the Graeco-Roman World*, Oxford 1998.

Graetz, *Geschichte der Juden*: Heinrich (Hirsch) Graetz, *Geschichte der Juden von den ältesten Zeiten bis auf die Gegenwart*, 11 Bde., Leipzig 1853–1897 (repr. Berlin 1998, 11 Bde. in 13 Teilen).

Herzfeld, *Handelsgeschichte der Juden*: Levi Herzfeld, *Handelsgeschichte der Juden des Alterthums*, Braunschweig ²1894.

Hüttenmeister, *Shabbat*: Talmud Yerushalmi: *Shabbat*, übers. von Frowald G. Hüttenmeister, in: Martin Hengel/Jacob Neusner/Peter Schäfer (eds.), *Übersetzung des Talmud Yerushalmi*, Bd. II/1 Tübingen 2004.

Jacob, *Exodus*: Benno Jacob, *Das Buch Exodus*, Stuttgart 1997.

Jacob, *Genesis*: Benno Jacob, *Das Buch Genesis*, Stuttgart 2000.

Jacobs, Martin, *Römische Thermenkultur im Spiegel des Talmud Yerushalmi*, in: Peter Schäfer (ed.), *The Talmud Yerushalmi and Graeco-Roman Culture*, TSAJ 71, Tübingen 1998, S. 219–311.

Jacobs, *Theater Performances as Reflected in the Talmud Yerushalmi*, in: Peter Schäfer (ed.), *The Talmud Yerushalmi and Graeco-Roman Culture*, TSAJ 71, Tübingen 1998, S. 327–347.

Jastrow, *Dictionary*: Marcus Jastrow, *A Dictionary of the Targumim, the Talmud Bavli and Yerushalmi, and the Midrashic Literature*, 2 Bde., London/New York 1886–1903 (repr. in 1 Bd, Jerusalem 1989 u. ö.).

Kotowski et al., *Geschichte der Juden*: Elke-Vera Kotowski/Julius H. Schoeps/Hiltrud Wallenborn (eds.), *Handbuch zur Geschichte der Juden in Europa*, 2 Bde., Darmstadt 2001.

Krauss, *Lehnwörter*: Samuel Krauss, *Griechische und lateinische Lehnwörter im Talmud, Midrasch und Targum*, 2 Bde., Berlin 1898–1899 (repr. Hildesheim 1964).

Levy, *History of the Jews of Iran*: Habib Levy, *Comprehensive History of the Jews of Iran: The Outset of the Diaspora*, ed. and abridged by Hooshang Ebrami, transl. from the Persian by George W. Maschke, Costa Mesa, Calif. 1999.

Levy, *Wörterbuch*: Jacob Levy, *Neuhebräisches Wörterbuch über die Talmudim und Midraschim*, 4 Bde., Berlin/Wien ²1924.

Linder, *Jews in Roman Legislation*: Amnon Linder, *The Jews in Roman Imperial Legislation*, Detroit, Mich. 1987.

Midrasch Rabba: Mose Arye Mirkin (ed.), *Midrasch Rabba*, 11 Bde., Tel Aviv ³1977.

Mose b. Maimon, *Mišneh Tōrā hūʾ ha-yad ha-ḥazāqā*, ed. Mordekhai D. Rabinowitz/Shmuel T. Rubinstein et al., 17 Bde., Jerusalem ⁶ ᵘ·⁷5741–1745/1981–1985.

Neuman, *Jews in Spain*: Abraham A. Neuman, *The Jews in Spain: their social, political and cultural life during the middle ages*, The Morris Loeb Series, 2 Bde., New York ³1948 [repr. 1969].

Neusner, *Jews in Babylonia*: Jacob Neusner, *A History of the Jews in Babylonia*, Studia Postbiblica 9,11,12,14 und 15, Leiden 1965–1970.

Neusner, *Israel and Iran in Talmudic Times*: Jacob Neusner, *Israel and Iran in Talmudic Times: A Political History*, Lanham 1986.

Neusner, *Israel's Politics in Sasanian Iran*: Jacob Neusner, *Israel's Politics in Sasanian Iran. Jewish Self-Government in Talmudic Times*, Lanham 1986.

Neusner, *Talmudic Judaism in Sasanian Babylonia*: Jacob Neusner, *Talmudic Judaism in Sasanian Babylonia. Essays and Studies*, SJLA 14, Leiden 1976.

Neusner, Jacob, *The Jews East of the Euphrates and the Roman Empire I, 1st–3rd Centuries A.D.* in: Hildegard Temporini/Wolfgang Haase (eds.), *Aufstieg und Niedergang der römischen Welt. Geschichte und Kultur Roms im Spiegel der neueren Forschung* ANRW II, Bd. 19/1, Berlin 1976, S. 46–69.

Noethlichs, *Judentum und römischer Staat*: Karl L. Noethlichs, *Das Judentum und der römische Staat. Minderheitenpolitik im antiken Rom*, Darmstadt 1996.

Noethlichs, *Juden im christlichen Imperium Romanum*: Karl L. Noethlichs, *Die Juden im christlichen Imperium Romanum (4.–6. Jahrhundert)*, Studienbücher Geschichte und Kultur der Alten Welt, Berlin 2001.

Oppenheimer, *Babylonia Judaica*: Aharon Oppenheimer, *Babylonia Judaica in the Talmudic Period*, Wiesbaden 1983.

Ōṣar lešōn ha-Talmūd: Chaim Josua Kasowski (ed.), *Ōṣar lešōn ha-Talmūd. Sefer ha-maṭ'īmōt le-Talmūd Bavlī – Thesaurus Talmudis: concordantiae verborum quae in Talmude Babilonico reperiuntur*, 42 Bde., Jerusalem 1954–1989.

Posen, *dīnā de-malekhūtā dīnā*: Jacob Posen, *dīnā de-malekhūtā dīnā*, Phil. Diss. London University 1951.

Rabello, *Jews in the Roman Empire*: Alfredo M. Rabello, *The Jews in the Roman Empire: Legal Problems, from Herod to Justinian,* Variorum collected studies 645, Aldershot 2000.

Schäfer, *Geschichte der Juden*: Peter Schäfer, *Geschichte der Juden in der Antike*, Stuttgart/Neukirchen-Vluyn 1983.

Schäfer, *History of the Jews*: Peter Schäfer, *The History of the Jews in the Greco-Roman World*, London 2003.

Schäfer, *Talmud Yerushalmi*: Peter Schäfer (ed.), *The Talmud Yerushalmi and Graeco-Roman Culture*, TSAJ 71, Tübingen 1998.

Schreiner, Stefan, *Rechtsstellung und Strukturen jüdischer Gemeinden im europäischen Kontext*, in: Elke-Vera Kotowski/Julius H. Schoeps/Hiltrud Wallenborn (eds.), *Handbuch zur Geschichte der Juden in Europa* II, Darmstadt 2001, S. 58–68.

Schürer, *History*: Emil Schürer, *The History of the Jewish People in the Age of Jesus Christ.* A New English Version Revised and Edited by Geza Vermes, Fergus Millar and Martin Goodman, 3 Bde., Edinburgh 1973–1987.

Schwartz, Seth, *Gamaliel in Aphrodite's Bath: Palestinian Judaism and Urban Culture in the Third and Fourth Centuries*, in: Peter Schäfer (ed.), *The Talmud Yerushalmi and Graeco-Roman Culture*, TSAJ 71, Tübingen 1998, S. 203–218.

Shilo, *Dina de-Malkhuta Dina*: Shmuel Shilo, *Dina de-Malkhuta Dina*, Jerusalem 1974.

Shulḥan 'Arukh: [Yosef Qaro], *Shulḥan 'Arukh 'im kol mefaršīm*, 8 Bde., Jerusalem 1954–1956.

Smallwood, *Jews under Roman Rule*: Edith M. Smallwood, *The Jews under Roman Rule: From Pompey to Diocletian*, SJLA 20, Leiden 1976.

Sokoloff, *Dictionary*: Michael Sokoloff, *A Dictionary of Jewish Babylonian Aramaic*, Ramat-Gan 2002.

Steinsaltz, *Bavli Giṭṭin*: Adin Steinsaltz (ed.), *Talmud Bavli, Massekhet Giṭṭin*, Jerusalem 1993.

Steinsaltz, *Yerushalmi Pe'a*: Adin Steinsaltz (ed.), *Talmud Yerushalmi, Massekhet Pe'a*, Jerusalem 1987.

Stemberger, *Römische Herrschaft*: Günter Stemberger, *Die römische Herrschaft im Urteil der Juden,* EdF 195, Darmstadt 1983.

Stemberger, *Einleitung in Talmud und Midrasch*: Günter Stemberger, *Einleitung in Talmud und Midrasch*, München [8]1992.

Stemberger, *Juden und Christen*: Günter Stemberger, *Juden und Christen im Heiligen Land. Palästina unter Konstantin und Theodosius*, München 1987.

Temporini/Haase, *ANRW II*: Hildegard Temporini/Wolfgang Haase (eds.), *Aufstieg und Niedergang der römischen Welt. Geschichte und Kultur Roms im Spiegel der neueren Forschung* ANRW II, Bd. 19/1, Berlin 1976.

Wewers, *Pea*: Talmud Yerushalmi: *Pea – Ackerecke*, übers. v. Gerd A. Wewers, in: Martin Hengel/Jacob Neusner/Peter Schäfer (eds.), *Übersetzung des Talmud Yerushalmi*, Bd. I/2, Tübingen 1986.

SEKTION III

MESOPOTAMIEN

DIE ALTASSYRISCHEN HANDELSABGABEN IN NORDMESOPOTAMIEN UND ANATOLIEN IM 19.–18. JH. V.CHR. IN VERTRÄGEN UND PRAXIS

Jan Gerrit Dercksen (Leiden)

Ziel dieses Artikels ist es, im Rahmen des Themas das vorhandene Textmaterial über die Besteuerung von Handelswaren aus Nordmesopotamien und Anatolien aus dem 19. und 18. Jh. v.Chr. zu diskutieren und regionale und überregionale Besonderheiten festzustellen. Geographisch erstreckt sich der Raum vom Stadtstaat Assur am Tigris im Osten über die Gazira und das Mitteleuphratgebiet mit der Stadt Mari als Hauptort bis Zentralanatolien mit Kanisch als Fokus. Die Fundorte der hier benutzten Texte sind Assur (Tall Scherqat), Šehna (Tall Leilan), Mari (Tall Hariri) und Kanisch (Kültepe). Fast all diese Texte sind mit Keilschrift beschriebene Tontafeln. Die dabei verwendete Sprache ist Akkadisch; der altassyrische Dialekt wurde von Assyrern und Anatoliern während der altassyrischen Periode benutzt, die Texte aus Mari hingegen sind auf Babylonisch geschrieben. Das vorhandene Textmaterial ist unterschiedlicher Art. Die Informationen über den Stadtstaat Assur und den von dort aus mit Anatolien geführten Handel entstammen fast ausschließlich Schriftstücken, die in Privatarchiven von assyrischen Kaufleuten in der Stadt Kanisch gefunden worden sind. Denselben Archiven sowie einigen einheimischen Ursprungs verdanken wir die meisten Angaben über Anatolien. Die Daten aus Mari und Šehna dagegen entstammen den dortigen Palastarchiven.

Der unterschiedliche Charakter der Dokumentation bedingt, zuerst die Abgabenleistungen im altassyrischen Stadtstaat und seinen Kolonien in Syrien und Anatolien zu diskutieren und danach zum Vergleich die Situation im Mitteleuphratgebiet zu erörtern.

Die Abgabenleistungen in Altassyrischer Zeit

Nach Wiedergewinnung der Unabhängigkeit vom Königreich von Ur am Ende des 21. Jhs. v.Chr. etablierte sich die sog. Altassyrische Dynastie in Assur und regierte diese Stadt, bis der amurritische Fürst

Šamši-Adad Assur ca. 1808 v.Chr. eroberte.[1] Über die Geschichte der Stadt während dieser Periode gibt es nur spärliche Informationen aus einer Reihe von Königsinschriften und in Kanisch gefundenen Briefen. Im Laufe dieser Zeit gewann Assur großen Einfluß als Zentrum eines Transithandels zwischen Iran, Südmesopotamien und Anatolien. Eine Handelskolonie assyrischer Kaufleute bei der zentralanatolischen Stadt Kanisch wurde vermutlich zur Zeit des Königs Erišum I. errichtet. Diese Kolonie wurde nach mesopotamischem Brauch *kārum* oder „Kai" genannt. Die dortige assyrische Präsenz ist durch Textfunde in den beiden Hauptphasen der Besiedlung nachzuweisen: in Schicht II von etwa Mitte des 20. Jhs. v.Chr. bis zu ihrer Verwüstung ca. 1836 und in der jüngeren Schicht Ib von etwa 1800 bis ca. 1720 v.Chr. Weitgehend synchron mit Karum Kanisch Schicht Ib sind kleinere Funde altassyrischer Dokumente aus den beiden anatolischen Ruinenstätten Boghazköy (das alte Hattuša) und Ališar (wahrscheinlich mit dem alten Amkua zu identifizieren).[2] Angesichts der geringen Zahl von Texten, die in diesen Orten und in Assur selbst gefunden wurden, ist die in Kanisch ausgegrabene Dokumentation – meist privater Natur – oft die einzige Quelle, die über diesen Handel und die Beziehungen Assurs zu anderen Staaten informiert.

Kern dieses Handels war die Ausfuhr von Zinn und Stoffen mit Eselskarawanen und daneben auch kleinerer Mengen von Eisen, Lapislazuli und Karneol, die in Anatolien schließlich für Silber und Gold verkauft wurden. Der Stadtstaat von Assur verfügte über ein Netz von mindestens 34 Handelskolonien und kleineren Stationen (während Schicht II), die alle an wirtschaftlich und/oder geographisch wichtigen Orten gelegen waren. Die Existenz der Kolonien und die Kooperation der lokalen Fürsten wurde durch Verträge gesichert, von denen einige gefunden worden sind.

Die in den altassyrischen Texten erwähnten Abgabenformen beziehen sich fast ausschließlich auf den Handel. Dafür gewähren sie uns aber einen ungemein detailreichen Einblick. Aufgrund des heutigen Kenntnisstandes lassen sich folgende Feststellungen treffen.

---

[1] S. Veenhof, *Year Eponyms*.

[2] S. Dercksen, in: van Soldt et al., *Veenhof Anniversary Volume*, S. 39–66.

1 *Assyrische Handelsabgaben*

Der reich dokumentierte altassyrische Handel kannte viele Formen der Besteuerung der Handelsware, sowohl durch assyrische als auch durch syrische und anatolische Behörden. Soweit ersichtlich, ist die verwendete Terminologie immer assyrisch, und sie beschränkt sich hauptsächlich auf zwei Verben und zwei davon abgeleitete Substantiva: *nasāhum* „ausreißen" mit *nishātum* „Abzug", und *nadā'um* „werfen", oft im kausativen Š-Stamm in der Bedeutung „erheben", mit dem Substantiv *šaddu'atum*. Wie unten gezeigt wird, kann jedes dieser Substantiva in unterschiedlichen Situationen verwendet werden, in denen die Wörter eine spezielle Bedeutung erhalten. Behandelt werden im folgenden die Ausreisesteuer in Assur, die Wegsteuer von Assur nach Kanisch und in umgekehrter Richtung sowie verschiedene andere Abgaben.

1.1 *Die Ausreisesteuer*

Nach Ankauf der Waren wurde von den städtischen Behörden in Assur vor der Ausreise eine spezielle Ausreisesteuer (*waṣītum*) eingenommen, die 1/120 des Silberwertes der gekauften Ware betrug und oft in Silber entrichtet wurde. Die Verwendung von Silber rührt daher, daß diese Metallsorte das von der Stadt bevorzugte Zahlungsmittel war. In der Regel wurden alle Einkäufe mit diesem Metall bezahlt, deren Gesamtwert daher leicht zu errechnen war, und eine Menge Silber war zu diesem Zweck vorhanden. Obwohl diejenigen Texte, die den Kauf von Gütern in Assur genau beschreiben, gewöhnlich eine Summe Silber als „Ausreisesteuer" auflisten, gab es mehrfach Kaufleute, die wegen dieser Steuer Schulden beim Stadthaus (*bēt ālim*) hatten, der Instanz, welche diese Steuer einnahm.

1.2 *Die Wegsteuer*

Auf dem Weg nach Kanisch wurden die Karawanen in fast jedem Staat besteuert. Dies geschah durch die lokalen assyrischen Behörden und auf andere Weise durch den lokalen Palast. Ein wichtiger Teil dieser Besteuerung war die Zahlung des *dātum* „Geschenk", dessen Höhe als Menge Zinn pro Talent (etwa 30 kg) ausgedrückt wurde. Der *dātum* war abhängig vom Wert der Waren und deshalb vermutlich eine assyrische Steuer, im Gegensatz zu den nichtassyrischen Abzügen, die wertunabhängig und pro Esel erhoben wurden.[3] Er wurde meist in Zinn bezahlt,

[3] S. Dercksen, *Institutions*, S. 156–159.

wofür dem Packmeister in Assur eine Menge loses, d.h. ungesiegeltes Zinn übergeben wurde. Die Höhe des *dātum* auf der Gesamtstrecke von Assur bis Kanisch schwankt zwischen 6,4 und 10% des Warenwertes, abhängig vom zurückgelegten Weg.

Zur Entrichtung des *dātum* wurde ein *awītum* genanntes System mit festen Umrechnungskursen entwickelt, dessen Anfänge im Dunkeln liegen und das nur in seiner endgültigen Form mehr oder weniger bekannt ist. Der Gebrauch von Umrechnungskursen oder Wertäquivalenzen hatte in Südmesopotamien aber schon eine jahrhundertelange Entwicklung hinter sich und wurde, wahrscheinlich unter dem Einfluß von Kaufleuten, im 21. Jh. v.Chr. voll ausgebildet und von der Verwaltung der südmesopotamischen Provinz Umma als Mittel verwendet, um den Wert verschiedenster Waren und Dienste in einheitlicher Weise auszudrücken. Es gab ausbalancierte Rechnungen für Kaufleute, in denen die Waren ein Äquivalent in Silber bekamen.[4]

Im altassyrischen Handelssystem wurde der Wert des Zinns und der Stoffe, der beiden wichtigsten Exportwaren, die von Assur nach Anatolien transportiert wurden, in einem Äquivalenzmittel ausgedrückt. Zinn bekam die Funktion des Äquivalenzmittels auf der Strecke von Assur bis Kanisch. Der Wert eines Stoffes wurde auf 2 Minen Zinn festgesetzt, ungeachtet eventueller Qualitätsunterschiede im Sortiment. Sogar die Esel bekamen einen Wert in Zinn, der zwischen 1 1/3 und 2 Minen schwankte. Zusammen mit der Menge losen Zinns, das für die Zahlung des *dātum* verwendet wurde, bildeten diese Mengen Zinn den *awītum* oder den angegebenen Wert. Zu beachten ist, daß weniger häufige Exportgüter, wie Eisen oder Lapislazuli, nicht unter dieses System fielen und wahrscheinlich auf anderem Weg mittels eines Zehnten besteuert wurden.

Dieses System beruht auf Standardwerten, die die realen Preise nur beschränkt wiedergeben. Die Werte sind unabhängig von denen in der Stadt Assur und sind zu vergleichen mit niedrigen Preisen in Kanisch. Die Verwendung von Zinn als Äquivalenzmittel mag auf der Tatsache beruhen, daß die Assyrer dieses Metall – besonders in der Gazira – als Zahlungsmittel benutzten. Obwohl unmittelbare Hinweise fehlen, darf man davon ausgehen, daß die assyrischen Behörden das auf diese

---

[4] S. zu diesen 'balanced accounts' Snell, *Ledgers and Prices*; Steinkeller, in: Rollinger/Ulf, *Commerce and Monetary Systems*, S. 99ff. Zur Entwicklung der Umrechnungskurse s. Englund, *Fischerei*, S. 18–23.

Weise erhaltene Zinn teilweise für Zahlungen oder Geschenke an lokale Würdenträger benutzten.

Das *awītum*-System wurde ebenfalls für die *šaddu'atum*-Abgabe genannte Besteuerung von Silber und Gold verwendet, die man von Kanisch nach Assur schickte (siehe unten). Dabei fungierte Silber als Äquivalenzmittel, und der Standardwert von Gold zu Silber betrug 8 zu 1.

> 10 Talente Silber: der *awītum*-Wert von Aššur-imitti; 3 Talente: Zuppa; 1 Talent 4 Minen: Aššur-muttabbil; 45 Minen: vom Stadtfürsten; 1 Talent 22 1/2 Minen: Enna-Suen; 55 Minen: Alahum; 22 Minen: Amur-Ištar; 28 Minen: Uzibiškum.
> Insgesamt 18 Talente 4 (! 17 T 56 1/2) Minen Silber: *awītum*-Wert von Aššur-imitti und seiner Gesellschaft.
> (Beispiel 1: Die *awītum*-Liste Dalley 12)

Der *awītum*-Wert einer Karawane wurde in eigens dafür verfaßten Dokumenten registriert, und die Besteuerung erfolgte wahrscheinlich auf Grund solcher Texte. Ob die Stadt und die Zentralkolonie in Kanisch durch Siegelung der Handelsware eine Kontrolle ausübten, ist umstritten. Einige meinen, daß die „Siegel der Stadt", mit denen Zinn und bisweilen auch Stoffe versiegelt wurden, von den städtischen Autoritäten benutzt wurden und nach Zahlung der Ausreisesteuer angebracht wurden. Dagegen ist einzuwenden, daß solche Siegelungen nur aus der Perspektive der Empfänger solcher Waren außerhalb von Assur erwähnt werden und daher vielmehr nur die originalen, in Assur angebrachten Siegelungen bezeichnen.[5]

1.3 *Die Abgaben*

Es gibt drei Formen von *šaddu'atum* genannten Abgaben, die alle von den assyrischen Behörden erhoben wurden.[6] Die erste so genannte Abgabe bildete wahrscheinlich das Gegenstück zu der *dātum*-Wegsteuer. Zur Bezahlung wurde Sendungen von Silber und Gold nach Assur gewöhnlich Silber in Höhe von 1 Seqel pro Mine (1/60) beigefügt. Wo diese Abgabe entrichtet wurde, ob unterwegs oder zentral in Assur, ist den Texten nicht zu entnehmen, doch geschah es wahrscheinlich unterwegs. Diese Hinzufügung sowie die des *nishātum*-Abzugs (s.u.) wurde mit der Phrase *nishāssu watrā šaddu'assu šabbu* „die Abzüge dafür zusätzlich, mit der Abgabe dafür ist er (d.h. der Transporteur, der solche Abgaben zu

---

[5] S. Dercksen, *Institutions*, S. 91–93.

[6] Dercksen, *Institutions*, S. 110ff.

entrichten hatte) gesättigt" und Varianten davon in solche Sendungen betreffenden Dokumenten erwähnt. Die Abgabe wurde nicht immer in Silber bezahlt; auch Kupfer wurde zu diesem Zweck verwendet. So in Bilgiç/Günbattı AKT III Nr. 113, wo 30 Minen raffiniertes Kupfer zur Zahlung der *šaddu'atum* für zwei Barren von 30 Minen (15 kg) Silber dienten.

Zweitens bezeichnet *šaddu'atum* eine Abgabe von 1 Seqel pro Mine (1/60) an die Kolonie. Drittens wird dieses Wort für eine hohe Abgabe von 3 Seqel pro Mine, also von 5%, verwendet, die die „Abgabe des Karum Kanisch" genannt wird. Diese Abgabe wurde von den lokalen assyrischen Handelsorganisationen auf die Handelsware erhoben, also von der Kolonie in wichtigen Städten und von einer Handelsstation in kleineren Ortschaften. Eine bestimmte Gruppe von bei der Zentralkolonie in Kanisch registrierten wichtigen Kaufleuten war aber von der Zahlung dieser Abgabe freigestellt, weil sie eine jährlich zu entrichtende, ansehnliche Summe Silber zu zahlen sich verpflichtet hatten. Diese Summe hieß *dātum*, ähnlich wie die Wegsteuer. Eines der Privilegien, die mit dieser Zahlung verbunden waren, war die Freistellung von der „Abgabe des Karum Kanisch".[7]

Eine Einführung von Abgaben wird in einem fast zur Hälfte zerstörten Brief beschrieben, der wahrscheinlich von der Zentralkolonie in Kanisch an eine Handelsstation gerichtet war.[8] Insgesamt 420 Minen (210 kg) Kupfer sollen als Kopfsteuer von den dort befindlichen Kaufleuten und Transporteuren erhoben und den Boten des Karum überreicht werden. Weiter soll man ab sofort eine *šaddu'atum* erheben, von der die Hälfte an die Zentralkolonie geschickt werden soll, die andere Hälfte aber von der Handelsstation für ihre Auslagen verwendet werden darf. Die Kopfsteuer war eine assyrische Abgabe, die von den die Karawanen begleitenden Transporteuren erhoben wurde.[9]

Einen wichtigen Aspekt assyrischer Besteuerung bildet die bürokratische Unterstützung, über die die Kolonialverwaltung verfügen konnte. Es ist aber schwer, darüber Aussagen zu machen, weil es unter den ausgegrabenen Texten nur eine beschränkte Anzahl von Dokumenten gibt, die der assyrischen Verwaltung entstammen oder zu ihr in Relation

[7] Dercksen, *Institutions*, S. 119–132.
[8] S. für KTP 3 Dercksen, *Institutions*, S. 111.
[9] Veenhof, *Aspects*, S. 264–269.

zu bringen sind. Die Mehrzahl solcher Dokumente hat die unerlaubte Besteuerung eines *dātum*-Zahlers zum Thema. Dies verwundert nicht, war es in kleineren Orten doch oft unklar, wem bestimmte Güter gehörten und was der aktuelle Status des Kaufmanns war. Es handelt sich bei diesen Dokumenten um Briefe, in denen eine übergeordnete Kolonie den Auftrag erteilt, eine schon entrichtete Abgabe dem Kaufmann zurückzuerstatten. Fast immer ging einer solchen Aktion eine Klage des Kaufmanns voraus.

Die Einnahme von Steuern wurde wahrscheinlich schriftlich festgelegt. In Assur wurde die Ausreisesteuer beim Stadthaus registriert, da der Jahreseponym, der für diese Instanz verantwortlich war, daraus entstandene Schulden eintrieb. Texte aus dem Archiv von Kulia,[10] der als Gesandter der Zentralkolonie auftrat, zeigen, daß dieser Gesandte jede Menge Eisen oder Silber, die er als Abgabe oder Zehnt eintrieb, mit dem Namen des Eigentümers in einer Liste aufschrieb. Es ist also zu erwarten, daß auch die empfangende Instanz außerhalb von Assur über die eingetriebenen Abgaben Buch führte, um sich vor der Zentralkolonie verantworten zu können. Dokumente solcher Art sind jedoch noch nicht identifiziert worden.

Ob dies ebenfalls brieflich einer vorgesetzten Instanz gemeldet wurde, wie aus dem unten zu erwähnenden Beispiel vom Zollamt von Terqa hervorgeht, bleibt unklar. Aus mittelassyrischer Zeit ist eine Urkundengruppe bekannt, worin registriert wird, daß ein bestimmter Zollinspektor eine Ware inspiziert und verzollt hat. B. Faist hat diese Art von Urkunden als „Zollquittung" für den Besitzer der Ware interpretiert.[11] Für die altassyrische Zeit sind solche Dokumente bis jetzt nicht belegt.

1.4 *Die Abzüge*

Das Wort *nishātum* ist die allgemeine Bezeichnung für „Abzug". Es begegnet in den altassyrischen Texten in zwei Hauptbedeutungen: Erstens bezeichnet es eine Silber- und Goldtransporten hinzugefügte Menge Silber, die 5/120 des Transportwertes betrug und die nach Ankunft in Assur erhoben wurde. Zweitens wird *nishātum* für einen durch den Palast erhobenen Abzug auf importierte Ware von 5% auf Stoffe (sie wird in Purušhattum *mētum hamšat* „fünf Prozent" genannt) und 2/65 auf

[10] Die Edition dieses Archivs wird von K. R. Veenhof vorbereitet. Dort findet man eine ausführliche Diskussion über Kulias Aktivität als Steuereintreiber und über die Steuern.

[11] Faist, *Fernhandel*, S. 194.

Zinn (s.u.) verwendet. Daneben wird *nishātum* für Abzüge verwendet, die man als Zoll interpretieren kann.

Es ist noch weitgehend unklar, auf welche Weise die Abzüge erhoben wurden.[12] Laut einiger Briefpassagen erfolgt das Abgeben in einem Haus, wahrscheinlich dem eines Händlers. Die empfangende Instanz war vielleicht das Stadthaus, wenn man die Beischrift „dem Gott Assur gehörend; die Abzüge des Stadthauses betreffend" auf einem offiziellen Siegel in diesem Sinne interpretieren darf.[13]

2 *Geschenkaustausch*

Neben oben genannten Abgaben und Steuern stellte der Austausch von Geschenken zur Knüpfung und Erhaltung freundschaftlicher Beziehungen ein wesentliches Merkmal nicht nur dieser Gesellschaft dar. Dabei ist zwischen Austausch unter Assyrern und solchem zwischen Assyrern und syrischen oder anatolischen Fürsten und anderen Würdenträgern zu unterscheiden. Die Geschenke an hohe Funktionäre, Handelspartner, Freunde und Verwandte wurden, soweit sie aus Edelmetall bestanden, als Ausgaben schriftlich registriert.

2.1 *Geschenkaustausch unter Assyrern*

Kleinere Mengen an Silber, variierend von 1 bis etwa 10 Seqel, also von ca. 8 bis 80 g Gewicht, wurden nach Assur geschickt. Der Kaufmann Imdilum, zum Beispiel, schickte Silber an Personen, die uns aus seiner Korrespondenz als Vertreter in Assur bekannt sind; 10 Seqel an Aššur-imitti, 3 Seqel an Aššur-šamši, 2 Seqel an Šu-Ištar und je 1 1/2 Seqel an Bubburanum und Ennanum.[14] Besonders die beiden erstgenannten Personen tätigten Einkäufe für Imdilum.

Eine Sendung von x Seqel Silber an den Jahreseponym in Assur darf man auch als Geschenk interpretieren, da der Eponym persönlich beim Verkauf von Luxusgütern vermittelte. Kleinere Zahlungen an Funktionäre beschleunigten administrative Verfahren; einer Frau in Kanisch wird aufgetragen, dem Schreiber, d.h. wohl dem Sekretär der Kolonie, einen halben Seqel (Silber) zu zahlen, um dadurch goldene Ringe zurückzubekommen, die anscheinend beschlagnahmt worden waren.[15]

[12] S. Dercksen, *Institutions*, S. 35–36.
[13] Dercksen, *Institutions*, S. 91.
[14] Hecker et al., *Prag* Nr. 495 // Donbaz, *Sadberk*, Nr. 24.
[15] BIN VI Nr. 6, übersetzt bei Michel, *Correspondance*, S. 459 Nr. 335.

Eine besondere Art Geschenk belegen einige Texte, worin kleinere Mengen Silber als „Opfer" identifiziert werden.[16] Es handelt sich wahrscheinlich um Spenden, die der Empfänger für Opfer verwenden konnte. Die Anlässe für solche Spenden waren verschieden: eine Reise nach Assur, eine Geburt oder ein Todesfall.

2.2 *Geschenke an anatolische Fürsten*

Der Geschenkaustausch während der Altbabylonischen Periode ist von C. Zaccagnini eingehend diskutiert worden.[17] Die Diskussion der in Mari-Texten belegten Terminologie wurde jüngst von F. Lerouxel wieder aufgenommen.[18] Da beide Untersuchungen das in vielerlei Hinsicht vergleichbare Material der altassyrischen Texte nicht berücksichtigen, soll dieses hier kurz dargestellt werden.

Wie in den babylonischen Texten werden *hašāhum* „brauchen, begehren" und *hišihtum* „Bedarf", sowie *erāšum* „verlangen, wünschen" und *erištum* „Verlangen, Bedarf" für gewünschte (kommerzielle) Lieferungen verwendet. Die Geschenke an anatolische Fürsten werden meist *erbum* „Einkommen" genannt und dürfen vielleicht mit dem *tāmartum* „Audienzgeschenk" gleichgesetzt werden.[19] Das Darbringen solcher Geschenke auf politischer Ebene ist nur in einigen Kontexten belegt. Als wichtigster darf die Eidesleistung eines Fürsten gelten, mit der ein Vertrag zwischen Assur und dem König bekräftigt wurde. Anläßlich einer solchen Eidesleistung überreichten assyrische Gesandte dem König ein Geschenk. Bis jetzt betreffen die Belege nur Fürsten von kleineren Stadtstaaten. Daneben gibt es etliche Belege für *erbum*-Geschenke an Fürsten aus unklarem Anlaß.[20] Die Art und Weise, wie die wichtigsten Könige, die von Kanisch, Purušhattum und Wahšušana, assyrische Geschenke erhielten, ist noch immer unbekannt. Es mag auf den ersten Blick überraschen, daß die gerade erwähnten *erbum*-Geschenke aus Silber und Gold bestanden. Die Assyrer waren doch die einzigen Importeure von Zinn und könnten dies als Geschenk benutzen – so wie

[16] Bilgiç/Günbattı, AKT III, Nr. 32: zusammengefaßt in Z. 18–19 mit „Alles das gab ich ihnen für ihr Opfer." Es handelt sich um insgesamt 30 Seqel für 17 Personen; vgl. ebd., Nr. 30. Zu altassyrisch *niqʾum* „Opfer" s. Hirsch, *Religion*, S. 62–64.

[17] Zaccagnini, in: Carruba et al., *Studi orientalistici*, S. 189–253.

[18] Lerouxel, in: *Florilegium Marianum* VI, Paris 2002, S. 413–463.

[19] Zu *erbum* vgl. Veenhof, *Aspects*, S. 153.

[20] Der Fürst von Širmu bekommt 1 Mine Silber und 3 Seqel Gold laut KTP 6, s. Larsen, *City-State*, S. 274. Der Fürst von Zalpa erhält etwa 70 g Gold (9 Seqel) laut TC III Nr. 85, s. Dercksen, *Institutions*, S. 241.

sie es auch im Falle des ungenannten Königs, der in der Umgebung von Hahhum lebte, im Vertragstext verwendeten.[21] Aber anscheinend war die Lage in Anatolien anders und das Bedürfnis an Zinn schon auf anderem Weg gestillt.

Es ist anzunehmen, daß assyrische Gesandte von den anatolischen Palästen ein Gegengeschenk erhielten, wie dies in altbabylonischer Zeit gang und gäbe war und zum Beispiel in den Texten aus Mari und Tall Leilan gut belegt ist,[22] wo Boten und andere Funktionäre die erhaltenen Geschenke, oft silberne Ringe von einem bestimmten Gewicht, bei ihrer Ankunft abgaben.[23] So wurden laut ARM VII Nr. 173 einem gewissen Aššur-bani aus Kanisch, der als Gesandter in Mari angekommen war – offenbar als Gesandter der Kolonie von Kanisch, 5 Seqel Silber, wohl als Ring gegeben. Dieser Text stammt aus der Regierungszeit Zimrilims (Jahr 7, etwa 1768 v.Chr.) und gehört somit in die Zeit der Siedlung der Schicht Karum Kanisch Ib.

Leider sind nur wenige Texte aus dem königlichen Archiv in Kanisch bewahrt geblieben. Neben einigen Listen, in denen Personal verzeichnet wird, gibt es nur einen Beleg für politische Korrespondenz. Der Austausch von Geschenken zwischen Fürsten von gleichem Rang ist darin belegt: Der Absender des Briefes, König Anum-Hirbi von Mamma, beklagt sich beim König Waršama von Kanisch darüber, daß ein gewisser Tarikutana, vielleicht identisch mit einem Boten von Waršama, der wegen einer Vertragsänderung zu Anum-Hirbi gesandt war, statt Silber „Steine" versiegelt hatte.[24]

Auf privater Ebene gab es gleichfalls auf Reziprozität beruhende *erbum*-Geschenke, die assyrische Kaufleute anatolischen Fürsten überreichten. Diese Geschenke bestanden oft aus einem oder mehreren Stoffen. Zwei Briefe aus dem Archiv von Itur-ili bieten einen besonderen Einblick in die Möglichkeiten am Hofe der Stadt Tuhpia: Ein Assyrer namens Išme-Aššur schreibt dem Itur-ili,[25] wie er nach Ankunft in Tuhpia dem

---

[21] S. zu diesem Text unten, S. 198f. Zimrilim, der König von Mari, verwendete Zinn, das er dank guter Beziehungen aus Elam und Babylon bekommen hatte, als Geschenk für, unter anderen, den König von Qatna und zweimal an Ibni-Addu, den König von Hazor (ARM XXIII Nr. 556), s. Joannès, in: *Mésopotamie et Elam*, 1991, S. 68.

[22] Für Mari s. J. Bottéro, ARM VII, S. 330–331; für Tall Leilān vgl. Vincente, *Habil-kinu*, S. 30–65.

[23] Wobei ihr Gewicht kontrolliert wurde, s. Joannès, in: RAssyr 83, 1989, S. 145–149.

[24] Balkan, *Anum-Hirbi*, S. 8.

[25] TC I Nr. 39, übersetzt bei Michel, *Correspondance*, S. 154–155 Nr. 92.

Fürsten auftragsgemäß zwei Gewänder, zehn andere Stoffe sowie eine Menge Eisen (*ašium*) angeboten hat. Der Fürst akzeptierte den *erbum*, gab die Stoffe und das Eisen aber zurück. Als Zahlung für den *erbum* wird Kupfer bereitgestellt.

Der zweite Brief stammt vom Fürsten selbst.[26] Er gibt darin eine Übersicht über vier Lieferungen, die seitens des Itur-ili gemacht wurden, und die Art der Bezahlung:

> Folgendermaßen der Fürst von Tuhpia an Itur-ili:
> Du schicktest zu mir 1 *kutanum*- und 1 *kusitum*-Stoff, ihren Preis habe ich dir noch nicht gegeben. Amunani bringt dir (nun) 80 Minen gutes Kupfer als Preis der Stoffe.
> Ennum-Aššur brachte mir 1 *kutanum*-Stoff als *erbum*-Geschenk, (und) Šu-Laban brachte mir 1 *kutanum*-Stoff als *erbum*-Geschenk. Ich habe 50 Minen gutes Kupfer an Ennum-Aššur gegeben und 50 Minen an Šu-Laban.
> Du hast mir ein *erbum*-Geschenk geschickt. Für das *erbum*-Geschenk, das du mir geschickt hast, bringt Amunani dir 2 . . . (und) Wein als mein *erbum*-Geschenk.
> Išme-Aššur brachte mir *amutum*-Eisen, und er brachte mir 1 *kutanum*-Stoff als *erbum*-Geschenk. Für sein *erbum*-Geschenk habe ich ihm 100 (Minen) Kupfer von Tuhpia-Qualität gegeben, aber er weigerte sich, es anzunehmen, und deshalb habe ich es im Hause von Zumia zurückgelassen.
> (Als) Šu-Belum hierher kam, gab ich ihm 50 Minen Kupfer von Tuhpia-Qualität, 30 Minen gutes Kupfer und 2 Gefäße mit Öl (etwa 60 l). Bezüglich des *erbum*-Geschenks von Išme-Aššur, entweder das Geschenk oder was ich dir schuldete, bist du (also) voll bezahlt. Du hast nichts zu Lasten vom Palast (gut).
> (Beispiel 2: Kt 85/k 27)

Wie dieser Text illustriert, wurden diese Geschenke mit einer reziproken Handlung beantwortet: Der Fürst gibt eine Gegengabe, welche dem Wert des Gegebenen entspricht, hier Kupfer, Wein oder Öl, und die er ebenfalls *erbum* nennt.

Zum Schluß ist in dieser Kategorie noch das „Audienzgeschenk" (*tāmartum*) zu nennen, das in einem Text aus Tall Leilan belegt ist, wo der Erhalt von einem Liter erstklassigen Öls aus den Händen des aus Mamma kommenden (assyrischen) Kaufmannes Innaya durch einen Palastfunktionär verzeichnet ist.[27] Obwohl das Wort *tāmartum* der in Tall Leilan üblichen babylonischen Terminologie angehört, war es den

---

[26] Kt 85/k 27 wurde publiziert von Günbattı, in: Archivum Anatolicum 2, 1996, S. 36.

[27] Vincente, *Habil-kinu*, S. 374 Nr. 153 mit Kommentar S. 389–391.

Assyrern der Schicht Ib ebenfalls bekannt. Wie Untersuchungen der altbabylonischen Belege dieses Wortes ausgewiesen haben, bezeichnet *tāmartum* ein Geschenk, das dem König während einer Audienz von Gesandten überreicht wurde.[28]

In den von Kh. Nashef in seiner Rekonstruktion der altassyrischen Reiserouten zusammengestellten Texten werden oft Ausgaben verschiedener Metalle (Zinn, Kupfer) und Produkte (u.a. Öl) aufgelistet, die trotz Fehlens des Wortes „Geschenk" manchmal als Geschenke an Fürsten und andere hochrangige Personen zu verstehen sind.[29]

3 *Nicht-Assyrische Besteuerung*

3.1 *Vorkaufsrecht und Abgaben*

Die Höhe der Abgaben, welche Fürsten von den durch ihr Herrschaftsgebiet reisenden assyrischen Kaufleuten erheben durften, war in mit der Stadt Assur geschlossenen und beeideten Verträgen genau festgelegt. Bis jetzt sind vier solche Vertragstexte bekannt. Der aus Karum Kanisch Schicht II stammende Text Kt n/k 794 enthält nur einen Teil des Vertrags, der mit dem Fürsten eines nicht näher genannten Landes, das aber unweit der Stadt Hahhum, also nahe des Euphrats, gelegen haben muß, geschlossen wurde.[30] In diesem Text wird die Abgabe pro Esel festgesetzt und nicht, wie im assyrischen System üblich war, als Teil des Warenwertes. Die relevante Stelle lautet:

> Genau wie dein Vater wirst du von (jeder) Karawane, die heraufkommt (d.h. auf dem Wege nach Kanisch ist), je 12 Seqel Zinn erhalten. Von (jeder), die hinabzieht (d.h. auf dem Weg nach Assur ist), wirst du wie dein Vater je 1 1/4 Seqel Silber pro Esel verzehren. Weiteres wirst du nicht erhalten. Im Falle eines Krieges oder wenn keine Karawane kommen kann, wird man dir 5 Minen Zinn aus Hahhum schicken.

Der Unterschied in der für Zahlungen verwendeten Metallsorten ist aus der mitgeführten Handelsware zu erklären: Die nach Kanisch reisenden Karawanen brachten meist Zinn, das leicht in kleineren Mengen

[28] Für in Mari-Texten enthaltene Belege s. Lafont, in: Charpin/Joannès, *La circulation*, S. 175 mit Anm. 49; Durand, *Documents épistolaires I*, S. 405; Lerouxel, in: *Florilegium Marianum* VI, Paris 2002, S. 425–426.

[29] Nashef, *Reiserouten*, S. 16f. Nr. 5, wo das *i-li-bi*$_4$*-im* geschriebene Wort wahrscheinlich als ein Behälter für Öl zu verstehen ist; S. 18f. Nr. 7.

[30] Publiziert von Çeçen/Hecker, in: Dietrich/Loretz, *Vom Alten Orient zum Alten Testament*, S. 31–41.

zu verteilen war, die Retoursendungen dagegen bestanden aus Silber und Gold.

Fast ein Jahrhundert jünger ist der in Tall Leilan ausgegrabene, fragmentarisch erhaltene Vertrag mit Tilabnu, dem König von Šehna.[31] Die zweite Kolumne dieses Textes hat unter anderem die *nishātum* zum Gegenstand. Dieser Abzug wurde in Šehna anscheinend pro Esel erhoben und in Kupfer entrichtet. Es bedarf näherer Untersuchung, um festzustellen, ob die Bezahlung mit Kupfer statt mit Zinn typisch für diese Periode war.

Ein Vertrag mit dem König von Kanisch und ein anderer mit der Führung von Hahhum wurden vor einigen Jahren in Karum Schicht Ib in Kültepe ausgegraben. Die beiden wichtigen Dokumente sind jüngst von C. Günbattı der Forschung zugänglich gemacht worden.[32] Der Vertrag mit Hahhum (mit der Sigle Kt 00/k10) enthält in der dritten Kolumne detaillierte Anweisungen über das Vorkaufsrecht, das einige hohe Funktionäre ausüben durften. So durfte der Steuereintreiber (*mūṣium*) 5 *kutanum*-Stoffe zu 6 2/3 Seqel Silber kaufen, der Schwager oder Schwiegersohn (*hatunum*) des vielleicht damals gerade verstorbenen Fürsten 2 Stoffe zu 9 1/3 Seqel Silber und der Vertreter (*šinahilum*) 1 Stoff zu [x] Seqel. Der Passus über die Besteuerung von Zinn ist schwer beschädigt. Die am Anfang der vierten Kolumne erhaltenen Zeilen scheinen zu besagen, daß es denselben Personen erlaubt war, ein Vorkaufsrecht auf Gold von den heimkehrenden Karawanen geltend zu machen.

Das in Texten aus Schicht II gut dokumentierte Vorkaufsrecht des Königs von Kanisch ist jetzt mit dem Vertragstext Kt. 00/k 6 auch für die jüngere Schicht Ib nachzuweisen. Nach Ankunft in der Stadt Kanisch wurde die Handelsware zum Palast gebracht, wo Abzüge (*nishatum*) von Zinn und Stoffen erhoben wurden. Weiter besaß der Palast das Privileg, maximal 10% der eingeführten Stoffe mit Rabatt zu kaufen. Die so als Vorkauf (*ša šīmim*) genommenen Stoffe wurden nachher und periodisch mit der assyrischen Verwaltung verrechnet.

Für Zoll gibt es kein eigenes Wort; man verwendet das allgemeine *nishātum* und für das Erheben das Verb *nasāhum* „ausreißen". Die uns zur Verfügung stehenden Informationen reichen nicht aus, um festzustellen, ob Zölle gewöhnlich an der Grenze eines Hoheitsgebiets

[31] Eidem, in: Charpin/Joannès, *Marchands, diplomates et empereurs*, S. 185–207.

[32] Günbattı, in: Dercksen, *Assyria and Beyond*, S. 249–268.

erhoben wurden. Als konkrete Angaben über Orte in Anatolien, wo Zoll verlangt wurde, werden lediglich *ina titūrim* „auf der Brücke" und *ana nēbartim* „am Übergang, an der Furt" genannt. Die Zahlungen erfolgten in Zinn oder Kupfer.[33]

> An Šalim-ahum, folgendermaßen Pušuken:
> 5 Talente 4 Minen nebst dem des Packmeisters war (der Wert) deiner Sendung des Transports des Ennum-Aššur. Auf je 5 Minen 5 Seqel, (zusammen) 25 Minen 45 Seqel, belief sich mir der Wegzoll. 45 Seqel Kopfsteuer, 4 1/2 Minen Verpflegung der Esel und der Treiber, 1/3 Mine Fehlbetrag des losen Zinns. Nachdem 25 Minen loses Zinn ausgegeben waren, zahlten wir dem Ennum-Aššur 6 1/2 Minen Zinn.
> 4 Minen waren Abzug des Zinns. Wir öffneten deine Packung und zahlten deshalb 10 1/2 Minen Zinn nebst den Abzügen dafür als Ausgleich.
> Von den 72 Stoffen, die in den Palast eintraten, waren 2 1/3 Stoffe Abzug, (und) du hast 1 2/3 Seqel Silber Ausgleich zu zahlen. 6 (Stoffe) waren Vorkauf, und 2 1/4 Seqel Silber hast du Ausgleich zu zahlen. Hinsichtlich des Silbers, für das du Ausgleich zu zahlen hast, wurde 1/4 Stoff in Abzug gebracht.
>
> Erläuterung:
> Der Warenwert (*awītum*) betrug 5 Talente 4 Minen (= 304 Minen) und war zusammengesetzt aus 2 Packungen mit Zinn (130 Minen), 72 Stoffen (je 2 Minen = 144 Minen) und 25 Minen losem Zinn. Die übrigen 5 Minen waren für die drei benötigten Esel. Der *dātum* von Assur bis Kanisch betrug 5 Minen 5 Seqel pro Talent, d.i. 8 1/3%. Wegzoll, Kopfsteuer und Verpflegung wurden mit Zinn bezahlt.
> Die Besteuerung durch den Palast in Kanisch bestand aus zwei Abzügen: Abzug des Zinns von 2/65; der Abzug der 72 Stoffe sollte bei 5% 3 2/3 Stoffe betragen, aber statt dessen wurden 2 (oder 3?) 1/3 abgezogen und 1 2/3 Seqel Silber gezahlt. Der Palast nahm außerdem 6 Stoffe als Vorkauf.
> (Beispiel 3: AKT III Nr. 76 Karawanenabrechnung)

3.2 *Von Besteuerung ausgenommene Handelsware*

Einigen in Mari gefundenen Briefen ist zu entnehmen, daß dem König oder sonst dem Palast gehörende Transporte von Besteuerung freigestellt waren, obwohl diese Regel nicht immer befolgt wurde (s.u.). In diesem

[33] AKT III Nr. 34, Z. 1–18: „Von Wahšušana bis Šalatuwar entfielen auf uns je 1 Mine 55 Seqel Kupfer, sei es Zoll (*dātum*) oder Futter für Esel oder (Unkosten für) das Gasthaus (*bēt ubrim*). Außerdem zogen (*nasāhum*) sie je 1/3 Mine pro Esel auf der Brücke ab. 2 Minen Kupfer war das Futter für Esel in Šalatuwar. Je 2 1/2 Minen entfielen auf uns (auf der Reise) nach Purušhattum. Je 15 Seqel Abzüge (*nishātim*) vom Esel zogen (*nasāhum*) sie auf der Brücke ab."

Abschnitt soll kurz auf zwei in den Kültepe-Texten belegte, möglicherweise vergleichbare Kategorien von Handelswaren eingegangen werden.

Es handelt sich hierbei einerseits um Güter, die dem Stadtfürsten (*rubā'um*) von Assur gehörten und die er als Privatmann verschickte. Der Stadtfürst war Eigentümer einer Menge von Silber in der oben in Übersetzung gegebenen *awītum*-Liste Dalley Nr. 12. Ob dies bedeutete, daß dieses Silber deshalb nicht von der Wegsteuer betroffen war, geht aus diesem Text nicht hervor. Aber auch sonst gibt es keine Anzeichen, daß solche Waren von den üblichen Abgaben freigestellt waren. In die gleiche Kategorie dürften Transporte der Handelskolonie (*kārum*) gehören, von denen gleichfalls unbekannt ist, ob sie jemals von der Besteuerung ausgenommen waren. Sogar von der Kolonie mitgesiegelte Sendungen von Silber und Gold, die zur Begleichung einer Schuld an das Stadthaus nach Assur geschickt wurden, waren von den Abzügen und Abgaben nicht ausgeschlossen.[34]

Die zweite Kategorie formen die *ikribū* „Weihgaben". Dies sind wahrscheinlich einem Tempel zur Aufbewahrung übergebene Güter, die ein Händler für kommerzielle Zwecke verwenden durfte.[35] Diese „Weihgaben" gehörten demnach einem Kaufmann, obwohl sie einer Gottheit geweiht waren. Wie einige Texte deutlich zeigen, wurde die als *ikribū* gekennzeichnete Ware besteuert.[36]

3.3 *Schmuggel*

All diese Formen der Besteuerung bewirkten, daß assyrische Händler versuchten, ihnen ganz oder teilweise zu entgehen, und deshalb einen Teil ihrer Handelsware auf *harrān sukinnim* genannten Schmuggelwegen beförderten, also von den üblichen Routen abweichenden Pfaden in Anatolien, wodurch man Städte vermeiden konnte.[37] Es gab bereits einen Schmuggelpfad ab Hahhum, unweit des Euphrat-Übergangs, der bis nach Purušhattum, westlich von Kanisch, führte. Daneben wurde versucht, Handelsware heimlich in eine Stadt zu bringen. Mehreren Briefstellen ist zu entnehmen, wie groß das Verlangen zu schmuggeln

[34] So in OrNS 50 Nr. 3, s. Dercksen, *Institutions*, S. 38.
[35] S. Dercksen, in: Archivum Anatolicum 3, 1997, S. 75–100; ders., *Institutions*, S. 79.
[36] Dercksen, in: Archivum Anatolicum 3, 1997, S. 82–83.
[37] Grundlegend zum Thema Schmuggel (Assyrisch *pazzurum* „schmuggeln" und *pazzurtum* „Schmuggel") bleibt Veenhof, *Aspects*, S. 303–342.

war.[38] Die praktische Durchführbarkeit solcher Wünsche war jedoch von lokalen Umständen abhängig, nicht zuletzt von der Gründlichkeit, mit der die anatolischen und assyrischen Behörden das Schmuggeln zu unterbinden versuchten.[39]

Viele der bekannten Kaufleute versuchten, durch Schmuggel die Erträge zu erhöhen. So sind Imdilum (Donbaz, *Sadberk* Nr. 12), sein Bruder Puzur-Aššur (Donbaz, *KTS II* Nr. 4), aber auch Pušuken (Kienast, *ATHE* Nr. 62; Hecker et al., *Prag* Nr. 762) und dessen Sohn Buzazu als Auftraggeber belegt. Sie riskierten dabei nicht nur finanzielle Bestrafung, sondern auch persönliche Demütigung, wie aus Pušukens Verhaftung hervorgeht (s.u.).

Die geschmuggelten Mengen Zinn oder Stoffe variierten erheblich, und es traten dabei auch Verluste auf. Beträchtliche Mengen Handelsware wurden bisweilen auf dem Schmuggelpfad in eine Stadt gebracht; einige Transporte waren aus 30 Eseln zusammengestellt. Eine Abrechnung über 303 Stoffe (Eisser/Lewy *EL* Nr. 166) zeigt, daß von diesen 303 nur 133, das ist weniger als die Hälfte, in den Palast gebracht wurden, während 163 Stoffe geschmuggelt wurden. Aufschlußreich ist der als Donbaz *Sadberk* Nr. 12 veröffentlichte Brief, aus dem hervorgeht, wie von einem Transport, zusammengestellt aus 8 Eseln, die beladen waren mit 130 kg Zinn und 140 Stoffen, 30 kg Zinn und 12 Stoffe beim Schmuggeln verloren ging. Für die übriggebliebene Ware wurden 45 Seqel (Silber) für die 90 kg Zinn und etwa 1160 g Silber für die Stoffe als Schmuggelgeld bezahlt. Wieviel auf der Strecke zwischen Hahhum und Purušhattum geschmuggelt wurde, ist unklar, da auch noch eine Minderung (d.h. wohl Zahlung für Zoll) von 2 1/2 Minen pro Talent bis Kanisch und 1/2 Mine pro Talent bis Purušhattum verzeichnet wurden.

Lehrreich ist der Brief BIN IV Nr. 48,[40] in dem der gewünschte Vorgang beim Zinnschmuggel beschrieben wird:

[38] S. z.B. den Passus aus TTC 17 (Michel, *Correspondance*, S. 244 Nr. 157), wo Hinaya schreibt: „Wo möglich, schmuggelt die guten Stoffe zusammen mit euren Stoffen. Meine Brüder! Tut mir diesen Gefallen!"; BIN IV Nr. 5 (Michel, *Correspondance*, S. 265 Nr. 178), wo Imdilum hinsichtlich des Schmuggelweges folgendermaßen zitiert wird: „Tut (alles), damit jeder Seqel meines Silbers erhalten und auch die Kopfsteuer (mir erspart) bleibe!"

[39] Dies geht klar hervor aus dem Brief KTH 13 (Michel, *Correspondance*, S. 253–254 Nr. 169): „212 Stoffe von sehr guter Qualität bringt Abum-ili euch. Wenn ihr imstande seid, sie zu schmuggeln, dann schmuggelt sie; wenn nicht, dann bringt sie hinauf zum Palast, und der Palast möge dann die Abzüge davon nehmen; und dann bringt die Stoffe wieder herunter."

[40] Veenhof, *Aspects*, S. 312.

> Wenn der *sukinnum*-Weg sicher ist, soll es (via) den *sukinnum*-Weg sein. Dann mögen mein Zinn und meine Stoffe, soviel man dorthin transportierte, mit der Karawane hierher kommen. Aber wenn der *sukinnum*-Weg ungeeignet ist, soll man das Zinn zu ihm in Hurama bringen, und dann mögen entweder Einheimische von Hurama das Zinn talentweise in die Stadt bringen, oder man soll Bündel von je 10 oder 15 Minen Gewicht machen, welche die Diener in ihrem Schoß reinbringen. (Wenn) ein Talent sichergestellt ist, soll man erneut ein Talent reinbringen. Sendet das erste Zinn, das wohlbehalten ankommt, mit der ersten Karawane hierher.

Die Schmuggler wurden für ihre Arbeit entlohnt. Viele Texte erwähnen Ausgaben für einen Schmuggler (*mupazzirum*) oder für Schmuggelaktivität (*pazzurtum*), wobei gelegentlich eine Wachmannschaft bestochen wurde.[41] Die Verwendung von Silber statt weniger wertvoller Metalle, wie Kupfer oder Zinn, dürfte mit dem hohen Risiko zusammenhängen, das diese Schmuggler eingingen.

Die Schmuggeleinfuhr war ein klarer Verstoß gegen die zwischen Assur und den lokalen Fürsten getroffenen Vereinbarungen und wurde deshalb auch eifrig, aber vergeblich, bestritten. So gibt es ein Schreiben von der Zentralkolonie in Kanisch an die Firma von Aššur-emuqi, worin der Schmuggel von Zinn oder Stoffen unter Androhung einer nicht näher umschriebenen Strafe untersagt wird. Ein effektives Bestrafungsmittel war die Beschlagnahmung der Ware (z.B. *Prag* Nr. 510). Sonst wurde – manchmal auf Anweisung der Hauptkolonie in Kanisch – nachträglich eine Abgabe von den Kaufleuten erhoben, die auf dem Schmuggelweg angereist waren.[42]

Die anatolischen Behörden taten das ihrige, um Schmuggler zu entmutigen. Aus einem Brief geht hervor, wie die Königin von Kanisch agierte:

> Der Sohn von Erraya schickte seine Schmuggelware an Pušuken, aber seine Schmuggelware wurde beschlagnahmt, und der Palast verhaftete Pušuken und warf ihn ins Gefängnis. Die Bewachung ist stark. Die Königin hat nach Luhusattia, Hurama, Šalahšua und ihr (eigenes) Land bezüglich der Schmuggelware geschrieben, und die Augen sind aufgesperrt. Bitte! Du sollst nicht schmuggeln.[43]

[41] Michel/Garelli, *TPAK 1*, Nr. 50: je 1 1/4 Seqel Silber.

[42] S. Kt 83/k 284, übersetzt in Michel, *Correspondance*, S. 99 Nr. 43; und Kt 92/k 200, ebd., S. 84–85 Nr. 22.

[43] Kienast, *ATHE*, Nr. 62.

Trotz der Risiken wurde über Schmuggel in den Briefen offen geschrieben in der wohl berechtigten Annahme, daß die Korrespondenz nicht kontrolliert wurde. Es gab sogar Dokumente, in denen die Übergabe von Handelsware vor Zeugen an eine namentlich genannte Person registriert wurde. Der Schmuggel gehörte damit zum kaufmännischen Alltag.

Trotz all dieser oft sehr detailreichen Informationen sind die Daten dennoch zu lückenhaft, um ein genaues Bild der totalen Besteuerungslast zu bieten. Im Beispieltext AKT III 76 belaufen sich der *dātum* und der Abzug durch den Palast von Kanisch zusammen auf 11 1/3% des Zinns. Die Höhe der Besteuerung an den individuellen Orten ist größtenteils unbekannt. Der Prozentsatz der beiden im Vertragstext Kt n/k 794 erwähnten Abzüge beträgt 0,17 vom Zinn und 0,02 vom Silber, wenn man annimmt, daß ein Esel mit 2 1/2 Talenten Zinn oder 2 Talenten Silber beladen war. Die Karawanen hatten aber nicht nur Unkosten in Form von *dātum* sowie Abgaben und Abzügen. K.R. Veenhof ist in einem den altassyrischen Warenpreisen gewidmeten Artikel der Frage nachgegangen, wieviel Gewinn diese Kaufleute erzielen konnten. Er folgerte, daß dies für eine erfolgreich verlaufene Handelsreise etwa ein hundertprozentiger Bruttogewinn sein konnte, wovon die Hälfte zum Bestreiten der verschiedenen Ausgaben, erforderlichen Investitionen und Steuern diente.[44]

Der Vergleich mit Mari und Südmesopotamien

Nachdem wir die ziemlich gut belegten Abgaben des assyrischen Handelssystems dargestellt haben, ist die Frage zu erörtern, welche Position dieses System innerhalb dieses Teils von Vorderasien rund 1800 v.Chr. einnimmt. Sind die Abgaben repräsentativ oder nehmen sie eher eine Sonderposition ein? Bei der Beantwortung dieser Frage ist jedoch anzumerken, daß die Quellenlage zum altassyrischen Handel von vornherein einen Vergleich mit anderen Orten, wo diese Art ergiebiger Dokumentation fehlt, erschwert.

Das Abgabenregime in Nordsyrien und am Mitteleuphratgebiet ist in den in Mari ausgegrabenen Palastarchiven belegt.[45] Aus der Zeit,

[44] Veenhof, in: AoF 15, 1988, S. 249.
[45] Zur Geschichte dieser Region s. Charpin/Ziegler, *Histoire*.

als Jasmah-Addu einen Teil des Reiches seines Vaters Šamši-Adad verwaltete (etwa 1792–1775 v.Chr.), gibt es nur wenige Hinweise auf Steuern auf Handelswaren. Etwas besser unterrichtet ist man durch die Archive aus dem Palast von Zimrilim (1775–1762 v.Chr.).[46] Die in Mari benutzte Terminologie ist babylonisch und weicht deshalb stark vom assyrischen Gebrauch ab. Das für „erheben" verwendete Verb ist *makāsum*, das ursprünglich „teilen nach festgestellter Quote" bedeutet und in babylonischen Texten oft bei Teilpacht verwendet wird.[47] Die Abgabe heißt *miksum*.

Die nördliche, durch die Gazira führende Route stellte den wichtigsten Weg von Babylonien nach Syrien dar.[48] Weniger günstig war der Weg über Wasser, der Euphrat wurde nur auf den Teilstrecken Sippar-Mari und Emar-Mari benutzt, nicht aber von Sippar bis Emar.

Nicht als Handelsware, sondern Ernährungszwecken dienende Transporte, zum Beispiel von Getreide, waren grundsätzlich vom *miksum* ausgenommen.[49] Anders als den Kültepe-Texten zu entnehmen ist, waren auch dem König gehörende Waren von Zoll freigestellt.[50] Diese Freistellung wurde aber nicht immer berücksichtigt. So verlangt Aplahanda, der König von Karkamis, von Jasmah-Addu, daß man seine Diener, die eine Sendung nach Mari bringen, nicht mit dem *miksum* belästigen solle.[51] Ṣidqum-lanasi, der vielleicht Aplahandas Minister war und Handelsbeziehungen mit Mari pflegte, beklagt sich einmal, daß man seine Schiffe besteuert hat.[52] Ähnlich wurde zur Zeit von Zimrilim irgendwo zwischen Susa oder Ešnunna und Mari ein *miksum* auf eine Ladung Zinn, die für den Palast von Mari mit Silber aus der Staatskasse (Silber des Palastes und eines Geschenks) gekauft worden war, erhoben.[53]

Zoll wurde auf eingeführte wie auf im Königreich von Mari hergestellte Güter erhoben.[54] Die eingeführte Handelsware wurde im Allgemeinen nahe der Außengrenze verzollt, aber wenn die Inspizierung

---

[46] Zum Handel in Mari s. Michel, in: Durand, *Amurru 1*, S. 385–426; und Durand, *Documents épistolaires* III, S. 7–68 mit relevanten Texten in Übersetzung.
[47] S. zuletzt Stol, in: Charpin et al., *Mesopotamien*, S. 764 mit Bibliographie.
[48] Für die Reiserouten s. Joannès, in: Durand, *Amurru 1*, S. 323–361.
[49] Michel, in: Durand, *Amurru 1*, S. 407.
[50] Durand, *Documents épistolaires* III, S. 23–25.
[51] Durand, *Documents épistolaires* III, S. 25.
[52] Archives Royales de Mari XXVI, S. 540 Nr. 549.
[53] Archives Royales de Mari VII, S. 123 Nr. 233, Z. 19'.
[54] Michel, in: Durand, *Amurru 1*, S. 407 mit Fn. 172.

und Verzollung aus irgendeinem Grund unterblieben, wurden diese bei der nächsten Gelegenheit durchgeführt. Auf die durch das Gebiet von Mari transportierten Handelswaren wurde ebenfalls ein *miksum* erhoben. Die Erträge wurden nach Mari gesandt.

Die Verzollung von Handelswaren in Terqa, Hauptstadt des gleichnamigen Distriktes, ist durch 44 Texte exemplarisch belegt, welche im Archiv des Aufsehers der Kaufleute Iddijatum/Iddin-Numušda im Palast von Mari gefunden wurden.[55] Es handelt sich dabei um kleine Briefe, die ein Zollbeamter namens Numušda-nahrari aus Terqa, also beim Erreichen der Westgrenze des Königreiches, an seinen Chef in Mari schickte, um ihm mitzuteilen, ob die Ladung von auf dem Euphrat flußabwärts fahrenden Booten verzollt wurde oder nicht. Die Ladungen bestanden aus Öl, Gerste, Wein oder Mühlsteinen, auch zwei Boote mit Bitumen werden erwähnt. Von den mit Öl beladenen Booten werden oft 6 Seqel Silber als Abgabe erhoben; die Ladung solcher Boote scheint aus 6 *našpaku*-Gefäßen bestanden zu haben. Unmittelbare Angaben über die Relation zwischen Wert oder Menge und Abgabe fehlen. Laut ARM XIII 99 wurden von 600 Gefäß-Einheiten Wein 30 als Abgabe erhoben, d.h. 5%, aber ARM XIII 90 belegt, wie 6 von 56 Mühlsteinen, fast 10%, als Zoll genommen wurden. Dieser Unterschied mag daher rühren, daß im letzten Fall der Schiffer nicht über Silber verfügte. Aus diesen Briefen geht weiter hervor, daß nicht jedes Boot inspiziert und verzollt wurde; solche Transporte wurden dann in Mari kontrolliert.

Ein isolierter Text besagt, wie der *miksum* von einer mit Stoffen beladenen Karawane, die in nordwestliche Richtung reiste, noch nicht in Emar erhoben wurde.[56] In einem anderen Text erwägt ein Funktionär, einen *miksum* von 10% auf Schafe zu erheben, die Kaufleute von Emar gekauft haben.

Die Kontrolle der Schiffahrt auf dem Euphrat zwecks Besteuerung ist auch aus dem Königreich von Babylon bekannt. Auf der Strecke von Mari bis Sippar wurde die Schiffahrt von den babylonischen Behörden bei Baṣu kontrolliert. Nach Etablierung einer Firma aus Aleppo wurden laut einem altbabylonischen Brief alle Kaufleute aus Emar und Aleppo durchgelassen. Wenn der diensthabende Funktionär während einer

---

[55] S. dazu Burke, in: Syria 41, 1964, S. 67–103; und Durand, *Documents épistolaires* III, S. 25–39.

[56] Durand, in: Mari. Annales de Recherches Interdisciplinaires 6, 1990, S. 81.

Inspektion eine Menge Zinn in einem Boot entdeckte, war dies für seinen Vorgesetzten Anlaß, dessen „Herrn" darüber zu unterrichten:

> Zu meinem Herrn sprich: also (sagt) Šamaš-rabi: Wie mein Herr weiß, stehen wir im Dienste der Stadt Baṣu, seitdem von Hammurabi das Ziegelwerk der Stadt Baṣu gelegt wurde. (Was) die stromauf- und stromabwärtsgehenden Schiffe (betrifft), (so) lassen wir, nach Untersuchung (der Schiffe), den Kaufmann, der eine Urkunde des Königs (bei sich) trägt, passieren; den Kaufmann (aber), der keine Urkunde des Königs (bei sich) trägt, schicken wir nach Babel zurück. Jetzt (aber), seitdem das Haus von Anatum und Riš-Šamaš in Babel gegründet worden ist, läßt man alle (Kaufleute) aus Emar und Aleppo mich passieren, aber bei ihnen das Schiff untersuchen kann ich nicht. Jetzt bin ich für die 10 Kor (etwa 3000 l) Gerste, die mein Herr mir zurückgeschickt hat, – für diese Gerste – nach Sippar gekommen, und Mar-Šamaš, der meinen Posten betreut, hat mir folgendermaßen geschrieben: „Als Riš-Šamaš und die Leute, die bei ihm (waren), – ich kenne (sie) nicht – ihr Schiff bei mir anlegen ließen, bin ich in das Schiff hinabgestiegen und habe die 10 Talente (etwa 300 kg) Zinn, (die) sie (im Schiffe) hatten, (den Behörden) der Stadt gezeigt, und ferner noch einen Lederbeutel mit (Edel-/Gewichts)Steinen. Um keinen Vorwurf auf mich zu laden, habe ich es dir geschrieben, damit du (es) hörst". Dieses hat er mir geschrieben. Hiermit lasse ich meinem Herrn meinen Brief bringen. Mein Herr möge (zu der Sache) Stellung nehmen und mir Bescheid schicken.[57]

Das eingetriebene Silber wurde an die zentrale Autorität geschickt, d.h. an den König, und es wurde Teil der staatlichen Kasse. Dieses Silber konnte für verschiedene Zwecke verwendet werden. Eine Möglichkeit ist in einem Text aus Tall Leilan belegt, wo es heißt: „13 5/6 Minen Silber von der Kasse des Königs (und) 1 Mine Silber, das von Mašum, dem Steuereintreiber, empfangen wurde, (insgesamt) 14 5/6 Minen Silber, das zum Kauf von Wolle und Saat gegeben wurde."[58]

Die Besteuerung von Handelswaren in Südmesopotamien ist nur mit wenigen Texten zu belegen. Aus der südmesopotamischen Stadt Larsa stammen einige Texte, die Silberbeträge für den *miksum* oder für den Steuereintreiber (*mākisum*) erwähnen, ohne daß diese Beträge in eine Beziehung zum Warenwert gesetzt werden könnten.[59]

---

[57] Übersetzung (mit kleinen Änderungen) von Frankena, *Briefe*, S. 53.

[58] Ismail, *Tall Leilān*, Nr. 103, Z. 1–6.

[59] Anbar, in: RAssyr 72, 1978, S. 134 und 135. S. dazu Veenhof, in: Dercksen, *Assyria and Beyond*, S. 580.

Zusammenfassung

Mit den in Kültepe ausgegrabenen altassyrischen Texten verfügt die Forschung über eine außerordentlich detailreiche Dokumentation, die eine verhältnismäßig kurze historische Periode erhellt. Trotz ihrer Lükkenhaftigkeit bietet diese Dokumentation eine Fülle an Informationen, die man aus anderen Fundorten in Mesopotamien schmerzlich vermißt. Der Vergleich zwischen dem bei den Assyrern üblichen System und anderen Abgabensystemen ist daher nur beschränkt möglich.

Kennzeichnend für die assyrischen Abgaben ist eine wertbasierte Besteuerung, wie dies für den *dātum* sowie für die *šaddu'atum*-Abgabe gilt. Zur Vereinfachung der Besteuerung der zwischen Assur und Kanisch reisenden Karawanen wurde das *awītum*-System mit festen Äquivalenzwerten für die Hauptwaren entwickelt. Zinn diente als Äquivalenzmittel auf der Reise von Assur nach Kanisch, und Silber hatte diese Funktion bei Transporten von Kanisch nach Assur. Die Besteuerung in Anatolien richtete sich auf den wirklichen, inneren Wert der Handelsgüter und wurde meist im selben Metall entrichtet. Dagegen waren die von den syrischen und anatolischen Fürsten erhobenen Zölle ein Betrag in Zinn, Kupfer oder Silber pro Esel und unabhängig vom wirklichen Wert der transportierten Güter.

Die Informationen über die Besteuerung von Handelswaren in Südmesopotamien und am Mitteleuphratgebiet belegen das Erheben von *miksum* auf Handelswaren und zeigen, daß das eingetriebene Silber dem Palast zugeführt wurde. Sie reichen jedoch nicht aus, um nähere Aussagen über Prozentsätze zu machen. Ein kleines Archiv aus Mari zeigt, wie die zu erwartende Standardisierung angewendet wurde.

Die in den in Mari gefundenen Briefen belegte Freistellung vom Palast gehörenden Handelswaren ist im altassyrischen System nicht erkennbar.

Die altassyrische Terminologie wurde mit dem Verschwinden der Handelsorganisation größtenteils obsolet. Das Wort *šaddu'atum* wird nach dieser Zeit überhaupt nicht mehr verwendet. Aus Texten der mittelassyrischen Zeit, etwa sechs Jahrhunderte nach der altassyrischen Periode, ist für „Zoll" lediglich das Wort *miksu* mit den dazugehörigen Formen des Verbums *makāsu* bekannt. Dies zeigt, wie die einheimische Terminologie in Assyrien durch die babylonische ersetzt wurde. Das Verbum *nasāhum* und davon abgeleitete Formen finden jedoch bis ins erste Jahrtausend Verwendung.[60]

---

[60] Postgate, *Taxation and Conscription*, S. 186.

Bibliographie

Anbar, Moshé (Bernstein), *Textes de l'époque babylonienne ancienne II: les archives de Šēp-Sîn*, in: RAssyr 72, 1978, S. 113–138.

Balkan, *Anum-Hirbi*: Kemal Balkan, *Letter of King Anum Hirbi of Mama to King Warshama of Kanish*, Ankara 1957.

Bilgiç/Günbattı, *AKT* III: Emin Bilgiç/Cahit Günbattı, *Ankaraner Kültepe-Texte* III, FAOS Beiheft 3, Stuttgart 1995.

Burke, Madeleine Lurton, *Lettres de Numušda-nahrâri et de trois autres correspondants à Idiniatum*, in: Syria 41, 1964, S. 67–103.

Carruba et al., *Studi orientalistici*: Onofrio Carruba/Mario Liverani/Carlo Zaccagnini (eds.), *Studi orientalistici in ricordo di Franco Pintore*, Pavia 1983.

Charpin/Joannès, *Marchands, diplomates et empereurs*: D. Charpin/F. Joannès (eds.), *Marchands, diplomates et empereurs. Etudes sur la civilisation mésopotamienne offertes à Paul Garelli*, Paris 1991.

Charpin/Joannès, *La circulation*: D. Charpin/F. Joannès (eds.), *La circulation des biens, des personnes et des idées dans le Proche-Orient ancien*, CRRAI 38, Paris 1992.

Charpin/Ziegler, *Histoire*: Dominique Charpin/Nele Ziegler, *Mari et le Proche-Orient à l'époque amorrite: essai d'histoire politique*, Florilegium marianum V, Paris 2003.

Charpin et al., *Mesopotamien*: D. Charpin/D. O. Edzard/M. Stol, *Mesopotamien. Die altbabylonische Zeit*. OBO 160/4, Fribourg/Göttingen 2004.

Çeçen, Salih/Hecker, Karl, *ina mātīka eblum. Zu einem neuen Text zum Wegerecht in der Kültepe-Zeit*, in: Dietrich/Loretz, *Vom Alten Orient zum Alten Testament*, S. 31–41.

Dercksen, Jan Gerrit, *The silver of the gods. On Old Assyrian ikribu*, in: Archivum Anatolicum 3, 1997, S. 75–100.

Dercksen, Jan Gerrit, *"When we met in Hattuš". Trade according to Old Assyrian texts from Alishar and Bogazköy*, in: W. H. van Soldt et al. (eds.), *Veenhof Anniversary Volume: Studies Presented to Klaas R. Veenhof on the Occasion of his Sixty-Fifth Birthday*, PIHANS, Bd. 89, Leiden 2001, S. 39–66.

Dercksen, *Institutions*: Jan Gerrit Dercksen, *Old Assyrian Institutions*, MOS Studies 4, PIHANS 98, Leiden 2004.

Dercksen, *Assyria and Beyond*: J. G. Dercksen (ed.), *Assyria and Beyond: Studies Presented to Mogens Trolle Larsen*, Leiden 2004.

Dietrich/Loretz, *Vom Alten Orient zum Alten Testament*: Manfried Dietrich/Oswald Loretz (eds.), *Vom Alten Orient zum Alten Testament. Festschrift für Wolfram Freiherrn von Soden zum 85. Geburtstag am 19. Juni 1993*, AOAT 240, Kevelaer/Neukirchen Vluyn 1995.

Donbaz, *KTS II*: Veysel Donbaz, *Keilschrifttexte in den Antiken-Museen zu Stambul II*, FAOS Beiheft 2, Stuttgart 1989.

Donbaz, *Sadberk*: Veysel Donbaz, *Sadberk Hanım Müzesi'nde Bulunan Çiviyazılı Belgeler. Cuneiform Texts in the Sadberk Hanım Museum*, Istanbul 1999.

Durand, Jean-Marie, *La cité-état d'Imâr à l'époque des rois de Mari*, in: Mari. Annales de Recherches Interdisciplinaires 6, 1990, S. 39–92.

Durand, *Amurru 1*: Jean-Marie Durand (ed.), *Amurru 1. Mari, Ébla et les Hourrites: dix ans de travaux*, Paris 1996.

Durand, *Documents épistolaires* I–III: Jean-Marie Durand, *Les documents épistolaires du palais de Mari I–III*. Paris 1997, 1998, 2000.

Eidem, Jesper, *An Old Assyrian treaty from Tell Leilan*, in: D. Charpin/F. Joannès (eds.), *Marchands, diplomates et empereurs. Etudes sur la civilisation mésopotamienne offertes à Paul Garelli*, Paris 1991, S. 185–207.

Eisser/Lewy, *EL*: Georg Eisser/Julius Lewy, *Die altassyrischen Rechtsurkunden vom Kültepe*, Mitteilungen der Vorderasiatisch-Aegyptischen Gesellschaft 33. Bd, 35. Bd 3. Heft. Leipzig 1930, 1935.

Englund, *Fischerei*: Robert K. Englund, *Organisation und Verwaltung der Ur III-Fischerei*, BBVO 10, Berlin 1990.

Faist, *Fernhandel*: Betina I. Faist, *Der Fernhandel des assyrischen Reiches zwischen dem 14. und 11. Jh. v.Chr.*, AOAT 265, Münster 2001.

Frankena, *Briefe*: R. Frankena, *Briefe aus dem British Museum (LIH und CT 2–33)*, Altbabylonische Briefe in Umschrift und Übersetzung 2, Leiden 1966.

Günbattı, Cahit, *Two new tablets throwing light on the relations between Anatolian kings and Assyrian merchants in the period of the Assyrian colonies*, in: Archivum Anatolicum 2, Ankara 1996, S. 25–37.

Günbattı, Cahit, *Two treaty texts found at Kültepe*, in: J. G. Dercksen (ed.), *Assyria and Beyond: Studies Presented to Mogens Trolle Larsen*, Leiden 2004, S. 249–268.

Hecker et al., *Prag*: Karl Hecker/Guido Kryszat/Lubor Matouš, *Kappadokische Keilschrifttafeln aus den Sammlungen der Karlsuniversität Prag*, Praha 1998.

Hirsch, *Religion*: Hans Hirsch, *Untersuchungen zur altassyrischen Religion*, AfO Bh. 13/14, Osnabrück 1972.

Ismail, *Tall Leilān*: Farouk Ismail, *Altbabylonische Wirtschaftsurkunden aus Tall Leilān (Syrien)*. Dissertation Tübingen, 1991.

Joannès, Francis, *La culture matérielle à Mari (IV): les méthodes de pesée*, in: RAssyr 83, 1989, S. 113–152.

Joannès, Francis, *L'étain, de l'Elam à Mari*, in: *Mésopotamie et Elam. Actes de la XXVI*[ème] *RAI, Gand, 10–14 juillet 1989*, MHE Occasional Publications I, 1991, S. 67–76.

Joannès, Francis, *Routes et voies de communication dans les archives de Mari*, in: Jean-Marie Durand (ed.), *Amurru 1. Mari, Ébla et les Hourrites: dix ans de travaux*, Paris 1996, S. 323–361.

Kienast, *ATHE*: Burkhart Kienast, *Die altassyrischen Texte des Orientalischen Seminars der Universität Heidelberg und der Sammlung Erlenmeyer-Basel*, Berlin 1960.

Lafont, Bertrand, *Messagers et ambassadeurs dans les archives de Mari*, in: D. Charpin/F. Joannès (eds.), *La circulation des biens, des personnes et des idées dans le Proche-Orient ancien*, CRRAI 38, Paris 1992, S. 167–183.

Larsen, *City-State*: Mogens Trolle Larsen, *The Old Assyrian City-State and its Colonies*, Copenhagen 1976.

Lerouxel, François, *Les échanges de présents entre souverains amorrites au XVIII*[e] *siècle av. n. è. d'après les Archives royales de Mari*, in: Florilegium marianum VI, Paris 2002, S. 413–463.

Michel, Cécile, *Le commerce dans les textes de Mari*, in: Jean-Marie Durand (ed.), *Amurru 1. Mari, Ébla et les Hourrites: dix ans de travaux*, Paris 1996, S. 385–426.

Michel, *Correspondance*: Cécile Michel, *Correspondance des marchands de Kaniš au début du II*[e] *millénaire avant J.-C.*, Paris 2001.

Michel/Garelli, *TPAK 1*: Cécile Michel/Paul Garelli, *Tablettes paléo-assyriennes de Kültepe, volume 1 (Kt 90/k)*, Paris 1997.

Nashef, *Reiserouten*: Khaled Nashef, *Rekonstruktion der Reiserouten zur Zeit der altassyrischen Handelsniederlassungen*, TAVO Beihefte, Reihe B (Geisteswissenschaften) Nr. 83, Wiesbaden 1987.

Postgate, *Taxation and Conscription*: J. N. Postgate, *Taxation and Conscription in the Assyrian Empire*, StP SM 3, Rome 1974.

Rollinger/Ulf, *Commerce and Monetary Systems*: Robert Rollinger/Christoph Ulf (eds.), *Commerce and Monetary Systems in the Ancient World: Means of Transmission and Cultural Interaction*, Wiesbaden 2004.

Snell, *Ledgers and Prices*: Daniel C. Snell, *Ledgers and Prices*, YNER 8, 1982.

van Soldt et al., *Veenhof Anniversary Volume*: W. H. van Soldt et al. (eds.), *Veenhof Anniversary Volume: Studies Presented to Klaas R. Veenhof on the Occasion of his Sixty-Fifth Birthday*, PIHANS 89, Leiden 2001.

Steinkeller, Piotr, *Toward a definition of private economic activity in third millennium Babylonia*, in: Robert Rollinger/Christoph Ulf (eds.), *Commerce and Monetary Systems in the Ancient World: Means of Transmission and Cultural Interaction*, Wiesbaden 2004, S. 91–111.

Stol, Marten, *Wirtschaft und Gesellschaft in Altbabylonischer Zeit*, in: D. Charpin/D.O. Edzard/M. Stol, *Mesopotamien. Die altbabylonische Zeit.* OBO 160/4, Fribourg/Göttingen 2004, S. 641–975.

Veenhof, *Aspects*: Klaas R. Veenhof, *Aspects of Old Assyrian Trade and its Terminology*, Leiden 1972.
Veenhof, Klaas R., *Prices and trade. The Old Assyrian evidence*, in: AoF 15, 1988, S. 243–263.
Veenhof, *Year Eponyms*: Klaas R. Veenhof, *The Old Assyrian List of Year Eponyms from Karum Kanish and its Chronological Implications*, Ankara 2003.
Veenhof, *Trade with the blessing of Šamaš in Old Babylonian Sippar*, in: J. G. Dercksen (ed.), *Assyria and Beyond: Studies Presented to Mogens Trolle Larsen*, Leiden 2004, S. 551–582.
Vincente, *Habil-kinu*: Claudine Adrienne Vincente, *The 1987 Tell Leilan Tablets Dated by the Limmu of Habil-kinu*, Ann Arbor 1992.
Zaccagnini, Carlo: *On gift exchange in the Old Babylonian period*, in: Onofrio Carruba/Mario Liverani/Carlo Zaccagnini (eds.), *Studi orientalistici in ricordo di Franco Pintore*, Pavia 1983, S. 189–253.

ABGABEN AN DEN KÖNIG VON ASSYRIEN AUS DEM IN- UND AUSLAND

Karen Radner (London, University College)

Wenn wir vom „Assyrischen Reich" sprechen, so ist damit jene Periode in der Geschichte Vorderasiens gemeint, die Aššur-uballiṭ I. (1353–1318 v.Chr.) einläutete, als es ihm gelang, seine Stadt Assur zum Zentrum eines Territorialstaates mit einem allmächtigen König an der Spitze zu erheben; ihr Ende markiert die Eroberung der Stadt Assur durch medische und babylonische Truppen im Jahr 614 v.Chr. und der nachfolgende Zusammenbruch des Reiches.

Mit seinem über 700 Jahre währenden Bestehen zählt Assyrien bis heute zu den langlebigsten Staatengebilden im Nahen Osten, und im Gegensatz zum Römischen Reich beispielsweise vermochte sich über diesen langen Zeitraum stets dieselbe Familie an der Macht zu halten. Beides spricht für Assyriens stabile Organisationsstruktur, und in diesem Aufsatz gilt unser Interesse den Abgaben, die an die Zentralgewalt abgeführt wurden: Zu behandeln sind hierbei einerseits die Abgaben, die in jenen Gebieten erhoben wurden, die das assyrische Reich konstituierten, also Steuern und Zölle, andererseits jene Abgaben, die den assyrischen König in Form von Tributzahlungen und Geschenken aus dem „befreundeten" Ausland erreichten.

Unsere Bezeichnung „Assyrien" entspricht der Eigenbezeichnung *māt Aššur* „Land (des Gottes/der Stadt) Assur". Unter diesem Namen wurden alle Regionen zusammengefaßt, die dem assyrischen König direkt untergeben waren. Seit der Expansion der mittelassyrischen Zeit war dieses stetig anwachsende Gebiet in administrative Bezirke aufgeteilt, die Statthaltern unterstanden; diese verwalteten ihre Provinzen als Stellvertreter des Königs. Die Natur dieser Beziehung im Verhältnis zum Herrscher liegt jenem assyrischen Wort zugrunde, das sowohl die „Provinz" wie auch den „Provinzstatthalter" bezeichnet: Der Begriff *pāḫutu* ist von der Wurzel **PūḪ* „jemanden vertreten" abgeleitet und benennt ein in Stellvertretung für den König ausgeübtes Amt bzw. dessen Träger; *pāḫutu* wurde außerdem konkret auf den davon betroffenen geographischen Bereich – unsere „Provinz“ – übertragen.[1]

Im 7. Jahrhundert v.Chr. umfaßte das Assyrerreich rund siebzig Provinzen unterschiedlicher Ausdehnung, in deren Wertigkeit es aber keine grundsätzlichen Unterschiede gab: So wurde das alte assyrische Kernland, das die Provinzen Assur, Kalḫu und Ninive umfaßte, nicht bevorzugt behandelt. Allerdings stand es dem König frei, einzelnen Städten – nicht Provinzen! – einen besonderen Status zu verleihen, der unter anderem die Befreiung von der Steuerleistung bewirken konnte (s. Abschnitt II.).

Zielsetzung der vorliegenden Arbeit soll es sein, die wesentlichen Grundzüge des assyrischen Abgabensystems im groben Überblick vorzustellen. Es ist sicherlich davon auszugehen, daß es über den Zeitraum von 700 Jahren Entwicklungen und Veränderungen gegeben hat, die wir bislang allerdings nur in einzelnen Aspekten ausmachen können.[2] Nachdem die Quellensituation für das späte 8. und das 7. Jahrhundert besonders gut ist, wird unser Hauptaugenmerk auf diesem Zeitabschnitt liegen, und dabei namentlich auf den Regierungszeiten der Könige Tiglatpileser III. (744–727 v.Chr.), Sargon II. (721–705 v.Chr.), Sanherib (704–681 v.Chr.), Asarhaddon (680–669 v.Chr.), Assurbanipal (668–ca. 630 v.Chr.) und Aššur-etel-ilāni (ca. 629–625 v.Chr.), aus denen die meisten einschlägigen Belege vorliegen.

Abgabenform			ass. Begriff	abgeleitet von	literarisch
Ausland	Feind	Beute	*ḫubtu* *šallutu*	*ḫabātu* „rauben“ *šalālu* „plündern“	
	Freund	Geschenk	*nāmurtu*	*amāru* „sehen“	*tāmartu*
	Vasall	Tribut	*maddattu*	*nadānu* „geben“	*biltu u maddattu*

(*Fortsetzung auf der nächsten Seite*)

[1] Im neuassyrischen Sprachgebrauch wird zur Bezeichnung des Statthalters auch häufig *bēl pāḫiti* – „Herr des *pāḫutu*“ verwendet. Daneben gebraucht man im Mittel- und Neuassyrischen synonym, aber vorrangig im literarischen Sprachgebrauch, die Ausdrücke *šakin māti* oder schlicht *šaknu*, abgeleitet von *šakānu* „einsetzen“. S. dazu Radner, in: RlA 11/1–2 (im Druck).

[2] S. z.B. in Abschnitt II.1. zum Wandel der *ilku*-Verpflichtung vom Frondienst zur Steuer und zur Einführung der Besteuerung auf Stroh im 1. Jahrtausend v.Chr.

Tabelle (*Fortsetzung*)

Abgabenform		ass. Begriff	abgeleitet von	literarisch
Inland	Steuer	*miksu*	*makāsu* „besteuern"	
	auf Personen	*ilku*	*alāku* „gehen"	*ilku u tupšikku*
	auf Vieh	*ṣibtu*	*waṣābu* „hinzufügen"	
	auf Feldfrüchte	*nusāḫu*	*nasāḫu* „ausreißen, pflücken"	
	auf Stroh	*šibšu*	*šabāšu* „einsammeln"	
	auf Import u. Export	*kāru*	*kāru* „Markt"	
	auf Transport	*nērubu*	*erābu* „eintreten"	

I Abgaben aus dem Ausland: Beute, Tribut, Geschenke

Quellen: Königsinschriften, Briefe, Verwaltungsurkunden

Die assyrischen Könige nutzten zu allen Zeiten unterschiedliche Wege, um aus dem Ausland Güter zu erwerben:

1. Durch Handel.[3]
2. Durch Diplomatie und den sich daraus ergebenden Geschenkaustausch.[4]
3. Durch die Demonstration militärischer Macht, die Beute aus Feldzügen und jährliche Tributleistungen der Vasallenstaaten einbrachte und fortschreitend in der Expansion des Reiches resultierte.

[3] Zur Handelspolitik des assyrischen Reichs s. zuletzt Radner, in: Rollinger/Ulf, *Commerce and Monetary Systems*, S. 147–164; zu den Händlern s. Radner, in: Dercksen, *Trade and Finance*, S. 101–126.

[4] Eine detaillierte Studie über den Geschenkaustausch im assyrischen Reich fehlt bisher; immerhin stellte jüngst Faist, *Fernhandel*, S. 9–32, die Belege für den internationalen Gabentausch in der mittelassyrischen Zeit zusammen. Einzelne Aspekte neuassyrischen Schenkens diskutieren Frahm, in: van Lerberghe/Voet, *Languages and Cultures*, S. 79–99; Postgate, in: Calmeyer et al., *Festschrift Hrouda*, S. 235–245; Zaccagnini, in: Briant/Herrenschmidt, *Le tribut*, S. 195–198.

Was immer auf diesen Wegen die assyrischen Könige erreichte, gelangte zumindest teilweise in den innerassyrischen Güterverkehr, denn Einzelpersonen[5] durften auf Geschenke (*rēmuttu*)[6] hoffen, während Tempel regelmäßig mit Opfern (allgemein *niqû*; speziell *aṣūdu, gīnû, rēšāti* etc.)[7] bedacht wurden.

Ausländische Herrscher sandten diplomatische Delegationen an den Assyrerkönig, die Gesandte (*ṣīru*, wörtl. „Erhabener") und bei Bedarf auch Dolmetscher (*targumānu*) umfaßten.[8] Diese Gesandtschaften überbrachten dem assyrischen König die Botschaften ihres Monarchen, gleichzeitig aber auch Geschenke, die auf Assyrisch als *nāmurtu* bezeichnet werden; in Königsinschriften wird hierfür das gleichbedeutende babylonische Wort *tāmartu* verwendet. Beide Termini sind vom Verbum *amāru* „sehen" hergeleitet, was daher rührt, daß die Gabe bei einer persönlichen Begegnung überreicht werden sollte.[9] Entsprechend strebten die Gesandtschaften eine Audienz beim assyrischen König an, bei der dann auch Gegengeschenke erwartet werden durften[10] und die zum Abschluß von Verträgen (*adê*) führen konnte.[11]

Eine Sonderform des Audienzgeschenks waren jene goldenen Kronen, in denen ich die Vorgänger des „Kranzgoldes" sehen möchte, des hellenistischen στεφανικὸν χρυσίον und des römischen *aurum coronarium* (mit der Entsprechung *demē kelīlā* im Hebräischen), einer ursprünglich freiwilligen Ehrenbezeichnung an den Herrscher, die sich jedoch

[5] Wie Güter, die der König als Tributabgaben und Geschenke erhalten hatte, in der Folge unter den Mitgliedern seines Haushaltes verteilt wurden, illustriert am besten *SAA* 1 34, ein Brief des Kronprinzen Sanherib an seinen Vater Sargon II. Vgl. auch die Verwaltungsliste *SAA* 11 36.

[6] Zur mittelassyrischen Situation s. Jakob, *Mittelassyrische Verwaltung*, S. 51–2.

[7] Zu diesen Begriffen s. Menzel, *Assyrische Tempel*, passim; zu *gīnû* s. Freydank, in: AoF 19, 1992, S. 276–321; zu *rēšāti* s. Radner, *Privatarchiv*, S. 83–4.

[8] Gesandte und Dolmetscher aus Que sind in dem Brief NL 40 (= ND 2656 = CTN 5, S. 186–7 und Tf. 27) erwähnt.

[9] Zaccagnini, in: Briant/Herrenschmidt, *Le tribut*, S. 195, der den assyrischen wie auch den babylonischen Begriff als „something worth while seeing" interpretiert (wohl übernommen von GAG § 56h: ass. *nāmurtu* „Sehenswertes; Ehrengeschenk"). Die babylonische Nominalform *taprast* bezeichnet aber *nomina actionis* zum G-Stamm, und die Grundbedeutung von bab. *tāmartu* ist „Sehen, Beobachtung" (GAG § 56k). Nachdem die assyrische Form durchaus auch als *nomen actionis* zum N-Stamm erklärt werden kann (< *nanmurtu*), ziehe ich die Annahme einer Grundbedeutung „Sichtbarwerden; Zusammentreffen" (GAG § 56h zu *nanmurtu*) vor. Sowohl für den babylonischen wie auch den assyrischen Begriff wird nach dieser Interpretation das Wort für das Treffen auf das zu diesem Anlaß übergebene Objekt übertragen.

[10] Für Gegengeschenke an ausländische Delegationen s. den Verwaltungstext *SAA* 7 58 und den Brief *SAA* 1 29.

[11] Vgl. z.B. *SAA* 1 76.

insbesondere in der römischen Kaiserzeit zunehmend zur erwarteten Abgabe an den Kaiser entwickelt hatte;[12] die Wurzeln des „Kranzgoldes" werden seit jeher im Orient angenommen.[13] M.E. findet sich der erste sichere Beleg dafür in einem Brief an Sargon II. (721–705 v.Chr.), demzufolge je eine Goldkrone als Geschenk (*nāmurtu*) zweier nicht sicher zu identifizierender, aber sicherlich im Westen Assyriens zu suchender Vasallen an den Palast geliefert wird.[14] Der entsprechende assyrische Ausdruck ist *kilīl ḫurāṣi* „Goldkrone". Da der Begriff *kilīlu* nicht nur die Königskrone im „Assyrischen Krönungsritual", sondern auch die Zinnen von Stadtmauern bezeichnet[15] und weiters „Mauerkronen" als Kopfbedeckung neuassyrischer Könige und Königinnen gut belegt sind (Abb. 1),[16] liegt es nahe, die freiwillig von einem Vasallen an den assyrischen König übergebenen Goldkronen mit jenen sogenannten „Stadtmodellen"[17] zu identifizieren, deren Übergabe an den König in der assyrischen Kunst häufig im Rahmen der Gabenbringerszenen dargestellt wurde, besonders oft auf den Palastreliefs Sargons II. aus Khorsabad (Abb. 2).[18]

Oft, aber durchaus nicht immer erfolgt zugleich mit dem Besuch einer Gesandtschaft auch gleich die Lieferung des jährlichen[19]

[12] S. dazu Ando, *Imperial Ideology*, S. 175–190; Klauser, in: MDAI [R]) 59, 1944, S. 129–153; Klauser, in: RAC 1, 1950, S. 1010–1020; Kubitschek, in: *RE* II/2, 1896, S. 2552–3; Neessen, *Untersuchungen*, S. 142–148; Pack, in: DNP 2, 1997, S. 327.

[13] S. z.B. Neessen, *Untersuchungen*, S. 142–3.

[14] *SAA* 1 34: 11, Rs. 5: GIL KÙ.GI. Zu diesem Brief s. auch Bär, *Tribut*, S. 21–25.

[15] AHw 476.

[16] S. dazu Calmeyer, in: RlA 7, 1987–90, S. 595; Börker-Klähn, in: Hauptmann/Waetzoldt, *Assyrien*, S. 227–234, und zuletzt Ornan, in: Parpola/Whiting, *Sex and Gender*, S. 474–477 (mit den Abbildungen auf S. 462–3).

[17] Seit Barnett, in: Iraq 16, 1950, S. 5, zwei Fragmente eines bronzenen Architekturmodells aus Toprakkale bei Van (BM 91177, BM 91250; für Abbildungen s. Barnett, in: Iraq 16, 1950, Tf. I, und Wartke, *Urartu*, Tf. 28) als „part of a model city such as is often carried as tribute to the Assyrian kings" beschrieben hat, wird dieses Stück als materielle Entsprechung der Darstellungen auf den assyrischen Reliefs angesprochen (z.B. Bär, *Tribut*, S. 237 Anm. 1811). Allerdings stammt das Modell aus einem urartäischen Fundkomplex, und seine Identifizierung mit den Objekten auf den Reliefs ist nicht mehr als eine Hypothese.

[18] Die Belege sind bei Bär, *Tribut*, S. 237 s.v. „Stadtmodelle" zusammengestellt. Börker-Klähn, in: Hauptmann/Waetzoldt, *Assyrien*, S. 230–1 (mit Abb. 7a–b), diskutiert den wichtigen Beleg eines solchen Objekts auf einem Relief des Sanherib aus seinem Palast in Ninive; auch sie identifiziert die „Stadtmodelle" mit den Mauerkronen.

[19] Daß der Tribut jährlich zu bezahlen ist, geht z.B. aus *SAA* 11 30 hervor. Zum Zeitpunkt der Tributübergabe in der zweiten Jahreshälfte s. Gallagher, *Sennacherib's Campaign*, S. 108 Anm. 30.

Abb. 1: Mauerkrone. Stele der Libbi-āli-šarrat, der Gemahlin Assurbanipals, aus Assur.

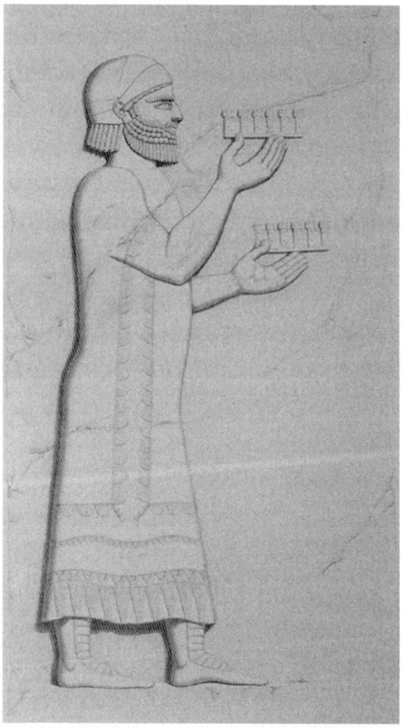

Abb. 2: „Stadtmodell". Gabenbringer mit zwei „Stadtmodellen" auf einem Orthostatenrelief aus dem Palast Sargons II. in Khorsabad.

Tributes.[20] Während Beute den Unterlegenen im Rahmen eines militärischen Konflikts gewaltsam abgenommen wurde, worauf nicht zuletzt auch die einschlägigen Termini *ḫubtu* (von *ḫabātu* „rauben") und *šallutu* (von *šalālu* „plündern") deutlich hinweisen, ist die Tributzahlung Resultat einer rechtlich bindenden Vereinbarung zwischen dem assyrischen König und einem anderen Monarchen, die eine fortan jährlich und ohne eigene Aufforderung zu leistende Abgabe an Assyrien begründete; häufig war ein solches Abkommen direkte Konsequenz einer Niederlage gegen das assyrische Heer, doch konnte ein entsprechendes Verhältnis durchaus auch auf „freiwilliger" Basis abgeschlossen werden. Aus der Sicht Assyriens war die Zahlung von Tribut die Pflicht eines jeden Vasallen, der so die assyrische Herrschaft anerkannte und seiner Schutzmacht in Form seiner Abgabe eine angemessene Gegenleistung erbrachte.[21] Unser dem Lateinischen entlehntes Wort „Tribut" entspricht im assyrischen Sprachgebrauch *maddattu*, das vom Verbum *nadānu* „geben" abgeleitet ist und schlicht „Abgabe" bedeutet. In den Königsinschriften wird dafür gerne das Hendiadys *biltu u maddattu/mandattu* verwendet; der Begriff *biltu* „was gebracht wird" ist von *wabālu* „bringen" hergeleitet und wird in assyrischen Kontexten als Synonym zu *maddattu* verwendet, anders als etwa im Altbabylonischen, wo es ein allgemeines Wort für „Steuer" darstellt.[22]

Nicht jede Tributlieferung mußte direkt dem assyrischen König übergeben werden, obwohl insbesondere die Teilnahme an kultischen Festen, denen die Vasallen oder zumindest ihre Gesandten nach Möglichkeit beizuwohnen hatten, dafür eine idealen Rahmen bot:[23] Als Stellvertreter des Königs konnten die Statthalter der assyrischen Provinzen Tribut entgegennehmen oder auch aktiv einsammeln.[24]

---

[20] So überbringen nach den Informationen aus einem Brief an Sargon II. Gesandte aus Kumuḫḫu den Tribut ihres Landes (*SAA* 1 33).

[21] Die Literatur über Tribut ist vergleichsweise reichhaltig. Hervorzuheben ist hier die einschlägige Monographie von Bär, *Tribut* (S. 3–55 zu den philologischen Quellen); s. auch Bärs Beitrag im vorliegenden Band und vgl. außerdem die Pionierarbeit von Martin, *Tribut*, sowie die Beiträge von Jankowska, in: Diakonoff, *Ancient Mesopotamia*, S. 253–276; Postgate, *Taxation*, S. 111–130; Elat, in: Hirsch/Hunger, *Vorträge der 28. Rencontre*, S. 244–251; Liverani, *Studies*, S. 155–162; und Walker, in: Curtis, *Bronzeworking Centres*, S. 111–118.

[22] S. dazu Stol, in: Charpin et al., *Mesopotamien*, S. 758.

[23] Das Überbringen von Tribut durch Botschafter verschiedener Länder im Rahmen eines Festes in Kalḫu wird in dem Brief *SAA* 1 110 angesprochen.

[24] S. z.B. die Briefe *SAA* 15 60, 84 und 95.

Selbstverständlich war der assyrische König nicht der einzige, der sich dieser Methode des Gütererwerbs bediente. Vasallenverhältnisse und, damit untrennbar verbunden, die Zahlung von Abgaben an die stärkere Partei formten die politische Landschaft dieser Epoche. Wer von den kleineren Fürsten Vorderasiens nicht Assyrien tributpflichtig war, hatte einen anderen Oberherrn zu bedienen. Wer wem Tribut bezahlte, wurde am assyrischen Hof genau registriert, wie Briefe mit entsprechenden Informationen aus den Provinzen in den Grenzgebieten belegen.[25]

II Abgaben aus dem Inland: Steuern

Quellen: Königliche Erlasse, Briefe, Rechts- und Verwaltungsurkunden, Königsinschriften

Innerhalb von Assyrien – und damit sind selbstverständlich auch alle Provinzen gemeint – waren Steuern an die Staatsgewalt zu leisten.[26] Das assyrische Wort für „Steuer" im Allgemeinen ist *miksu*,[27] abgeleitet von *makāsu* „teilen nach festgesetzter Quote".[28]

Wir können zwischen verschiedenen Abgabeverpflichtungen unterscheiden, die einerseits durch den Besitz oder die Bewirtschaftung von Land entstanden und andererseits aus dem Güterverkehr resultierten. Die erste Gruppe konstituieren die *ilku*-Abgabe für Landnutzungsrechte (ursprünglich eine Art Frondienst, der später finanziell abgegolten werden konnte), die *ṣibtu*-Abgabe auf Vieh und die beiden Steuern auf landwirtschaftliche Erträge: die *nusāḫu*-Abgabe auf Feldfrüchte und die

[25] So wird dem König z.B. in dem Brief *SAA* 5 92 berichtet, daß ein lokaler Fürst Tribut an den König von Urarṭu abführt.

[26] Zu den Steuern des assyrischen Reiches s. die Monographie von Postgate, *Taxation*, sowie den Beitrag von Garelli, in: van Effenterre, *Fiscalité antique*, S. 7–18.

[27] Daß *miksu* ein allgemeiner Begriff für „Steuer" ist, zeigt neben den bereits bei Postgate, *Taxation*, S. 131–2 (1.1.1., 1.1.2., 1.3., 1.4.1. und 1.4.2.), gesammelten Belegen auch eine Stelle in einer Urkunde aus Kalḫu (*ND* 686, s. Deller/Fadhil, in: BaM 24, 1993, S. 254 und 267), wo es über den Besitzer eines dem zu verkaufenden Feld benachbarten Areals heißt: *a-na mì-ik-si a-ḫe-iš ú-ka-la* „Er hält (das Feld) hinsichtlich der Steuer gemeinschaftlich in Besitz", d.h. der Käufer und der Nachbar werden die Steuerabgaben für das veräußerte Feld gemeinsam erbringen, was anzeigt, daß der Nachbar ursprünglich der Besitzer auch dieses Feldes war und nach dem Verkauf an den jetzigen Besitzer weiterhin einen Teil der Steuerverpflichtung aufbringen mußte.

[28] S. dazu Stol, in: Charpin et al., *Mesopotamien*, S. 764.

šibšu-Abgabe auf Stroh. Zur zweiten Gruppe zählen die *kāru*-Abgabe auf den Import/Export von Waren und die *nērubu*-Abgabe, mit der Wegzoll abgegolten wurde. Wir dürfen davon ausgehen, daß neben diesen sicherlich wichtigsten und auch ertragreichsten Abgaben eine Reihe von weiteren Steuern erhoben wurden; Steuerbefreiungserlasse aus der Zeit Aššur-etel-ilāni (s. Abschnitt II.1.) nennen beispielsweise einige ansonsten nicht belegte Termini, die aber in der folgenden Überblicksdarstellung ausgeklammert werden.

Grundsätzlich steht Assyrien in seinem Steuersystem in einer langen Tradition, die sich schon in der Verwendung eines Vokabulars niederschlägt, das sich teilweise auch bereits in früheren Perioden nachweisen läßt. Die diachrone Untersuchung der Entwicklung des mesopotamischen Steuerwesens ist zweifellos ein Desiderat, von dessen Realisierung die Altorientalistik allerdings noch weit entfernt ist; so fehlt bisher für die mit einschlägigen Quellen überreich gesegnete Zeit der III. Dynastie von Ur eine spezielle Studie. In jüngster Zeit fand das Thema immerhin für die altbabylonische Epoche und die neubabylonische Periode einiges Interesse.[29]

1 *Steuern auf Grundbesitz und landwirtschaftliche Erträge*

Für die Erbringung jener ersten Gruppe von Steuerleistungen war derjenige zuständig, der das Land besaß oder bewirtschaftete. Dabei wurden die Steuern nicht an eine zentrale Behörde geliefert, sondern jedes Grundstück war mit einer bestimmten Institution assoziiert, an die die Steuerabgabe direkt zu entrichten war. Bestimmte Landstriche waren so beispielsweise für die Versorgung des Aššur-Tempels zuständig. Besonders häufig sind Steuern an die Provinzverwaltung zu leisten. Für den Steuerpflichtigen nahm die jeweilige Institution bzw. deren Vorsteher die Rolle des *bēl ilki*, des „Herrn der *ilku*-Steuer", ein, wobei diese Steuer sicherlich stellvertretend für alle zu leistenden Abgaben steht.

Der Begriff *ilku* ist von *alāku* „gehen" abgeleitet und bezieht sich zunächst auf das Antreten zur gemeinnützigen Arbeit, die der Zentralgewalt in Form von Dienstleistung erbracht wurde; in Königsinschriften und anderen Schriftstücken mit literarischem Anspruch wird dafür

[29] aBab.: Stol, in: Charpin et al., *Mesopotamien*, S. 747–776; nBab.: van Driel, *Elusive Silver*, S. 274–282; das von M. Jursa geleitete Projekt *The Economic History of Babylonia in the First Millennium B.C.* wird sich auch diesem Thema stellen, s. bisher Jursa, in: Rollinger/Ulf, *Commerce and Monetary Systems*, S. 124–127.

gerne das Hendiadys *ilku u tupšikku* verwendet.[30] Die *ilku*-Abgabe war unmittelbar an Grundbesitz geknüpft; dies geht u.a. aus einer Verwaltungsliste des 7. Jahrhunderts v.Chr. hervor, in der von der *ilku*-Verpflichtung „ihrer Grundstücke" die Rede ist.[31] Seit der mittelassyrischen Zeit war der Begünstigte im Austausch für die vom König gewährten Nutzungsrechte an einem Stück Land zu regelmäßigen Arbeitsleistungen verpflichtet, die auch den Kriegsdienst beinhalteten. Diese Fron mußte jedoch nicht unbedingt persönlich wahrgenommen werden (die Benennung eines Stellvertreters war möglich und üblich) und konnte außerdem auch durch Zahlungen abgegolten werden;[32] dadurch erhielt der Begriff *ilku* die zusätzliche Bedeutung einer finanziellen Abgabe. Wie ein Erlaß Adad-nērārīs III. (810–783 v.Chr.) belegt, durch den eine Reihe von Handwerkern zur ausschließlichen Verfügung des Aššur-Tempels abgestellt und deshalb vom *ilku* befreit werden, waren die Vertreter der Provinz- und Stadtverwaltung für die Erhebung dieser Verpflichtung zuständig.[33]

Viehbestände, nämlich unseren Quellen zufolge Rinder, Schafe und Ziegen,[34] wurden durch die *ṣibtu*-Abgabe besteuert. Der Begriff ist wohl mit dem Verbum *waṣābu* „hinzufügen" gebildet[35] und auf den Zuwachs der Herden durch Neugeburten zu beziehen; wie hoch diese Steuerbelastung war, läßt sich derzeit nicht rekonstruieren.

Die genaue Höhe der Steuerleistung ist nur für *nusāḫu* und *šibšu* bekannt. Beide Abgaben wurden auf die Erträge aus der Landwirtschaft erhoben, wobei erstere, aus *nasāḫu* „ausreißen, pflücken" gebildet, auf Feldfrüchte – Getreide, Obst, Wein etc. – erhoben wurde, während letztere, von *šabāšu* „einsammeln" abgeleitet, speziell für Stroh zu leisten war.[36] Zumindest im 7. Jahrhundert war ein Zehntel der Feldfrüchte sowie ein Viertel des eingebrachten Strohs an die Staatsgewalt abzugeben.[37]

[30] S. dazu Postgate, *Taxation*, S. 80–1. *tupšikku* bezeichnet ursprünglich konkret das Tragen von Baumaterialien o.ä. in einem Korb (s. Stol, in: Charpin et al., *Mesopotamien*, S. 751), wird aber im Assyrischen als Synonym zu *ilku* verwendet.

[31] *SAA* 11 97.

[32] Zur Natur insbesondere der mittelassyrischen *ilku*-Verpflichtung s. zuletzt Jakob, *Mittelassyrische Verwaltung*, S. 34–36 (mit älterer Literatur).

[33] *SAA* 12 69 Rs. 26–27.

[34] S. z.B. *SAA* 12 35 Rs. 26.

[35] Alternativ ist die Herleitung von *ṣabātu* „packen, ergreifen" möglich, da dieses Verbum gebraucht wird, um das Erheben der *ṣibtu*-Steuer zu bezeichnen (vgl. *šibšu šabāšu* und *nusāḫu nasāḫu*); s. die Diskussion bei Postgate, *Taxation*, S. 171–2.

[36] Die Belege sind gesammelt und diskutiert bei Postgate, *Taxation*, S. 174–199.

[37] Diese Quoten werden explizit in zwei Landkaufurkunden aus dem 7. Jh. v.Chr.

Während *ilku*, *ṣibtu* und *nusāḫu* auch in mittelassyrischer Zeit belegt sind, scheint die – gesonderte und zudem sehr hohe – Besteuerung von Stroh nach der bisherigen Beleglage eine Neuerung des 1. Jahrtausends v.Chr. zu sein. Nachdem Stroh nicht nur seit jeher zur Herstellung von Lehmziegeln gebraucht wurde, sondern außerdem eine Notwendigkeit für die Pferdehaltung darstellte, liegt es nahe, einen Zusammenhang zwischen der Strohsteuer und den Bedürfnissen der in neuassyrischer Zeit stark ausgeweiteten Kavallerie und Wagentruppe zu sehen: Gerade die Versorgung der ihnen anvertrauten Armeepferde bereitete verschiedenen Provinzstatthaltern immer wieder Sorgen.[38]

Prinzipiell wurde alles bewirtschaftete Land besteuert, selbst die Versorgungsfelder (*ma''ūtu*), die zum Unterhalt von Ämtern und Institutionen bestimmt waren: Dies belegen drei Verpflichtungsurkunden über die *nusāḫu*- und *šibšu*-Steuern der königlichen Versorgungsfelder zugunsten des Verwalters der Getreidespeicher (*rab karmāni*) von Kalḫu.[39]

Dem König stand es jedoch frei, einzelnen Personen, die sich besonders verdient gemacht hatten, oder ganzen Städten Steuerfreiheit zu gewähren.[40] Dafür steht der Begriff *zakūtu*, hergeleitet von *zakû* „(von Ansprüchen) gereinigt sein/werden"; für Städte wurde auch der spezielle Terminus *kidinnūtu* gebraucht. Mit diesem besonderen Status war Assur, Kulthauptstadt und ideologisches Reichszentrum Assyriens, ausgezeichnet, aber auch die Städte Ḫarrān und Ekallāte sowie verschiedene babylonische Kultzentren.

Die entsprechenden Passagen in königlichen Erlassen und Königsinschriften sind unsere wichtigsten Quellen zum assyrischen Steuerwesen; sie sind im folgenden zusammengestellt.

1. Inschrift Asarhaddons über die Bestätigung der Steuerfreiheit der Bewohner von Assur: Borger, *Inschriften Asarhaddons*, S. 3: Ass. A iii 8–iii 15:

nusāḫē šibšē miksē kāri nēbiri ša mātīa uzakkîšunuti	Von der Feldfruchtsteuer, der Strohsteuer und der Handels- und Transportsteuer meines Landes befreite ich sie.

angegeben: *SAA* 6 176: li. Rd. 1: 10-*tú nu-sa-ḫi ù* [4-*tú ši-ib-ši*] (aus der Regierungszeit Sanheribs); *SAA* 14 41 Rs. 14–15: 10-*tú* ŠE.*nu-sa-ḫi* 4-*tú še-eb-še* (aus der Regierungszeit Aššur-etel-ilānis).

[38] Z.B. *SAA* 1 107, *SAA* 1 181.

[39] *CTN* 3 14–16 aus Kalḫu.

[40] S. dazu Postgate, *Taxation*, S. 238–243.

2. Mehrere Erlasse aus der Zeit Assurbanipals zugunsten verschiedener verdienter Beamter, darunter der Vorsteher der Futtermittelversorgung, der königliche Obereunuch, ein weiterer königlicher Eunuch und der Haushaltsvorsteher des Königs: *SAA* 12 25, 26, 29 und 32:

ša eqlāti kirê šuātina nusāḫēšina lā innassuḫū	Die Feldfruchtsteuern auf diese Felder und Gärten sollen nicht erhoben werden.
šibšišina lā iššabbaš	Ihre Strohsteuer soll nicht erhoben werden.
ṣibit alpēšunu ṣēnēšunu la iṣṣabbat	Die Viehsteuer auf ihre Rinder und ihr Kleinvieh soll nicht erhoben werden.
nīšē ša eqlāti kirê šuātunu ina ilki tupšukki dikūt māti lā irreddû	Die Leute von diesen Feldern und Gärten sollen nicht zur Arbeitsleistung und zum Aufgebot des Landes bestellt werden.
ina miksē kāri nēbiri zakû	Von der Handels- und Transportsteuer sind sie befreit.
. . .	. . .

3. Mehrere Erlasse aus der Zeit Aššur-etel-ilānis zugunsten verschiedener Männer, die ihm in einer Rebellion am Anfang seiner Regierungszeit loyal beigestanden waren, darunter ein Truppenanführer des königlichen Obereunuchen und ein weiterer Beamter dieses Rangs: *SAA* 12 35, 36, 39 und 40.

ša eqlāti kirê šuātina nusāḫēšina lā innassuḫū	Die Feldfruchtsteuern auf diese Felder und Gärten sollen nicht erhoben werden.
šibšišina lā iššabbaš	Ihre Strohsteuer soll nicht erhoben werden.
nīšē šuātunu ina ilki tupšukki dikūt māti lā irreddû	Diese Leute sollen nicht zur Arbeitsleistung und zum Aufgebot des Landes bestellt werden.
ina miksē kāri nēbiri abulli ina šaddê ḫirītī zakû	Von der Handels-, Transport- und Stadttorsteuer zu *Land und Wasser* (wörtl. im Gebirge und im Kanalsystem) sind sie befreit.
ina ekurrāte kilîšina niqû [. . .]	In allen Heiligtümern . . . Opfer . . .
ina eleppi ḫūqi zakû	Von „Boot" und „Balken" sind sie befreit.
ṣibit alpēšu u immerēšu u ṣēnēšu la iṣṣabbat	Die Viehsteuer auf seine Rinder, Schafe und Ziegen soll nicht erhoben werden.
ḫarrāni saḫḫurtušu mimma lā usaḫḫar	Er soll nichts von seinen Erträgen aus Handelsunternehmen abführen.

So vorteilhaft die Gewährung von Steuerfreiheit für die Betroffenen war, so problematisch war dies für jene Institutionen, die zuvor auf die Erträge aus den Steuerleistungen zählen konnten. So richtete der Statthalter von Assur ein aufgebrachtes Schreiben an Sargon II., als dieser nach der Stadt Assur nun auch Ekallāte von der Steuer befreite, ohne für Kompensationen für die Provinzkasse zu sorgen.[41]

Grundstücke, die einmal von der Besteuerung ausgenommen waren, konnten später den Besitzer wechseln: Die Steuerfreiheit war, wie auch die Steuerpflicht, an die Immobilie gebunden. Um letzteres zu umgehen, wurde deshalb bei bestimmten Veräußerungen und Pachtverhältnissen vertraglich geregelt, wer für die Steuerlast in Zukunft aufzukommen hatte.[42]

2 *Steuern auf Handel*

Wenn die Steuererhebung auf den Landbesitz und seine Erträge dezentralisiert war, so lassen sich für die Erhebung der Steuern auf Handelsvorgänge eigene Beamte namens *mākisu* nachweisen, die für einzelne Städte oder für ganze Provinzen[43] zuständig waren. Diese Zollinspektoren unterstanden nicht den Provinzstatthaltern, sondern direkt der Zentralgewalt. Es konnte deshalb vorkommen, daß ein Statthalter sich durch den örtlichen Zollinspektor in seiner Autorität beschnitten sah und sich beim König bitter beschwerte: Der Statthalter von Ṣubutu (in der Bekaa-Ebene) beklagte sich in einem Brief an Sargon II. darüber, daß in dieser Stadt und in Ḫuzaza Zollinspektoren eingesetzt worden waren, deren Meldungen über seine eigenen Handelsgeschäfte nun für Mißstimmigkeiten mit dem König sorgten.[44]

Das Verhältnis zwischen den Zollinspektoren und dem Beamten mit dem Titel *rab kāri* ist unklar. Dieser „Vorsteher des Marktes/Handels" hatte, im Gegensatz zu den Zollinspektoren, eine einflußreiche Stellung bei Hofe: Ein Amtsinhaber, Lā-bāši, fungierte im Jahr 657 v.Chr. unter Assurbanipal als Jahreseponym. Es ist durchaus wahrscheinlich, daß der *rab kāri*, dem wohl insgesamt die Organisation des assyrischen Außenhandels unterstand, auch für die Zollinspektoren verantwortlich war.

---

[41] *SAA* 1 99.

[42] Neben den Belegen bei Postgate, *Taxation*, S. 189–191, s. jetzt auch *ND* 686 (s. Anm. 27).

[43] In *SAA* 7 118 Rs. ii 20 ist ein Zollinspektor der Provinz Que (Kilikien) genannt: *ma-ki-su ša* NAM *Qu-e*.

[44] *SAA* 1 179.

Wie hoch die Steuerleistungen für Import/Export und Transport von Handelsgütern waren, ist nicht bekannt. In der mittelassyrischen Praxis wurde der Steuersatz von Fall zu Fall vom Zollinspektor festgelegt,[45] und es ist durchaus denkbar, daß auch im 1. Jahrtausend so vorgegangen wurde. Nur in einem Fall läßt sich zwischen dem Wert der Handelsware und der fälligen Steuer eine quantitative Beziehung herstellen: Für ein importiertes zweijähriges Pferd mußte ein mittelassyrischer Käufer 50 Minen (= 150 kg) Blei an Steuerabgaben (nur als *miksu* angesprochen) bezahlen;[46] dies entspricht etwa einem Viertel des Wertes des Tieres.

Ebenso wie er die Steuern auf Grundbesitz und landwirtschaftliche Erträge erlassen konnte, so vermochte der König auch für die Handelssteuern eine Steuerbefreiung zu bewirken; wieder konnten einzelne Personen oder ganze Städte betroffen sein (s. S. 223). Die verfügbaren Belege scheinen nahezulegen, daß normalerweise zugleich auf beide Steuerarten verzichtet wurde.

Der private Handel war von der Steuerleistung nicht ausgenommen.[47] Private – und legale – Handelsgeschäfte sind bisher vor allem für die Bewohner der Stadt Assur belegt, die traditionell von der Steuerleistung befreit waren. Wir wissen, daß jeweils am Beginn ihrer Regierungszeit Sargon II. und Asarhaddon diese Steuerfreiheit erneuerten und bestätigten; dies entsprach vermutlich der Tradition und wurde wohl auch von anderen Herrschern so gehandhabt. Für die Bewohner von Assur, die dadurch von sämtlichen Handelszöllen befreit waren, war der Gewinn aus dem Fernhandel damit ein attraktives Zubrot, an dem sich nach Ausweis der Belege weite Kreise der Bevölkerung zu beteiligen schienen.[48]

III Die Entwicklung vom Tributwesen zur direkten Besteuerung

Wenn man den Einflußbereich des assyrischen Reiches im 9. Jahrhundert v.Chr., als Assyrien nach einer Re-Etablierung der um 1100

[45] Die Belege für entsprechende „Zollzertifikate" sind bei Jakob, *Mittelassyrische Verwaltung*, S. 169–172, zusammengestellt.

[46] Zur Urkunde *TR* 3019 s. zuletzt Jakob, *Mittelassyrische Verwaltung*, S. 171–2 (mit älterer Literatur).

[47] Zur Besteuerung von privaten Handelsunternehmen s. Postgate, in: Larsen, *Power and Propaganda*, S. 205–6.

[48] S. dazu Radner, in: MDOG 132, 2000, S. 101–103.

v.Chr. geltenden Grenzen an der Schwelle zu der weit über dieses alte Territorium hinausführenden Expansion stand, mit der Ausdehnung Assyriens im 7. Jahrhundert v.Chr. vergleicht, als das direkt vom Assyrerkönig kontrollierte Reich vom Mittelmeer bis zum Persischen Golf und weit ins Innere Anatoliens und Irans reichte, dann ist klar, daß die wirtschaftliche Grundlage des Reiches in der Fläche dennoch dieselbe geblieben war: Was zuvor als Tribut oder Geschenkzahlung von Vasallenfürsten an den Assyrerkönig geliefert wurde, erreichte später als Steuerleistung aus den Provinzen die Kasse der Zentralgewalt.

Versucht man die finanzielle Dimension abzuschätzen, so ist durchaus anzunehmen, daß auf beiden Wegen mehr oder weniger dieselben Erträge erzielt werden konnten. Wenn auf dem ersten Weg der militärische Druck Assyriens, der nur zu oft erst in Form von tatsächlicher Intervention des assyrischen Heeres zum Erfolg führte, die mehr oder minder loyalen Vasallen zur Lieferung ihrer Abgabenleistungen bewegte, erforderte der zweite Weg keine Waffengewalt, dafür jedoch einen erheblich höheren Verwaltungsaufwand, der von der Zentralgewalt allerdings weitestgehend auf die Ebene der Provinzadministration abgewälzt wurde: Die assyrischen Statthalter, die an die Stelle der früheren Lokalherrscher traten, erfüllten auch im Abgabenwesen jene Leistungen, die zuvor die Vasallen zu verantworten hatten. Solange sich der König der Loyalität seiner Gouverneure sicher sein konnte, war durch diesen Weg die Versorgung der Staatskasse zuverlässiger garantiert, als wenn eine autochthone und nicht selbstverständlich assyrienfreundliche Herrscherschicht zwischengeschaltet war. Anstelle des Lokalfürsten wurde nach der administrativen Einbindung eines Gebietes die assyrische Verwaltung direkt zum Steuerherrn; indem sich die Abgabensysteme in den meisten altorientalischen Staatenwesen aber nicht allzu sehr voneinander unterschieden und der neue Herrscher zwar die Führungselite auswechselte, während die lokalen Organisationsstrukturen aber weitgehend erhalten blieben, machte es in der Lebensrealität der Steuerpflichtigen wohl keinen großen Unterschied, wenn ein ehemals unabhängiger Staat in eine assyrische Provinz umgewandelt wurde: Was an Abgaben zuvor Stadtverwaltung oder Tempel erreicht hatte, tat dies auch weiterhin; was zuvor für den Palast des Lokalherrschers bestimmt gewesen war, ging nun an den Palast des Statthalters, der, wie schon sein Vorgänger, Zahlungen an die assyrische Zentralgewalt abführen mußte.

Bibliographie

Ando, *Imperial Ideology*: Clifford Ando, *Imperial Ideology and Provincial Loyalty in the Roman Empire*. Berkeley/Los Angeles/London 2000.

Bär, *Tribut*: Jürgen Bär, *Der assyrische Tribut und seine Darstellung. Eine Untersuchung zur imperialen Ideologie im neuassyrischen Reich*, AOAT 243, Kevelaer/Neukirchen-Vluyn 1996.

Barnett, Richard D., *The Excavations of the British Museum at Toprak Kale near Van*, in: Iraq 16, 1950, S. 1–43.

Börker-Klähn, Jutta, *Mauerkronenträgerinnen*, in: Harald Hauptmann/Hartmut Waetzoldt (eds.), *Assyrien im Wandel der Zeiten*, Heidelberger Studien zum Alten Orient 6, Heidelberg 1997, S. 227–234.

Borger, *Inschriften Asarhaddons*: Riekele Borger, *Die Inschriften Asarhaddons Königs von Assyrien*, AfO Bh. 9, Graz 1956.

Briant/Herrenschmidt, *Le tribut*: Pierre Briant/Clarisse Herrenschmidt (eds.), *Le tribut dans l'empire perse*, Travaux de l'Institut d'Études Iraniennes de l'Université de la Sorbonne Nouvelle 13, Paris 1989.

Calmeyer, Peter, *Mauerkrone*, in: RlA 7, 1987–90, S. 595–596.

Calmeyer et al., *Festschrift Hrouda*: Peter Calmeyer/Karl Hecker/Liane Jakob-Rost/Christopher B. F. Walker (eds.), *Beiträge zur Altorientalischen Archäologie und Altertumskunde. Festschrift Barthel Hrouda*, Wiesbaden 1994.

Charpin et al., *Mesopotamien*: Dominique Charpin/Dietz Otto Edzard/Marten Stol, *Mesopotamien. Die altbabylonische Zeit*, Annäherungen 4 = OBO 160/4, Freiburg/Göttingen 2004.

Curtis, *Bronzeworking Centres*: John Curtis (ed.), *Bronzeworking Centres of Western Asia*, London 1988.

Deller, Karlheinz/Fadhil, Abdullilah, *Neue Nimrud-Urkunden des 8. Jahrhunderts v.Chr.*, in: BaM 24, 1993, S. 243–270.

Dercksen, *Trade and Finance*: Jan Gerrit Dercksen (ed.), *Trade and Finance in Ancient Mesopotamia*, Leiden 1999.

Diakonoff, *Ancient Mesopotamia*: Igor M. Diakonoff (ed.), *Ancient Mesopotamia. Socio-Economic History*, Moskau 1969.

van Driel, *Elusive Silver*: G[overt] van Driel, *Elusive Silver: In Search of a Role for a Market in an Agrarian Environment. Aspects of Mesopotamia's Society*, Leiden 2002.

van Effenterre, *Fiscalité antique*: Henri van Effenterre (ed.), *Points de vue sur la fiscalité antique*, Paris 1979.

Elat, Moshe, *The Impact of Tribute and Booty on Countries and People within the Assyrian Empire*, in: Hans Hirsch/Hermann Hunger (eds.), *Vorträge gehalten auf der 28. Rencontre Assyriologique Internationale in Wien*, AfO Bh. 19, Horn 1982, S. 244–251.

Faist, *Fernhandel*: Betina I. Faist, *Der Fernhandel des assyrischen Reiches zwischen dem 14. und 11. Jh. v.Chr.*, AOAT 265, Münster 2001.

Frahm, Eckart, *Perlen von den Rändern der Welt*, in: Karel van Lerberghe/Gabriella Voet (eds.), *Languages and Cultures in Contact. At the Crossroads of Civilizations in the Syro-Mesopotamian Realm*, OLA 96, Leuven 1999, S. 79–99.

Freydank, Helmut, *Das Archiv Assur 18764*, in: AoF 19, 1992, S. 276–321.

Gallagher, *Sennacherib's Campaign*: William R. Gallagher, *Sennacherib's Campaign to Judah. New Studies*, Studies in the History and Culture of the Ancient Near East 18. Leiden/Boston/Köln 1999.

Garelli, Paul, *Le système fiscal de l'empire assyrien*, in: Henri van Effenterre (ed.), *Points de vue sur la fiscalité antique*, Paris 1979, S. 7–18.

Hirsch/Hunger, *Vorträge der 28. Rencontre*: Hans Hirsch/Hermann Hunger (eds.), *Vorträge gehalten auf der 28. Rencontre Assyriologique Internationale in Wien*, AfO Bh. 19, Horn 1982.

Jakob, *Mittelassyrische Verwaltung*: Stefan Jakob, *Mittelassyrische Verwaltung und Sozialstruktur. Untersuchungen*, CM 29, Leiden 2003.

Jankowska, Ninel B., *Some Problems of the Economy of the Assyrian Empire*, in: Igor M. Diakonoff (ed.), *Ancient Mesopotamia. Socio-Economic History*, Moskau 1969, S. 253–276.

Jursa, Michael, *Grundzüge der Wirtschaftsformen Babyloniens im ersten Jahrtausend*, in: Robert Rollinger/Christoph Ulf (eds.), *Commerce and Monetary Systems in the Ancient World: Means of Transmission and Cultural Interaction*, Melammu 5, Innsbruck 2004, S. 115–136.

Kataja/Whiting, *Grants*: Laura Kataja/Robert Whiting, *Grants, Decrees and Gifts of the Neo-Assyrian Period*, SAA 12, Helsinki 1995.

Klauser, Theodor, *Aurum coronarium*, in: MDAI [R] 59, 1944, S. 129–153.

—, *Aurum coronarium*, in: RAC 1, 1950, S. 1010–1020.

Kubitschek, W., *Aurum coronarium*, RE II/2, 1896, S. 2552–2553.

Larsen, *Power and Propaganda*: Mogens Trolle Larsen (ed.), *Power and Propaganda. A Symposium on Ancient Empires*, Mesopotamia 7, Kopenhagen 1979.

van Lerberghe/Voet, *Languages and Cultures*: Karel van Lerberghe/Gabriella Voet (eds.), *Languages and Cultures in Contact. At the Crossroads of Civilizations in the Syro-Mesopotamian Realm*, OLA 96, Leuven 1999.

Liverani, *Studies*: Mario Liverani, *Studies on the Annals of Ashurnasirpal II. 2. Topographical Analysis*, QGS 4, Rom 1992.

Martin, *Tribut*: William J. Martin, *Tribut und Tributleistungen bei den Assyrern*, StOr 8/I, Helsinki 1939.

Menzel, *Assyrische Tempel*: Brigitte Menzel, *Assyrische Tempel*, StP SM 10, Rom 1981.

Neessen, *Untersuchungen*: Lutz Neessen, *Untersuchungen zu den direkten Staatsabgaben der römischen Kaiserzeit (27 v.Chr. – 284 n.Chr.)*, Antiquitas – Abhandlungen zur Alten Geschichte 32, Bonn 1980.

Ornan, Tallay, *The Queen in Public: Royal Women in Neo-Assyrian Art*, in: Simo Parpola/Robert M. Whiting (eds.), *Sex and Gender in the Ancient Near East*, Helsinki 2002, S. 461–477.

Pack, E., *Aurum coronarium*, in: Der Neue Pauly 2, 1997, S. 327.

Postgate, *Taxation*: John Nicholas Postgate, *Taxation and Conscription in the Assyrian Empire*, StP SM 3, Rom 1974.

Postgate, John Nicholas, *The Economic Structure of the Assyrian Empire*, in: Mogens Trolle Larsen (ed.), *Power and Propaganda. A Symposium on Ancient Empires*, Mesopotamia 7, Kopenhagen 1979, S. 193–221.

Postgate, John Nicholas, *Rings, Torcs and Bracelets*, in: Peter Calmeyer/Karl Hecker/ Liane Jakob-Rost/Christopher B. F. Walker (eds.), *Beiträge zur Altorientalischen Archäologie und Altertumskunde. Festschrift Barthel Hrouda*, Wiesbaden 1994, S. 235–245.

Radner, *Privatrechtsurkunden*: Karen Radner, *Die neuassyrischen Privatrechtsurkunden als Quelle für Mensch und Umwelt*, SAAS 6, Helsinki 1997.

Radner, *Privatarchiv*: Karen Radner, *Ein neuassyrisches Privatarchiv der Tempelgoldschmiede von Assur*, StAT 1, Saarbrücken 1999.

Radner, Karen, *Traders in the Neo-Assyrian Period*, in: Jan Gerrit Dercksen (ed.), *Trade and Finance in Ancient Mesopotamia*, Leiden 1999, S. 101–126.

Radner, Karen, *Die neuassyrischen Texte der Münchner Grabung in Assur 1990*, in: MDOG 132, 2000, S. 101–104.

Radner, Karen, *Assyrische Handelspolitik. Die Symbiose mit unabhängigen Handelszentren und ihre Kontrolle durch Assyrien*, in: Robert Rollinger/Christoph Ulf (eds.), *Commerce and Monetary Systems in the Ancient World: Means of Transmission and Cultural Interaction*, Melammu 5, Innsbruck 2004, S. 147–164.

Radner, Karen, *Provinzeinteilung. Assyrisch*, in: RlA 11/1–2 (im Druck).

Rollinger/Ulf, *Commerce and Monetary Systems*: Robert Rollinger/Christoph Ulf (eds.), *Commerce and Monetary Systems in the Ancient World: Means of Transmission and Cultural Interaction*, Melammu 5, Innsbruck 2004.

Stol, Marten, *Wirtschaft und Gesellschaft in altbabylonischer Zeit*, in: Dominique Charpin/Dietz Otto Edzard/Marten Stol, *Mesopotamien. Die altbabylonische Zeit*, Annäherungen 4 = OBO 160/4, Freiburg/Göttingen 2004, S. 643–975.

Walker, Christopher B. F., *Further Notes on Assyrian Bronzeworking*, in: John Curtis (ed.), *Bronzeworking Centres of Western Asia*, London 1988, S. 111–118.
Wartke, *Urartu*: Ralf-Bernhard Wartke, *Urartu. Das Reich am Ararat*, Mainz 1993.
Zaccagnini, Carlo, *Prehistory of the Achaemenid Tributary System*, in: P. Briant/C. Herrenschmidt (eds.), *Le tribut dans l'empire perse*, Paris 1989, S. 193–215.

Abkürzungen

AHw: Wolfram von Soden, *Akkadisches Handwörterbuch*, Wiesbaden 1965–1985.
CTN 3: Stephanie Dallery/John Nicholas Postgate, *The Tablets from Fort Shalmaneser*, Cuneiform Texts from Nimrud 3, London 1984.
CTN 5: Henry W. F. Saggs, *The Nimrud Letters, 1952*, Cuneiform Texts from Nimrud 5, London 2001.
GAG: Wolfram von Soden, *Grundriß der akkadischen Grammatik*. Analecta Orientalia 33, Rom 1995^3.
SAA 1: Simo Parpola, *The Correspondence of Sargon II, Part I: Letters from Assyria and the West*, State Archives of Assyria 1, Helsinki 1987.
SAA 5: Giovanni Baptista Lanfranchi/Simo Parpola, *The Correspondence of Sargon II, Part II: Letters from the Northern and Northeastern Provinces*, State Archives of Assyria 5, Helsinki 1990.
SAA 7: Frederick Mario Fales/John Nicholas Postgate, *Imperial Administrative Records, Part I. Palace and Temple Administration*, State Archives of Assyria 7, Helsinki 1992.
SAA 6: Theodore Qwasman/Simo Parpola, *Legal Transactions of the Royal Court of Nineveh*, State Archives of Assyria 6, Helsinki 1991.
SAA 11: Frederick Mario Fales/John Nicholas Postgate, *Imperial Administrative Records, Part II. Provincial and Military Administration*, State Archives of Assyria 11, Helsinki 1995.
SAA 12: Laura Kataja/Robert Whiting, *Grants, Decrees and Gifts of the Neo-Assyrian Period*, State Archives of Assyria 12, Helsinki 1995.
SAA 14: Raija Mattila, *Legal Transactions of the Royal Court of Nineveh, Part II. Assurbanipal through Sin-šarru-iškun*, State Archives of Assyria 14, Helsinki 2002.
SAA 15: Andreas Fuchs/Simo Parpola, *The Correspondance of Sargon II, Part III. Letters from Babylonia and the Eastern Provinces*, State Archives of Assyria 15, Helsinki 2001.

bab.	babylonisch
aBab.	altbabylonisch
nBab.	neubabylonisch

Abbildungsnachweis

Abb. 1 nach: W. Andrae, *Die Stelenreihen in Assur*, WVDOG 24, Leipzig 1913, S. 7 Abb. 3.
Abb. 2 nach: P.-É. Botta/E. Flandin, *Monuments de Ninive 1*, Paris 1849, Tf. 38.

TRIBUTDARSTELLUNGEN IN DER KUNST DES ALTEN ORIENTS

Jürgen Bär (Heidelberg)

Einleitung

In der mehr als vier Jahrtausenden bestehenden und an Themen wie Motiven überaus reichen Kunst des Alten Mesopotamien entwickeln sich Tributdarstellungen als fest definiertes und zweifelsfrei erkennbares Bildthema erst in der neuassyrischen Zeit, genauer gesagt, zwischen dem 9. und 8. vorchristlichen Jahrhundert. In diesem Zeitraum vollzog sich die entscheidende Phase, in der das Reich der Assyrer zur alles beherrschenden Großmacht des Alten Orients mit imperialen Strukturen avancierte.[1]

Die entsprechenden Darstellungen in der assyrischen Kunst zeigen dabei jenen Moment, in dem der Tributpflichtige seine Gaben vor dem assyrischen König abliefert. Durch den Vollzug der Tributlieferung und der damit verbundenen, obligaten Prosternation des abhängigen Vasallen war die bildliche Wiedergabe dieser Handlung für die assyrische Staatsideologie in hohem Maße verwertbar, weil sie die Überlegenheit des eigenen politischen Systems, der religiösen Weltanschauung sowie den expansiven Machtanspruch Assyriens bestens propagierte.[2]

Aus der Perspektive der zeitgenössischen Realpolitik war der Tribut ein elementarer Bestandteil eines vertraglich geregelten Abkommens zwischen zwei ungleichberechtigten Staaten, das den *modus vivendi* zwischen diesen beiden Staaten regelte. Die Ablieferung des Tributs stellte dabei die materielle Form der Vertragserfüllung dar, die der unterlegene Vertragspartner – der Vasall – an den Überlegenen – den assyrischen König als ersten Repräsentant des Staates – zu entrichten hatte. Im Gegenzug erhielt der Vasall dafür aber auch eine Reihe von Leistungen

[1] Für eine aktuelle Gesamtdarstellung im Rahmen der altorientalischen Geschichte s. Veenhof, *Geschichte*, S. 225ff., und Edzard, *Geschichte*, S. 181ff.

[2] Für einen kurzen und nach wie vor informativen Überblick zur Bedeutung von Beute und Tribut im neuassyrischen Imperium s. Elat, in: AfO Bh. 19, 1982, S. 244ff.

und Vorteilen, allen voran die Gewährung einer relativen souveränen Eigenstaatlichkeit mit entsprechendem Handlungsspielraum.[3]

In dem letztgenannten Punkt besteht der entscheidende Unterschied zu jenen Gebieten, die von den Assyrern nach der Eroberung in Provinzen umgewandelt wurden, d.h. in exterritoriales, assyrisches Eigentum ohne jeden Anspruch auf eigene Souveränität. Die Abgaben der Provinzen werden deshalb auch nicht als Tribut bezeichnet, sondern fallen unter die Steuer, die von einer eigens eingesetzten assyrischen Administration eingetrieben und verwaltet wurde.[4]

Die für beide Seiten bindende Grundlage des Vertrags stellte der Eid (*adê*) dar, dessen Verletzung (z.B. durch die Verweigerung des Tributs) die sofortige Annullierung des vereinbarten *status quo* mit sich brachte.[5]

Identifikation und Analyse der Tributdarstellungen

Strukturell läßt sich eine Tributdarstellung in mehrere Bestandteile zerlegen: Sie besteht im wesentlichen aus dem empfangenden Teil, in dessen Mittelpunkt der assyrische König steht (Abb. 1), sowie aus dem tributliefernden Teil, der durch eine Reihe von Personen repräsentiert wird, die sowohl durch ihre Kleidung als auch durch ihre Haar- und Barttrachten deutlich als Nicht-Assyrer gekennzeichnet sind (Abb. 2). Die einzelnen Figuren sind damit beschäftigt, die unterschiedlichsten Waren herbeizuschaffen, zu denen neben kostbaren Fertigprodukten auch Rohstoffe und Tiere gehören können.[6]

1 *Unterscheidung zu Beutedarstellungen*

Rein formal ergibt sich durch diese Zusammensetzung zunächst eine große Übereinstimmung mit dem Thema des Beutemachens, das sich ebenfalls in der assyrischen Kunst parallel zu den Tributwiedergaben entwickelt und einen ähnlich hohen Stellenwert in der staatlichen

---

[3] Bär, *Tribut*, S. 3f., 240.

[4] Zur Unterscheidung von Steuer und Tribut vor dem Hintergrund der assyrischen Textquellen s. Postgate, *Taxation*, S. 119f.

[5] Zum Eid und den Eidesleistungen am Beispiel der sog. „Vassal Treaties of Esarhaddon" (VTE) s. ausführlich Wiseman, in: Iraq 20, 1958, S. 1ff.; Watanabe, *Vereidigung*, S. 6ff.; Parpola/Watanabe, *Treaties*, S. XVff., sowie generell Oded, *War, peace and empire*, S. 57, 83ff., 95.

[6] S. ausführlich zu den einzelnen Bestandteilen solcher Szenen Bär, *Tribut*, S. 214ff.

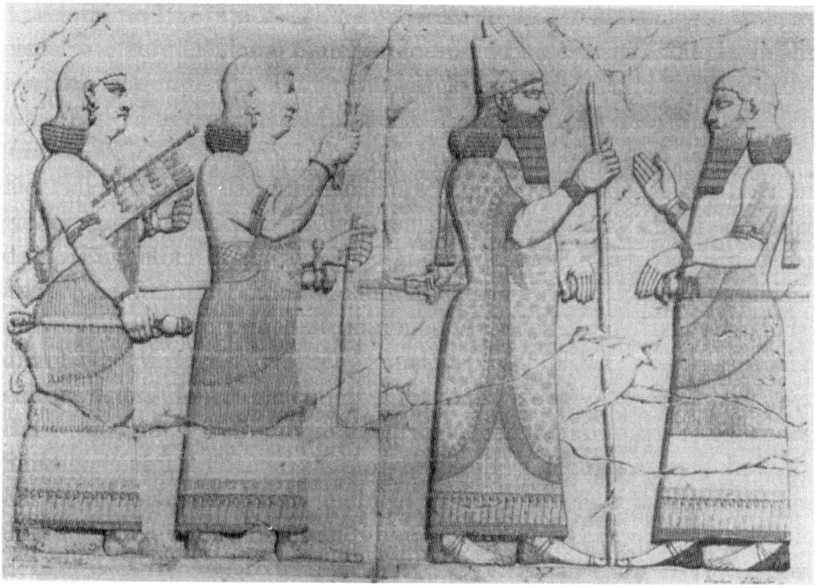

Abb. 1: Dūr Šarrukīn (Khorsabad), Sargon II. mit Gefolge.

Propaganda der Assyrer besaß. Bei einem direkten Vergleich liefern die Bilddarstellungen jedoch selbst die wesentlichen Unterscheidungsmerkmale, die inhaltlich zwischen beiden Sujets bestehen.[7]

Die grundlegende Voraussetzung für Beute ist in jedem Fall eine vorausgegangene, aggressive militärische Aktion, während Tribut die Folge eines vertraglich geregelten Abkommens zwischen zwei nicht gleichberechtigten Partnern ist, das die friedensorientierte Koexistenz zwischen dem unterlegenen und dem überlegenen Vertragspartner gewährleistet. Tributdarstellungen sind daher auch ein eigenständiges Bildthema in der neuassyrischen Kunst, das nicht unbedingt in einen größeren narrativen Kontext eingebettet sein muß. Im Gegensatz dazu stehen Beuteszenen immer in einem unmittelbaren erzählerischen Zusammenhang mit der vorangegangenen Kampfhandlung (offene Feldschlacht, Überfälle auf Siedlungen, Belagerung/Eroberung von Städten), durch die das Beutemachen erst ermöglicht wird.[8]

---

[7] Vgl. auch Bär, *Tribut*, S. 231.

[8] Zu einer Definition und gegenseitigen Abgrenzung der Begriffe Beute, Tribut, Trophäe und Prestigetrophäe s. Bär, *Tribut*, S. 3ff.

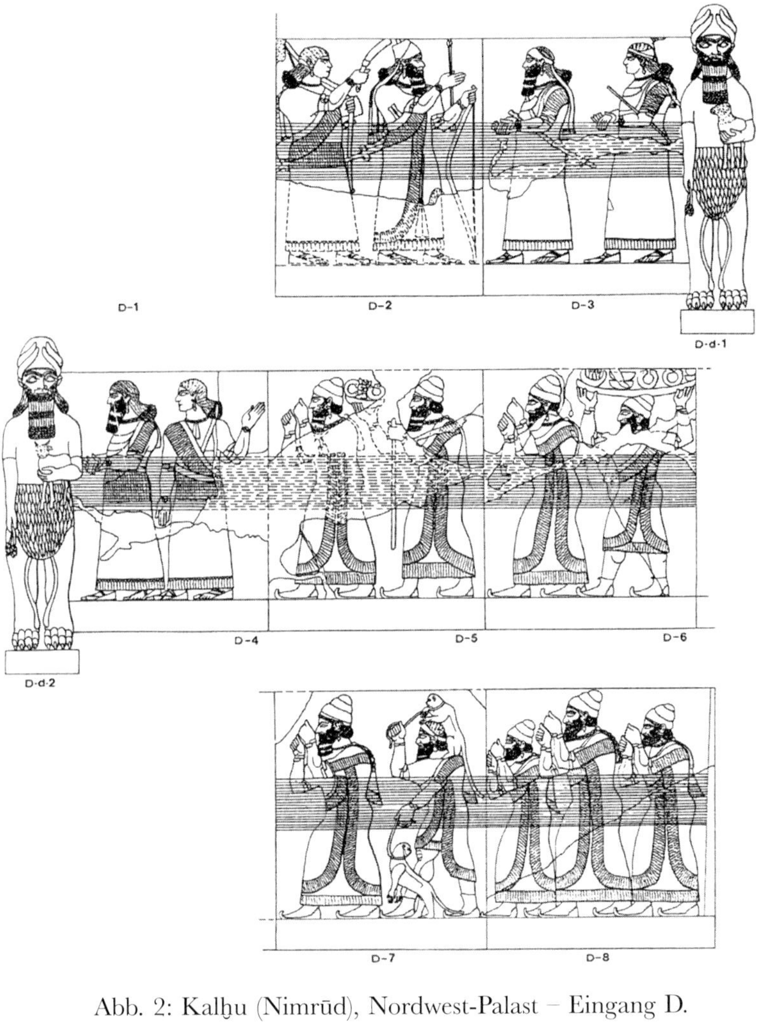

Abb. 2: Kalḫu (Nimrūd), Nordwest-Palast – Eingang D.

Die besiegten Feinde sind in den Beutedarstellungen deshalb auch unmißverständlich als Gefangene gekennzeichnet und somit als Teil der Beute erkennbar, weil sie gefesselt sind und/oder unter der direkten Aufsicht assyrischer Soldaten stehen (Taf. IIa). Auch die erbeuteten Objekte und Viehbestände befinden sich bereits ausschließlich in der Hand von Assyrern. Die Teilnehmer von Tributdarstellungen tragen stattdessen ihre mitgebrachten Waren selbst und können dabei sogar noch bewaffnet sein, wodurch sie als vertrauenswürdige Verbündete und Freunde erscheinen.[9]

2 *Zusammensetzung von Tributdarstellungen*

Der assyrische König befindet sich während des Tributempfangs in Begleitung von mindestens einem bis höchstens vier, bartlosen Begleitern in langen Gewändern (Abb. 1). Ihre Ausstattung und Bewaffnung entspricht derjenigen des Königs und besteht aus einem geschulterten Bogen, dem unter die Armbeuge geklemmten Köcher, einem Schwert sowie einer Keule, die in der Hand gehalten wird. Zwischen dem König und seinen Begleitern können, je nach Ort des Tributempfangs, noch der Träger eines Sonnenschirms oder ein Diener mit einem Fächer bzw. Fliegenwedel stehen, die unter Umständen auch miteinander kombiniert sein können und innerhalb der vielfigurigen Tributszenen die Position des Königs zweifelsfrei kennzeichnen (Taf. IIb). Sonnenschirm, Fächer und Fliegenwedel sind in diesem Zusammenhang nicht nur als Gebrauchsgegenstände zu werten, sondern als königliche Statussymbole, deren Gebrauch sich in den assyrischen Bilddarstellungen ausschließlich auf den Herrscher beschränkt.[10]

Dem König unmittelbar gegenüber steht eine in der Anzahl variierende Reihe von assyrischen Würdenträgern in langem Ornat, zu der sowohl bärtige als auch bartlose Personen (Eunuchen) gehören können (Taf. IIIa). Angeführt wird diese Gruppe zumeist von einer männlichen Gestalt mit Bart, die ein diademartiges Stirnband trägt. Aufgrund ihrer Position kann diese Person entweder mit dem Kronprinzen oder dem

---

[9] Bär, *Tribut*, S. 5, 16ff. Tatsächlich gibt es einige Hinweise dafür, daß der Tribut bis zur offiziellen Ablieferung im Besitz der Überbringer verblieben ist, die sich dafür offensichtlich auch innerhalb der assyrischen Residenzstädte ggf. in ihren eigenen „Landesniederlassungen" oder „Botschaften" aufhalten konnten.

[10] Bär, *Tribut*, S. 214ff.; zu einer Auswahl solcher Utensilien s. Hrouda, *Flachbild*, Taf. 32, 19–23, Taf. 33, 1–3.

Oberbefehlshaber der assyrischen Armee, dem *turtān*, identifiziert werden (Abb. 1). Für ihn lassen sich insgesamt fünf verschiedene Gesten differenzieren, mit denen er sich dem König nähert, wobei für den am häufigsten verwendeten Gestus die linke Hand auf dem Schwertknauf ruht, während der rechte Arm erhoben und die Handfläche gerade nach oben ausgestreckt ist.[11]

Hinter dieser Reihe der assyrischen Offiziellen erscheint ein weiterer Assyrer, der am besten mit seiner charakteristischen Tätigkeit bezeichnet wird, nämlich als „Winker", und damit die Tributbringer zum König einführt (Abb. 2).[12] Durch seine Kleidung ist er als hoher Beamter der königlichen Administration gekennzeichnet und kann mit einiger Sicherheit mit dem in den Texten erwähnten Amt des „*ša pan ekalli*" identifiziert werden, dem es alleinig oblag, Besucher zum König zuzulassen.[13] Die Audienz wurde mit dem Begriff „*ana šulmi*" bezeichnet und beinhaltete ein zeremonielles *procedere*, dem sich nicht nur ausländische Staatsgäste, sondern auch Assyrer unterziehen mußten, um vom König empfangen zu werden.[14]

Die Wiedergabe der fremdländischen Tributdelegation ist durch das Wesen der Thematik darstellerisch an die Form einer langen Personenreihe gebunden (Taf. IIIb).[15] Ganz ohne Zweifel waren die Teilnehmer gemäß ihrer Funktion und sozialen Stellung in der Abfolge hierarchisch gegliedert.[16] So kann davon ausgegangen werden, daß der Tributzug entweder von dem Vasallenfürsten persönlich oder einem autorisierten und nicht minder hochrangigen Vertreter angeführt wird. Hinter diesem werden entsprechend zur assyrischen Seite die Würdenträger des tributpflichtigen Landes folgen, die mit dem Tragen kleinformatiger Pretiosen betraut waren. Anschließend kommen Personen, die größere und schwerere Gegenstände tragen oder Pferde und anderes Viehzeug herbeiführen.[17] Weitere Unterscheidungsmerkmale bezüglich der Rangordnung innerhalb einer Tributdelegation bestehen vor allem in den Haar- und Barttrachten sowie der Kleidung, wie z.B. lange Gewänder gegenüber kurzen Hemden, kostbare Diademe gegenüber einfachen Mützen usw. (Abb. 2).[18]

---

[11] Bär, *Tribut*, S. 216ff.
[12] Bär, *Tribut*, S. 217f.
[13] Vgl. Reade, in: Iraq 34, 1972, S. 95.
[14] Postgate, *Taxation*, S. 125f.
[15] Zusammenfassend Bär, *Tribut*, S. 218f., 241f.
[16] Zur personellen Zusammensetzung einer Tributdelegation s. Bär, *Tribut*, S. 16ff.
[17] Bär, *Tribut*, S. 218.
[18] Bär, *Tribut*, S. 218ff.; zu einer an unterschiedlichen Bartformen erkennbaren Hierarchisierung s. bereits Mötefindt, *Barttracht*, S. 1ff.

Sowohl aus den Schriftquellen als auch den Bilddarstellungen geht hervor, daß die Prosternation des Vasallen vor dem assyrischen König ein elementarer Bestandteil der Tributlieferung war. Dadurch wurde das bestehende Vertragsverhältnis von dem abhängigen Fürsten gleichsam bestätigt und erneuert.[19] Die beiden häufigsten Demutsbezeugungen sind der „Faustgestus", für den der Vasall, in leicht nach vorne gebeugter Haltung, beide zur Faust geballten Hände vor das Gesicht hält (Taf. IVa).[20] Dieser Gestus wird dann verwendet, wenn sich der Tributzug unter Leitung des „Winkers" dem assyrischen Herrscher nähert.[21] In einem zeitlich späteren Stadium, in dem der Vasall unmittelbar vor das Angesicht des Königs gelangt ist, wirft er sich diesem zu Füßen (Taf. IIb).[22] Aus den assyrischen Schriftquellen gehen zwei Arten der bodenfälligen Proskynese hervor: das Ergreifen der Füße mit den Händen (*šēpā ṣabātu*) und das Küssen der Füße (*šēpā našāqu*).[23]

Die Bildträger

In ihrem Vorkommen beschränken sich Tributdarstellungen ausschließlich auf den öffentlich-offiziellen Bereich, in erster Linie den repräsentativen Teilen der königlichen Paläste (*babānu*),[24] die für größeren Publikumsverkehr, wie z.B. den Empfang ausländischer Staatsgäste mit ihren Delegationen, ausgelegt waren.[25]

1 *Verteilung und Funktion*

In der Monumentalkunst stehen die Orthostatenreliefs, mit denen die Wände der assyrischen Königspaläste verkleidet waren, an erster Stelle der großformatigen Bildträger (Abb. 2 und Taf. IIa).[26] Großangelegte Reliefzyklen, in denen Kriegs-, Beute- und Tributdarstellungen in einen narrativen Kontext eingebettet waren, haben sich

[19] Bär, *Tribut*, S. 219ff.
[20] Bildbelege bei Bär, *Tribut*, S. 219, Anm. 1715.
[21] Bär, *Tribut*, S. 219f. (I.4.1.a).
[22] Bär, *Tribut*, S. 220 (I.4.1.c).
[23] S. CAD Š/II, s.v. šēpu 1a 3' und vgl. Bär, *Tribut*, S. 220f. Beide Prosternationen werden bezeichnenderweise nicht nur gegenüber Königen, sondern auch bei Göttern, respektive deren Kultbildern, angewendet.
[24] Vgl. zu dieser funktionalen und baulichen Unterscheidung Heinrich, *Paläste*, S. 98.
[25] Bär, *Tribut*, S. 242.
[26] Bär, *Tribut*, S. 242.

in nahezu allen Palästen der drei wichtigsten assyrischen Residenzen Kalḫu (Nimrūd), Ninive (Kujundschik/Nebi Yunus) und Dūr Šarrukīn (Khorsabad) erhalten. Derartige Reliefs finden sich auch gelegentlich in den Provinzpalästen an der Peripherie des neuassyrischen Reiches, wo solche ausschließlich assyrischen Topoi, wie etwa der Tribut, in lokalen Werkstätten von einheimischen Bildhauern nach assyrischem Vorbild umgesetzt wurden.[27]

Eine weitere Möglichkeit bestand in polychromen Wandmalereien (*al secco*-Technik), die sich jedoch nur noch in Einzelfällen erhalten haben, aber einen guten Eindruck von der einstigen Farbigkeit dieser Bilddarstellungen vermitteln.[28] Demnach kann auch angenommen werden, daß die unterschiedlichen Tributgaben entsprechend koloriert wiedergegeben wurden, wobei vor allem die zahlreichen Gegenstände aus Gold und Edelsteinen kontrastreiche optische Effekte erzielt haben dürften.[29]

Die beiden prominentesten Denkmäler aus der Regierungszeit Salmanassars III. (858–824 v.Chr.), die Tributszenen tragen, sind zum einen die Thronbasis des Königs in seinem Palast in Kalḫu (Nimrūd)[30] (Taf. IVb und Va)[31] und zum anderen die bronzenen Beschläge, mit denen die beiden Flügeltore des Mamû-Tempels in Imgūr-Enlil (Balawat) geschmückt waren.[32] Vor allem die 33 Bronzestreifen der Balawat-Tore bieten eine ungeheure Fülle an äußerst detailreichen und vielfigurigen Darstellungen, die die Feldzüge des Königs in historischer Abfolge schildern und mittels erklärender Beischriften die beteiligten Personen, Handlungsorte und Zeitpunkte nennen.[33] Die Entgegennahme von

[27] S. Bär, *Tribut*, S. 182ff., 189ff., Abb. 67, Taf. 46–51. Nordsyrischer Bautradition zufolge wurden diese kleinerformatigen Reliefs dort allerdings zur Auskleidung der Torräume und entlang der Außenfassade von Gebäuden verwendet und nicht in den Innenräumen der Paläste.

[28] S. Thureau-Dangin/Dunand, *Til Barsip*, S. 47, 51ff., Pls. XLIII, XLVII sowie zusammenfassend Bär, *Tribut*, S. 80f., 106, 182ff., Abb. 65–66.

[29] S. noch unter VI. Tributprodukte.

[30] Mallowan, *Nimrud II*, S. 442ff., Fig. 371 und Bär, *Tribut*, S. 134ff. Die Anbringung von Tributszenen an einer so exponierten Stelle wie der königlichen Thronbasis verdeutlicht die überragende Bedeutung, die diese Thematik für den Herrscher hatte.

[31] Die hier gezeigten Abbildungen geben jeweils nur Ausschnitte bzw. Detailszenen wieder.

[32] King, *Bronze reliefs*, S. 9ff., mit Einzelabbildungen sämtlicher Bänder; zu den sonstigen Türbeschlägen mit Tributszenen s. Bär, *Tribut*, S. 107ff., 131ff., Abb. 37a–b, 40.

[33] Zu einer Rekonstruktion des Tores s. die Abbildung bei Matthiae, *Kunst*, S. 93, und für eine Gesamtansicht sämtlicher Originalbänder vgl. Barnett/Forman, *Assyrische Palastreliefs*, Taf. 138–139.

Tribut während eines Feldzuges ist dabei ein stetig wiederkehrendes Bildthema (Taf. IIIa+b, Vb).[34]

In der Kleinkunst sind Tributdarstellungen vor allem in Form von Gravuren auf Elfenbeinpaneelen zu finden, mit denen kostbare Möbelstücke verziert waren, die ebenfalls fast ausschließlich im Palast- und Tempelbereich zutage gekommen sind (Abb. 3).[35] Sehr häufig dürfte es sich dabei selbst um Tribut- oder Beutestücke gehandelt haben; denn Mobiliar mit wertvollen Intarsien gehörte regelmäßig zum Bestand von Beute und Tributlieferungen.[36]

Zu den umfangreichsten Fundgruppen dieser Art gehören die Elfenbeine aus dem Palast Salmanassars III. (sog. „Fort Salmanasser") sowie dem Tempel des Gottes Nabû in Kalḫu (Nimrūd).[37] In der zahlenmäßig stärksten und verbreitetsten Artefaktgruppe des Alten Orients, den Roll- und Stempelsiegeln, ist die Tributthematik im Gegensatz zu den, wenn auch eher selten vorkommenden, Kriegs- und Belagerungsszenen überhaupt nicht vertreten.[38]

Besondere Erwähnung verdient die Gattung der assyrischen Obelisken, die speziell im Zusammenhang mit der Tributthematik eine eigenständige Entwicklung durchläuft und daher auch in der Forschung nicht ganz zu Unrecht als „Tributstelen" bezeichnet wurde.[39] Die vier Schauseiten der Monolithen zeigen zumeist einzeln gerahmte Reliefbilder, die inhaltlich in Registern von oben nach unten verlaufend angeordnet sind (Abb. 4).

Nach Ausweis der Fundlagen waren die Obelisken vorzugsweise auf öffentlichen Plätzen und an Verkehrsknotenpunkten in den assyrischen Metropolen aufgestellt, sowie in den Hof- und Eingangsbereichen von Tempeln und Palästen.[40] Es haben sich bislang zwar nur zwei Exemplare in vollständigem Zustand erhalten, doch die große Anzahl von Fragmenten beweist, daß derartige Denkmäler relativ häufig in der neuassyrischen Zeit gewesen sein müssen.[41]

---

[34] Bär, *Tribut*, S. 113ff., Abb. 38–39, Taf. 13–42.

[35] Vgl. Bär, *Tribut*, S. 82ff., 144ff., 166ff., 179ff., 243.

[36] S. noch S. 264ff.

[37] Bär, *Tribut*, S. 144ff., 166ff., Abb. 45–50, 53–62, Taf. 43–45.

[38] S. Herbordt, *Neuassyrische Glyptik*, S. 90ff.

[39] Börker-Klähn, *Bildstelen*, S. 54, 57f.

[40] Vgl. Bär, *Tribut*, S. 57 („Weißer Obelisk", Ninive), 68 („Birmingham Obelisk", Ninive), 88 („Rassam Obelisk", Kalḫu), 98 (Fragment, Kalḫu), 101 (Fragmente, Ninive), 149 („Schwarzer Obelisk", Ninive), 163 (Fragmente, Assur).

[41] S. Bär, *Tribut*, S. 68, 88ff., 98f., 101ff., 163ff. Die Zerstörungsspuren an den Bruchstücken zeigen deutlich, daß die Obelisken mit ihren propagandahaften Bildaussagen

Abb. 3: Kalḫu (Nimrūd), Nabû-Tempel – Elfenbein ND 4169.

Während auf dem sog. „Weißen Obelisken" (11./9. Jh. v.Chr.) noch das gesamte Spektrum der königlichen Aktivitäten abgebildet ist (Abb. 4),[42] darunter auch die Entgegennahme von Tribut in den beiden zentralen Registern,[43] konzentrieren sich die Darstellungen auf dem späteren „Schwarzen Obelisken" (um 826 v.Chr.) ausschließlich auf den Empfang von vier verschiedenen Tributdelegationen (Taf. IIb, VI).[44] Die enge Verbindung dieser Denkmälergattung mit den Tributdarstellungen zeigt sich auch daran, daß die Obelisken mit dem sukzessiven Rückgang dieses Themas aus dem Repertoire der neuassyrischen Bildträger völlig verschwunden sind.[45]

2 *Architektonischer Kontext*

Gerade im Hinblick auf die Grundrißkonzeptionen der Königsresidenzen in Kalḫu (Nimrūd) und Dūr Šarrukīn (Khorsabad) sowie der Provinzpaläste in Til Barsip (Tell Aḫmar) und Ḫadātu (Arslan Taš) wird der enge funktionale Zusammenhang deutlich, der zwischen den Tributdarstellungen und dem architektonischen Rahmen bestanden haben muß, in dem diese eingebettet waren.[46] Denn es steht außer Frage, daß es einer repräsentativ ausgestalteten Architektur bedurfte, innerhalb derer sich solche prestigeträchtigen Ereignisse, wie die Lieferung und der Empfang von Tribut, angemessen zelebrieren ließen.[47]

Insbesondere der Eingangsbereich im „Nordwest-Palast" Assurnasirpals II. (883–859 v.Chr.) (Abb. 2) und die Durchgangssituation im Palast Sargons II. (721–705 v.Chr.) mit Korridor 10 zu den Höfen VIII und Terrasse III, die allesamt mit aufwendigen Tributszenen geschmückt

ganz gezielt zerstört worden sind; vgl. generell zur Intention des Ikonoklasmus beim Untergang des neuassyrischen Reiches Nylander, in: AJA 84, 1980, S. 329ff.

[42] Börker-Klähn, *Bildstelen*, S. 179ff., Nr. 132, und Bär, *Tribut*, S. 57ff., Abb. 7–10. Die letzten, nach einer erneuten Reinigung des Denkmals angefertigten Photographien wurden von Sollberger, in: Iraq 36, 1974, S. 232ff., Pls. XLI–XLVIII, sowie Reade, in: Iraq 37, 1975, S. 129ff., Pls. XXVIII–XXXI, veröffentlicht.

[43] Sollberger, in: Iraq 36, 1974, Pl. XLVII (scene 10–11).

[44] S. Börker-Klähn, *Bildstelen*, S. 190ff., Taf. 152, und Bär, *Tribut*, S. 148ff., Abb. 51.

[45] Vgl. Börker-Klähn, *Bildstelen*, S. 57ff.

[46] Zu den genannten Fundorten und deren Palästen s. im einzelnen Heinrich, *Paläste*, S. 98ff.

[47] S. noch unter IV.1 sowie im einzelnen Bär, *Tribut*, S. 75, 81, 194, 208.

Abb. 4a: Weißer Obelisk, Umzeichnung nach C. D. Hodder.

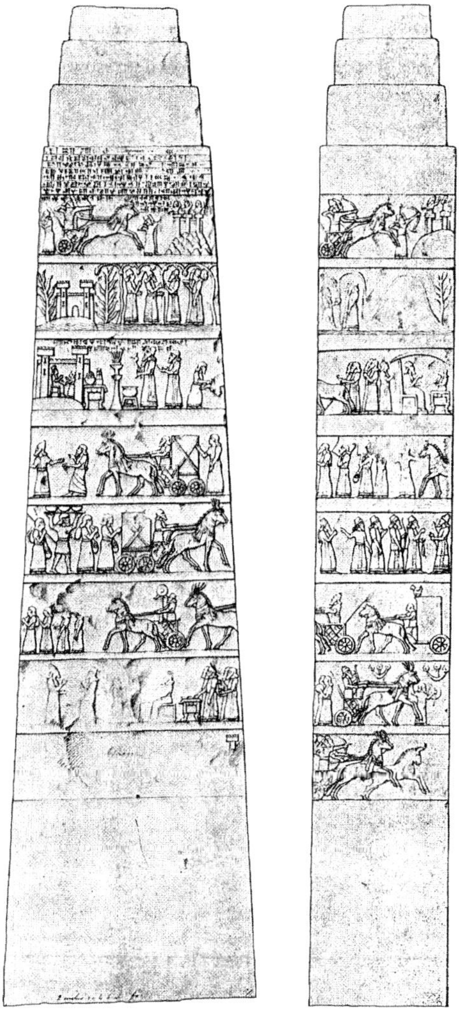

Abb. 4b: Weißer Obelisk, Umzeichnung nach C. D. Hodder.

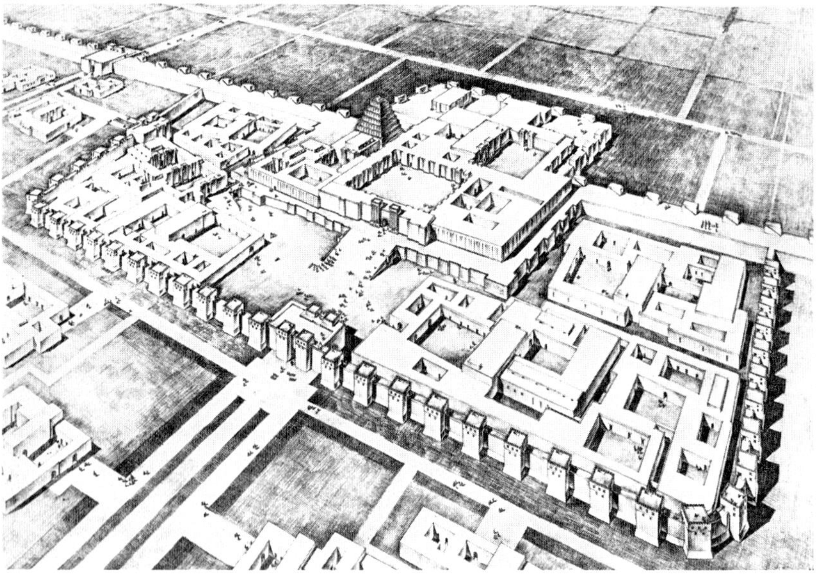

Abb. 5: Dūr Šarrukīn (Khorsabad), Königspalast.

waren (Abb. 5),[48] lassen es mehr als naheliegend erscheinen, daß hier tatsächlich auch die realen Tributabordnungen aufmarschiert sind, um vom assyrischen König in Empfang genommen zu werden.[49]

Auch die beiden genannten Provinzpaläste, die im heutigen Nordsyrien liegen, verfügen jeweils über identische Raumgruppen am östlichen Innenhof, in denen sich solche Empfänge mit großer Wahrscheinlichkeit abgespielt haben (Abb. 6).[50]

Tributarten

Grundsätzlich sind bei den Assyrern zwei Arten von Tribut zu unterscheiden, worin sich auch die Text- und Bildbelege gegenseitig bestätigen: zum einen der jährlich zu entrichtende Tribut, der von den Tributpflichtigen in die jeweilige Haupt- oder Residenzstadt nach Assyrien gebracht werden mußte, zum anderen der Tribut, der im

---

[48] Zu einem Grundrißplan s. Heinrich, *Paläste*, Abb. 88–89.

[49] S. Bär, *Tribut*, S. 69ff. (NW-Palast: Eingänge D–E), S. 195ff., Abb. 12–15, Abb. 68–74 (Khorsabad: Raum 6, 11, Korridor 10, Fassade n).

[50] S. die Grundrißpläne bei Heinrich, *Paläste*, Abb. 79, 81, und vgl. Til Barsip (Räume XXIV u. XLVII) mit Ḫadātu (Räume XXXVIII u. XXXIV).

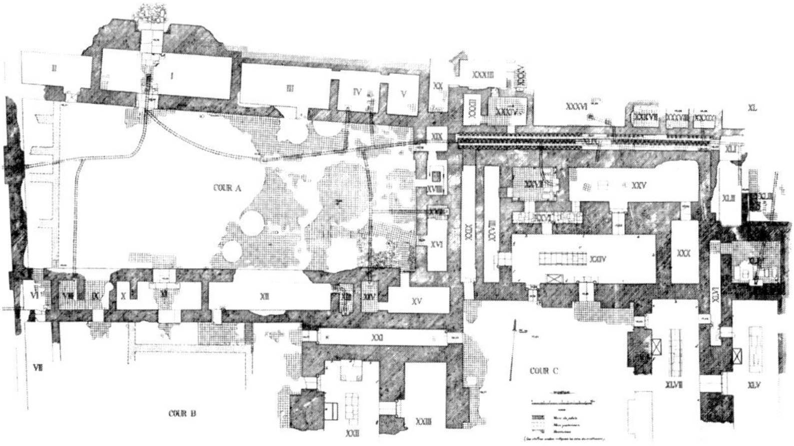

Abb. 6: Til Barsip (Tell Aḫmar), Grundriß Provinzpalast.

Verlaufe eines Feldzuges von dem assyrischen Heer vor Ort entgegengenommen wurde.[51]

1 *Ort der Tributlieferung*

Die Empfangsorte für den Jahrestribut waren in erster Linie natürlich die großen städtischen Zentren und Residenzen des assyrischen Reiches wie Kalḫu (Nimrūd), Ninive (Kujundschik/Nebi Yunus) und Dūr Šarrukīn (Khorsabad); es kamen dafür aber auch kleinere königliche Dependancen in Frage, wie etwa Balawat, das antike Imgūr-Enlil, wo Assurnasirpal II. ebenfalls eine Residenz unterhielt.[52] In den Bilddarstellungen findet sich eine Architekturwiedergabe, die durch Details, wie monumentale Gebäude und Stadtmauern, sowie in den günstigsten Fällen durch eine Beischrift eindeutig identifiziert wird.[53] Vor der Kulisse dieser Stadt- oder Palastdarstellung ist der assyrische Monarch dann mit seinem Gefolge postiert, um die Tribute entgegenzunehmen (Taf. VIIa).[54]

Die einfachste Möglichkeit für einen Tributempfang im Verlaufe einer Feldzugskampagne ist gemäß den Bilddarstellungen eine Stelle im freien

[51] Bär, *Tribut*, S. 7f., 241.
[52] Vgl. Bär, *Tribut*, S. 13ff., 107ff.
[53] S. Bär, *Tribut*, S. 94f. (III.4.d), 109f. (III.10.1.b).
[54] Bär, *Tribut*, S. 13ff., mit entsprechenden Bild- und Textbeispielen.

Gelände, zwischen dem assyrischen Feldlager und der tributpflichtigen Stadt.[55] In Ermangelung eines angemessenen Gebäudes behalf man sich bei diesen Tributempfängen mit einem Zelt für den König, in das der Betrachter durch die Schnittperspektive unmittelbaren Einblick erhält (Taf. Vb). Hinsichtlich des zahlenmäßigen Verhältnisses zwischen diesen beiden Formen der Tributabgabe überwiegt sowohl bei den Bild- als auch den Textbelegen der Feldzugstribut bei weitem.[56]

Keine Angaben können den Bilddarstellungen hinsichtlich eines konkreten Zeitpunktes entnommen werden, an dem die Tributlieferung stattgefunden hat. Zumindest für den Feldzugstribut ist ein, wenn auch nur grober, Zeitraum vorgegeben, denn die jährlichen Kriegszüge wurden aus organisatorischen und klimatischen Bedingungen überwiegend von Frühjahr bis Herbst durchgeführt.[57]

Kontrolle, Verwaltung und Verteilung von Tribut

Über den Tribut als einen bürokratischen Verwaltungsakt erfahren wir aus den Bilddarstellungen naturgemäß nur wenig. Allerdings verdanken wir einer Tribut- sowie einer Beutedarstellung die bislang einzigen Wiedergaben von assyrischen Waagen.

In einer Tributszene auf dem sog. „Rassam-Obelisk" (Taf. VIIa) und einem nur noch in einer Zeichnung überlieferten Wandrelief Sargons II., das zum Zyklus der Eroberung der Stadt Muṣaṣir gehört,[58] ist jeweils zu sehen, wie Gegenstände mit Hilfe von Balkenwaagen abgewogen werden. Demnach wurden die Tribut- und Beuteprodukte, bei denen es auf das Gewicht ankam, wie z.B. Metallbarren, umgehend nach Ablieferung gewogen, um so das korrekte Gewicht der Abgaben bzw. der erbeuteten Werte zu überprüfen.

Auf den Wandmalereien im Provinzpalast des nordsyrischen Til Barsip tauchen erstmals zwei Schreiber unmittelbar vor bzw. neben einer ausländischen Delegation auf, die ganz offensichtlich mit der Aufgabe betraut waren, die gelieferten Waren zu notieren.[59]

[55] S. Bär, *Tribut*, S. 14f.
[56] Bär, *Tribut*, S. 241.
[57] Bär, *Tribut*, S. 18.
[58] S. Bär, *Tribut*, Abb. 1.
[59] S. Bär, *Tribut*, Abb. 2.

Dieses obligate Schreiberpaar tritt dann auch regelmäßig bei der Sammlung von Beutestücken in Erscheinung (Taf. VIIb). Da die Schreiber keine Uniformen tragen und immer ein bartloser Eunuch mit von der Partie ist, handelt es sich zweifelsfrei um Angestellte der königlichen Verwaltung und nicht der Armee. Es ist außerdem gut zu erkennen, daß die Mitschriften immer in zweifacher Ausfertigung ausgestellt wurden, nämlich einmal in assyrischer Keilschrift auf einer Tontafel und ein weiteres Mal in der damals schon gebräuchlichen Umgangssprache in aramäischer Schrift auf einer Papyrusrolle.[60]

Die Bilddarstellungen verraten aber nichts über die weitere Lagerung, Verteilung oder Verwendung von Tributgütern. Aus den Schriftquellen ist zu erfahren, daß die ungeheuren Warenmengen von Beute und Tribut in eigens dafür vorgesehenen Gebäuden aufbewahrt wurden, die man als *ekal māšarti* bezeichnete.[61] In Kalḫu (Nimrūd) beispielsweise hat Asarhaddon (680–669 v.Chr.) den alten Königspalast seines Vorgängers Salmanassar III. (858–824 v.Chr.) in ein solches „Zeughaus" umfunktioniert.[62] Erst vor wenigen Jahren ist es Archäologen des irakischen Antikendienstes gelungen, den Standort des bis dahin nur aus den Inschriften bekannten *ekal māšarti* von Ninive auf dem Hügel Nebi Yunus zu identifizieren,[63] in dem sie zumindest dessen Eingangsbereich mit den beschrifteten Torwächterfiguren (*lamassu*) freilegen konnten (Taf. VIIIa).[64]

Gemäß der offiziellen Staatspropaganda war natürlich der assyrische König die einzige Person, die Tribut erhalten konnte.[65] Da dies in der Realität aber verständlicherweise nicht immer durchführbar war, konnten dazu auch der Kronprinz, der Oberbefehlshaber der Armee (*turtān*) und andere autorisierte Beamte berechtigt sein, wie aus diversen Verwaltungsunterlagen und Korrespondenzen hervorgeht.[66] Einen festgeschriebenen Anteil an Beute und Tribut erhielten außer dem König auch die Mitglieder der königlichen Familie (Kronprinz,

[60] S. Bär, *Tribut*, Abb. 3–5.

[61] Bär, *Tribut*, S. 27f.

[62] Zu Grundrißplan, Baugeschichte und Rekonstruktion s. Heinrich, *Paläste*, S. 114ff., Abb. 65.

[63] S. zusammenfassend Reade, in: RlA 9, 1998–2001, S. 419 (§15.2).

[64] Eine vollständige Ausgrabung ist aufgrund der unmittelbar darüber errichteten Moschee, die nach islamischer Vorstellung das Grab des Hl. Jonas beherbergt, nicht möglich.

[65] S. Bär, *Tribut*, S. 11ff.

[66] Bär, *Tribut*, S. 241.

Königin, Königinmutter usw.), sowie die höheren Beamten des Hofes, der königlichen Administration und der Armee.[67]

Ein Großteil der Einnahmen wurde von den aufwendigen königlichen Bauprojekten (Städte, Tempel, Paläste, Infrastruktur etc.), kostbaren Dedikationen an die Götter, der prunkvollen Hofhaltung, dem Unterhalt der Armee und damit einhergehend der Finanzierung der Kriegszüge aufgezehrt.[68] Außerdem waren die tributpflichtigen Vasallen dazu verpflichtet, dem assyrischen König eigene Truppenkontingente für seine jährlichen Feldzüge zur Verfügung zu stellen.[69] Eine besondere Bedeutung kam den zahlreichen Kriegsgefangenen und der Deportation ganzer Bevölkerungsgruppen zu, die als billige Arbeitskräfte oder zur Gründung assyrischer Siedlungen in eroberten Gebieten eingesetzt wurden.[70]

Tributprodukte

Die große Bandbreite an abgelieferten Tributprodukten läßt sich anhand der Bilddarstellungen relativ genau erfassen und deckt sich auch weitgehend mit den Informationen aus den zeitgenössischen Schriftquellen,[71] allen voran den umfangreichen Tributlisten, die einen Teil der neuassyrischen Königs- und Jahresinschriften (Annalen) bilden.[72] Darüber hinaus kann man den bildlichen Wiedergaben entnehmen, in welcher Weise die unterschiedlichen Waren transportiert und verpackt wurden. Die Art und Beschaffenheit der Tributgüter kann in zwei große Kategorien eingeteilt werden: die nicht-organischen und die organischen Produkte.[73]

Zu den häufigsten nicht-organischen Gegenständen gehören großformatige Kessel und Becken aus Metall, Tabletts mit Sortimenten kleinerer Gefäße und Behälter sowie Gefäße, die einzeln in der Hand gehalten werden und sich wohl durch besondere Kostbarkeit oder eine spezielle Funktion auszeichnen (Taf. VI).[74] Dazu zählen auch typologische

[67] Bär, *Tribut*, S. 21ff., 242.
[68] Speziell zu letzterem s. Mayer, in: UF 11, 1979, S. 57ff.
[69] Bär, *Tribut*, S. 19ff.
[70] Zu diesem Themenkomplex s. Oded, *Mass deportations*, S. 18ff., 41ff., 75ff.
[71] Vgl. die repräsentative Sammlung von Textbelegen bei Bär, *Tribut*, S. 29–56.
[72] Zum Einfluß der Tributlisten auf die assyrische Annalenschreibung s. Bär, *Tribut*, S. 240f.
[73] S. hierzu den Produktindex bei Bär, *Tribut*, S. 232ff.
[74] Bär, *Tribut*, S. 233f. (V.1.4–6) mit Bildbelegen.

Sonderformen, wie die sog. Kugelbauchvase, ein Henkelgefäß mit Knopffußbasis oder die markante Löwenkopfsitula, die stets paarweise und in einer spezifischen Trageweise auf den Reliefs in Dūr Šarrukīn (Khorsabad) zu finden ist (Taf. VIIIb).[75]

Insbesondere das zuletzt genannte Behältnis (Taf. VIIIb) verdeutlicht in anschaulicher Weise, wie eine ausländische Gefäßform Eingang in die materielle Kultur der Assyrer gefunden hat.[76] K. Deller, der für dieses spezielle Gefäß den assyrischen Begriff „*kaqqad nēše*" eruierte, konnte anhand des etymologischen und archäologischen Befundes nachweisen, daß diese theriomorphe Gefäßform ursprünglich aus dem südwestlichen Anatolien bzw. dem nordwestlichen Syrien kommt und als Beute- oder Tributstück nach Assyrien gelangt ist, wo sie fortan ausschließlich zum Inventar des königlichen Palastes gehörte, um darin Wein und Bier zu kredenzen.[77]

Weitere wertvolle Fertigprodukte bestehen in kunstvoll gefertigten Möbel- und Schmuckstücken (Abb. 3). Gerade der Schmuck wird in den Bilddarstellungen zwecks besserer Erkennbarkeit überproportional groß auf Tabletts liegend wiedergegeben oder in Schatullen, deren Seitenwand für den Betrachter einfach weggelassen wurde (Taf. IVb, Va).[78] Gut erkennbar sind auch die Lieferung von Rohstoffen wie Metall und Elfenbein: Metalle werden in Form der signifikanten „Tierhaut-Barren" transportiert (Taf. VI), und die Stoßzähne von Elefanten werden mit der Rundung einfach auf der Schulter getragen (Taf. IVb).[79] Ebenfalls belegt sind lange, schwere Stoffbahnen, die stellvertretend für wertvolle textile Produkte und kostbare Gewänder stehen.[80]

Lieferungen von größeren Mengen an Waffen oder speziell angefertigten Prunkwaffen werden ebenfalls häufig in den Tributlisten erwähnt. Auf den entsprechenden Abbildungen sind Waffen dagegen nur zweimal zu finden: Auf der Thronbasis Salmanassars III. werden zwei Bögen und ein (nicht-assyrischer) Spitzhelm herbeigebracht (Taf. Va), und in den Wandmalereien von Til Barsip sind mehrere Personen damit beschäftigt, eine größere Anzahl von Bögen zu transportieren.[81]

Nicht genauer zu bezeichnen sind Produkte, die in Eimern, Säcken und Beuteln abgeliefert werden und demzufolge vor allem Naturalien

[75] Bär, *Tribut*, S. 234f. (V.1.7–9) mit Bildbelegen.
[76] Vgl. auch Hrouda, *Flachbild*, Taf. 19, 12.
[77] Deller, in: BaM 16, 1985, S. 327ff.; Deller, in: BaM 18, 1987, S. 219f.
[78] Bär, *Tribut*, S. 236f. (V.1.18–19) mit Bildbelegen.
[79] Bär, *Tribut*, S. 235f. (V.1.13–14, 17) mit Bildbelegen.
[80] Bär, *Tribut*, S. 236 (V.1.15) mit Bildbelegen.
[81] Bär, *Tribut*, S. 237 (V.1.22) mit den Bildbelegen.

in Schüttmengen und Flüssigkeiten beinhaltet haben dürften.[82] Die entsprechenden Transportbehälter kommen in verschiedenen Größen und Formen vor. So gibt es beispielsweise die prall gefüllten Säcke, die mit beiden Händen quer über der Schulter gehalten werden, neben den kleineren Säcken, die mit einer Hand am Verschlußzipfel über den Rücken geworfen werden (Abb. 3). In den als Trinkschläuchen kenntlichen Behältern befand sich sehr wahrscheinlich Wein, der sich auch bei den Assyrern größter Beliebtheit erfreute.[83]

Den Hauptbestandteil an organischen – oder besser gesagt – lebenden Tributgaben bilden in erster Linie Nutztiere. Hier sind vor allem Pferde zu nennen, gefolgt von Rindern, Schafen und Ziegen (Taf. IIb).[84] Regelmäßig kommen auch exotische Tierarten vor, die zwar keinen Nutzwert hatten, aber doch einen hohen propagandistischen „Vermarktungswert", indem sie die Garten- und Tierparks (*ambassu*) der assyrischen Königsresidenzen bevölkerten und auf diese Weise dem Besucher die Ausdehnung des Weltreiches vor Augen führten.[85] Darstellungen von Elefanten, Nashörnern und Antilopen haben die assyrischen Bildhauer zu einer großen Gestaltungsfreude angeregt.[86]

Bei den Wiedergaben wurde durchaus auch zoologischen Aspekten Rechnung getragen, wenn beispielsweise zwischen beiden vorkommenden Arten von Kamelen, dem einhöckrigen Dromedar von der arabischen Halbinsel, das die Assyrer mit *gammālu*[87] bezeichneten (IXa), und dem zweihöckrigen Trampeltier, *udru*,[88] aus dem Bereich des Hindukusch, explizit unterschieden wurde (Taf. IIb).[89]

Geradezu verspielt wirken die Wiedergaben der unterschiedlichen Spezies von Affen, die auch den heutigen Betrachter noch amüsieren und in ihrer Detailgenauigkeit verblüffen (Taf. IVa).[90] Die häufig als mißlungen bewerteten und auf Unkenntnis zurückgeführten Wiedergaben von Affen mit menschlichen Gesichtszügen und Gliedmaßen sind meiner Auffassung nach jedoch in einem übertragenen Sinne zu verstehen, in dem die assyrischen Bildhauer im wahrsten Sinne des Wortes

---

[82] Bär, *Tribut*, S. 232f. (V.1.1–3) mit Bildbelegen.

[83] Zur genauen Unterscheidung zwischen einfachen Säcken und Weinschläuchen s. Reade, *Assyrian sculpture*, Fig. 60.

[84] Bär, *Tribut*, S. 238 (V.2–4) mit Bildbelegen.

[85] Vgl. z.B. Margueron, in: Caroll-Spillecke, *Der Garten*, S. 45ff.

[86] Bär, *Tribut*, S. 239 (V.2.8–10) mit Bildbelegen.

[87] S. CAD G, s.v. gammalu.

[88] S. AHw, s.v. udru.

[89] Bär, *Tribut*, S. 238 (V.2.5–6) mit Bildbelegen.

[90] Bär, *Tribut*, S. 239 (V.2.7) mit Bildbelegen.

eben „Menschenaffen" dargestellt haben.[91] Eine vereinzelte Darstellung eines Raubvogels weist vielleicht auf die Beizjagd hin, die bis heute eine lange Tradition im Vorderen und Mittleren Orient hat.[92]

Von Interesse ist noch die Darstellung einer kleinen, menschlichen Gestalt, die oftmals dem Anführer des Tributzuges im Demutsgestus voranschreitet (Taf. IVb). Aufgrund der Größenverhältnisse scheint es sich ganz offensichtlich um ein Kind zu handeln. Sehr wahrscheinlich läßt sich diese Person mit den in den Texten erwähnten Söhnen und Töchtern der Vasallenfürsten identifizieren, die am assyrischen Hof erzogen und zu gefügigen Untertanen ausgebildet wurden.[93]

Identifikation/Herkunft der Tributbringer

Ein wichtiger Aspekt für die Bedeutung und Historizität von Tributdarstellungen ist die Identifizierung der abgebildeten Tributbringer anhand ihrer Kleidung, den Haar- und Barttrachten sowie den gelieferten Tributprodukten.[94]

Eine diesbezügliche Auswertung der Bildquellen führt allerdings zu dem ernüchternden Ergebnis, daß eine zweifelsfreie Herkunftsangabe nur dann getroffen werden kann, wenn die dargestellte Tributszene durch eine Beischrift erläutert wird oder eine deutliche Übereinstimmung mit den Angaben in den Königsinschriften besteht.[95] Ansonsten können nur mehr oder weniger fundierte Vermutungen angestellt werden bzw. grobe Zuweisungen zu einer bestimmten Region getroffen werden; so weisen lange Hemden, Sandalen und Turbane eher auf die westlichen Steppen- und Küstenregionen in Syrien und der Levante hin, während Zipfelmützen, Fellmantel und Schnabelschuhe die obligaten Trachtmerkmale von Gebirgsbewohnern aus Anatolien und dem Zagros sind. Auch die Tributgaben helfen in diesem Punkt nicht unbedingt weiter, weil die gelieferten Waren nicht zwingend einheimische Erzeugnisse des tributliefernden Landes sein müssen, sondern auch auf anderem Wege erworben sein können, etwa als Beute, Geschenk oder durch Handel.[96]

[91] Zur assyrischen Begrifflichkeit für Affen s. Deller, in: Assur 3/4, 1979, S. 167f.
[92] Bär, *Tribut*, S. 170f., 239 (V.2.11), Taf. 45.
[93] Bär, *Tribut*, S. 239 (V.2.13) mit Bildbelegen.
[94] Vgl. etwa Wäfler, *Nicht-Assyrer*, S. 7ff.
[95] S. Bär, *Tribut*, S. 244.
[96] Von assyrischer Seite aus ist über die Herkunft dieser Produkte nichts zu erfahren.

Dennoch zeichnet sich bei den Darstellungsmodi von Fremdvölkern eine klar erkennbare Entwicklung innerhalb der neuassyrischen Kunst ab. Die Tributdarstellungen des 9. Jh.s v.Chr. bemühen sich um eine variationsreiche Bandbreite unterschiedlicher Trachten und Antiquaria und sind am häufigsten mit identifizierenden Beischriften versehen.[97] Es entsteht aber bereits hier der Eindruck, daß es den assyrischen Künstlern in erster Linie um eine Unterscheidung möglichst vieler verschiedener Tributdelegationen ging und weniger um ethnisch zweifelsfrei identifizierende Merkmale. Denn die gleichen Trachtbestandteile werden immer wieder auf neue Art und Weise miteinander kombiniert (Abb. 2).

Diese Tendenz steigert sich dann bis zum Ende des 8. Jh.s v.Chr. ins Extreme: Die Reliefs Sargons II. zeigen ein stark standardisiertes Repertoire für die Darstellungen der tributliefernden Völkerschaften mit identischen Kleidungen sowie Haar- und Barttrachten (Taf. IXb).[98] Auffällige Ausnahmen, die diese Regelhaftigkeit bestätigen, bestehen in der vereinzelten Angabe einer phrygischen Fibel[99] und den signifikanten Fellumhängen der Gebirgsbewohner aus dem Zagros.[100]

Zusammenfassung

Zusammenfassend läßt sich sagen, daß die Abbildung der Tributthematik ihren eindeutigen Höhepunkt hinsichtlich Häufigkeit und künstlerischer Ausgestaltung im 9. Jh. v.Chr. erfährt, in den Regierungszeiten Assurnasirpals II. (883–859 v.Chr.) und Salmanassars III. (858–824 v.Chr.).[101] Außenpolitisch markiert diese Zeitspanne die entscheidende Expansionsphase des neuassyrischen Reiches, das sich eines weitverzweigten Systems unterworfener und tributpflichtiger Satellitenstaaten bediente, um das flächenmäßig kleine und rohstoffarme assyrische Kernland nach außen hin abzusichern.[102]

In den nachfolgenden Phasen der machtpolitischen Konsolidierung des 8. und 7. Jh.s v.Chr. nimmt die Anzahl der Tributdarstellungen dann

[97] Bär, *Tribut*, S. 243.
[98] Bär, *Tribut*, S. 243.
[99] Vgl. Bär, *Tribut*, S. 199f. (VIII.1.2.b); zur typologischen Einordnung dieser speziellen Fibel und ihrer Verbreitung s. Muscarella, in: JNES 26, S. 82ff., Pl. II, Fig. 1.
[100] Vgl. Bär, *Tribut*, S. 203 (VIII.1.4.b).
[101] Bär, *Tribut*, S. 243.
[102] Zum Gebiet Assyriens um 1000 v.Chr. und die anschließende Expansion im 9. Jh. v.Chr. s. die Karten bei Roaf, *Bildatlas*, S. 160, 164.

zugunsten anderer und neuer Bildthemen rapide ab.[103] Die assyrische Expansion stützte sich fortan auf eine aggressive Landnahme, die die Transformierung eroberter Gebiete in Provinzen zum Ziel hatte.[104] Dieses geänderte außenpolitische Verhalten mußte zwangsläufig einen Rückgang des Tributs mit sich bringen, da durch den Provinzstatus sämtliche Abgaben unter die Steuer fallen. Demnach ist es nur konsequent und entspricht der realen politischen Situation, daß nach Sargon II. (721–705 v.Chr.) Tributdarstellungen im Repertoire der neuassyrischen Kunst überhaupt nicht mehr präsent sind.[105]

Die neue politische Situation wird meines Erachtens aber nicht nur durch das Verschwinden der Tributthematik aus der neuassyrischen Kunst evident, sondern muß im Rahmen einer subtilen und sich stetig entwickelnden Ideologie eine Verlagerung auf andere und neue Aspekte des Königtums bewirken, die sich zuallererst ikonographisch widerspiegeln mußten. Dafür war es notwendig, neue Bildthemen zu erschließen bzw. sich auf andere Bildthemen zu verlagern, die das aktuelle Verhältnis zwischen dem assyrischen König und einem unterlegenen Gegner anschaulich zum Ausdruck bringen.[106]

Bereits in den Reliefs Sargons II. wird – parallel zu den Tributdarstellungen – ein neuer Aspekt des Königtums bildlich umgesetzt, in dem der assyrische Herrscher die Bestrafung von abtrünnigen Vasallen, die gemäß des assyrischen Verständnisses als „Rebellen" klassifiziert wurden, persönlich vollstreckt. Dies bedeutet für die assyrische Bildsprache, daß nicht mehr ausschließlich das Positive artikuliert wird, nämlich die Erfüllung des Vertrages in Form der friedlichen Tributübergabe, sondern der offene Vertragsbruch durch die Verweigerung des Tributs, die drakonische Strafmaßnahmen zur Konsequenz hatte.[107]

Ab dem ausgehenden 8. Jh. v.Chr. wird der inhaltliche Schwerpunkt der assyrischen Palastreliefs auf die minutiöse Ausgestaltung der Schlachtdarstellungen und deren Anbahnung gelegt, wie z.B. die Bewältigung topographischer Hindernisse (Gebirge, Flüsse, Sümpfe etc.), die Formierung zur Schlachtordnung bzw. die Vorbereitung zur Belagerung, bis hin zum erbarmungslos geführten Kampf als erzählerischem Spannungshöhepunkt. Die anschließende Beuteschau des

[103] Bär, *Tribut*, S. 243f.
[104] S. Roaf, *Bildatlas*, S. 179 (Karte).
[105] Bär, *Tribut*, S. 244.
[106] Bär, *Tribut*, S. 244.
[107] Bär, *Tribut*, S. 230f.

assyrischen Herrschers ist gleichsam die Dokumentation des triumphalen Sieges, wie die großen Schlachtzyklen des Sanherib (704–681 v.Chr.) und Assurbanipal (668–627 v.Chr.) um die Stadt Laḫiš und am Ulai-Fluß beweisen.[108]

Vorläufer und Nachfolger in der altorientalischen Kunst

Vor dem Hintergrund der – gerade vorgestellten – äußerst günstigen Bild- und Textevidenz für die neuassyrische Zeit sucht man in den älteren Perioden der mesopotamischen Kunst vergeblich nach eindeutigen Parallelen oder früheren Entwicklungsstufen für die Tributthematik.[109] Allenfalls ansatzweise sind ähnliche Motive und narrative Zusammenhänge nachweisbar.[110]

1 *Mosaikstandarte von Ur*

Auf den beiden Langseiten der berühmten „Mosaikstandarte aus Ur", die in die Mitte des 3. Jtsd.s v.Chr. datiert, werden in je drei übereinanderliegenden Registern eine Schlacht mit anschließender Siegesfeier in Form eines Festbanketts geschildert.[111] Über den konkreten historischen Hintergrund dieser Darstellung ist zwar nichts bekannt, doch dürfte es sich um eine der zahlreichen kriegerischen Auseinandersetzungen handeln,

[108] Vgl. Bär, *Tribut*, S. 231; für ausgewählte Beispiele aktueller Farbabbildungen dieser Schlachtdarstellungen s. Matthiae, *Ninive*, S. 87ff., 105, 114ff., 120f., 124f., 130, 154f.

[109] Vgl. den kursorischen Überblick von Walser, *Völkerschaften*, S. 11ff., der von Root, *King and kingship*, S. 250ff., weitgehend paraphrasiert wurde; zur Kritik an der Darstellung G. Walsers s. die folgenden Ausführungen.

[110] Entgegen der Auffassung von Walser, *Völkerschaften*, S. 11, Anm. 1 gehört die kultische Darbringung von Opfern, die sich seit der frühgeschichtlichen Zeit (ca. 3300–2900 v.Chr.) in der mesopotamischen Kunst findet (vgl. z.B. die „Uruk-Vase" bei Orthmann, *Der Alte Orient*, S. 182, Abb. 69a, b, Fig. 33), ausdrücklich nicht in diesen Zusammenhang; ebensowenig trifft es zu, daß man derartige Darstellungen nicht von realen Tributszenen unterscheiden könnte. Eine eindeutige Unterscheidungsmöglichkeit ergibt sich durch den als kultisch charakterisierten Bildkontext und einer Reihe zusätzlicher ikonographischer Hinweise.

[111] Woolley, *Royal cemetery*, S. 57ff., 266ff., Pls. 91–92 (Fundnr.: U. 111164); Orthmann, *Der Alte Orient*, S. 191, Taf. VIII. Die genaue Funktion des trapezförmigen Holzkastens, der als Beigabe in einem Grab des Königsfriedhofes in Ur (PG 779) gefunden wurde und auf dem sich in Bitumen eingelegte figürliche Muschel- und Steinintarsien befinden, ist nach wie vor nicht bekannt.

die zwischen den rivalisierenden Stadtstaaten des altorientalischen Frühdynastikums (ca. 2800–2350 v.Chr.) ausgetragen wurden.[112]

Die Angehörigen der beiden kriegführenden Parteien sind durch unterschiedliche Kleidungen gekennzeichnet. Während die Sieger lange Fellmäntel über ihren Zottengewändern tragen, sind die Verlierer mit zweizipfeligen, fransengesäumten Röcken bekleidet, die man ihnen allerdings vom Leib reißt, um sie als Zeichen der größtmöglichen Demütigung völlig nackt in die Gefangenschaft zu führen. Im obersten Register der sog. „Kriegsseite" ist die überproportional große Gestalt des siegreichen Herrschers zu sehen, wie er die Vorführung der unbekleideten und gefesselten Gefangenen erwartet.

Inhaltlich und formal nimmt diese Szene bereits die viel späteren Beute- und Tributdarstellungen der neuassyrischen Zeit vorweg, in dem sie sehr stark an die Entgegennahme des Feldzugstributs oder die Beuteschauen der assyrischen Monarchen nach gewonnener Schlacht erinnert.[113] Auch auf der Mosaikstandarte lassen sich dafür ein Empfangsteil auf der einen Seite sowie die in Reihe dargestellten Gefangenen auf der anderen Seite unterscheiden, die zudem von einer Delegation eigens vor den König geleitet werden.[114] Der empfangende Teil besteht – neben dem Herrscher – aus drei bewaffneten Begleitern und dem Streitwagengespann mit Besatzung. Dem König unmittelbar gegenüber stehen zwei weitere Würdenträger, hinter denen die Kriegsgefangenen mit ihren Bewachern folgen.[115]

Auf der sog. „Friedensseite" werden in den beiden unteren Registern von links nach rechts die auf dem Feldzug erbeuteten Gegenstände und Tiere herbeigeschafft.[116] Darunter befinden sich nicht näher

[112] Für einen kurzen historischen Abriß unter besonderer Berücksichtigung der siedlungsökonomischen Bedingungen dieser Zeit s. Nissen, *Grundzüge*, S. 140ff., sowie die historische Gesamtdarstellung von Bauer, in: Bauer et al., *Mesopotamien*, S. 431ff., insbes. S. 523ff. (Kriegswesen).

[113] Zu einem stilistischen Vergleich s. Moortgat, *Kunst*, S. 106f., Taf. 56.

[114] S. oben S. 235.

[115] In einem solchen Kontext sind auch die zahlreichen Fragmente der „Standarte von Mari" sowie vergleichbare Intarsien mit Gefangenendarstellungen zu verstehen, die auch an anderen Fundorten zum Vorschein kamen und ausschließlich dem Bereich der Palastkunst zugewiesen werden können; vgl. Parrot, in: Syria 46, 1969, S. 202ff., Fig. 13, Pl. XV, 1–2, Pl. XVI, 1–2; Langdon, *Kish I*, S. 59f., Pl. XXXVI, 1, 3, Pls. VII–XLIII.

[116] Bedingt durch den zweifelsfreien narrativen Zusammenhang mit der „Kriegsseite" kann es sich hierbei nur um die Beute handeln, wie Perkins, in: AJA 61, 1957, S. 56f., Pl. 18, Figs. 5–6, verdeutlicht hat; dagegen vermuteten Walser, *Völkerschaften*, S. 11, und zuvor schon Martin, in: StOr 7/1, 1936, S. 5f., irrtümlich eine Tributlieferung.

identifizierbare Waren, die in Säcken transportiert werden, sowie Pferde, Rinder und Ziegen. Jede dieser Abordnungen wird von zwei Personen in Demutshaltung, d.h. mit vor der Brust verschränkten Händen, angeführt, die sich auf das große Festbankett zubewegen, dem wiederum der Herrscher vorsitzt.

2 *Thronfragmente aus der Akkad-Zeit*

In die Frühzeit der Dynastie von Akkad (um 2300 v.Chr.) gehören die Fragmente eines kubisch geformten Thronsitzes aus Diorit, auf dessen Seiten sich Relieffiguren mit der typischen Haartracht dieser Zeit, dem hochgebundenen Nackenknoten, befinden (Taf. Xa).[117] Die dargestellten Personen werden gemeinhin als tributpflichtige Vasallen des akkadischen Königs interpretiert;[118] allerdings ist nur auf einem Bruchstück zu erkennen, daß eine der Personen einen Tisch bzw. Gefäßuntersatz mit Standfuß vor sich herträgt.[119] Derartige Objekte gehören zum zeitgenössischen Fundrepertoire des nördlichen Iran und der Indus-Kultur (Mohenjo-Daro/Harappa),[120] doch bleibt es fraglich, ob dies auch tatsächlich einen Hinweis auf die Herkunft des Überbringers gibt.[121]

3 *Statue des Ur-Ningirsu*

Auf dem Statuensockel des neusumerischen Herrschers Ur-Ningirsu, der um 2120 v.Chr. den Stadtstaat Lagaš regierte, sind knieende Träger von geflochtenen Körben abgebildet, in denen sich verschiedene Gegenstände, darunter auch eine Reihe unterschiedlicher Gefäße, befinden (Taf. Xb). Die Personen sind durch ihre eigentümliche Kopfbedeckung

---

[117] Amiet, *Elam*, S. 220.

[118] Die Darstellungen auf der stilistisch nahestehenden Stele von Nasrīje (vgl. Orthmann, *Der Alte Orient*, S. 196, Abb. 103) gehören ohne Zweifel in den Beutekontext, da die nachweislich aus Kilikien stammenden Objekte von akkadischen Soldaten getragen werden, wie bereits Mellink, in: Anatolia 7, 1963, S. 101ff., nachgewiesen hat. In diesem eindeutig kriegerischen Zusammenhang mit anschließender Beute müssen auch die anderen, lediglich in Bruchstücken erhaltenen Siegesmonumente der Akkad-Zeit gewertet werden; s. dagegen Walser, *Völkerschaften*, S. 12, der unter Verkennung mesopotamischer Darstellungsprinzipien erneut für eine Tributszene plädierte.

[119] Orthmann, *Der Alte Orient*, Abb. 106a.

[120] Vgl. Halim, in: Urban/Jansen, *Vergessene Städte*, S. 213, Abb. 185.

[121] Amiet, in: Orthmann, *Der Alte Orient*, S. 197.

unzweifelhaft als Ausländer gekennzeichnet.[122] Ideologisch wird dieses Motiv der Herrscherpräsentation dahingehend gedeutet, daß die Fürsten von Lagaš hier ganz bewußt auf die Verwendung des akkadischen Triumphator-Motivs verzichteten und den König eben nicht auf den nackten, erschlagenen Feinden stehend abgebildet haben,[123] sondern eine friedlichere Variante der Unterwerfung in Form von Tributbringern wählten.[124]

Für die beiden letztgenannten Darstellungen (Taf. Xa+b) bleibt – viel mehr noch als für die frühdynastische „Mosaikstandarte" – der szenische Kontext jedoch in Ermangelung von vergleichbaren zeitgenössischen Wiedergaben und erklärenden Beischriften unklar.[125]

4 *Achaimeniden*

Außer Frage steht der unmittelbare Einfluß der assyrischen Monumental- und Kleinkunst auf das Bildschaffen der Achaimeniden.[126] Spätestens seit der Eroberung des assyrischen Kernlandes (ab 612 v.Chr.) durch eine medisch-babylonische Koalitionsstreitmacht haben insbesondere die Meder die Bildzyklen der assyrischen Königspaläste in Nimrūd, Ninive

[122] Parrot, *Tello*, S. 208, Taf. 23; sehr gute Detailabbildung bei Parrot, *Sumer und Akkad*, S. 234f., Abb. 223–224. Es handelt sich um eine Mütze mit breiter, gemusterter Krempe, an deren Stirnseite eine Art Federbusch nach vorne absteht.

[123] Das prominenteste Beispiel eines akkadzeitlichen Siegesanathems, das gleichsam beispielhaft für diesen Topos in der gesamten altorientalischen Kunst gelten kann, ist die Naramsîn-Stele (s. Parrot, *Sumer u. Akkad*, S. 201, Abb. 192). In den speziellen Zusammenhang der Plinthe als Bildträger gehören auch die akkadischen Statuensockel, auf denen regelmäßig nackte, getötete Feinde zu Füßen des Königs abgebildet sind; vgl. hierzu die Zusammenstellung von Amiet, in: RA 66, 1972, S. 97ff.

[124] Orthmann, *Der Alte Orient*, S. 178, Abb. 62a, b.

[125] Dies gilt prinzipiell auch für die diesbezüglichen Informationen aus den Texten der zweiten Hälfte des 3. und des beginnenden 2. Jtsd.s v.Chr. Beute findet sich zwar regelmäßig in Zusammenhang mit Kriegszügen erwähnt, doch werden für andere, mehr oder weniger freiwillige Abgabeformen neutrale Begriffe verwendet, wie z.B. gu_2-un „Abgabe, Tribut", die eine genauere inhaltliche Differenzierung entsprechend zu den neuassyrischen Quellen nicht erlauben; vgl. hierzu Michalowski, in: ZA 68, 1978, S. 34ff., sowie den Überblick von Sallaberger/Westenholz, *Akkade- u. Ur III-Zeit*, S. 98ff., 196ff. mit weiterführender Literatur. Zur archäologisch und historisch nachweisbaren Bedeutung von Beute und deren Verhältnis zum Handel im 3. Jtsd. v.Chr. s. Potts, *Mesopotamia*, S. 269ff., 285f.

[126] Mit diesem Thema beschäftigen sich seit vielen Jahrzehnten zahlreiche Gesamt- und Einzelstudien; stellvertretend seien hier nur die Artikelserie von P. Calmeyer, in: AMI 6ff., 1973ff., sowie die Sammelbände H. Sancisi-Weerdenburg et al. (eds.), *Achaemenid History I–VIII*, Leiden 1987–1994 (jeweils mit umfangreicher weiterführender Literatur) genannt.

und Khorsabad aus eigener Anschauung kennengelernt.[127] Sie haben sich nachweislich über einen längeren Zeitraum in Ninive aufgehalten,[128] und in Khorsabad weisen mehrere Fußbodenniveaus, die nur knapp einen Meter über dem ursprünglichen assyrischen Level lagen, auf eine Nachbenutzung der Residenz hin, während der die bis zu drei Meter hohen Reliefplatten noch sichtbar gewesen sein müssen.[129]

Auch die persischen Achaimeniden waren teils durch direkten Einfluß, teils durch medische Vermittlung noch bestens mit dem Motivschatz und der Ikonographie der assyrischen Kunst vertraut.[130] Dies zeigt sich in besonderem Maße an den langreihigen Darstellungen von ausländischen Gabenbringern an der Apadana in Persepolis. Bereits auf den ersten Blick werden die frappanten Übereinstimmungen mit den Tributszenen der neuassyrischen Zeit deutlich, die vor allem in der strukturellen Zusammensetzung der einzelnen Elemente, dem Motiv der Fremdvölkerdarstellung anhand unterschiedlicher Trachten, der Wiedergabe von Antiquaria (z.B. Trageweisen verschiedener Gefäße), dem Begrüßungs- bzw. Demutsgestus bei der Annäherung an den König bis hin zur stilistischen Gestaltung der Muskelpartien bestehen (Taf. XI).[131]

Folglich müssen die assyrischen Tributdarstellungen zumindest ikonographisch als Vorlage für die Achaimeniden gedient haben; ob dies auch auf die inhaltliche Aussage der Apadana-Reliefs zutrifft, ist eine Frage, deren Beantwortung dem Beitrag von H. Klinkott vorbehalten bleibt.[132]

[127] Vgl. zusammenfassend Matthiae, *Kunst*, S. 209ff.

[128] S. Nylander, in: AJA 84, 1980, S. 332.

[129] Vgl. z.B. Matthiae, *Kunst*, S. 242ff.

[130] S. hierzu grundsätzlich Calmeyer, in: Sancisi-Weerdenburg et al., *Achaemenid History VIII*, S. 131ff. und Matthiae, *Kunst*, S. 220ff., 239, 250ff., 257ff., 261ff. Im einzelnen stellten beispielsweise bereits Sarre/Herzfeld, *Felsreliefs*, S. 14ff., 23, sowie Herzfeld, *Felsdenkmale*, S. 3ff., 21, Taf. II–IV, einen thematischen und auch stilistischen Bezug zwischen altmesopotamischer und achaimenidischer Reliefkunst her; des weiteren konnte Kawami, in: Iran 10, 1972, S. 146ff., die apotropäischen Mischwesen an den Türlaibungen von Palast S in Pasargadae bis auf die Bauplastik im Palast des Sanherib (705–681 v.Chr.) in Ninive zurückverfolgen, und Root, *King and kingship*, S. 227ff., hat auf die ikonographischen Übereinstimmungen zwischen der assyrischen und achaimenidischen Herrschaftsikonographie hingewiesen.

[131] S. Calmeyer, in: Sancisi-Weerdenburg et al., *Achaemenid History VIII*, S. 137ff., der außerdem die interessante Beobachtung gemacht hat, daß im Gegensatz zu den gabenbringenden Fremdvölkern der Bildtopos der Gefangenenvorführung in der achaimenidischen Kunst auf ein viel älteres mesopotamisches Vorbild zurückgeht als das assyrische.

[132] In einem einzigen Fall, in dem Assyrer wertvolle Gegenstände und Pferde in der Art und Weise eines Tributzuges vor den eigenen König bringen, hat Calmeyer, in: AMI 6, 1973, S. 135, Anm. 6, in Anbetracht der Apadana-Reliefs diese spezielle Szene rückblickend als die Darstellung der „das Reich verwaltenden Oberschicht" gedeutet; s. hierzu die Interpretation von Bär, *Tribut*, S. 229.

Bibliographie

AHw: Wolfram v.Soden, *Akkadisches Handwörterbuch*, Bde. I–III, Wiesbaden 1965–1981.

Albenda, *Palace of Sargon*: Pauline Albenda, *The palace of Sargon, king of Assyria. Monumental wall reliefs at Dur Sharrukin from original drawings made at the time of their discovery in 1843–1844 by Botta and Flandin*, Paris 1986.

Amiet, *Elam*: Pierre Amiet, *Elam*, Auvers-sur-Oise 1966.

Amiet, Pierre, *Les statues de Manishtusu, roi d'Agade*, in: RAssyr LXVI, 1972, S. 97–109.

Amiet, Pierre, *Altakkadische Flachbildkunst*, in: Orthmann, *Der Alte Orient*, S. 193–197.

Bär, *Tribut*: Jürgen Bär, *Der assyrische Tribut und seine Darstellung. Eine Untersuchung zur imperialen Ideologie im neuassyrischen Reich*, AOAT 245, Neukirchen-Vluyn 1996.

Barnett/Forman, *Assyrische Palastreliefs*: Richard D. Barnett/Werner Forman, *Assyrische Palastreliefs*, Prag (ohne Jahresangabe).

Bauer et al., *Mesopotamien*: Josef Bauer/Robert K. Englund/M. Krebernik, *Mesopotamien. Späturuk-Zeit und Frühdynastische Zeit*, OBO 160/1, Fribourg/Göttingen 1998.

Bauer, Josef, *Der vorsargonische Abschnitt der mesopotamischen Geschichte*, in: Bauer et al. *Mesopotamien*, S. 431–564.

Börker-Klähn, *Bildstelen*: Jutta Börker-Klähn, *Altvorderasiatische Bildstelen und vergleichbare Felsreliefs*, BaF 4, Mainz 1984.

CAD: *Chicago Assyrian Dictionary of the Oriental Institute of the University of Chicago*, Chicago/Glückstadt 1956ff.

Calmeyer, Peter, *Zur Genese altiranischer Motive*, in: AMI VI, 1973, S. 135–152.

Calmeyer, Peter, *Babylonische und assyrische Elemente in der achaimenidischen Kunst*, in: Sancisi-Weerdenburg et al., *Achaemenid History VIII*, S. 131–147.

Carroll-Spillecke, *Der Garten*: Maureen Carroll-Spillecke (ed.), *Der Garten von der Antike bis zum Mittelalter*, Mainz 1992.

Collon, *Ancient Near Eastern art*: Dominique Collon, *Ancient Near Eastern art*, British Museum Publications, London 1995.

Deller, Karlheinz, *Die Affen des Schwarzen Obelisken*, in: Assur 3/4, 1979, S. 167–168.

Deller, Karlheinz, *SAG.DU UR.MAḪ, „Löwenkopfsitula, Löwenkopfbecher"*, in: BaM 16, 1985, S. 327–346.

Deller, Karlheinz, *SAG.DU UR.MAḪ – Eine Nachlese*, in: BaM 18, 1987, S. 219–220.

Edzard, *Geschichte*: Dietz O. Edzard, *Geschichte Mesopotamiens. Von den Sumerern bis zu Alexander dem Großen*, München 2004.

Elat, Moshe, *The impact of tribute and booty on countries and people within the Assyrian empire*, in: AfO Bh. 19, 1982, S. 244–251.

Halim, M. A., *Die Friedhöfe von Harappa*, in: Urban/Jansen, *Vergessene Städte*, S. 206–214.

Heinrich, *Paläste*: Ernst Heinrich, *Die Paläste im Alten Mesopotamien*, DAA 15, Berlin 1984.

Herbordt, *Neuassyrische Glyptik*: Suzanne Herbordt, *Neuassyrische Glyptik des 8.–7. Jh. v.Chr.*, SAAS vol. I, Helsinki 1992.

Herzfeld, *Felsdenkmale*: Ernst Herzfeld, *Am Tor von Asien. Felsdenkmale aus Irans Heldenzeit*, Berlin 1920.

Hrouda, *Flachbild*: Barthel Hrouda, *Die Kulturgeschichte des assyrischen Flachbildes*, SBA 2, Bonn 1965.

Kawami, Trudy S., *A possible source for the sculptures of the audience hall, Pasargadae*, in: Iran X, 1972, S. 146–148.

King, *Bronze reliefs*: Leonard W. King, *Bronze reliefs from the gates of Shalmaneser. King of Assyria B.C. 925–860*, London 1915.

Langdon, *Kish I*: Steven Langdon, *Excavations at Kish (1923–1924). Expedition to Mesopotamia, vol. I.*, Paris 1924.

Mallowan, *Nimrud I–II*: Max E. L. Mallowan, *Nimrud and its remains*, vols. I–II, London 1966.
Margueron, Jean-Claude, *Die Gärten im Vorderen Orient*, in: Carroll-Spillecke, *Der Garten*, S. 45–80.
Martin, William J., *Tribut und Tributleistungen bei den Assyrern*, in: StOr VIII/1, 1936, S. 3–50.
Matthiae, *Kunst*: Paolo Matthiae, *Geschichte der Kunst im Alten Orient 1000–330 v. Chr. Die Großreiche der Assyrer, Neubabylonier und Achämeniden*, Stuttgart 1999.
Matthiae, *Ninive*: Paolo Matthiae, *Ninive. Glanzvolle Hauptstadt Assyriens*, München 1999.
Mayer, Walter, *Die Finanzierung einer Kampagne*, in: UF 11, 1979, S. 571–595.
Mellink, Machteld J., *An Akkadian illustration of a campaign in Cilicia?*, in: Anatolia VII, 1963, S. 101–115.
Meuszynski, *Rekonstruktion I*: Janusz Meuszynski, *Die Rekonstruktion der Reliefdarstellungen und ihrer Anordnung im Nordwestpalast von Kalḫu (Nimrūd)*, BaF 2, Mainz 1981.
Michalowski, Piotr, *Foreign tribute to Sumer during the Ur III period*, in: ZA LXVIII, 1978, S. 34–49.
Moortgat, *Kunst*: Anton Moortgat, *Die Kunst des Alten Mesopotamien II: Babylon und Assur*, Köln 1985².
Mötefindt, *Barttracht*: Hugo Mötefindt, *Zur Geschichte der Barttracht im alten Orient*, Leipzig 1923.
Muscarella, Oscar W., *Fibulae represented on sculpture*, in: JNES XXVI, 1967, S. 82–86.
Nissen, *Grundzüge*: Hans J. Nissen, *Grundzüge einer Geschichte der Frühzeit des Vorderen Orients*, Darmstadt 1990².
Nylander, Carl, *Earless in Nineveh: Who mutilated Sargon's head?*, in: AJA 84, 1980, S. 329–333.
Oates/Oates, *Nimrud*: Joan Oates/David Oates, *Nimrud. An Assyrian imperial city revealed*, London 2001.
Oded, *Mass deportations*: Bustenay Oded, *Mass deportations and deportees in the Neo-Assyrian empire*, Wiesbaden 1979.
Oded, *War, peace and empire*: Bustenay Oded, *War, peace and empire. Justifications for war in Assyrian royal inscriptions*, Wiesbaden 1992.
Orthmann, *Der Alte Orient*: Winfried Orthmann, *Der Alte Orient*. Propyläen Kunstgeschichte, Bd. 14, Berlin 1975.
Parpola/Watanabe, *Treaties*: Simo Parpola/Kazuko Watanabe, *Neo-Assyrian treaties and loyalty oaths*, SAA vol. II, Helsinki 1988.
Parrot, *Tello*: André Parrot, *Tello. Vingt campagnes de fouilles (1877–1933)*, Paris 1948.
Parrot, *Tello*: André Parrot, *Les fouilles de Mari. Dix-septième campagne (automne 1968)*, in: Syria XLVI, 1969, S. 191–208.
Parrot, *Tello*: André Parrot, *Sumer u. Akkad*: André Parrot, *Sumer und Akkad*. Universum der Kunst, Bd. 1, München 1983⁴.
Perkins, A., *Narration in Babylonian art*, in: AJA 61, 1957, S. 54–62.
Postgate, *Taxation*: John N. Postgate, *Taxation and conscription in the Assyrian empire*, StP SM 3, Rom 1974.
Potts, *Mesopotamia*: Timothy Potts, *Mesopotamia and the east. An archaeological and historical study of foreign relations ca. 3400–2000 BC*, Oxford 1994.
Reade, Julian E., *The Neo-Assyrian court and army: evidence from the sculptures*, in: Iraq XXXIV, 1972, S. 87–113.
Reade, Julian E., *Aššurnaṣirpal I and the White Obelisk*, in: Iraq XXXVII, 1975, S. 129–150.
Reade, Julian E., *Assyrian sculpture*: Julian E. Reade, *Assyrian sculpture*, London 1990.
Reade, Julian E., *s.v. Ninive (Nineveh)*, in: Dietz O. Edzard (ed.), RlA IX, Berlin u.a. 1998–2001, S. 388–433.
Roaf, *Bildatlas*: Michael Roaf, *Mesopotamien. Kunst, Geschichte und Lebensformen*. Bildatlas der Weltkulturen, Augsburg 1998.
Root, *King and kingship*: Margaret Cool Root, *The king and kingship in Achaemenid art. Essays on the creation of an iconography of empire*, ActIr 19, Leiden 1979.

Sallaberger/Westenholz, *Akkade- u. Ur III-Zeit*: Walther Sallaberger/Aage Westenholz, *Mesopotamien. Akkade-Zeit und Ur III-Zeit*, OBO 160/3, Fribourg/Göttingen 1999.
Sancisi-Weerdenburg et al., *Achaemenid History VIII*: Heleen Sancisi-Weerdenburg/Amélie Kuhrt/Margaret Cool Root (eds.), *Continuity and Change. Achaemenid History VIII*, Proceedings of the Last Achaemenid History Workshop April 6–8, 1990 – Ann Arbor, Michigan, Leiden 1994.
Sarre/Herzfeld, *Felsreliefs*: Friedrich Sarre/Ernst Herzfeld, *Iranische Felsreliefs. Aufnahmen und Untersuchungen von Denkmälern aus altpersischer und mittelpersischer Zeit*, Berlin 1910.
Sollberger, Edmond, *The White Obelisk*, in: Iraq XXXVI, 1974, S. 231–238.
Thureau-Dangin/Dunand, *Til Barsip*: Francois Thureau-Dangin/Maurice Dunand, *Til Barsip*, BAH 23, Paris 1936.
Urban/Jansen, *Vergessene Städte*: Günter Urban/Michael Jansen (eds.), *Vergessene Städte am Indus. Frühe Kulturen in Pakistan vom 8. bis 2. Jahrtausend*, Mainz 1987.
Veenhof, *Geschichte*: Klaas R. Veenhof, *Geschichte des Alten Orients bis zur Zeit Alexanders des Großen. Grundrisse zum Alten Testament*, ATD ER 11, Göttingen 2001.
Wäfler, *Nicht-Assyrer*: Markus Wäfler, *Nicht-Assyrer neuassyrischer Darstellungen*. AOAT 26, Neukirchen-Vluyn 1975.
Walser, *Völkerschaften*: Gerold Walser, *Die Völkerschaften auf den Reliefs von Persepolis. Historische Studien über den sogenannten Tributzug an der Apadanatreppe*, Berlin 1966.
Watanabe, *Vereidigung*: Kazuko Watanabe, *Die adê-Vereidigung anlässlich der Thronfolgeregelung Asarhaddons*, BaM Bh. 3, Mainz 1987.
Wiseman, David J., *The vassal treaties of Esarhaddon*, in: Iraq XX, 1958, S. 1–99.
Woolley, *Royal cemetery*: Charles L. Woolley, *The royal cemetery. A report on the Predynastic and Sargonid graves excavated between 1926 and 1931*. Ur Excavations II, London 1934.

Abbildungsnachweis

Abb. 1: Albenda, *Palace of Sargon*, Pl. 45.
Abb. 2: Meuszynski, *Rekonstruktion I*, Taf. 5, 1–3.
Abb. 3: Mallowan, *Nimrud I*, Fig. 215.
Abb. 4: Sollberger, in: Iraq 36, 1974, Pls. XLII–XLV.
Abb. 5: Heinrich, *Paläste*, Abb. 91.
Abb. 6: Heinrich, *Paläste*, Abb. 79.

Taf. IIa: Moortgat, *Kunst*, Taf. 59.
Taf. IIb: Börker-Klähn, *Bildstelen*, Taf. 152.
Taf. IIIa: King, *Bronze reliefs*, Pl. XIV.
Taf. IIIb: King, *Bronze reliefs*, Pl. XL.
Taf. IVa: Barnett/Forman, *Assyrische Palastreliefs*, Taf. 9.
Taf. IVb: Mallowan, *Nimrud II*, Fig. 371.
Taf. Va: Mallowan, *Nimrud II*, Fig. 371.
Taf. Vb: King, *Bronze reliefs*, Pl. XXXV.
Taf. VI: Börker-Klähn, *Bildstelen*, Taf. 152.
Taf. VIIa: Börker-Klähn, *Bildstelen*, Taf. 138e.
Taf. VIIb: Barnett/Forman, *Assyrische Palastreliefs*, Taf. 36.
Taf. VIIIa: Photo J. Bär, Mosul/Nebi Yunus – Irak 2002.
Taf. VIIIb: Albenda, *Palace of Sargon*, Fig. 63.
Taf. IXa: Barnett/Forman, *Assyrische Palastreliefs*, Taf. 39.
Taf. IXb: Albenda, *Palace of Sargon*, Fig. 52–55.
Taf. Xa: Orthmann, *Der Alte Orient*, Abb. 106a–c.
Taf. Xb: Orthmann, *Der Alte Orient*, Abb. 62a–b.
Taf. XI: Walser, *Völkerschaften*, Taf. 59.

STEUERN, ZÖLLE UND TRIBUTE IM ACHAIMENIDENREICH

Hilmar Klinkott (Tübingen)

In der langen Geschichte des achaimenidischen Perserreiches ist keine Aufstandsbewegung oder Krise bekannt, die sich an der drückenden Abgabenlast entzündete. Vielmehr scheint das Verwaltungssystem des Großreichs so erfolgreich gewesen zu sein, daß es mit geringfügigen Veränderungen bis in parthische Zeit fortbestand. Grundsätzlich sind im achaimenidischen Reichsgebiet nach der territorialen Beschaffenheit drei Formen der Verwaltung zu unterscheiden:

1. Die Satrapien als reguläres Verwaltungsgebiet der eroberten Länder.
2. Die königlichen Domänen, die privaten Besitz des Königs darstellten und einer eigenen Verwaltung unterstanden.
3. Einige halbautonome, sogenannte freie Völker, die nicht in die reguläre Verwaltung eingebunden, aber Teil des Reiches waren.

Jede der drei Landarten war durch einen eigenen Rechtsstatus gekennzeichnet, der sich in der Besteuerung niederschlug. Abgesehen von den privatköniglichen Enklaven unterlag das gesamte Reichsland den Abgabenbelastungen durch 1. die allgemeine Besteuerung, 2. den Tribut und 3. die Königsversorgung.

Die allgemeinen Reichssteuern

Alle Länder im Achaimenidenreich, die in die persische Verwaltung einbezogen waren, hatten eine allgemeine und regelmäßige Abgabenleistung zu erbringen. Bereits bestehende Abgaben, meist Naturalien, blieben in den eroberten Ländern oft unverändert und wurden wie bisher an die lokalen Größen entrichtet.[1] Von diesen wurden sie schließlich von den jeweiligen Satrapen eingetrieben. Ps.-Aristoteles (oec. II 1, 4)

[1] Briant, *Pouvoir central et polycentrisme culturel*, S. 1–5; Briant, *L'Empire perse*, S. 423f.

nennt die satrapalen Abgaben ἡ πρόσοδος – *Zugang, Einkommen* und unterteilt sie in sechs Kategorien.[2] Diese bestanden:

1. aus einem ‚Zehnt' (ἡ δεκάτη) oder einer ‚Produktsteuer' (τό ἐκφόριον), die als zehnter Teil auf alle landwirtschaftlichen Produkte erhoben wurde,
2. aus Ressourcen und speziellen Produkten des Landes, wie z.B. Gold, Silber, Kupfer, etc.,
3. aus dem Zoll der Hafenmärkte (ἡ ἀπὸ τῶν ἐμπορίων [πρόσοδος]), der auf sämtlichen ausländischen Gütern lag und eigentlich zur Königsabgabe (ταγή) gehörte. Von dieser Außenhandelssteuer unterscheidet Ps.-Aristoteles
4. die Marktsteuer, die er als ἡ ἀπὸ τῶν κατὰ γῆν τε καὶ ἀγοραίων τελῶν γινομένη – „*das, was von den Abgaben aus dem Land und den Marktabgaben genommen wird*" bezeichnet. Sie enthält eine Agrarsteuer, die alle Produkte des Landes erfaßte, sowie die Steuer auf alle Güter, die auf dem Markt verkauft wurden.
5. An fünfter Stelle steht eine Rindersteuer (ἡ ἀπὸ τῶν βοσκημάτων), die ebenfalls Zehnt oder Ertrag/Erstfrüchte (ἐπικαρπία) hieß.
6. Die unbedeutendste Abgabe umfaßt schließlich verschiedene kleine Einkünfte aus Kopf- (ἐπικεφάλιον) und Fabrikationssteuern (χειρωνάξιον), die für die achaimenidische Verwaltung ansonsten schlecht belegt sind.

Die Gliederung des (Ps.-)Aristoteles wird durch die Akten der Persepolistafeln teilweise bestätigt. Auf regionaler Ebene findet sich dort – unterhalb des Satrapen – der ‚Zehnteintreiber' (elamisch: da-sa-zí-ya; altpers.: **daθačiya*).[3] Aus diesem Titel ist zu erschließen, daß der allgemeine Zehnt der Naturalsteuer altpersisch: **daθa* hieß. Die Verbindung vom Zehnt in Silber (δεκάτη) mit der allgemeinen Produktsteuer (ἐκφόριον) zu einer Klasse ist durch die alttestamentlichen Belege nachzuvollziehen. Als eine Form der Landsteuer wird dort *hᵃlākh* genannt, was in neu-babylonischen Texten mit *ilku* übersetzt wird und dem griechischen ἐκφόριον entspricht. Ein fragmentierter Brief des ägyptischen Satrapen Arsames zeigt, daß damit eine Abgabe gemeint ist, die eigentlich von einem Grundstück zu entrichten war.[4] Als grund-

[2] Ps.-Aristot. oec. II 1, 4. Für die ersten beiden Kategorien vgl. Xen. Kyr. VIII 6, 23.

[3] Hinz/Koch, *Wörterbuch*, S. 294.

[4] Driver, *Aramaic Documents*, S. 26: Brief VIII, Z. 6; Ezra 4, 13. 20; 7, 24. S. Tuplin, in: Carradice: *Coinage and Administration*, S. 146; Murray, in: Historia 15, 1966, S. 151 (mit Anm. 44); Altheim/Stiehl, *Die aramäische Sprache*, S. 146–148 zur Gleichsetzung *hlk'* = ἐκφόριον = Grundsteuer. S.a. Briant/Descat, in: Grimal/Menu, *Le commerce*, S. 83.

sätzliche Belastung auf allem Land hat sich h^{a}*lākh* als Synonym für die allgemeine Steuerleistung schlechthin entwickelt.

Aus den Persepolistäfelchen ist dagegen der spezielle Begriff für die Grundsteuer als altpersisch: **vrstabāji-* zu rekonstruieren.[5] Als eine gesonderte Produktsteuer deutet H. Koch das elamische ri-ut/ri-ud-da/ri-te als einen Zehnt, der auf Wein und Säften lag.[6] Doch ist bei beiden Begriffen nicht erkennbar, ob es sich hierbei jeweils um eine eigene Steuerart handelt oder ob ein spezieller Verwaltungsbegriff innerhalb einer Abgabenklasse vorliegt.[7] Ebenso bieten die elamischen Täfelchen keine Parallele für die Außenhandelssteuer. Allerdings ist das Fehlen dadurch zu erklären, daß sie sich auf die Verwaltung der Kernländer beziehen und keinen Fernhandel über die Reichsgrenzen hinaus verzeichnen.

Das elamische ha-pír-ši-maš/altpersisch: **āprsva- = Fruchtzins*[8] scheint gemäß der elamischen Grundbedeutung „Erstfrüchte" dem griechischen ἐπικαρπία zu entsprechen. (Ps.)Aristoteles hat dieses allerdings als Synonym für die Rindersteuer verwendet. Möglicherweise wurden Ertrags-, Markt- und Rindersteuer aufgrund ihrer fiskalisch-administrativen Wesensverwandschaft in den Persepolistäfelchen unter einem Begriff zusammengefaßt. Insgesamt ergibt sich also folgendes Bild:

moderne Bezeichnung	Aristoteles	Persepolistäfelchen
Zehnt, allg. Produktsteuer (+Grundsteuer)	δεκάτη, ἐκφόριον	apers. **daθa-* (*ilku*, h^{a}*lākh*); inkl. apers. **vrstabāji-* Grundsteuer
Kopfsteuer	ἐπικεφάλαιον	
Fabrikationssteuer	χειρωνάξιον	
königliche Abgaben		
spez. Produktsteuer	ἡ ἀπὸ τῶν ἰδίων γινομένη	(elam. ri-ut?)
Zölle	ἡ ἀπὸ τῶν ἐμπορίων	—
Ertrags- und Marktsteuer	ἡ ἀπὸ τῶν κατὰ γῆν τε καὶ ἀγοραίων τελῶν γινομένη	(apers. **āprsva-* ?)
Viehsteuer (Erstfrüchte)	ἡ ἀπὸ τῶν βοσκημάτων (ἐπικαρπία, δεκάτη)	apers. **āprsva-*

[5] Abgeleitet von elamisch: ru-iš-da-ba-zí-iš-be – Grundsteuerbeamter. Koch, in: Briant/Herrenschmidt, *Le tribut*, S. 122; Koch, *Dareios*, S. 65; Hinz/Koch, *Wörterbuch II*, S. 1046 mit Beleg in PFT 1968.

[6] S. Koch, in: Briant/Herrenschmidt, *Le tribut*, S. 24; Koch, *Verwaltung und Wirtschaft*, S. 62.

[7] Auch elamisch: bati-ba-zí-iš (apers. **bātibāji*; Athen. XI 503 (f): ποτίβαζις) als besondere Weinsteuer gehört wohl zur ταγή, wie die Bezeichnung als *bāji-* Teil des Königs zeigt. Dazu Eilers, *Iranische Beamtennamen*, S. 79–81.

[8] Koch, in: Briant/Herrenschmidt, *Le tribut*, S. 122f.

Verdächtig erscheint allerdings, daß der dargestellten Steuerhierarchie eine Staffelung der Berufswertigkeit entspricht (1. Bauern (vorrangig Ackerbau, auch Viehzucht); 2. Bergleute, Künstler, Edelmetallbearbeiter, 3. Kaufleute; 4. Kleinhändler, Landverkäufer und -verpächter; 5. Viehzüchter: meist Nomaden; 6. Lohnarbeiter; 7. Gehilfen und Wanderhandwerker). Ps.-Aristoteles scheint mit ihr wohl sein Verständnis der griechischen Gesellschaftsgliederung auf die satrapale Verwaltung übertragen zu haben. Auch wenn sich einzelne griechische Steuerbegriffe bei Ps.-Aristoteles mit persischen decken, kann daraus jedenfalls nicht die Gliederung oder Wertigkeit der Abgaben in der achaimenidischen Steuerpraxis erschlossen werden.[9]

Zweifellos stellt aber der Zehnt, der auf allen Produkten des Reiches lag, den Hauptbestandteil der allgemeinen Steuer dar. Über die Zahlungsform sind nur wenige Nachrichten erhalten, die darauf hinweisen, daß die Abgaben unterschiedlich in Naturalien, Produkten, Geld oder Edelmetallen geleistet wurden.[10] Die jährliche Summe wurde zwar errechnet und registriert; die gesammelten Güter aber lagerten in den verschiedenen Magazinen des Satrapen,[11] um sie innerhalb der Satrapie als Lohnzahlungen umzuverteilen.[12] Für eine Deutung dieser Abgaben als „Steuer" spricht neben der Regelmäßigkeit und der anteilig errechneten Höhe die Allgemeingültigkeit, also die prinzipielle Belastung aller Reichsangehörigen, und die redistributive Verwendung. Wie hoch die Steuerbelastung anzusetzen ist, bleibt unklar; zumindest ist seit Dareios I. kein Aufstand im Perserreich auf eine zu drückende Besteuerung zurückzuführen. Dies mag damit zusammenhängen, daß die Steuerlast – wohl anders als der Tribut und die Königsversorgung

---

[9] S. ebenso Briant, *Prélèvements tributaires*, S. 76.

[10] S. z.B. in einem ägyptischen Zollregister: Porten/Yardeni, *Aramaic Documents*, S. 282–295; Briant/Descat, in: Grimal/Menu, *Le commerce*, S. 73, 79–82: Die allgemeine Steuer sowie Ein- und Ausfuhrzölle wurden in Edelmetall bezahlt, das sich in der Höhe nach der Schiffsklasse oder dem Wert der Waren richtete. Die Kopfsteuer zahlten größere Schiffe (über 50 JAR) in Silber, kleinere in Naturalien.

[11] Neh. 2, 8: der Schatz in der Burg. PFT 1139: Die Magazinverwalter hießen elamisch: kán-ti-ra; s. Koch, in: Koch/MacKenzie, *Kunst, Kultur und Geschichte*, S. 29 (Magazinverwalter), 37 (Lagerverwalter), 38 (‚Schatzwarte'). Xenophon berichtet von Lagerhäusern und Vorräten in den Dörfern: Xen. an. III 3, 14; 4, 18.31; 5, 1; IV 4, 2; 5, 24f. 34; V 4, 28. S. hierzu auch den Beitrag von H. Niehr in diesem Band.

[12] S. Neh. 5, 15–18; dazu Briant, *L'Empire Perse*, S. 414f.

(s.u.) – nicht vom Großkönig, sondern vom jeweiligen Satrapen festgesetzt wurde.[13] Vor allem zeigen Beispiele wie die karische Labraunda-Inschrift,[14] daß nicht nur der Großkönig, sondern auch die Satrapen einzelne Personen und Gemeinden von den Steuerzahlungen befreien konnten.

Das Bringen von Geschenken

Das Bringen von Geschenken (griechisch: δῶρα) steht in einer alten orientalischen Tradition und kann als Vorläufer der persischen Tribute bezeichnet werden.[15] Vom Großkönig wurde erwartet, daß ihm zwar nicht zu festgesetzten Terminen, aber in einer bestimmten Regelmäßigkeit von den Völkern seines Reiches sogenannte freiwillige Geschenke überbracht wurden, die in den königlichen Magazinen der Reichshauptstädte eingelagert wurden. Anlässe für solche Sendungen waren beispielsweise die Inthronisation des Königs, die Designation seines Nachfolgers und vor allem die Feier des königlichen Geburtstags, an dem laut Herodot das alljährliche *tukta* (= τέλειον) – *das Abgeben* stattfand.[16] Nach dem Prinzip von Gabe und Gegengabe erhielten die Völker dafür das Privileg der Reichszugehörigkeit. Sie standen mit ihren ethnischen, kulturellen und politischen Eigenheiten unter Gesetz, Schutz und Ordnung des Großkönigs, der ihnen Sicherheit vor

[13] S. hierzu als markantestes Beispiel die Errechnung der Steuerhöhe für die ionischen Städte durch Artaphernes: Hdt. VI 42, 2; vgl. dazu auch Plut. Aristeides 24 1, mit Wallinga, *Persian Tribute and Delian Tribute*, S. 173–181.

[14] S. Crampa, *Labraunda*, S. 42.

[15] Nach Diod. I 55, 19 verlangte angeblich Sesostris, daß ihm alle unterworfenen Völker Geschenke brachten. S. mit auffallenden Parallelen zum persischen Geschenksystem Kataja/Whiting, *Grants, Decrees and Gifts*; Panagiotopoulos, in: Ägypten und Levante 10, 2000, S. 139–158. Ebenso wohl als Topos verwendet Xen. Kyr. V 4, 39: Die Meder brachten Kyaxares Geschenke als Zeichen der Treue und Unterwerfung; Sancisi-Weerdenburg, in: Briant/Herrenschmidt, *Le tribut*, S. 130. Tuplin, in: Carradice, *Coinage and Administration*, S. 140 zeigt, daß die persischen Tributzahlungen nicht erst mit Dareios I. begannen, sondern zuvor in unregelmäßiger Form als Geschenke geliefert wurden. Zur sogenannten Steuerreform Dareios' I.: Hdt. III 89, 1; Polikleites, FGrHist. 128 F 3; Plut. mor. 172 F; Polyain. VII 11, 3; Plat. leg. 695 C. S. auch Petit, *Satrapes et satrapies*, S. 162.

[16] Ausführlich s. Sancisi-Weerdenburg, in: Briant/Herrenschmidt, *Le tribut*, S. 132. Zu *tukta*: Hdt. IX 110, 2; Athen. IV 145.

innerer und äußerer Gefahr garantierte.[17] Dabei konnte das vorrangige Prinzip, die innere Sicherheit zu wahren, sogar so weit führen, daß der Großkönig selbst zum Geschenkegeben gezwungen wurde. Das Beispiel der kaukasischen Kossaier verdeutlicht das Extrem königlicher Toleranz bei der Rücksicht auf lokale Besonderheiten in Hinblick auf den Erhalt des Reichsfriedens: Der König lieferte jährlich Zahlungen als Geschenke an diesen Bergstamm, um den Reichsfrieden und konkret die Sicherheit der Reichsstraße in ihrem Gebiet zu garantieren.[18] Den Unterschied von den Geschenken des Königs zu denen der Völker hat J. Wiesehöfer als ein *magister-minister*-Verhältnis erklärt.[19] Königliche Geschenke gehören demnach zu einem Privileg des übergeordneten Souveräns, während die der Völker ein Zeichen der Loyalität sind.

Trotz des modifizierten Tribut- und Steuersystems seit Dareios I. lebte die Gattung der Geschenke weiter: Einerseits waren Dôra zusätzliche Ehrungen des Königs neben den gewöhnlichen Abgaben,[20] andererseits galten sie als steuer- oder tributähnliche Zahlungsform von Völkerschaften, die von der üblichen Verwaltungsstruktur nicht erfaßt wurden. In der letzteren Ausprägung bewahrten die Dôra ihre ursprüngliche Funktion als eine ungeregelte, aber erwartete Form des Tributersatzes, wie sie besonders die teilautonomen Nomaden- und Bergvölker leisteten.[21]

Die Geschenke von Einzelpersonen oder Körperschaften an den König oder von diesem als Auszeichnung im Sinne der Reziprozität und

[17] S. DNa 16–22. Zu den ‚freiwilligen' Abgaben als Zeichen für Gehorsam und Anerkennung der Reichszugehörigkeit Wiesehöfer, in: Yashater, *Encyclopaedia Iranica X*, S. 607.

[18] So Strab. XI 13, 6 (C 524): Die Kossaier erhielten immer Geschenke, wenn der Großkönig von Ekbatana nach Babylon zog. Durch diese ‚Zahlung' wurden sie in das gegenseitig bindende System von Gabe und Gegengabe integriert. Die Griechen sahen darin stets einen ‚Tribut' des Königs. Doch ein solcher als fixierte Zahlung war es eben gerade nicht. Ebenso die Uxier: Diod. XVII 67, 3–5; Arr. an. III 17, 1–6; Curt. V 3, 1–6. 16. Es ist vielmehr mit königlichen Gegengeschenken zu vergleichen wie auf personalisierter Ebene in der Syloson-Anekdote: Hdt. III 139f. S. Briant, *Rois, tribut et paysans*, S. 88–94.

[19] S. Wiesehöfer, in: Yashater, *Encyclopaedia Iranica X*, S. 607f.

[20] S. Wiesehöfer, in: Briant/Herrenschmidt, *Le tribut*, S. 186. Vergleichbar auf Satrapenebene: Xen. hell. IV 8, 2.

[21] S. z.B. Hdt. III 97, 2–5. vgl. dazu Hdt. III 13, 3f.; 89, 3; IV 126; Diod. X 15. Grundlegend zur Abgabenfreiheit s. Wiesehöfer, in: Briant/Herrenschmidt, *Le tribut*, S. 185–187; Sancisi-Weerdenburg, in: Briant/Herrenschmidt, *Le tribut*, S. 129–131, 135; vgl. Tuplin, in: Carradice, *Coinage and Administration*, S. 115, 142.

Redistribution gehören einem anderen Aspekt an, der im Griechischen aber mit demselben Wort belegt ist.[22] H. Sancisi-Weerdenburg hat nachgewiesen, daß die personenbezogenen Schenkungen keineswegs zu einer einseitigen Prozedur an den König erstarrt waren.[23] In der Gesellschaftsstruktur der vornehmen Perser besaßen die „Geschenke des Königs", wie etwa die Vasen mit den königlichen Namen und Titeln, einen konkreten, ideellen Wert, der auch finanzielle und moralische Sicherheit bot.[24] Dies zeigt z.B. die altpersische Aufschrift einer Vase aus dem Schatzhaus in Persepolis: „Ich bin von Xerxes, dem König". Solche Geschenke (auch auf diplomatischer Ebene) waren Ausdruck des politischen Verhältnisses zum König, wodurch sowohl respektvolle Anerkennung als auch Auszeichnung und Belohnung vermittelt wurden. Den beinahe regelhaften Austausch solcher Geschenke nennt H. Sancisi-Weerdenburg „generalized reciprocity".[25]

Zusammenfassend sind Dôra also 1. als Vorstufe der geregelten Tribute und Steuern, 2. als Zahlungsmittel neben den Tributen in besonderen Fällen und 3. als Kennzeichen von Loyalität und Wertschätzung in einem persönlichen Verhältnis zu unterscheiden. Alle drei Ebenen verschmelzen in der Anerkennung der großköniglichen Herrschaft zum allgemeinen Topos „die Untergebenen bringen Geschenke".

[22] Eine ähnliche Vielschichtigkeit findet sich beim Terminus Phoros, der sowohl als Oberbegriff aller Abgaben als auch zur Bezeichnung spezieller Steuern gebraucht wurde. Plut. Artaxerxes 5, 1; vgl. auch Xen. Kyr. V 4, 29; als Erwiderung verteilte der König persönliche Gaben, für die sein Geschenkverteiler (δαπανημάτων δοτήρ) zuständig war: Xen. oik. 4, 15; Kyr. VIII 1, 9; s. Wiesehöfer, in: Briant/Herrenschmidt, *Le tribut*, S. 186; Wiesehöfer, in: Yashater, *Encyclopaedia Iranica X*, S. 607; Briant, in: Briant/Herrenschmidt, *Le tribut*, S. 35–44.

[23] Sancisi-Weerdenburg, in: Briant/Herrenschmidt, *Le tribut*, S. 129–146; Wiesehöfer, in: Yashater, *Encyclopaedia Iranica X*, S. 607.

[24] S. Sancisi-Weerdenburg, in: Briant/Herrenschmidt, *Le tribut*, S. 136–139. Zu entsprechenden Vasen des Dareios, Xerxes und Artaxerxes s. Posener, *Première domination perse*, S. 137–151.

[25] Sancisi-Weerdenburg, in: Briant/Herrenschmidt, *Le tribut*, S. 138–140. Dieser Austausch wurde sorgfältig von beiden Seiten beachtet. Die Wohltäter wurden in Listen mit ihrer Leistung notiert, ebenso wie der „Lohn" durch ein Geschenk des Königs, für das ein Gegengeschenk erwartet wurde. S. auch Wiesehöfer, in: Yashater, *Encyclopaedia Iranica X*, S. 607.

Der Tribut

In den griechischen Quellen bezeichnete der alte Terminus „Dasmos" (δασμός) den Tribut der unterworfenen Völker.[26] Im Gegensatz dazu hießen die Beiträge des delisch-attischen Seebundes als anfänglich freiwillige Abgaben „Phoros" (φόρος).[27] Mit der Unterordnung der Bundespolitik unter die Herrschaft Athens ist ein Wandel in der Begrifflichkeit zu beobachten: Phoros bezeichnete nicht mehr freiwilllige, sondern diktierte Abgaben. Damit entsprachen die Bundesbeiträge in ihrem Charakter den Tributen unterworfener Völker, so daß schließlich der jüngere Begriff φόρος das ältere Wort δασμός, v.a. für die persischen Tribute, ersetzte.[28]

Als erster legte Dareios I. regelmäßige und in der Höhe fixierte Phoroszahlungen für das gesamte Reich fest.[29] Dabei unterscheidet Hdt. III 97, 1 sprachlich zwischen dem *Erbringen/Ableisten* von Lasten (... [φόρον] φέρειν) und dem *Herbeibringen* von Geschenken (δῶρα ἄγινειν). Vermutlich folgt Herodot bei der Bezeichnung der speziellen Tributabgabe mit dem Grundwort des *Gebrachten* (Phoros) einer sprachsemantischen Kontinuität, denn dieses findet sich bereits als altorientalischer Terminus. Die alttestamentlichen Texte nennen als entsprechenden Terminus *b*ᵉ*lō*, das von der Wurzel *yabal* (יבל) – *führen, bringen* abzuleiten ist. Es entspricht dem akkadisch: *biltu* wie auch sprachlich und inhaltlich dem griechischen φόρος als *„das Erbrachte"*.[30]

Prinzipiell war das gesamte Reichsgebiet von Tributleistungen betroffen, allein das Land Persien galt laut Hdt. III 97, 1 als frei von Phoros. Allerdings belegen die Persepolistafeln neben den Geschenken dort eine Vielzahl von Abgaben.[31] J. Wiesehöfer hat den scheinbaren

---

[26] Aischyl. Pers 586; Hdt. III 97; zu Dasmos s. Xen. an. I 1, 8; V 5, 10; oik. 4, 14; Kyr. IV 6, 9.

[27] S. hierzu auch den Beitrag von Christof Schuler in diesem Band.

[28] S. Wallinga, in: Briant/Herrenschmidt, *Le tribut*, S. 173–181; Walser, in: Sancisi-Weerdenburg/Kuhrt, *Achaemenid History II*, S. 159; Will, *Le monde grec*, S. 179–187.

[29] Hdt. III 89, 1; vgl. Polykl. 128 F 3; Plut. mor. 172 F; Plat. leg. 695 C; Strabon XI 13, 8 (C 525); 14, 8 (C 530); Polyain. III 11, 5; VII 11, 3. S. auch Tuplin, in: Carradice, *Coinage and Administration*, S. 140.

[30] Schaper, in: VT 45, 1995, S. 535f.; Altheim/Stiehl, *Die aramäische Sprache*, S. 149; vgl. Meyer, *Geschichte des Altertums*, S. 83, Anm. 2.

[31] S. Koch, *Verwaltung und Wirtschaft*; Koch, *Dareios*, S. 64f.; Koch, *Achämeniden-Studien*, S. 61–91. Koch scheint – gerade in bezug auf die Stelle bei Herodot – nicht zwischen Steuer und Tribut zu unterscheiden: v.a. Koch, *Dareios*, S. 64f. Dagegen zur Wandlung des Begriffes *bāji-* s. Herrenschmidt, in: Briant/Herrenschmidt, *Le tribut*, S. 107–120 (bes. S. 115).

Widerspruch treffend erklärt: Phoros ist (wie zuvor Dasmos) der Tribut, den unterworfene Völker an die herrschende Macht zu zahlen hatten. Die Persis als Kernland war von dieser Belastung ausgenommen, hatte jedoch andere Abgaben – die nicht Phoros hießen – zu entrichten.[32] Zudem war die Befreiung allein an das Land, nicht aber an die ethnische Zugehörigkeit gebunden.[33] Demnach hatten Perser, die nicht in der Persis lebten, Phoros zu zahlen.[34]

Die Sonderstellung des Kernlandes scheint nicht von Anfang an bestanden zu haben, sondern wurde wohl erst nach der Niederwerfung des Magers Gaumāta durch Dareios I. eingerichtet. In der frühesten Inschrift Dareios' I. am Felsen von Behistun erscheint Persien in der Liste der unterworfenen Länder, genauer: an deren Spitze, die dem Großkönig Tribut zu bringen hatten.[35] Seit der späteren Dareios-Inschrift e aus Persepolis (DPe 8f.) jedoch wird Persien unmittelbar und scheinbar gleichwertig mit dem Großkönig genannt. Es fehlt folglich in der nachfolgenden Liste der tributbringenden Länder, die meist mit Elam, Medien und Babylon beginnt.[36] F. Gschnitzer vermutet aufgrund des stilistischen Bruchs zwischen DB und DPe bei der Stellung der Persis innerhalb der Länderlisten, daß erst Dareios I. nach seinem Skythenfeldzug dem Stammland diese Sonderstellung verlieh.[37]

Gleichzeitig wird an den Länderlisten deutlich, daß alle Völker, die an den König Tribut zahlten, offiziell zu seinem Reich gehörten sowie seinen Gesetzen und Weisungen unterstanden. Widerstand bzw. ein Abbruch der Zahlungen war demnach Zeichen des Aufstands.

In den altpersischen Königsinschriften findet sich für Phoros/Tribut der Terminus *bāji*-, das wohl auf altpersisch: **baga – teilen, Teil von etwas* zurückgeht.[38] Auf der allgemeinen, reichsweiten Bedeutungsebene ist

[32] Wiesehöfer, in: Briant/Herrenschmidt, *Le tribut*, S. 183f., 187f.

[33] Hdt. III 97, 1f.

[34] Dies ist auch indirekt aus den Sonderrechten der Smerdismörder zu erschließen: Dareios I. zeichnete seine Helfer Otanes, Anaphas und Zopyros in einem privilegierenden Akt aus, in dem er sie ausdrücklich vom Phoros befreite: Hdt. III 83f; vgl. auch Diod. XXXI 19, 2; Gschnitzer, in: Maurer/Magen, *FS Deller*, S. 111–113; Wiesehöfer, *Gaumata*, S. 168–174.

[35] DB I 18 (§ 7). Gschnitzer, in: Maurer/Magen, *FS Deller*, S. 97f.

[36] Gschnitzer, in: Maurer/Magen, *FS Deller*, S. 99–106. Zudem hat er ebd., S. 94 auf den Unterschied zwischen dem Reich des Großkönigs und der Persis als Stammland hingewiesen. Vgl. auch Hdt. III 83, 2; 160, 2; Diod. XXXI 19, 2. Die Tributbefreiung der Persis fällt auffallend mit den Privilegien der Sieben Perser zusammen, die ebenfalls von Dareios I. die Befreiung von Phoroszahlungen erhielten.

[37] Gschnitzer, in: Maurer/Magen, *FS Deller*, S. 104f., 113f.

[38] Sancisi-Weerdenburg, in: Briant/Herrenschmidt, *Le tribut*, S. 137f.; Herrenschmidt, in:

bāji- der Teil des Königs, den er als Sieger über die unterworfenen Völker einerseits als Ausdruck der Anerkennung einfordert. Zum anderen ist es der Teil, der ihm als Gegenleistung für die Garantie von Recht und Ordnung in seinem Reich zustand.

Formal setzte sich der Tribut aus denselben Bestandteilen zusammen wie die Steuern oder Geschenke. Folglich sind laut J. Wiesehöfer „*phoros* und *dôra* nicht dinglich..., sondern konzeptionell zu unterscheiden".[39] Der Phoros wurde auf der untersten administrativen Ebene in Naturalien oder besonderen Produkten abgeliefert und von lokalen Amtsträgern, spätestens vom Satrapen, teilweise in Geld und Edelmetalle umgewandelt.[40] Der Großteil der Naturalien wurde innerhalb der Satrapie z.B. für den Unterhalt des Heeres weiterverwendet.[41] Der Weg dieser ‚Monetarisierung' ist nicht genau nachzuvollziehen. Sicherlich spielten dabei die Städte, die ihren Tribut in Metallwert leisteten, und große Bankhäuser wie das der Murašū-Familie eine entscheidende Rolle.[42] Die Nomoí-Liste Herodots, auch wenn sie in ihren Zahlenangaben sowie in geographischen und administrativen Details

---

Briant/Herrenschmidt, *Le tribut*, S. 107f., 115. Zur sprachwissenschaftlichen Erklärung s. auch Altheim/Stiehl, *Die aramäische Sprache*, S. 140–142.

[39] Wiesehöfer, *Persien*, S. 348.

[40] Xen. oik. 4, 11; Xen. an. III 4, 31: Getreide, Wein und Ziegen anstelle von Pferden; Xen. an. IV 5, 25; Arr. I 26, 3: Brot als Dasmos für den König; Hdt. III 90, 3: Pferde der Kiliker; III 91, 2: Fisch und Getreide aus Ägypten; Strab. XI 13, 8 (C 525): Kappadokien zahlte eine Silbersteuer, 2500 Pferde, 2000 Esel und 50.000 Schafe; Strab. XI 14, 8 (C 530): Armenien zahlte 20.000 Fohlen; Strab. XV 3, 21 (C 735): Silber; Strab. XV 2, 14 (C 726): Karmanien war sehr fruchtbar und hatte zusätzlich Silber und Kupfer; Neh. 13, 10f.; Ios. ant. Iud. 11, 46. Vielleicht erklärt sich durch diese Vielfalt auch der seltsame Hinweis bei Strab. XV 3, 21 (C 735), daß die Völker an der Küste den Tribut in Silber, die im Inland in Naturalien zu leisten hätten. Daß dies in solch vereinfachtem Sinne nicht zutraf, zeigt schon die Nomoí-Liste Herodots. S. dazu Petit, *Satrapes et satrapies*, S. 161 mit Anm. 233. Zur Umverteilung s. Wiesehöfer, *Güteraustausch*, S. 299f.

[41] (Ps.-)Aristot. oec. II 2, 38 belegt eine Möglichkeit der fiskalischen Umwandlung: Die Reichstruppen auf dem Marsch hatten ihren Verzehr aus den Magazinen an den Reichsstraßen zu bezahlen, um von den Märkten und Speichern der stationierten Einheiten unabhängig zu sein. S. dazu Hdt. I 192,1. Zur Umwandlung von Naturalabgaben in Edelmetalle im perserzeitlichen Ägypten s. Will, in: REA 62, 1960, S. 257–267.

[42] S. Wiesehöfer, in: Briant/Herrenschmidt, *Le tribut*, S. 186; die Städte wurden mit den ländlichen Produkten versorgt und wandelten diese durch Bezahlung in Geld um. Dazu kam der Tribut der Städte, der ebenfalls in Metallwert geleistet wurde. Nach Cardascia, *Les Archives des Murašu*, S. 139–141 bezahlte die Bank der Murašū ihre Abgaben zwar in Metallwert, ihre Gläubiger jedoch in Naturalien. Dazu s. Petit, *Satrapes et satrapies*, S. 161 mit Anm. 233. Wallinga, in: Mnemosyne 37, 1984, S. 411 sieht in der Monetarisierung des Tributes für die Küstenstädte einen engen Bezug zur Flottenbaupolitik des Dareios.

problematisch ist, vermittelt das Grundprinzip, daß jährlich ein Teil der Abgaben als Phoros in Metallwerten an den König gesandt wurde. Dieser lagerte den Tribut dann in den zentralen königlichen Schatzhäusern als Kunstgegenstände oder geschmolzen in Tongefäßen.[43]

Doch war der Tribut überhaupt eine eigene Abgabengröße, die zusätzlich zu den Steuern und der Königsversorgung erhoben wurde? Ein Indiz bietet die Praxis bei der Abgaben-Eintreibung. Nach (Ps.-)Aristot. oec. II 2, 14 sammelte Kondalos, der Hyparch des karischen Satrapen-Dynasten Mausolos, zu einem bestimmten Termin *alle* Abgaben und Geschenke in Karien ein. Demnach schien er einen Gesamtbetrag zu erhalten, in dem alle Leistungen enthalten waren. Die Zuweisung zu den verschiedenen Steuerarten erfolgte dann wohl erst in den Akten, ohne daß es deshalb eigene Kassen gegeben haben muß. In ähnlicher Weise ist aus einer Anweisung des ägyptischen Satrapen Arsames (Porten, *Elephantine Papyri*, B 10) zu erfahren, daß ihm jeder Gauverwalter monatlich *alle* Abgaben zu schicken hatte. Nicht zuletzt zeigen die Persepolistäfelchen, daß die verschiedenen Steuerarten zusammen abgeliefert und so auch registriert wurden. Die Tafeln verzeichnen lediglich, ob es sich um eine königliche Abgabe handelte und welcher königliche Verwalter sie eingetrieben hatte.

Aus dem Schatzhaus des Satrapen wurden die jährlichen Zahlungen geschlossen an den Großkönig übergeben. Alle Nachrichten, die von dieser Übergabe durch den Satrapen sprechen, erwähnen nur den „Schatz", ohne zwischen den Phoroszahlungen und einem Gewinn aus der allgemeinen Besteuerung zu unterscheiden.[44] Laut Strab. XI 14, 8 (C 530) schickte der Satrap von Armenien seinen ‚Schatz' zum jährlichen Fest der Mithrakana an den Großkönig, wobei diese Sendung Phoros

[43] Diod. II 40, 5: Ein Viertel aller Abgaben aus Indien kam in den königlichen Schatz. Zu den Schätzen, die Alexander vorfand, s. zu Susa: Diod. XVII 66; Arr. an. III 16, 7; Curt. III 2, 11; Plut. Alex. 36; Strab. XV 3, 9 (C 731); zu Persepolis: Diod. XVII 70; Curt. V 6, 3; Plut. Alex. 37; Strab. XV 3, 9 (C 731); zu Pasargadai: Curt. V 6, 3; Strab. XV 3, 11; zu Ekbatana: Strab. XV 3, 9 (C 731). Außerdem nahm Dareios III. auf seiner Flucht ca. 80.000 Talente aus Ekbatana mit: Diod. XVII 74, 4; Arr. an. III 19, 5. Laut Strab. XV 3, 9 (C 731) ergaben alle Schätze, die Alexander zusammentrug, 180.000 Talente zuzüglich der 80.000 Dareios' III. Zu den Berechnungen s. Tuplin, in: Carradice, *Coinage and Administration*, S. 138 (mit Anm. 112). Zu den jährlichen Abgabenlieferungen s. Hdt. III 89, 2; Polyain. III 11, 5; Strab. XI 13, 8 (C 525); 14, 8 (C 530); Petit, *Satrapes et satrapies*, S. 160f.; Wiesehöfer, in: Briant/Herrenschmidt, *Le tribut*, S. 186. Zur Lagerung der Tribute: Hdt. III 96, 2: geschmolzen in Tongefäße; Strab. XV 3, 21 (C 735): als Wertgegenstände.

[44] S. PFT 1357 (aus Babylon); PFT 1495; PFa 14 (aus Kerman); Driver, *Aramaic Documents*, S. 30f.: Brief X, XI (aus Ägypten).

genannt wird. Die Lieferung des königlichen Anteils aus allen Abgaben scheint demnach bereits den Tribut zu enthalten, zumal bislang kein amtlicher Beleg auf eine Eintreibung als gesonderte Belastung verweist. Selbst ausführlichere Dokumente zum persischen Steuerwesen, wie ein ägyptisches Zollregister aus Elephantine oder die Labraunda-Inschrift, sprechen nicht von diesem Terminus.[45] Vielmehr hatte die Bevölkerung der Satrapien wohl einen Gesamtbetrag an gemischten Gütern zu entrichten. Der Großteil davon verblieb in der Satrapie, da er als Lohn für Angestellte ausbezahlt wurde. Nur ein verhältnismäßig kleiner Teil wurde in Edelmetall umgewandelt und im Schatzhaus des Satrapen eingelagert.[46] Dieser Überschuß, der aus der Redistribution ausgegliedert wurde und an den Großkönig ging, war wohl der Phoros. Demnach war der Tribut als ein Teil, für den es allgemein keine Befreiung geben konnte, bereits in den allgemeinen Steuern enthalten bzw. ihnen aufgeschlagen.[47] Dies bestätigen indirekt die Persepolistäfelchen, die für Babylonien, Susa und Arachosien einen Schatz erwähnen, nicht aber für die vom Phoros befreite Persis.[48] Prägendes Kennzeichen der Tribute ist nicht zuletzt, daß in seltenen Fällen der Großkönig, keinesfalls aber der Satrap, diese Auflagen aufheben konnte, da sie ein Grundelement der Loyalitätsverpflichtung zu König und Reich darstellten.

1 *Die Heeresfolge*

Zusätzlich zu den regulären Tributen hatten alle Völker des Reiches Truppenkontingente für das Gesamtaufgebot des Königs zu stellen.[49] Persische Soldaten besetzten nur die Offiziersämter und bildeten die

---

[45] S. Porten/Yardeni, *Aramaic Documents*, S. 282–295 mit XX–XXI; dazu Wiesehöfer, in: Rollinger/Ulf, *Commerce and Monetary Systems*, S. 300f.; Briant/Descat, in: Grimal/Menu, *Le commerce*, S. 59–104; Crampa, *Labraunda*, S. 42.

[46] S. Wiesehöfer, in: Rollinger/Ulf, *Commerce and Monetary Systems*, S. 299; Wiesehöfer, in: Briant/Herrenschmidt, *Le tribut*, S. 186; Wiesehöfer, *Persien*, S. 100.

[47] S. ebenso Wiesehöfer, *Persien*, S. 100, 102; Wiesehöfer, in: Briant/Herrenschmidt, *Le tribut*, S. 186; Descat, in: Briant/Herrenschmidt, *Le tribut*, S. 83.

[48] S. Wiesehöfer, in: Briant/Herrenschmidt, *Le tribut*, S. 183f. Vgl. Gschnitzer, in: Maurer/Magen, *FS Deller*, S. 111–114, 120–122.

[49] So z.B. unter Dareios I.: Hdt. III 89, 1ff.; IV 83, 1; unter Xerxes I.: Hdt. VII 61, 1–100, 1; 108, 1; Diod. XI 2, 3; unter Artaxerxes I.: Diod. XI 71, 6; unter Dareios III. am Granikos: Diod. XVII 18, 4; Arr. an. I 13, 1; bei Issos: Diod. XVII 33, 4–37, 1; Arr. an. II 7, 1–11, 8; Curt. III 8, 12f.; bei Gaugamela: Diod. XVII 57, 1–4; Arr. an. III 8, 3–16, 4; zu Truppenkontingenten der vertraglich gebundenen Völker: Hdt. VII 132.185. Grundsätzlich s. Briant, *L'Empire perse*, S. 422f.

Eliteeinheiten des stehenden Heeres.[50] Über die verschiedenen Völkerkontingente verfügte der jeweilige Satrap als exekutives Mittel in seinem Amtsbereich und führte sie in maximaler Besetzung zu den zentralen Sammelplätzen des Reichsaufgebotes.[51] Durch königlichen Erlaß war festgelegt, welche und wieviel Truppen jedes Volk bzw. jede Satrapie aufzustellen hatte.[52]

Daß es sich bei diesen Aufgeboten um eine Variante des Tributs handelt, zeigt die Tatsache, daß auch teilautonome Völker wie die Araber, Karduchen und Kolcher, die zwar keine Tribut*zahlungen* zu leisten hatten, wie alle tributpflichtigen Ethne aber Kontingente stellten.[53] Obwohl nicht in die reguläre Verwaltung eingebunden, waren sie doch Teil des Reiches und hatten damit auch Anspruch auf den Schutz und das Recht des Königs.[54] Als „Loyalitätsgabe" brachten sie daher „freiwillige" Geschenke und waren verpflichtet, Truppen für die militärpolitischen Interessen des Reiches zu stellen. In diesem Sinne konnte daher auch nur der Großkönig die Einberufung und den Einsatz des Gesamtaufgebotes befehlen, das selbst das Reich insgesamt vertrat.

Der enge Bezug von Phoros und Heerwesen schlug sich sichtbar in der Entwicklung des persischen Flottenwesens nieder. Unter Kyros und Kambyses dominierte die Abgabenform der Geschenklieferungen an den König. Durch den beginnenden Ausbau der persischen Flotte unter Kambyses war der ungeheure, neue Kostenaufwand nicht mehr allein durch das Dôrasystem zu tragen. Die Abgaben mußten in angemessene Tributzahlungen gefaßt werden, um die Küstenländer zu entlasten,

---

[50] S. Wiesehöfer, *Persien*, S. 133: Persische, medische und ostiranische Truppen formen das stehende Heer („Bewegungsheer"), das mit dem medischen Wort *spāda* bezeichnet wurde. Interessant ist hierbei die Entwicklung der altpersischen Heeresbezeichnung *kāra*, das in den Königsinschriften von seiner allgemeinen Bedeutung „Volk, Heerbann" schließlich nur auf den Adel beschränkt wurde. Das stehende Heer der Kerntruppen wurde im Reichsaufgebot durch die Kontingente der unterworfenen Völker ergänzt.

[51] S. Tuplin, in: Carradice, *Coinage and Administration*, S. 145.

[52] Xen. oik. 4, 5: Der König schreibt jedem Fürsten, der tributpflichtig ist, daß er für Bogenschützen, Reiter, Schleuderer und Leichtbewaffnete Verpflegung zu besorgen habe. Diod. XIV 22, 2: Artaxerxes II. konnte wegen der großen Entfernung nicht die indischen Verbände zur Schlacht von Kunaxa heranziehen.

[53] Hdt. III 91. 97. Zur Abgabenfreiheit der Araber s. Knauf, in: Trans. 2, 1990, S. 201–217; Wiesehöfer, in: Briant/Herrenschmidt, *Le tribut*, S. 184–186; Wiesehöfer, *Persien*, S. 100; Graf, in: Sancisi-Weerdenburg/Kuhrt, *Achaemenid History IV*, S. 131–148. Kontingente der Araber: Hdt. VII 69, 1–2; Curt. IV 6, 30.

[54] Heeres- und Tributpflicht treten deshalb häufig gemeinsam auf: s. Hdt. VI 95, 1; wohl idealisiert in Xen. Kyr. IV 6, 9; VII 4, 9. Auch die Steuerbefreiung des Smerdis (Hdt. III 67) bezog sich auf die Abgaben und den Kriegsdienst.

in denen der Ausbau der Flotte und ihrer Hafenanlagen stattfand. Diese zusätzlichen Auflagen der Völker waren wahrscheinlich ein Hauptgrund für die dreijährige Steuerbefreiung unter dem Usurpator Gaumāta/ Smerdis und für die folgenden großen Aufstandsbewegungen nach Dareios' Machtergreifung.[55] Nach der Niederschlagung der Revolten regelte Dareios I. die Abgabenlast neu, so daß von den bereits eingeführten Phoroszahlungen alle Länder gleichermaßen betroffen und ihre verschiedenen Zahlungen nach einem einheitlichen Modus berechnet wurden.[56] Entsprechend dem Zahlungsmodus hatten auch alle Völker anteilig Heeresdienst zu leisten. Die militärische Innovation des Flottenbaus bedingte also weitreichend die Reformierung des Abgabenwesens durch Dareios. Mit dieser Neuorganisation verband sich ein verändertes Verständnis der Heeresfolge als Teil des Tributes. Wie es der Großkönig in seinen Inschriften und Reliefdarstellungen immer wieder betonte, bildeten die Pflicht zur Heeresfolge und die Zahlung von Phoros die beiden ständigen und wesentlichen Belastungen der Völker im Reich, von denen nur Persien als Kernland ausgenommen war.[57]

Die Königsversorgung

Bei der Königsversorgung handelt es sich um eine spezielle Abgabe, die neben dem Tribut, den allgemeinen Steuern und Geschenken geleistet wurde und direkt an den König zu entrichten war. Prinzipiell betraf sie alle Reichsteile, war aber z.T. auf bestimmte Gemeinwesen oder Gebiete konzentriert. So erklärt Hdt. I 192, 1:

> βασιλέϊα τῷ μεγάλῳ ἐς τροφὴν αὐτοῦ τε καὶ τῆς στρατιῆς διαραίρηται, πάρεξ τοῦ φόρου, γῆ πᾶσα ὅσης ἄρχει.
>
> Alles Land, das der Großkönig beherrschte, ist ihm zur eigenen Versorgung und der seines Heeres mit Lebensmitteln zugeteilt, neben dem Phoros.

---

[55] S. Hdt. III 67, 3; von den großen Aufständen handelt die Dareios-Inschrift von Behistun. Grundlegend s. Wiesehöfer, *Gaumata*, S. 213–225.

[56] Dazu s. Wallinga, in: Mnemosyne 37, 1984, S. 409–412; Wallinga, *Ships and Sea-power*, S. 125f.

[57] S. DB § 7, I 17–20; DPe 7–10; DNa 19; DSe 18; XPh 17; Treppenreliefs des Apadana in Persepolis (Walser, *Völkerschaften*); zur Problematik der Nennung Persiens in der Völkerliste von DB I 17–20 s. Wiesehöfer, in: Briant/Herrenschmidt, *Le tribut*, S. 184; Wiesehöfer, in: ZABR 1, 1995, S. 45; Gschnitzer, in: Maurer/Magen, *FS Deller*, S. 97–105; Calmeyer, in: Sancisi-Weerdenburg/Kuhrt, *Achaemenid History III*, S. 11–26.

Im wesentlichen entstammt die Königsversorgung als Hauptabgabe den königlichen Domänen, die ebenfalls im Gebiet der Satrapien lagen. Bei letzteren sprechen die Keilschriftarchive der Perserzeit explizit vom „Land des Königs", aus dem der „Anteil des Königs" sowie die „Verpflegung des Königs für ein Jahr" flossen.[58] Diese „Verpflegung des Königs" bestand hauptsächlich aus Waren für die königliche Repräsentation. So überliefert Athenaios aus Pasargadai eine Liste mit den Speisen für das Königsmahl, die teilweise von weit hergebracht wurden.[59] Im Zusammenhang mit diesem Unterhalt hat O. Murray in hebräisch: *mindah* das akkadische Lehnwort **mandattu* erkannt, das durch Neh. 5, 4 als „Anteil des Königs" erklärt wird. Daraus stellte er die Verbindung mit griechisch: ταγή und altpersisch: *bāji-* her, versuchte aber fälschlich, diese Begriffe als ‚Tribut' zu interpretieren.[60]

Die Leistungen für den Königsunterhalt waren eine der ältesten Abgabeformen im Perserreich. Die Persepolistäfelchen nennen für diese ebenfalls den Begriff *bāji-*, der den „(An-)Teil des Königs" meint.[61] Aus vorachaimenidischer Zeit hat sich die Vorstellung erhalten, daß der königliche Unterhalt aus der Stammesherde abgeteilt wurde. Dementsprechend zeigen die Persepolistäfelchen, daß sich der Königsteil ursprünglich aus Kleinvieh zusammensetzte. Mit der Verantwortung für die Herden des Königs war als Amtsträger der **bājikara-* (*matira*) = *Der, der die Teile* [*des Königs*] *macht* auch für das Futtergetreide mit dem zugehörigen Anbauland zuständig.[62] Königliches Getreide,

---

[58] Königsland und -besitz: San Nicolò, *Nachbürgschaft in den Keilinschriften*, S. 380, 681, 702; Lagerhäuser des Königs: ebd., S. 862; PFT 133; Porten, *Elephantine Papyri*, B 37, 40, 44, 49; jährliche Verpflegung des Königs: San Nicolò, *Nachbürgschaft in den Keilinschriften*, S. 598, 842.

[59] Athen. IV 145ff.; Polyain IV 3, 32.

[60] Ezra 4, 13. 20; 7, 24; Neh. 5, 4. Murray, in: Historia 15, 1966, S. 152f. Zur sprachwissenschaftlichen Erklärung s. Altheim/Stiehl, *Die aramäische Sprache*, S. 140–142, die auf die Entsprechungen in der Wurzel altpersisch: *bāj-* = lateinisch: *tribu-ere* hinweisen, wodurch sich die Gleichung ταγή = altpersisch: *bāji-* = akkadisch: *mandattu* = lateinisch: *tributum* ergibt. Vgl. auch Tuplin, in: Carradice, *Coinage and Administration*, S. 146. Zur Diskussion um die Bedeutung von ταγή, speziell bei (Ps.-)Aristot. s. Briant, *Prélèvements tributaires*, S. 74.

[61] Sancisi-Weerdenburg, in: Briant/Herrenschmidt, *Le tribut*, S. 137f.; Herrenschmidt, in: Briant/Herrenschmidt, *Le tribut*, S. 107f., 115.

[62] PFT 2008; s. Herrenschmidt, in: Briant/Herrenschmidt, *Le tribut*, S. 110: Überliefert ist der altpersische Titel **bājikara-* durch das elamische Lehnwort ba-zí-qa-ra, dessen echtes elamisches Synonym *matira* ist; 111: Die perso-elamische Hybridform lautet ba-zí-iš.hu-ut-ti-ra. Vgl. Koch, in: Briant/Herrenschmidt, *Le tribut*, S. 122f., die sogar so weit geht, das elamische ba-zí-qa (= altpersisch: **bājika-*) als „Viehsteuer" zu bezeichnen. Doch Herrenschmidt hat überzeugend erklärt, daß die **bājika-* nicht generell als Steuer

das zur Aufzucht des Viehs nötig war, konnte daher als *bāji-* bezeichnet werden.[63] Mit der Expansion des Reiches entwickelte sich daraus die Gewohnheit, den königlichen Viehanteil durch Getreidelieferungen oder andere Güter zu ersetzen, die aus den Produkten der verschiedenen Landschaften anteilig zum jeweiligen Ertrag gestellt wurden.[64] *bāji-* bezeichnete also einerseits auf abstrakter Ebene übergreifend alle Abgabenformen. Andererseits bezeichnet *bāji-* auf einer konkreten, staatsrechtlichen Ebene den Tribut als Anteil des siegreichen Herrschers in seiner Funktion als Großkönig des Reiches. Daneben steht der spezifische Aspekt von *bāji-* in der Bedeutung der „Königsversorgung" als wirtschaftlicher Anspruch eines königlichen Versorgungsanteils.

Neben den regelmäßigen Einkünften konnte die Königsversorgung als besondere Aufgabe von bestimmten Gemeinschaften übernommen werden, ohne daß dadurch die allgemeine Steuer- und Tributpflicht aufgehoben wurde.[65] Wie das Beispiel für die Verproviantierung des königlichen Hoflagers durch den Eanna-Tempel in Uruk oder die Nachrichten zu den Heerzügen der Großkönige zeigen, konnten diese Versorgungsleistungen teilweise kurzfristig und nach Bedarf zugeteilt werden.[66] Entsprechende Beispiele finden sich auch in Ägypten, wo einzelne Tempel, die grundsätzlich von den Abgaben befreit waren (Vittmann: „Immunität der Tempel"), zur Königsversorgung verpflichtet wurden.[67] Unklar bleibt bislang, nach welchen Kriterien diese Belastungen auferlegt

auf allem Vieh liegt, sondern daß vielmehr der Königsteil primär aus Kleinvieh zusammengesetzt war.

[63] PFT 1796, 1797; Herrenschmidt, in: Briant/Herrenschmidt, *Le tribut*, S. 113f; vgl. Koch, *Verwaltung und Wirtschaft*, S. 226.

[64] Descat, in: Briant/Herrenschmidt, *Le tribut*, S. 82; Malay, in: GRBS 24, 1983, S. 349–353.

[65] Hdt. I 192, 1 etwa vermerkt sie ausdrücklich neben dem Phoros/Tribut.

[66] Zur Versorgung durch den Eanna-Tempel s. San Nicolò, in: Archiv Orientální 17/2, 1949, S. 326–328; dazu Tuplin, in: Carradice, *Coinage and Administration*, S. 152f. Hdt. VII 1: Städte und Völker müssen Korn für den Dareios-Zug bereitstellen; 23: die Versorgung beim Bau des Athos-Graben; 25: Xerxes läßt Proviantspeicher für seinen Griechenlandzug anlegen. Zu den ausgewählten Depots kamen die Vorräte aus ganz Asien; 26: Pythios in Kelainai für das Heer des Xerxes; 50, 4: Die Bevölkerung hat das Heer durch die Landwirtschaft zu ernähren; 118–120: Bestimmte Städte wurden viele Monate vor der Ankunft des Königs mit seinem Heer durch Herolde von der Versorgungspflicht unterrichtet. Sie bereiteten Mehl vor, züchteten Vieh und fertigten Eßgeschirr und Zelte.

[67] In Ägypten scheinen einzelne Tempel, v.a. in der Umgebung von Memphis, mit der Königsversorgung belastet gewesen zu sein: s. Tuplin, in: Carradice, *Coinage and Administration*, S. 151f.; Spiegelberg, *Demotische Chronik*, S. 32f.; Vittmann, *Peteesi I*, S. 307. S. auch den Beitrag von Renate Müller-Wollermann in diesem Band.

wurden bzw. ob und in welchem Maß dadurch eine entsprechende Einschränkung der übrigen Steuern erfolgte.[68]

Das gesamte Reich, also auch die Persis, mußte einen Grundbetrag an Naturalien leisten, um den Großkönig, z.B. auf seinen Reisen, und die königlichen Reichstruppen zu versorgen.[69] Diese Güter wurden dafür an eigens entlang der Reichsstraßen eingerichteten Magazinen gelagert.[70] Alle Angestellten in der königlichen Versorgung waren dem König direkt weisungsgebunden, unterstanden aber rechtlich dem Satrapen. Dieser war – außer in der Persis, wo der König selbst diese Aufgabe übernahm – für die jährliche Zusammenführung und Weiterleitung der ταγή verantwortlich. Seine Zuständigkeit wird an der Verwaltung der Zolleinnahmen besonders deutlich. Laut (Ps.-) Arist oec. II 1,3 gehörten die Abgaben für Ein- und Ausfuhr von Waren zur Königsversorgung, die der König von den Satrapen bezog.[71] Die Labraunda-Inschrift belegt solche Einfuhrzölle in Karien, für welche die Stadt zwar Asylie und Aspondie verleihen konnte, von deren Zahlung als königliche Abgabe aber nicht einmal der zuständige Satrap Pixodaros, der Sohn des Hekatomnos, befreien konnte.[72] Nach Z. 12 dieser Inschrift waren ein- und ausgeführte Waren zu Wasser wie zu Land prinzipiell von dieser Abgabe betroffen. Genauere Angaben über die Höhe dieser Zölle liefert eine andere Inschrift, das Fragment (A) der Bilingue TL 45 aus Xanthos. Dort bestimmt derselbe Pixodaros für Xanthos, Tlos, Pinara und Kadyanda einen Zehnt der Einfuhrmärkte in der jeweiligen Stadt.[73] Derartige Zölle sind auch auf einem Steuerpapyrus aus Elephantine aufgeführt, der wahrscheinlich ins 5. Jahrhundert v.Chr. datiert.[74] Die monatlichen Einträge verzeichnen ein- und auslaufende Handelsschiffe aus dem griechisch-kleinasiatischen und phoinikischen Raum mit den

[68] Nach Hdt. VII 25; 50, 4; 119 könnte diese ταγή ein Teil des Phoros sein. S. Wiesehöfer, *Persien*, S. 100.

[69] Vgl. dazu Strab. XI 9, 1 (C 514): Parthien ist zu arm, um den durchreisenden König auch nur kurze Zeit zu verpflegen.

[70] Ps.-Aristot. oec. II 2, 38; Xenophon unterscheidet stets sorgfältig zwischen den Magazinen des Königs (Xen. an. IV 4, 7; 5, 24f.) und den Magazinen der Satrapen (Xen. an. III 4, 31).

[71] S. dazu auch Briant, *Prélèvements tributaires*, S. 73f.

[72] Crampa, *Labraunda*, S. 42, Z. 12f.; Klinkott, *Satrap*, S. 181–184.

[73] δεκάτην τῆς ἐμπο[ρίας τῆς] οὔσης [ἐ]ν τῇ π[όλ]ει. Die neueste Bearbeitung der Inschrift TL 45 mit allen Fragmenten bietet Bousquet, in: RA 1986, S. 101–106.

[74] Text mit Übersetzung bei Porten/Yardeni, *Aramaic Documents*, S. 282–295 mit Taf. XX–XXI; der Papyrus ist zwischen 473 und 402 v.Chr. zu datieren. Ausführlich Wiesehöfer, in: Rollinger/Ulf, *Commerce and Monetary Systems*, S. 300f.; Briant/Descat, in: Grimal/Menu, *Le commerce*, S. 59–104.

Namen ihrer Kapitäne, der Größe der Schiffe, ihrer Fracht und der Höhe der gezahlten Zölle. Alle Schiffe hatten in Thônis, dem zentralen Eintrittshafen Ägyptens, eine Kopfsteuer (*ksp gbry'*) und eine Abgabe nach der Größe ihres Frachtraumes zu entrichten und waren damit für die Weiterfahrt nach Memphis oder Naukratis zollfrei.[75] Alle Zahlungen gingen an das „Haus des Königs" (*byt mlk'* = οἰκία βασιλέως), also das königliche Magazin und Schatzhaus, wo sie registriert wurden.[76] Entsprechende Zölle sind auch von einem aramäischen Papyrus aus Saqqâra oder von der saïtischen Naukratisstele Nektanebos' I. (380 v.Chr.) bekannt.[77]

Diese Zölle flossen direkt in die königliche Kasse. Aufgrund ihrer Unregelmäßigkeit in Höhe und Zahlung waren sie weder zur Steuer als fest kalkulierbarer Größe zugeordnet, noch zu den Tributen, da sie in der Regel von Reichsfremden zu entrichten waren.

Eine Sonderform: „Bogensilber" und „Soldatenland"

Das sogenannte Soldatenland nimmt unter den behandelten Verwaltungsformen eine Sonderrolle ein. Es zerfiel in verschiedene, nach militärischen Eliteeinheiten benannte Gemeinschaften von Landgütern (*ḫaṭru*), die in den Tontafelarchiven Babyloniens als „Bogenland" (*bīt qašti*), „Pferdeland" (*bīt sīsî*) und „Streitwagenland" (*bīt narkabti*) belegt sind.[78] Wohl bereits in neubabylonischer Zeit in einzelnen Elementen angelegt, wurde dieses System der Soldatengüter in achaimenidischer Zeit einheitlich organisiert.[79] Der Großkönig konnte Soldaten des königlichen Heeres entlohnen, indem er ihnen vererbbares, aber unveräußerliches

[75] S. Briant/Descat, in: Grimal/Menu, *Le commerce*, S. 91f. Sie folgern daraus, daß es zwischen Thônis und Memphis in Ägypten weitaus mehr Emporia gegeben haben muß, als das angeblich einzige, griechische in Naukratis (ebd., S. 88–92); dazu Hdt. II 179; Diod. I 19, 4.

[76] Briant/Descat, in: Grimal/Menu, *Le commerce*, S. 73–86. Für Schiffe mit einem Frachtvolumen über 50 JAR wurde z.B. der Zehnt der Ladung als Steuer erhoben. Zur Einlagerung: ebd., S. 87; ebenso in der Naukratis-Stele Lichtheim, *Ancient Egyptian Literature*, S. 88f.

[77] S. Briant/Descat, in: Grimal/Menu, *Le commerce*, S. 88–90 (Naukratisstele), 92f. (Saqqara-Papyrus); zur Naukratisstele s. Lichtheim, *Ancient Egyptian Literature*, S. 86–89; zum Saqqara-Papyrus s. Segal, *Aramaic Texts from North Saqqâra*, S. 41–43: Nr. 26.

[78] Grundlegend zum Soldatenland s. Stolper, *Entrepreneurs*, S. 98f.; Tuplin, in: Carradice, *Coinage and Administration*, S. 153f. (mit ausführlichen Verweisen zur assyriologischen Literatur). Vgl. Dandamaev, in: Walser, *Achämenidengeschichte*, S. 32.

[79] Dazu s. Wiesehöfer, in: Renger, *Babylon*, S. 173f.; Kuhrt, in: Boardman, *CAH IV*^{2}, S. 128.

Land „schenkte", wobei es sich eher um eine unbefristete Leihgabe handelte. Diese *ḫaṭru* entwickelten sich zu kleinen Steuereinheiten, die zum Besitz des Königs, seiner Angehörigen, der Satrapen oder privater Großgüter gehörten.[80] Dementsprechend hatten die Besitzer von Soldatenland ihre Abgaben nach der jeweiligen Verwaltungsform zu entrichten.[81] Die *ḫaṭru*-Halter waren also nicht Bauern, die gelegentlich zu den Waffen gerufen wurden, sondern der Militärdienst war ihr eigentlicher Beruf. Die allgemeinen Abgaben (Steuern, Tribut), die sie zu leisten hatten, bestanden aus Naturalien und Silberzahlungen (*ilku*).[82] Für die *ḫaṭru* des Soldatenlandes scheint eine Silbersteuer von 10–17 Minen jährlich festgesetzt gewesen zu sein, die in den Magazinen als „Bogensilber" einging. Dieses kam in die „Schatzhäuser des Bogenlandes" (etc.), die unter eigenen Verwaltern mit ihren Schreibern standen.[83] C. Tuplin hat gezeigt, daß *ilku* als ein Terminus, der an das Soldatenland gebunden war, sich in seiner eigentlichen Bedeutung als *Dienst* veränderte: Es beinhaltete ursprünglich den Waffendienst wie auch die Steuern. Erst nach Artaxerxes I. ist zu beobachten, daß *ilku* aus Naturalien und Ausrüstungsgegenständen bestand und weit mehr als die jährliche Steuer umfaßte.[84] Der Militärdienst wurde allmählich durch Zahlungen ersetzt, die zum Unterhalt eines Soldaten nötig waren. Aus diesem Freikauf erklärt sich eine ungewöhnlich hohe Verschuldung der *ḫaṭru* seit Dareios II., unter dem sich die großen Truppenaufgebote häuften. Gleichzeitig vollzog sich im Militärwesen die Einführung großer Söldnerheere durch die Satrapen und den Großkönig. Ihre Bezahlung erfolgte anfänglich ebenfalls in Naturalien, bald jedoch überwog das gemünzte Silber. Über die Bedeutung „*(Militär-)Dienst*" hinaus bezeichnete *ilku* nun speziell die Silberzahlungen (vielleicht als

---

[80] S. Stolper, *Entrepreneurs*, S. 70–104; Tuplin, in: Carradice, *Coinage and Administration*, S. 153–156; Wiesehöfer, *Persien*, S. 98, 101.

[81] Stolper, *Entrepreneurs*, S. 54–68, 95, 101. Unabhängig von der Verwaltungsform waren die ländlichen Großbetriebe Mesopotamiens in *ḫaṭru* organisiert, so daß dort überall dasselbe Grundprinzip anzutreffen war.

[82] S. Stolper, *Entrepreneurs*, S. 100; zu Silberzahlungen an Arbeiter in den PTT: Koch, in: Koch/Mackenzie, *Kunst, Kultur und Geschichte*, S. 43.

[83] S. Stolper, *Entrepreneurs*, S. 93–95; entsprechend San Nicolò, *Nachbürgschaft in den Keilinschriften*, S. 211: „Wagenhaus"; zum Aktenwesen des Bogenlandes: ebd., S. 551, 569. Bogensilber: ebd., S. 551; s. auch Tuplin, in: Carradice, *Coinage and Administration*, S. 153–156.

[84] S. Tuplin, in: Carradice, *Coinage and Administration*, S. 154f. Vgl. Dandamaev, in: Walser, *Achämenidengeschichte*, S. 32.

Militär-Silber), da sowohl der Lohn der Söldner[85] als auch die Freikaufbeträge in dieser Form entrichtet wurden.[86] Damit entwickelte sich *ilku* in der persischen Verwaltung zu einem allgemeinen Begriff für die Silbersteuer des Soldatenlandes.

Fazit

Insgesamt läßt sich aus den Schriftquellen für die achaimenidische Reichsverwaltung ein vielfach gestaffeltes Abgabensystem erschließen, in dem königliche und satrapale Verwaltungszuständigkeiten nebeneinander stehen. Die Steuern flossen in eine Reichskasse, die der satrapalen Verwaltung unterlag, während die Geschenke, die Tribute und die Königsversorgung direkt an den König bzw. an eine Kronkasse mit eigener Administration gingen. Während vom Tribut als verpflichtender Grundleistung so gut wie niemals entbunden wurde, konnte von allen anderen Leistungen der König, bei der Steuer auch die Satrapen, Befreiungen aussprechen. Besonders in der Satrapienverwaltung werden die verschiedenen Ebenen deutlich, die sich vom Tribut bis zu den einheimischen lokalen Abgaben der einzelnen Güter hierarchisch staffeln. Die Schwierigkeit liegt allerdings in der materiellen Beschaffenheit: Grundsätzlich bestanden alle Abgaben aus den gleichen Elementen, ihre funktionale Zuordnung erfolgt lediglich über das „Konzeptionelle". Vor diesem Hintergrund drängt sich schließlich die Frage nach der Bestimmung achaimenidischer Gabenbringerreliefs, wie sie etwa aus Persepolis bekannt sind,[87] auf. Da der Akt der Übergabe durch die Völkerschaften durch kein Attribut ausgezeichnet ist, um die Gaben konzeptionell zu spezifizieren, können sowohl Geschenke als auch Tribut oder die Königsversorgung dargestellt sein. Der Charakter dieser Reliefs als bildlicher Skizzierung des Reiches ist im Zusammenhang mit den sogenannten Länderlisten der

---

[85] Das Militärgeld, speziell das Silber, das für die Ausrüstung Verwendung fand, wird in einem neubabylonischen Text aus Sippar (VAS 4, Nr. 126) als pa-sa-a'-du bezeichnet: Dandamaev, in: De Meyer/Haerinck, *Archaeologica Iranica*, S. 563–565.

[86] Zur Verschuldung der *ḫaṭru*: Tuplin, in: Carradice, *Coinage and Administration*, S. 155: Stolper, *Entrepreneurs*, S. 104–125. Zu den Söldnerheeren: Tuplin, in: Carradice, *Coinage and Administration*, S. 156; Stolper, *Entrepreneurs*, S. 150; Seibt, *Griechische Söldner*; Dandamaev, in: Walser, *Achämenidengeschichte*, S. 33.

[87] S. ausführlich Walser, *Völkerschaften*; in ähnlicher Weise auch aus dem kilikischen Meydancıkalle bei Gülnar: Casabonne, *La Cilicie*, S. 157f.

Königsinschriften als der entsprechenden schriftlichen Umsetzung zu verstehen.[88] Letztere nennen dieselben Völkerschaften, die durch Beischriften z.B. am Dareios-Grab zu identifizieren sind und die in einer bestimmten Auswahl das Reich in seiner Gesamtheit repräsentieren.[89] Anhand der Apadana-Bauten in Susa und Persepolis wird offensichtlich, daß diese in ihrer Komposition das Reich durch Schrift, Bild und Architektur in der Residenz selbst darstellten.[90] Die sogenannte Gründungsurkunde DSf ist hierfür der Schlüssel: Sie zeigt, daß die Völker mit den Produkten und der Kunst ihrer Länder den Bau errichteten. Der Bau selbst ist eine Illustration des Reiches. Nur der Großkönig konnte über dieses in seiner Gesamtheit verfügen, da es ihm in seiner vollständigen Ordnung von Ahuramazda übergeben wurde. Die königliche Legitimation beruhte also u.a. auf dem Besitz des Reiches. Die Länderlisten und die Völkerdarstellungen geben denselben Gedanken in jeweils anderen Medien (Bild und Schrift) wieder.[91] In diesem Sinne repräsentieren die Gaben bringenden Völker in erster Linie das Reich in der Gesamtheit durch seine Völker, die in der göttlichen Ordnung (auch wenn diese für uns heute als Konzept nicht verständlich scheint)[92] und in ihrer loyalen, untergeordneten Zugehörigkeit (durch die Gaben) dargestellt sind. Die Wirksamkeit dieser Aussage wird besonders in der extremen Verkürzung deutlich: Manche Völkerlisten und -reliefs bestehen aus nur sechs oder vier Repräsentanten, die als äußerste Eckpunkte das Reich in seiner maximalen Ausdehnung skizzieren.[93]

---

[88] Zu diesen Länderlisten s. Calmeyer, in: AMI 15, 1982, S. 109–135; in übersichtlicher Zusammenstellung auch Vogelsang, *Rise and Organisation*, S. 96–106.

[89] Briant, *L'Empire perse*, S. 186–188; Calmeyer, in: AMI 15, 1982, S. 106–159. Die präzisen Zuweisungen altpersischer Völkernamen zu den jeweiligen Trachtentypen ist durch die Dareios-Statue aus Susa/Heliopolis, das Relief am Grab Dareios' I. in Naqš-i Rustam und das Thronträgerrelief Artaxerxes III. in Persepolis großenteils möglich, da bei ihnen unter der jeweiligen Völkerdarstellung das zugehörige Ethnikon bzw. der Landesname verzeichnet ist. Ebd., S. 110; Calmeyer, in: Sancisi-Weerdenburg/Kuhrt, *Achaemenid History VI*, S. 285–303. S. auch Jacobs, in: AMIT 34, 2002, S. 374. Zur Dareios-Statue aus Susa: Briant, in: Valbelle/Leclant, *Le décret de Memphis*, S. 105–109; Yoyotte, in: JA 260, 1972, S. 263f. Zur Rekonstruktion der Aufstellung in Susa: Luschey, in: Koch/MacKenzie, *Kunst, Kultur und Geschichte*, S. 191–206.

[90] Ausführlich dazu Klinkott, in: Schuol et al., *Grenzüberschreitungen*, S. 235–258.

[91] Klinkott, in: Schuol et al., *Grenzüberschreitungen*, S. 248–256.

[92] Zur Diskussion um die Ordnungsprinzipien achaimenidischer Völkerdarstellungen s. etwa Calmeyer, in: AMI 15, 1982, S. 109–165; Calmeyer, in: AMI 16, 1983, S. 209–217; konzeptionell unbefriedigend Koch, *Achämeniden-Studien*, S. 93–116. Zur göttlichen Ordnung des Reiches s. Ahn, *Herrscherlegitimation*, S. 255–271.

[93] So die Gründungsinschrift des Apadana von Persepolis, die nur die vier äußersten Völkerschaften des Reiches nennt: DPh §§ 1–10. Die Treppenfassade Artaxerxes' III.

Und dennoch besitzen sie die volle legitimierende Gültigkeit für die Autorität des Großkönigs in diesen Darstellungen.[94]

Die Reliefs sind in ihrer Interpretation also nicht isoliert, sondern in ihrem Befundkontext zu bewerten. Demnach ist eine präzise Zuweisung zu einer speziellen Abgabenform, vielleicht sogar zu einem besonderen Zeitpunkt, unerheblich. Es handelt sich ebensowenig wie bei den Länderlisten der Königsinschriften also um administrative Reichsregister, sondern um die Dokumentation der Ordnung im Reich und der Präsenz all seiner Teile an einem zentralen Ort mit dauerhafter Gültigkeit.[95] Die repräsentative Auswahl der Völker skizziert also nicht nur das gesamte Reich, sondern der Akt des Gabenbringens wird auch in seiner inhaltlichen Zuweisung abstrahiert und in der Gültigkeit perpetuiert.

Vor diesem Hintergrund scheint es kaum möglich, bei den Gabenbringerreliefs konkret von „Tribut- oder Geschenkbringern" zu sprechen,[96] auch wenn ältere, mesopotamische und ägyptische Vorbilder speziell diese Aussage enthalten haben mögen.[97] Mag die Tradition dieser motivischen Topoi in die achaimenidische Kunst eingeflossen sein, so ist dennoch letztere von einer eigenen Königsideologie und Herrschaftsvorstellung geprägt, die keine Rückschlüsse auf die administrative Abgabenpraxis in den verschiedenen Reichsteilen erlaubt.

Übersichtsschema zu den Zuständigkeiten in der achaimenidischen Abgabenverwaltung:

In direkter Zuständigkeit des Königs, aber vom Satrapen betreut:

1. Die Königsversorgung (ταγή):

a.) als reichsweiter Anteil			
b.) Durch die Zölle aus:	– Einfuhr (εἰσαγωγή):	über Land	
		über See	
	– Ausfuhr (ἐξαγωγή):	über Land	
		über See	

am Tačara in Persepolis zeigt 12 Repräsentanten; in der Mitte stehen 6 Kernländer, denen am Rand 6 der äußersten Völker des Reiches gegenüberstehen: Calmeyer, in: AMI 15, 1982, S. 153f.

[94] S. Klinkott, *Der König, das Reich und die Länder*.

[95] Dagegen s. Jacobs, *Satrapienverwaltung*, Jacobs, in: Dittmann, *FS Nagel*, S. 301–343; Jacobs, in: Henkelman/Kuhrt, *Achaemenid History XIII*, S. 239–263, der in diesen Listen Verwaltungsregister zu sehen versucht. Grundlegend gegen diesen Ansatz Calmeyer, in: AMI 16, 1983, S. 158: Anm. 323a, 194–196: Anm. 538; Wiesehöfer, in: Klio 81, 1999, S. 233f.

[96] S. dagegen beispielsweise Root, *King and Kingship*, S. 227–240.

[97] Calmeyer, in: Sancisi-Weerdenburg/Kuhrt/Root, *Achaemenid History VIII*, S. 136–145, 147; Root, *King and Kingship*, S. 240–263. Vgl. hierzu auch den Artikel von J. Bär in diesem Band.

c.) Aus den Abgaben der Königlichen Domänen
d.) Durch einmalige, spontane oder punktuelle Belastungen einzelner Gemeinden oder Tempel
(z.B. auf Reisen und Kriegszügen des Großkönigs)

In direkter Zuständigkeit des Satrapen:

2. Der Tribut (φόρος):

ist unabhängig von der halbautonomen Stadtpolitik, wird nicht durch lokale Amtsträger gesammelt, sondern untersteht direkt dem Satrapen, bleibt konsequent bestehen.
a.) als festgesetzte, regelmäßige und reichsweite Zahlung (außer in der Persis)
b.) in Form der Heerespflicht der unterworfenen Völker im Gesamtaufgebot des Reiches

In der Zuständigkeit des Satrapen, aber von der regionalen, einheimischen Verwaltungseinheit betreut:

3. Allgemeine Reichssteuern (ἡ πρόσοδος, φόρος, ἐπιγραφή βασιλική, *h^a^lākh*):

in einer Gesamtsumme als regelmäßige und festgesetzte Zahlung, die dem Satrapen übergeben wird. Die Stadt kann daher einzelne Bürger von der jeweiligen Belastung ausnehmen.
a.) Zehnt (ἡ δεκάτη, τό ἐκφόριον, **daθa, h^a^lakh*)
b.) Grundsteuer (*h^a^lākh*)
c.) Erstfrüchte bzw. Fruchtzins (**āprsva-*, ἐπικαρπία)

Allein in der direkten Zuständigkeit der regionalen, einheimischen Gemeinwesen:

4. Die städtischen bzw. anderen lokalen Steuern (ἐπιγραφή πολιτική):

Zusätzliche Auflagen im Interesse der Stadt, welche die lokalen Amtsträger für die eigene Stadtkasse sammelten.

Sonderformen:

5. Unregelmäßige und „freiwillige" Geschenke (δῶρα)

a.) Von den „halbfreien" Völkern: anstelle des Tributs
b.) Von einzelnen Gemeinwesen und Völkern: zusätzlich zu den regulären Abgaben
c.) Von Einzelpersonen oder kleinen lokalen Gruppen

6. Silbersteuer des Soldatenlandes (*ilku*)

Bibliographie

Ahn, *Herrscherlegitimation*: Gregor Ahn, *Religiöse Herrscherlegitimation im achämenidischen Iran*, AcIr 31, Leiden 1992.

Altheim/Stiehl, *Die aramäische Sprache*: Franz Altheim/R. Stiehl, *Die aramäische Sprache unter den Achämeniden*, Frankfurt/Main 1963.

Boardman, *CAH IV*²: John Boardman et al. (eds.), *Cambridge Ancient History IV*, Cambridge ²1988.

Bousquet, Jean, *Une nouvelle inscription trilingue à Xanthos?*, in: RA 1986, S. 101–106.

Briant, *Rois, tribut et paysans*: Pierre Briant: *Rois, tribut et paysans*, Paris 1982.

Briant, *Pouvoir central et polycentrisme culturel dans l'empire achéménide*, in: Sancisi-Weerdenburg, *Achaemenid History I*, S. 1–31.

Briant/Herrenschmidt, *Le tribut*: Pierre Briant/Clarisse Herrenschmidt (eds.), *Le tribut dans l'empire perse*, Travaux de l'Institut d'Études Iraniennes de l'Université de la Sorbonne Nouvelle 13, Paris 1989.

Briant, Pierre, *Table du roi, tribut et redistribution chez les Achéménides*, in: Pierre Briant/Clarisse Herrenschmidt (eds.), *Le tribut dans l'empire perse*, Paris 1989, S. 35–44.

Briant, Pierre, *Prélèvements tributaires et échanges en Asie Mineure achéménide et hellénistique*, in: Entretiens d'Archéologie et d'Histoire, Économie Antique. Les échanges dans l'Antiquité: le rôle de l'État, Toulouse 1994, S. 69–81.

Briant, *L'Empire Perse*: Pierre Briant, *Histoire de l'Empire Perse*, Paris 1996.

Briant, Pierre/Descat, Raymond, *Un registre des douanes d'Egypte (TAD C 3.7)*, in: Nicolas Grimal/Bernadette Menu (eds.), *Le commerce en Égypte ancienne*, Bd'E 121, Kairo 1998, S. 59–104.

Briant, Pierre, *Inscriptions multilingues d'époque Achéménide: le texte et l'image*, in: Dominique Valbelle/Jean Leclant (eds.), *Le décret de Memphis*, Paris 1999, S. 91–111.

Calmeyer, Peter, *Zur Genese altiranischer Motive: Die „statistische Landcharte" des Perserreiches*, in: AMI 15, 1982, S. 105–189.

Calmeyer, Peter, *Zur Genese altiranischer Motive: Die „statistische Landcharte" des Perserreiches*, in: AMI 16, 1983, S. 141–223.

Calmeyer, Peter, *Greek Historiography and Achaemenid Reliefs*, in: H. Sancisi-Weerdenburg/A. Kuhrt (eds.), *Method and Theory. Achaemenid History III*, Proceedings of the London 1985 Achaemenid History Workshop, Leiden 1988, S. 11–26.

Calmeyer, Peter, *Ägyptischer Stil und reichsachaimenidische Inhalte auf dem Sockel der Dareios-Statue aus Susa/Heliopolis*, in: H. Sancisi-Weerdenburg/A. Kuhrt (eds.), Asia Minor and Egypt: *Old Cultures in a New Empire. Achaemenid History VI*, Proceedings of the Groningen 1988 Achaemenid History Workshop, Leiden 1991, S. 285–303.

Calmeyer, Peter, *Babylonische und assyrische Elemente in der achaimenidischen Kunst*, in: H. Sancisi-Weerdenburg/A. Kuhrt/M. C. Root (eds.), *Continuity and Change. Achaemenid History VIII*, Proceedings of the Last Achaemenid History Workshop April 6–8, 1990 – Ann Arbor, Michigan, Leiden 1994, S. 131–147.

Cardascia, *Les Archives des Murašu*: G. Cardascia, *Les Archives des Murašu. Une famille d'hommes d'affaires Babyloniens à l'époque Perse (455–403 av. J.-C.)*, Paris 1951.

Carradice, *Coinage and Administration*: I. Carradice (ed.), *Coinage and Administration in the Athenian and Persian Empires*, The Ninth Oxford Symposium on Coinage and Monetary History, Oxford 1987.

Casabonne, *La Cilicie*: Olivier Casabonne, *La Cilicie à l'époque achéménide*, Paris 2004.

Crampa, *Labraunda*: Jonas Crampa, *Labraunda III/2*, Stockholm 1972.

Dandamaev, Muchammed A., *Politische und Wirtschaftliche Geschichte*, in: Gerold Walser, *Beiträge zur Achämenidengeschichte*, Historia ES 18, Wiesbaden 1972, S. 15–58.

Dandamaev, Muchammed A., *The Old Iranian Pasa'du*, in: Léon De Meyer/Ernie Haerinck (eds.), *Archaeologica Iranica et Orientalis*, Gent 1989, S. 563–566.

De Meyer/Haerinck, *Archaeologica Iranica*: Léon De Meyer/Ernie Haerinck (eds.), *Archaeologica Iranica et Orientalis* (FS Louis Vanden Berghe), Gent 1989.

Descat, Raymond, *Notes sur la politique tributaire de Darius Ier*, in: P. Briant/C. Herrenschmidt (eds.), *Le tribut dans l'empire perse*, Paris 1989, S. 77–93.

Dittmann et al., *FS Nagel*: R. Dittmann/Christian Eder/Bruno Jacobs (eds.), *Altertumswissenschaften im Dialog* (FS W. Nagel), AOAT 306, Münster 2003.

Driver, *Aramaic Documents*: Godfrey Rolles Driver, *Aramaic Documents of the Fifth Century B.C.*, Oxford 1954.

Eilers, *Iranische Beamtennamen*: Wilhelm Eilers: *Iranische Beamtennamen in der keilschriftlichen Überlieferung*, Leipzig 1940.

Graf, David Frank, *Arabia During Achaemenid Times*, in: H. Sancisi-Weerdenburg/A. Kuhrt (eds.), *Centre and Periphery. Achaemenid History IV*, Proceedings of the Groningen 1986 Achaemenid History Workshop, Leiden 1990, S. 131–148.

Grimal/Menu, *Le commerce*: Nicolas Grimal/Bernadette Menu (eds.), *Le commerce en Égypte ancienne*, Bd'E 121, Kairo 1998.

Gschnitzer, Fritz, *Zur Stellung des persischen Stammlandes im Achaimenidenreich*, in: G. Maurer/U. Magen (eds.), *Ad bene et fideliter seminandum*, FS K.-H. Deller, AOAT 220, Neukirchen/Vluyn 1988, S. 87–122.

Henkelman/Kuhrt, *Achaemenid History XIII*: Wouter Henkelman/Amélie Kuhrt (eds.), *Achaemenid History XIII*, Leiden 2003.

Clarisse Herrenschmidt, *Le tribut dans les inscriptions en vieux-perse et dans les tablettes élamites*, in: P. Briant/C. Herrenschmidt (eds.), *Le tribut dans l'empire perse*, Paris 1989, S. 107–120.

Hinz/Koch, *Wörterbuch*: Walter Hinz/Heide-Marie Koch (eds.): *Elamisches Wörterbuch*, 2 Bde., AMI Erg.bd. 17, Berlin 1987.

Jacobs, *Satrapienverwaltung*: Bruno Jacobs, *Die Satrapienverwaltung im Perserreich zur Zeit Darius' III.*, TAVO-Beih., Reihe B, Nr. 87, Wiesbaden 1994.

Jacobs, in: AMIT 34: Bruno Jacobs, *Achämenidische Kunst – Kunst im Achämenidenreich*, AMIT 34, 2002, S. 345–395.

Jacobs, Bruno, *Die altpersischen Länder-Listen und Herodots sogenannte Satrapienliste (Historien III 89–94)*, in: R. Dittmann/C. Eder/B. Jacobs (eds.), *Altertumswissenschaften im Dialog* (FS W. Nagel), AOAT 306, Münster 2003, S. 301–343.

Jacobs, Bruno, *Mechanismen der Konfliktbewältigung in der Verwaltungsorganisation Kleinasiens zur Achämenidenzeit*, in: Wouter Henkelman/Amélie Kuhrt (eds.), *Achaemenid History XIII*, Leiden 2003, S. 239–263.

Kataja/Whiting, *Grants, Decrees and Gifts*: L. Kataja/R. Whiting (eds.), *Grants, Decrees and Gifts of the Neo-Assyrian Period*, SAA 12, Helsinki 1995.

Klinkott, Hilmar, *Die Funktion des Apadana am Beispiel der Gründungsurkunde von Susa*, in: M. Schuol/U. Hartmann/A. Luther (eds.), *Grenzüberschreitungen. Formen des Kontakts zwischen Orient und Okzident im Altertum*, Oriens et Occidens 3, Stuttgart 2002, S. 235–257.

Klinkott, *Satrap*: Hilmar Klinkott, *Der Satrap. Ein achaimenidischer Amtsträger und seine Handlungsspielräume*, Frankfurt a.M. 2005.

Klinkott, i. Dr.: Hilmar Klinkott, *Der König, das Reich und die Länder. Zum Selbstverständnis des achaimenidischen Großkönigtums*, im Druck.

Knauf, Ernst Axel, *The Persian administration in Arabia*, Trans 2, 1990, S. 201–217.

Koch/Mackenzie, *Kunst, Kultur und Geschichte*: Heide-Marie Koch/David Neil MacKenzie (eds.), *Kunst, Kultur und Geschichte der Achämenidenzeit und ihr Fortleben*, AMI Erg.bd. 10, Berlin 1983.

Koch, Heide-Marie, *Zu den Lohnverhältnissen der Dareioszeit in Persien*, in: Heide-Marie Koch/David Neil MacKenzie (eds.), *Kunst, Kultur und Geschichte der Achämenidenzeit und ihr Fortleben*, AMI Erg.bd. 10, Berlin 1983, S. 19–50.

Koch, Heide-Marie: *Tribut und Abgaben in Persis und Elymais*, in: P. Briant/C. Herrenschmidt (eds.), *Le tribut dans l'empire perse*, Paris 1989, S. 121–128.
Koch, *Verwaltung und Wirtschaft*: Heide-Marie Koch, *Verwaltung und Wirtschaft im persischen Kernland zur Zeit der Achämeniden*, Wiesbaden 1990.
Koch, *Dareios*: Heide-Marie Koch, *Es kündet Dareios der König*..., Mainz 1992.
Koch, *Achämeniden-Studien*: Heide-Marie Koch, *Achämeniden-Studien*, Wiesbaden 1993.
Kuhrt, Amélie, *Babylonia from Cyrus to Xerxes*, in: John Boardman et al. (eds.), *Cambridge Ancient History IV*, Cambridge ²1988, S. 112–138.
Lichtheim, *Ancient Egyptian Literature*: Miriam Lichtheim, *Ancient Egyptian Literature. A Book of Reading III*, London 1980.
Luschey, Heinz, *Die Darius-Statuen aus Susa und ihre Rekonstruktion*, in: H.-M. Koch/D.N. MacKenzie (eds.), *Kunst, Kultur und Geschichte der Achämenidenzeit und ihr Fortleben*, AMI Erg.bd. 10, Berlin 1983, S. 191–206.
Malay, H., *A Royal Document from Aigai in Aiolis*, in: GRBS 24, 1983, S. 349–353.
Maurer/Magen, *FS Deller*: G. Maurer/U. Magen (eds.), *Ad bene et fideliter seminandum*, FS K.-H. Deller, AOAT 220, Neukirchen/Vluyn 1988.
Meyer, *Geschichte des Altertums*: Eduard Meyer, *Geschichte des Altertums* IV. 1, Stuttgart 1954⁵.
Murray, O., Ὁ ΑΡΞΑΙΟΣ ΔΑΣΜΟΣ, in: Historia 15, 1966, S. 142–156.
Panagiotopoulos, Diamantis: *Tributabgaben und Huldigungsgeschenke aus der Levante. Die ägyptische Nordexpansion in der 18. Dynastie aus strukturgeschichtlicher Sicht*, in: ÄL 10, 2000, S. 139–158.
Petit, *Satrapes et satrapies*: Thierre Petit, *Satrapes et satrapies dans l'empire Achéménide de Cyrus le Grand à Xerxes Ier*, Paris 1990.
Porten/Yardeni, *Aramaic Documents*: Bezalel Porten/Ada Yardeni, *Textbook of Aramaic Documents from Ancient Egypt 3. Literature, Accounts, Lists*, Winona Lake 1993.
Porten, *Elephantine Papyri*: Bezalel Porten, *The Elephantine Papyri in English. Three Millenia of Cross-cultural Continuity and Change*, Leiden 1996.
Posener, *Première domination perse*: George Posener, *La première domination perse en Égypte*, Bd'E 11, Kairo 1936.
Renger, *Babylon*: Johannes Renger (ed.), *Babylon. Focus mesopotamischer Geschichte, Wiege früher Gelehrsamkeit, Mythos in der Moderne*, Saarbrücken 1999.
Rollinger/Ulf, *Commerce and Monetary*: Robert Rollinger/Christoph Ulf (eds.), *Commerce and Monetary Systems in the Ancient World: Means of Transmission and Cultural Interaction*, Oriens et Occidens 6, Stuttgart 2004.
Root, *King and Kingship*: Margaret C. Root, *The King and Kingship in Achaemenid Art. Essays on the Creation of an Iconography of Empire*, ActIr 19, Leiden 1979.
San Nicolò, *Nachbürgschaft in den Keilinschriften*: M. San Nicolò, *Zur Nachbürgschaft in den Keilinschriften und in den gräko-ägyptischen Papyri*, Sitzungsber. d. Bayer. Akad. d. Wiss., phil.-hist. Abt., Heft 6, München 1937.
San Nicolò, M., *Zur Verproviantierung des königlichen Hoflagers in Abanu durch den Eanna-Tempel in Uruk*, in: Archiv Orientální 17/2, 1949, S. 323–330.
Sancisi-Weerdenburg, *Achaemenid History I*: Heleen Sancisi-Weerdenburg (ed.), *Sources, Structures and Synthesis. Achaemenid History I*, Proceedings of the Groningen 1983 Achaemenid History Workshop, Leiden 1987.
Sancisi-Weerdenburg/Kuhrt, *Achaemenid History II*: Heleen Sancisi-Weerdenburg/Amélie Kuhrt (eds.), *The Greek Sources. Achaemenid History II*, Proceedings of the Groningen 1984 Achaemenid History Workshop, Leiden 1987.
Sancisi-Weerdenburg/Kuhrt, *Achaemenid History III*: Heleen Sancisi-Weerdenburg/Amélie Kuhrt (eds.), *Method and Theory. Achaemenid History III*, Proceedings of the London 1985 Achaemenid History Workshop, Leiden 1988.
Sancisi-Weerdenburg, Heleen: *Gifts in the Persian Empire*, in: P. Briant/C. Herrenschmidt (eds.), *Le tribut dans l'empire perse*, Paris 1989, S. 129–146.

Sancisi-Weerdenburg/Kuhrt, *Achaemenid History IV*: Heleen Sancisi-Weerdenburg/Amélie Kuhrt (eds.), *Centre and Periphery. Achaemenid History IV*, Proceedings of the Groningen 1986 Achaemenid History Workshop, Leiden 1990.

Sancisi-Weerdenburg/Kuhrt, *Achaemenid History VI*: Heleen Sancisi-Weerdenburg/Amélie Kuhrt (eds.), Asia Minor and Egypt: *Old Cultures in a New Empire. Achaemenid History VI*, Proceedings of the Groningen 1988 Achaemenid History Workshop, Leiden 1991.

Sancisi-Weerdenburg et al., *Achaemenid History VIII*: Heleen Sancisi-Weerdenburg/Amélie Kuhrt/Margaret C. Root (eds.), *Continuity and Change. Achaemenid History VIII*, Proceedings of the Last Achaemenid History Workshop April 6–8, 1990 – Ann Arbor, Michigan, Leiden 1994.

Schaper, J., *The Jerusalem Temple as an Instrument of the Achaemenid Fiscal Administration*, in: VT 45, 1995, S. 528–539.

Schuol et al., *Grenzüberschreitungen*: Monika Schuol/Udo Hartmann/Andreas Luther (eds.), *Grenzüberschreitungen. Formen des Kontakts zwischen Orient und Okzident im Altertum*, Oriens et Occidens 3, Stuttgart 2002.

Segal, *Aramaic Texts*: Judah Benzion Segal, *Aramaic Texts from North Saqqâra with Some Fragments in Phoenician*, London 1983.

Seibt, *Griechische Söldner*: Gustav F. Seibt, *Griechische Söldner im Achaimenidenreich*, Bonn 1977.

Spiegelberg, *Demotische Chronik*: Wilhelm Spiegelberg, *Die sogenannte Demotische Chronik*, Leipzig 1914.

Stolper, *Entrepreneurs*: Matthew W. Stolper, *Entrepreneurs and Empire*, Leiden 1985.

Tuplin, Christopher, *The Administration of the Achaemenid Empire*, in: Carradice, *Coinage and Administration*, S. 109–166.

Valbelle/Leclant, *Le décret de Memphis*: Dominique Valbelle/Jean Leclant (eds.), *Le décret de Memphis*, Paris 1999.

Vittmann, *Peteesi I*: Günter Vittmann, *Eine mißlungene Dokumentenfälschung: Die „Stelen" des Peteesi I (pRyl. 9, XXI–XXIII)*, Acta Demotica, Egitto e Vicino Oriente 27, 1994, S. 301–315.

Vogelsang, *Rise and Organisation*: Willem J. Vogelsang, *Rise and Organisation of the Achaemenid Empire*, Leiden 1992.

Wallinga, Herman T., *The Ionian Revolt*, in: Mnemosyne 37, 1984, S. 401–437.

Wallinga, Herman T.: *Persian Tribute and Delian Tribute*, in: P. Briant/C. Herrenschmidt (eds.), *Le tribut dans l'empire perse*, Paris 1989, S. 173–181.

Wallinga, *Ships and Sea-power*: Herman T. Wallinga, *Ships and Sea-power Before the Great Persian War. The Ancestry of the Ancient Trireme*, Mnemosyne, Suppl. 21, Leiden/New York/Köln 1993.

Walser, *Völkerschaften*: Gerold Walser, *Die Völkerschaften auf den Reliefs von Persepolis. Historische Studien über den sogenannten Tributzug an der Apadanatreppe*, Berlin 1966.

Walser, *Achämenidengeschichte*: Gerold Walser, *Beiträge zur Achämenidengeschichte*, Historia ES 18, Wiesbaden 1972.

Walser, Gerold, *Persischer Imperialismus und griechische Freiheit*, in: H. Sancisi-Weerdenburg/A. Kuhrt (eds.), *The Greek Sources. Achaemenid History II*, Proceedings of the Groningen 1984 Achaemenid History Workshop, Leiden 1987, S. 155–165.

Wiesehöfer, *Gaumata*: Josef Wiesehöfer, *Der Aufstand Gaumātas und die Anfänge Dareios' I.*, Bonn 1978.

Wiesehöfer, Josef, *Tauta gar en atelea, Beobachtungen zur Abgabenfreiheit im Achaimenidenreich*, in: P. Briant/C. Herrenschmidt (eds.), *Le tribut dans l'empire perse*, Paris 1989, S. 183–191.

Wiesehöfer, *Persien*: Josef Wiesehöfer, *Das antike Persien*, Zürich 1994.

Wiesehöfer, Josef, *Reichsgesetz oder Einzelfallgerechtigkeit?*, in: ZABR 1, 1995, S. 36–46.

Wiesehöfer, Josef, *Rez. Bruno Jacobs, Die Satrapienverwaltung im Perserreich zur Zeit Darius' III.*, Wiesbaden 1994, in: Klio 81, 1999, S. 233–234.

Wiesehöfer, Josef, *Kontinuität oder Zäsur? Babylon unter den Achämeniden*, in: Johannes Renger (ed.), *Babylon. Focus mesopotamischer Geschichte, Wiege früher Gelehrsamkeit, Mythos in der Moderne*, Saarbrücken 1999, S. 167–188.

Wiesehöfer, Josef, *Gift giving II: In Pre-islamic Persia. Achaemenids*, in: E. Yashater (ed.), *Encyclopaedia Iranica X*, New York 2001, S. 607–608.

Wiesehöfer, Josef, *„Persien, der faszinierende Feind der Griechen": Güteraustausch und Kulturtransfer in achaimenidischer Zeit*, in: R. Rollinger/C. Ulf (eds.), *Commerce and Monetary Systems in the Ancient World: Means of Transmission and Cultural Interaction*, Oriens et Occidens 6, Stuttgart 2004, S. 295–310.

Will, Edouard, *Chabrias et les finances de Tachôs*, in: REA 62, 1960, S. 254–275.

Will, *Le monde grec*: Edouard Will, *Le monde grec et l'orient I*, Paris 1989[2].

Yashater, *Encyclopaedia Iranica*: E. Yashater (ed.), *Encyclopaedia Iranica X*, New York 2001.

Yoyotte, Jean, *Les inscriptions hiéroglyphiques. Darius à l'Égypte*, in: JA 260, 1972, S. 253–266.

Abkürzungen

Die antiken griechischen Autoren und ihre Werke sind aufzulösen nach H. G. Liddell/R. Scott, *A Greek-English Lexicon*, Oxford 1992[10].

DB – Dareios(-Inschrift), Behistun
DPe – Dareios(-Inschrift), Persepolis, e
DPh – Dareios(-Inschrift), Persepolis, h
DNa – Dareios(-Inschrift), Naqš-i Rustam, a
DSe – Dareios(-Inschrift), Susa, e
Neh. – Nehemia
PFa – Persepolis Fortification Tablets, a
PFT – Persepolis Fortification Tablets, ed. R.T. Hallock, The University of Chicago, Oriental Institute Publications vol. XCII, Chicago 1969
SAA – States Archives of Assyria
XPh – Xerxes(-Inschrift), Persepolis, h

SEKTION IV
FRÜHES KLEINASIEN UND GRIECHENLAND

FORMEN DER TRANSAKTION IM HETHITISCHEN „STAATSKULT" – IDEE UND WIRKLICHKEIT[1]

Amir Gilan (Berlin)

Gegen Ende seines „politischen Testaments" (CTH 6) bringt der althethitische König Ḫattušili I. zwei Prinzipien seiner politischen Klugheit zum Ausdruck:[2] Politische Folgsamkeit gegenüber dem König und Ehrfurcht gegenüber den Göttern, was vor allem ihre regelmäßige Versorgung bedeutet, seien Garant für den Bestand und Erfolg des Landes. Wie gefährlich die Vernachlässigung des Kultes sein kann, erfährt drei Jahrhunderte später Tudḫaliya IV., einer der letzten hethitischen Könige, in einer Orakelanfrage, die er angesichts seiner militärischen Niederlagen und inneren politischen Bedrängnisse veranlaßte.[3] Darüber berichtet er in seinem Gebet an die Sonnengöttin von Arinna.[4] Sehr wahrscheinlich sah sich Tudḫaliya dazu veranlaßt, eben diese Mißstände durch eine umfassende Reorganisation des Kultes zu verbessern.[5]

---

[1] Für die Durchsicht des Manuskripts danke ich Dr. Joost Hazenbos. Die Verantwortung bleibt jedoch selbstverständlich meine.

[2] KUB 1.16+ (Politisches Testament Ḫattušilis I.) § 21: „Ihr (die Gemeinschaft) bewahrt indes meine, des *labarna,* des Großkönigs Worte! Sobald ihr sie bewahrt, wird Ḫattuša emporragen, und eurem Land werdet ihr Frieden geben; ihr werdet Brot essen und Wasser trinken. . . . Sei auch in der Angelegenheit der Götter respektvoll: Ihre Dickbrote (und) ihre Libationsgefäße, sowie ihre Eintöpfe (und) ihre Grütze sollen bereit stehen! Du (Muršili) darfst weder verschieben noch darfst du nachlassen! Wenn du verschiebst, wäre (es) Unheil, wie früher. Eben das soll sein!".

[3] Zum historischen Hintergrund vgl. Hazenbos, *Anatolian local cults*, S. 12–13.

[4] KBo 12.58 + KBo 13.62 Vs. 2–10: „I sinned [towards the Sungoddess of Arinn]a, my lady, and I [o]ffended the Sungoddess of Arinna, my lady, [and whe]n I began to ask [you] for oracular guidance, (it turned out that) I omitted festivals (due) to you. [If] you, O Sungoddess of Arinna, my lady, became angry with [me] in any respect on account of the festivals, [then], O Sun-goddess of Arinna, my lady reckon again with [me]. I want to defeat the enemy. [If you, O Sungoddess] of Arinna, my lady, will side with [me], I shall [de]feat the enemy and I shall [confess] my sin [before you] and never again shall [I] omit the festivals, not again shall I interchange the [festivals] of the spring and of [the autumn] and [the festivals of the sprin]g I shall perform punctually in the spring, [the festivals of a]utumn I shall perform punctually in the autumn [and to you] in the temple I shall never leave out [the festivals]!" Übersetzung: Hazenbos, *Anatolian local cults*, S. 12.

[5] Hazenbos, *Anatolian local cults*, S. 12–13.

Im ‚Land der 1000 Götter' war der Kult, auch ohne den ebenfalls kostspieligen Kult für die verstorbenen Könige dazuzurechnen, mit erheblichem materiellen Aufwand verbunden. Dutzende verschiedene Feste werden in den hethitischen Texten erwähnt, von vielen ist allerdings kaum mehr als der Name bekannt.[6] Monats- und Jahresfeste, letztere auch die „beständigen Feste" genannt, wurden regelmäßig gefeiert, andere wurden in größeren Jahreszyklen oder unabhängig vom Kalender abgehalten.[7] Selbst in den kleinsten Orten wurde den im 13. Jahrhundert verfaßten Kultinventartexten zufolge zweimal im Jahr gefeiert: Ein Herbstfest, bei dem die Gefäße mit Getreide gefüllt und verschlossen wurden, und ein Frühlingsfest, bei dem diese Gefäße wieder geöffnet wurden.[8]

Mit besonders hohem Aufwand waren die beiden großen Festrituale verbunden, die den königlichen Kultkalender mindestens seit Šuppiluliuma I. prägten, das Fest der AN.TAḪ.ŠUM-Pflanze im Frühling[9] und das Fest der „Eile" im Herbst.[10] Beide Feste dauerten etwa 40 Tage, schlossen aufwendige Reisen in zentralanatolische bzw. nordzentralanatolische Kultstätten ein[11] und bedeuteten Tausende Tieropfer.[12] Das althethitische Neujahrsfest, das *purullija*-Fest, dauerte ursprünglich nahezu einen Monat und spielte sich ebenfalls in mehreren zentralanatolischen Städten ab.[13] Aber auch bei kleineren Provinzfesten, wie das Beispiel des Festrituals des Gottes Telipinu in Ḫanḫana und in Kašḫa zeigt, wurde viel geschlachtet.[14] Für die sechs Tage des Festes, das alle neun Jahre in der nordanatolischen Provinz Ḫanḫana gefeiert wurde, lieferten die „Hirten des Hauses von Ankuwa" 50 Rinder und

---

[6] KUB 13.4 + [Instruktionstext für die Priester und das Tempelpersonal] i 39'–49' nennt allein 18 Feste. Der Text liegt in neuer Übersetzung von McMahon, in: *CoS* I, 1997, S. 217–221, und Klinger, in: TUAT Ergänzungslieferung, 2001, S. 73–81, vor. Zu dieser Liste vgl. Güterbock, in: Hoffner, *Perspectives on Hittite Civilization*, S. 88–89. Hoffner, *An English-Hittite Glossary*, S. 39–41, zählt ca. 80 Festnamen. Vgl. jetzt auch Hazenbos, *Anatolian local cults*, S. 167–172.

[7] Haas, *Geschichte der hethitischen Religion*, S. 695.

[8] Zuletzt Hazenbos, *Anatolian local cults*, S. 168–169.

[9] Dazu im Überblick Haas, *Geschichte der hethitischen Religion*, S. 772–826. Zuletzt s. Schwemer, in: Hutter/Hutter-Braunsar, *Religion, Kulte und Religiosität*, S. 395–412.

[10] Vgl. jetzt Nakamura, *Nuntarriyašḫa-Fest*.

[11] Nakamura, *Nuntarriyašḫa-Fest*, S. 11–12.

[12] Darauf beläuft sich zumindest die Schätzung von Klinger, in: Hethitica 15, 2002, S. 97, bezüglich des AN.TAḪ.ŠUM-Festes.

[13] Dazu Haas, *Geschichte der hethitischen Religion*, S. 696–747.

[14] Publiziert von Haas/Jakob-Rost, in: AoF 11, 1984, S. 10–91. Zu diesem Fest vgl. auch Taracha, in: AoF 13, 1986, S. 180–183.

1000 Schafe. Hinzu kamen am 3., 4. und 5. Tag jeweils weitere 12 Rinder und 300 Schafe.[15] Die Ausgaben für die lokalen Kulte konnten allerdings auch bescheidener sein. Für den Kult des Wettergottes von Urešta lieferten z.B. die Einwohner von Urešta ein einziges Schaf.[16] Wie wurden diese z.T. aufwendigen Kultpraktiken finanziert?

Zur Ökonomie des Kultes – Fragen und Ansätze

Die beiden eingangs zitierten Beispiele aus den Anfängen bzw. dem Ende der hethitischen Geschichte offenbaren indes die enge Verflechtung von „Religion", „Politik" und „Ökonomie" im Denken der Zeit. Dauerhafte und erfolgreiche Herrschaft kann danach nur durch beträchtliche Ausgaben für den Kult garantiert werden. Diese Art von „irrationaler" Ökonomie ist keineswegs speziell hethitisch, sondern zeichnet viele andere antike Gesellschaften aus: "If *what* is produced, distributed and consumed", schreibt M. Godelier, "depends on the *nature* and *hierarchy* of needs in a given society, then economic activity is organically linked with the other activities – political, religious, cultural, family – that along with it make up the content of the life of this society, and to which it provides the material means of realizing themselves: for instance, the cost of living of the dead among the Etruscans and the Egyptians, the means of ensuring the prosperity of the lamaseries of Tibet, etc."[17]

In der Diskussion über die Natur der antiken Wirtschaft wird ihre sozialpolitische Einbettung von der sogenannten substantivistischen Position hervorgehoben. Den Kern der Debatte faßte P. Cartledge neulich so zusammen: "For the formalists, the ancient economy was a functionally segregated and independently instituted sphere of activity with its own profit-maximizing, want-satisfying logic and rationality, less developped no doubt than any modern economy but nevertheless recognizably similar in kind. Substantivists, on the other hand, hold that the ancient economy was not merely less developed but socially embedded and politically overdetermined and so – by the standards of neoclassical economics – conspicuously conventional, irrational and status-ridden."[18]

---

[15] Haas/Jakob-Rost, in: AoF 11, 1984, S. 16–18.
[16] Hazenbos, *Anatolian local cults*, S. 207.
[17] Godelier, *Rationality*, S. 263.
[18] Cartledge, in: Scheidel/von Reden (eds.), *The Ancient Economy*, S. 15.

Eine dezidiert substantivistische Position innerhalb der altorientalischen Forschung vertritt D. Schloen in seinem 2001 erschienenen Buch "*The House of the Father as Fact and Symbol*". In diesem Werk unternimmt Schloen in Anlehnung an Max Weber den Versuch, die Gültigkeit des patriarchalischen Haushaltsmodells für die Beschreibung der Gesellschaftsstruktur im Alten Orient des 2. Jahrtausends v.Chr. zu demonstrieren. Schloen zufolge prägte die grundlegende Metapher des „Hauses des Vaters" – des patriarchalischen Haushaltes – nicht nur die sozialen und ökonomischen Verhältnisse, sondern auch den ideellen Teil der Wirklichkeit, wie z.B. das politische Vokabular oder die religiöse Ideenwelt.[19]

Mit dem Anspruch, die Vielfalt und Komplexität der Gesellschafts-, Wirtschafts- und Herrschaftsstrukturen im Alten Orient der Bronzezeit auf das patriarchalische Haushaltsmodell zu reduzieren, schießt Schloen möglicherweise über das Ziel hinaus.[20] Für die Hethitologie ist seine Studie jedoch in vielerlei Hinsicht anregend. Zum einen attestiert gerade das hethitische politische Vokabular, vor allem im 16. Jahrhundert, in beeindruckender Weise die prägende Rolle der Metapher des „Vaterhauses".[21] Zum anderen ist Schloens kritische Auseinandersetzung mit anderen Modellen zur Beschreibung der Gesellschaftsstruktur in seinem Fallbeispiel Ugarit – in erster Linie die Auseinandersetzung mit Diakonoffs Zwei-Sektor-Modell und mit der Theorie der asiatischen Produktionsweise[22] – für die Rekonstruktion der hethitischen Gesellschaft (und Wirtschaft) von Bedeutung, da einschlägige Rekonstruktionen der hethitischen Gesellschaft auf eben diesen Modellen basieren.[23]

---

[19] Schloen, *House of the Father*, S. 51, schreibt über die patriarchalische Gesellschaftsordnung: "In a patrimonial regime, the entire social order is viewed as an extension of the ruler's household – and ultimately of the god's household. The social order consists of a hierarchy of subhouseholds linked by personal ties at each level between individual 'masters' and 'slaves' or 'fathers' and 'sons'. There is no global distinction between the 'private' and 'public' sectors of society because governmental administration is effected through personal relationships on the household model rather than through an impersonal bureaucracy. Likewise, there is no fundamental structural difference between the 'urban' and 'rural' components of society, because political authority and economic dependency are everywhere patterned according to the household model, so that the entire social order is vertically integrated through dyadic relationships that link the ruling elite in the sociocultural 'centre' to their subordinates in the 'periphery'."

[20] Wie Fleming, in: BASOR 328, 2002, S. 73–80, überzeugend zeigt.

[21] Auf die überragende Rolle des „Vaters" in der althethitischen politischen Literatur macht u.a. Archi, in: Sasson, *CANE 4*, S. 2367ff., aufmerksam.

[22] Schloen, *House of the Father*, S. 189–193, 221–254.

[23] S. zuletzt Imparati, in: Klengel, *Geschichte*, S. 349–350.

Ein weiterer Verdienst von Schloens patriarchalischem Haushaltsmodell besteht in der Verbindung der Welt der Götter und der Welt der Menschen zu einem einheitlichen, hierarchisch geordneten sozialen Gefüge.[24] Diese Beobachtung, die ebenfalls hethitische Vorstellungen trifft,[25] läßt die Ökonomie des Kultes als ein Gewebe sozialer Transaktionen zwischen über- und untergeordneten Partnern (Götter – König – verschiedene Gruppen und Institutionen – Bevölkerung) erscheinen. Denn um die regelmäßige Verpflegung der Götter und ihrer Heiligtümer sowie die Einhaltung ihrer Feste zu gewährleisten, war die hethitische Gesellschaft auf die Mobilisierung von Ressourcen verschiedener Institutionen und Gesellschaftsmitglieder des In- und Auslandes angewiesen.

Somit stellt sich die Aufgabe, die Formen des Austausches im hethitischen Kult zu untersuchen, seine Modalitäten und Charakteristika zu analysieren; des weiteren wird ihre Einbettung in die damaligen sozialen Verhältnisse sowie in die herrschende Ideologie beschrieben.

Allerdings ist eine solche Untersuchung der hethitischen Kultversorgung von der Rekonstruktion der hethitischen Gesellschaftsstruktur insgesamt untrennbar.[26] Zu dieser Frage kann jedoch nur ein sehr begrenztes Quellenmaterial herangezogen werden, da administrative Texte fast völlig fehlen. Diese Situation hängt z.T. mit der Tatsache zusammen, daß die Verwaltungstexte oft auf wachsbeschichtete Holztafeln geschrieben wurden und deshalb die Zeit nicht überstanden. Dies zeigen in beeindruckender Weise die ca. 3400 gesiegelten Tonbullen aus dem sogenannten Westbau in der hethitischen Hauptstadt, die seinerzeit uns nicht mehr erhaltene Holztafeln versiegelten.[27] Die administrativen Tontafeln verloren anscheinend mit der Zeit – nach ein oder zwei Generationen – ihre Relevanz und wurden „ausgemistet".[28] Deshalb stammen die erhaltenen administrativen Texte überwiegend

[24] Schloen, *House of the Father*, S. 91, schreibt: "...the patrimonial cosmos imagined in Bronze Age Near Eastern polytheistic mythology, and in Canaanite mythology in particular, consisted of a grand hierarchy of patriarchal households, nested one within another. From the head of the pantheon to the humblest human household, the same substantive pattern was replicated at each level of the hierarchy." Darauf macht auch Fleming, in: BASOR 328, 2002, S. 75, aufmerksam.

[25] Dazu s.u.

[26] Darauf macht auch Klengel in: SMEA 16, 1975, S. 193, aufmerksam. Die Literatur über die hethitische Gesellschaftsstruktur wird in Klengel, *Geschichte*, S. 411, zusammengestellt.

[27] Zu diesem Befund s. jetzt Herbordt, in: Alter Orient aktuell 5, 2004, S. 6–9.

[28] Van den Hout, in: De Martino/Pecchioli Daddi, *Anatolia Antica*, S. 867–875.

aus der zweiten Hälfte des 13. Jahrhunderts.[29] Nicht zuletzt deshalb läßt sich das hethitische System der Kultversorgung nur lückenhaft und nur anhand ausgewählter Beispiele erfassen. Eine Gesamtdarstellung der hethitischen Kultversorgung würde nicht nur den Rahmen dieses Beitrags sprengen, sie ist auch heuristisch unmöglich.[30]

Zur Ideologie des Austausches im hethitischen Kult

Nach hethitischen Vorstellungen, überwiegend durch rituelle Rezitationen aus althethitischer Zeit bekannt, verwaltete der König das Land für seine eigentlichen Besitzer, die Sonnengöttin und den Wettergott.[31] Mehreren Rezitationen zufolge übergaben beide Götter dem König neben dem „Land" auch sein eigenes „Haus" – den Palast.[32] Diese streng getrennten Besitzverhältnisse zwischen den eigentlichen Landeigentümern und ihrem „Verwalter" kommen auch in anderen Texten, die aus althethitischer Zeit stammen, zum Ausdruck. In einer althethitischen Anrufung der Sonnengöttin von Arinna wird der König angefeuert:

> Sie (die Sonnengöttin) gab ihnen einen nach vorn gerichteten siegreichen Speer (mit dem Auftrag): „Die umliegenden Feindesländer sollen durch die Hand des *labarna* umkommen, Besitz aber, Silber, Gold soll man hinein nach Ḫattuša (und) Arinna, den Städten der Götter, entrichten![33]

Ḫattušili I. nimmt diesen Diskurs auf, und zählt in seinen „Mannestaten" (CTH 4) akribisch die Schätze – Götterstatuen und Kultobjekte – auf,

[29] Van den Hout, ebd., S. 867.

[30] Klinger, in: Hethitica 15, 2002, S. 93–111, macht auf die Komplexität des hethitischen Materials und auf die methodologische Schwierigkeit, den Befund einzelner Texte zu verallgemeinern, aufmerksam.

[31] Der meistzitierte Text ist IBoT 1.30 Vs. 1–6 (Übersetzung: Starke in: ZABR 2, 1996, S. 173): „Wenn der König sich vor den Göttern verbeugt, rezitiert der GUDU$_4$-Priester folgendermaßen: „Möge der *labarna*, der König, den Göttern genehm sein. Das Land gehört allein dem Wettergott. Die Heerschar des Himmels und der Erde gehört allein dem Wettergott. Doch er hat den *labarna*, den König, zu seinem Verwalter gemacht und ihm das ganze Land Ḫattuša gegeben, und das ganze Land soll der *labarna*, der König, für den Wettergott mit seiner Hand ver[wal]ten". Zu diesem Text s. auch Klinger, *Untersuchungen*, S. 137 Anm. 39. Zur hethitischen Königsideologie im Allgemeinen s. etwa Van den Hout, *Purity of kingship*, S. 73–75.

[32] Wie z.B. KUB 29.1 i 17f. (s. zuletzt Klinger, *Untersuchungen*, S. 137 Anm. 40): „Mir aber, dem König, haben die Götter, Sonnengöttin und Wettergott, das Land und mein Haus (É-*i r* = *mitt* = *a*) übergeben".

[33] KUB 57.63 ii 4–14. Übersetzung Archi, in: Neu/Rüster, *Documentum Asiae Minoris Antiquae*, S. 19.

die er im Rahmen seiner syrischen Feldzüge geraubt und an den Tempel der Sonnengöttin, den Wettergott und Mezulla verteilt hat. Dabei vermerkt er auch sorgfältig, welche Beute er für sein eigenes Haus behalten hat.[34] Auch Tudḫaliya IV. berichtet drei Jahrhunderte später von dem Tribut – Gold, Silber und kleine Mengen (ca. 25 Liter) Luxusgetreide, die Zypern an verschiedene Gottheiten entrichten mußte[35] –, jedoch scheint die Unterscheidung zwischen dem Besitz des Großkönigs und dem Besitz der Sonnengöttin mit der Entwicklung der hethitischen Geschichte zu verschwimmen.[36] Der Grund für diese Schwierigkeit, zwischen dem Palast- und dem Tempelbesitz zu unterscheiden, ist nicht nur durch das fehlende Quellenmaterial zu erklären, sondern liegt m.E. auch in der Tatsache, daß die Zirkulation der Güter für kultische Zwecke durch die Netzwerke des Palastes erfolgte und sich insofern kaum von der Zirkulation für „säkulare“ Zwecke unterschied.[37] Darauf komme ich noch zurück.

Neben ihrem ideellen Besitz besaßen die hethitischen Götter, wenn auch sicherlich nicht alle, einen konkreten materiellen „Haushalt“ – den Tempel.[38] Dort verfügten sie über Tempelpersonal, darunter auch die Priesterschaft, die in den „Haushalt“ der Gottheit integriert war und als „Diener“ der Gottheit galt.[39] Die hethitischen Könige haben sich ebenfalls als „Diener“ (^{LÚ}ARAD) der Götter bezeichnet. In seiner ‚Autobiographie‘ bezeichnet sich z.B. Ḫattušili III. selbst als „Diener“ seiner Göttin Šaoška von Samuḫa, ebenso nennt er seinen Sohn Tudḫaliya IV. „Diener“ der Gottheit[40] und designiert ihn somit auch als seinen Thronnachfolger.[41] Auch Muršili II. bezeichnet sich in seinem ersten

---

34 KBo 10.2 Vs. 20.

35 KBo 12.38 i 10ff. Für diesen Text s. zuletzt Hoffner, in: *CoS* I, S. 192–193.

36 Güterbock, in: Hoffner, *Perspectives on Hittite Civilization*, S. 83 und Anm. 19; Klengel, in: SMEA 16, 1975, S. 198–199.

37 Hazenbos, *Anatolian local cults*, S. 8.

38 Güterbock, in: Hoffner, *Perspectives on Hittite Civilization*, S. 81–85; Klengel, in: SMEA 16, 1975, S. 183; CHD P, 278–284. Für das „Haus“ als wirtschaftliche Einheit vgl. Klengel, in: Oikumene 5, 1986, S. 23–31; Imparati, in: Klengel, *Geschichte*, S. 343.

39 Gurney, *Die Hethiter*, S. 160–161. S. auch das Zitat in Anm. 4.

40 CTH 81, bearbeitet von Otten, *Die Apologie Hattušilis*, iv 75–79: „Das Mausoleum, das ich selbst errichtet habe, das übergab ich der Gottheit. Auch meinen Sohn, Tudḫalija, übergab ich dir in Dienlichkeit (ARAD-*an-ni*), so daß Tudḫalija, mein Sohn, das Haus der Ištar verwalten soll (*ta-pár-du*). Ich bin ein Diener der Gottheit, auch der soll Diener der Gottheit sein!“ Für eine neue Übersetzung dieses Textes und die einschlägige Literatur s. Van den Hout, in: *CoS* I, 1997, S. 199–204.

41 Imparati, in: Van den Hout/de Roos, *Studio Historiae Ardens*, S. 143–157.

Pestgebet (CTH 378.I) an die Versammlung der Götter als „Diener" und als „Priester" (^{LÚ}SANGA) der Götter.[42] Diese Bezeichnungen drücken – in Analogie zu den Verhältnissen im Tempel – den untergeordneten Rang (^{LÚ}ARAD) des Königs im ideellen „Haushalt" der Götter (dem Land Ḫattuša) und seine konkreten Verpflichtungen ihnen gegenüber (^{LÚ}SANGA) aus.[43] Zu diesen gehörten, wie schon erwähnt, vor allem die regelmäßige Verpflegung der „Herren" in ihren Tempeln sowie die Einhaltung der großen Feste.[44]

Die Logik des Kultes wird im Instruktionstext für das Tempelpersonal explizit begründet:

> Ist denn der Sinn von Menschen und Göttern irgendwie verschieden? Nein! Was das betrifft (jedenfalls): Nein! Ihr Sinn ist ein (und derselbe). Wenn ein Diener vor seinen Herrn tritt, ist er gewaschen und trägt saubere Kleidung. Er gibt ihm zu essen oder zu trinken. Und sobald sein Herr ißt und trinkt, ist er beruhigt (lit.: frei in seinem Sinn) und er wird ihm zugetan sein.[45]

Diese Stelle offenbart indes die reziproke Gegenseitigkeit, die dem Kult- und Opferwesen zu Grunde liegt. M. Mauss zufolge kann das Opfer als Gabe an die Götter gelten, eine Gabe, die eine Beziehung gegenseitiger Verpflichtung – eine *do-ut-des*-Beziehung – schafft.[46] In diesem System der Gegenseitigkeit nahm der Opferspender bzw. der Zelebrant eines Festes eine privilegierte Rolle ein, da er sich mit seinem Opfer oder mit der Finanzierung eines Festes in die Lage versetzte, eine entsprechende Gegenleistung zu fordern.[47] Jedoch nicht nur die Beziehung zwischen den hethitischen Königen und den Göttern war durch Gegenseitigkeit geprägt. Auch die Herrschaftsverhältnisse zwischen

---

[42] Zu einer neuen Übersetzung dieses Gebets s. Singer, *Hittite Prayers*, S. 61–64.

[43] Zu dieser Bezeichnung und zum hethitischen Priestertum im Allgemeinen s. zuletzt Klinger, in: Hethitica 15, 2002, S. 93–111, bes. 109–110.

[44] Haas, *Geschichte der hethitischen Religion*, S. 678; vgl. jetzt aber Klinger, in: Hethitica 15, 2002, S. 109f.

[45] KUB 13.4 + i 21–26 Übersetzung: Klinger, in: TUAT Erg.-heft, 2001, S. 74.

[46] Mauss, *Soziologie und Anthropologie 2*, S. 111–144 (Franz. 1925). Allgemein zur Theorie von Mauss vgl. Rössler, *Wirtschaftsethnologie*, S. 166–181; zum Opfer als Gabe s. Seiwert, in: Cancik et al., *Religionswissenschaftliche Grundbegriffe* IV, S. 272–3. Für die Reziprozität im hethitischen Kult vgl. (u.a.) Kühne, in: Janowski et al., *Religionsgeschichtliche Beziehungen*, S. 250; Haas, *Geschichte der hethitischen Religion*, S. 640, und Klinger, *Untersuchungen*, S. 730.

[47] Zinser, in: Cancik et al., *Religionswissenschaftliche Grundbegriffe* II, S. 454–455. Für die herrschaftslegitimierenden Aspekte des hethitischen Kultes s. jetzt Gilan, in: Hutter/Hutter-Braunsar, *Religion, Kulte und Religiosität*, S. 189–205.

König und Bevölkerung wurden im Kult als ein reziproker Austausch von Dienstleistungen stilisiert.

„Damit Herrschafts- und Ausbeutungsverhältnisse entstehen oder sich dauerhaft reproduzieren können", schreibt M. Godelier, „müssen sie sich als Austausch und als Austausch von Dienstleistungen präsentieren." Von Bedeutung ist Godelier zufolge vor allem die Tatsache, daß „die Dienstleistungen der Herrschenden vor allem die unsichtbaren Kräfte betrafen, die die Reproduktion des Universums kontrollieren."[48]

Inwiefern die Herrschaftsverhältnisse im hethitischen Anatolien als Ausbeutungsverhältnisse bezeichnet werden können, sei dahingestellt.[49] Aber auch im hethitischen Anatolien stellte die korrekte Ausführung des Kultes eine Voraussetzung für den Bestand und den Erfolg des Landes dar.[50] Allerdings zeigen Muršilis Pestgebete, daß diese herrschaftslegitimierende Ideologie in Krisenzeiten auch gegen den König selbst eingesetzt werden und ihn unter Rechtfertigungs- und Zugzwang setzen konnte.[51]

Unter diesen Umständen ist es nicht verwunderlich, daß die Fürsorge für die Götter und ihre Heiligtümer eine wichtige Aufgabe des hethitischen Königs war. Diese Verpflichtung dokumentieren zahlreiche Textgattungen, darunter Instruktionen, königliche Stiftungsurkunden, historiographische Texte, Orakeltexte, Gebete, Kultinventartexte sowie die umfangreiche Festritualliteratur.

Beteiligung und Redistribution in den Festen

In den Festritualtexten wird der korrekte Ablauf der einzelnen Schritte eines Festes (EZEN$_4$) beschrieben.[52] Sie führen Regie über den zeremoniellen Auftritt des Königs oder anderer Vertreter des Königshauses sowie über die Handlungen der verschiedenen Priester, Kultfunktionäre und anderer Teilnehmer.[53] Außerdem bestimmen die Texte, welche Opfer für die verschiedenen Gottheiten dargebracht werden sollen, und legen

[48] Godelier, *Natur, Arbeit, Geschichte*, S. 166.
[49] Vgl. die Bemerkungen von Beal, in: JESHO 47.1, 2004, S. 133.
[50] Zuletzt De Martino, in: *Die Hethiter*, S. 118.
[51] Zu diesen Texten s. Singer, *Hittite Prayers*, S. 56–69.
[52] Collins, in: Meyer/Mirecki, *Magic and Ritual Power*, S. 77.
[53] Haas, *Geschichte der hethitischen Religion*, S. 674.

deren genaue Reihenfolge und die dazu passenden Rezitationen und Festgesänge fest, wobei letztere aber nur selten aufgezeichnet sind.

Allerdings steht der Informationsgehalt dieser Überlieferung – die überwiegend in der Großreichszeit niedergeschrieben wurde, aber auf die Anfänge der Archive im 16. Jahrhundert v.Chr. zurückgeht – in keinem günstigen Verhältnis zu ihrem Umfang.[54] Die hethitischen Festritualtexte dienten C. Kühne zufolge als „Referenzliteratur zur Unterstützung des Kultpersonals" und halfen sicherlich auch den Mitarbeitern des Palastes bei der Vorbereitung der königlichen Auftritte.[55] Die Texte setzen Vorkenntnisse voraus und sind nur in ihrem spezifischen Kontext verständlich. Somit können sie als Gebrauchsliteratur bezeichnet werden.[56] Das Bild, das sie vom Kultgeschehen vermitteln, ist überwiegend auf die Handlungen des Hauptzelebranten (meistens des Königs) oder auf andere im Kult beteiligte Funktionäre fokussiert. Die Sprache ist oft formelhaft und auf das Wesentliche reduziert. Eine solche Beschaffenheit der Überlieferung erschwert nicht nur die religionswissenschaftliche Erforschung dieser Rituale – es fehlen die ethnographischen Augenzeugen-Beschreibungen, die für die Ritualforschung in anderen Kulturwissenschaften so unentbehrlich sind – sie betrifft auch die Frage nach den organisatorischen Aspekten der Feste.

Da die Festritualliteratur die überwiegende Mehrheit der hethitischen Überlieferung darstellt, bedeutet sie eine wichtige Quelle für die Erfassung der hethitischen Wirtschaft und Gesellschaft.[57] In den Texten sowie in den dazugehörigen Abgabenlisten werden zahlreiche Haushalte, Institutionen, Berufs- oder Gesellschaftsgruppen genannt, die an den verschiedenen Kulten beteiligt sind, jedoch ist nur selten klar, welche Strukturen sich hinter diesen Bezeichnungen verbergen. Diese Problematik kann am Beispiel der Organisation der hethitischen Handwerker demonstriert werden. Imparati zufolge war die handwerkliche Produktion im wesentlichen an die Palast- und Tempelwirtschaft gebunden.[58] Müller-Karpe relativiert jedoch dieses Bild, wenn er über

[54] Klinger, in: Hethitica 15, 2002, S. 96–97.

[55] Kühne, in: Janowski et al., *Religionsgeschichtliche Beziehungen*, S. 226. Zitiert von Klinger, in: Hethitica 15, 2002, S. 96 Anm. 8; Gurney, *Die Hethiter*, S. 163.

[56] Zur Gebrauchsliteratur s. Assmann, in: Loprieno, *Ancient Egyptian Literature*, S. 62.

[57] Für eine Analyse des hethitischen Kultes, in Anlehnung an das Zwei-Sektor-Modell, als eine Integration zwischen den lokalen Gemeinschaften und dem bürokratischen System s. Archi, in: OrAnt 12, 1973, S. 209–226 sowie ders., in: Neu/Rüster, *Festschrift Heinrich Otten*, S. 22–23.

[58] Imparati, in: Klengel, *Geschichte*, S. 351. In Anm. 115 geht sie allerdings auch von

die Metallhandwerker schreibt: „Direkte Nachweise von Metallhandwerkern als feste Palastangestellte fehlen aber m.E. im hethitischen Schrifttum. Vielmehr wird zumindest ein Teil der Schmiede, Gießer und Toreuten auf eigene Rechnung gearbeitet haben.“[59]

Angesichts der Eigenart der hethitischen Quellen, in denen administrative Texte fast völlig fehlen, besteht in diesem Zusammenhang vor allem die Gefahr, z.T. sehr dürftiges Material von vornherein nach einem bestimmten Gesellschaftsmodell zu interpretieren.

Wie wir bereits gesehen haben, waren die zentralen Feste im hethitischen Anatolien mit erheblichem materiellem Aufwand verbunden. Allerdings wurden die Ressourcen für die Feste nicht einfach verschlungen, sondern umverteilt. In dem oben erwähnten Festritual des Gottes Telipinu in Ḫanḫana und in Kašḫa, das ein relativ überschaubares Beispiel darstellt, lieferten die „Hirten des Hauses von Ankuwa“ die meisten Tiere. Der Provinzgouverneur von Ḫanḫana stellte zwei Pflugrinder zum Transport der Götterstatuetten zur Verfügung und lieferte den Hauptteil der Gebäcke und Getränke. Ein geringerer Anteil der benötigten Gebäcke und Getränke wurde vom Kellermeister des Palastes übernommen. Der Zelebrant des Festes war der Kronprinz, der jeden Morgen die dem Untergang geweihte Herde zu den verschiedenen Tempeln brachte und die Auswahl der Tiere für die verschiedenen Gottheiten bestimmte. Die Mengen an Fleisch, Gebäcken und Getränken wurden von der Kultgemeinschaft in einem täglich gehaltenen Kultmahl am Abend verzehrt. Teile der geschlachteten Tiere wurden unter den verschiedenen Teilnehmern verteilt.[60] Dieses redistributive Muster der hethitischen Festrituale wird auch in anderen Festbeschreibungen evident und bietet, wenn es der übliche fragmentarische Zustand der Texte erlaubt, die Möglichkeit, die Interaktion und den Austausch zwischen den verschiedenen Institutionen und Teilnehmergruppen eines Festes näher zu studieren.

---

einem parallelen „privaten“ Handwerk aus. Die Handwerker waren in Berufsgruppen mit Vorstehern organisiert. Darüber schreibt Klengel, in: AoF 23, 1996, S. 275: „Es dürfte sich bei diesen Amtsträgern jedoch mehr um eine administrative, nicht innergewerbliche Funktion gehandelt haben. Die Einsetzung erfolgte zweifellos seitens der königlichen Verwaltung, nicht durch die Handwerkergruppen selbst, und ist mit einer zunftmäßigen Organisation des Handwerks nicht zu vereinbaren“.

[59] Müller-Karpe, in: Yalcin, *Anatolian Metal I*, S. 114. Dazu auch Archi, in: Archi, *Circulations of Goods*, S. 195–206; Beal, in: JESHO 47.1, 2004, S. 133.

[60] Haas/Jakob-Rost, in: AoF 11, 1984, S. 16–18.

Die Rationen für die verschiedenen Kultfunktionäre sowie die anderen Teilnehmer an den Festen wurden auf eigenen, den Festbeschreibungen zugehörigen Listen notiert. In diesen Listen, die I. Singer in Zusammenhang mit seiner Bearbeitung des KI.LAM-Festes studierte, fungierte der „Verwalter", der nur in seinem Sumerogramm ^{LÚ}AGRIG bekannt ist, als der Hauptlieferant.[61] Der ^{LÚ}AGRIG war zuständig für die Lieferung zahlreicher agrarischer Produkte wie Getreidesaat, verschiedene Brote, Eintöpfe, Milchprodukte, Honig, Fett, Obst und Bier. Ein anderer Lieferant hatte für Wein zu sorgen, wohingegen die Viehlieferungen den Hirten zufielen.

Die ^{LÚ}AGRIG verwalteten jeweils die Magazine (heth. *šiyannaš per*, sumerographisch É KIŠIB „das Siegelhaus") und waren für die Verteilung der Produkte verantwortlich. Das Eintreiben der Steuern übernahmen wiederum andere Amtsträger.[62] Siegelhäuser gab es in der Hauptstadt und in zahlreichen Städten und Ortschaften. Die hethitische Steuerverwaltung läßt sich als ein dreistufiges System aus Gemeinde – Region – Zentrale rekonstruieren.[63] Die Steuern wurden in den Regionalpalästen gesammelt und von dort weiter an die Hauptstadt geleitet.[64] Für die Lieferungen in die Hauptstadt, besonders für die Feste, verfügten die ^{LÚ}AGRIG der verschiedenen Städte über eigene Vertretungen in Ḫattuša. Das wird in einer Zeremonie beim KI.LAM-Fest deutlich, in der die verschiedenen ^{LÚ}AGRIG der Provinzen mit ihren Lieferungen an den Türen ihrer Vertretungen stehen und nach und nach vom König inspiziert werden. Das geschieht, indem ein Herold, der den König begleitet, Getreide vor dessen Füße schüttet und den Namen der liefernden Stadt ruft, während der betreffende ^{LÚ}AGRIG sich vor dem König verneigt. Diese Zeremonie stellte auf einer symbolischen Ebene die regelmäßige Versorgung der Hauptstadt dar. Interessanterweise umfaßte das ^{LÚ}AGRIG-Versorgungssystem nur das Kerngebiet des Reiches, den Halysbogen, das untere und das obere Land. Dementsprechend tauchen die ^{LÚ}AGRIG als Lieferanten in den hurritisch beeinflußten Festen im Süden, in Kizzuwatna, nicht auf. Dieses System, das seine Ursprünge in althethitischer Zeit, möglicherweise sogar noch früher hat, ist mit der Expansion des Reiches nicht gewachsen.[65]

---

[61] Singer, *The Hittite KI.LAM Festival*, und ders., in: AnSt 34, 1984, S. 97–127.
[62] Singer, in: AnSt, 34, 1984, S. 113.
[63] Siegelová, in: AoF 28, 2001, S. 193ff.
[64] Singer, in: AnSt, 34, 1984, S. 113; Siegelová, in: AoF 28, 2001, S. 207.
[65] Singer, in: AnSt, 34, 1984, S. 120–127.

Informationen aus der Peripherie – Die Kultinventartexte

Eine Fülle von Informationen über die Organisation und die Finanzierung der Kulte an zahlreichen Orten im hethitischen Anatolien bieten nicht zuletzt die Kultinventare, die Joost Hazenbos vor kurzem in einer Monographie behandelte. Die Kultinventare, die im Rahmen einer umfassenden Reorganisation des Kultes durch Tudḫaliya IV. im 13. Jahrhundert v.Chr. verfaßt worden waren,[66] beinhalten Informationen zu Kulten im gesamten Land: Sie beschreiben die am Ort vorhandenen Kultobjekte, berichten über das dort verfügbare Personal, über die dort gefeierten Feste und die dargebrachten Opfer. Nach Aussage dieser Texte haben die Inspektoren diese Informationen jeweils vor Ort von dem lokalen Tempelpersonal oder durch Orakelanfrage und mit Hilfe älterer Dokumente gesammelt.[67]

Zahlreiche Inventartexte bezeugen, wie erwartet, die direkte Beteiligung des Königs im Kult, entweder als direkter Stifter von Personal oder von Kultstatuetten (ausgedrückt durch das Verb *pai-* „geben") oder als derjenige, der den Anteil einer Ortschaft an Personal, Kultgegenständen oder Tieren bestimmt (ausgedrückt durch die Verben *dai-* setzen, stellen, legen, und *katta hamenk*).[68] Manchmal werden die Könige auch namentlich genannt, in den meisten dieser Fälle handelt es sich jedoch um Tudḫaliya IV.[69]

Verschiedene Berufsgruppen, darunter Priester, Schmiede, Kämmerer, Tafeldecker oder Hirten, sind ebenfalls an der Organisation der Feste beteiligt. Priester und andere Kultfunktionäre werden oft verpflichtet, Naturalien als Opfer auf Kosten ihrer eigenen „Häuser" zu liefern oder ein Fest auf eigene Kosten zu zelebrieren.[70] Im letzten Abschnitt des Herbstfestes der „Eile" wird in den „Häusern" verschiedener Berufsgruppen gefeiert.[71]

Auch die Bewohner einer Ortschaft werden in den Inventartexten gelegentlich als Verantwortliche für die Durchführung des Kultes an ihrem Ort angesehen. Manche Ortsbewohner waren für das Feiern der

---

[66] S. zuletzt Hazenbos, *Anatolian local cults*, S. 2–3.
[67] Hazenbos, ebd., S. 3.
[68] Hazenbos, ebd., S. 201–3.
[69] Hazenbos, ebd., S. 203.
[70] Klengel, in: SMEA 16, 1975, S. 193 und Anm. 64 mit Verweis auf KUB 42.86 und 87. Zu diesen beiden Fragmenten vgl. Popko, *Zippalanda*, S. 318–325. Für andere Belege vgl. Hazenbos, *Anatolian local cults*, S. 204–205.
[71] Nakamura, *Nuntarriyašḫa-Fest*, S. 13.

beiden jährlichen Feste, im Frühling und im Herbst, zuständig. Andere mußten für ihre Götter mit jährlichen Abgaben aufkommen.[72]

Auch die Männer des Palastes (LÚ.MEŠ É.GAL) sind mehreren Kultinventartexten zufolge verpflichtet, für bestimmte Feste Abgaben zu entrichten.[73] Ihre Rolle als Lieferanten hängt mit der Bedeutung der Paläste (É.GAL) als administrativer Zentren zusammen.[74] In den Palästen wurden, wie wir gesehen haben, die Steuern gesammelt und wieder verteilt.[75] Allerdings werden die Männer des Palastes in den meisten Fällen verpflichtet, die Kultverpflegung aus eigenen Mitteln zu tragen.[76]

Zur Ökonomie des hethitischen Tempels

Relativ wenig ist über die alltäglichen Praktiken in den zahlreichen hethitischen Tempeln bekannt. Die überwiegende Mehrheit der in Ḫattuša gefundenen Texte sind Festritualtexte, die eher das Besondere im kultischen Leben darstellen. Eine der besten Beschreibungen, wenn auch idealtypisch, der verschiedenen Bestandteile eines hethitischen Kultes befindet sich ironischerweise gerade in einer Klageschrift an die Sonnengöttin von Arinna: das mittelhethitische Gebet des Königspaares Arnuwanda und Ašmunikal angesichts der Gewalttaten der Kaškäer, worin die Zerstörung eben dieser Kulte beklagt wird.[77]

> The temples which you, O gods, had in these lands, the Kaska-men have destroyed and they have smashed your images, O gods.
>
> They plundered silver and gold, rhyta and cups of silver, gold and copper, your objects of bronze, and your garments, and they divided them up among themselves.
>
> They divided up the priests, the holy priests, the priestesses, the anointed ones, the musicians, the singers, the cooks, the bakers, the plowmen, and the gardeners, and they made them their servants.
>
> They divided up your cattle and your sheep; they shared out your fallow lands, the source of the offering bread, and the vineyards, the source of the libations, and the Kaska-men took them for themselves.

---

[72] Hazenbos, *Anatolian local cults*, S. 206–207.

[73] Hazenbos, ebd., S. 206 und Anm. 106.

[74] Hazenbos, ebd., S. 7–8 und Anm. 59–62. Zu den Regionalpalästen s. jetzt Siegelová, in: AoF 28, 2001.

[75] Zuletzt Siegelová, in: AoF 28, 2001, S. 207.

[76] Siegelová, in: AoF 28, 2001, S. 207.

[77] KUB 17.21+ (CTH 375), bearbeitet von Von Schuler, *Die Kaškäer*, S. 152–167. Neuere Übersetzung bei Singer, *Hittite Prayers*, S. 40–43 (Text Nr. 5) Vs. ii 26–Rs. iii 27.

> No one in those lands invokes your names anymore, O gods. No one presents to you the daily, the monthly, and the annual seasonal rituals. No one celebrates your festivals and ceremonies.
>
> Here, to Hatti, no one brings tribute and ritual objects anymore. The priests, the holy priests, the priestesses, the musicians and the singers no longer come from anywhere.
>
> No one brings sun discs and lunulae of silver, gold, bronze and copper, fine garments, robes and tunics of gown-fabric. No one [presents] offering bread and libations to you. [No one] drives up sacrificial animals – fattened bulls, fattened cows, fattened sheep and fattened goats.[78]

Dieses Bild kann durch den zeitgenössischen Instruktionstext an das Tempelpersonal ergänzt werden, einer der wenigen hethitischen Texte, der einen Einblick in das alltägliche Leben im Tempel bietet. Der Instruktionstext beschäftigt sich allerdings kaum, wie Klinger bemerkt, mit den im Tempel durchzuführenden Kultpraktiken oder Riten, sondern ist überwiegend auf die Einhaltung der Reinheitsvorschriften sowie auf die Vorbeugung vor Fahrlässigkeit und Vernachlässigung bei der Durchführung der Kultverpflichtungen bedacht. Der Schwerpunkt des Textes liegt aber auf der Prävention von Korruption im Umgang mit dem Tempelgut.[79] Dabei scheint dieser Text auf tatsächliche Probleme im Tempel zu verweisen.[80] So bestand etwa die Gefahr, daß die gemästeten Tiere, die das Gebet des Königspaares Arnuwanda und Ašmunikal für die Götter fordert, nicht immer an ihrem Bestimmungsort ankamen:

> Wenn ihr einen Teil (der Herde) abtrennt und sie zu den Göttern, euren Herrn, treibt, müssen die Rinderhirten und Schafhirten mit den abgetrennten Teilen (der Herde) mitgehen. Wie man sie von den Herden und Pferchen abtrennt, ebenso sollen sie zu den Göttern hingebracht werden. Man darf sie nicht auf dem Weg auswechseln. Wenn aber mitten auf dem Weg irgendein Rinderhirte oder Schafhirte ein Unrecht begeht, (indem) er entweder ein gemästetes Rind oder Schaf austauscht und einen Preis dafür nimmt oder er tötet es und man ißt es auf und man gibt an seiner Stelle ein mageres (Tier) und es kommt heraus, ist es ein Kapitaldelikt für euch.[81]

---

[78] Übersetzung: Singer, *Hittite Prayers*, S. 42.
[79] Klinger, in: TUAT Erg.-Heft, S. 74; ders., in: Hethitica 15, 2003, S. 100–101.
[80] Ebd.
[81] Übersetzung nach Klinger in: TUAT Erg.-heft, S. 80–81.

Das Bild, das diese beiden unterschiedlichen Texte von der Wirtschaftsweise des hethitischen Tempels vermitteln, stimmt in seinen Grundzügen überein.[82] Für den regelmäßigen Kultkonsum benötigte agrarische Produkte wurden, mindestens teilweise, aus „eigenen" Ressourcen aus dem Tempelbesitz erzeugt. Dafür verfügte der „idealtypische" Tempel über Felder, Haine, Gärten und Weinberge sowie Rinder- und Schafherden und das zugehörige Personal, darunter Köche, Bäcker, Bauern, Gärtner und Hirten.[83] Teure Gewänder, Kultgegenstände und Ornamente aus verschiedenen Edelmetallen dagegen wurden, wie aus der Klageschrift des Königspaares Arnuwanda und Ašmunikal hervorgeht, eher als auswärtiger Tribut (hethitisch *arkamman-*, akkadographisch *MANDATTU*) an den Tempel abgeliefert.

Solche Gegenstände sind auch in den Palastinventaren, Texten also, die Buch über die Ausgaben und Lieferungen des Palastes führen, verzeichnet.[84] Zu den am häufigsten erwähnten Gütern gehören Metall- und Textilfertigprodukte, Steine, Holz- und Elfenbeingegenstände.[85] Als Steuern fließen vor allem Rohmetalle und Wolle in die Palastwirtschaft und werden erst dort weiter bearbeitet. Allerdings spricht die Tatsache, daß auch fertige Metallgegenstände als Tribut an den Palast geliefert wurden, für einen „privaten" Sektor der Metallproduktion.[86] Hier zeigt sich deutlich das redistributive Muster der Palastwirtschaft. Rohmaterial und Fertigprodukte werden geliefert, verarbeitet und als Fertigprodukte weiter verteilt, teilweise als Geschenke an die Götter.

Die Aufzählung von Kultgeräten in den Palastinventaren und die Registrierung von Steuern für bestimmte Götter[87] bestätigen indes die Vermutung, daß die Tempel auf die Umverteilung des Palastes angewiesen waren und selbst keine handwerklichen Produktionszentren darstellten.

---

[82] Diese und andere einschlägige Quellen über die ökonomische Funktion der hethitischen Tempel wurden von Klengel, in: SMEA 16, 1975, S. 181–200, zusammengestellt und ausgewertet.

[83] Klengel, in: SMEA 16, 1975, S. 191–192, und die dort zitierten Textstellen. Die oben erwähnte Instruktion KUB 13.4 Rs. IV (dazu Klinger, in: Hethitica 15, 2003, S. 101) ist, laut Kolophon, an das gesamte Tempelpersonal (LÚ^{MEŠ} É.DINGIR^{LIM}), an das Küchenpersonal, die Bauern und die Hirten der Götter adressiert.

[84] Zu dieser Textsorte vgl. Košak, *Hittite Inventory Texts*, und Siegelová, *Hethitische Verwaltungspraxis*.

[85] Müller-Karpe, in: Yalcin, *Anatolian Metal I*, S. 115.

[86] Müller-Karpe, ebd., S. 115. S. auch die Literatur in Anm. 59 oben.

[87] Hazenbos, *Anatolian local cults*, S. 7 mit Verweis auf Košak, *Hittite Inventory Texts*, S. 145–146, und Siegelová, *Hethitische Verwaltungspraxis*, S. 191–193.

Die seltene Erwähnung von Handwerkern im Zusammenhang mit dem Tempel spricht ebenfalls für diese Interpretation.[88]

Es stellt sich jedoch die Frage, unter welchen Bedingungen die für den Kult benötigten agrarischen Produkte produziert wurden. Was hatte es mit der Stellung als „Bauer" oder „Hirte" der Gottheit genau auf sich? Diese Frage betrifft die Struktur der hethitischen Gesellschaft im allgemeinen.

Der Tempel in der hethitischen Gesellschaft – zwei konkurrierende Modelle

In seinem 1967 erschienenen Aufsatz wendet Diakonoff sein Zwei-Sektor-Modell auf die hethitische Gesellschaft an und postuliert mit einigen Modifikationen auch für diese die Existenz zweier gesellschaftlicher Systeme.[89] Einem ländlichen, aus Dorfgemeinschaften bestehenden kommunalen Sektor stand eine Palast- und Tempelwirtschaft gegenüber, deren Angelpunkt in der Stadt lag.[90] Während der erste Sektor durch die primitiv-kommunale Produktionsweise – den kommunalen Landbesitz – gekennzeichnet und auf einfache Nahrungsproduktion ausgerichtet war, wurde der staatliche Sektor von Produzenten getragen, die vom Palast abhängig waren – einfachen Nahrungsmittelproduzenten, aber auch Handwerkern und anderen Spezialisten. Diese waren ihrer Produktionsmittel „beraubt"[91] und demzufolge für ihren Unterhalt, ihre Wohnung und Produktionsmittel auf das redistributive System der Palastwirtschaft angewiesen.[92] Dem staatlichen Sektor lag ein sog. ‚Landfondsystem' zugrunde, das „...im wesentlichen (wenn man die Domänen des Königs und der königlichen Familie, die ‚Steinhäuser' u.ä. ausschließt) an Priester, Beamte, an Angestellte des Königs und der Tempel und an Handwerker verteilt war. Ihre Anteile – nicht selten viel größere als in Babylonien – wurden jedoch von abhängigen Leuten bearbeitet, die eben auf diese Anteile gesetzt worden waren

---

[88] Für diese Belege vgl. Klengel, in: SMEA 16, 1975, S. 196–197.
[89] Diakonoff, in: MIO 13, 1967.
[90] Diakonoff, in: MIO 13, 1967, S. 313–366. Die Kluft zwischen Stadt und Land geht nicht so sehr auf Diakonoff zurück, sondern wird vielmehr von seinen späteren Rezipienten, z.B. Imparati, in: Klengel, *Geschichte*, S. 349ff. herausgearbeitet.
[91] Diakonoff, in: MIO 13, 1967, S. 348.
[92] Imparati, in: Klengel, *Geschichte*, S. 351.

und anscheinend an das Land gebunden waren. Diese abhängigen Leute besaßen manchmal, aber längst nicht immer, auch selbst ihre besonderen Anteile an demselben königlichen Land."[93]

Ebenfalls im Rahmen des Zwei-Sektor-Modells unterscheidet auch Beckman zwischen „freien" Dorfgemeinschaften und Bauern, die an den König, andere Landbesitzer oder Institutionen, darunter auch Tempel, gebunden waren.[94] Allerdings waren auch die „freien" Bauern in der Regel verpflichtet, periodisch Lehn- und Frondienste (*šaḫḫan luzzi*) zu leisten.[95] Darüber hinaus war der Palast auf die Überschüsse des kommunalen Sektors angewiesen, die er in Form von Steuern einnahm.[96]

Schloen stellt jedoch in seiner Studie die Existenz zweier Systeme in Frage. Schloen zufolge geben die Quellen aus Ugarit keinen Anlaß, zwischen einem spezialisierten, vom Palast vollständig abhängigen Sektor in der Stadt und einem „freien" kommunalen Sektor auf dem Lande zu unterscheiden: "In general, we may question the view that the population of the kingdom of Ugarit was sharply divided between rural farmers who worked their own land and urban specialists who worked full-time for the king and received rations from the palace. Everyone farmed to some extent and both specialists and nonspecialists were to be found everywhere, although members of certain professional groups were no doubt concentrated in the capital city."[97]

Statt dessen postuliert Schloen ein einfacheres, einheitliches System, in dem Land für Produkte und Dienstleistungen getauscht wurde (Manorialismus), ein effizientes System, das in vielen altorientalischen

[93] Diakonoff, in: MIO 13, 1967, S. 340.

[94] G. Beckman, in: Sasson, *CANE 1*, S. 538.

[95] Beckman, ebd.; Imparati, in: Klengel, *Geschichte*, S. 351. Für *šaḫḫan* s. jetzt CHD Š, 2002, S. 2–7, und die dort zitierte Literatur. Dem CHD Š zufolge ist *šaḫḫan*: "a kind of obligation, service, or payment due from land tenants to the real owners of the land (palace, temple, community, or individuals)." *luzzi* übersetzt der CHD L–N, 1989, S. 90–91 als corvée. Die beiden Begriffe werden allerdings seit der althethitischen Zeit asyndetisch miteinander verbunden. Eine andere mit Grundbesitz verbundene Dienstleistung stellte die ^{GIŠ}TUKUL dar. Dazu Beal, in: AoF 15, 1988. Eine eingehende Analyse dieser Begriffe, die sich vor allem mit den einschlägigen Paragraphen in den hethitischen Gesetzen, ediert von Hoffner, *Laws of the Hittites*, und mit ihrer Deutung in der Sekundärliteratur, auseinandersetzt, würde den Rahmen dieses Beitrags sprengen.

[96] Dazu zuletzt Imparati, in: Klengel, *Geschichte*, S. 350–351: „Die Nahrungsproduzenten waren gehalten, einen großen Teil ihrer Erzeugnisse der zentralen Autorität zu überstellen, sei es als Steuern oder im Austausch für Produkte des städtischen Handwerks." Vgl. dazu jedoch die pointierten Anmerkungen von Beal, in: JESHO 47.1, 2004, S. 133.

[97] Schloen, *House of the Father*, S. 226.

und anderen prämonetären Gesellschaften praktiziert wurde.[98] “In my opinion”, schreibt Schloen über Ugarit, “a less complicated interpretation is preferable; that is, a single simple system linked land tenure to royal service, regardless of the occupation of the landholder. Unless they received a royal exemption, all landholders, whether specialists or not, were obliged to perform some kind of service for the king as a condition of their tenure, but the type of activity involved in rendering that service depended on the skills and profession of the landholder.”[99]

Auch das hethitische System beschreibt Schloen als “a unitary hierarchical system of dependent land tenure”.[100] Ein ebensolches manoriales System beschreibt Diakonoff in der oben zitierten Stelle, jedoch weist er dieses System nur dem staatlichen Sektor zu. Maßgeblich für seine Unterscheidung ist indes die Frage nach dem Eigentum des Landes. Das Zwei-Sektor-Modell setzt voraus, daß der König nur Teile des Landes besaß.[101] Jedoch diese Voraussetzung stellt Schloen ebenfalls in Frage.[102]

Vor diesem Hintergrund kann die oben gestellte Frage präzisiert werden. Lag dem hethitischen Kultversorgungssystem eine redistributive, an den Tempel gebundene Wirtschaft zu Grunde oder basierte sie auf Lehens- und Frondienstleistungen (*šaḫḫan luzzi*) im Rahmen eines einheitlichen, hierarchischen manorialen Systems? Auch wenn die dürftigen hethitischen Quellen keine definitive Antwort erlauben, deuten sie nichtsdestotrotz darauf hin, daß kein Anlaß dazu besteht, zwischen zwei Systemen zu unterscheiden.

Die erstgenannte Interpretation basiert vor allem auf königlichen Stiftungsurkunden an Tempel und an andere Institutionen, die mit dem Kult des verstorbenen Königs und seiner Familie verbunden waren,

[98] Schloen, *House of the Father*, S. 189.

[99] Schloen, *House of the Father*, S. 217, in Bezug auf Boyers Modell.

[100] Schloen, *House of the Father*, S. 312.

[101] Zum eingeschränkten Eigentum des hethitischen Königs über das Land vgl. Diakonoff, in: MIO 13, 1967, S. 314–317.

[102] Für Schloens Argumentation s. *House of the Father*, S. 230–231. Auf S. 231 resümiert er: “...the king of Ugarit possessed a permanent set of rights to all of the land in his kingdom. There is no need to posit a distinction between a 'royal land-fund' from which grants were made, on the one hand, and the 'private property' of the village sector on the other. At most there was a distinction between land that the king kept for his personal use to farm for himself and land throughout his kingdom that was granted, in perpetuity, for use by subhouseholds of farmers and occupational specialists alike.”

darunter das Steinhaus ($É.NA_4$) und das *ḫegur*-Haus.[103] In diesen Texten werden Ländereien, Vieh, kostbare Gegenstände oder Personen, manchmal sogar ganze Ortschaften mit ihren Einwohnern, zu verschiedenen Anlässen an die jeweiligen Institutionen überwiesen. In ihrem Gelübde an die Unterweltsgöttin Lelwani überwies Königin Puduḫepa neben goldenen und silbernen Gegenständen zahlreiches Kleinvieh und viele Personen an ihren Tempel.[104] Darunter befanden sich Frauen und Kinder, hauptsächlich Kriegsgefangene, sowie mehrere „Häuser" von jeweils 4–8 Personen, in denen Deportierte (NAM.RA-Leute) untergebracht waren.[105]

Zahlreiche hethitische Texte belegen die Praxis, kultische Institutionen mit Kriegsgefangenen und Deportierten als Arbeitskräften zu versorgen.[106] Diese Praxis wird in einem Scheinkampf, der während des Herbstfestes für den Wettergott von Guršamašša stattfand, spielerisch dargestellt:[107]

> Sie teilen die jungen Männer in zwei Gruppen ein und benennen sie. Die eine Gruppe nennen sie die Männer von Ḫattuša, die andere die Männer von Maša. Die Männer von Ḫattuša erhalten Waffen aus Bronze, die Männer von Maša aber Waffen aus Rohr. Und dann kämpfen sie und die Männer von Ḫattuša besiegen sie. Sie nehmen einen Gefangenen und übergeben ihn der Gottheit.[108]

Die mittelhethitische Stiftungsurkunde der Königin Ašmunikal (KUB 13.8)[109] wurde ebenfalls zur Bestätigung des Zwei-Sektor-Modells herangezogen.[110] Darin verkündet die Königin:

> In bezug auf unser Steinhaus, das wir eingerichtet haben, die Ortschaften, die wir gegeben haben, die Handwerker, die wir gegeben haben, die Pflüger, die Rinderhirten, die Schafhirten, die wir gegeben haben, die *sarikuwa*-Leute, die genommen und mit ihren Häusern (und) ihren

[103] Zu diesen beiden Institutionen s. jetzt Van den Hout, in: Hoffner/Yener, *Recent Developments*, S. 73–91.

[104] Bearbeitet von Otten/Souček, *Das Gelübde der Königin Puduḫepa an die Göttin Lelwani*.

[105] Ebd., S. 41–42.

[106] Vgl. dazu zuletzt Hoffner, in: Hoffner/Yener, *Recent Developments*, S. 61–72 mit älterer Literatur. S. auch Hazenbos, *Anatolian local cults*, S. 215–220.

[107] Hoffner, in: Hoffner/Yener, *Recent Developments*, S. 63.

[108] KUB 17.35 iii 9–15. Dazu zuletzt Gilan, in: Richter et al., *Kulturgeschichten*, S. 119–121, und Hazenbos, in: Hutter/Hutter-Braunsar, *Religion, Kulte und Religiosität*, S. 244–245.

[109] Bearbeitet von Otten, *Hethitische Totenrituale*, S. 106–107. Für diesen Text s. jetzt auch Klinger, in: TUAT Erg.-heft, S. 72–73.

[110] Zur Diakonoffs Interpretation des Textes s. in: MIO 13, 1967, S. 318–320.

> Ortschaften dem Steinhaus gegeben wurden, die Torwächter, die schon früher dem Steinhaus gegeben wurden, (für die gilt:) sie sollen frei sein von Fron und Abgaben.[111]

In den folgenden Zeilen (7–11) ordnet die Königin die Befreiung dieser Personen von sämtlichen Verpflichtungen an. Sie dürfen nicht zu corvée-Leistungen (*luzzi-*) herangezogen werden, ein Privileg, das durch das Anpflanzen eines *eja*-Baumes markiert ist und im Text durch einen mir unverständlichen Spruch (Z. 7–8) erklärt wurde.[112] Zudem dürfen auch ihre Schafe und Rinder nicht requiriert werden. Ziel der darauf folgenden Maßnahmen (Z. 11–16) ist es, den Umfang des gestifteten Personals und seines Besitzes sowie seine Bindung an das Steinhaus zu garantieren.[113]

Allerdings verraten diese Urkunden nicht, was eine Bindung an die jeweiligen Institutionen genau bedeutete. Wie Ašmunikals Stiftungsurkunde und der oben erwähnte Instruktionstext verdeutlichen, verfügte auch das Tempelpersonal über eigenen Besitz.[114] Die Notwendigkeit, das Eigentum des Tempels vor allerlei Arten der Unterschlagung zu Gunsten des Tempelpersonals zu schützen, entstand, eben weil dieses auch über separaten Privatbesitz verfügte. Das legen die oben zitierten Regelungen für die Hirten bzw. die folgenden Regelungen für die Bauern der Gottheit nahe:

> Wenn ihr Getreide sät und wenn der Priester euch niemanden schickt, die Saat zu säen, (vielmehr) es euch überträgt auszusäen und ihr reichlich aussät, vor dem Priester aber sagt, es (war) wenig, oder das Feld der Gottheit ist fruchtbar, das Feld des Bauern aber dürr und ihr gebt das Feld der Gottheit als eures aus, euer Feld aber gebt ihr als das der Gottheit aus, oder ihr speichert das Getreide und nennt nur die Hälfte, verheimlicht aber die (andere) Hälfte und später geht ihr hin und teilt es unter euch auf, hinterher aber kommt es heraus – ihr mögt es einem Menschen stehlen, aber stehlt ihr es (in Wirklichkeit) nicht von einer Gottheit? Das ist eine Sünde für euch. Euer gesamtes Getreide wird man nehmen und es auf den Dreschplatz der Götter schütten.[115]

---

[111] KUB 13.8 Vs. 1–6. Übersetzung nach Klinger, in: TUAT Erg.-heft, S. 73.

[112] Mit Otten, *Hethitische Totenrituale*, S. 107, und Klengel in: Imparati, *Studi a Giovanni Carratelli*, S. 107. Für andere Lesungen von *parā tarna* an dieser Stelle vgl. CHD P, S. 125 sowie Klinger, in: TUAT Erg.-heft, S. 72–73, der eine andere Interpretation für die Zeilen 7–8 bietet.

[113] Klinger, in: TUAT Erg.-heft, S. 72.

[114] Darauf macht auch Klengel, in: SMEA 16, 1975, S. 193, aufmerksam.

[115] Übersetzung nach Klinger, in: TUAT Erg.-heft, S. 79–80.

Diese beiden Textpassagen deuten darauf hin, daß die „Hirten" und „Bauern" der Gottheit keineswegs auf eine redistributive Tempelwirtschaft angewiesen waren, sondern für ihren Lebensunterhalt über eigenen Besitz verfügten. Ihre Verpflichtung gegenüber dem Tempel bestand wohl darin, die Betreuung der Herden bzw. die Bewirtschaftung der Felder der Götter zusätzlich neben ihrer eigenen Landwirtschaft zu leisten. Insofern unterschieden sich die „Hirten" und „Bauern" der Gottheit kaum von den „freien" Subsistenz-Bauern auf dem Lande, die wohl den größeren Teil der Bevölkerung stellten[116] und regelmäßig Steuern in Naturalien und corvée-Leistungen, darunter Teilzeitarbeit auf den königlichen Feldern, zu entrichten hatten.[117] Der einzige Unterschied bestand wohl darin, daß ihre Arbeitsleistungen speziell an den Tempel überstellt waren. Ein Beleg dafür, daß diese Arbeitsleistungen schwerer waren als die übliche Fron und Abgaben, ist mir nicht bekannt.

Diese Interpretation wird durch KUB 31.57, einen Text, der die Kultorganisation in der Provinz Nerik regelt, bestätigt.[118] In diesem Text werden Ländereien von verschiedenen Städten für die landwirtschaftliche Nutzung zu Gunsten der Kulte von Nerik bestimmt.[119] Das Saatkorn dafür wird vom Palast, vom ^{LÚ}AGRIG-Verwalter von Kaštama bereitgestellt,[120] für die Bewirtschaftung dieser Felder – Pflügen, Abernten und Speichern – wird ohne Ausnahme die lokale Bevölkerung herangezogen.[121] Besitzer von Rindern werden verpflichtet, sie

---

[116] Beckman, in: Sasson, *CANE 1*, S. 538; Imparati, in: Klengel, *Geschichte*, S. 350; Bryce, *Life and Society*, S. 73–78; Beal, in: JESHO 47.1, 2004, S. 103.

[117] Beckman, in: Sasson, *CANE 1*, S. 538, beschreibt die sozio-ökonomischen Verhältnisse der freien Bauern zusammenfassend: "In a free village the peasants would either cultivate their own fields, held privately or communally, or work royal land under various sharecropping and labor-service arrangements. Unless specifically exempted, all free persons owed taxes in agricultural products and also corvée labor to the state. This corvée could be performed in public works, such as the building of fortifications or the construction of the royal installations of Khattusha, or in agricultural labor in fields owned directly by the state." Die Arbeitsaufteilung zwischen Haushalt und Palast demonstriert auch das Edikt KBo 16.54: 9–14 + ABoT 53:5–13 (CHD P, 287b): "If [in] a household there are four man, than let two men p[erform] the work of the palace and let two men per[form] the work of the household. But if i[n] a household there are two men, [than] let (each) single man p[erform] (either) the work [of] the [pal]ace [or] the work of their household. But [if] in a household there is (only) one man. Than let him perform the work of the palace for four days, and let him perform the work of the household for four (alternate) days."

[118] Zu diesem Text s. Haas, *Der Kult von Nerik*, S. 21–22 sowie 114–120.

[119] KUB 31.57 Vs. I 1'–11'.

[120] Zu dieser Institution vgl. jetzt Siegelová, in: AoF 28, 2001, S. 200.

[121] KUB 31.57 Vs. I 12'–19' zu dieser Stelle s. zuletzt Hoffner, in: Wilhelm, *Akten des IV. Internationalen Kongresses für Hethitologie*, Wiesbaden 2002, S. 206.

(als Lasttiere) bereitzustellen, andere müssen wohl Personal zur Feldarbeit schicken.[122] In diesem Fall handelt es sich eindeutig um Teilzeitcorvée-Leistungen.

Auch KBo 12.53 + KUB 48.105 handelt von der Organisation des Kultes in den nördlichen Gebieten – Gebiete, die unter den Angriffen der Kaškäer gelitten hatten und vom König Muwatalli II. „leer“ zur Verwaltung an seinen Bruder, den späteren Usurpator Ḫattušili III. abgegeben wurden.[123] Für Gottheiten aus zahlreichen Ortschaften bestimmte der König verschiedene Ressourcen (*dai-*) aus unterschiedlichen Quellen. Er stiftete Deportierte, die in der Regel in „Häuser“ von jeweils 10 Personen organisiert waren und verschiedene Berufe ausübten.[124] Zur Lieferung des Groß- und Kleinviehs wurde in den meisten Fällen der lokale König von Tumanna angehalten. Zudem waren die Einwohner gelegentlich zum Arbeitsdienst (^{GIŠ}TUKUL) verpflichtet. Das Saatgetreide wurde vom Dreschplatz geliefert.[125] Auch hier besteht m.E. kein Anlaß, zwischen den neu eingesetzten Deportierten, die gelegentlich auch als „Diener“ der Gottheit bezeichnet werden, und den („freien“) Gemeinden zu unterscheiden.[126] Für jede Gottheit verzeichnet die Tafel lediglich die vom König eingesetzten Ressourcen, darunter die Anzahl der gestifteten Deportierten und ihre frühere Stellung. Wie diese in die bestehenden sozialen Strukturen in ihrer neuen Umgebung integriert wurden, ist nicht bekannt und hat die zentrale Verwaltung auch nicht interessiert. Auch die Frage, ob sie andere Arbeitsverpflichtungen als die Einheimischen zu erbringen hatten, kann nicht beantwortet werden.

Die Frage nach der Bindung an den Tempel betrifft auch die verschiedenen Kultfunktionäre und Spezialisten. In den hethitischen Texten befindet sich eine kaum überschaubare Zahl von einschlägigen Bezeichnungen und Titeln, jedoch ist es selten klar – wie im Fall der in den Texten erwähnten „Häuser“ und Institutionen – was sich genau hinter diesen Bezeichnungen verbirgt.[127] M.E. spricht die Vielzahl der in den

[122] KUB 31.57 Vs. I 16’–19’ s. dazu CHD L–N, S. 392b.

[123] Bearbeitet von Archi/Klengel, in: AoF 7, 1980, S. 144–157.

[124] Archi/Klengel, in: AoF 7, 1980, S. 153.

[125] Archi/Klengel, in: AoF 7, 1980, S. 151, vermuten, daß damit die lokalen Dreschplätze gemeint sind, Parallelen wie der oben erwähnte KUB 31.57 legen jedoch die Vermutung nahe, daß es sich wahrscheinlich um den Dreschplatz eines Verwaltungszentrums handelte.

[126] Wie es Archi/Klengel, in: AoF 7, 1980, S. 153, tun.

[127] Wie Klinger, in: Hethitica 15, 2002, S. 100–103, deutlich macht. Für die verschiedenen Bezeichnungen vgl. Pechioli Daddi, *Mestieri*.

Festritualtexten fungierenden Kultfunktionäre für die Annahme, daß es sich oft um *ad hoc*-Bezeichnungen handelt, Bezeichnungen, die eine bestimmte Rolle im Ritual wiedergeben. Während ihrer Teilnahme an dem Fest waren sie von der zentralen Organisation versorgt.[128] Es liegt nahe, daß viele von ihnen im Alltag anderen Berufen nachgingen.

Für die Annahme, daß das benötigte Personal für das planmäßige Feiern der Feste im Tempel möglicherweise ebenfalls durch ein auf Rotation basierendes Teilzeitsystem organisiert war, spricht die folgende Stelle aus dem Instruktionstext an die Tempelbediensteten:

> Und wenn ihr die Feste nicht zur Zeit des Festes durchführt, (wenn) ihr das Frühjahrsfest im Herbst feiert oder aber das Herbstfest im Frühjahr durchführt und wenn die richtige Zeit ein Fest zu feiern eingetreten ist und der, der es feiern soll, kommt zu euch, den Priestern, den „Gesalbten", den „Gottesmüttern" zu euch, den Tempelbediensteten und er packt euch an euren Knien (und klagt): „Die Ernte (steht) mir bevor" – oder eine Hochzeit oder eine Reise oder irgendeine andere Sache. „Tretet von mir zurück. Diese Sache soll so lange für mich erlassen sein, bis diese Sache für mich erledigt ist. (Dann) werde ich das Fest entsprechend feiern." Handelt nicht nach des Mannes Wunsch. Er soll euch nicht überreden. Nach dem Willen der Götter sollt ihr keine Bezahlung annehmen.[129]

Daß einige, sogar sehr bedeutsame Kulte durch Lehnsdienste und corvée-Leistungen getragen wurden, zeigt die vertragliche Regelung der Lehns- und Frondienste der Götter von Tarḫuntašša, allen voran des Wettergottes des Blitzes:

> Als Muwatalli die Stadt Tarḫuntašša zu seinem Lager machte und die Götter von Tarḫuntašša feierte und ganz Ḫattuša sie versorgt hat, dann haben der König und die Königin aber Kurunta in Tarḫunta[šša] zum König gemacht. Er bewältigte die Lehnsdienste der Gottheit aus seinem Lande nicht, und der König und die Königin haben dir diesen Vertrag ausgestellt: „Die Wagenkämpfer (und) die Truppen, die in Ḫatti die Verwaltung des Ḫulaja-Flußlandes für ihn (registriert) haben, die hat ihm meine Majestät erlassen, und in Zukunft sollen seinerseits auf einen Feldzug von Ḫattuša 200 (Mann) gehen, nicht aber soll die Verwaltung weitere Truppen von ihm fordern. Jene Truppen insgesamt aber hat man ihm zum Lehns- (und) Frondienst (*šaḫḫan* und *luzzi*) der Gottheit zurückgegeben. Einen Teil hat man ihm zur ‚Vorhofreinigung' zurückgegeben, einen Teil hat man ihm zum ‚Pflügen' zurückgegeben, einen anderen

[128] Singer, *The Hittite KI.LAM Festival*, S. 157–170.

[129] KUB 13.4 ii 52–65 Übersetzung: Klinger, in: TUAT Erg.-heft, S. 77.

Teil aber hat man ihm zum ‚Weiden (der Herden)' zurückgegeben. In Zukunft soll niemand diese Sache anfechten.[130]

Im Rahmen der von Tudḫalija IV. erstellten Šaḫurunuwa-Urkunde wurde *šaḫḫan* zu Gunsten der Tempel der Sonnengöttin von Arinna auferlegt, der dem finanziellen Zustand der Tempel angepaßt werden konnte. Zudem wurden die Betroffenen vor weiterem *šaḫḫan* geschützt.[131] Die Abgaben von Kleinvieh für die Sonnengöttin von Arinna wurden von Ḫattušili III. im Rahmen seiner Maßnahmen zur Konsolidierung des Besitzes der Šaoška von Šamuḫa verringert.[132] Zu Gunsten dieser Gottheit sichert Ḫattušili III. die Abgabenpflicht der oberen Länder,[133] überstellt der Göttin Teile des Besitzes seines entmachteten Gegners Arma-Tarḫunta[134] und befreit ihren gesamten Besitz von *šaḫḫan* und *luzzi*.[135]

Dies vor Augen ist auch nachvollziehbar, warum der Tempel und die verschiedenen Gedenkstätten für den Kult der verstorbenen Mitglieder des Königshauses in der Regel von den üblichen *šaḫḫan*- und *luzzi*-Leistungen befreit wurden.[136] Damit sollen Doppelbelastungen vermieden werden.[137] Doppelbelastungen von *šaḫḫan* und *luzzi* oder ihr Mißbrauch waren als Unterdrückung (*dammešḫa-*) verpönt.[138] So beklagt z.B. das Königspaar Arnuwanda und Ašmunikal in dem oben erwähnten Gebet an die Sonnengöttin von Arinna, daß die Kaškäer die Gesinde und Ortschaften der Götter durch *šaḫḫan* und *luzzi* unterdrückt (*dammišḫiškir*) und sie zu ihrem eigenen Gesinde gemacht haben.[139] Auch diese Stelle

---

[130] Der Ulmitešub-Vertrag KBo 4.10 + (CTH 106) Vs. 40'–46'. Übersetzung Van den Hout, *Der Ulmitešub-Vertrag*, S. 35–37. S. auch den Kommentar auf S. 64–67. Zu dieser Stelle und zu weiteren Literaturangaben s. auch CHD Š, S. 6.

[131] KUB 26.43 Vs. 54–59. Für diese Stelle s. zuletzt CHD Š, S. 5–6.

[132] KBo 6.29 +, bearbeitet von Götze, *Bruchstücke*, S. 46–53, iii 29–31.

[133] KBo 6.29 +, bearbeitet von Götze, *Bruchstücke*, S. 46–53, iii 1–8.

[134] Klengel, *Geschichte*, S. 258.

[135] KBo 6.29 +, bearbeitet von Götze, *Bruchstücke*, S. 46–53, iii 19–20 und 25–27. Für diese und andere Belege s. auch CHD L–N, 90–91.

[136] Für verschiedene Belege vgl. CHD L–N, S. 90–91 sowie CHD Š, S. 5 und 7.

[137] Klengel, in: SMEA 16, 1975, S. 197 schließt dagegen aus solchen Einzelbefreiungen, daß diese Institutionen sowie der Großteil der Tempel in der Regel doch abgabenpflichtig waren.

[138] Für andere Fälle von Doppelbelastungen und Mißbrauch von *šaḫḫan* und *luzzi* in Briefen aus Maşat und Emar vgl. CHD Š, S. 6 und die dort angegebene Literatur, sowie Imparati, in: Hoffner/Yener, *Recent Developments*, S. 93–100, und Singer, in: Milano et al., *Landscapes*, S. 65–72.

[139] KUB 17.21 + i 24–27.

ist ein Hinweis darauf, daß die Stellung als Gesinde der Götter nicht mehr als die Erfüllung von *šaḫḫan* und *luzzi* im Haushalt der Götter bedeutete, Dienstleistungen also, die die neuen Herrn, die Kaškäer, für sich selbst beanspruchten.

Die bisher aufgeführten Texte geben m.E. also keinen Anlaß, eine redistributive Tempelwirtschaft im Sinne des Zwei-Sektor-Modells zu postulieren. Vielmehr suggerieren sie ein hierarchisches, dem Palast untergeordnetes manoriales System, in dessen Rahmen ein Teil der Bevölkerung ihre corvée- oder vergleichbare Teilzeit-Dienstleistungen dem Tempel oder anderen Institutionen direkt zur Verfügung stellte. Inwiefern die hier vorgestellte tentative These auch einer detaillierten Untersuchung standhalten kann, bleibt dahingestellt. Die neuen Fundkomplexe, wie der Westbau in Ḫattuša, die Ausgrabungen in Kuşakli und Ortaköy, die Ausarbeitung des einschlägigen Textmaterials aus Maşat und Emar und nicht zuletzt auch neue methodologische Ansätze ermöglichen es, die Struktur der hethitischen Gesellschaft neu zu betrachten.

Bibliographie

Archi, Alfonso, *Bureaucratie et communautés d'hommes libres dans le système économique hittite*, in: Erich Neu/Christel Rüster (eds.), *Festschrift Heinrich Otten*, Wiesbaden 1973, S. 17–23.

Archi, Alfonso, *L'organizzazione administrativa ittita e il regime delle offerte culturali*, in: OrAnt 12, 1973, S. 209–226.

Archi, Alfonso, *Anatolia in the Second Millennium B.C.*, in: Alfonso Archi (ed.), *Circulations of Goods in Non-Palatial Context in the Ancient Near East*, Proceedings of the International Conference organized by the Instituto per gli studi Micenei ed Egeo-Anatolici, Rom 1984, S. 195–206.

Archi, *Circulations of Goods*: Alfonso Archi (ed.), *Circulations of Goods in Non-Palatial Context in the Ancient Near East*, Proceedings of the International Conference organized by the Instituto per gli studi Micenei ed Egeo-Anatolici, Rom 1984.

Archi, Alfonso, *Eine Anrufung der Sonnengöttin von Arinna*, in: Erich Neu/Christel Rüster (eds.), *Documentum Asiae Minoris Antiquae*, Festschrift für Heinrich Otten, Wiesbaden 1988, S. 5–31.

Archi, Alfonso, *Hittite and Hurrian Literatures: An Overview*, in: Jack Sasson (ed.), *Civilizations of the Ancient Near East (CANE)*, New York 1995, S. 2367–2377.

Archi, Alfonso/Klengel, Horst, *Ein hethitischer Text über die Reorganisation des Kultes*, in: AoF 7, 1980, S. 143–157.

Assmann, Jan, *Kulturelle und literarische Texte*, in: Antonio Loprieno (ed.), *Ancient Egyptian Literature. History and Forms*, Leiden 1996, S. 59–82.

Beal, Richard H., *The GIŠTUKUL Institution in the Second Millenium in Hatti*, in: AoF 15, 1988, S. 269–305.

Beal, Richard H., *Review of Klengel, Geschichte des hethitischen Reiches*, in: JESHO 47, 2004, S. 128–134.

Beckman, *Hittite Diplomatic Texts*: Gary M. Beckman, *Hittite Diplomatic Texts, SBL Writings from the Ancient World Series*, vol. 7, Atlanta 1999[2].

Beckman, Gary M., *Ideology and State Administration in Hittite Anatolia*, in: Jack Sasson (ed.), *Civilizations of the Ancient Near East (CANE)*, New York 1995, S. 529–543.

Bryce, *Life and Society*: Trevor Bryce, *Life and Society in the Hittite World*, Oxford 2002.

Cancik et al., *Religionswissenschaftliche Grundbegriffe*: Hubert Cancik/Burkhard Gladigow/Karl-Heinz Kohl (eds.), *Handbuch religionswissenschaftlicher Grundbegriffe*, Stuttgart 1990ff.

Cartledge, Paul, *The Economy (Economies) of Ancient Greece*, in: Walter Scheidel/Sitta von Reden (ed.), *The Ancient Economy*, Edinburgh 2002, S. 11–32.

Collins, Billie Jean, *Ritual Meals in the Hittite Cult*, in: Marvin Meyer/Paul Mirecki (eds.), *Ancient Magic and Ritual Power*, Leiden-New York-Köln 1995, S. 77–92.

De Martino/Pecchioli Daddi, *Anatolia Antica*: Stephano de Martino/Franca Pecchioli Daddi (eds.), *Anatolia Antica*. Studi in Memoria di Fiorella Imparati, Eothen 11, Florenz 2002.

De Martino, Stephano, *Kult- und Festliturgie im hethitischen Reich*, in: *Die Hethiter und ihr Reich. Das Volk der 1000 Götter*, Ausstellungs-Katalog, Bonn 2002, S. 118–121.

Diakonoff, Igor M., *Die hethitische Gesellschaft*, in: MIO 13, 1967, S. 313–366.

Fleming, Daniel E., *Schloen's Patrimonial Pyramid: Explaining Bronze Age Society*, in: BASOR 328, 2002, S. 73–80.

Gilan, Amir, *Hethitische Kampfspiele – Eine Interpretation*, in: Thomas Richter/Doris Prechel/Jörg Klinger (eds.), *Kulturgeschichten*. Altorientalische Studien für Volkert Haas zum 65. Geburtstag, Saarbrücken 2001, S. 113–124.

Gilan, Amir, *Sakrale Ordnung und politische Herrschaft im hethitischen Anatolien*, in: Manfred Hutter/Sylvia Hutter-Braunsar (eds.), *Offizielle Religion, lokale Kulte und individuelle Religiosität*, Akten des religionsgeschichtlichen Symposiums „Kleinasien und angrenzende Gebiete vom Beginn des 2. bis zur Mitte des 1. Jahrtausends v.Chr.“, Münster 2004, S. 189–205.

Godelier, *Rationality*: Maurice Godelier, *Rationality and Irrationality in Economics*, London 1972.

Godelier, *Natur, Arbeit, Geschichte*: Maurice Godelier, *Natur, Arbeit, Geschichte. Zu einer universal geschichtlichen Theorie der Wirtschaftsformen*, Hamburg 1990.

Götze, *Bruchstücke*: Albrecht Götze, *Neue Bruchstücke zum großen Text des Ḫattušiliš und den Paralleltexten*, MVAeG 34.2, Leipzig 1930.

Gurney, *Die Hethiter*: Oliver R. Gurney, *Die Hethiter*, Dresden 1969.

Güterbock, Hans Gustav, *The Hittite Temple According to Written Sources*, in: Harry A. Hoffner, Jr. (ed.), *Perspectives on Hittite Civilization: Selected Writings of Hans Gustav Güterbock*, Chicago 1997, S. 81–85.

Güterbock, Hans Gustav, *Some Aspects of Hittite Festivals*, in: Harry A. Hoffner, Jr. (ed.), *Perspectives on Hittite Civilization: Selected Writings of Hans Gustav Güterbock*, Chicago 1997, S. 87–90.

Haas, *Der Kult von Nerik*: Volkert Haas, *Der Kult von Nerik. Ein Beitrag zur hethitischen Religionsgeschichte*, Studia Pohl 4, Rom 1970.

Haas, *Geschichte der hethitischen Religion*: Volkert Haas, *Geschichte der hethitischen Religion*, Handbuch der Orientalistik 1/15. Leiden 1994.

Haas, Volkert/Jakob-Rost, Liane, *Das Festritual des Gottes Telipinu in Ḫanḫana und in Kašḫa: Ein Beitrag zum hethitischen Festkalender*, in: AoF 11, 1984, S. 10–91.

Hallo, *CoS*: W. W. Hallo (ed.), *The Context of Scripture (CoS), Volume One: Canonical Compositions from the Biblical World*, New York 1995.

Hazenbos, *Anatolian local cults*: Joost Hazenbos, *The Organization of the Anatolian Local Cults during the Thirteenth Century B.C.*, CM 21, Leiden-Boston 2003.

Hazenbos, Joost, *Die lokalen Herbst- und Frühlingsfeste in der späten hethitischen Großreichszeit*, in: Manfred Hutter/Sylvia Hutter-Braunsar (eds.), *Offizielle Religion, lokale Kulte und individuelle Religiosität*, Akten des religionsgeschichtlichen Symposiums „Kleinasien und angrenzende Gebiete vom Beginn des 2. bis zur Mitte des 1. Jahrtausends v.Chr.", Münster 2004, S. 241–248.

Herbordt, Suzanne, *Die Tonbullen vom Nişantepe, Ein Archiv aus der hethitischen Hauptstadt Hattuša*, in: AO aktuell 5, 2004, S. 6–9.

Hoffner, *English-Hittite Glossary*: Harry A. Hoffner Jr., *An English-Hittite Glossary*, RHA XXV/80, Paris 1967.

Hoffner, Harry A. Jr., *The Hittite Conquest of Cyprus: Two Inscriptions of Suppiluliuma II*, in: W.W. Hallo (ed.), *The Context of Scripture (CoS), Volume One: Canonical Compositions from the Biblical World*, New York 1995, S. 192–193.

Hoffner, *Laws*: Harry A. Hoffner Jr., *The Laws of the Hittites. A Critical Edition*. Documenta et Monumenta Orientis Antiqui. Studies in Near Eastern Archaeology and Civilisation 23, Leiden 1997.

Hoffner, *Perspectives on Hittite Civilization*: Harry A. Hoffner, Jr. (ed.), *Perspectives on Hittite Civilization: Selected Writings of Hans Gustav Güterbock*, The Oriental Institute of the University of Chicago, AS 26, Chicago 1997.

Hoffner/Yener, *Developments*: Harry A. Hoffner/A. Yener (eds.), *Recent Developments in Hittite Archaeology and History*. Papers in Memory of Hans G. Güterbock, Winona Lake, Indiana 2002.

Hoffner, Harry A. Jr., *The Treatment and Long-Term Use of Persons Captured in Battle according to the Maşat Texts*, in: Harry A. Hoffner/A. Yener (eds.), *Recent Developments in Hittite Archaeology and History*. Papers in Memory of Hans G. Güterbock, Winona Lake, Indiana 2002, S. 61–72.

Hoffner, Harry A. Jr., *Alimenta Revisited*, in: Gernot Wilhelm (ed.), *Akten des IV. Internationalen Kongresses für Hethitologie*, StBoT 45, Wiesbaden 2002, S. 199–212.

van den Hout/de Roos, *Studio Historiae Ardens*: Theo van den Hout/J. de Roos (eds.), *Studio Historiae Ardens*, Ancient Near Eastern Studies Presented to Philo H. J. Houwink ten Cate on the Occasion of his 65th Birthday, Istanbul 1995.

van den Hout, *Ulmitešub-Vertrag*: Theo van den Hout, *Der Ulmitešub-Vertrag. Eine prosopographische Untersuchung*, StBoT 38, Wiesbaden 1995.

van den Hout, *Purity of Kingship*: Theo van den Hout, *The Purity of Kingship. An Edition of CTH 569 and Related Hittite Oracle Inquiries of Tuthaliya IV.*, Documenta et Monumenta Orientis Antiqui. Studies in Near Eastern Archaeology and Civilisation 25, Leiden 1998.

van den Hout, Theo, *Apology of Ḫattušili III.*, in: W. W. Hallo (ed.), *The Context of Scripture (CoS), Volume One: Canonical Compositions from the Biblical World*, New York 1995, S. 199–204.

van den Hout, Theo, *Another View of Hittite Literature*, in: Stephano de Martino/Franca Pecchioli Daddi (eds.), *Anatolia Antica. Studi in Memoria di Fiorella Imparati*, Eothen 11, Florenz 2002, S. 857–878.

Hutter/Hutter-Braunsar, *Religion, Kulte und Religiosität*: Manfred Hutter/Sylvia Hutter-Braunsar (eds.), *Offizielle Religion, lokale Kulte und individuelle Religiosität*, Akten des religionsgeschichtlichen Symposiums „Kleinasien und angrenzende Gebiete vom Beginn des 2. bis zur Mitte des 1. Jahrtausends v.Chr.", AOAT 318, Münster 2004.

Imparati, *Studi a Giovanni Carratelli*: Fiorella Imparati (ed.), *Studi di storia e di filologia anatolica dedicati a Giovanni Pugliese Carratelli*, Florenz 1988.

Imparati, Fiorella, *Apology of Ḫattušili III or Designation of his Successor?*, in: Theo van den Hout/J. de Roos (eds.), *Studio Historiae Ardens*, Ancient Near Eastern Studies Presented to Philo H.J. Houwink ten Cate, Istanbul 1995, S. 143–157.

Imparati, Fiorella, *Private Life Among the Hittites*, in: Jack Sasson (ed.), *Civilizations of the Ancient Near East (CANE) 1*, New York 1995, S. 571–586.

Imparati, Fiorella, *Palaces and Local Communities in Some Hittite Provincial Seats*, in: Harry A. Hoffner/A. Yener (eds.), *Recent Developments in Hittite Archaeology and History*. Papers in Memory of Hans G. Güterbock, Winona Lake, Indiana 2002, S. 93–100.

Janowski et al., *Religionsgeschichtliche Beziehungen*: Bernd Janowski et al. (eds.), *Religionsgeschichtliche Beziehungen zwischen Kleinasien, Nordsyrien und dem Alten Testament*, OBO 129, Fribourg-Göttingen 1993.

Klengel, Horst, *Zur ökonomischen Funktion der hethitischen Tempel*, in: SMEA 16, 1975, S. 181–200.

Klengel, Horst, *The Economy of the Hittite Household*, in: Oikumene 5, 1986, S. 23–31.

Klengel, Horst, *Papaja, Katahzipuri und der eja-Baum. Erwägungen zum Verständnis von KUB LVI 17*, in: Fiorella Imparati (ed.), *Studi di storia e di filologia anatolica dedicati a Giovanni Pugliese Carratelli*, Florenz 1988, S. 101–110.

Klengel, Horst, *Handwerker im hethitischen Anatolien*, in: AoF 23, 1996, S. 265–277.

Klengel, *Geschichte*: Horst Klengel, *Geschichte des hethitischen Reiches*, Handbuch der Orientalistik I/34, Leiden 1999.

Klinger, *Untersuchungen*: Jörg Klinger, *Untersuchungen zur Rekonstruktion der hattischen Kultschicht*, StBoT 37, Wiesbaden 1996.

Klinger, Jörg, *Hethitische Texte*, in: Otto Kaiser (ed.), TUAT Ergänzungsheft, Gütersloh 2001, S. 73–81.

Klinger, Jörg, *Zum „Priestertum" im hethitischen Anatolien*, in: Hethitica 15, 2002, S. 93–111.

Košak, *Inventory Texts*: Silvin Košak, *Hittite Inventory Texts (CTH 241–250)*, THeth 10, Heidelberg 1982.

Košak, Silvin, *Eine mittelhethitische Handwerkerliste*, in: ZA 77, 1987, S. 136–141.

Kühne, Cord, *Zum Vor-Opfer im alten Anatolien*, in: Bernd Janowski et al. (eds.), *Religionsgeschichtliche Beziehungen zwischen Kleinasien, Nordsyrien und dem Alten Testament*, OBO 129, Fribourg-Göttingen 1993, S. 225–286.

Loprieno, *Ancient Egyptian Literature*: Antonio Loprieno (ed.), *Ancient Egyptian Literature. History and Forms*, Probleme der Ägyptologie 10, Leiden 1996.

McMahon, Gregory, *Instructions to Priests and Temple Officials*, in: Hallo, *CoS*, S. 217–221.

Martino/Daddi, *Anatolia Antica*: Stephano de Martino/Franca Pecchioli Daddi (eds.), *Anatolia Antica. Studi in Memoria di Fiorella Imparati*, Eothen 11, Florenz 2002.

Mauss, *Soziologie und Anthropologie 2*: Marcel Mauss, *Soziologie und Anthropologie 2*, Frankfurt/Main 1989 (franz. 1925).

Meyer/Mirecki, *Magic and Ritual Power*: Marvin Meyer/Paul Mirecki (eds.), *Ancient Magic and Ritual Power*, Leiden-New York-Köln 1995.

Müller-Karpe, Andreas, *Zur Metallverarbeitung bei den Hethitern*, in: Ü. Yalcin (ed.), *Anatolian Metal I*, Veröffentlichungen aus dem Deutschen Bergbaumuseum, Bochum, Nr. 96 = Der Anschnitt, Beiheft 13, Bochum 2000, S. 113–124.

Nakamura, *Nuntarriyašha-Fest*: Mitsuo Nakamura, *Das hethitische Nuntarriyašha-Fest*, Leiden 2002.

Neu/Rüster, *Documentum Asiae Minoris Antiquae*: Erich Neu/Christel Rüster (eds.), *Documentum Asiae Minoris Antiquae, Festschrift für Heinrich Otten*, Wiesbaden 1988.

Neu/Rüster, *Festschrift Heinrich Otten*: Erich Neu/Christel Rüster (eds.), *Festschrift Heinrich Otten*, Wiesbaden 1973.

Otten, *Totenrituale*: Heinrich Otten, *Hethitische Totenrituale*, Berlin 1957.

Otten, *Apologie Hattušiliš III.*: Heinrich Otten, *Die Apologie Hattušiliš III. Das Bild der Überlieferung*, StBoT 24, Wiesbaden 1981.

Otten/Souček, *Das Gelübde der Königin Puduhepa*: Heinrich Otten/Vladimir Souček, *Das Gelübde der Königin Puduhepa an die Göttin Lelwani*, StBoT 1, Wiesbaden 1965.

Pechioli Daddi, *Mestieri*: Franca Pechioli Daddi, *Mestieri, professioni e dignità nell'Anatolia ittita*, Rom 1982.

Popko, *Zippalanda*: Maciej Popko, *Zippalanda: Ein Kultzentrum im hethitischen Kleinasien*, Theth 21, Heidelberg 1994.

Richter et al., *Kulturgeschichten*: Thomas Richter/Doris Prechel/Jörg Klinger (eds.), *Kulturgeschichten*. Altorientalische Studien für Volkert Haas zum 65. Geburtstag, Saarbrücken 2001.

Rössler, *Wirtschaftsethnologie*: Martin Rössler, *Wirtschaftsethnologie: Eine Einführung*, Berlin 1999.

Sasson, *CANE*: Jack Sasson (ed.), *Civilizations of the Ancient Near East (CANE)*, New York 1995.

Siegelová, *Verwaltungspraxis*: Jana Siegelová, *Hethitische Verwaltungspraxis im Lichte der Wirtschafts- und Inventardokumente*, Prag 1986.

Siegelová, Jana, *Der Regionalpalast in der Verwaltung des hethitischen Staates*, in: AoF 28, 2001, S. 193–208.

Schloen, *House of the Father*: David J. Schloen, *The House of the Father as Fact and Symbol, Patrimonialism in Ugarit and the Ancient Near East*, Winona Lake, Indiana 2001.

von Schuler, *Die Kaškäer*: Einar von Schuler, *Die Kaškäer*, Berlin 1965.

Schwemer, Daniel, *Von Taḫurpa nach Ḫattuša. Überlegungen zu den ersten Tagen des AN.DAḪ.ŠUM-Festes*, in: Hutter/Hutter-Braunsar, *Religion, Kulte und Religiosität*, S. 395–412.

Seiwert, Hubert, *Opfer*, in: Hubert Cancik/Burkhard Gladigow/Karl-Heinz Kohl (eds.), *Handbuch religionswissenschaftlicher Grundbegriffe IV*, Stuttgart 1998, S. 268–284.

Singer, Itamar, *A New Hittite Letter from Emar*, in: L. Milano/S. de Martino/F. M. Fales/G. B. Lanfranchi, *Landscapes. Territories, Frontiers and Horizons in the Ancient Near East.* Papers presented to the XLIV Rencontre Assyriologique Internationale, Venezia, 7–11 July 1997, Vol. II: Geography and Cultural Landscapes, History of the Ancient Near East/Monographs III.2, Padova 1999, S. 65–72.

Singer, *Hittite KI.LAM Festival*: Itamar Singer, *The Hittite KI.LAM Festival, Part One*, StBoT 27, Wiesbaden 1983.

Singer, Itamar, *The AGRIG in the Hittite Texts*, in: AnSt 34, 1984, S. 97–127.

Singer, *Hittite Prayers*: Itamar Singer, *Hittite Prayers, SBL Writings from the Ancient World Series*, vol. 11, Atlanta, Georgia 2002.

Starke, Frank, *Zur „Regierung" des hethitischen Staates*, in: ZABR 2, 1996, S. 140–182.

Taracha, Piotr, *Zum Festritual des Gottes Telipinu in Ḫanḫana und in Kašḫa*, in: AoF 13, 1986, S. 180–183.

Zinser, Hartmut, *Gabe*, in: Hubert Cancik/Burkhard Gladigow/Karl-Heinz Kohl (eds.), *Handbuch religionswissenschaftlicher Grundbegriffe II*, Stuttgart 1990, S. 454–456.

Abkürzungen

CHD	H. G. Güterbock/H. A. Hoffner Jr./Th. van den Hout (eds.), *The Hittite Dictionary of the Oriental Institute of the University of Chicago*, Chicago.
CTHE	Laroche, *Catalogue des textes hittites*. Paris 1971².
KBo	*Keilschrifttexte aus Boghazköi*, Berlin.
KUB	*Keilschrifturkunden aus Boghazköi*, Berlin.

GESCHENKE, TRIBUTE UND HANDELSWAREN IM HETHITERREICH

Eine archäologische Bestandsaufnahme am Fallbeispiel Hattuša

Ekin Kozal (Çanakkalı) und Mirko Novák (Tübingen)

Einleitung

Ein wesentliches Problem der Deutung von Importen im archäologischen Material besteht darin, herauszufinden, unter welchen Umständen sie vom Produktions- in den Fundort gelangt sind, also ob sie als Geschenke befreundeter Königreiche, als Tribute von Vasallenfürstentümern oder als Waren im Rahmen eines merkantilen Handelskontaktes zu klassifizieren sind. Die archäologische Forschung beschränkt sich häufig auf die Klärung des Herkunftsortes solcher Stücke und die Frage, ob hier tatsächlich Importe oder lediglich lokale Imitationen vorliegen. Weitergehende Analysen zur Klassifizierung sind dann möglich, wenn außer dem archäologischen Material auch Textquellen vorliegen, die über die Formen des Güteraustausches und die damit verhandelten Materialien und Objektgruppen Auskunft geben.

Für die hier verfolgte Fragestellung sind folgende Punkte von besonderem Interesse:

1. Lassen sich die archäologisch bezeugten Importe funktional klassifizieren?
2. Welche Hinweise auf Geschenke und Tribute lassen sich den Textquellen entnehmen?
3. Lassen sich die archäologischen Funde mit den in den Textquellen erwähnten Gütern verbinden?
4. Welche Rolle spielt das Empfangen von Tribut im hethitischen Herrschaftsverständnis?

Das Ziel der hier präsentierten Fallstudie, deren Augenmerk ausschließlich auf den bislang publizierten, in den großreichszeitlichen Schichten von Hattuša (Boğazköy) gefundenen Objekten liegt, kann jedoch nicht darin bestehen, zu gesicherten Resultaten zu gelangen; vielmehr gilt es exemplarisch zu hinterfragen, welche Möglichkeiten zur Deutung archäologischer Funde existieren.

Beispiele für archäologisches „Fremdgut" aus Hattuša und die Frage der Herkunft[1]

Keramikgefäße

Zwei Arten von Keramikgefäßen aus Hattuša sind definitiv als Importwaren zu bezeichnen. Es handelt sich um mykenische und zyprische Waren, die jeweils bislang nur als Einzelfunde vorliegen.

Laut E. Sjöqvist[2] wurden in Boğazköy zwei Scherben einer zyprischen *base-ring*-Schale gefunden. Über die Fundumstände ist nichts bekannt, und Abbildungen dieser Stücke sind bisher nicht publiziert. Eine genauere zeitliche Einordnung ist somit nicht möglich, da die *base-ring*-Ware während der gesamten Spätbronzezeit auftritt.[3]

Bei der mykenischen Keramik handelt es sich um ein Standfußfragment einer Kylix, die in die Stufe SH IIIA2 – SH IIIB (= 14–13. Jh. v.Chr.) datiert wird.[4]

In diesem Zusammenhang muß eine weitere spätbronzezeitliche Keramikgattung erwähnt werden, die auf Kontakte zwischen den Hethitern und dem Ostmittelmeerraum hinweist, nämlich die *red lustrous wheel-made ware*. Die Herkunft dieser Keramik ist noch immer umstritten. Allgemein wird akzeptiert, daß sie in einem oder mehreren Produktionszentren innerhalb einer Region hergestellt wurde, da die Ware im Ostmittelmeerraum optisch und petrographisch stets die gleichen Eigenschaften aufweist.[5] Der jetzige Forschungsstand verweist auf eine Herkunft aus Zypern oder Kilikien;[6] ihre Verbreitung in Anatolien

---

[1] Dieses Kapitel basiert auf Untersuchungen, die im Rahmen der Dissertation von Ekin Kozal: „Anatolien im 2. Jt. v.Chr. und Hinterlassenschaften materieller Kultur aus dem Ostmittelmeerraum, insbesondere Zyperns" durchgeführt werden.

[2] Sjöqvist, *Cypriote Bronze Age*, S. 175; Åström, in: OA 13, 1980, S. 26.

[3] Åström, *Cypriot Bronze Age*, S. 700.

[4] Genz, i.Dr. Wir bedanken uns bei Hermann Genz für das Überlassen des Manuskripts.

[5] Eriksson, *Red Lustrous Wheel-made Ware*, S. 19–21; Knappet, i.Dr.; eigene Betrachtungen von E. Kozal in Zypern und Anatolien.

[6] Für Zypern: Eriksson, *Red Lustrous Wheel-made Ware*, S. 149–153; für Kilikien: Knappet, in: Internet Archaeology 9, S. 6. Die kilikische Ebene scheint als Produktionsgebiet der *red lustrous wheel-made ware* auszuschließen zu sein, da sie hier nur spärlich bezeugt ist.

zeigt eine Konzentration auf die hethitischen Städte in Zentralanatolien und auf das Gebiet entlang des Kalykadnos (Göksu). In Zentralanatolien findet sich die Ware hauptsächlich in Schichten ab dem 14. Jh. v.Chr. in Kontexten, die in die Zeit ab der Regierung Šuppiluliumas I. datieren.[7] In Zypern läßt sie sich hingegen während der gesamten Spätbronzezeit nachweisen.[8]

Falls die Ware zyprischen Ursprungs ist, demonstriert sie Kontakte zwischen dem Hethitischen Reich und Zypern, insbesondere in der zweiten Hälfte der Spätbronzezeit. Dies wäre dann der einzige Beleg für Keramikimporte in nennenswerter Quantität aus dem Ostmittelmeerraum nach Zentralanatolien. Falls die Ware jedoch aus Kilikien stammen sollte, weist sie auf Beziehungen dieser Region sowohl nach Inneranatolien als auch zur Levante, nach Ägypten und nach Zypern hin. Auffälligerweise sind dagegen die Ägäis und das griechische Festland in den Austausch dieser Ware nicht involviert gewesen, da sich dort bislang keine Importstücke fanden.

Steingefäße

Vier Steingefäße sind bisher aus Boğazköy bekannt geworden, die jeweils von unterschiedlichem Typ sind. Zwei davon sind ägyptischer Herkunft: Eine Alabastervase stammt aus einem BK III-zeitlichen Kontext,[9] das andere Gefäß besteht aus Obsidian und wurde ebenfalls in einer BK III-zeitlichen Schuttschicht gefunden. Letzteres trägt eine Kartusche des Hyksos-Herrschers Chian,[10] die es als solches älter datiert und einen *terminus post quem* für seine Produktion und Übersendung nach Anatolien bietet.

Ein generelles Problem der Deutung von Importen kann anhand dieser ägyptischen Steingefäße verdeutlicht werden. Zwar können die Gefäße bezüglich ihres Produktionsortes eindeutig als ägyptisch identifiziert werden, doch es bleibt unklar, auf welchem Wege sie letztlich in ihren Fundkontext in Hattuša gelangt sind. Neben einem direkten Import aus Ägypten selbst ist auch eine Übersendung der Stücke über

---

[7] Eriksson, *Red Lustrous Wheel-made Ware*, S. 129–134; Kozal, *Red Lustrous Wheel-made Ware*, S. 65–67.

[8] Eriksson, *Red Lustrous Wheel-made Ware*, S. 30–57.

[9] Boehmer, *Kleinfunde*, S. 211, 214, Tf. 82:2179.

[10] Boehmer, *Kleinfunde*, S. 211, 214, Tf. 82:2178; Stock, in: MDOG 94, 1963, S. 73–83.

den Umweg der syrischen Vasallenfürstentümer des Hethitischen Reiches möglich. In diesen kursierten zahlreiche Ägyptiaca, wie beispielsweise die große Anzahl von ägyptischen oder ägyptisierenden Steingefäßen der Spätbronzezeit in Ugarit,[11] Alalakh[12] oder Qatna[13] bezeugt. Ein anderes Problem wurde bereits von De Vos dargelegt: die Verwendung und Thesaurierung „exotischer" Güter über mehrere Generationen hindurch.[14]

Die anderen beiden in Hattuša gefundenen Steingefäße sind syrisch-mesopotamischen Ursprungs.[15] Es handelt sich dabei um ein geschlossenes Kalzitgefäß und einen Trichter, die beide aus unstratifizierten Kontexten stammen. Laut Boehmer lassen sich Parallelen für das geschlossene Gefäß u.a. in Assur finden,[16] wo sie in mittelassyrischen Gräbern auftreten.[17] Der Trichter ist ovalförmig und weist am Boden eine Öffnung auf. Boehmer beschreibt das Material als einen glimmerhaltigen Stein. Parallelstücke aus Chlorit sind in Ugarit zutage gekommen,[18] die laut Caubet lokal produziert worden sind. Ein solcher Trichter wurde in einem spätbronzezeitlichen Siedlungskontext entdeckt und gehörte ursprünglich wohl zu einem Tempelinventar.[19]

Glasgefäße

Einige Fragmente eines Glasgefäßes wurden in einer BK III-zeitlichen Schuttschicht in Boğazköy gefunden.[20] Dieses Glas ist in Sandkerntechnik hergestellt worden, die seit Mitte des 2. Jts. v.Chr. bekannt ist. Solche Gefäße sind sowohl in Ägypten als auch im syro-mesopotamischen Raum bezeugt (z.B. Assur, Tall Brak, Tall al-Rimah, Alalakh).[21] Anhand

---

[11] Caubet, in: Yon et al., *Arts et industries*, S. 209–215.

[12] Woolley, *Alalakh*, S. 292, Tf. 83.

[13] Novák/Pfälzner, in: MDOG 135, 2003, S. 150, Abb. 13; al-Maqdissi et al., in: MDOG 135, 2003, S. 199f.; zu Ägyptiaca in Qatna (speziell in der Glyptik) s. zuletzt Ahrens, in: UF 35, 2003, S. 1–27.

[14] De Vos, in: Hethitica 15, 2002, S. 45–46.

[15] Boehmer, *Unterstadt*, S. 53f., Tf. 32:3727 und Tf. 33:3728.

[16] Ebd.

[17] Ebd.; Andrae, in: Haller, *Gräber und Grüfte*, S. 58, Tf. 31:h–i; S. 139–140, Tf. 31.

[18] Caubet, in: Yon et al., *Arts et industries*, S. 215, 227f., 243, Tf. 7: 4–6, Tf. 12:7–9.

[19] Caubet, in: Yon et al., *Arts et industries*, S. 243, Tf. 7:5; 12:9.

[20] Boehmer, *Kleinfunde*, S. 174f., Tf. 63:1802.

[21] Barag, *Glass*, S. 35–49; Haevernick/Nolte, in: Haevernick, *Beiträge zur Glasforschung*, S. 150–160; Nolte, in: von Saldern et al., *Gläser der Antike*, S. 13–27; Kühne, in: RlA 4, 1957–1971, S. 419–422.

stilistischer Merkmale und der geringeren Distanz ist es wahrscheinlich, daß das Gefäß aus einem syrischen Ort nach Boğazköy gelangte.

Belege für Glasproduktion in der späten Bronzezeit sind gleichermaßen im Nahen Osten und in Ägypten vorhanden,[22] in Anatolien ist sie für das 2. Jt. v.Chr. bisher nicht eindeutig nachgewiesen. Die einzigen archäologischen Belege bestehen in einer Gußform für Schieberperlen,[23] einem kleinen Rohglasfragment und einer Gußform, die möglicherweise für die Herstellung von Reliefﬁguren verwendet wurde.[24] Texte, die aus der akkadischen Sprache ins Hethitische übersetzt wurden, geben indessen Hinweise für Glasherstellung auch in Anatolien.[25] Die Rarität der Glasfunde und die wenigen Belege für Glasproduktion deuten jedoch darauf hin, daß die Glasproduktion wenngleich bekannt, so doch kaum intensiv ausgeübt worden sein kann. Aus diesem Grund sollten die meisten Glasfunde in Anatolien angesichts des heutigen Forschungsstandes eher als Importe angesehen werden. Für die in Anatolien hergestellten Glasobjekte gelangte das Material wohl als Rohstoff dorthin. In diesem Zusammenhang weisen die spärlichen Belege möglicherweise auf eine Verarbeitung durch reisende Handwerker hin, wie dies Barag bereits für die Schieberperlengußform vermutet hat.[26]

Glyptik

Fünf in Hattuša in verschiedenen Schuttschichten gefundene Zylindersiegel aus Stein, eines aus Ton und zwei aus Fritte stammen allesamt aus Syrien.[27] Salje, die den mittanischen *common style* und vergleichbare zyprische und levantinische Glyptik untersuchte, klassifizierte diese Siegel anhand stilistischer Merkmale[28] und wies vier der Steinsiegel ihren Gruppen „Ugaritisch IV" und „Ugaritisch V" zu.[29] Beide Stilgruppen kommen überwiegend in Ugarit, daneben aber auch an anderen

[22] Schweizer, *Glas*, S. 97–118; Moorey, *Materials and Industries*, S. 189–215.
[23] Boehmer, *Kleinfunde*, S. 217, Tf. 87:2229.
[24] Baykal-Seeher/Seeher, in: IstMit 53, 2003, S. 99–111.
[25] Riemschneider, in: Bittel/Houwink Ten Cate, *Anatolian Studies*, S. 263–278.
[26] Barag, *Glass*, S. 46.
[27] S. hierzu Boehmer/Güterbock, *Glyptik*, S. 106ff.; Salje, *Common Style*, S. 120 und 252.
[28] Salje, *Common Style*.
[29] Salje, *Common Style*, S. 119–120, 252; Boehmer/Güterbock, *Glyptik*, S. 106–110, Tf. 37:306 (Ugaritisch IV), Tf. 37:307, Tf. 39:313–314 (Ugaritisch V); Beran, in: Bittel et al., *Festschrift Moortgat*, S. 31–34, 38, Nr. 10–11, Abb. Taf. 6:6–7.

syrischen Fundorten vor. „Ugaritisch IV“ datiert ins 14.–13. Jh. v.Chr., „Ugaritisch V“ ins 16.–12. Jh. v.Chr.[30]

Zwei Zylindersiegel, eines aus Stein und eines aus Ton, gehören der Stilgruppe „Zyprisch/Ägäisch II“ an.[31] Diese kleine Siegelgruppe (insgesamt nur 34 Stücke aus bekannten Fundkontexten) ist auf Kreta seit dem 15. Jh. v.Chr. und auf Zypern im 13. Jh. v.Chr. verbreitet; fünf Beispiele stammen aus Ugarit.[32] Da die Beziehungen zwischen Boğazköy und Kreta für diese Periode schwach bezeugt sind und Kontakte zu Zypern bislang schwer nachweisbar sind, erscheint es denkbar, daß diese Siegel ebenfalls über Ugarit oder Nordsyrien nach Boğazköy gelangt sind.

Die beiden Frittesiegel sind leider schlecht erhalten und deswegen im Hinblick auf ihre stilistischen Eigenschaften kaum einzuordnen.[33] Möglicherweise zeigen sie lediglich geometrische Muster. Diese Siegel könnten vom Material und „Stil“ her dem mittanischen *common style* zugehörig sein.[34]

Figurinen

Drei Figurinen aus Glas, Fritte und Fayence sind aus Boğazköy bekannt. Erstere stellt einen liegenden Löwen dar und stammt aus einer BK IVA-zeitlichen Auffüllschicht.[35] Ihre Herkunft ist unklar. Auch bei der deutlich größeren Figurine aus Fayence, zu der zwei Fragmente gehören, handelt es sich offenbar um ein Löwenidol.[36] Aufgrund ihres fragmentarischen Erhaltungszustandes ist ihre stilistische Einordnung kaum bestimmbar, sie könnte gleichermaßen in Ägypten, der Levante oder Mesopotamien gefertigt worden sein. Vergleiche finden sich im mittani-zeitlichen Nuzi.[37]

Die dritte, aus blauem Glas gefertigte Figurine zeigt eine nackte Frau. Eine horizontale Durchbohrung in Höhe der Brust deutet darauf hin,

---

[30] Salje, *Common Style*, S. 119–120.

[31] Salje, *Common Style*, S. 133, 252; Boehmer/Güterbock, *Glyptik*, S. 109–110, Tf. 40: 315–316.

[32] Salje, *Common Style*, S. 133.

[33] Boehmer/Güterbock, *Glyptik*, S. 108, 110, Tf. 39:311–312.

[34] Für vergleichbare geometrischen Muster s. Salje, in: Caubet, *De Chypre à la Bactriane*, S. 251–262, Abb. 30–47.

[35] Boehmer, *Kleinfunde*, S. 179f., Tf. 65:1860.

[36] Boehmer, *Kleinfunde*, S. 178–180, Tf. LXIV:1858–1859.

[37] Starr, *Nuzi*, Pl. 110 und 111.

daß es sich bei dem Objekt um einen Anhänger handelte. Die Figurine wurde in Gebäude D in einem BK III-zeitlichen Kontext gefunden und stellt damit die bisher am besten stratifizierte dar.[38] Solche als Anhänger verwendeten Glasfigurinen sind aus dem nordsyrisch-nordmesopotamischen Bereich aus spätbronzezeitlichen Schichten des 15. und 14. Jh. v.Chr. bekannt (z.B. Tall Munbaqa, Tall al-Rimah, Nuzi).[39]

Stele

Eine aus rotem Sandstein bestehende Stele mit ägyptischer Hieroglyphen-Inschrift wurde in unstratifiziertem Kontext am Büyükkale gefunden.[40] Aufgrund stilistischer Merkmale möchte Boehmer sie in die Zeit Ramses II. datieren.

Elfenbein als Fertigprodukt

Elfenbein-Objekte, die als Fertigprodukte nach Boğazköy gelangten, sind bisher nur mit einem Einzelfund belegt. Es handelt sich dabei um eine wohl levantinisch-mesopotamische Pyxis in Form einer Ente. Sie wurde in Unterstadt-2-zeitlichem Schutt gefunden.[41]

Waffen

Bislang sind aus Hattuša ein aus Westanatolien oder dem griechischen Festland stammendes Rapier und eine ägyptische Beilklinge bezeugt.

Das Rapier ist von mykenischem Typ.[42] Es wurde bei Straßenbauarbeiten 750 m südwestlich des Löwentors gefunden. Stilistisch ist es in die Stufe SH II–IIIA einzuordnen. Auf dem Schwert befindet sich eine sekundär angebrachte Inschrift: „Als Tutḫaliya, der Großkönig, das Land Assuwa zugrunde richtete, weihte er diese Schwerter dem Wettergott, seinem Herrn". Diese Inschrift bezeugt, daß Tutḫaliya II.

---

[38] Boehmer, *Kleinfunde*, S. 179–180, Tf. 64:1861.

[39] Werner, in: Czichon/Werner, *Tall Munbaqa-Ekalte I*, S. 176–177.

[40] Boehmer, *Kleinfunde*, S. 208, 210, Tf. 80:2159.

[41] Boehmer, *Unterstadt*, S. 46, Tf. 28:3620.

[42] Neve, *Hattuša*, S. 648ff.; Ertekin/Ediz, in: Mellink et al., *Aspects of Art and Iconography*, S. 719–725; Ünal, in: Mellink et al., *Aspects of Art and Iconography*, S. 728–730; Müller-Karpe, in: Dobiat, *Festschrift Frey*, S. 434ff., Abb. 1:7, 2:3. Zur Skepsis bezüglich der ägäischen Herkunft des Schwertes s. Taracha, in: Beckman et al., *Hittite Studies*, S. 367–376.

dieses Schwert bei seinem Feldzug gegen Assuwa als Beute mit nach Boğazköy brachte und dort dem Wettergott weihte.

Die Beilklinge aus Bronze stammt aus Tempel 26 in der Oberstadt, sie ist aufgrund ihrer formaltypologischen Charakteristika als ägyptisch zu identifizieren.[43]

Perlen

Aus Boğazköy sind 32 Perlen aus Glas/Fritte/Fayence bekannt.[44] Die meisten stammen aus Schuttkontexten in der Unterstadt. Fünf Perlen wurden auf den Fußböden der Häuser 32, 44, 45 entdeckt.

Perlen können unterschiedliche Funktionen erfüllen. Einerseits können sie als Schmuck, andererseits als Bestandteile von Textilien verwendet werden. So wurde in Acemhöyük ein verbranntes Textilfragment gefunden, auf dem zahlreiche Perlen mit Golddraht aufgenäht waren.[45] In diesem Falle können Perlen – falls es sich bei ihnen um Importstücke handelt – als indirekter Hinweis auf Textilhandel gelten. Ein Indiz dafür, daß Glasperlen aber auch als solche gehandelt wurden, ist die Fracht des Schiffswracks von Uluburun.[46] Unter Umständen waren Perlen wegen ihrer potentiell magischen Wirksamkeit interessant.[47]

Wie bereits erwähnt ist eine Herkunft der aus Glas/Fritte/Fayence gefertigten Perlen aus Syro-Mesopotamien oder Ägypten wahrscheinlich. Man möchte annehmen, daß sie aus dem erstgenannten Gebiet stammen, da das Gesamtbild der Importe in Boğazköy eher Kontakte zu dieser Region indiziert.

Perlen aus Stein sind dagegen deutlich seltener bezeugt. Hier werden nur solche aus Karneol und Lapislazuli als Beispiele aufgeführt. Allerdings könnten Perlen aus anderen Steinarten, wie Kalchedon oder Achat, ebenfalls Handelsgut gewesen sein. Acht Perlen aus Karneol liegen aus Boğazköy vor,[48] die zumeist in der Unterstadt gefunden wurden.

---

[43] Neve, *Hattuša*, S. 29, Abb. 70.

[44] S. hierzu Boehmer, *Kleinfunde* und ders., *Unterstadt*. Glas, Fritte und Fayence sind meistens wegen des Erhaltungszustands der Perlen nicht voneinander zu trennen. Aus diesem Grund sind alle hier zusammen erwähnt.

[45] Özgüç in: Anadolu 10, 1966, S. 47, Taf. 22:1–3.

[46] Pulak, in: Bonfante/Karageorghis, *Italy and Cyprus*, S. 43f.

[47] Czichon, in: Czichon/Werner, *Tall Munbaqa-Ekalte I*, S. 147.

[48] Boehmer, *Kleinfunde*, S. 222, Tf. 93:2283, 2284, 2286; Boehmer, *Unterstadt*, S. 58f., Tf. 36:3790, 3793, 3795–3796, 3798.

Die Herkunft von Karneol läßt sich ohne chemische Analysen nicht bestimmen, da dieser Halbedelstein weit verbreitet ist: In Frage kämen das Iranische Plateau, der Hindukusch, das Elbruz-Gebirge, Zentralasien, der Kaukasus oder die Ostwüste von Ägypten.[49]

Ein singuläres Stück stellt eine Lapislazuli-Perle dar, die in einer Schuttschicht gefunden wurde.[50] Lapislazuli stammt aus Afghanistan.[51]

Wandmalereien

Im Schutt des Tempels 9 der Oberstadt wurden mehrere Fragmente von Wandverputz gefunden, der polychrom bemalt gewesen ist.[52] Da die Stücke bislang nur in fragmentiertem Zustand veröffentlicht wurden, kann über die Komposition der Gestaltung ebenso wenig gesagt werden wie über die Maltechnik. Daher ist noch unklar, ob es sich um eine Produktion einheimischer oder fremder Handwerker handelt. Immerhin sind einige Elemente wie das rote, von schwarzen Strichen gerahmte Band auf hellem Untergrund oder blaue, offenbar Blätter darstellende, geschwungene Formen vergleichbar mit den vermutlich nicht viel älteren Malereien, die im Palast von Qatna in Syrien gefunden wurden.[53] Diese wiederum stehen in Maltechnik und Ikonographie minoischen Vorbildern nahe, so daß zumindest mit einem engen Kulturkontakt, wenn nicht mit einem Austausch von Handwerkern gerechnet werden kann. Ob man ähnliches auch für die Malereien aus Hattuša wird konstatieren können, müssen die Bearbeitungen der dort gefundenen Fragmente zeigen. Einige andere Fragmente lassen Beziehungen zur Malerei in Tell el-Amarna erkennen.[54]

Rohstoffe (Kupfer, Zinn, Elfenbein)

Hinweise auf den Import von Rohstoffen stellen Geräte und Materialklumpen aus Kupfer, Zinn und Elfenbein dar. Ein Fragment eines Vierzungenbarrens aus Kupfer wurde in der Oberstadt von Boğazköy

[49] Tosi, in: RlA 5, 1976–80, S. 448–452.
[50] Boehmer, *Unterstadt*, S. 58f., Tf. 36:3790A.
[51] Moorey, *Materials and Industries*, S. 85f.
[52] Neve, *Hattuša*, S. 30, Abb. 75.
[53] Novák/Pfälzner, in: MDOG 134, 2002, S. 236ff.
[54] Müller-Karpe, in: Bietak, *Synchronisation of Civilization*, S. 392f.

entdeckt.[55] Die Blei-Isotopen-Analysen an diesem Exemplar zeigen, daß es aus Zypern stammt.[56]

Bisher ist Zinn in Barrenform in Boğazköy nicht belegt. Jedoch ist es als Bestandteil in den Bronzeobjekten vorhanden. Hinweise auf lokale Bronzeherstellung sind in Boğazköy durchaus vorhanden,[57] so daß man von einem Import von Zinn ausgehen darf. Es ist wahrscheinlich, daß Zinn aus Zentralasien stammt[58] und über Mesopotamien nach Anatolien gelangte. Die Urkunden aus der Zeit der altassyrischen Handelskolonien bezeugen, daß Zinn über Assur nach Anatolien gebracht wurde,[59] während in der Spätbronzezeit Zinnressourcen im Taurus oder im Ägäisraum erschlossen worden sein müssen.

Obgleich bislang kein unbearbeitetes Elfenbein in Boğazköy gefunden wurde, liegen doch deutliche Hinweise auf den Import dieses Rohstoffes vor: Es fanden sich mehrere Objekte aus Elfenbein, die aufgrund von Stil und Ikonographie als echt hethitische – also anatolische – Arbeiten zu identifizieren sind. Es handelt sich dabei um Intarsien, Griffe, Knöpfe, Siegel, Figurinen und Relief-Figurinen.[60] Da Elefanten und Flußpferde jedoch in Anatolien nie heimisch waren, muß der Rohstoff importiert worden sein. Beide in Frage kommenden Tierarten sind in Teilen Asiens und Afrikas verbreitet,[61] als Herkunftsland für das Material kommen Zentral-Syrien und Ägypten in Frage.

Muschelschalen von im Salzwasser lebenden Arten weisen darauf hin, daß Boğazköy zu Küstenregionen Verbindungen hatte.[62] Es könnte sich dabei um das Mittelmeer, die Ägäis oder das Schwarze Meer handeln.

Probleme der Deutung der Funde

Jegliche weitergehende Auswertung des archäologischen Materials basiert auf den Erkenntnissen zu Datierung, Herkunft, Kontext und Quantität. Dabei tun sich jedoch einige grundlegende Probleme auf, die hier kurz erwähnt werden müssen.

---

[55] Müller-Karpe, in: AA 1980, S. 303, Abb. 22.

[56] Gale/Stos-Gale, in: Betancourt et al., *Meletemata Studies*, S. 272, Tf. 68b.

[57] Müller-Karpe, *Altanatolisches Metallwerk*, S. 73–85.

[58] Cierny/Weisgerber, in: Giumlia-Mair/Schiavo, *Early Tin*, S. 23–31.

[59] Dercksen, in: Yalçin, *Anatolian Metal III*, S. 19.

[60] Beispiele: Boehmer, *Kleinfunde*, S. 182–186, Tf. 45: 1885, S. 192, 194, Tf. 70:1989; Boehmer, *Unterstadt*, S. 50, Tf. 28, 29:3657, 3624; Boehmer/Güterbock, *Glyptik*, S. 74, Abb. 54.

[61] Barnett, *Ivories*, S. 3–8.

[62] Beispiele: Boehmer, *Kleinfunde*, S. 233, Tf. 98:2462–2469.

Herkunft

Die Herkunft der Funde kann auf unterschiedliche Weise bestimmt werden. Zum einen stellen stilistische und ikonographische Vergleiche rein archäologische Methoden dar, zum anderen gibt es verschiedene naturwissenschaftliche Verfahren wie die Materialanalysen oder die Bestimmung der Vorkommen der verwendeten Materialien. Alle genannten Methoden können in bestimmten Fällen problematisch sein. So kann eine Objektart oder eine bestimmte Stilform weit verbreitet gewesen und folglich in mehreren verschiedenen Produktionszentren entstanden sein. Andererseits treten gewisse Materialien in mehreren Gebieten auf, so daß naturwissenschaftliche Analysen nur im Falle großräumiger Untersuchungen sinnvoll sind.

Aufgrund dessen gestaltet sich bisweilen die Bestimmung der Herkunft einer Objektgattung überaus schwierig. Wenn jedoch die Herkunft nicht genau zu definieren ist, ist eine sinnvolle Deutung und Einordnung dieser Fundart hinsichtlich der Frage nach überregionalen Beziehungen nicht zu bewerkstelligen.

Kontexte

Der überwiegende Teil der Fremdgüter in Boğazköy stammt aus umgelagerten Fundkontexten. Dadurch werden genauere Aussagen zur Funktion und zeitlichen Einordnung dieser Objekte nahezu unmöglich.

Wiederverwendung der Funde aus Metall

Ein weiteres Problem wird durch die Bearbeitung und/oder Wiederverarbeitung von Metallen hervorgerufen. Beispielsweise sind Kupferbarren nur selten in archäologischen Kontexten zu finden. Ausnahmen stellen die Funde in den wenigen bislang entdeckten Schiffswracks oder in Zerstörungskontexten dar. Daher ist der Umfang des Metallhandels schwer bestimmbar.

Reisende Handwerker

Archäologische und textuale Hinweise auf reisende Handwerker sind für den hier fraglichen Zeitraum in umfangreicher Form vorhanden (s. u.). Dies kann dazu führen, daß Objektgruppen aufgrund ihrer typologischen Kriterien wie Fremdgüter wirken, in Wirklichkeit jedoch vor Ort gefertigt worden sind. Nur in Einzelfällen kann jedoch genau bestimmt werden, ob es sich bei bestimmten Funden um Importe oder Produkte reisender Händler handelt.[63]

Ausraubung

Ein weiteres Problem könnte sich durch die gründlichen Plünderungen der Paläste, Tempel und Häuser Hattušas am Ende des Großreiches ergeben. Dadurch sind wohl zahlreiche Objekte – insbesondere die uns hier interessierenden Gegenstände aus wertvollen Materialien – entnommen worden. Hierzu muß zwar einschränkend bemerkt werden, daß dies für die meisten archäologisch untersuchten Fundstätten gilt. Da man aber dennoch an anderen Orten Pretiosen findet, kann dieser Umstand alleine das Fehlen von Fremdgütern in Hattuša nicht erklären, ganz besonders nicht dasjenige von zerscherbter Importkeramik, welche wohl kaum das Interesse von Plünderern auf sich gezogen hat.

Publikationsstand

Die in diesem Aufsatz vorgenommene Untersuchung basiert auf reiner Literaturrecherche. Aus Boğazköy sind bislang lediglich die Kleinfunde aus Büyükkale und der Unterstadt veröffentlicht worden. Die Funde aus der Oberstadt und den neuen Ausgrabungen werden noch bearbeitet, wodurch definitive Aussagen zum Vorkommen und zur Quantität von Objektgruppen noch nicht möglich sind.

Zwischenfazit: Archäologische Deutung der Funde

Trotz der oben aufgeführten Einschränkungen kann versucht werden, ein kurzes Zwischenfazit zur Aussagekraft des archäologischen Fundgutes aus sich selbst heraus zu ziehen. An dieser Stelle werden die Funde anhand der Datierung und des Kontextes nicht weitergehend klassifiziert. Von Interesse ist dagegen die Frage nach der Herkunft und der Quantität der Stücke.

Wie oben dargestellt, stammen die meisten in Hattuša gefundenen Importstücke wahrscheinlich aus dem nordsyrischen und nordmesopotamischen Raum. Ägyptische und babylonische Funde sind lediglich

[63] Hrouda, in: Anadolu 22, 1981/83, S. 39–46.

durch Einzelfunde vertreten. Importe aus dem ägäischen Raum und aus Zypern sind dagegen nahezu nicht bezeugt. Dies gilt auffälligerweise insbesondere für die in der Levante und in Nord-Ägypten so häufig auftretende ägäische und zyprische Keramik. Als einzige Ausnahme kann die *red lustrous wheel-made ware* gelten, deren Herkunft jedoch bislang nicht geklärt ist.

Aufgrund der relativen Häufigkeit einerseits und der wahrscheinlichen Funktion der jeweiligen Fundgattungen andererseits ist es immerhin möglich, die Art und Weise, wie diese Gegenstände nach Boğazköy gelangten, einigermaßen zu bestimmen: Einzelfunde wie z.B. die Elfenbeinpyxis oder die Steingefäße können als Geschenk, Beutegut oder persönlicher Besitz nach Boğazköy gelangt sein. Das eindrücklichste Beispiel ist das mykenische Schwert, das von Tudḫaliya erbeutet, nach Boğazköy gebracht und dort als Weihgabe niedergelegt wurde. Auf vergleichbare Weise könnte auch das ägyptische Beil infolge der kriegerischen Auseinandersetzungen zwischen Hethitern und Ägyptern in hethitischen Besitz gelangt sein. In Boğazköy wurde es in einem Tempel in der Oberstadt deponiert. Häufig vorkommende Objekte wie zum Beispiel die Gefäße der *red lustrous wheel-made ware* dürften hingegen als Tribute oder Handelsgüter beziehungsweise als Behälter derselben nach Boğazköy gelangt sein. Gleiches gilt wahrscheinlich auch für die Rohstoffe wie Elfenbein, Kupfer und Zinn, die zur weiteren Verarbeitung in die Hauptstadt verbracht wurden.

Insgesamt gesehen fällt auf, daß nur verhältnismäßig wenige Fremdgüter gefunden worden sind. Dies steht in einem auffälligen Gegensatz zur Situation in den levantinisch-syrischen Kleinfürstentümern wie zum Beispiel Kumidi, Alalakh, Ugarit und Qatna, wo eine viel höhere Quantität an Importobjekten gefunden wurde.[64] Dies wirft die Frage nach den Ursachen für diesen Befund auf. Es ist kaum anzunehmen, daß Hattuša weniger stark in den internationalen Handel eingebunden war als die levantinischen Orte; dies wird schon durch die entsprechenden Textbelege deutlich. Welche anderen Gründe könnten statt dessen für die Situation verantwortlich sein? Möglicherweise können Hinweise aus den Texten gewonnen werden.

[64] Als Beispiel hierfür sei nur auf das sogenannte „Schatzhaus", eigentlich eine Gruft, in Kumidi (Kamid el-Loz) und auf die neu entdeckte Gruft in Qatna (Tall al-Mišrife) verwiesen. Zu den Funden aus Kumidi s. Miron, *Schatzhaus*, zu denen aus dem Zugangskorridor und der Gruft von Qatna s. vorläufig Novák/Pfälzner, in: MDOG 135, 2003, S. 131–165, und al-Maqdissi et al., in: MDOG 135, 2003, S. 189–218.

Texte als Deutungshilfe: Der Austausch von Gütern im internationalen System

Zahlreiche Texte aus dem Korpus der nach ihrem Fundort benannten „el-Amarna-Korrespondenz“[65] zwischen dem ägyptischen Königshof und den asiatischen Herrschern oder Vasallenfürsten geben Auskunft über den Austausch von Gütern im internationalen Handelsgeflecht. Ergänzt wird das inschriftliche Material durch eine größere Anzahl weiterer Archive wie z.B. denjenigen aus Hattuša selbst oder aus Ugarit.[66] Auf dieser Grundlage kann nachgezeichnet werden, nach welchem System der Austausch von Gütern funktionierte.[67] Man spricht dabei von einem „reziproken System“, welches sich vom „redistributiven“ der Frühbronzezeit und dem „kommerziellen“ der Eisenzeit deutlich unterschied.

Den Texten ist zu entnehmen, daß der Austausch von exotischen und daher wertvollen Objekten eine zentrale Rolle im diplomatischen Verkehr der Großmächte untereinander, aber auch zwischen diesen und ihren jeweiligen Vasallenfürstentümern spielte. Unbestreitbar und unbestritten ist der hohe symbolische Wert der ausgetauschten Güter, dessen Empfang für einen Herrscher eine Auszeichnung und Anerkennung als wichtigem Partner darstellte. Durch die Präsentation dieser Güter konnte er sein Prestige im internationalen System seiner Umwelt kundtun.

Darüber hinaus kam dem Austausch von Gütern jedoch auch eine große ökonomische Bedeutung zu. Dies läßt sich alleine schon daraus ersehen, daß jede der Großmächte nur ganz bestimmte Materialien versandte, die bei den Partnern besonders selten und begehrt gewesen sind. Die diplomatische „Sprache“ dieser Zeit verklausuliert die Handelsobjekte dabei als „Geschenke“, obgleich eine Gegenleistung nicht

---

[65] Die erste Veröffentlichung des Korpus stammt von Knudtzon, *El-Amarna-Tafeln*, auf den auch die Numerierungen der Tafeln zurückgehen. Die jüngste Edition findet sich bei Moran, *Amarna Letters*. Die innere Chronologie der Tafeln wurde ausführlich von Kühne, *Chronologie* behandelt. Weitergehende Untersuchungen finden sich in mehreren Aufsätzen bei Cohen/Westbrook, *Amarna Diplomacy*.

[66] Die diplomatische Korrespondenz des Hethitischen Großreiches wurde von Beckman, *Hittite Diplomatic Texts* bearbeitet. Die von ihm erstellte Numerierung der Texte wird im folgenden übernommen und mit HDT abgekürzt.

[67] Nach wie vor stellt das Werk von Liverani, *Prestige and Interest* die umfangreichste und fundierteste Studie zu diesem Thema dar. Zum Güteraustausch und seinen symbolischen wie ökonomischen Aspekten s. weiterhin Cochavi-Rainey, *Royal Gifts*; Zaccagnini, *Scambio*; ders., in: JNES 42/4, 1983, S. 242–264.

nur erwünscht, sondern auch erwartet wurde. Dies bezeugen zahlreiche Beispiele.[68] So heißt es beispielsweise in dem vom König von Alašija an den Pharao geschriebenen Brief EA 35 (Z. 10–22):

> Ich sende Dir hiermit 500 Talente Kupfer (...). Mein Bruder, sende mir vom reinsten Silber, dann sende ich Dir, was Du benötigst.

In einem Brief HDT Nr. 24B schreibt Hattušili III. an den assyrischen König Adad-nirari I. (§ 3):

> Im Hinblick auf die Panzerrüstung, die Du mir gesendet hast mit dem Vermerk: ‚Sende Klingen aus Eisen als Austausch hierfür zurück' – Sie [die Handwerker] sind noch nicht fertig mit der Anfertigung des Eisens.

Die Art der „Geschenke" läßt sich den Briefen entnehmen, in denen sich Listen mit den übersandten Gegenständen finden. Dabei zeigt sich, daß Ägypten überwiegend Gold lieferte, während aus Babylonien Silber, Lapislazuli und Karneol und aus Alašija Kupfer geliefert wurde. Obgleich es sich bei den „Geschenken" um Endprodukte, also wertvolles Kunsthandwerk und Mobiliar, handelte, scheint offensichtlich nur der Materialwert gefragt gewesen zu sein: Dies verdeutlicht u.a. der Brief EA 7 des Königs Burnaburiaš von Babylon an den Pharao Echnaton (Z. 70–72):

> Als ich die 40 Minen Gold, die Du gesendet hast, im Ofen einschmelzen ließ, ich schwöre es, keine 10 Minen blieben mehr übrig.

Daraus wird ersichtlich, daß zumindest in den Großreichen offenbar kaum Interesse an Endprodukten der Nachbarn bestand, was wiederum durch den archäologischen Befund bestätigt wird: In Babylonien oder Assyrien wurden bislang nur wenige Fremdgüter in Schichten dieser Zeit gefunden.

Anders sieht die Situation in den Kleinfürstentümern Syriens und der Levante aus, in denen die Endprodukte anderer Länder offenbar zur Darstellung eigenen Prestiges benötigt wurden. Beredtes Beispiel hierfür bieten die jüngsten Funde in der Königsgruft von Qatna, unter denen sich zahlreiche ägyptische und ägyptisierende, aber auch einige offenkundig mittanische Gegenstände befanden.[69]

---

[68] EA 5 hat die Geschenke von Ägypten an Babylonien zum Gegenstand; EA 14 listet das Inventar ägyptischer Gaben auf; EA 35 nennt den Austausch zwischen Alašija und Hatti; HDT Nr. 24B, 140 behandelt die Anfrage Assyriens nach Eisen.

[69] Al-Maqdissi et al., in: MDOG 135, 2003, S. 189–203.

Das primäre Interesse der Großmächte an Rohstoffen wird auch durch die Vasallenverträge und Inventarlisten offenkundig, welche die Hethiter mit den von ihnen unterworfenen syrischen Fürstentümern abschlossen. So wurde beispielsweise der von Ugarit zu entrichtende Tribut in Gewicht des Materials bemessen, nicht dagegen nach der Art der Gegenstände, die aus dem Material bestanden. Die Vertragslisten HDT Nr. 28A und 28B, 151ff. führen jährliche Abgaben in Höhe von 300 Schekel reinem Silber und Gold sowie Textilien verschiedener Art auf. Daneben waren die Vasallen zu Militärdiensten verpflichtet.

In Auflistungen von Beutegegenständen, die die Hethiter nach Hattuša überführten, werden gleichfalls nur Rohstoffe, Personen und Götterbilder genannt.

Daß daneben zumindest seitens der Hethiter auch ein Interesse an bestimmten, qualifizierten Personen bestand, so zum Beispiel an Handwerkern aus Babylonien,[70] verdeutlicht der Brief HDT Nr. 23 von Hattušili III. an Kadašman-Enlil II. (§ 16):

> Ich möchte Bildwerke anfertigen und in den Familienunterkünften aufstellen. Mein Bruder, sende mir einen Bildhauer. Wenn der Bildhauer mit seiner Arbeit fertig ist, werde ich ihn unverzüglich zurückschicken, und er wird nach Hause zurückkehren. Habe ich denn nicht auch den Bildhauer zurückgeschickt, und kehrte er nicht auch zu Kadašman-Turgu zurück? Mein Bruder, enthalte mir Deinen Bildhauer nicht vor.

Das Wirken babylonischer Steinmetzen in Hatti läßt sich vermutlich an den Reliefs in Yazilikaya erkennen.[71] Denkbar wäre, daß auch andere Handwerker rekrutiert wurden, evtl. auch Maler für Wandgemälde. Sicher ist weiterhin, daß man Ärzte kommen ließ (HDT 23 § 12).

In Ägypten war man dagegen eher an exotischen Frauen für den königlichen Harem interessiert sowie an besonders trainierten Streitwagenpferden aus Babylonien, die offenbar im Zagros gezüchtet wurden.

Auffällig bei der Betrachtung der Amarna-Korrespondenz ist, daß das Hethiterreich in den Austauschprozeß von Geschenken zumindest mit

[70] Zum Austausch von Handwerkern im redistributiven System der spätbronzezeitlichen Staatenwelt s. Zaccagnini, in: JNES 42/4, 1983, S. 242–264. Zum Austausch von Handwerkern im redistributiven System der spätbronzezeitlichen Staatenwelt s. Zaccagnini, in: JNES 42/4, 1983, S. 242–264. Zum Austausch von Handwerkern im redistributiven System der spätbronzezeitlichen Staatenwelt s. Zaccagnini, in: JNES 42/4, 1983, S. 242–264.

[71] S. hierzu Bonatz, in: Blum et al., *Brückenland Anatolien?*, S. 69–83.

Ägypten nicht involviert war. Dies kann jedoch dem engen zeitlichen Fenster, das die Texte abdecken, geschuldet sein: Diese stammen lediglich aus der Zeit der späten Regentschaft Amenophis' III. und der seines Nachfolgers Amenophis' IV. (Echnaton). Dies entspricht weitgehend der Zeit unmittelbar vor und während der Etablierung des Hethitischen Großreiches durch Šuppiluliuma I.[72] Im früheren Abschnitt dieser Epoche waren die Hethiter zu sehr mit der Konsolidierung ihrer Macht im Inneren, danach mit der Ausdehnung ihrer Macht nach Nordsyrien beschäftigt. Trotz aller gegenteiliger Versicherungen (EA 41) waren die Beziehungen zwischen den beiden Großreichen währenddessen überwiegend feindlicher Natur, ein Austausch von „Geschenken" dürfte daher zu diesem Zeitpunkt eher die Ausnahme als die Regel gewesen sein. Erst nach Abschluß des Friedensvertrages zwischen Hattušili III. und Ramses II. konnten freundschaftliche Verhältnisse etabliert werden.

Tribut im Herrscherverständnis

In der politischen Propaganda des mittel- und neuassyrischen wie auch des ägyptischen Neuen Reiches spielte der Empfang von Tributen eine wesentliche Rolle. Dies reflektieren einerseits die Königsinschriften, die von entsprechenden Übergaben berichten, und andererseits die Bildkunst, die den Typus des Gaben- und Tributbringers kennt.

Entsprechende Texte oder Darstellungen fehlen aus dem Hethitischen Großreich völlig. Zwar spielen Erwähnungen militärischer Leistungen in Form der „Tatenberichte" der Herrscher durchaus eine gehobene Rolle im ideologischen Selbstverständnis; auch ist das Einsammeln von Beute – insbesondere die Überführung von Götterbildern nach Hattuša – ein substantieller Akt königlicher Machtdemonstration und ideologischer Rechtfertigungspolitik. Die mehr oder minder friedliche Übergabe von regelmäßig oder auch nur einmalig zu entrichtenden Abgaben und Tributen dagegen wird lediglich in Verträgen oder Inventaren vermerkt; ein Einfließen in die politische Legitimationsliteratur läßt sich dabei nicht beobachten.

Auch in der Bildkunst ist das Thema der Tributabgabe unbekannt; dies gilt im übrigen auch für alle anderen in einen kriegerischen Kontext einbezogenen Themen.[73] Die bislang bekannten Werke der

---

[72] S. hierzu Klengel, *Geschichte des Hethitischen Reiches*.

[73] S. hierzu zuletzt Emre, in: *Die Hethiter*, S. 218–233.

Monumentalkunst zeigen fast ausschließlich religiös-kultische Szenen. Als Ausnahme kann lediglich auf die Jagddarstellungen in Alaca Höyük verwiesen werden. Selbst in der Kleinkunst – so beispielsweise auf den „Kultvasen“ – sind keinerlei Kriegsszenen abgebildet.[74]

Daraus läßt sich der Schluß ziehen, daß in der politischen Propaganda alle mit Krieg in Verbindung stehenden Themen – eben auch das Darreichen von Tributen – eine untergeordnete Rolle spielten. Offenbar führte dies auch dazu, daß das Zurschaustellen von exotischen Fremdgütern, die als Geschenke oder Tribute erworben worden sind, keine ideologische Bedeutung hatte. Darin unterschied sich die Konzeption im Hethitischen Reich grundsätzlich von derjenigen in den levantinisch-syrischen Fürstentümern. Eine ähnliche Situation scheint dagegen im kassitischen Babylonien existiert zu haben; auch hier fällt es schwer, Importe oder Fremdeinflüsse in der materiellen Kultur zu fassen.[75]

Fazit

Die Betrachtung des Fundmaterials, das in mehreren Jahrzehnten intensiver Forschung in der hethitischen Hauptstadt Hattuša gefunden wurde, zeigt, daß ein erstaunlich geringer Anteil von Fremdgütern vorliegt. Dieser Befund kann sicherlich nicht nur auf den Umstand zurückgeführt werden, daß die Stadt bei ihrer Aufgabe gründlich geplündert worden ist; zumindest vereinzelte Scherben besonderer Importwaren wie zum Beispiel mykenischer oder zypriotischer Gefäße hätten sich in all den Jahrzehnten intensiver archäologischer Arbeit finden müssen.

Die Texte belegen, daß die hethitische Elite primär an der Gewinnung von Rohstoffen aus ihren Provinzen und tributpflichtigen Vasallenfürstentümern interessiert war. Auch von den benachbarten Großmächten bezog man nur ganz spezielle „Endprodukte“, so beispielsweise Panzer aus Assyrien. Ähnliches galt – von wenigen, jedoch signifikanten Ausnahmen wie dem mykenischen Schwert abgesehen – für Beutestücke. Man wird wohl davon ausgehen dürfen, daß die aus Edelmetall bestehenden Raubgüter eingeschmolzen wurden und das Material neu verarbeitet worden ist.

---

[74] S. hierzu zuletzt Özgüç, in: *Die Hethiter*, S. 248–255.

[75] Als Beispiel sei auf die Malereien aus dem Palast von Dur-Kurigalzu verwiesen, die – anders als die nur unwesentlich älteren Malereien in Avaris (Ägypten) oder in Alalakh und Qatna (Syrien) – keinerlei ägäisch-kretischen Einfluß erkennen lassen.

Ein deutlich ausgeprägteres Interesse als an Endprodukten besaß man offenkundig an ausländischen Spezialisten wie Handwerkern und Ärzten. Das Wirken der fremdländischer Handwerker ist jedoch schwer faßbar, was wohl damit zusammenhängt, daß zwar ihre Fertigkeiten gefragt waren, man von ihnen aber die Umsetzung eigener, „anatolischer" Formen verlangte. Bezeugt wird dies von den Felsreliefs, bei deren stilistischer Umsetzung man unter Umständen einen Fremdeinfluß beobachten kann, nicht so jedoch in ihrer Ikonographie.

Besonders auffällig ist das nahezu völlige Fehlen mykenischer oder ägäischer Keramik im Fundgut hethitischer Städte. Gerade die Besonderheit eines solchen Fundes wird durch die wenigen Ausnahmen – wie dem jüngst entdeckten mykenischen Gefäßfragment aus Sarissa (Kuşaklı) – verdeutlicht. Bei diesem scheint es sich eher um ein Raubgut, gewissermaßen die Trophäe eines Soldaten,[76] gehandelt zu haben als um Handelsgut. Das weitgehende Fehlen mykenischer Importe[77] ist – nach gegenwärtigem Forschungsstand zu urteilen – nicht nur in den inneranatolischen, küstenfernen Städten wie Hattuša selbst zu beobachten, sondern auffälligerweise an den Orten, die wie z.B. Tarsus am Meer lagen. Dies gilt jedoch nur für Gebiete, die zu den „Inneren Ländern" des Reiches gehörten, Hattuša also direkt unterstellt waren. In den Vasallenfürstentümern der Levante liegt ein völlig andersgearteter Befund vor. Erklärbar wird dieser Umstand vermutlich nur dadurch, daß es offenbar kaum Handelsaustausch zwischen dem Hethiterreich und dem mykenischen Griechenland gegeben hat. Dies könnte – wie die Parallele zu einem vom hethitischen König verordneten Handelsembargo gegen Assyrien verdeutlicht[78] – auf eine entsprechende Blokkadepolitik gegenüber dem prinzipiell feindlich gesonnenen „Aḫḫiyawa" zurückzuführen sein.

Die Lehre, die man aus archäologischer Sicht aus dem Befund ziehen kann ist die, daß eine geringe Quantität an Fremdgütern im Fundgut nicht zwangsläufig auf ein Fehlen von Kontakten deuten muß. Gemessen am archäologischen Material würde man Hattuša eine gewisse

[76] Müller-Karpe, in: AW 5/2004; Mielke, in: AO aktuell 5; Mielke, in: MDOG 136, 2004, S. 155–157.

[77] Lediglich in Tarsus konnte eine große Menge an SH-IIC-zeitlicher Keramik gefunden werden.

[78] HDT Nr. 17: Schreiben des Großkönigs Tudḫaliya III. an seinen Vasallen Šaušgamuwa, König von Amurru, mit einer entsprechenden Verordnung.

„Provinzialität" beimessen, die die Stadt aufgrund ihrer Funktion als Hauptstadt eines Großreiches sicherlich nicht besessen hat.

Abschließend sei nochmals darauf hingewiesen, daß der vorliegende Aufsatz nicht zum Ziel hatte, endgültige und feststehende Resultate zu bieten; insbesondere die hier zur Deutung herangezogenen Texte wurden nur beispielhaft aufgeführt und keineswegs systematisch untersucht und ausgewertet.[79] Statt dessen sollte eine erste Sichtung und Bewertung des Materials vor dem Hintergrund der allgemeinen Fragestellung geboten werden, um dadurch aufzuzeigen, wo die Möglichkeiten, aber auch die Grenzen der Auswertbarkeit und Klassifikation von Fremdgütern im archäologischen Kontext liegen.

Bibliographie

Ahrens, Alexander, *Skarabäen und Skarabäenabdrücke aus Tall Mišrife/Qatna*, in: UF 35, 2003, S. 1–27.

al-Maqdissi, Michel/Dohmann-Pfälzner, Heike/Pfälzner, Peter/Suleiman, Antoine, *Das königliche Hypogäum von Qatna. Bericht über die syrisch-deutsche Ausgrabung im November–Dezember 2002*, in: MDOG 135, 2003, S. 189–218.

Andrae, Walter, *Gruft 45 Ass. 14630, dE7IV*, in: A. Haller, *Die Gräber und Grüfte von Assur*, Berlin 1954, S. 123–148.

Åström, P., *Cypriot Bronze Age*: P. Åström, *The Late Cypriot Bronze Age. Relative and Absolute Chronology. Foreign Relations, Summary and Historical Conclusions*, The Swedish Cyprus Expedition Vol. IV, Part ID, Lund 1972.

Åström, P., *Cyprus and Troy*, in: OA 13, 1980, S. 23–28.

Barag, *Glass*: D. Barag, *Catalogue of Western Asiatic Glass in the British Museum*, Jerusalem 1985.

Barnett, *Ivories*: R. D. Barnett, *Ancient Ivories in the Middle East*, Jerusalem 1982.

Baykal-Seeher, Ayşe/Seeher, Jürgen, *Götterbilder aus Babylonstein? Eine hethitische Gußform aus Boğazköy-Hattuša*, in: IstMitt 53, 2003, S. 99–111.

Beckman, *Hittite Diplomatic Texts*: Gary Beckmann, *Hittite Diplomatic Texts, edited by Harry A. Hoffner, Jr.*, Atlanta 1996.

Beckman et al., *Hittite Studies*: G. Beckman/R. Beal/G. McMahon (eds.), *Hittite Studies in Honor of Harry A. Hoffner Jr.*, Winona Lake 2003.

Beran, Thomas, *Fremde Rollsiegel in Boğazköy*, in: K. Bittel/E. Heinrich/B. Hrouda/W. Nagel (eds.), *Vorderasiatische Archäologie. Studien und Aufsätze.* Festschrift Anton Moortgat, Berlin 1964, S. 27–38.

Betancourt et al., *Meletemata Studies*: P. P. Betancourt/V. Karageorghis/R. Laffineur/W.-D. Niemeier (eds.), *Meletemata Studies in Aegean Archaeology Presented to Malcolm H. Wiener as He Enters His 65th Year*, Lüttich 1999.

[79] Völlig unberücksichtigt bleiben weiterhin auch die verschiedenen Probleme, die sich bei der Auswertung des Textmaterials ergeben: Sind die vorliegenden Texte repräsentativ? Wurde alles Relevante archiviert? Was ist verloren, weil es auf vergänglichem Material festgehalten wurde? Sind alle Archive gefunden worden?

Bittel et al., *Festschrift Moortgat*: K. Bittel/E. Heinrich/B. Hrouda/W. Nagel (eds.), *Vorderasiatische Archäologie. Studien und Aufsätze*. Festschrift Anton Moortgat, Berlin 1964.

Bittel/Houwink Ten Cate, *Anatolian Studies*: K. Bittel/Ph.H.J. Houwink Ten Cate (eds.), *Anatolian Studies presented to Hans Gustav Güterbock on the Occasion of His 65th Birthday*, Istanbul 1974, S. 263–278.

Blum et al., *Brückenland Anatolien?*: Hartmut Blum/Betina Faist/Peter Pfälzner/Anne-Maria Wittke (eds.), *Brückenland Anatolien? Ursachen, Extensität und Modi des Kulturaustausches zwischen Anatolien und seinen Nachbarn*, Tübingen 2002.

Boehmer, *Kleinfunde*: R.M. Boehmer, *Die Kleinfunde von Boğazköy aus den Grabungskampagnen 1931–1939 und 1952–1969*, Berlin 1972.

Boehmer, *Unterstadt*: R.M. Boehmer, *Die Kleinfunde aus der Unterstadt von Boğazköy, Grabungskampagnen 1970–1978*, Berlin 1979.

Boehmer/Güterbock, *Glyptik*: Rainer M. Boehmer/Hans G. Güterbock, *Glyptik aus dem Stadtgebiet von Boğazköy*, II. Teil, Berlin 1987.

Bonatz, Dominik, *Fremde „Künstler" in Hattuša. Zur Rolle des Individuums beim Austausch materieller Kultur in der Späten Bronzezeit*, in: H. Blum/B. Faist/P. Pfälzner/A.-M. Wittke (eds.), *Brückenland Anatolien? Ursachen, Extensität und Modi des Kulturaustausches zwischen Anatolien und seinen Nachbarn*, Tübingen 2002, S. 69–83.

Bonfante/Karageorghis, *Italy and Cyprus*: L. Bonfante/V. Karageorghis (eds.), *Italy and Cyprus in Antiquity: 1500–450 B.C.* Proceedings of an International Symposium held at the Italian Academy for Advanced Studies in America at Columbia University, November 16–18, 2000, Nicosia 2001.

Caubet, Annie, *Répertoire de la vaisselle de pierre Ougarit 1929–1988*, in: M. Yon et al., *Arts et industries de la pierre*, Paris 1991, S. 205–263.

Caubet, Annie, *De Chypre à la Bactriane*: A. Caubet (ed.), *De Chypre à la Bactriane, les sceaux du Proche-Orient ancien*. Actes du colloque international organisé au musée du Louvre par le Service culturel le 18 mars 1995, Paris 1997.

Cierny, J./Weisgerber, G., *Bronze Age Tin Mines in Central Asia*, in: A. Giumlia-Mair/F.L. Schiavo (eds.), *The Problem of Early Tin*, Acts of the XIVth UISPP Congress, University of Liège, Oxford 2003, S. 23–31.

Cochavi-Rainey, *Royal Gifts*: Z. Cochavi-Rainey (with contributions of Chr. Lilyquist), *Royal Gifts in the Late Bronze Age. Fourteenth to Thirteenth Centuries B.C.E. Selected Texts Recording Gifts to Royal Personages*, Beer-Sheva 13, Beer-Sheva 1999.

Cohen/Westbrook, *Amarna Diplomacy*: Raymond Cohen/Raymond Westbrook (eds.), *Amarna Diplomacy. The Beginnings of International Relations*, Baltimore 2000.

Czichon, Rainer M., *Perlen*, in: R. M. Czichon/P. Werner, *Tall Munbaqa-Ekalte I. Die Bronzezeitlichen Kleinfunde*, Saarbrücken 1998, S. 144–175.

Czichon/Werner, *Tall Munbaqa-Ekalte I*: R. M. Czichon/P. Werner, *Tall Munbaqa-Ekalte I. Die Bronzezeitlichen Kleinfunde*, Saarbrücken 1998.

Dercksen, Jan Gerrit, *Metals According to Documents from Kültepe-Kanish Dating to the Old Assyrian Colony Period*, in: Ü. Yalçin (ed.), *Anatolian Metal III*. Der Anschnitt Beiheft 18, Bochum 2005, S. 17–34.

Dobiat, *FS Frey*: C. Dobiat (ed.), *Festschrift für Otto-Herman Frey zum 65. Geburtstag*, Hitzeroth 1994.

EA: siehe Knudtzon, El-Amarna-Tafeln.

Emre, Kutlu, *Felsreliefs, Stelen, Orthostaten*, in: *Die Hethiter und ihr Reich. Volk der 1000 Götter*, Katalog hrsg. von der Kunst- und Ausstellungshalle der Bundesrepublik, Stuttgart 2002, S. 218–233.

Eriksson, *Red Lustrous Wheel-made Ware*: K. O. Eriksson, *Red Lustrous Wheel-made Ware*, Studies in Mediterranean Archaeology CIII, Jonsered 1993.

Ertekin, A./Ediz, I., *The Unique Sword from Boğazköy/Hattuša*, in: M.J. Mellink/E. Porada/T. Özgüç (eds.), *Aspects of Art and Iconography : Anatolia and its Neighbours*, Studies in Honor of Nimet Özgüç, Ankara 1993, S. 719–725.

Fischer et al., *Identifying Changes*: B. Fischer/H. Genz/É. Jean/K. Köroglu (eds.), *Identifying Changes: The Transition from Bronze to Iron Ages in Anatolia and its Neighbouring Regions*. Proceedings of the International Workshop. Istanbul, November 8–9, 2002, Istanbul 2003.

Gale, N./Stos-Gale, Z. A., *Copper Oxhide Ingots and the Aegean Metals Trade. New Perspectives*, in: P. P. Betancourt/V. Karageorghis/R. Laffineur/W.-D. Niemeier (eds.), *Meletemata Studies in Aegean Archaeology Presented to Malcolm H. Wiener as He Enters His 65th Year*, Lüttich 1999, S. 267–277.

Genz i. Dr.: Hermann Genz, *Eine mykenische Scherbe aus Boğazköy*, im Druck.

Giumlia-Mair/Schiavo, *Early Tin*: A. Giumlia-Mair/F. L. Schiavo (eds.), *The Problem of Early Tin*, Acts of the XIVth UISPP Congress, University of Liège, Belgium, 2–8 September 2001, Oxford 2003.

Haevernick, T. E./Nolte, B., *Ägyptische und Griechische frühe Glasgefäße*, in: T. E. Haevernick, *Beiträge zur Glasforschung. Die wichtigsten Aufsätze von 1938 bis 1981*, Mainz am Rhein 1981, S. 150–152.

Haller, *Gräber und Grüfte*: A. Haller, *Die Gräber und Grüfte von Assur*, Berlin 1954.

HDT: siehe Beckman, *Hittite Diplomatic Texts*.

Die Hethiter: *Die Hethiter und ihr Reich. Volk der 1000 Götter*, Katalog hrsg. von der Kunst- und Ausstellungshalle der Bundesrepublik, Stuttgart 2002, S. 218–233.

Hrouda, Barthel, *Fremde Künstler bei den Hethitern?*, in: Anadolu 22, 1981/83 (erschienen 1989), S. 39–46.

Klengel, *Geschichte des Hethitischen Reiches*: Horst Klengel, *Geschichte des Hethitischen Reiches*, Handbuch der Orientalistik (HdO) I/34, Leiden 1999.

Knappet, C., *The Provenance of Red Lustrous Wheel-made Ware: Cyprus, Syria, or Anatolia?*, in: Internet Archaeology 9 (2000), http://intarch.ac.uk/journal/ issue9/knappet-index.html: Chapter 1–8.

Knappet, C., *Trading and using RLW-m ware in Anatolia and Cyprus: evidence from Petrography, Neutron Activation, and Residue analysis*. Vortrag in Wien 2004 im Rahmen der Tagung „The lustrous wares of LB Cyprus and the eastern Mediterranean" organisiert von SCIEM 2000; im Druck.

Knudtzon, *El-Amarna-Tafeln*: J. A. Knudtzon, *Die El-Amarna-Tafeln*, Leipzig 1915.

Kozal, Ekin, *Analysis of the Distribution Patterns of Red Lustrous Wheel-made Ware, Mycenaean and Cypriot Pottery in Anatolia in the 15th–13th centuries B.C.*, in: B. Fischer/H. Genz/É. Jean/K. Köroglu (eds.), *Identifying Changes: The Transition from Bronze to Iron Ages in Anatolia and its Neighbouring Regions*. Proceedings of the International Workshop, Istanbul 2003, S. 65–91.

Kühne, *Chronologie*: Cord Kühne, *Die Chronologie der internationalen Korrespondenz von El-Amarna*, AOAT 17, Neukirchen-Vluyn 1973.

Kühne, Hartmut, *Glas, Glasuren*, in: RlA 4, 1957–1971, S. 407–427.

Liverani, *Prestige and Interest*: Mario Liverani, *Prestige and Interest. International Relations in the Near East ca. 1600–1100 B.C.*, Padova 1990.

Mellink et al., *Aspects of Art and Iconography*: Machteld J. Mellink/Edith Porada/Tahsin Özgüç (eds.), *Aspects of Art and Iconography: Anatolia and its Neighbours*, Studies in Honor of Nimet Özgüç, Ankara 1993.

Mielke, Dirk Paul, *Die Stadttore von Kusakli-Sarissa*, in: AO aktuell 5, 2004, S. 23–27.

Mielke, Dirk Paul, *Die Ausgrabung des Nordwest-Tores*, in: A. Müller-Karpe, *Untersuchungen in Kusakli 2003*, in: MDOG 136, 2004, S. 146–157.

Miron, *Schatzhaus*: Renate Miron, *Kamid el-Loz 10. Das ‚Schatzhaus' im Palastbereich. Die Funde*, SBA 46, Bonn 1990.

Moorey, *Materials and Industries*: P.R.S. Moorey, *Ancient Mesopotamian Materials and Industries. The Archaeological Evidence*, Oxford 1994.

Moran, *Amarna Letters*: William L. Moran, *The Amarna Letters*, Baltimore 1992.

Müller-Karpe, Andreas, *Die Funde*, in: P. Neve, *Die Ausgrabungen in Boğazköy-Hattuša 1979*, in: AA 1980, S. 303–307.

Müller-Karpe, Andreas, *Altanatolisches Metallhandwerk*: Andreas Müller-Karpe, *Altanatolisches Metallhandwerk*, Neumünster 1994.
Müller-Karpe, Andreas, *Anatolische Bronzeschwerter und Südosteuropa*, in: C. Dobiat (ed.), *Festschrift für Otto-Herman Frey*, Hitzeroth 1994, S. 432–444.
Müller-Karpe, Andreas, *Remarks on Central Anatolian Chronology of the Middle Hittite Period*, in: Manfred Bietak (ed.), *The Synchronisation of Civilisations in the Eastern Mediterranean in the Second Millenium B.C. II*, Wien 2003, S. 383–394.
Müller-Karpe, Andreas, *Mykenischer Import in Hethiterstadt*, in: Antike Welt 5/2004, S. 5.
Neve, *Hattuša*: Peter Neve, *Hattuša. Stadt der Götter und Tempel*, Mainz 1993.
Nolte, B., *Die Sandkerngefäße*, in: A. von Saldern/B. Nolte/P. La Baume/T. E. Haevernick, *Gläser der Antike*. Sammlung Erwin Oppenländer, Köln 1975, S. 13–16.
Novák, Mirko/Pfälzner, Peter, *Ausgrabungen in Tall Mishrife-Qatna 2001. Vorbericht der deutschen Komponente des internationalen Kooperationsprojektes*, in: MDOG 134, 2002, S. 207–246.
Novák, Mirko/Pfälzner, Peter, *Ausgrabungen im bronzezeitlichen Palast von Tall Mishrife-Qatna 2002. Vorbericht der deutschen Komponente des internationalen Kooperationsprojektes*, in: MDOG 135, 2003, S. 131–165.
Özgüç, Nimet, *Excavations at Acemhöyük*, in: Anadolu 10, 1966, S. 29–52.
Özgüç, Tahsin, *Die Keramik der althethitischen Zeit: Kultgefäße*, in: *Die Hethiter und ihr Reich. Volk der 1000 Götter*, Katalog hrsg. von der Kunst- und Ausstellungshalle der Bundesrepublik, Stuttgart 2002, S. 248–255.
Pulak, C., *The Cargo of the Uluburun Ship and Evidence for Trade with the Aegean and Beyond*, in: L. Bonfante/V. Karageorghis (eds.), *Italy and Cyprus in Antiquity: 1500–450 B.C.* Proceedings of an International Symposium held at the Italian Academy for Advanced Studies in America, Nicosia 2001, S. 13–60.
Riemschneider, K.K., *Die Glasherstellung in Anatolien nach hethitischen Quellen*, in: K. Bittel/Ph.H.J. Houwink Ten Cate (eds.), *Anatolian Studies presented to Hans Gustav Güterbock on the Occasion of His 65th Birthday*, Istanbul 1974, S. 263–278.
von Saldern, *Gläser der Antike*: A. von Saldern/B. Nolte/P. La Baume/T. E. Haevernick, *Gläser der Antike*. Sammlung Erwin Oppenländer, Köln 1975.
Salje, Beate, *Common Style*: Beate Salje, *Der ‚Common Style' der Mitanni-Glyptik und die Glyptik der Levante und Zyperns in der späten Bronzezeit*, BaF 11, Mainz am Rhein 1990.
Salje, Beate, *Sceaux-cylindres proche-orientaux du Bronze récent trouvés dans l'aire égéenne*, in: A. Caubet (ed.), *De Chypre à la Bactriane, les sceaux du Proche-Orient ancien*. Actes du colloque international organisé au musée du Louvre, Paris 1997, S. 251–267.
Schweizer, *Glas*: F. Schweizer, *Glas des 2. Jahrtausends v.Chr. im Ostmittelmeerraum*, Remshalden 2003.
Sjöqvist, *Cypriote Bronze Age*: E. Sjöqvist, *Problems of the Late Cypriote Bronze Age*, Stockholm 1940.
Starr, *Nuzi*: Richard F.S. Starr, *Nuzi. Report on the Excavations at Yorgan Tepe near Kirkuk, Iraq*, Vol. II, Cambridge 1937.
Stock, H., *Der Hyksos Chian in Boğazköy*, in: MDOG 94, 1963, S. 73–80.
Taracha, Piotr, *Is Tuthaliya's Sword really Aegean?*, in: G. Beckman/R. Beal/G. McMahon (eds.), *Hittite Studies in Honor of Harry A. Hoffner Jr.*, Winona Lake 2003, S. 367–376.
Tosi, M., *Karneol*, in: RlA 5, 1976–80, S. 448–452.
Ünal, Ahmet, *Boğazköy Kilicinin Üzerindeki Akkadca Adak Yazisi Hakkinda Yeni Gözlemler*, in: M. J. Mellink/E. Porada/T. Özgüç (eds.), *Aspects of Art and Iconography: Anatolia and its Neighbours*, Studies in Honor of Nimet Özgüç, Ankara 1993, S. 728–730.
De Vos, J., *À propos des aegytiaca d'Asie Mineure datés du IIe millénaire av. J.-C.*, in: R. Lebrun (ed.), *Panthéons Locaux de l'Asie Mineure pré-chrétienne*. 1er Colloque Lois Delaporte-Eugène Cavaignac. Institut Catholique de Paris 26–27 mai 2000, Louvain-La-Neuve 2002, in: Hethitica 15, 2002, S. 43–63.
Werner, Peter, *Glasreliefs*, in: R.M. Czichon/P. Werner, *Tall Munbaqa-Ekalte I. Die Bronzezeitlichen Kleinfunde*, Saarbrücken 1998, S. 176–177.

Woolley, *Alalakh*: C. Leonhard Wooley, *Alalakh, An Account of the Excavations at Tell Atchana in the Hatay, 1937–1949*, Oxford 1955.
Yon et al., *Arts et industries*: M. Yon et al., *Arts et industries de la pierre*, Ras Shamra-Ougarit VI, Paris 1991.
Zaccagnini Carlos, *Scambio*: Carlos Zaccagnini, *Lo scambio dei doni nel Vicinio Oriente durante i secoli XV–XIII*, Roma 1973.
Zaccagnini Carlos, *Patterns of Mobility among Ancient Near Eastern Craftsmen*, in: JNES 42/4, 1983, S. 242–264.

GESCHENKE UND ABGABEN IN DER MYKENISCHEN PALASTKULTUR*

Diamantis Panagiotopoulos (Heidelberg)

Die Zersplitterung der griechischen Landschaft in zahlreiche, voneinander klar abgegrenzte geographische Regionen förderte im 2. Jt. v.Chr. die Entwicklung von mehreren souveränen Königtümern, die wirtschaftlich autarke Einheiten bildeten. Die mykenischen Palastzentren des 14. und 13. Jhs. v.Chr., in denen das Erbe des minoischen Palastsystems fortlebte, stellten kleinformatige politische Gebilde dar, deren Selbsterhaltung auf einer – verglichen mit den orientalischen Großstaaten – minimalen Territorialbasis beruhte. Die vorhandenen epigraphischen und archäologischen Zeugnisse zu den mykenischen politischen und ökonomischen Strukturen mögen verhältnismäßig gering sein, doch erlauben sie interessante Einblicke in die Gesetzmäßigkeiten des institutionalisierten Gebens in einer antiken Hofgesellschaft. Im mykenischen Griechenland hat es keine Tribute im eigentlichen Sinne des Wortes gegeben, da die Palastzentren eben keine Territorialstaaten waren, die fremde Völker politisch kontrollierten und ökonomisch ausbeuteten. Daher wird sich im folgenden unser analytischer Blick auf Geschenke und Abgaben beschränken, zwei Typen sozioökonomischen Handelns, die zugegebenermaßen kaum miteinander in Beziehung gebracht werden können. Sie bilden nicht einmal ein antithetisches Paar einer freiwilligen und unfreiwilligen Gabe, da auch bei Geschenken das Element der Freiwilligkeit durch die vorherrschende Ethik des Austausches sehr oft ausscheidet.[1] Vorliegender Beitrag erhebt daher keinen Anspruch auf die Behandlung einer inhaltlich kohärenten Thematik, sondern setzt als sein Primärziel die Zusammenstellung von Materialien zu antiken (Ab-)Gabenformen, die im Mittelpunkt dieses interdisziplinären

---

* Vorliegender Beitrag ist Teil einer umfangreichen Untersuchung zu den Strukturen der mykenischen Palastwirtschaft, die durch ein Forschungsstipendium der Deutschen Forschungsgemeinschaft ermöglicht wurde.

[1] Zu den diversen Verbindlichkeiten des zeremoniellen Austausches im 2. Jt. v.Chr. s. u.a. Zaccagnini, *Scambio*; ders., in: Carruba et al., *Studi Orientalistici*, S. 189ff.; ders., in: Rowlands et al., *Centre and Periphery*, S. 57ff. Zum theoretischen Diskurs über die Begriffe der ‚Gabe' und des ‚Schenkens' s. zuletzt Wagner-Hasel, *Der Stoff der Gaben*, S. 27ff.

Workshops stehen. Da die Möglichkeiten und Grenzen jedes interpretatorischen Ansatzes grundlegend von der Überlieferungslage bestimmt sind, wird folgende Betrachtung mit einer kurzen Darstellung unseres Kenntnisstandes eingeleitet. Die Behandlung der einschlägigen textlichen Zeugnisse konzentriert sich auf die Ebene der historischen Realität mit dem Ziel, die verschiedenen Ausprägungen des Gebens (und Nehmens) als förmlichen Akt möglichst präzis zu fassen und voneinander zu differenzieren.[2] Abschließend wird der Frage nachgegangen, ob die durch primäre Quellen belegten Geschenk- oder Abgabenformen Niederschlag in der Bilderwelt dieser Periode gefunden haben, und wenn ja, unter welchen Umständen.

Überlieferungslage

Als wichtigstes Quellenkorpus der mykenischen Palastadministration gelten die Linear B-Täfelchen, administrative Texte in einer Frühform des Griechischen, die in feuchten Ton eingeritzt wurden. Bislang sind uns ca. 5730 Täfelchen bekannt, die sich auf sechs verschiedene mykenische Palastzentren verteilen.[3] Die zwei wichtigsten Sammlungen stammen aus Knossos und Pylos – sie machen etwa 92% des gesamten Bestands aus. Wie aussagekräftig ist dieses Material für unsere Fragestellung? Es ist seit langem bekannt, daß die Linear B-Texte nur einen begrenzten Einblick in die mykenische Wirtschaft und Administration ermöglichen, da sie den Zweck eines temporären ‚Zwischenspeichers' administrativer Informationen erfüllten.[4] Sämtliche Aufzeichnungen beziehen sich auf das ‚laufende' Verwaltungsjahr. Dieser enge zeitliche Horizont wäre allerdings kein großes Problem gewesen, wenn die Schreiber alle administrativen Aktivitäten des Palastes detailliert dokumentiert hätten. Dies war allerdings nicht der Fall. Die Schreiber zeigten nur ein selektives Interesse an bestimmten Bereichen oder Prozeduren der Palastökonomie. Grundsätzlich gilt, daß die mykenische Tontafel-Bürokratie nicht das gesamte wirtschaftliche Geschehen im Territorium eines Palastzentrums

---

[2] Da unser Hauptaugenmerk der säkularen Sphäre der mykenischen Gesellschaft gilt, sind hier Gaben an Götter völlig ausgeklammert, auch wenn sie manchmal faktisch oder terminologisch mit Formen des profanen Gebens eng vergleichbar sind.

[3] Bartoněk, *Handbuch*, S. 70.

[4] Zum temporären Charakter der Linear B-Tontafeln s. Heubeck, *Schrift*, S. 46; ders., *Frühgriechische Lineartafeln*, S. 10; Palaima, in: Laffineur/Niemeier, *Politeia*, S. 629f. Ferner Driessen, in: Minos 29–30, 1994–95, S. 244, der sie als *pre-archives* bezeichnet.

aufzeichnete, sondern nur diejenigen Angelegenheiten, welche eine direkte Relevanz für palatiale Interessen hatten.[5] Aber auch die Sphäre der palatialen Aktivitäten wurde nicht lückenlos erfaßt, denn einige bedeutende Wirtschaftsfaktoren blieben völlig ausgeblendet. Am häufigsten hat man hier das Fehlen jeglicher Angaben zu Handelsaktivitäten des Palastes mit anderen Zentren inner- und außerhalb der Ägäis bedauert.[6] Dieses Fehlen kann nicht nur zufallsbedingt sein. Ebenso unwahrscheinlich ist es, daß die mykenischen Paläste nicht über ihre intensiven Handelskontakte Buch führten. Alles spricht dafür, daß ein großer Teil der administrativen Handlungen auf Medien aus vergänglichen Materialien festgehalten wurde, die uns heute nicht erhalten sind.[7] Die Linear B-Tontafeln erweisen sich damit als Akten einer Kanzlei für interne ökonomische Angelegenheiten der Paläste, die für einen kurzfristigen Gebrauch angelegt waren, die Kartei eines ‚Ministeriums des Inneren'. Aber auch in diesem Teilbereich der Wirtschaft scheint sich der Focus der Tontafeln nur auf einige ökonomische Kategorien zu konzentrieren. Der Palast führte mit bürokratischer Akribie vor allem über zwei ökonomische Handlungen Buch: a) seine Ausgaben, in erster Linie Rationen, Verteilung von Rohstoffen an die Palastwerkstätten zur Weiterverarbeitung usw., aber auch Inventarlisten der in den Magazinen befindlichen palatialen Waren und b) die Erfüllung von ökonomischen Verpflichtungen der abhängigen Bevölkerung, und zwar hauptsächlich die verschiedenen Abgabenformen. Zusammenfassend läßt sich festhalten, daß die lückenhafte Überlieferungslage und der selektive Charakter der aufgezeichneten Informationen keine umfassende Rekonstruktion des mykenischen Administrationssystems erlauben.

Diplomatische Geschenke

Wegen der engen Perspektive der bürokratischen Erfassung durch die Linear B-Täfelchen erfahren wir von diesem Medium nichts über die sicherlich existierenden Außenbeziehungen eines Palastes mit anderen

[5] Palaima, in: Ilievski/Crepajac, *Tractata Mycenaea*, S. 259; Halstead, in: Voutsaki/Killen, *Economy and Politics*, S. 38f.

[6] S. Killen, in: Davies/Duhoux, *Linear B*, S. 265ff. Zu einer Zusammenstellung der spärlichen indirekten Zeugnisse s. Olivier, in: Minos 31–32, 1996–1997, S. 275ff.

[7] S. Heubeck, *Schrift*, S. 46; Panagl, in: Hänsel, *Handel, Tausch und Verkehr*, S. 49; ferner Driessen, in: Deger-Jalkotzy et al., *Floreant Studia Mycenaea*, S. 209; ders., *Chariot Tablets*, S. 14.

ägäischen oder außerägäischen politischen Einheiten.[8] Diplomatische Geschenke werden daher nicht dokumentiert, und es ist äußerst fraglich, ob zukünftige Funde diese negative Beweislage ändern werden. Die Einbindung der mykenischen Zentren in ein weitreichendes Beziehungsgeflecht sozialer Eliten, die Preziosen als eine Art ‚symbolischer Währung' austauschten, kann dennoch mit Hilfe orientalischer Quellen belegt werden. Die geringe Anzahl der relevanten Zeugnisse – bisher sind uns nur drei Dokumente bekannt – kann dabei keineswegs ihre Aussagekraft schmälern. Der erste Beleg stammt aus der frühen Phase der mykenischen Kultur und ist somit etwa 250 Jahre älter als der zeitliche Horizont der Linear B-Täfelchen. In den ‚Annalen' Thutmosis' III. sind im Bericht des 42. Regierungsjahres die Geschenke des Landes Tanaja an den ägyptischen König registriert:

> [Gaben des ‚Großen'] von *Tj-nꜣ-jj*
> Silber: ein *šꜣwꜣbtj* -Krug in der Machart der *Kftjw*
> Gefäße von Eisen, die Henkel von Silber
> macht (zusammen Silbergewicht) 56 Deben, 3 Kite.[9]

Das Land *Tj-nꜣ-jj* (Tanaja), das sechsmal in ägyptischen Quellen des Neuen Reiches auftaucht,[10] läßt sich mit an Sicherheit grenzender Wahrscheinlichkeit in der Ägäis und konkreter auf dem griechischen Festland lokalisieren. Hier bieten sich zwei Möglichkeiten an: Tanaja könnte entweder eine allgemeine geographische Bezeichnung für das gesamte Territorium des griechischen Festlands oder der Name eines bestimmten mykenischen Fürstentums gewesen sein. Letzteres erscheint nach dem jetzigen Kenntnisstand plausibler.[11] Die Zuverlässigkeit und der somit hohe historische Wert dieser Zeilen resultiert aus dem besonderen dokumentarischen Charakter der ‚Annalen', der insbesondere in den ‚statistischen' Abschnitten des Textes Ausdruck findet, welche lange Listen von Geschenken und Tributen aus nicht-ägyptischen Territorien enthalten.[12] Der oder die Verfasser der Inschrift hatten offenbar Einsicht in Akten des Palastes bzw. der Schatzverwaltung, wie aus den präzisen

---

[8] S. Killen, in: Risch/Müllenstein, *Colloquium Mycenaeum*, S. 176ff.; Aravantinos, in: Deger-Jalkotzy et al., *Floreant Studia Mycenaea*, S. 72f.

[9] Urk. IV 733,4–8; Lehmann, in: Latacz, *Homer-Forschung*, S. 109; Cline, *International Trade*, S. 114, A.32. Das angegebene Silbergewicht der Gefäße entspricht einer Menge von über 5 kg.

[10] Cline, ebd., S. 114ff.

[11] S. Latacz, *Troia und Homer*, S. 160ff., der für eine Identifizierung mit dem Königtum von Mykene plädiert.

[12] S. hierzu Panagiotopoulos, in: ÄL 10, 2000, S. 147.

und – noch wichtiger – realistischen Mengenangaben der abgelieferten Waren zu erkennen ist.[13] Das ‚Tagebuch des Palastes' sowie ein nicht näher definiertes Dokument im Schatzhaus werden sogar in den ‚Annalen' explizit erwähnt.[14]

Die besondere historische Tragweite des ‚Annalen'-Passus aus der Sicht der ägäischen Archäologie ist bisher nicht adäquat gewürdigt worden.[15] Der Beleg für einen Geschenkaustausch zwischen einem mykenischen Lokalherrscher und dem ägyptischen König gewinnt enorm an Bedeutung, weil er aus einer Zeit stammt, aus der mykenische Paläste oder sonstige administrative Strukturen auf dem griechischen Festland unbekannt sind. Die mykenische Kultur ist uns in der Regierungszeit Thutmosis' III. (SH II–III A) nahezu ausschließlich durch Grabfunde vertraut. Das Knüpfen von diplomatischen Beziehungen mit Ägypten seitens eines mykenischen Fürstentums setzt allerdings ein bereits fortgeschrittenes Niveau politischer bzw. administrativer Organisation voraus und spricht für ein Zentrum, das, nachdem es seine Machtstellung innerhalb der Ägäis gefestigt hatte, sich nach außen öffnete und den Kontakt mit der ägyptischen Großmacht suchte. Historisch läßt sich der ‚Annalen'-Passus offensichtlich in die Periode des ersten Auftauchens der Mykener in der internationalen politischen Szene des östlichen Mittelmeers einbetten, in der sie möglicherweise das minoische Kreta ablösten, eine Hochkultur, die in der gleichen Zeit infolge einer Reihe von massiven Zerstörungen ihrer Palastzentren niederging. Die qualitative Bezeichnung der Kanne als ein Produkt in der Machart der *Kftjw* (Keftiu = Minoer) läßt sich natürlich wunderbar in das historische Bild dieser Periode einfügen, als die mykenische Kunst unter einem sehr starken minoischen Einfluß stand.

Naher zum chronologischen Horizont der Linear B-Täfelchen stehen zwei weitere Belege, die aus den hethitischen Tontafelarchiven von Hattuša stammen. Sie beziehen sich auf Geschenke des Königs von Aḫḫijawa, einem geographischen Begriff, der für das mykenische Griechenland oder ein politisches Zentrum innerhalb dieser Region stand.[16] Auch in diesem Fall ist es wahrscheinlicher, daß damit ein bestimmtes Fürstentum auf dem griechischen Festland gemeint war. In letzter Zeit verdichten sich die Indizien, daß dieses Fürstentum Theben

[13] Ebd., S. 147 Anm. 95.
[14] Urk. IV 693,11; 694,7–8.
[15] Zu einer Ausnahme s. Lehmann, in: Latacz, *Homer-Forschung*, S. 109.
[16] Zur Aḫḫijawa-Problematik s. zuletzt Hope Simpson, in: BSA 98, 2003, S. 203ff.

in Böotien war.[17] Beim ersten Beleg handelt es sich um den bekannten Tawagalawa-Brief, dessen Absender der hethitische König Hattušili III. und dessen Empfänger offensichtlich der König von Aḫḫijawa war.[18] Der hethitische König beschwert sich darin, daß der Gesandte des mykenischen Königs bei seinem letzten Besuch am hethitischen Hof keinen Gruß und kein Geschenk mitgebracht hat:

> But when [my brother's messenger] arrived at my quarters, he brought me no [greeting] and [he brought] me no present...[19]

Hattušili III. war der Absender eines zweiten Briefes, in dem ebenfalls von einer Geschenksendung des Königs von Aḫḫijawa die Rede ist.[20] Dieser Passus läßt sich wegen des fragmentarischen Erhaltungszustandes des Brieftextes nicht schlüssig interpretieren. Der Empfänger des Briefes, vermutlich der König von Arzawa, hatte sich beim hethitischen König nach einem Geschenk des Königs von Aḫḫijawa erkundigt, das offensichtlich ihm selbst galt. Hattušilis Antwort lautete folgendermaßen:

> Concerning the gift of the king of Aḫḫijawa about which you wrote to me, I do not know how the situation is and whether his messenger has brought anything or not...[21]

Auch wenn man die Gründe, die diesen Brief veranlaßten, nicht nachvollziehen kann, gewinnt man einen weiteren Beleg für die Teilnahme des mykenischen Königs von Aḫḫijawa an dem internationalen Beziehungsgeflecht des diplomatischen Geschenkaustausches. Mario Liverani vermutet hier eine Austauschkette, nämlich ein Geschenk des Königs von Aḫḫijawa an Hattušili, der dieses an den König von Arzawa weiterschenkte.[22] Ein solches Zirkulationsmuster, das es in der Spätbronzezeit sicherlich gegeben hat, läßt sich dieser Lesung des Briefes allerdings nicht mit Sicherheit entnehmen.

---

[17] S. Latacz, *Troia und Homer*, S. 151ff.; Niemeier, in: *Die Hethiter*, S. 295. Zu alternativen Vorschlägen s. Hope Simpson, ebd., S. 233ff. (Mykene); Mountjoy, in: AnatSt 48, 1998, S. 33ff. (die Dodekanes und die gegenüberliegende westkleinasiatische Küste mit Rhodos als Zentrum).

[18] S. KUB XIV 3.

[19] S. Bryce, in: OxfJA 8, 1989, S. 300; Cline, *International Trade*, S. 123f., C.13.

[20] S. KBo II 11 rev. 11'–12'.

[21] Zaccagnini, in: Rowlands et al., *Centre and Periphery*, S. 58 und Anm. 41; Cline, *International Trade*, S. 124, C.14.

[22] Liverani, *Amarna Essays*, S. 25.

Über solche diplomatischen Geschenke schweigen die Linear B-Archive. Wir erfahren jedoch von kostbaren Gegenständen (Prunkmöbeln, Gold- und Silbergefäßen, Schwertern u.a.), die in den Palastmagazinen oder Schatzkammern aufbewahrt wurden.[23] Es ist sehr wahrscheinlich, daß manche von diesen Preziosen, die regelmäßig inventarisiert wurden, die mykenischen Paläste verließen, um als Geschenke an andere mykenische oder fremde Könige dargebracht zu werden. Diese Vermutung läßt sich nur in einem Fall durch ein interessantes Detail stützen. Eine Anzahl von feinen Gewändern wird in den Täfelchen aus dem Palast von Knossos als *xenwia* bezeichnet (Ld[1]).[24] Dieser Begriff entstammt dem Wort ξένος (Fremder, Gast) und dürfte eine ursprüngliche Bedeutung als „dem Gast zugehörig" gehabt haben. Ob er im Kontext der mykenischen Linear B-Täfelchen in diesem Sinn verwendet wurde oder eine zusätzliche Bedeutungsnuance erlangte, läßt sich nicht sagen. Nach einer plausiblen Vermutung könnten hier feine Gewänder gemeint sein, die entweder als Willkommensgeschenk für fremde Gäste, als Ware für den kommerziellen Export oder als Geschenk für den diplomatischen Geschenkaustausch bestimmt waren.[25] Daß ägäische Fürsten dem ägyptischen König derartige Geschenke schickten, läßt sich durch die bekannten Fremdvölkerdarstellungen der thebanischen Privatgräber der 18. Dyn. belegen, in denen gefaltete Stoffe unter anderen kostbaren Gaben abgebildet werden (Abb. 1).[26] Über diesen möglichen indirekten Hinweis auf Waren, die für einen königlichen Geschenkaustausch bestimmt waren, hinaus haben die mykenischen Archive nichts zu bieten.

Ausgehend vom schriftlich überlieferten Geschenkaustausch zwischen mykenischen Herrschern und ihren orientalischen Partnern, ist es sicherlich legitim zu vermuten, daß einige der zahlreichen Preziosen orientalischer Provenienz aus mykenischen Grab- und Siedlungskontexten als diplomatische Geschenke fremder Könige in die Ägäis gelangten. Ein definitiver Beweis ist allerdings in keinem Fall möglich. Was am ehesten mit einem diplomatischen Geschenkaustausch in Verbindung gebracht werden kann, kam 1963 in einem Raum des sogenannten Palastes von

[23] S. z.B. die pylische Ta-Serie, Killen, ebd. (s.o. Anm. 6), S. 254.

[24] Killen, ebd. (s. Anm. 6), S. 254. 263 mit Anm. 67. Zu dieser Tontafel-Serie s. ausführlich ders., in: Risch/Müllenstein, *Colloquium Mycenaeum*, S. 151ff.

[25] Killen, ebd. (s. Anm. 6), S. 263.

[26] Wachsmann, *Aegeans*, S. 75 Taf. 36. 37 B. 38 A; Barber, *Prehistoric Textiles*, S. 335 Abb. 15.19.

Abb. 1: Ägäische Gabenbringer aus dem thebanischen Grab des Mencheperreseneb (TT 86).

Kadmos in Theben ans Licht. Es handelt sich dabei um eine Gruppe von ca. 50 geschnittenen Rollsiegeln und vorgefertigten Rohlingen, die in ihrer Mehrzahl kassitisch-babylonischer Provenienz sind und bis auf zwei Ausnahmen aus Lapislazuli herausgearbeitet wurden (Taf. XII).[27] Der Aufmerksamkeit Edith Poradas, die diesen herausragenden Fund veröffentlichte, verdanken wir die Erkenntnis, daß der qualitätvollste Bestandteil dieser Gruppe eine ganze Mine (496 Gramm) Lapislazuli ausmacht, was für die Zusammengehörigkeit der einzelnen Stücke spricht (also eine Sendung). Porada konnte der Versuchung nicht widerstehen, dieses Ensemble mit den in der diplomatischen Korrespondenz genannten Geschenken von Rollsiegeln und Lapislazuli zu verbinden, deren Mengen nach der Ethik des königlichen Geschenkaustausches mit peinlicher Genauigkeit festgehalten wurden, damit der Absender ein im Wert mindestens äquivalentes Geschenk fordern konnte. Poradas provokativer Erklärungsversuch, daß die Rollsiegel Geschenke des Assyrerkönigs Tukulti-Ninurta I. aus seiner in Babylonien gemachte Beute waren, bleibt eine attraktive, jedoch kaum beweisbare Hypothese. Sehr plausibel ist hingegen, daß sie tatsächlich als diplomatisches Geschenk eines assyrischen oder orientalischen Herrschers nach Theben gelangten. Sie könnten dadurch einen willkommenen archäologischen Beweis

[27] Porada, in: AfO 28, 1981/82, S. 1ff.

für die aktive Teilnahme der mykenischen Zentren an der Geschenkdiplomatie jener Zeit liefern.

Abgaben

Es kann kein Zweifel daran bestehen, daß für die mykenischen Palastzentren die ‚Besteuerung' der abhängigen Bevölkerung neben der eigenen Produktion die wichtigste Quelle für die Anhäufung wirtschaftlichen Kapitals war.[28] Für diese Kategorie ökonomischen Handelns bilden zwar die Linear B-Täfelchen eine weitaus ergiebigere Quelle als es bei den Geschenken der Fall war, doch insgesamt betrachtet bleibt unser Bild vom mykenischen Abgabensystem sehr fragmentarisch. Einen genaueren Einblick in das Konzept der fiskalischen Abschöpfung der nicht-palatialen Produktion erlauben uns nur die relevanten Serien der Tontafeln aus Pylos. Daß die übrigen mykenischen Palastzentren ein ähnliches Besteuerungssystem hatten, ist vor allem aufgrund der Existenz einer gemeinsamen ‚Abgabenterminologie' eine legitime Vermutung. In der pylischen Administration kamen hauptsächlich vier Abgabenformen zum Tragen:

a) Abgaben an verschiedenen Naturprodukten, welche die abhängigen Siedlungen als Kollektive leisteten (Ma- und Na-Serien).[29] Für diese Abgabenform werden in der Regel die Begriffe *do-ke, a-pu-do-ke* und *a-pu-do-si* verwendet.[30] Als wichtigste Quelle für die Rekonstruktion des mykenischen Abgabensystems gilt die Ma-Serie.[31] In dieser thematisch homogenen Gruppe von Täfelchen erscheinen als Lieferanten keine Personen, sondern stets Ortschaften, die Abgaben von sechs festgelegten Warensorten in einem proportionalen Verhältnis ablieferten: Tierhäute, Wachs, Textilien (?), Gewürze (?) und zwei weitere nicht näher identifizierbare pflanzliche Produkte. Bis auf eine mögliche Ausnahme (die Textilien) scheint keine der abgegebenen Waren aus ökonomischer Sicht besonders signifikant gewesen zu sein. Ein anderes Steuerkonzept zeigt eine weitere Tafel aus Pylos (Nn 831), die die Abgabe von Leinen seitens

[28] S. Killen, ebd. (s.o. Anm. 6), S. 270ff.

[29] S. Ventris/Chadwick, *Documents*, S. 213ff; de Fidio, in: SMEA 23, 1982, S. 83ff.; Killen, ebd. (s.o. Anm. 6), S. 246f.; Halstead, in: ProcCambrPhilSoc 38, 1992, S. 59.

[30] S.u.

[31] de Fidio, ebd. (s.o. Anm. 29), S. 84ff.; Perna, in: Laffineur/Niemeier, *Politeia*, S. 227ff.

einer Ortschaft registriert, deren Namen nur fragmentarisch erhalten ist.[32] Die pylische Bürokratie dringt hier in der Besteuerung des abhängigen Territoriums eine Ebene tiefer ein. Objekte der administrativen Erfassung sind nun einzelne Personen oder Personengruppen dieses Ortes. Was der Anlaß der Lieferung war und wie oft die Palastadministration in den von ihr kontrollierten Ortschaften, wie in diesem Fall, die Ebene des Individuums erreichte, wissen wir nicht.

b) Ablieferungen eines prozentualen Anteils der Ernte von Grundstücken, die Privatpersonen oder dem ‚Volk' (*/dāmos/*) gehörten.[33] In den meisten Fällen handelte es sich dabei um Parzellen, die von ihrem ‚Besitzer' an Dritte verpachtet waren. Dieser Abgabentyp wird entweder als */dosmos/* (für die Grundstücke der Privatpersonen)[34] oder als *wo-ze* (für die Grundstücke des */dāmos/*)[35] bezeichnet.[36] Die relevanten Tontafeln (E-Serie) erwähnen allerdings in allen Fällen nur die Obligation, die mit diesem Land verbunden ist, nicht jedoch die tatsächliche Ablieferung des Produktionsanteils an den Palast.

c) Eine Steuer *per capita*, die lokalen Würdenträgern und anderen Mitgliedern der bürokratischen Elite auferlegt war, die als Lieferanten von Bronze- oder Goldmengen erscheinen.[37] Weitere Abgabeleistungen (*/dosmoi/*), die die Lieferungen von Tieren und landwirtschaftlichen Produkten seitens hoher Palastoffiziere und des */dāmos/* an Poseidon umfassen, sind in ihrer genauen Einordnung in das mykenische Besteuerungssystem problematisch.[38]

d) Obligationen von spezialisierten Handwerkern, die in einem besonderen Abhängigkeitsverhältnis zum Palast standen.[39]

---

[32] Killen, ebd. (s.o. Anm. 6) S. 247. 260; Halstead, in: Voutsaki/Killen, *Economy and Politics*, S. 44.

[33] S. Heubeck, *Frühgriechische Lineartafeln*, S. 55ff.; Killen, ebd. (s.o. Anm. 6), S. 244ff.; Deger-Jalkotzy, in: Heltzer/Lipiński, *Society and Economy*, S. 31ff.

[34] S. de Fidio, *Dosmoi*.

[35] S. Duhoux, *Vocabulaire Économique*, S. 30ff.; Deger-Jalkotzy, ebd., S. 38ff.

[36] Die Landbesitzverhältnisse in mykenischer Zeit, eine der Schlüsselfragen der Mykenologie, bleiben in vielen Aspekten dunkel, s. Killen, ebd. (s.o. Anm. 6), S. 243ff.; Hiller/Panagl, *Frühgriechische Texte*, S. 142ff.; Deger-Jalkotzy, ebd. (s.o. Anm. 33), S. 31ff.

[37] S. z.B. Jn 829.

[38] S. de Fidio, *Dosmoi*, S. 77ff.

[39] S. Killen, ebd. (s.o. Anm. 6), S. 272f.; ders., in: Voutsaki/Killen, Economy and Politics, S. 161ff.

Zu den überlieferten Abgabenleistungen zählen ferner die ökonomischen Verpflichtungen von Personen, die eine besondere wirtschaftliche Beziehung zum Palast unterhielten. Es handelt sich dabei um die Leistungen von ‚Mittelsmännern' an die Zentraladministration. Diese Personen, die in der mykenologischen Literatur als *owners* oder *collectors* bekannt sind, übernahmen offensichtlich die Verantwortung und damit das finanzielle Risiko eines Bereichs der Palastwirtschaft und waren dem Palast gegenüber zur Leistung eines prozentualen Anteils der Produktion verpflichtet.[40]

Der Versuch, den Charakter der einzelnen mykenischen Abgabeformen durch etymologische Beobachtungen zu erschließen, stößt zunächst auf eine methodische Schwierigkeit. Die genaue inhaltliche Bedeutung mehrerer Begriffe wird in der Regel anhand des semantischen Feldes der Wörter in den späteren griechischen Texten ermittelt. Da es sich allerdings in vielen Fällen um allgemeine Begriffe handelt, ist es durchaus möglich, daß sich ihre semantische Füllung von Zeit zu Zeit geändert hat. Deswegen ist hier bei jeder etymologischen Erklärung Vorsicht geboten. Die Eintreibung der Abgaben in den Linear B-Täfelchen wird durch eine inhaltlich kohärente Gruppe von drei Wörtern registriert: *do-ke, a-pu-do-ke* und *a-pu-do-si*. Die Deutung aller drei Termini aus derselben Wortfamilie ist in der Etymologisierung des Wortstammes fest verankert. Das Wort *do-ke* ist die Aoristform des griechischen δίδωμι (‚geben'). Das Wort *a-pu-do-ke* ist die Aoristform des Verbs ἀποδίδωμι, (‚abgeben'). Das Wort *a-pu-do-si* (*απύδοσις-, Abgabe') stellt seine Substantivform dar. Eine textbezogene Interpretation von δίδωμι macht deutlich, daß es kein schlichtes ‚Geben' ausdrückt, sondern eine Lieferung im Rahmen einer vertraglich festgesetzten Verpflichtung, in anderen Worten: die Begleichung einer ‚Schuld'.[41] Ob der Begriff *a-pu-do-ke* eine andere Nuance des mit *do-ke* beschriebenen Konzepts ausdrückt, läßt sich aufgrund linguistischer oder kontextueller Kriterien nicht

[40] S. Bennet, in: Olivier, *Mykenaïka*, S. 65ff.; Carlier, in: ebd., S. 159ff.; Driessen, in: ebd., S. 197ff.; Godart, in: ebd., S. 257ff.; Killen, in: Laffineur/Niemeier, *Politeia*, S. 213ff.; Rougemont, in: dies./Olivier, *Épigraphie créto-mycénienne*, S. 431ff.; dies., in: Voutsaki/Killen, *Economy and Politics*, S. 129ff.; de Fidio, in: ebd., S. 21f. Die Rolle und der Verantwortungsbereich dieser ‚Mittelsmänner', die noch nicht eindeutig geklärt sind, dürfte man im Anschluß an eine bewährte orientalische Praxis als ‚Palastgeschäft' bezeichnen, s. Renger, in: Saeculum 40, 1989, S. 167. 177; ders., in: Orientalia 63, 1994, S. 170. 172ff.

[41] Lejeune, in: MusHelv 32, 1975, S. 1f.: „Le verbe δίδωμι, dans nos textes, signifie partout *'s'acquitter d'un dû'* ".

erkennen.[42] Einstimmig vermuten Lejeune und Duhoux, daß es sich dabei nur um einen stilistisch und nicht inhaltlich bedingten Unterschied handele. Die parallele Verwendung von *a-pu-do-ke* (Verb) und *a-pu-do-si* (Substantiv) scheint zunächst aus administrativer Sicht belanglos zu sein, da sich beide offensichtlich auf den gleichen Typ administrativer Handlung bezogen: Sie bezeichnen eine erfolgte Lieferung in Erfüllung einer Obligation im oben beschriebenen Sinne.[43] Eine Einengung der Bedeutung von *a-pu-do-si* auf ‚Kopfsteuer', wie Olivier sie vorschlägt, ist nicht legitim.[44] Dagegen spricht vor allem die Verwendung des Wortes in den pylischen Täfelchen Fr 1184 und Un 267 im Zusammenhang mit einer Transaktion zwischen zwei Personen.[45]

Neben der etymologischen und textimmanenten Annäherungsweise des mykenischen Abgabensystems ist in den letzten Jahren die Bedeutung einer weiteren Quellengruppe immer deutlicher geworden. Es handelt sich um die Versiegelungen, das zweite Hauptinstrument administrativen Handelns.[46] Ein verhältnismäßig geringer Teil der ca. 1000 mykenischen Tonplomben ist beschriftet. Die kurzen Inschriften beziehen sich auf die Art, Menge, Herkunft der gesiegelten Waren sowie – und dies ist in unserem Zusammenhang von besonderem Interesse – auf den administrativen Kontext einer Lieferung. Die vorhin erwähnten Termini *do-ke*, *a-pu-do-ke* und *a-pu-do-si* sind dabei mehrfach belegt. Ein interessanter Befund aus dem Archivraum des Palastes von Pylos zeigt, wie diese beiden bürokratischen Instrumente in zwei Phasen ein und derselben administrativen Prozedur eingesetzt wurden. In diesem ‚Archivraum' kam eine mit dem Ideogramm **152* (einem Tierfell) und dem Wort *a-pu-do-si* beschriftete Tonplombe zutage (Taf. XIII), die vom Gegenstand, den sie markierte, bereits abgetrennt war.[47] Diese Plombe wurde von derselben Person beschriftet, die verantwortlich für die Verfassung der Täfelchen der Ma-Serie war, in der dasselbe Produkt als Abgabeposten auftaucht. Es scheint also, daß die Schreiber der Palastadministration

[42] S. hierzu ausführlich Duhoux, in: Minos 9, 1968, S. 101ff.

[43] Lejeune, ebd. (s.o. Anm. 41), S. 3ff.: "L'*apudosi* se situe donc au niveau de l'exécution du contrat, non de sa stipulation. Il s'agit de la *fourniture effective* (parfaite ou imparfaite) de ce qui est dû; c'est une donnée de fait, non une donnée de droit".

[44] Olivier, in: Pini, *Die Tonplomben*, S. 71 Anm. 8.

[45] Zu den Tontafeln s. Lejeune, ebd. (s.o. Anm. 41), S. 3.

[46] S. zusammenfassend Aravantinos, in: Palaima/Shelmerdine, *Pylos Comes Alive*, S. 41ff.; Palaima, ebd. (s.o. Anm. 5), S. 249ff.; ders., in: Ferioli et al., *Administration*, S. 37ff.

[47] Hierzu Palaima, *Scribes*, S. 61f. (S90–H2); Olivier, in: Pini, ebd. (s.o. Anm. 44), S. 71f. Kat. Nr. 32 Taf. 13; Palaima, in: Müller, *Minoisch-mykenische Siegelglyptik*, S. 228.

unter der Anleitung von höher stehenden Beamten[48] in den jeweiligen Siedlungen die Abgaben sammelten, vor Ort in Bündeln oder Päckchen versiegelten, dann die Lieferungen an den Palast begleiteten, dort die Tonplomben von den Produkten trennten und sie eventuell als Vorlage für das Verfassen der Tontäfelchen nutzten.

Was fehlt in den Tontafeln, die sich auf verschiedene Abgabenformen beziehen? Es fehlt die ökonomische Grundlage jedes antiken Staates, nämlich die massiven Getreidelieferungen.[49] Getreide als Hauptanbauprodukt, das leicht meßbar, transportierbar und lagerfähig ist, bietet ja eine ideale Abgabenform. In den Linear B-Texten gibt es trotz dieser rätselhaften Informationslücke Hinweise, die die Existenz von palatialen Domänen befürworten. Auf Tafeln der E- und F-Serien aus Knossos werden Getreide und Oliven in Zusammenhang mit dem Eintrag *a-ma*, in einigen Fällen auch mit *e-pi-ke-re* kombiniert, was – nach einer sehr plausiblen Vermutung Killens – als */ama epi kherei/*, "harvest at hand, in hand" im Sinne von „Ernte zur Verfügung" zu verstehen ist.[50] Dabei scheint es sich laut Killen nicht um eine Lieferung zu handeln, sondern lediglich um eine Aufnahme der verfügbaren Ernte, die sich auf verschiedene Lagerplätze der Peripherie verteilte. Die Tatsache, daß die Ernte von Getreide und Oliven zu zwei unterschiedlichen Zeitpunkten stattfand, macht den Sinn der Verwendung von *e-pi-ke-re* nachvollziehbar: Hier geht es nicht um das Abschlußergebnis der diesjährigen Ernte, sondern um einen Bericht zum augenblicklichen Vorrat der Lager. Wenn dieses Fehlen nicht durch den Zeitpunkt der Zerstörung der Paläste bedingt ist, ist es legitim zu vermuten, daß es keine Lieferungen im Rahmen eines Abgabensystems gab. Dies wäre denkbar, wenn Getreide in palatialen Domänen angebaut wurde. Eine solche Form der direkten Bewirtschaftung des wichtigsten agrarischen Produkts läßt sich aus der Sicht der Palastverwaltung sehr gut nachvollziehen. In diesem Fall würde sie das Gesamtprodukt und nicht einen prozentual bestimmbaren Abzug (Abgabe) aus der Produktion von Personen oder Kollektiven ernten.[51]

[48] Diese Personen, von denen wir Name und Zuständigkeitsbereich nicht kennen, haben uns auf den Tonplomben ihre ‚administrativen Fingerabdrucke' hinterlassen – gemeint sind hier die Siegelabdrücke.

[49] S. hierzu de Fidio, ebd. (s.o. Anm. 29), S. 135; Halstead, in: French/Wardle, *Greek Prehistory*, S. 522.

[50] Killen, in: Minos 29–30, 1994–1995, S. 329ff.

[51] Zur wirtschaftlichen Bedeutung von Palastdomänen, die ihren gesamten Ertrag an die Zentraladministration lieferten, s. z.B. Salonen, *Agricultura*, S. 282ff.; Postgate, *Early Mesopotamia*, S. 169f.; Panagiotopoulos, ebd. (s.o. Anm. 12), S. 148.

Wenn die agrarisch produzierende Bevölkerung nicht mit Abgaben an Getreide fiskalisch abgeschöpft wurde, war sie sicherlich gezwungen, zeitweilig Fronarbeit für die Beackerung der palatialen Domänen zu leisten. Die Frage, warum der Palast die Lieferungen von agrarischen Produkten aus diesem wichtigsten ökonomischen Sektor nicht im Rahmen der Linear B-Administration festhielt, läßt sich vielleicht mit dem oben angesprochenen selektiven Fokus der Tontafeln erklären, der hauptsächlich der Erfüllung von ökonomischen Verpflichtungen seitens der abhängigen Bevölkerung sowie den Ausgaben des Palastes galt. Die Lieferung der Ernte aus den palatialen Domänen, die sich von Beginn an im Besitz des Palastes befand, war keine Transaktion zwischen dem Palast und einem anderen zu Abgaben verpflichteten Partner und mußte somit vermutlich nicht in Form einer Zwangsabgabe registriert werden.[52]

Abschließend muß betont werden, daß die uns verfügbaren Daten kaum quantifizierbar sind, so daß wir keine konkrete Vorstellung davon gewinnen können, welchen Anteil der Produktion der Bevölkerung der Palast sich aneignete. Dennoch steht außer Zweifel, daß die Besteuerung und die mutmaßliche Frondienstpflicht einen schweren Eingriff in das Leben der für die eigene Subsistenz produzierenden Bevölkerung darstellten und somit als Ursache sozialer Spannung neben der ökonomischen auch eine politische Dimension hatten.

Geschenke/Abgaben und die Bildmedien

Angesichts der prominenten Stellung von Geschenken, Tributen und Abgaben in der ägyptischen und orientalischen Bildtradition drängt sich auch in unserem Zusammenhang die Frage auf, ob diese Transaktionstypen Eingang in die Bilderwelt der mykenischen Palastzentren gefunden haben. Wurden Geschenke oder Abgaben in den verschiedenen Bildmedien, allen voran den Fresken, thematisiert? Was die Abgaben anbelangt, gibt es keine Belege, daß diese administrative

[52] Eine interessante Parallele liefert der ägyptische Terminus *šm.w*, der sowohl die Bedeutung von ‚Ernte' als auch ‚Erntesteuer' hatte, s. Römer, *Gottes- und Priesterherrschaft*, S. 378ff. Römer vermutet aufgrund der Wortsemantik ein System der Agrarproduktion, in dem die Produzenten nicht Feldeigentümer, sondern lediglich Beauftragte waren. Die Ablieferung der Getreideproduktion an die staatlichen Scheunen ist daher als „Erfüllung eines Produktionsauftrages und keine Abgabe" anzusehen.

Abb. 2: Prozession von gabenbringenden Frauen. Wandmalerei aus dem mykenischen Palast von Theben (Rekonstruktion H. Reusch).

Prozedur in der höfischen Kunst verewigt wurde. Dies ist sicherlich nicht überraschend, da die Eintreibung der Abgaben offensichtlich als eine rein profane Handlung vonstatten ging, die keinen repräsentativen Wert für die palatiale Elite hatte. Geschenksendungen eines fremden Fürsten oder Königs sind nach unserem jetzigen Kenntnisstand ebenfalls nicht dargestellt. Obwohl die mykenischen Herrscher am Netzwerk der internationalen Geschenkdiplomatie teilhatten und offensichtlich kostbare ausländische Geschenke erhielten, haben diese Geschenksendungen die zeitgenössische Kunst nicht inspiriert. Sollen wir vermuten, daß am Hof eines mykenischen Palastes die Audienz einer fremden Gesandtschaft nicht so glanzvoll inszeniert war wie in Ägypten oder in anderen königlichen Residenzen des östlichen Mittelmeers? Oder ist dieses Fehlen durch die lückenhafte Überlieferungslage zu erklären? Auch in diesem Fall läßt sich keine sichere Antwort geben.

Was wir von den mykenischen Palästen kennen, sind Prozessionen, die aus gabenbringenden Figuren bestehen. Sie kommen in allen vier großen Palästen vor (Mykene, Tiryns, Theben, Pylos) und zeichnen sich durch eine gewisse ‚Monumentalität' der Aufführung aus, nämlich ein wandfüllendes Format mit fast lebensgroßen Figuren und ein rigides Darstellungsschema, wonach die Prozessionsteilnehmer gravitätisch und mit klaren Abständen nebeneinander aufgereiht sind (Abb. 2).[53] Es kann keinen Zweifel daran geben, daß der Anlaß der dargestellten Handlung eine kultische Hofzeremonie war. Den Hauptakzent dieser höfischen Kultvorgänge stellen die kostbaren Gaben dar: Pyxiden,

[53] S. Immerwahr, *Aegean Painting*, S. 114ff.; Lurz, *Der Einfluß Ägyptens*, S. 87ff.

Prunkgefäße, Schmuck u.a.[54] Auch wenn der zeremonielle Anlaß dieser Prozessionen kein diplomatischer Geschenkaustausch war, ist es möglich, die hier abgebildeten Preziosen mit den Geschenken in Beziehung zu setzen, denn beide gehörten ein und derselben sozioökonomischen Kategorie an. Sie lassen sich am besten mit dem homerischen Begriff von κειμήλια umfassen, der wörtlich bedeutet ‚etwas, das beiseite gelegt werden kann'. Sie dienten als Symbole des Reichtums oder Ansehens. Wie M. Finley richtig beobachtete, bestand der doppelte Nutzen dieser Kostbarkeiten darin, sie zu besitzen und sie wegzugeben.[55] Sie bildeten einen Bestandteil des im Sinne Pierre Bourdieus ‚symbolischen Kapitals' des Palastes.[56] Die Akkumulation ‚symbolischen Kapitals' in Form von Ehre und Prestige – erworben z.B. im Fall der mykenischen Paläste durch den Besitz von Prunkobjekten, die Ausrichtung von Festen und durch Schenkungen an Götter, Heiligtümer oder Beamte – erlaubte es, eine pflichtgebundene ‚Klientel' zu schaffen, die Abgaben lieferte bzw. bei diversen Produktionsprozessen zum Nutzen der Oberschicht als Arbeitskraft eingesetzt werden konnte. Das symbolische Kapital war allem Anschein nach kein totes Kapital, sondern kam unter gewissen zeremoniellen Umständen in Umlauf: Wir dürfen davon ausgehen, daß der Herrscher Geschenke an seine Beamten und andere Herrscher verteilte, an die Götter stiftete und Feste für das Volk organisierte, auch wenn uns nicht jede dieser politischen/zeremoniellen Anstrengungen durch die vorhandenen ikonographischen und epigraphischen Zeugnisse direkt überliefert ist. Bei feierlichen Anlässen wurden solche Gegenstände präsentiert, wie auch die Fresken selbst implizieren, in denen die Frauen die kostbaren Gaben nicht bloß tragen, sondern zur Schau stellen. Hier wird in erster Linie nicht der Kult an sich, sondern der Glanz des Königtums thematisiert, der in Zeremonien und Prunkgegenständen Gestalt annahm. Es ist sehr wahrscheinlich, daß diese Preziosen, bei denen der symbolische Wert wichtiger als der materielle war, nur innerhalb eines zeremoniellen Kreislaufes zirkulierten und nie in kommerzielle Bahnen flossen. Solange es der herrschenden Klasse dadurch gelang, das einseitige Abgabenverhältnis mit Hilfe einer symbolischen oder materiell begrenzten Gegenleistung als eine reziproke Beziehung darzustellen, wäre die Loyalität der Untergebenen sichergestellt gewesen. Wenn die Überlieferungslage uns kein völlig verzerrtes

[54] S. Boulotis, in: Hägg/Marinatos, *Function of the Minoan Palaces*, S. 145ff.
[55] Finley, *Odysseus*, S. 61.
[56] Bourdieu, in: Annales 32, 1977, S. 405ff.

Bild von der ursprünglichen bildlichen Ausstattung der mykenischen Paläste bietet, dürfen wir vermuten, daß neben der Macht der Waffen auch der Glanz der Prunkobjekte und Zeremonien die Erhaltung und Reproduktion dieses politischen Systems gewährleistete.

Bibliographie

Aravantinos, Vassilis L., *The Use of Sealings in the Administration of Mycenaean Palaces*, in: T. G. Palaima/S. W. Shelmerdine (eds.), *Pylos Comes Alive. Industry and Administration in a Mycenaean Palace*, New York 1984, S. 41–48.

Aravantinos, Vassilis, *Mycenaean Texts and Contexts at Thebes: The Discovery of New Linear B Archives on the Kadmeia*, in: S. Deger-Jalkotzy/S. Hiller/O. Panagl (eds.), *Floreant Studia Mycenaea*. Akten des X. Internationalen Mykenologischen Colloquiums, Österreichische Akademie der Wissenschaften, Phil.-Hist. Klasse, Denkschriften 274 (Veröffentlichungen der Mykenischen Kommission 18), Wien 1999, S. 45–78.

Barber, *Prehistoric Textiles*: Elisabeth J. W. Barber, *Prehistoric Textiles. The Development of Cloth in the Neolithic and Bronze Ages with Special Reference to the Aegean*, Princeton 1991.

Bartoněk, *Handbuch*: Antonin Bartoněk, *Handbuch des mykenischen Griechisch*, Heidelberg 2003.

Bennet, John, *„Collectors" or „Owners"? An Examination of their Possible Functions within the Palatial Economy of LM III Crete*, in: Jean-Pierre Olivier (ed.), *Mykenaïka*. Actes du IXe Colloque International sur les Textes Mycéniens et Égéens, BCH Suppl. 25, Athen 1992, S. 65–101.

Boulotis, Christos, *Nochmals zum Prozessionsfresko von Knossos: Palast und Darbringung von Prestige-Objekten*, in: Robin Hägg/Nanno Marinatos (eds.), *The Function of the Minoan Palaces*. Proceedings of the 4th International Symposium at the Swedish Institute, Stockholm 1987, S. 145–155.

Bourdieu, Pierre, *Sur le pouvoir symbolique*, in: Annales: Economie, Sociétés, Civilisations 32, 1977, S. 405–411.

Bryce, Trevor R., *Ahhiyawans and Mycenaeans – An Anatolian Viewpoint*, in: OxfJA 8, 1989, S. 297–310.

Carlier, Pierre, *Les Collecteurs Sont-ils des Fermiers?*, in: Jean-Pierre Olivier (ed.), *Mykenaïka*. Actes du IXe Colloque International sur les Textes Mycéniens et Égéens, BCH Suppl. 25, Athen 1992, S. 159–166.

Carruba et al., *Studi Orientalistici*: Onofrio Carruba/Mario Liverani/Carlo Zaccagnini (eds.), *Studi Orientalistici in Ricordo di Franco Pintore*, Pavia 1983.

Cline, *International Trade*: Eric Cline, *Sailing the Wine-Dark Sea. International Trade and the Late Bronze Age Aegean*, BAR International Series 591, Oxford 1994.

Davies/Duhoux, *Linear B*: Anna Morpurgo Davies/Yves Duhoux (eds.), *Linear B: a 1984 survey*. Proceedings of the Mycenaean Colloquium of the VIIIth Congress of the International Federation of the Societies of Classical Studies (Dublin, 27th August – 1st September 1984), Bibliothèque des Cahiers de l'Institut de Linguistique de Louvain 26, Louvain-la-Neuve 1985.

De Fidio, Pia, *I dosmoi pilii a Poseidon: Una terra sacra di età micenea*, in: Incunabula Greca 65, Roma 1977.

De Fidio, Pia, *Fiscalità, redistribuzione, equivalenze: per una discussione sull'economia micenea*, in: SMEA 23, 1982, S. 83–136.

De Fidio, Pia, *Centralization and its Limits in the Mycenean Palatial System*, in: S. Voutsakis/ J. Killen, *Economy and Politics in the Mycenean Palace States*. Proceedings of a Conference held in the Faculty of Classics, Cambridge, Cambridge 2001, S. 15–24.

Deger-Jalkotzy, Sigrid, *Landbesitz und Sozialstruktur im mykenischen Staat von Pylos*, in:

M. Heltzer/E. Lipiński (eds.), *Society and Economy in the Eastern Mediterranean (c. 1500–1000 B.C.)*. Proceedings of the International Symposium Held at the University of Haifa, OLA 23, Leuven 1988, S. 31–52.

Deger-Jalkotzy et al., *Floreant Studia Mycenaea*: Sigrid Deger-Jalkotzy/Stefan Hiller/Oswald Panagl (eds.), *Floreant Studia Mycenaea*. Akten des X. Internationalen Mykenologischen Colloquiums in Salzburg vom 1.–5. Mai 1995, Österreichische Akademie der Wissenschaften, Philosophisch-Historische Klasse, Denkschriften 274 (Veröffentlichungen der Mykenischen Kommission 18), Wien 1999.

Driessen, Jan, *„Collector's Items". Observations sur l'Elite Mycénienne de Cnossos*, in: Jean-Pierre Olivier (ed.), *Mykenaïka*. Actes du IXe Colloque International sur les Textes Mycéniens et Égéens, BCH Suppl. 25, Athen 1992, S. 197–214.

Driessen, Jan, *Data Storage for Reference and Prediction at the Dawn of Civilization? A Review Article with Some Observations on Archives Before Writing*, in: Minos 29–30, 1994–95, S. 239–256.

Driessen, Jan, *The Northern Entrance Passage at Knossos. Some Preliminary Observations on its Potential Role as „Central Archives"*, in: S. Deger-Jalkotzy/S. Hiller/O. Panagl (eds.), *Floreant Studia Mycenaea*. Akten des X. Internationalen Mykenologischen Colloquiums, Österreichische Akademie der Wissenschaften, Phil.-Hist. Klasse, Denkschriften 274 (Veröffentlichungen der Mykenischen Kommission 18), Wien 1999, S. 205–226.

Driessen, *Chariot Tablets*: Jan Driessen, *The Scribes of the Room of the Chariot Tablets at Knossos. Interdisciplinary Approach to the Study of a Linear B Deposit*, Minos Suppl. 15, Salamanca 2000.

Duhoux, Yves, *Le Groupe Lexical de* δίδωμι *en Mycénien*, in: Minos 9, 1968, S. 81–108.

Duhoux, *Vocabulaire Économique*: Yves Duhoux, *Aspects du Vocabulaire Économique Mycénien (Cadastre – Artisanat – Fiscalité)*, Amsterdam 1976.

Ferioli et al., *Administration*: Piera Ferioli/Enrica Fiandra/Gian Giacomo Fissore (eds.), *Administration in Ancient Societies*. Proceedings of Session 218 of the 13th International Congress of Anthropological and Ethnological Sciences, Mexico City, July 29–August 5, 1993, Torino 1996.

Finley, *Odysseus*: Moses I. Finley, *The World of Odysseus*, London 1977[2].

French/Wardle, *Greek Prehistory*: Elisabeth B. French/Kenneth Anthony Wardle (eds.), *Problems in Greek Prehistory*. Papers Presented at the Centenary Conference of the British School of Archaeology at Athens, Manchester April 1986, Bristol 1988.

Godart, Louis, *Les Collecteurs dans le Monde Égéen*, in: Jean-Pierre Olivier (ed.), *Mykenaïka*. Actes du IXe Colloque International sur les Textes Mycéniens et Égéens, BCH Suppl. 25, Athen 1992, S. 257–283.

Hägg/Marinatos, *Function of the Minoan Palaces*: Robin Hägg/Nanno Marinatos (eds.), *The Function of the Minoan Palaces*. Proceedings of the Fourth International Symposium at the Swedish Institute in Athens, 10–16 June, 1984, Stockholm 1987.

Hänsel, *Handel, Tausch und Verkehr*: Bernhard Hänsel (ed.), *Handel, Tausch und Verkehr im Bronze- und Früheisenzeitlichen Südosteuropa*, Südosteuropa-Schriften 17 (Prähistorische Archäologie in Südosteuropa 11), München/Berlin 1995.

Halstead, Paul, *On Redistribution and the Origin of Minoan-Mycenaean Palace Economies*, in: E. B. French/K. A. Wardle (eds.), *Problems in Greek Prehistory*. Papers Presented at the Centenary Conference of the British School of Archaeology at Athens, Bristol 1988, S. 519–529.

Halstead, Paul, *The Mycenaean Palatial Economy: Making the Most of the Gaps in the Evidence*, in: ProcCambrPhilSoc 38, 1992, S. 57–86.

Halstead, Paul, *Mycenean Wheat, Flax and Sheep: Palatial Intervention in Farming and its Implications for Rural Society*, in: S. Voutsakis/J. Killen, *Economy and Politics in the Mycenean Palace States*. Proceedings of a Conference held in the Faculty of Classics, Cambridge, Cambridge 2001, S. 38–50.

Heltzer/Lipiński, *Society and Economy*: Michael Heltzer/E. Lipiński (eds.), *Society and Economy in the Eastern Mediterranean (c. 1500–1000 B.C.)*. Proceedings of the International Symposium Held at the University of Haifa from the 28th of April to the 2nd of May 1985, OLA 23, Leuven 1988.

Heubeck, *Frühgriechische Lineartafeln*: Alfred Heubeck, *Aus der Welt der frühgriechischen Lineartafeln. Eine kurze Einführung in Grundlagen, Aufgaben und Ergebnisse der Mykenologie*, Göttingen 1966.

Heubeck, *Schrift*: Alfred Heubeck, *Schrift*, ArchHom 3, Göttingen 1979.

Hiller/Panagl, *Frühgriechische Texte*: Stefan Hiller/Oswald Panagl, *Die frühgriechischen Texte aus mykenischer Zeit. Zur Erforschung der Linear B-Tafeln*, Darmstadt 1986².

Hope Simpson, Richard, *The Dodecanese and the Aḫḫiyawa question*, in: BSA 98, 2003, S. 203–237.

Ilievski/Crepajac, *Tractata Mycenaea*: Petar H. Ilievski/L. Crepajac (eds.), *Tractata Mycenaea*. Proceedings of the Eighth International Colloquium on Mycenaean Studies Held in Ohrid, 15–20 September 1985, Skopje 1987.

Immerwahr, *Aegean Painting*: Sara A. Immerwahr, *Aegean Painting in the Bronze Age*, University Park, Pennsylvania 1990.

KBo: Bedrich Hrozný, *Hethitische Keilschrifttexte aus Boghazköi in Umschrift, mit Übersetzung und Kommentar*, Leipzig 1919.

Killen, John, *The Knossos Ld(1) Tablets*, in: E. Risch/H. Müllenstein (eds.), *Colloquium Mycenaeum*. Actes du 6ème Colloque International sur les Textes Mycéniens et Égéens Tenu à Chaumont sur Neuchâtel, Neuchâtel 1979, S. 151–181.

Killen, John, *The Linear B Tablets and the Mycenaean Economy*, in: A. M. Davies/Y. Duhoux (eds.), *Linear B: a 1984 survey*. Proceedings of the Mycenaean Colloquium of the VIIIth Congress of the International Federation of the Societies of Classical Studies, Louvain-la-Neuve 1985, S. 241–305.

Killen, John, *a-ma e-pi-ke-re*, in: Minos 29–30, 1994–1995, S. 329–333.

Killen, John, *Some Further Thoughts on 'Collectors'*, in: R. Laffineur/W.-D. Dietrich Niemeier (eds.), *POLITEIA. Society and State in the Aegean Bronze Age*. Proceedings of the 5th International Aegean Conference, Liège/Austin 1995, S. 213–221.

Killen, John, *Some Thoughts on ta-ra-si-ja*, in: S. Voutsaki/J. Killen (eds.), *Economy and Politics in the Mycenaean Palace States*. Proceedings of a Conference held in the Faculty of Classics, Cambridge, Cambridge 2001, S. 161–180.

KUB: Keilschrifturkunden aus Boghazköi.

Laffineur/Niemeier, *Politeia*: Robert Laffineur/Wolf-Dietrich Niemeier (eds.), *POLITEIA. Society and State in the Aegean Bronze Age*. Proceedings of the 5th International Aegean Conference, University of Heidelberg, Archäologisches Institut 10–13 April 1994, Aegeaum 12, Liège/Austin 1995.

Latacz, *Troia und Homer*: Joachim Latacz, *Troia und Homer. Der Weg zur Lösung eines alten Rätsels*, München/Berlin 2001.

Latacz, *Homer-Forschung*: Joachim Latacz (ed.), *Zweihundert Jahre Homer Forschung. Rückblick und Ausblick*, Stuttgart/Leipzig 1991.

Lehmann, Gustav Adolf, *Die ‚politisch-historischen' Beziehungen der Ägäis-Welt des 15.–13. Jh.s v. Chr. zu Ägypten und Vorderasien: einige Hinweise*, in: Joachim Latacz (ed.), *Zweihundert Jahre Homer-Forschung. Rückblick und Ausblick*, Stuttgart/Leipzig 1991, S. 105–126.

Lejeune, Michel, ΔΟΣΜΟΣ *et* ΑΠΥΔΟΣΙΣ, in: MusHelv 32, 1975, S. 1–11.

Liverani, *Amarna Essays*: Mario Liverani, *Three Amarna Essays*, Monographs on the Ancient Near East 1/5, Malibu 1979.

Lurz, *Der Einfluß Ägyptens*: Norbert Lurz, *Der Einfluß Ägyptens, Vorderasiens und Kretas auf die Mykenischen Fresken. Studien zum Ursprung der Frühgriechischen Malerei*, Frankfurt 1994.

Mountjoy, Penelope, *The East Aegean-West Anatolian Interface in the Late Bronze Age: Mycenaeans and the Kingdom of Aḫḫijawa*, in: AnatSt 48, 1998, S. 33–67.

Müller, *Minoisch-mykenische Siegelglyptik*: W. Müller (ed.), *Minoisch-mykenische Siegelglyptik. Stil, Ikonographie, Funktion*. Internationales Siegel-Symposium, Marburg, CMS Beih. 6, Berlin 2000.

Niemeier, Wolf-Dietrich, *Hattuša und Aḫḫijawa im Konflikt um Millawanda/Milet. Die politische und kulturelle Rolle des mykenischen Griechenland in Westkleinasien*, in: *Die Hethiter*, S. 294–299.

Olivier, *Mykenaïka*: Jean-Pierre Olivier (ed.), *Mykenaïka*. Actes du IXe Colloque International sur les textes mycéniens et Égéens organisé par le Centre de l'Antiquité Grecque et Romaine de la Fondation Hellénique des Recherches Scientifiques et l'École Française d'Athènes (Athènes, 2–6 Octobre 1990), BCH Suppl. 25, Athen 1992.

Olivier, Jean-Pierre, *El comercio micénico desde la documentación epigráfica*, in: Minos 31–32, 1996–1997, S. 275–292.

Olivier, Jean-Pierre, *Die beschrifteten Tonplomben*, in: Ingo Pini (ed.), *Die Tonplomben aus dem Nestorpalast von Pylos*, Mainz 1997, S. 70–81.

Palaima, Thomas G., *Mycenaean Seals and Sealings in their Economic and Administrative Contexts*, in: P. H. Ilievski/L. Crepajac (eds.), *Tractata Mycenaea*. Proceedings of the 8th International Colloquium on Mycenaean Studies Held in Ohrid, Skopje 1987, S. 249–266.

Palaima, Thomas G., *The Scribes of Pylos*, Incunabula Graeca 87, Roma 1988.

Palaima, Thomas G., *The Last Days of the Pylos Polity*, in: R. Laffineur/W.-D. Niemeier (eds.), *POLITEIA. Society and State in the Aegean Bronze Age*. Proceedings of the 5th International Aegean Conference, Liège/Austin 1995, S. 623–632.

Palaima, Thomas G., *Sealings as Links in an Administrative Chain*, in: P. Ferioli/E. Fiandra/G.G. Fissore (eds.), *Administration in Ancient Societies*. Proceedings of Session 218 of the 13th International Congress of Anthropological and Ethnological Sciences, Torino 1996, S. 37–66.

Palaima, Thomas G., *The Palaeography of Mycenaean Inscribed Sealings from Thebes and Pylos, Their Place Within the Mycenaean Administrative System and Their Links with the Extra-Palatial Sphere*, in: W. Müller (ed.), *Minoisch-mykenische Siegelglyptik. Stil, Ikonographie, Funktion*. Internationales Siegel-Symposium, Marburg – Berlin 2000, S. 219–238.

Palaima/Shelmerdine, *Pylos Comes Alive*: Thomas G. Palaima/Synthia W. Shelmerdine (eds.), *Pylos Comes Alive. Industry and Administration in a Mycenaean Palace*, New York 1984.

Panagiotopoulos, Diamantis, *Tributabgaben und Huldigungsgeschenke aus der Levante. Die ägyptische Nordexpansion in der 18. Dynastie aus strukturgeschichtlicher Sicht*, in: ÄL 10, 2000, S. 139–158.

Panagl, Oswald, *Handel, Händler und Verkehr im Spiegel griechischer Texte von Linear B bis Homer*, in: B. Hänsel (ed.), *Handel, Tausch und Verkehr im Bronze- und Früheisenzeitlichen Südosteuropa*, München-Berlin 1995, S. 49–52.

Perna, Massimo, *Le tavolette della seria Ma di Pilo*, in: R. Laffineur/W.-D. Niemeier (eds.), *POLITEIA. Society and State in the Aegean Bronze Age*. Proceedings of the 5th International Aegean Conference, Liège/Austin 1995, S. 227–232.

Pini, *Die Tonplomben*: Ingo Pini (ed.), *Die Tonplomben aus dem Nestorpalast von Pylos*, Mainz 1997.

Porada, Edith, *The Cylinder Seals Found at Thebes in Boeotia*, in: AfO 28, 1981/1982, S. 1–70.

Postgate, *Early Mesopotamia*: John Nicholas Postgate, *Early Mesopotamia. Society and Economy at the Dawn of History*, London 1992.

Renger, Johannes, *Probleme und Perspektiven einer Wirtschaftsgeschichte Mesopotamiens*, in: Saeculum 40, 1989, S. 166–178.

Renger, Johannes, *On Economic Structures in Ancient Mesopotamia*, in: Orientalia 63, 1994, S. 157–208.

Risch/Müllenstein, *Colloquium Mycenaeum*: Ernst Risch/Hugo Müllenstein (eds.), *Colloquium Mycenaeum*. Actes du Sixième Colloque International sur les Textes Mycéniens et Égéens Tenu à Chaumont sur Neuchâtel du 7 au 13 Septembre 1975, Neuchâtel 1979.

Römer, *Gottes- und Priesterherrschaft*: Malte Römer, *Gottes- und Priesterherrschaft in Ägypten am Ende des Neuen Reiches. Ein religionsgeschichtliches Phänomen und seine sozialen Grundlagen*, ÄAT 21, Wiesbaden 1994.

Rowlands et al., *Centre and Periphery*: Michael Rowlands/Mogens Larsen/Kristian Kristiansen (eds.), *Centre and Periphery in the Ancient World*, Cambridge 1987.

Rougemont, Françoise, *Quelques problèmes liés à l'étude des „collecteurs" dans les tablettes en linéaire B*, in: F. Rougemont/J.-P. Olivier (eds.), *Recherches récentes en épigraphie créto-mycénienne*, BCH 122, 1998, S. 431–434.

Rougemont, Françoise, *Some Thoughts on the Identification of the „Collectors" in the Linear B Tablets*, in: S. Voutsaki/J. Killen (eds.), *Economy and Politics in the Mycenaean Palace States*. Proceedings of a Conference held in the Faculty of Classics, Cambridge, Cambridge 2001, S. 129–138.

Rougemont/Olivier, *Épigraphie créto-mycénienne*: Francoise Rougemont/Jean-Pierre Olivier (eds.), *Recherches récentes en épigraphie créto-mycénienne*, BCH 122, 1998.

Salonen, *Agricultura*: Armas Salonen, *Agricultura Mesopotamica nach sumerisch-akkadischen Quellen. Eine lexikalische und kulturgeschichtliche Untersuchung*, Helsinki 1968.

Urk. IV: K. Sethe, *Urkunden des ägyptischen Altertums*, Bd. 4: Urkunden des Neuen Reichs, Berlin-Graz 1961 (Nachdruck der 2. Auflage).

Ventris/Chadwick, *Documents*: Michael Ventris/John Chadwick, *Documents in Mycenaean Greek*, Cambridge 1973².

Voutsaki/Killen, *Economy and Politics*: Sofia Voutsaki/John Killen (eds.), *Economy and Politics in the Mycenaean Palace States*. Proceedings of a Conference held on 1–3 July 1999 in the Faculty of Classics, Cambridge, Cambridge Philological Society Suppl. 27, Cambridge 2001.

Wachsmann, *Aegeans*: Shelley Wachsmann, *Aegeans in the Theban Tombs*, OLA 20, Leuven 1987.

Wagner-Hasel, *Der Stoff der Gaben*: Beate Wagner-Hasel, *Der Stoff der Gaben. Kultur und Politik des Schenkens und Tauschens im archaischen Griechenland*, Frankfurt/New York 2000.

Die Hethiter: Helga Willinghöfer/Uta Hasekamp (eds.), *Die Hethiter und ihr Reich. Das Volk der 1000 Götter*, Bonn 2002.

Zaccagnini, *Scambio dei doni*: Carlo Zaccagnini, *Lo scambio dei doni nel Vicino Oriente durante i secoli XV–XIII*, Roma 1973.

Zaccagnini, Carlo, *On Gift Exchange in the Old Babylonian Period*, in: O. Carruba/M. Liverani/C. Zaccagnini (eds.), *Studi Orientalistici in Ricordo di Franco Pintore*, Pavia 1983, S. 189–253.

Zaccagnini, Carlo, *Aspects of Ceremonial Exchange in the Near East during the Late Second Millennium B.C.*, in: M. Rowlands/M. Larsen/K. Kristiansen (eds.), *Centre and Periphery in the Ancient World*, Cambridge 1987, S. 57–65.

SEKTION V

HELLENISMUS UND ROM

TRIBUTE UND STEUERN IM HELLENISTISCHEN KLEINASIEN

Christof Schuler (München)

In der ersten Hälfte des 3. Jhs. v.Chr. siedelte Aëtos, ptolemäischer Statthalter in Kilikien, Kolonisten auf Land an, das zum Territorium der Polis Nagidos gehörte. Der so konstituierten Gemeinde gab er den Status einer selbständigen Polis und taufte sie Arsinoë. Der vorübergehende Zusammenbruch der ptolemäischen Herrschaft in der Region und der vorhersehbare Konflikt mit dem Nachbarn Nagidos verhinderten jedoch, daß die Neugründung prosperierte. Nach der Mitte des Jahrhunderts, als Kilikien erneut unter ptolemäischer Kontrolle stand, übernahm Thraseas, der Sohn des Aëtos, den Statthalterposten und versuchte, das Projekt zu einem erfolgreichen Abschluß zu bringen. Dazu galt es zunächst, die Auseinandersetzung um das Land beizulegen. Nachdem ein Kompromiß gefunden war, der eine friedliche Nachbarschaft mit Nagidos ermöglichen sollte, schrieb Thraseas an die Bürger von Arsinoë: „Da nun die Bürger von Nagidos die Abgrenzung (eures Landes) durchgeführt haben, so daß es jetzt völlig unangefochten euch gehört, tut ihr gut daran, es ganz zu bearbeiten und Pflanzungen anzulegen, damit ihr selbst zu Wohlstand kommt und zu den Einkünften des Königs einen größeren Beitrag als am Anfang leisten könnt.“[1] Der Satz bündelt beinahe programmatisch mehrere charakteristische Züge der hellenistischen Monarchien: Die Maximierung der Einkünfte war ein zentrales Ziel der königlichen Verwaltung, das die Könige selbst

[1] SEG 39, 1426 Z. 4-9: Ἐπεὶ οὖν οἱ Ναγιδεῖς (...) ἀφωρίκασιν (scil. τὴν χώραν) ὥστε μηδεμιᾶς ἀντιλογίας ἔτι καταλειπομένης ὑμετέραν εἶναι, καλῶς ποιήσετε ἐργαζόμενοί τε πᾶσαν αὐτὴν καὶ καταφυτεύοντες, ὅπως αὐτοί τε ἐν εὐβοσίαι γίνησθε καὶ τῶι βασιλεῖ τοὺς προσόδους πλείους τῶν ἐν ἀρχῆι γινομένων συντελῆτε. Eine Neuedition und eine deutsche Übersetzung wird Petzl, in: ZPE 139, 2002, S. 83–85 verdankt. Die Lesung von Z. 33, die sich nach der *ed. pr.* auf die Ablieferung von Tribut bezog (πεμπέτωσαν φόρον), betrifft in Wirklichkeit Festgesandte (πεμπέτωσαν θεωρόν; vgl. den Kommentar von Petzl, ebd., S. 87). Die in der alten Lesung schwer verständliche Stelle (vgl. etwa Chaniotis, in: EA 21, 1993, S. 41f.) ist also für die vorliegende Untersuchung nicht relevant. Vgl. jetzt zur Interpretation der Inschrift insgesamt Bencivenni, *Progetti*, S. 299–331 mit ausführlicher Bibliographie.

und ihre Funktionäre sehr bewußt verfolgten.[2] Da die hellenistischen Monarchien auf dem Recht der Eroberung und der Stärke des Militärs beruhten, suchten die Könige sich immer wieder neu als siegreiche Feldherren zu bewähren und neigten zu einem rastlosen Expansionismus. Dazu benötigten sie schlagkräftige, professionelle Heere, deren Unterhalt wiederum die Erhebung möglichst hoher Abgaben in den beherrschten Gebieten zur Voraussetzung hatte. Die Könige nahmen aber nicht nur, sie gaben auch, in unserem Fall Land und sozialen Status, und sorgten so für das Wohlergehen ihrer Untertanen. Diese Rückverteilung von Ressourcen, so einseitig im Einzelfall die Bilanz zugunsten des Königs ausgefallen sein mag, spielte bei der Legitimation des hellenistischen Königtums eine zentrale Rolle. Thraseas' Mahnung an die Kolonisten schließlich, ihre landwirtschaftliche Produktion zu steigern, verweist nicht nur auf die Selbstverständlichkeit, daß die Erträge des Landes im Mittelpunkt der Wirtschaft und des Steuerwesens standen. Der Statthalter ließ damit auch ein wichtiges fiskalisches Prinzip anklingen: Die von den Königen erhobenen Abgaben waren überwiegend nicht in absoluten Zahlen festgelegt, sondern als Quoten an die Erträge gekoppelt; die Förderung der landwirtschaftlichen Produktion lag deshalb im Interesse der Könige. Überhaupt wurde die Wirtschaftskraft der Betroffenen bei der Steuererhebung berücksichtigt: Von einer Neugründung wie Arsinoë, die mit allerlei Schwierigkeiten zu kämpfen hatte, wurde nicht so viel erwartet wie von einer konsolidierten Gemeinde, die über gut ausgebautes Land verfügte. In terminologischer Hinsicht illustriert der Brief eine Schwierigkeit, der wir im folgenden mehrfach begegnen: Die meisten Begriffe, die in den Quellen Tribute, Steuern oder Zölle bezeichnen, sind sehr allgemein und gewinnen nur aus dem Kontext eine konkrete, technische Bedeutung. Thraseas spielt nur indirekt auf die Erhebung von Abgaben an, indem er allgemein von den „Einkünften" (πρόσοδοι) des Königs spricht. Nur aus dem Zusammenhang heraus kann man vermuten, daß in erster Linie ein Anteil an den landwirtschaftlichen Erträgen gemeint ist. Als Sammel-

[2] Welche Bedeutung die Ptolemäer einer effizienten Erhebung von Einnahmen beimaßen, zeigt die Einsetzung speziell für die πρόσοδοι zuständiger Amtsträger: Lenger, *Corpus*, Nr. 22 Z. 23f. (260 v.Chr.): ὁ διοικῶν τὰς κατὰ Συρίαν καὶ Φοινίκην προσόδους; ebd. Nr. 53 Z. 88 (121/20–118 v.Chr.), Nr. 62 Z. 3 (99 v.Chr.): lokale Amtsträger mit dem Titel ὁ ἐπὶ τῶν προσόδων. Auch im seleukidischen Reich gab es zumindest phasenweise als ἐπὶ τῶν προσόδων titulierte Amtsträger (Bengtson, *Strategie*, S. 127–129).

bezeichnung für alle möglichen Einnahmequellen hat der von Thraseas gewählte Begriff ansonsten einen verwaltungstechnischen Anstrich und ist politisch neutral.

Fragestellung und Quellen

Das Zitat aus dem Brief des Thraseas illustriert die Bedeutung der Abgabenerhebung für die hellenistische Geschichte. Die vielen Fragen, die damit zusammenhängen und die in der Forschung seit langem intensiv diskutiert werden, können hier nicht umfassend erörtert werden. Den Vorgaben für das Tübinger Kolloquium entsprechend konzentriert sich die Untersuchung auf die wichtigsten Bezeichnungen für Tribute und Steuern im Hellenismus und analysiert ihre politische Bedeutung. Die begriffsgeschichtliche Betrachtung bildet den roten Faden eines Durchgangs durch die klassische und hellenistische Zeit, an dessen Ende der Versuch steht, die Entwicklung der Abgabenerhebung in Kleinasien zu bewerten. Diese allgemeine und systematische Fragestellung hat in den Quellen keine unmittelbare Entsprechung. Das zur Einführung gewählte Beispiel ist in seinem konkreten und auf den Einzelfall beschränkten Charakter symptomatisch für die Quellenlage insgesamt. Eine umfassende Darstellung über die Tribute und Steuern, die in hellenistischer Zeit erhoben wurden, ist uns aus der Antike nicht überliefert. Die antiken Autoren interessierten sich wenig für Alltagsprobleme, zu denen auch die Routine der Finanzverwaltung gehört, so daß sich in literarischen Texten meist nur summarische Hinweise zum hier diskutierten Thema finden.[3] Umso größer ist die Bedeutung der Primärquellen, die in Form von Inschriften und Papyri vorliegen. Im Mittelpunkt der folgenden Diskussion steht Kleinasien, ein Schwerpunkt, für den sowohl sachliche wie pragmatische Gründe sprechen: Seit archaischer Zeit spielte die Erhebung von Tributen dort eine wichtige Rolle, und zudem zeichnet sich die Region durch einen

[3] Ktesias schrieb am Beginn des 4. Jhs. eine Monographie „Über die Tribute in Asien" (Περὶ τῶν κατὰ τὴν Ἀσίαν φόρων), deren Inhalt sich jedoch nicht rekonstruieren läßt. Vgl. Jacoby, in: RE XI2, 1922, Sp. 2036 (zur Abfassungszeit); 2039f. (zur Monographie). Die beiden Zitate aus dem Werk, die uns vorliegen, stammen von Athenaios (FGrHist 688 F 53f.) und sind zu kurz, um aussagekräftig zu sein. Zu dem knappen systematischen Überblick über Abgaben im pseudo-aristotelischen Oikonomikos s.u. S. 394.

besonders reichen und stetig wachsenden Bestand an hellenistischen Urkunden aus, von denen viele die Abgabenerhebung beleuchten. Dennoch müssen dabei heterogene und auf Einzelaspekte bezogene Quellen zu einem Bild zusammengesetzt werden, das nach wie vor äußerst lückenhaft und in vielen Punkten umstritten ist.

Beim Umgang mit den aus ihrem Zusammenhang gerissenen Dokumenten ist es besonders wichtig, die politischen Rahmenbedingungen im Blick zu behalten. Die Entwicklung und Durchsetzung eines einheitlichen Abgabensystems ist ganz wesentlich von der Dauer und Intensität der jeweiligen Herrschaft abhängig. Die hellenistische Geschichte Kleinasiens ist demgegenüber gekennzeichnet von ständigen Kriegen und einer geringen Stabilität der territorialen und politischen Ordnung. Die naturräumliche Vielfalt der Halbinsel, die regionalen Unterschiede in der landwirtschaftlichen Produktion und die nicht weniger uneinheitlichen politischen Organisationsformen an der Basis sind ebenfalls gewichtige Faktoren, die ein einheitliches System der Abgabenerhebung erschwerten. Die Dokumente, die uns zur Verfügung stehen, beleuchten vor allem die seleukidische Verwaltung im 3. Jh. und zu Beginn des 2. Jhs. v.Chr., andererseits die attalidische Herrschaft nach dem 188 v.Chr. geschlossenen Frieden von Apameia, der nach dem römischen Sieg gegen Antiochos den Großen die dauerhafte Verdrängung der Seleukiden aus Kleinasien besiegelte und das attalidische Reichsgebiet mit einem Schlag vervielfachte. Dazu kommen vereinzelt frühhellenistische Inschriften aus anderen politischen Kontexten, insbesondere aus dem Herrschaftsbereich der Ptolemäer, die über weite Strecken des 3. Jhs. v.Chr. die Küste Kleinasiens von Karien bis Kilikien kontrollierten. Der Tod Attalos' III. 133 v.Chr. und die folgende Errichtung der römischen Provinz Asia markiert in Kleinasien das Ende der istischen Zeit im engeren Sinn und zugleich die chronologische Grenze der vorliegenden Untersuchung.

Die einschlägigen Texte sind fast durchweg Briefe, die die Könige oder ihre Funktionäre an einzelne Gemeinwesen in ihrem Herrschaftsbereich schrieben, oder Dekrete, in denen diese Gemeinden ihre Anliegen vortrugen oder auf ein königliches Schreiben reagierten. Das Material stammt ausschließlich aus griechischen Poleis oder hellenisierten einheimischen Gemeinden und hat entsprechend einen deutlichen Schwerpunkt in der Küstenzone. Über die Situation einheimischer Bevölkerungsgruppen im Binnenland liegen uns nur sporadische und vage Hinweise vor. Die Inschriften repräsentieren zudem nur einen winzigen Bruchteil der einschlägigen Aktenproduktion.

Vor allem stellen sie im Gegensatz zu den Papyrusdokumenten Ägyptens keine zufällige und annähernd repräsentative Auswahl dar, sondern verdanken ihre Einmeißelung in der Regel einem besonderen Anlaß. Deshalb informieren sie sehr viel häufiger über Steuerbefreiungen als über die routinemäßige Abgabenerhebung und beziehen sich meist nur punktuell auf den gerade relevanten Ausschnitt eines Systems, das wir in seiner Gesamtheit noch kaum überblicken. Die uns vorliegende Auswahl darf deshalb nicht zu dem Schluß verleiten, die hellenistischen Könige hätten eine schwache Position gehabt, die sie zu ständiger Nachgiebigkeit zwang. Die administrative Routine bei Gemeinden, die keine Privilegien genossen, und Fälle, in denen Abgaben rücksichtslos eingefordert oder gar erhöht wurden, hatten wenig Chancen, in unsere Dokumentation einzugehen.[4]

Rückblick: Zur Entwicklung in klassischer Zeit

Tribute und Steuern sind keine Erfindung der hellenistischen Zeit. Gerade in institutioneller Hinsicht verbinden zahlreiche Kontinuitätslinien die klassische und die hellenistische Periode, deren konventionelle Abgrenzung ausschließlich aus der politischen Geschichte geschöpft ist.[5] Die politische Terminologie des Hellenismus entwickelt sich aus der Geschichte des 5. und 4. Jhs. v.Chr. heraus und ist ohne diesen Hintergrund nicht zu verstehen. Dies gilt in besonderem Maß für die Erhebung von Tributen, die ein wichtiges Merkmal der klassischen Zeit ist. Ein einleitender Rückblick ist deshalb geboten.

In den griechischen Poleis sind seit spätarchaischer Zeit Zölle und Steuern belegt, die zur Finanzierung von Gemeinschaftsaufgaben verwendet wurden. Dabei ergibt sich naturgemäß kein einheitliches Bild: In jeder Polis entschieden die Bürger innerhalb des von der lokalen Wirtschaftsstruktur vorgegebenen Rahmens und aufgrund von politischen Präferenzen, welche Abgaben von der Gemeinde eingezogen werden sollten. Seit klassischer Zeit läßt sich deshalb eine große Vielfalt von Abgaben nachweisen, von denen einige Typen nur selten vorkommen, andere dagegen fast überall zum Standard gehörten, so die Belegung von Ein- und Ausfuhren mit Zöllen, die Verkaufssteuern auf den

[4] Vgl. z.B. Migeotte, in: Topoi 5, 1995, S. 10.
[5] Vgl. z.B. Migeotte, in: Topoi 5, 1995, S. 8 mit weiteren Hinweisen in Anm. 2.

Marktplätzen, die Hafengebühren in Küstenstädten.[6] Im Gegensatz zu solchen indirekten Abgaben waren nach Auffassung der älteren Forschung eine direkte Besteuerung der Bürger und insbesondere eine Belastung des Bodens in den Poleis verpönt, da derartige Verpflichtungen als Zeichen der Unfreiheit betrachtet worden seien.[7] Auch für direkte Steuern lassen sich jedoch so viele Belege beibringen, daß man sie kaum mehr als Ausnahmen von der angenommenen Regel betrachten kann.[8] Die in den Poleis erhobenen Steuern und Zölle wurden mit dem Sammelbegriff τέλη zusammengefaßt, ἀτέλεια ist entsprechend die Befreiung von einer bestimmten oder sogar von der Gesamtheit der in einer Polis erhobenen Steuern.[9]

Auch die von den hellenistischen Königen erhobenen Abgaben hatten in Kleinasien eine Vorgeschichte, die in das 6. Jh. v.Chr. zurückreicht. Herodot schreibt, seines Wissens sei der Lyderkönig Kroisos der erste von den „Barbaren“ gewesen, der die kleinasiatischen Griechen unterwarf und zur Ablieferung eines φόρος zwang.[10] Wie sich diese Forderungen konkret gestalteten und ob der von Herodot verwendete Begriff den Sprachgebrauch des 6. Jhs. v.Chr. wiedergibt, wissen wir nicht. Jedenfalls gibt Herodot mit seiner Nachricht über Kroisos in der Sprache seiner Zeit, die geprägt ist von über einem Jahrhundert persischer Herrschaft in Kleinasien, indirekt eine Definition von φόρος als Tribut: Die Zahlung des φόρος ist die Konsequenz der vorhergehenden militärischen Eroberung, sie wird den Griechen gegen ihren Willen von einer externen Macht aufgezwungen. Eine solche Verpflichtung ist mit der Freiheit nicht vereinbar. Diese spezifische Bedeutung ist in dem Begriff keineswegs von vornherein angelegt. Abgeleitet von φέρειν, bedeutet φόρος wörtlich „das, was gebracht, abgegeben wird“.

[6] Zu den verschiedenen Arten von Steuern s. Francotte, *Finances*, S. 11–22. 49–61; Schwahn, in: RE VA.1, 1934, Sp. 235–260; Migeotte, in: Bresson/Descat, *Les cités d'Asie Mineure*; ders., in: *Symposion 1999*, S. 300–312; Gauthier, in: Chiron 21, 1991, S. 65f.

[7] Francotte, ebd., S. 25. 49; Schwahn, ebd., Sp. 230. 235.

[8] Gauthier, in: Chiron 21, 1991, S. 66; Migeotte, in: Topoi 5, 1995, S. 10. 14–16; ders., in: Bresson/Descat, *Les cités d'Asie Mineure*, S. 135; ders., in: *Symposion 1999*, passim.

[9] Oehler, in: RE 2.2, 1896, der Sp. 1911 τέλη mit „für den Staat geforderte Leistungen“ wiedergibt; Gauthier, in: Chiron 21, 1991, S. 55.

[10] Herodot 1,6,2f.: οὗτος ὁ Κροῖσος βαρβάρων πρῶτος τῶν ἡμεῖς ἴδμεν τοὺς μὲν κατεστρέψατο Ἑλλήνων ἐς φόρου ἀπαγωγήν, τοὺς δὲ φίλους προσεποιήσατο (κατεστρέψατο μὲν Ἴωνάς τε καὶ Αἰολέας καὶ Δωριέας τοὺς ἐν τῇ Ἀσίῃ, φίλους δὲ προσεποιήσατο Λακεδαιμονίους), (3) πρὸ δὲ τῆς Κροίσου ἀρχῆς πάντες Ἕλληνες ἦσαν ἐλεύθεροι. Vgl. 1,27,1:... ὡς δὲ ἄρα οἱ ἐν τῇ Ἀσίῃ Ἕλληνες κατεστράφατο ἐς φόρου ἀπαγωγήν κτλ.

Diese allgemeine und neutrale Grundbedeutung erlaubt eine breite Anwendung, von Zahlungen im zwischenstaatlichen Bereich bis hin zur Pacht in privaten Geschäftsbeziehungen.[11] Die verschiedenen Verwendungen verbindet allerdings die Abgabe des φόρος an eine übergeordnete Instanz im weitesten Sinn, an den Eigentümer eines Grundstücks, an einen König oder, wie im Fall des ersten attischen Seebundes, an eine politisch-militärische Großmacht.[12] In vielen Fällen ist damit die Konnotation eines Ungleichgewichts oder Abhängigkeitsverhältnisses verbunden, in dem der Geber des φόρος die schwächere Partei ist. Insofern ist es signifikant, daß die in Poleis erhobenen Steuern, die als Beiträge gleichberechtigter Bürger für einen gemeinsamen Zweck betrachtet wurden, fast nie φόροι heißen.[13]

Als Mitte des 6. Jhs. v.Chr. die Perser das lydische Reich eroberten, änderte dies an der Situation der kleinasiatischen Griechen nichts. Der jetzt von den achaimenidischen Großkönigen beanspruchte Tribut wurde von den Griechen ursprünglich als δασμός bezeichnet, was so viel wie „Anteil" bedeutet. Über die Modalitäten seiner Erhebung wissen wir nur wenig.[14] Eine wichtige Etappe bildete nach Herodot jedenfalls die Regierung Dareios' I., der erstmals regelmäßige φόρος-Zahlungen eingeführt haben soll.[15] Nach dem ionischen Aufstand setzte der Satrap

[11] Vgl. Francotte, *Finances*, S. 72f. Der Artikel von Schwahn, in: RE XX.1, 1941 ist auf die Tribute im ersten Seebund beschränkt und klammert den sonstigen Gebrauch des Begriffs aus.

[12] Darauf weist bereits Francotte, *Finances*, S. 78 hin.

[13] Ausnahmen finden sich möglicherweise in Thessalien: In einer Bürgerrechtsverleihung aus Metropolis wird den Neubürgern die Befreiung von φόροι und der Beteiligung an Feldzügen zugesprochen (Habicht, in: Klio 52, 1970, S. 139 Z. 7f.: φόρων δὲ καὶ στρατειῶν ἀφεῖσθαι). Gauthier, in: Chiron 21, 1991, S. 59 mit Anm. 49 rechnet mit der Möglichkeit, daß die Inschrift in die Zeit der makedonischen Herrschaft über Thessalien im 3. Jh. v.Chr. zu datieren ist und Tribute an die Makedonen gemeint sind. Dann allerdings hätten die thessalischen Poleis im Unterschied zu den kleinasiatischen Städten (s.u.) eine Befreiung von königlichen φόροι aussprechen können. In einer Bürgerrechtsverleihung aus Krannon bezieht sich die ἀτέλεια τᾶν φοράουν καὶ τοῦν ἄλλουν πάντουν (Mastrokostas, in: REA 66, 1964, S. 313 Z. 4–6 [2. Hälfte 3. Jh. v.Chr.] mit dem Kommentar) allerdings sicher auf städtische Abgaben; φορά könnte hier ebenso wie φόρος in dem Text aus Metropolis für das sonst übliche εἰσφορά stehen. Dies gilt trotz der bemerkenswerten Parallele ἀτελείη στρατιῆς καὶ φόρου in Herodot 3,67,3, wo mit Tribut und Heeresfolge die beiden wichtigsten Forderungen des achaimenidischen Großkönigs an die Völker unter seiner Herrschaft genannt sind.

[14] Die zentrale Quelle ist Xenophon, Hellenika 3,4,25 mit der Erwähnung des ἀρχαῖος δασμός (zitiert unten Anm. 39). Zu den Abgaben im Achaimenidenreich s. den Beitrag von H. Klinkott im vorliegenden Band.

[15] Hier sei lediglich auf die Formulierung hingewiesen, mit der Herodot über die Neuansetzung berichtet: ἐτάξατο φόρους οἱ προσιέναι (3,89,1); ἐπίταξις τοῦ φόρου (3,89,3).

Artaphrenes 493/2 v.Chr. die Tribute, die die Ionier zu zahlen hatten, neu fest. Nach Herodot legte er dabei die Größe der Territorien der einzelnen Poleis und damit deren landwirtschaftliches Potential als entscheidendes Kriterium zugrunde. Das Ergebnis orientierte sich weitgehend an den vorher gültigen Sätzen und blieb, wie Herodot betont, bis in seine Zeit hinein gültig.[16] In den ausschließlich literarischen Quellen überwiegt für die achaimenidischen Tribute auch sonst der Plural φόροι, gelegentlich erscheint aber auch der Singular.[17]

Auf den ionischen Aufstand reagierten die Perser mit dem Angriff auf das griechische Mutterland. Zur Abwehr der zweiten persischen Expedition schlossen die Griechen sich 481 v.Chr. unter der Führung Spartas im sogenannten Hellenenbund zusammen. Die wichtigste Verpflichtung der Verbündeten bestand sicher darin, Schiffe und Truppen zu stellen, für deren Unterhalt sie jeweils selbst aufzukommen hatten. Regelmäßige Zahlungen in eine gemeinsame Kasse gab es damals wohl nicht, da die Spartaner auch später im peloponnesischen Bund auf solche Forderungen verzichteten.[18] Lediglich Plutarch bemerkt, die Mitglieder des Hellenenbundes hätten „eine Art Kontribution für den Krieg" aufgebracht (ἐτέλουν μέν τινα ἀποφορὰν εἰς τὸν πόλεμον).[19] Die Stelle braucht nicht grundsätzlich angezweifelt werden, da gelegentliche Zahlungen einzelner Poleis unter besonderen Umständen durchaus denkbar sind. Unter dieser Voraussetzung würde die vage Formulierung bei Plutarch gerade unterstreichen, daß es keine feste Beitragspflicht gab und entsprechend auch keine technische Bezeichnung für gelegentliche Kontributionen.[20] Dies änderte sich mit der Gründung des ersten attischen Seebundes, die einen wichtigen Einschnitt in der Geschichte der Tributerhebung in der griechischen Welt markiert. Der Seebund wurde 478 v.Chr. mit dem Ziel gegründet, weiter gegen die Perser vorzugehen und auch die kleinasiatischen Griechen von ihrer

---

[16] Herodot 6,42,2: κατὰ δὴ τούτους (sc. παρασάγγας) μετρήσας φόρους ἔταξε ἑκάστοισι, οἳ κατὰ χώρην διατελέουσι ἔχοντες ἐκ τούτου τοῦ χρόνου αἰεὶ ἔτι καὶ ἐς ἐμὲ ὡς ἐτάχθησαν ἐξ Ἀρταφρένεος· ἐτάχθησαν δὲ σχεδὸν κατὰ ταὐτὰ τὰ καὶ πρότερον εἶχον. Vgl. Murray, in: Historia 15, 1966, S. 142–156, zu τάττειν bes. 145f.

[17] Der Singular erscheint z.B. in Herodot 3,67,3; 3,89,3; 6,59.

[18] Thukydides 1,19,1 betont: καὶ οἱ μὲν Λακεδαιμόνιοι οὐχ ὑποτελεῖς ἔχοντες φόρου τοὺς ξυμμάχους ἡγοῦντο.

[19] Plutarch, Aristeides 24,1.

[20] Eine differenzierte Diskussion der Stelle bietet Highby, *Erythrae Decree*, S. 77–80, der zu Recht betont, daß die Einführung des φόρος im Jahr 478/7 eine wichtige Innovation darstellte. Auch Petzold, *Gründung*, S. 334 lehnt Plutarchs Notiz nicht rundweg ab, während Brunt, *Hellenic League*, S. 51 sie als "almost certainly false" bewertet.

Herrschaft zu befreien. Athen übernahm mit dem Einverständnis der Verbündeten die Führung, die sich auch freiwillig dazu verpflichteten, für die Aktivitäten des Bündnisses entweder Schiffe oder Geldmittel zur Verfügung zu stellen.[21] Art und Höhe der Beiträge wurden bei der Gründung von den Athenern festgelegt: „Die Athener setzten fest, welche Städte Geld gegen den Barbaren beisteuern sollten und welche Schiffe. (...) Und damals wurde von den Athenern das Amt der Hellenotamiai eingeführt, die den *phoros* entgegennahmen; so nämlich nannte man die Geldbeiträge."[22] Es fällt auf, daß Thukydides den Begriff *phoros* eigens hervorhebt und betont, daß die Beiträge der Verbündeten so benannt wurden. Er zeigt damit an, daß der zu seiner Zeit längst selbstverständlich gewordene Begriff damals eine Neuerung war, für die sich die Verbündeten bewußt entschieden. Mit dieser Wortwahl distanzierten sie sich zweifellos von den Persern, gegen die sich das Bündnis ja erklärtermaßen richtete; es ist ausgeschlossen, daß die Bundesbeiträge in der damaligen Situation mit demselben Wort bezeichnet wurden wie die Tribute, die die kleinasiatischen Griechen als Symbol ihrer Unterwerfung an den Großkönig zu zahlen hatten. O. Murray hat aus dem Passus deshalb zu Recht geschlossen, daß bei der Gründung des Seebundes ein anderer Terminus die Abgaben an die Perser bezeichnet haben muß.[23] Dafür kommt nur δασμός in Frage, ein Wort, das der gut informierte Xenophon in diesem Zusammenhang mehrfach verwendet.[24] Φόρος scheint dagegen 478/7 v.Chr. völlig neutral gewesen zu sein; Thukydides umschreibt es als χρημάτων φορά, „Zahlung von Geldern", und „Beitrag" wäre eine angemessen allgemeine Wiedergabe.

[21] Zu den Umständen der Gründung des Seebundes s. Petzold, *Gründung*; Rhodes, in: CAH², S. 34–40.

[22] Thukydides 1,96,1f. (vgl. Petzold, ebd., S. 327–336): (οἱ Ἀθηναῖοι) ἔταξαν ἅς τε ἔδει παρέχειν τῶν πόλεων χρήματα πρὸς τὸν βάρβαρον καὶ ἃς ναῦς (...). καὶ ἑλληνοταμίαι τότε πρῶτον Ἀθηναίοις κατέστη ἀρχή, οἳ ἐδέχοντο τὸν φόρον· οὕτω γὰρ ὠνομάσθη τῶν χρημάτων ἡ φορά. Auch in 6,85,2 umschreibt Thukydides φόρος mit χρημάτων φορά. Vgl. zur Formulierung 1,19,1 (χρήματα τοῖς πᾶσι τάξαντες φέρειν); 1,108,4 (φόρον ταξάμενοι); 3,50,2 (φόρον τάττειν); [Aristoteles], Athenaion Politeia 23,5 über Aristeides: τοὺς φόρους οὗτος ἦν ὁ τάξας ταῖς πόλεσιν τοὺς πρώτους; Plutarch, Aristeides 24,1–4 (διάταξις τῶν φόρων); Isokrates, Panegyrikos 120 (φόρους τάττειν). Vgl. den Gebrauch von τάξασθαι und φέρειν für die Festsetzung und Zahlung einer tributartigen Abgabe in Thukydides 1,101,3. 3,50,2 sowie zum Begriff ἀπόταξις Meiggs, *Empire*, S. 241, zu den πόλεις ἄτακτοι und πόλεις αὐταὶ φόρον ταχσάμενοι in den Tributlisten ebd., S. 249–251.

[23] Murray, in: Historia 15, 1966, S. 149f.

[24] Murray, in: Historia 15, 1966, S. 154f. mit den Belegen. Ein wichtiger Beleg außerhalb von Xenophons Schriften ist Aischylos, Persae 586 (δασμοφορεῖν).

Damit hätte die Wahl der Begriffe die Konfrontation nachgezeichnet, in der die Griechen standen: Dort die Achaimeniden, die die Poleis versklavten und zur Zahlung von δασμός zwangen; hier der Seebund, ein Zusammenschluß autonomer Poleis, die freiwillig den φόρος für die gemeinsame Sache aufbrachten.

Die Bundesgenossen Athens wünschten eine gerechte Bemessung der Beiträge, die sich an ihren wirtschaftlichen Möglichkeiten orientierte, und eine klare Regelung ihrer Erhebung. Sie beauftragten deshalb Aristeides damit, die Umlage vorzunehmen und sich dabei auf die Größe der Territorien und die Höhe der öffentlichen Einkünfte der einzelnen Mitglieder zu stützen (χώραν τε καὶ προσόδους ἐπισκεψάμενος). Daraus folgt freilich nicht, daß der *phoros* an der Basis überall auf dieselbe Weise aufgebracht wurde. Die Entscheidung blieb den Mitgliedern überlassen, und je nach ihren wirtschaftlichen Schwerpunkten ist mit einer Vielzahl von individuellen Finanzierungsquellen zu rechnen. Aristeides erledigte seine Aufgabe so gerecht, daß das von ihm festgelegte Beitragsgefüge, ὁ ἐπ' Ἀριστείδου φόρος, später, als Athen die Tribute mehrfach erhöht hatte, zum Symbol einer guten alten Zeit wurde.[25] Die Festlegung der Tribute innerhalb des Seebundes beschreibt sowohl in den literarischen wie in den epigraphischen Quellen das Verb τάττειν, das die Aspekte der systematischen Anordnung und Organisation wie auch der Oktroyierung durch eine übergeordnete Instanz in sich vereinigt und je nach Kontext stärker zur einen oder zur anderen Bedeutung tendiert.[26] Für die Ablieferung ist inschriftlich die Wendung φόρον φέρειν belegt.[27] Charakteristisch ist, daß in den zeitgenössischen Quellen für den von Athen geforderten Tribut φόρος stets im Singular verwendet wird.[28]

Der Charakter des Seebundes veränderte sich bekanntlich im Lauf der Zeit von einer Hegemonie Athens zur *arche*, zur Herrschaft, aus

[25] Plutarch, Aristeides 24,2.

[26] Literarische Quellen: Oben Anm. 22. Inschriften: IG I[3] 34 (ML 46) Z. 45; 61 (ML 65) Z. 6.8.31; 71 (ML 69) passim. Zu τάξις τοῦ φόρου vgl. [Xenophon], Athenaion Politeia 3,5. Für die Neufestsetzung der Tribute 425/4 v.Chr. wurden eigens spezielle Amtsträger eingesetzt, die τάκται: IG I[3] 71 (ML 69) Z. 8.10.14.41; weitere Belege in 61 Z. 59 (ergänzt); 281 III Z. 54; 282 II Z. 35 (ergänzt); zu ihrer Funktion Schuller, *Herrschaft*, S. 56f.

[27] IG I[3] 68 (ML 68) Z. 5f. (426 v.Chr.).

[28] Inschriften: IG I[3] p. 1144, Index s.v.; literarische Quellen: oben Anm. 22. Den Plural verwenden offenbar nur Autoren, die im 4. Jh. v.Chr. oder noch später schreiben. Diesen Gebrauch übersieht Schwahn, in: RE XX.1, 1941, Sp. 545, der seinen Artikel über die Tribute im Seebund mit „Φόροι" betitelt.

dem freiwilligen Bündnis wurde ein Zwangssystem, aus dem die Mitglieder nicht mehr austreten durften. Die Bundeskasse wurde 454 v.Chr. von Delos nach Athen verlegt, Athen allein setzte den *phoros* fest und bestimmte die Kriegsziele, die immer weniger mit den Persern und immer mehr mit den spezifischen Interessen Athens zu tun hatten. Der ursprünglich freiwillige Mitgliedsbeitrag wurde zu einem Tribut, einem Symbol der Unterwerfung unter die Herrschaft Athens.[29] Dieser Bedeutungswandel des Begriffs war vermutlich die Voraussetzung für seine Übertragung auf das achaimenidische Reich, die sich im Lauf des 5. Jhs. v.Chr. vollzog, denn Thukydides und Herodot verwenden für die persischen Tribute ausschließlich φόρος, nicht das archaische δασμός. Aufschlußreich für die Frage, welche politische Bedeutung der Tributzahlung in der Phase des Peloponnesischen Krieges beigemessen wurde, als Athen auf der Höhe seiner Macht stand und die Mitglieder des Seebundes einer straffen Führung unterwarf, ist Thukydides' Katalog der Verbündeten Athens auf der Expedition nach Sizilien. Thukydides unterscheidet darin die große Gruppe der von Athen gänzlich unterworfenen Staaten (ὑπήκοοι) von den wenigen autonomen, die sich aufgrund ihrer Bündnisverpflichtung an dem Feldzug beteiligten (ἀπὸ ξυμμαχίας αὐτόνομοι). Kennzeichen der ersteren ist die Verpflichtung, φόρος zu zahlen, während die Autonomie der Chier darauf beruhte, daß sie noch über eine eigene Flotte verfügten und deshalb Schiffe stellten.[30] Schon seit der Mitte des Jahrhunderts sprachen die Athener in ihren Dekreten denn auch unverhohlen von den Städten, über die sie herrschten (πόλεις ὧν Ἀθηναῖοι κρατοῦσιν).[31] Athen war am Ende sogar auf dem besten Weg, den Seebund zu einem Reich zu machen, indem es sich immer mehr in die inneren Angelegenheiten

---

[29] Zur Entwicklung insbesondere der Tributerhebung s. Meiggs, *Athenian Empire*, S. 50–67. 234–254; Schuller, *Herrschaft*, bes. S. 70f. 144–146. 162f. 171.

[30] Thukydides 7,57,3f.: Den ὑπήκοοι καὶ φόρου ὑποτελεῖς stehen gegenüber die Χῖοι οὐχ ὑποτελεῖς ὄντες φόρου, ναῦς δὲ παρέχοντες αὐτόνομοι. Die Methymnaier werden in feiner Unterscheidung von Chios als ναυσὶ καὶ οὐ φόρῳ ὑπήκοοι eingestuft (7,57,5). Dagegen heißt es in 6,85,2 von Chios *und* Methymna, diese seien νεῶν παροκοχῇ αὐτόνομοι, während die Mehrheit der Verbündeten von Athen härter angefaßt werde und Tribut zahlen müsse (ἐξηγούμεθα... τοὺς δὲ πολλοὺς χρημάτων βιαιότερον φορᾷ); als dritte Kategorie erscheinen hier die völlig freiwilligen Verbündeten (πάνυ ἐλευθέρως ξυμμαχοῦντες). Vgl. 1,108,4, wo als Zeichen der Unterwerfung von Aigina unter Athen die Schleifung der Mauern, die Übergabe der Flotte und die Festsetzung des künftig zu zahlenden φόρος genannt werden, sowie zu allen zitierten Stellen Schuller, *Herrschaft*, S. 54f.; Lévy, in: RPh 57, 1983, S. 264–266; Petzold, *Gründung*, S. 339–341.

[31] IG I³, Index p. 1104 s.v. κρατέω; Schuller, *Herrschaft*, S. 121.

der Mitglieder einmischte. Der *phoros* hätte dann zum Gegenstand einer imperialen Innenpolitik und zu einer von Athen direkt eingezogenen Steuer werden können.[32] Aber dazu ist es aufgrund der Niederlage Athens im Peloponnesischen Krieg und der Auflösung des Seebundes nicht mehr gekommen.

Erst im Jahr 377 v.Chr. konnte sich Athen erneut als Führungsmacht eines Bündnisses etablieren. Mit den Erfahrungen des 5. Jhs. vor Augen versuchten Athens Partner diesmal, die Einflußmöglichkeiten des Hegemon von vornherein zu begrenzen. Der Vertrag sicherte den Verbündeten Freiheit und Autonomie zu, insbesondere die freie Gestaltung ihrer politischen Institutionen. Weder Garnisonen noch Statthalter durfte Athen ihnen aufzwingen, und vor allem: Die Zahlung von Tribut, das φόρον φέρειν, wurde ausdrücklich untersagt.[33] Zwar hatten die Mitglieder die Finanzierung der gemeinsamen Militäraktionen mitzutragen; über die Höhe der Beiträge entschied jedoch nicht Athen, sondern die Versammlung der Bundesgenossen. Entsprechend nannte man diese Zahlungen σύνταξις, „Beitrag", „Umlage", und während für die einseitige Schatzung durch Athen im 5. Jh. τάττειν mit seinem autoritären Beigeschmack stand, unterstreicht das jetzt ausschließlich gebrauchte συντάττειν die Mitwirkung der Bundesgenossen.[34] Die politische Diskreditierung des φόρος-Begriffs und die bewußte Wahl eines anderen Terminus ist in diesem Fall offensichtlich.[35] Dazu hatten

---

[32] Vgl. Schuller, ebd., S. 106–108 über die 'leges generales' Athens, die das gesamte athenische Herrschaftsgebiet betrafen, sowie aus allgemeinerer Perspektive ebd., S. 200–203.

[33] IG II/III^2 43 (Syll.^{3} 147; SV II 257) Z. 20–23: (...) [ἐλευθέρ]ωι ὄντι καὶ αὐτονόμωι, πολιτ[ευομέν]ωι πολιτείαν ἣν ἂν βόληται μήτε [φρουρ]ὰν εἰσδεχομένωι μήτε ἄρχοντα ὑπο[δεχ]ομένωι μήτε φόρον φέροντι. Dieselbe Klausel findet sich in IG II/III^2 44 (Syll.^{3} 148; SV II 259) Z. 21–25.

[34] Dreher, *Hegemon*, S. 45–54 stellt die Belege zusammen und diskutiert sie; zur Nuancierung von τάττειν durch das Präfix συν- s. besonders S. 50 Anm. 56. Neben συντάττειν erscheint in einem Fall auch κατατάττειν (IG II/III^2 233 b Z. 16 mit Dreher, ebd., S. 44). Die Wortbedeutung illustriert Aischines 3,95, wo σύνταγμα συντάξας die Umlage einer Kriegskontribution unter Bündnispartnern bedeutet. Vgl. ferner Schwahn, in: RE IVA.2, 1932; Busolt/Swoboda, *Staatskunde*, S. 1385–1387; Rhodes, in: CAH^2, S. 39f.; Jehne, *Koine Eirene*, S. 24f. Entsprechend kann σύνταξις im Unterschied zu φόρος nicht nur den Beitrag selbst, sondern auch den Vorgang der Festsetzung bezeichnen.

[35] Nach Theopomp entschied sich der athenische Politiker Kallistratos bewußt für diese Bezeichnung, „weil die Hellenen das Wort φόροι nicht mehr ertragen konnten" (Harpokration s.v. σύνταξις; FGrHist 115 F 98: ἔλεγον δὲ καὶ τοὺς φόρους συντάξεις, ἐπειδὴ χαλεπῶς ἔφερον οἱ Ἕλληνες τὸ τῶν φόρων ὄνομα. Καλλιστράτου οὕτω καλέσαντος). Den Vorwurf des bloßen Etikettenschwindels, der bei Theopomp nur anklingt, erhebt explizit Plutarch, Solon 15,2f. Trotz dieser Polemik ist nicht daran zu zweifeln, daß die Entscheidung über die σύνταξις bei den Bundesgenossen lag; vgl. Dreher, *Hegemon*, S. 41–61 mit den Belegen und weiterer Literatur und zu

im übrigen auch die Spartaner beigetragen, die nach ihrem Sieg im Peloponnesischen Krieg vorübergehend an die Stelle Athens getreten waren und ein hartes Regiment geführt hatten, das den Verhältnissen im Seebund nicht nachstand. Insbesondere verlangten sie von ihren neuen „Verbündeten" im Mutterland und auf den Inseln drückende φόροι.[36]

Obwohl die politische Bühne der klassischen Zeit über weite Strecken von überregional ausgreifenden Großmächten beherrscht wurde, gaben die griechischen Poleis das Ideal der politischen Autonomie nie auf. Allerdings klafften Anspruch und Wirklichkeit zunehmend auseinander. Nur wenige Poleis verfügten über genügend militärisches Eigengewicht, um gegenüber Athen, Sparta oder Persien einen selbständigen Kurs zu steuern. Besonders die Mitglieder des ersten attischen Seebundes sahen sich mit immer direkteren Eingriffen Athens in ihre inneren Angelegenheiten konfrontiert. Daraus entwickelte sich die kritische Sicht des φόρος als eines Symbols der Abhängigkeit. Dieser Haltung diametral entgegengesetzt war eine vielleicht vor allem von den Großmächten ausgehende Tendenz, die Tributfrage vom Autonomiebegriff zu trennen. Die Autonomie reduzierte sich damit auf die innere Selbstbestimmung und wurde mit Zahlungen an eine äußere Macht vereinbar. Dieses Konzept zeigt sich deutlich in dem Friedensvertrag, den Athen und Sparta 421 v.Chr. nach zehn Jahren Krieg abschlossen: Einige Poleis, die die Spartaner den Athenern zurückzugeben hatten, sollten danach autonom sein, aber den φόρος in der von Aristeides festgelegten Höhe zahlen.[37] Daher genügte es nicht, den Delphern, denen die Großmächte völlige Selbstbestimmung garantieren wollten, nur die Autonomie auszusprechen; man betonte eigens, daß sie auch über ihre Finanzen und ihre Rechtsprechung frei verfügen konnten.[38] Auch der Großkönig bediente sich dieses Konzeptes: 395 v.Chr. ließ er Agesilaos vorschlagen,

den Unterschieden gegenüber dem φόρος besonders 59f. 80f. 87.; Brun, *Eisphora*, S. 75. 114–116.

[36] Isokrates 4, 132: τοὺς νησιώτας δασμολογεῖν; Polybios 6,49,10: φόρους δὲ τοῖς νησιώταις ἐπιτάττειν, ἀργυρολογεῖν δὲ πάντας τοὺς Ἕλληνας (vgl. Walbank, *Commentary*, S. 735); Diodor 14,10,2: ἔταξαν φόρους τοῖς καταπεπολεμηθεῖσι; [Herodes], Politeia (ed. Drerup) 28 (φόρον φέρειν).

[37] Thukydides 5,18,5: Τὰς δὲ πόλεις φερούσας τὸν φόρον τὸν ἐπ' Ἀριστείδου αὐτονόμους εἶναι. Vgl. Murray, in: Historia 15, 1966, S. 156 Anm. 70; Schuller, *Herrschaft*, S. 109–111; Lévy, in: RPh 57, 1983, S. 257 mit Anm. 59.

[38] Thukydides 5,18,1: Τὸ δ' ἱερὸν καὶ τὸν νεὼν τὸν ἐν Δελφοῖς τοῦ Ἀπόλλωνος καὶ Δελφοὺς αὐτονόμους εἶναι καὶ αὐτοτελεῖς καὶ αὐτοδίκους καὶ αὐτῶν καὶ τῆς γῆς τῆς ἑαυτῶν κατὰ τὰ πάτρια. Zu dem in diesem Sinn nur hier gebrauchten αὐτοτελής s. Gomme, *Commentary*, S. 667f.

die Poleis in Asien sollten autonom sein, ihm jedoch den Tribut zahlen, den sie ihm von alters her schuldeten.[39] Vor allem letztere Forderung war es dann, die nach dem Rückzug der Spartaner aus Kleinasien die Situation der dortigen Poleis bestimmte. Die Möglichkeit einer nachhaltigen Veränderung eröffnete sich erst mit den makedonischen Angriffen auf Kleinasien seit dem Jahr 336 v.Chr.

Die hellenistische Zeit

Als Alexander der Große die ersten Gebiete Kleinasiens von den Persern erobert hatte, sah er sich sofort vor die Aufgabe gestellt, den militärischen Sieg in dauerhafte Herrschaftsformen umzumünzen. Dabei ging es nicht nur um die langfristige Kontrolle der eroberten Gebiete, sondern vor allem um die Notwendigkeit, finanzielle Mittel für die Fortsetzung des Feldzuges zu mobilisieren.[40] Die Regelung der Abgabenfrage gehörte damit von Anfang an zu den zentralen Problemen der hellenistischen Politik. Das Vorgehen Alexanders beleuchtet bei einer insgesamt sehr dürftigen Quellenlage eine Inschrift aus Priene, die in vielen Details umstritten ist. Es wird aber deutlich, daß Alexander mehrere Dörfer und ihre Gemarkungen in der Nähe von Priene unter seine unmittelbare Verwaltung stellte. Die Einwohner dieser Dörfer sollten nach dem Willen Alexanders die φόροι an ihn abführen (φέρειν τοὺς φόρους), die Polis Priene befreite er dagegen von der σύνταξις.[41] Der Text ist in mehrerer Hinsicht exemplarisch: Alexander, der sich die Befreiung der Griechen von der persischen Herrschaft auf die Fahnen geschrieben hatte, privilegierte nicht nur in diesem Fall griechische Poleis gegenüber anders organisierten Gemeinwesen.[42] Die vermutlich einheimischen Bewohner der Dörfer, die Alexander seiner direkten Herrschaft unterwarf, wurden zur Zahlung „der" *phoroi* verpflichtet. Auf eine nähere

[39] Xenophon, Hellenika 3,4,25: Βασλεὺς ἀξιοῖ (...) τὰς ἐν τῇ Ἀσίᾳ πόλεις αὐτονόμους οὔσας τὸν ἀρχαῖον δασμὸν αὐτῷ ἀποφέρειν; vgl. Jehne, *Koine Eirene*, S. 272f.

[40] Grundlegend für den Kontext der im folgenden nur knapp besprochenen Einzelfälle ist der Beitrag von Badian, in: *Studies Ehrenberg*, passim.

[41] I. Priene 1; für die Lesung ist die Neuedition von Heisserer, *Alexander*, S. 145–156 grundlegend. Vgl. ferner Sherwin-White, in: JHS 105, 1985; Papazoglou, *LAOI et PAROIKOI*, S. 66–68; Schuler, *Ländliche Siedlungen*, S. 169f.

[42] Badian, in: *Studies Ehrenberg*, S. 37–46 zeichnet die Genese dieser Politik nach und betont mit Recht das machtpolitische Kalkül, das dahinterstand. Entsprechend wurde der Grundsatz auch keineswegs konsequent angewandt.

Erläuterung konnte Alexander verzichten, da er einfach die unter den Achaimeniden etablierten Abgaben übernahm. Von Priene wurde dagegen eine σύνταξις erhoben, womit im Hinblick auf die Geschichte dieses Begriffs im 4. Jh. nur eine Kontribution für die Finanzierung des Feldzuges gemeint sein kann. Da der König Priene aus Gründen, die wir nicht kennen, von dieser Kontribution eigens befreite, dürfte es sich trotz des Fehlens anderer Belege um eine generelle Forderung handeln, die sich auch an andere Poleis richtete und leicht zu legitimieren war, weil die betroffenen Städte von der Beseitigung der persischen Herrschaft profitierten.[43] Die Wahl des Begriffs σύνταξις ist kaum ein Zufall: Gerade in der unmittelbaren Gegenüberstellung zu den φόροι sollte er ein Bündnisverhältnis zwischen dem König und den Griechen und die Anerkennung der Poleis als selbständige Staaten signalisieren.[44] Solche Kontributionen sind auch in der Zeit der Diadochen und den folgenden Jahrzehnten mehrfach bezeugt, obwohl die Quellenlage für diese Zeit besonders dürftig ist; das Phänomen dürfte demnach beinahe an der Tagesordnung gewesen sein.[45] Dafür spricht auch, daß die Diadochen

---

[43] Vgl. Wirth, in: Chiron 2, 1972, S. 94f.; Jehne, *Koine Eirene*, S. 209–211.

[44] Dieser Zusammenhang gilt unabhängig von der umstrittenen Frage, ob die kleinasiatischen Poleis in den korinthischen Bund integriert wurden oder nicht. Vorzuziehen ist die Skepsis etwa von Wirth, in: Chiron 2, 1972, S. 92 Anm. 10. 95f.; Sherwin-White, in: JHS 105, 1985, S. 84f.; Jehne, ebd. gegenüber Badian, *Studies Ehrenberg*, S. 51–53; Heisserer, *Alexander*, S. 158.

[45] 321 v.Chr. oder wenig später verlangte Antipater von den griechischen Städten „Gelder für den Krieg" (OGIS 4, Z. 9–14: Ἀ[ντιπ]άτρω γὰρ ἐπιτάξαντος χρήματα εἰς τὸμ πόλεμον εἰσφέρην, πάντων τῶν ἄλλων εἰσφερόντων Θέρσιππος παργενόμενος πρὸς τοὶς βασίληας καὶ Ἀντίπατρον ἐκο[ύ]φισσε τὰμ πόλιν). Antigonos räumte 311 die schwere Belastung der mit ihm „verbündeten" Poleis „durch die Kriegführung und die (von ihr) verursachten Kosten" ein (RC 1, Z. 42–45: ὑμᾶς ὁρῶντες κα[ὶ] τοὺς ἄλλους συμμάχους ἐνοχλουμένους ὑπό τε τῆς στρατείας καὶ τῶν δαπανημάτων). Mit στρατεία spielt Antigonos vermutlich nicht nur auf durchziehende oder einquartierte Truppen oder Kriegsschäden an, sondern auf die Pflicht zur Heeresfolge. Milet hatte Lysimachos 282 in mehreren Raten erhebliche Summen zu zahlen und sah sich deshalb gezwungen, Kredite aufzunehmen (Migeotte, *L'emprunt public*, S. 299, Nr. 96 Z. 6f. mit dem Kommentar; ders., in: Chankowski/Duyrat, *Le roi et l'économie*, S. 222; Herrmann, in: Milet VI.1, S. 171 Nr. 138). Der Nesiotenbund ehrte Ptolemaios I. 279/8 dafür, daß er ihnen und allen Griechen ihre Freiheit, Autonomie und überkommene Verfassung zurückgegeben und sie von Kontributionen entlastet hatte (Syll.³ 390 Z. 15f.: τῶν εἰσφορῶν κουφίσας). In diese Reihe gehören auch die Gelder, die Antiochos I. für den Krieg gegen die Galater einziehen ließ (unten S. 390). Bei den Nesioten erscheint außerdem σύνταξις als Bezeichnung für eine Umlage, mit der die Kosten für Feste zu Ehren von Antigonos Monophthalmos und Demetrios bestritten wurden (IG XI.4, 1036 Z. 12–15) und die insofern einen anderen Charakter hat als die oben zitierten Beispiele.

und ihre unmittelbaren Nachfolger fast ununterbrochen Krieg führten und damit unter erheblichem Druck standen, Geldmittel zu mobilisieren. Um ihre Forderungen zu legitimieren, könnten sie vorgeschoben haben, die Kriege auch im Interesse der mit ihnen „verbündeten" Poleis zu führen. Vermutlich wurden die offiziell punktuellen Umlagen für besondere Zwecke unter diesen Umständen in der Praxis beinahe zu regelmäßigen Tributen; in jedem Fall müssen sie eine erhebliche Belastung für die Poleis Kleinasiens gewesen sein.

Einen näheren Blick verdienen in diesem Zusammenhang die Verhandlungen, die Iasos in Karien am Ende des 4. Jhs. v.Chr. mit Ptolemaios I. führte. Wohl kurz nach 309 hatte Iasos ein Bündnis mit Ptolemaios geschlossen und sich im Gegenzug Freiheit und Autonomie gesichert, insbesondere die Garantie, keine Garnison aufnehmen und keine φόροι zahlen zu müssen.[46] Wenig später hatten sich die Gewichte offenbar leicht verschoben. Iasos ließ sich das Bündnis und die Autonomie bestätigen, hatte nun aber Anlaß, sich die volle Verfügung über die Einnahmen, die die Polis aus ihren Häfen und anderen Quellen erzielte, garantieren zu lassen (τῶν δὲ λιμένων καὶ τῶν λοιπῶν προσόδων κυρίους εἶναι).[47] Zudem mußte sie als Gegenleistung für die Sicherung ihres Territoriums die Zahlung einer σύνταξις akzeptieren, die einseitig vom König festgelegt wurde.[48] Die Beziehung zwischen Polis und Monarch ist in diesem Fall ausdrücklich als Bündnis (συμμαχία) konstruiert, und dazu paßt die Wahl des Begriffs σύνταξις; Iasos leistete eine Kontribution zur Finanzierung der militärischen Anstrengungen des Königs, der für sich in Anspruch nahm, auch im Interesse der Stadt zu handeln.

[46] I. Iasos 2 Z. 30f.: [ἐλευθέρους ὄν]τας καὶ αὐτονόμους καὶ ἀφρουρήτους καὶ ἀφορολογήτους. Eine deutliche Parallele ist das nur fragmentarisch erhaltene Bündnis zwischen Lysimacheia und einem König Antiochos, in dem die Stadt sich [αὐτονομία] und δημοκρατὶα sowie die Freiheit von Besatzung und Tributen (ἀφρούρητον[καὶ ἀφορολόγ]ητον) garantieren ließ. Der König ist sehr wahrscheinlich nicht mit Antiochos III., sondern mit einem seiner Vorgänger zu identifizieren (Ma, *Antiochos III*, S. 266f.).

[47] I. Iasos 3 Z. 5f.

[48] I. Iasos 3 Z. 12–15 (Eid des ptolemäischen Statthalters [?]): διαφυλάξω τὴν ἐλευθερίαν καὶ αὐτονομίαν τῶι δήμωι τῶν Ἰασέων, τὰς δὲ προσόδους ἐάσω Ἰασε[ῖ]ς λαμβάνειν τὰς τῆς πόλεως πάσας καὶ τοὺς λιμένας, σύνταξιν δὲ φέρειν ἣν ἂν ὁ βασιλεὺς συντάξηι. Vgl. Z. 4–8, wo die φυλακὴ τῆς χώρας als Begründung für die σύνταξις angegeben ist, sowie Z. 23–25. I. Iasos 2 und 3 stehen als Dossier auf einer Stele; zur Datierung und Interpretation vgl. Bagnall, *Administration*, S. 89–91; Chandezon, in: Chankowski/Duyrat, *Le roi et l'économie*, S. 135f. Etwas andere Akzente setzt jetzt Giovannini, in: EA 37, 2004, der die Inschrift erneut kommentiert hat, die hier verfolgten Fragen allerdings nur am Rande berührt.

Die Terminologie steht eindeutig in der Tradition des zweiten attischen Seebundes und sollte die freie Entscheidung der Stadt für das Bündnis und ihre faire Behandlung unterstreichen. Dennoch ist das starke Ungleichgewicht zwischen den Partnern unübersehbar. Ptolemäische Truppen lagen in der Nähe, der König setzte die σύνταξις nach Belieben fest, Iasos erhielt seine Autonomie von Königs Gnaden. Daß die Polis sich die Verfügung über ihre Häfen und sonstigen Einkommensquellen vom König bestätigen lassen mußte, zeigt, daß dieser auch anders hätte entscheiden können, indem er außer oder anstatt der σύνταξις einen Teil der lokalen πρόσοδοι für sich beanspruchte, etwa die offensichtlich lukrativen Hafengebühren. Die Finanzhoheit war also kein selbstverständlicher Teil der Freiheit und Autonomie, die Iasos erhielt, sondern mußte eigens bestätigt werden. Im Hintergrund steht das bereits in klassischer Zeit entwickelte Modell, wonach eine Polis als autonom gelten konnte, auch wenn sie Abgaben an eine übergeordnete Macht zahlte. Da die Beziehung zwischen Iasos und Ptolemaios auf Dauer angelegt war, kann man vermuten, daß die Stadt die ihr auferlegte σύνταξις künftig jährlich zu zahlen hatte. Diese Auffassung wird durch einen nur fragmentarisch erhaltenen Brief gestützt, in dem der hohe ptolemäische Funktionär Tlepolemos der karischen Stadt Kildara erlaubte, von der jährlichen σύν[ταξις] einen bestimmten Betrag abzuziehen, um Opfer für das Königshaus zu finanzieren.[49] In jedem Fall ist davon auszugehen, daß die ptolemäische Administration das Instrument der σύνταξις auch gegenüber anderen Poleis zur Anwendung brachte.

Die besprochenen Beispiele zeigen, daß Alexander mit der Erhebung von Kontributionen ein Modell für seine Nachfolger etablierte. Was die *phoroi* betrifft, bestätigen verstreute Hinweise, daß Alexander in einer konsistenten Strategie die persischen Abgaben übernahm, jedoch den griechischen Poleis häufig Freibriefe ausstellte.[50] Bemerkenswert ist eine

[49] SEG 42, 994 C Z. 5f.: ἀφ' ἧς ἂν φέρητε συ[ντάξεως – – – κατ' ἐνι]|αυτόν δραχμὰς ὀ[κτ – –] Zu der von Gauthier, BE 1994, 528 vorgeschlagenen Ergänzung gibt es kaum eine Alternative.

[50] Arrian, Anabasis 1,17,1 (334 v.Chr., nach der Schlacht am Granikos, über das hellespontische Phrygien): Καταστήσας δὲ Κάλαν σαραπεύειν ἧς Ἀρσίτης ἦρχε καὶ τοὺς φόρους τοὺς αὐτοὺς ἀποφέρειν τάξας, οὕσπερ Δαρείῳ ἔφερον κτλ. „Er setzte Kalas als Satrap des Gebietes ein, über das Arsites geherrscht hatte, und ordnete an, dieselben *phoroi* abzuliefern, die sie dem Dareios geliefert hatten." Badian, in: *Studies Ehrenberg*, S. 44 vermutet, von dieser Anordnung seien auch Poleis wie Zeleia nicht ausgenommen gewesen. Den Ephesiern befahl Alexander, die *phoroi* künftig an das Heiligtum der Artemis zu zahlen, womit er die indirekte Verfügung über sie den Bürgern gab (ebd. 1,17,10: τοὺς δὲ φόρους, ὅσους τοῖς βαρβάροις ἀπέφερον, τῇ Ἀρτέμιδι ξυντελεῖν

ähnlich flexible Handhabung des Autonomiebegriffs, wie sie sich in der klassischen Zeit eingebürgert hatte. In der Aiolis und in Ionien ordnete Alexander generell an, in den Poleis Oligarchien durch Demokratien zu ersetzen, den Bürgern die Autonomie zurückzugeben und die persischen φόροι abzuschaffen.[51] Diodor berichtet, Alexander habe auf dem Weg nach Karien die Städte durch Wohltaten für sich gewonnen, am besten habe er aber die griechischen Poleis behandelt, da er ihnen die Autonomie gab und sie von den φόροι befreite.[52] Die Nachricht impliziert, daß die Vergabe von Privilegien nicht nach einem starren Schema erfolgte, sondern als politisches Instrument flexibel eingesetzt wurde. Das Ergebnis zahlreicher Einzelfallentscheidungen waren zwangsläufig verschiedene Stufen der Privilegierung. Den Lydern gab Alexander die Freiheit und die Erlaubnis, nach ihren traditionellen Gesetzen zu leben – dies hinderte ihn jedoch nicht, von ihnen φόροι einzutreiben.[53] Damit relativiert sich die oben an der Inschrift aus Priene beobachtete Gegenüberstellung von griechischer Polis und einheimischen Dörfern:

ἐκέλευσεν; vgl. Bosworth, *Commentary*, S. 132f.). Aspendos wurde dagegen als Strafe für unkooperatives Verhalten die Zahlung von *phoroi* auferlegt (1,27,4: φόρους ἀποφέρειν ὅσα ἔτη Μακεδόσι), ebenso den Uxiern: (3,17,6: φόρους ὅσα ἔτη ἀποφέρειν Ἀλεξάνδρῳ). Vgl. ferner 3,5,4 sowie Wirth, in: Chiron 2, 1972, passim.

[51] Arrian, Anabasis 1,18,2: τοὺς φόρους ἀνεῖναι, ὅσους τοῖς βαρβάροις ἀπέφερον; vgl. 2,5,9 zur Behandlung von Mallos, die ausdrücklich mit dem griechischen Charakter der Stadt begründet wird.

[52] Diodor 17,24,1: μάλιστα δ' εὐεργέτει τὰς Ἑλληνίδας πόλεις, ποιῶν αὐτὰς αὐτονόμους καὶ ἀφορολογήτους.

[53] Arrian, Anabasis 1,17,4 (Autonomie); 1,17,7: Κατέλιπε (…) τῶν δὲ φόρων τῆς συντάξεως καὶ ἀποφορᾶς Νικίαν. „Er ließ Nikias als Verantwortlichen für die Festsetzung und Ablieferung der *phoroi* zurück." In diesem Fall bedeutet σύνταξις nicht eine Kontribution, sondern wie ἐπίταξις und διάταξις (oben Anm. 15.22) den Vorgang der Festsetzung (so bereits Schwahn, in: RE IVA.2, 1932, Sp. 1455; vgl. Arrian, Historia successorum Frg. 24,3: Archon als ἐπὶ τῆς [συντάξ]εως τῶν προσόδων in Babylon). Wirth, in: Chiron 2, 1972, S. 91-98 lehnt den überlieferten Text ab und schlägt eine Konjektur vor, die erheblich in den Text eingreift. Wirth hält es nicht für möglich, daß Alexander „eine heikle Aufgabe wie Änderung oder Neuorganisation des eingeführten persischen Steuersystems in die Hände einer ephemeren Persönlichkeit wie Nikias gelegt" habe (S. 94). Unsere Kenntnis der Vorgänge ist jedoch allzu lückenhaft, um mit solchen Vorgaben an den Text heranzugehen. Zudem könnte σύνταξις in der sehr komprimierten Notiz lediglich bedeuten, daß Nikias mit der Festsetzung der φόροι auf der Basis einer Bestandsaufnahme der persischen Abgaben beauftragt wurde; die Entscheidung über größere Veränderungen des überkommenen Gefüges könnte sich Alexander vorbehalten haben. Für die Beibehaltung der tradierten Lesung argumentiert auch Bosworth, *Commentary*, S. 130, mit Verweis auf die Parallele in Arrian 3,17,6: ὁ φόρος ὁ συνταχθείς, der festgesetzte/auferlegte φόρος. Die neuerdings von Avram, in: Studii Clasice 34–36, 1998–2000, S. 146f. (vgl. SEG 51, 2277) vorgeschlagene Konjektur τῶν δὲ <φρουρῶν> τῆς συντάξεως κτλ. überzeugt sprachlich und inhaltlich nicht.

Einerseits war den Einheimischen der Zugang zu den von Alexander verteilten Begünstigungen keineswegs verschlossen, und andererseits ließ sich das Etikett der Autonomie durchaus mit der Forderung von φόροι vereinbaren. Diese Möglichkeit hatte erhebliche Folgen für die weitere Entwicklung des Verhältnisses zwischen den Königen und den Poleis. Von noch grundsätzlicherer Bedeutung ist der Umstand, daß Alexander den Städten ihre Autonomie und Abgabenfreiheit in einem einseitigen Akt verlieh, der diesen Status zu einem prekären, vom königlichen Wohlwollen abhängigen Gut machte, das auch wieder entzogen werden konnte.[54]

Das Begriffspaar αὐτόνομος καὶ ἀφορολόγητος ist für diese Zeit sowohl literarisch wie epigraphisch überliefert und dürfte den Verlautbarungen Alexanders entnommen sein.[55] Eine Scholiennotiz zu Demosthenes schreibt den Gebrauch der Wendung sogar schon seinem Vater Philipp II. zu.[56] Da sich das Schlagwort beim jetzigen Stand nicht weiter zurückverfolgen läßt,[57] scheint es im Rahmen der antipersischen Propaganda entstanden zu sein, mit der Philipp und Alexander die griechischen Poleis für sich zu gewinnen versuchten. Im politischen Vokabular der hellenistischen Zeit erscheint es von dieser

[54] Bosworth, *Commentary*, S. 135f. Die jüngste grundsätzliche Stellungnahme in der alten Debatte um das Verhältnis zwischen „Stadt und Herrscher" im Hellenismus stammt von Giovannini, in: EA 37, 2004, S. 80–85. Giovannini mißt der formalen Gleichberechtigung, die aus den vertraglich geregelten Bündnissen zwischen den Poleis und den Königen spricht, zu viel Gewicht bei und vernachlässigt das tatsächliche, an anderen Indikatoren meßbare Machtgefälle zwischen den Partnern. Auf diese Weise gelangt er zu einer sehr einseitigen und unangemessen positiven Einschätzung der Situation der griechischen Poleis und akzeptiert unkritisch die Freiheitspropaganda Alexanders und seiner Nachfolger.

[55] Diodor 17,24,1 (zitiert oben Anm. 52); I. Erythrai 31 (OGIS 223; RC 15), Z. 22f.: ἐπί τε Ἀλεξάνδρου καὶ Ἀντιγόνου αὐτό[ν]ομος ἦν καὶ ἀφορολόγητος ἡ πόλις ὑμῶν. In diesem Fall berief sich Erythrai gegenüber Antiochos I. (280–261 v.Chr.) darauf, unter Alexander und Antigonos Monophthalmos das Privileg der Autonomie und Tributfreiheit genossen zu haben. Ob dieser Status auf einer allgemeinen Deklaration Alexanders für die ionischen Städte beruhte oder auf einer Einzelregelung für Erythrai, bleibt offen.

[56] Schol. Demosthenes 18, 89. Der Scholiast betont zugleich, diese Autonomie sei nur ein schöner Schein gewesen, da die Poleis dennoch in völliger Abhängigkeit von Makedonien standen. Vgl. ferner Busolt/Swoboda, *Staatskunde*, S. 1391. In [Demosthenes] 17,8 ist im Hinblick auf Philipp allerdings nur von αὐτονομία und ἐλευθερία die Rede.

[57] Im Kontext des ersten attischen Seebundes erscheint der Begriff nicht, auch wenn 426 v.Chr. Funktionäre mit dem Titel ἐκλογεῖς φόρου eingesetzt wurden (IG I[3] 68; ML 68). Das Verb ἀργυρολογεῖν, das mehrfach in den Quellen zum Seebund begegnet, ist analog gebaut, meint aber nicht speziell das Einsammeln von Tribut (Meiggs, *Empire*, S. 254 mit Belegen).

Zeit an immer wieder.[58] Antigonos Monophthalmos stellte 303 v.Chr. den Poleis Teos und Lebedos die φορολογουμέ[νη χώρα] gegenüber, die nicht als Poleis verfaßten Gebiete, die den φόροι unterworfen waren.[59] Die Konstellation entspricht der oben zitierten Regelung Alexanders, mit der er Priene von den nahegelegenen Dörfern fiskalisch abgrenzte. Antiochos I. bestätigte Erythrai die Autonomie und die „Befreiung von allen anderen Abgaben wie auch von den für den Galaterkrieg gesammelten Geldern" (ἀφορο[λογ]ήτους εἶναι συγχωροῦμεν τῶν τε ἄλλων ἁπάντων καὶ [τῶν εἰς] τὰ Γαλατικὰ συναγομένων).[60] Bei letzterer Abgabe handelt es sich offenkundig um eine einmalig oder über einen begrenzten Zeitraum erhobene Kontribution, mit der die Abwehr der Galater finanziert werden sollte. Antiochos rechtfertigte diese Sonderumlage zweifellos mit dem Argument, daß er diesen Krieg nicht zuletzt für die Sicherheit der Poleis führte und deshalb ein Recht hatte, sie an den damit verbundenen Lasten zu beteiligen. Auf die routinemäßig erhobenen Abgaben bezieht sich dagegen der erste Teil der Klausel. Der Plural τῶν ἄλλων ἁπάντων ist auffällig: Der Ausdruck paßt kaum zu einem pauschalen Tribut, den Erythrai jährlich als festen Betrag abzuführen hatte, sondern weist auf ein als bekannt vorausgesetztes Bündel verschiedener Abgaben.

Auch Antiochos III. bediente sich des Konzepts der ἀφορολογησία.[61] Antiochos rechtfertigte seine Rückeroberung Westkleinasiens damit, daß bereits seine Vorfahren über die Region geherrscht hätten, und pochte auf dieser Grundlage auch auf sein Recht, φόροι von den griechischen Poleis zu fordern.[62] Sein Vorrücken an die Küste hatte

[58] Vgl. außer den im folgenden angeführten Beispielen die oben diskutierten Verhandlungen zwischen Iasos und Ptolemaios I. sowie Polybios 4,25,7 und 18,46,5, wo der Begriff in beinahe standardisierten Listen von Statusindikatoren steht. Vgl. die Zusammenstellung von Belegen in RC, S. 319 und die Diskussion bei Herrmann, in: Anadolu, 9, 1965, S. 138–143.

[59] Syll.^{3} 344 (RC 3–4) Z. 83; vgl. Schuler, *Ländliche Siedlungen*, S. 170f.

[60] I. Erythrai 31 (OGIS 223; RC 15) Z. 26–28; vgl. Z. 22f.; Orth, *Machtanspruch*, S. 89–92. Nach Auffassung von Orth belegt die Stelle, daß *phoros* auch Sonderkontributionen bezeichnen kann, weil als Grundlage der Fügung ἀφορολόγητος (...) τῶν (...) συναγομένων die Wendung συναγόμενοι φόροι zu erschließen sei. Das Argument ist beachtenswert, aber keineswegs zwingend, weil der elliptische Ausdruck flexibel und ein implizites Zeugma wie ἀφορολόγητος τῶν εἰς τὰ Γαλατικὰ συναγομένων scil. χρημάτων ohne weiteres denkbar ist.

[61] Das Substantiv erscheint erst in einem Dekret von Alabanda, in dem Verhandlungen mit Rom in der Folge des Friedens von Apameia geschildert werden (Canali De Rossi, *Iscrizioni storiche ellenistiche III*, S. 109f., Nr. 169 Z. 31). Die Abstraktion könnte aber auch schon früher geprägt worden sein.

[62] Diodor 28,15,2; Livius 35,16,6 (über die Städte in Ionien und der Aiolis). Vgl.

eine Welle von Verhandlungen zur Folge, in denen der Status der betroffenen Gemeinwesen neu geregelt wurde. Die Ergebnisse sind für uns in einer Reihe von Inschriften faßbar, zu denen auch ein langes Dekret gehört, in dem Teos wohl 203 v.Chr. dem König für eine substantielle Erleichterung der hohen Steuerlast dankte, die der Stadt von den Attaliden aufgebürdet worden war. Dieser Vorgang wird in dem Dekret mehrmals mit wechselnder Terminologie angesprochen. Zunächst wird die Situation vor Antiochos' Eintreffen rekapituliert: Die Stadt sei ausgeblutet gewesen wegen der ständigen Kriege und der Höhe der von Pergamon geforderten συντάξεις.[63] Antiochos erklärte Stadt und Territorium daraufhin in einem persönlichen Auftritt in der Volksversammlung für heilig, unantastbar und frei von φόροι und versprach, sie auch noch von den übrigen συντάξεις zu befreien, die Teos an Pergamon gezahlt hatte.[64] Einer später aus Teos zu ihm geschickten Gesandtschaft bestätigte der König, er habe sein Versprechen eingelöst und die Stadt von den φόροι befreit.[65] Dabei erstreckt sich das Changieren der Begriffe nicht nur auf die Substantive, sondern auch auf die Verben, wie der Wechsel von φέρειν συντάξεις zu συντάττειν φόρους zeigt. In dem folgenden Dankdekret heißt es, Antiochos habe die Stadt von den schweren und harten Steuern entlastet, indem er sie von den συντάξεις befreite.[66] Da es keine Möglichkeit gibt, alle diese Stellen miteinander in Einklang zu bringen, sind die Begriffe in den beiden Dekreten ganz offenkundig unscharf gebraucht oder sogar als austauschbar behandelt. Ausgehend von dieser Beobachtung wird deshalb vielfach angenommen, daß die begriffliche Unterscheidung

Ma, *Antiochos III*, S. 266: „(...) Antiochos III did not present himself as a 'liberator', but made occasional grants of liberty in the aftermath of a conquest presented under the heading of dynastic legitimacy".

[63] SEG 41, 1003 I (Ma, *Antiochos III.*, 308 Nr. 17) Z. 14: διὰ (...) τὸ μέγεθος ὧν ἐφέρομεν συντάξεων.

[64] Ebd. Z. 18–20: ἀνῆκε τὴ[ν] πόλιν καὶ τὴν χώραν ἡμῶν ἱερὰν καὶ ἄσυλον καὶ ἀπορολόγητον κ[αὶ] τῶν ἄλλων ὧν ἐφέρομεν συντάξεων βασιλεῖ Ἀττάλωι ὑπεδέξατο ἀπολυθήσεσθαι ἡμᾶς δι' αὐτοῦ. In der Wiederholung in Z. 48 ist ἀπορολόγητος mit παραλύσαντες τῶμ φόρων umschrieben, συντάξεις werden nicht erwähnt. Antiochos III. verlieh Teos damit einen Status, den sein Vorgänger Seleukos II. Smyrna gegeben hatte: Σέλευκος (...) ἀξιοῖ (...) τὰν πόλιν τῶν Σμυρναίων [ἱερ]ὰν καὶ ἄσυλον εἶμεν, (...) ἐπικεχώρηκε δὲ τοῖς [Σμυρ]ναίοις τάν τε πὸλιν καὶ τὰν χώραν ἐλευθέραν εἶμεν καὶ ἀφο[ρο]λόγητον (OGIS 228 Z. 4–9 aus Delphi).

[65] Ebd. Z. 33f.: [πα]ραλέλυκε τὴμ πόλιν εἰς ἀεὶ (...) ὧν συνετάξα[μεν φ]όρων βασιλεῖ Ἀττάλωι.

[66] SEG 41, 1003, II (Ma 311 Nr. 18) Z. 50–52: παρέσχεν (...) [τῶν] βαρέων καὶ σκληρῶν ἐκ<κ>ούφισιν (...) τελῶν παραλύ[σας] τῶν συντάξεων.

zwischen φόρος und σύνταξις im Lauf der hellenistischen Zeit aufgegeben worden sei.[67] Diese Auffassung kann sich zusätzlich auf Polybios stützen, der die beiden Begriffe austauschbar verwendet.[68] Allerdings ist es undenkbar, daß die Könige und ihre Funktionäre in fiskalischen Fragen einen so vagen Sprachgebrauch pflegten, daß im Einzelfall Unklarheiten aufkommen konnten, um welche Abgaben es eigentlich ging. Hier ist der Charakter der Quellen zu berücksichtigen: Bei einem Historiker wie Polybios ist schon aus stilistischen Gründen eine gewisse Flexibilität der Wortwahl zu erwarten, und die Dekrete aus Teos sind keine Dokumente der königlichen Kanzlei, sondern Dankesbezeugungen, bei denen bürokratische Genauigkeit nicht gefordert war. Jedoch wurden die Beschlüsse immerhin dem König persönlich vorgelegt und mußten deshalb seine Intentionen adäquat wiedergeben. Vor diesem Hintergrund ist die von P. Herrmann vorgeschlagene Lösung immer noch attraktiv: Herrmann faßt den Bericht über den persönlichen Auftritt des Königs in Teos nicht nur als ausführlichste, sondern auch genaueste Wiedergabe des an Teos verliehenen Status auf. Er nimmt entsprechend die Unterscheidung von φόροι und συντάξεις ernst und interpretiert erstere als feste Tribute, letztere als außerordentliche Kontributionen zur Kriegsführung, ähnlich den von Antiochos II. für den Galaterkrieg eingeforderten Beträgen.[69] Die Variationen der Formulierung wären dann als Verkürzungen zu verstehen, in denen jeweils einer der beiden Begriffe als *pars pro toto* verwendet wurde.

[67] Orth, *Machtanspruch*, S. 90f.; besonders entschieden Allen, *Attalid Kingdom*, S. 50–53. An Allen schließen an: Corsaro, in: REA 97, 1985, S. 88 Anm. 75 ("significato non tecnicamente preciso ma generico e intercambiabile"); Capdetrey, in: Chankowski/Duyrat, *Le roi et l'économie*, S. 107–111, der die unterschiedliche politische Wertigkeit der Begriffe anerkennt, jedoch σύνταξις als « formule euphémique » betrachtet; Chandezon, ebd., S. 138f.; Migeotte, ebd., S. 221. Sherwin-White, in: JHS 105, 1985, S. 85f. geht noch über diese Position hinaus. Sie projiziert die an dem Dossier aus Teos gewonnene Deutung zunächst zurück auf die Regelung Alexanders für Priene und vermutet weiter, die von Alexander erlassene σύνταξις könnte eine alte achaimenidische "crown tax" gewesen sein (für Jehne, *Koine Eirene*, S. 210f. „erwägenswert"). Der erste Schritt wird der kontrastiven Gegenüberstellung in der Inschrift aus Priene kaum gerecht und ist deshalb schon für sich problematisch. Der zweite Schritt hängt damit als willkürliche Spekulation in der Luft, und es gibt keinen Grund, von der hier und von anderen vertretenen Sicht abzurücken, wonach die Wurzeln der σύνταξις Alexanders im griechischen Raum zu suchen sind und nicht im Achaimenidenreich.

[68] Polybios 21,45,2 (Regelungen im Rahmen des Friedens von Apameia): ὅσαι δ' Ἀττάλῳ σύνταξις ἐτέλουν, ταύταις ἐπέταξαν τὸν αὐτὸν Εὐμένει διδόναι φόρον. Vgl. 21,24,8.

[69] Herrmann, in: Anadolu 9, 1965, S. 103f., 138f.; ebenso Aperghis, *Seleukid Royal Economy*, S. 149.

Aus den zitierten Dokumenten ergibt sich außerdem die Frage nach der genauen Bedeutung der ἀφορολογησία. Beinhaltete dieses Privileg eine Befreiung von allen oder nur von bestimmten φόροι?[70] Da der Begriff ohne weitere Präzisierung gebraucht wird, liegt es näher, ihn in einem grundsätzlichen und umfassenden Sinn zu verstehen. Dies gilt insbesondere dann, wenn das Privileg in Verbindung mit der Asylie vergeben wird. Der Zusatz τῶν ἄλλων ἁπάντων im Fall von Erythrai spricht nicht gegen diese Auffassung, sondern erklärt sich aus der Notwendigkeit, die Sonderkontribution für den Krieg gegen die Galater in die Formulierung einzubeziehen. Die ἀφορολογησία als umfassende Verfügungsberechtigung über die eigenen Einkünfte, das τῶν προσόδων κύριος εἶναι, wie es in der oben zitierten Inschrift aus Iasos positiv aus der Perspektive der Polis gewendet ist, gehört damit zu den wichtigsten Indikatoren für die Freiheit einer Stadt. Erneut signalisiert die Verleihung dieses Status von vornherein, daß die Kontrolle darüber beim jeweiligen König lag und daß ein Widerruf möglich war. Die Begünstigung einzelner Städte zeigt, daß es eine generelle Freistellung der Poleis von den φόροι nicht gab, und die unten zu besprechenden Belege für die Erhebung von Abgaben in verschiedenen Städten bestätigen dies. Die fiskalischen Zwänge, unter denen die Könige standen, ließen in diesem Punkt keinen Raum für Idealismus und weichten die Grenze, die Alexander ansatzweise zwischen Poleis und anders organisierten Territorien gezogen hatte, rasch wieder auf.[71]

Mit der Beibehaltung achaimenidischer Steuern stellte Alexander eine Kontinuität her, die für das Verständnis der Abgabenpolitik in den hellenistischen Reichen grundlegend ist.[72] Wie in den Quellen zur persischen Zeit ist in den hellenistischen Dokumenten fast stets von den φόροι im Plural die Rede. Die mechanische Gleichsetzung dieses Begriffs mit Tributen geht über die offene Frage hinweg, welche Art von Abgaben eigentlich unter φόροι zu verstehen sind.[73] Die Schwierigkeit

---

[70] Partielle Befreiung: Corsaro, in: REA 97, 1985, S. 88; generelle Abgabenfreiheit: Capdetrey, in: Chankowski/Duyrat, *Le roi et l'économie*, S. 111–115.

[71] Während hier vorausgesetzt wird, daß die Könige versuchten, gegenüber *allen* Poleis möglichst weitreichende Abgabenforderungen durchzusetzen, wann immer sich die Gelegenheit bot, setzt Orth, *Machtanspruch*, S. 90 die Gewichte etwas anders: „Tributzahlung auch einer freien Stadt war möglich, generelle Regel kann sie nicht gewesen sein."

[72] Vgl. Corsaro, in: REA 97, 1985, bes. S. 85f.

[73] Dieselbe Frage stellt sich bereits für das Achaimenidenreich; vgl. oben den Beitrag von H. Klinkott.

entsteht aus dem Charakter der Quellen: Auf der einen Seite stehen Dokumente, in denen von φόροι oder ἀφορολογησία die Rede ist, jedoch allgemein und ohne Angabe von Details. Andererseits verfügen wir über Quellen, die sehr detailliert spezifische Abgaben belegen. Ähnlich wie innerhalb der Poleis[74] ergibt sich eine große Vielfalt von Steuern und Zöllen, wobei die Besteuerung der landwirtschaftlichen Produktion den Löwenanteil ausmacht.[75] Begriffe wie φόροι oder σύνταξις kommen jedoch in dieser Quellengruppe nicht vor, so daß es schwerfällt, eine Verbindung zwischen den allgemeinen Oberbegriffen und den konkreten Abgaben herzustellen. Vor dieselbe Schwierigkeit stellt uns der Abriß über Steuern und Abgaben am Beginn des zweiten Buchs der pseudo-aristotelischen Oikonomika, der die Situation in Kleinasien in den Jahren nach Alexanders Tod reflektiert und damit an der Schwelle zwischen der achaimenidischen Herrschaft und den hellenistischen Monarchien steht.[76] Der Autor stellt nicht ein in irgendeiner Region tatsächlich existierendes Abgabensystem dar, sondern gibt einen abstrakten und systematisierenden Überblick über alle denkbaren Einnahmemöglichkeiten, der es den Verantwortlichen auf Satrapien- und Polisebene erleichtern soll, die für ihren Zuständigkeitsbereich anwendbaren Geldquellen zu erkennen und in ihrem Ertrag zu optimieren.[77] Er zählt sechs verschiedene Kategorien von Abgaben auf und betont, es gebe in manchen Fällen unterschiedliche Bezeichnungen; den Begriff φόρος verwendet er nirgends. Nach der Intention des Autors sollten die Leser diese allgemeine Palette fiskalischer Instrumente entsprechend den vorhandenen Ressourcen an lokale Gegebenheiten anpassen. Wie die terminologischen Varianten zeigen, die der Autor für einzelne Steuern aufzählt, hat er ein Königreich vor Augen, in dem es regionale Unterschiede in der Steuererhebung gibt, allerdings mit gemeinsamen

[74] Die meisten Abgabenformen finden sich sowohl in der städtischen wie in der königlichen Administration, grundsätzliche Unterschiede bestehen kaum. Die Kopfsteuer (ἐπικεφάλαιον) ist jedoch in den Poleis nur selten nachgewiesen und scheint ein charakteristisches Merkmal königlicher Steuerpolitik zu sein (Gauthier, in: Chiron 21, 1991, S. 61f. mit den Belegen; vgl. Migeotte, in: *Symposion 1999*, S. 298.

[75] Die Belege sind vielfach zusammengestellt worden: Bikerman, *Institutions*, S. 119f.; Domingo Gygax, *Untersuchungen*, S. 143–199; Aperghis, *Seleukid Royal Economy*, S. 137–179; Chandezon, in: Chankowski/Duyrat, *Le roi et l'économie*, S. 138–140; Migeotte, ebd., S. 214–221; Schuler, ebd., S. 528–536.

[76] [Aristoteles], Oik. 2,1 (1345 b 7–1346 a 31). S. dazu zuletzt Descat, in: Prost, *L'Orient méditerranéen*, S. 153–159; Aperghis, *Seleukid Royal Economy*, S. 117–135, sowie H. Klinkott im vorliegenden Band.

[77] [Aristoteles], Oik. 2,1,7 (1346 a 17–24).

Grundzügen, die er zusammenfaßt. Wesentliches Merkmal ist die Vielfalt von Abgaben, die direkt an der wirtschaftlichen Basis erhoben wurden, also etwa Steuern auf landwirtschaftliche Produkte, auf Vieh oder auf Salz, Verkaufssteuern, Zölle usw. Pauschale Tribute kommen in diesem System nicht vor.

Angesichts dieses Befundes stehen zwei Möglichkeiten zur Wahl:[78] Entweder erhoben die hellenistischen Könige Tribute und zusätzlich bestimmte Einzelsteuern,[79] oder die φόροι sind identisch mit spezifischen Abgaben, ein Sammelbegriff also, hinter dem sich jeweils ein Bündel von Steuern verbirgt, kein in pauschalen Summen zu entrichtender Tribut. Für letztere Deutung könnte schon der Plural an sich sprechen, und die Erythrai verliehene ἀφορολογησία ἁπάντων deutet ebenfalls auf die Befreiung von mehreren Abgaben hin. Einen weiteren Hinweis gibt der Fall der karischen Polis Herakleia am Latmos, die zu Beginn des 2. Jhs. freiwillig auf die Seite Antiochos' III. übertrat, was sie in die Lage versetzte, ihren künftigen Status unter seleukidischer Herrschaft zum Gegenstand von Verhandlungen zu machen.[80] Gegenüber dem seleukidischen Vizekönig Zeuxis wiesen die herakleotischen Gesandten auf die wirtschaftliche Schwäche ihrer Stadt hin, deren Territorium durch Kampfhandlungen verwüstet und teilweise entvölkert war. Sie erreichten damit eine zeitlich befristete Steuerbefreiung der Landwirtschaft und verschiedene andere Vergünstigungen und Subventionen. Zeuxis akzeptierte ganz offensichtlich, daß die Leistungsfähigkeit Herakleias erschöpft war, und setzte sich für die wirtschaftliche Erholung der Stadt ein. Der Kontext läßt es in diesem Fall kaum zu, daß im Hintergrund noch Tribute standen, die von den Verhandlungen nicht berührt wurden.[81] Eine in Sardis gefundene Inschrift, die wegen ihrer schlechten Erhaltung schwer interpretierbar ist, weist in dieselbe Richtung. Eine anonyme Polis, die offenbar noch schwerer als Herakleia unter Kriegsfolgen litt, ersuchte einen nicht identifizierbaren König, sie von den Abgaben zu befreien (τῶν [φ]όρων ἀπολῦ[σαι]). Der Monarch gewährte eine

[78] Martinez-Sève, in: Chankowski/Duyrat, *Le roi et l'économie*, S. 87f. weist auf das Problem hin, ohne eindeutig Stellung zu beziehen.

[79] So bereits Bikerman, *Institutions*, S. 106–109; Migeotte, in: Chankowski/Duyrat, *Le roi et l'économie*, S. 219–221.

[80] Wörrle, in: Chiron 18, 1988, S. 423f. (SEG 37, 859; Ma, *Antiochos III*, S. 340–345 Nr. 31), NII Z. 12–NIII Z. 10 mit dem Kommentar von Wörrle, ebd., S. 455–470.

[81] Eben dies nimmt aber Migeotte, in: Chankowski/Duyrat, *Le roi et l'économie*, S. 219 an; Aperghis, *Seleukid Royal Economy*, S. 150 schlägt einen dritten Weg ein und vermutet, der Tribut sei Herakleia schon zu einem früheren Zeitpunkt erlassen worden.

vollständige Abgabenfreiheit für sieben Jahre, danach sollte die Stadt aus ihren gesamten Einkünften (ἐκ πασῶν τῶν προσόδων) jährlich 20 Minen in drei Raten bezahlen und ansonsten nicht weiter belastet werden.[82] Die Absolvierung aller Verpflichtungen durch pauschale Zahlungen, deren interne Beschaffung der Stadt überlassen blieb, war offenkundig eine Notmaßnahme, die den Wiederaufbau der kriegszerstörten Stadt unterstützen sollte. Als Ausnahme bestätigt sie die vermutete Regel, daß die κόροι ein Konglomerat spezifischer Steuern waren, mit denen die Könige bestimmte in einer Polis erwirtschaftete πρόσοδοι für sich beanspruchten.[83]

In einer vergleichbaren Lage befand sich die unbekannte Polis im nördlichen Kleinasien, die es der Intervention des wohl attalidischen Statthalters Korragos verdankte, daß der König ihr die Autonomie und die Nutzung der öffentlichen Gelder ‚zurückgab' – die politische Existenz der Polis hing damit von Pergamon ab. Dennoch verzichtete der König nicht auf eine Besteuerung der Stadt, sondern gewährte lediglich eine Abgabenfreiheit für fünf Jahre, die sich auf alle öffentlichen Einkünfte erstreckte (ἀτέλεια πασῶν τῶν προσόδων).[84] Anders als Iasos in den Verhandlungen mit Ptolemaios I. war die fragliche Polis von der vollen Verfügung über ihren Haushalt (τῶν προσόδων κύριος εἶναι) weit entfernt, und die zeitlich begrenzte Atelie bedeutet im Umkehrschluß, daß die Ansprüche des Königs sich grundsätzlich auf alle öffentlichen Finanzquellen erstreckten. Die konkrete Auswahl der vom König mit Abgaben belasteten πρόσοδοι hing vom Einzelfall ab. Weitgehende Gestaltungsfreiheit hatten die Könige insbesondere bei den zahlreichen Neugründungen von Poleis, deren innere Verhältnisse von Beginn an unter ihrer unmittelbaren Kontrolle standen. Eumenes II. stattete Toriaion in Phrygien, das er in den Rang einer Polis erhob, zwar mit allen institutionellen Paraphernalien aus, die zu diesem Status gehörten, gab aber die Kontrolle der Steuern nicht aus der Hand; die Marktsteuer überließ er den Bürgern, um das Öl für das Gymnasion zu finanzieren.[85]

---

[82] I. Sardis 2, Z. 11–19; zu Lesung und Verständnis grundlegend Gauthier, *Inscriptions de Sardes II*, S. 171–178; vgl. Ma, *Antiochos III*, S. 352f. Nr. 36.

[83] Dagegen wertet Ma, ebd., S. 131 die Inschrift als Beleg für das Gegenteil: "Subject cities were taxed collectively, paying cash tribute (*phoros*)".

[84] I. Prusa ad Olympum 1001, Z. 9–12. 21–24.

[85] SEG 47, 1745 Z. 42–47.

Aus dem bisher skizzierten Rahmen fällt ein Brief, den der spätere König Attalos II. um 160 an Amblada in Pisidien schrieb. Amblada war Pergamon gegenüber zu einer pauschalen Zahlung von jährlich zwei Talenten verpflichtet, und diese Summe reduzierte Attalos auf Bitten der Stadt um ein halbes Talent.[86] In diesem Fall scheint es insofern angemessen, von einem Tribut zu sprechen, als Amblada von einer übergeordneten Macht eine fixe Abgabe kollektiv auferlegt wurde, ähnlich wie den Mitgliedern des Seebundes im 5. Jh. Dazu paßt die von Attalos gewählte Formulierung ἀπὸ τοῦ φόρου κα[ὶ] τε[λέ]σ[ματ]ος,[87] in der φόρος entgegen dem in hellenistischen Dokumenten üblichen Gebrauch im Singular steht. Ungewöhnlich ist auch der Zusatz τέλεσμα, für den es aus hellenistischer Zeit keine Parallelen gibt.[88] Die Wortwahl könnte auf ein besonderes Arrangement hinweisen, das vielleicht auch für andere pisidische Städte galt: Pergamon könnte sich zu einem vereinfachten Verfahren der Abgabenerhebung entschieden haben, weil in der seit jeher schwer kontrollierbaren Region eine differenzierte Besteuerung nicht durchzusetzen war oder weil die Zeit seit der Übernahme der Region durch Pergamon nach dem Frieden von Apameia noch nicht ausgereicht hatte, um den dafür erforderlichen Verwaltungsapparat aufzubauen. Jedenfalls gibt es gute Gründe, auch in diesem Fall eine Ausnahme zu vermuten, die dem oben skizzierten Bild nicht widerspricht. Erwähnt sei abschließend noch ein Schreiben, das Eumenes II. 181 v.Chr. an eine Siedlergemeinde im westlichen Lykien gerichtet hat und in dem er eine Kopfsteuer von vier Drachmen und einer Obole, die jeder Erwachsene jährlich zu entrichten hatte, als σύνταξις bezeichnet.[89] Mangels Parallelen bleibt es unklar, ob der Begriff hier sehr allgemein und untechnisch im Sinne von „Umlage", „Steuer" gebraucht ist oder ob Eumenes gemäß der oben skizzierten Bedeutung von σύνταξις von den wehrfähigen Männern anstatt eines aktiven Militärdienstes eine regelmäßige Kontribution verlangte. Neusiedlern, die zur Verstärkung der ausgedünnten Kolonie angezogen werden sollten, versprach der König jedenfalls eine allgemeine Steuerfreiheit für drei Jahre (ἀτέλεια

[86] RC 54 Z. 7 (ἀπὸ τῶν δύο ταλάντων ἃ τελεῖτε κατ' ἐνιαυτόν). 13f.

[87] RC 54 Z. 13.

[88] In einem Brief an Aphrodisias gebraucht Hadrian τέλεσμα als Synonym von τέλος, allenfalls mit der leichten Nuancierung, daß τέλεσμα eher die *Zahlung* der Eisensteuer, um die es in dem Brief geht, als die Steuer selbst meinen könnte (SEG 50, 1096 Z. 20. 24. 26).

[89] Maier, *Mauerbauinschriften*, Nr. 76 Z. 10f.

πάντων).[90] Wiederum verfügt der König also nicht nur über die Kopfsteuer, sondern über ein Konglomerat von Steuern.

Ob Amblada, Herakleia oder Iasos: Abgaben waren in hellenistischer Zeit sehr häufig Gegenstand eines Dialogs zwischen den Königen und den von ihnen abhängigen Städten und Gemeinden. So einseitig sich dieser Dialog häufig gestaltet haben mag, der diskursive Charakter der Kommunikation bedeutete doch, daß die Reichsangehörigen ihre Interessen und Anliegen in einer institutionalisierten Form vorbringen konnten.[91] Inwieweit sie damit durchdringen konnten, hing teils von der politisch-militärischen Situation ab, in der sich der jeweilige Herrscher befand. Die Rivalität der Könige untereinander und die häufigen Kriege eröffneten immer wieder Spielräume, in denen auch kleinere Gemeinden Bewegungsfreiheit gewinnen konnten, und ein Herrscher, der militärisch unter Druck stand, neigte gezwungenermaßen eher zu Zugeständnissen.[92] Eine wichtige Rolle spielte ferner der Status der jeweiligen Gemeinde. Die diplomatischen Regeln der Zeit begünstigten die Poleis. Diese bildeten jedoch keineswegs eine homogene Gruppe, die dem weniger privilegierten übrigen Kleinasien gegenüberstand. Auch der Status einer Polis wurde immer wieder neu festgelegt und hing im einzelnen von den politischen Rahmenbedingungen ab, unter denen dies geschah.[93] Aber auch die im Binnenland weit zahlreicheren dörflichen Gemeinden, Katoikien von Siedlern oder autonomen δῆμοι, die unmittelbarer unter der Kontrolle der Könige standen, konnten ihre Anliegen vorbringen und erreichten oft eine Milderung ihrer Abgabenlast.[94] Die Ergebnisse dieses Dialogs stellten sich nicht als nackter königlicher Befehl, sondern als ein Übereinkommen mit den Betroffenen dar. Für die Abgabenpolitik insgesamt hatte dies eine wichtige Konsequenz: Die hellenistischen Könige legten Steuern nicht ein für allemal einheitlich für das ganze Reich oder auch nur Teile davon fest, sondern trafen eine Vielzahl individueller, auf lokale Besonderheiten zugeschnittener Regelungen. Dabei orientierten sie sich aber durchaus an gewissen Grundsätzen, die sie in den Einzelfallentscheidungen

[90] Ebd., Z. 15f.

[91] Den diskursiven Charakter der Beziehungen zwischen König und Poleis arbeitet Ma, *Antiochos III*, besonders S. 179–242, heraus.

[92] Vgl. etwa Corsaro, in: Simblos 3, 2001, S. 257f.

[93] J. u. L. Robert, *La Carie II*, S. 285–302; Gauthier, *Inscriptions de Sardes II*, S. 33f. 105–111. 154–160; Ma, *Antiochos III*, S. 150–174.

[94] Schuler, *Ländliche Siedlungen*, S. 33–55. 159–194; ders., in: Chankowski/Duyrat, *Le roi et l'économie*, S. 514–516.

berücksichtigten und deren möglichst weitgehende Durchsetzung sie vermutlich auch anstrebten.

Bei diesem Prozeß kam es vor allem in der Auseinandersetzung mit den Poleis zu einer Zweigliedrigkeit des Steuerwesens. In jeweils unterschiedlichen Mischungen standen auf der einen Seite die Steuern, die die Poleis selbst beschließen und einziehen konnten, auf der anderen die Abgaben, die die Könige für sich beanspruchten und über die die Städte keine Verfügung hatten. Wenn Wohltäter in hellenistischen Dekreten mit der Steuerfreiheit (ἀτέλεια) ausgezeichnet werden, findet sich deshalb häufig die Einschränkung des Privilegs auf diejenigen Steuern, über die die Polis verfügen konnte (ἀτέλειαν ὧν ἡ πόλις κυρία ἐστίν).[95] Das Auftreten dieser Formel ist in den meisten Fällen ein untrüglicher Hinweis auf direkte Eingriffe eines Königs in die inneren Verhältnisse einer Polis.[96] Entsprechend unterscheidet eine Inschrift aus Mylasa explizit zwischen Abgaben und Verbindlichkeiten an den königlichen Fiskus (βασιλικόν) und die Kasse der Polis (πολιτικόν).[97] Indem die Könige den Poleis nicht einfach pauschale Zahlungen abverlangten, sondern mit ihrer eigenen Steuererhebung unmittelbar in das lokale Gefüge der öffentlichen Finanzen eingriffen, erreichten sie eine innerhalb der griechischen Geschichte neue Dimension der administrativen Kontrolle. Diese Strategie ist freilich keine Erfindung der hellenistischen Zeit. Die frühesten Belege für ein Nebeneinander von königlichen und städtischen Steuern finden wir vielmehr im hekatomnidischen Karien, also bereits unter achaimenidischer Herrschaft.[98] Wie sich dieses komplexe System entwickelt hat, können wir mangels Quellen nicht genau nachvollziehen. Offenbar entstand es aber durch eine Kreuzung der fiskalischen Instrumente, die die Griechen selbst im Rahmen der Polis

[95] Quellen und Literatur stellt Domingo Gygax, *Untersuchungen*, S. 192–195 zusammen. Eine Variante ist die Formulierung ἀτελὲς ὧν ἡ πόλις ἐπιβάλλει τελῶν in einem Dekret von Teos, das damals, in der zweiten Hälfte des 3. Jhs., unter attalidischer Herrschaft stand (SEG 2, 580 Z. 9; zur Datierung und Interpretation Herrmann, in: Anadolu 9, 1965, S. 102 Anm. 105).

[96] Vgl. Gauthier, in: Chiron 21, 1991, S. 65.

[97] I. Mylasa 201 Z. 8–11 mit Gauthier, ebd., S. 65. 67f. Anm. 93. (3. Jh. v.Chr.).

[98] Hornblower, *Mausolus*, S. 161–163; Bresson/Brun/Varinlioğlu, in: Debord/Varinlioğlu, *Les hautes terres*, S. 159–171, Nr. 48 Z. 14–17, mit dem Kommentar. Singulär ist hier die Bezeichnung regelmäßiger königlicher Steuern (Corsaro, in: REA 97, 1985, S. 84: „imposte regolari") als βασιλικὰ τέλη, während τέλος sonst für Abgaben der Poleis reserviert ist. Der Plural spricht erneut dafür, daß darunter mehrere Typen von Abgaben zu verstehen sind. Vgl. SEG 26, 1229 (Hornblower, *Mausolus*, S. 368f. M13) Z. 21f.: τῶν δούλων ἀτε[λῆ εἶναι καὶ πάντω]ν πλὴν φόρωμ βασιλικῶν; zur Datierung (nach den Buchstabenformen) s. Hornblower, ebd., S. 64 Anm. 86.

anwandten, und der Ansprüche des Großkönigs. Wir hätten es dann mit einem für Kleinasien spezifischen Phänomen zu tun, dessen Entstehungsphase bei der jetzigen Quellenlage in das 4. Jh. fällt. Die an griechischen Institutionen sehr interessierten Hekatomniden könnten daran besonderen Anteil gehabt haben.

Versucht man die Ergebnisse der vorangehenden Diskussion zusammenzufassen, so ist zu betonen, daß Tribute im Sinne regelmäßiger Pauschalzahlungen unterworfener Städte und Gemeinden an die hellenistischen Könige nur in Ausnahmefällen nachweisbar sind. Die beiden Beispiele, Amblada in Pisidien und die unbekannte Polis in Lydien, lassen immerhin vermuten, daß derartige Arrangements auch sonst gelegentlich vorkamen, insbesondere in Gebieten, die wirtschaftlich weniger entwickelt waren oder sich einer intensiven administrativen Durchdringung widersetzten. Die große Mehrheit der Quellen deutet aber darauf hin, daß unter den φόροι entgegen der in der Forschung verbreiteten Meinung keine Tribute zu verstehen sind, sondern eine Vielfalt spezifischer Steuern. Die monarchische Abgabenpolitik in Kleinasien tendierte offenbar unabhängig davon, um welche Dynastie es sich handelte, zu einer möglichst straffen Kontrolle und umfassenden Durchdringung der öffentlichen Finanzen in den abhängigen Städten und Gemeinden. Trotz aller Lippenbekenntnisse zur Autonomie der Griechen ist zu vermuten, daß die Könige diese Politik, deren Vorteile sie in den von ihnen selbst gegründeten Poleis erproben konnten, auf die alten Städte an der Küste auszudehnen versuchten, wann immer sich die Möglichkeit dazu bot. Das Bestreben, die grundsätzliche Verpflichtung zur Zahlung solcher φόροι auch in den autonomen Poleis durchzusetzen, und die allmähliche Ausbreitung des Polismodells im Binnenland unter Federführung der Könige trugen zu einer Vereinheitlichung des Abgabenwesens bei. Zwar blieb ein tributäres Element insofern erhalten, als die Könige offenbar nicht selten Sonderzahlungen für die von ihnen geführten Kriege einforderten, und auch die Einzelsteuern für sich blieben ein Symbol der Abhängigkeit oder zumindest der eingeschränkten Freiheit. Dennoch zeigen sich im hellenistischen Kleinasien deutliche Ansätze, den lockeren, außenpolitischen Charakter einer tributären Abhängigkeit zu überwinden, die Besteuerung zu einem Instrument der Innenpolitik zu machen und damit die politische und administrative Integration der Halbinsel zu fördern. Entscheidend für den Erfolg dieser Strategie war zweifellos die Flexibilität, mit dem ein breites Arsenal fiskalischer Instrumente jeweils an lokale Besonderheiten angepaßt wurde, um geographischen Gegebenheiten gerecht zu werden, auf wirtschaftliche Entwicklungen zu reagieren oder auf politische Empfindlichkeiten Rücksicht zu nehmen.[99] Die Invasion des königlichen Fiskus in die öffentlichen Finanzen der Poleis hatte aber nicht nur das Ziel, das Steueraufkommen zu maximieren. Die Könige beließen es nicht bei einem bloßen Abschöpfen von Überschüssen, sondern schufen sich ein vielseitig einsetzbares politisches Instrument, dessen Wirksamkeit den Bereich fiskalischer Interessen weit überstieg. Die Ausdifferenzierung der Steuern erlaubte es ihnen, sich durch die Vergabe von Steuerbefreiungen in vielfacher Abstufung als Euergeten ihrer Untertanen zu zeigen. Dieselbe Wirkung hatte die vielfach zu beobachtende Rückgabe von Steuermitteln, die jedoch den zusätzlichen Vorteil mit sich brachte, daß die Könige auf diese Weise die Verwendung öffentlicher Gelder in den Poleis und Gemeinden unmittelbar bestimmen und damit ihre politischen Interessen zum Tragen bringen konnten. Die abhängigen Gebiete wurden dabei nicht nur ausgebeutet und manipuliert,[100] sondern profitierten auch von der Umverteilung von Ressourcen, die nur die königliche Verwaltung zu leisten imstande war, am handgreiflichsten, wenn königliche Subventionen oder Naturallieferungen lokale Versorgungskrisen ausglichen.[101] Charakteristische Züge der Abgabenerhebung im hellenistischen Kleinasien sind also Differenziertheit, Flexibilität und die Verbindung fiskalischer Interessen mit politischen Zielen. Ein einfaches System von Tributen hätte weit weniger Vorteile geboten, und insofern kann die beschriebene Steuerpolitik als eine bemerkenswerte Leistung der Könige und ihrer Funktionäre gelten.

[99] Die Adaption der königlichen Abgabenpolitik an lokale Bedingungen unterstreicht auch Chandezon, in: Chankowski/Duyrat, *Le roi et l'économie*, passim.

[100] Diesen Aspekt rückt Ma, *Antiochos III*, S. 121 in den Vordergrund, wenn er über das seleukidische Reich schreibt: "The landscape of control was also a landscape of extortion through 'organized violence'."

[101] Vgl. dazu die jüngste Zusammenfassung von Capdetrey, in: Chankowski/Duyrat, *Le roi et l'économie*, S. 119-125.

Bibliographie

Allen, *Attalid Kingdom*: R. E. Allen, *The Attalid Kingdom. A Constitutional History*, Oxford 1983.

Aperghis, *Seleukid Royal Economy*: G. G. Aperghis, *The Seleukid Royal Economy. The Finances and Financial Administration of the Seleukid Empire*, Cambridge 2004.

Avram, Alexandru, Συντάξεις *în Asia Mica în 334 a. C.*, in: Studii Clasice 34–36, 1998–2000, S. 146f.

Badian, Ernst, *Alexander the Great and the Greeks of Asia*, in: *Ancient Society and Institutions. Studies presented to Victor Ehrenberg*, Oxford 1966, S. 37–69.

Bagnall, *Administration*: Roger S. Bagnall, *The Administration of the Ptolemaic Possessions outside Egypt*, Leiden 1976.

Bencivenni, *Progetti*: Alice Bencivenni, *Progetti di riforme costituzionali nelle epigrafi greche dei secoli IV–II A.C.*, Bologna 2003.

Bengtson, *Strategie*: Herrmann Bengtson, *Die Strategie in der hellenistischen Zeit II*, Münchener Beiträge zur Papyrusforschung und antiken Rechtsgeschichte 32.2, München ^{2}1964.

Bikerman, *Institutions*: Ernst Bikerman, *Institutions des Séleucides*, Paris 1938.

Bosworth, *Commentary*: Albert B. Bosworth, *A Historical Commentary on Arrian's History of Alexander* I, Oxford 1980.

Bresson, Alain/Brun, Patrice/Varinlioğlu, Ender, *Les inscriptions grecques et latines*, in: P. Debord/E. Varinlioğlu (eds.), *Les hautes terres de Carie*, Bordeaux 2001, S. 81–305.

Bresson/Descat, *Les cités d'Asie Mineure*: Alain Bresson/Raymond Descat (eds.), *Les cités d'Asie Mineure occidentale au IIe siècle a.C.*, Bordeaux 2001.

Brun, *Eisphora*: Patrice Brun, *Eisphora – Syntaxis – Stratiotika. Recherches sur les finances militaires d'Athènes au IVe siècle av. J.-C.*, Paris 1983.

Brunt, Peter A., *The Hellenic League against Persia*, in: ders., *Studies in Greek History and Thought*, Oxford 1993, S. 47–83 (ursprünglich in: Historia 2, 1953/4, S. 135–163).

Busolt/Swoboda, *Staatskunde*: Georg Busolt, *Griechische Staatskunde* II, bearbeitet von Heinrich Swoboda, Handbuch der Altertumswissenschaft IV.1.1.2, München 1926.

Canali De Rossi, Filippo, *Iscrizioni storiche ellenistiche III. Decreti per ambasciatori greci al senato*, Rom 2002.

Capdetrey, Laurent, *Le* basilikon *et les cités grecques dans le royaume séleucide*, in: V. Chankowski/F. Duyrat (eds.), *Le roi et l'économie*, Lyon 2004, S. 105–129.

Chandezon, Christophe, *Prélèvements royaux et fiscalité civique dans le royaume séleucide*, in: V. Chankowski/F. Duyrat (eds.), *Le roi et l'économie*, Lyon 2004, S. 131–148.

Chaniotis, Angelos, *Ein diplomatischer Statthalter nimmt Rücksicht auf den verletzten Stolz zweier hellenistischer Kleinpoleis (Nagidos und Arsinoe)*, in: EA 21, 1993, S. 33–42.

Chankowski/Duyrat, *Le roi et l'économie*: Valérie Chankowski/Frédérique Duyrat (eds.), *Le roi et l'économie. Autonomies locales et structures royales dans l'empire séleucide*, Topoi Suppl. 6, Lyon 2004.

Corsaro, Mauro, *Tassazione regia e tassazione cittadina dagli Achemenidi ai re ellenistici: alcune osservazioni*, in: REA 97, 1985, S. 73–94.

Corsaro, Mauro, *Doni di terra ed esenzioni dai tributi: una riflessione sulla natura dello stato ellenistico in Asia Minore*, in: Simblos 3, 2001, S. 227–262.

Descat, Raymond, *Qu'est-ce que l'économie royale?*, in: Francis Prost (ed.), *L'Orient méditerranéen de la mort d'Alexandre aux campagnes de Pompée. Cités et royaumes à l'époque hellénistique*, Rennes/Toulouse 2003, S. 149–168.

Domingo Gygax, *Untersuchungen*: Marc Domingo Gygax, *Untersuchungen zu den lykischen Gemeinwesen in klassischer und hellenistischer Zeit*, Antiquitas 1.49, Bonn 2001.

Dreher, *Hegemon*: Martin Dreher, *Hegemon und Symmachoi. Untersuchungen zum Zweiten Athenischen Seebund*, Untersuchungen zur antiken Literatur und Geschichte 46, Berlin/New York 1995.

Francotte, *Finances*: Henri Francotte, *Les finances des cités grecques*, Liège/Paris 1909.

Gauthier, *Inscriptions de Sardes II*: Philippe Gauthier, *Nouvelles inscriptions de Sardes II*, Genf 1989.

Gauthier, Philippe, Ἀτέλεια τοῦ σώματος, in: Chiron 21, 1991, S. 49–68.

Giovannini, Adalberto, *Le traité entre Iasos et Ptolémée Ier (IK 28,1,2–3) et les relations entre les cités grecques d'Asie Mineure et les souverains hellénistiques*, in: EA 37, 2004, S. 69–87.

Gomme, *Commentary*: A. W. Gomme, *A Historical Commentary on Thucydides III*, Oxford 1956.

Habicht, Christian, *Eine Bürgerrechtsverleihung von Metropolis*, in: Klio 52, 1970, S. 139–147.

Heisserer, *Alexander*: A. J. Heisserer, *Alexander the Great and the Greeks. The Epigraphic Evidence*, Norman 1980.

Herrmann, Peter, *Antiochos der Grosse und Teos*, in: Anadolu 9, 1965 [1967], S. 29–159.

Highby, *Erythrae Decree*: Leo Ingemann Highby, *The Erythrae Decree. Contribution to the Early History of the Delian League and the Peloponnesian Confederacy*, Klio Beih. 36, Leipzig 1936.

Hornblower, *Mausolus*: Simon Hornblower, *Mausolus*, Oxford 1982.

Jacoby, Friedrich, *Ktesias*, in: RE XI.2, 1922, Sp. 2032–2073.

Jehne, *Koine Eirene*: Martin Jehne, *Koine Eirene. Untersuchungen zu den Befriedungs- und Stabilisierungsbemühungen in der griechischen Poliswelt des 4. Jhs. v.Chr.*, Hermes ES 63, Stuttgart 1994.

Lenger, *Corpus*: Marie-Thérèse Lenger, *Corpus des Ordonnances des Ptolémées (C.Ord.Ptol.)*, Brüssel ²1980.

Lévy, Edmond, *Autonomia et éleuthéria au Ve siècle*, in: RPh 57, 1983, S. 249–270.

Lewis, *CAH² V*: D. M. Lewis et al. (eds.), *The Cambridge Ancient History² V: The Fifth Century B.C.*, Cambridge 1992.

Ma, *Antiochos III*: John Ma, *Antiochos III and the Cities of Western Asia Minor*, Oxford 2000, mit Addenda ²2002.

Maier, *Mauerbauinschriften*: Franz Georg Maier, *Griechische Mauerbauinschriften I*, Vestigia 1, Heidelberg 1959.

Martinez-Sève, Laurianne, *La fiscalité séleucide. Bilan et perspectives de recherche*, in: V. Chankowski/F. Duyrat (eds.), *Le roi et l'économie*, Lyon 2004, S. 81–104.

Mastrokostas, E., *Inscriptions de Locride et de Thessalie*, in: REA 66, 1964, S. 291–319.

Meiggs, *Empire*: Russell Meiggs, *The Athenian Empire*, Oxford 1972.

Migeotte, *L'emprunt public*: Léopold Migeotte, *L'emprunt public dans les cités grecques. Recueil des documents et analyse critique*, Québec/Paris 1984.

Migeotte, Léopold, *Les finances publiques des cités grecques. Bilan et perspectives de recherche*, in: Topoi 5, 1995, S. 7–32.

Migeotte, Léopold, *Le traité entre Milet et Pidasa (Delphinion 149). Les clauses financières*, in: A. Bresson/R. Descat (eds.), *Les cités d'Asie Mineure occidentale au IIe siècle a.C.*, Bordeaux 2001, S. 129–135.

Migeotte, Léopold, *Taxation directe en Grèce ancienne*, in: G. Thür/F. J. Fernández Nieto (eds.), *Symposion 1999. Vorträge zur griechischen und hellenistischen Rechtsgeschichte*, Köln/Weimar/Wien 2003, S. 297–313.

Migeotte, Léopold, *La situation fiscale des cités grecques dans le royaume séleucide*, in: V. Chankowski/F. Duyrat (eds.), *Le roi et l'économie*, Lyon 2004, S. 213–228.

Murray, Oswyn, Ὁ ἈΡΧΑΙΟΣ ΔΑΣΜΟΣ, in: Historia 15, 1966, S. 142–156.

Oehler, Johann, Ἀτέλεια, in: RE II.2, 1896, Sp. 1911–1913.

Orth, *Machtanspruch*: Wolfgang Orth, *Königlicher Machtanspruch und städtische Freiheit*, Münchener Beiträge zur Papyrusforschung und antiken Rechtsgeschichte 71, München 1977.

Papazoglou, *LAOI et PAROIKOI*: Fanoula Papazoglou, *LAOI et PAROIKOI. Recherches sur la structure de la société hellénistique*, Belgrad 1997.

Petzl, Georg, *Das Inschriftendossier zur Neugründung von Arsinoë in Kilikien: Textkorrekturen*, in: ZPE 139, 2002, S. 83–88.
Petzold, Karl-Ernst, *Die Gründung des delisch-attischen Seebundes: Element einer 'imperialistischen' Politik Athens?*, in: ders., *Geschichtsdenken und Geschichtsschreibung. Kleine Schriften zur griechischen und römischen Geschichte*, Stuttgart 1999 (Historia ES 126), S. 300–356.
Prost, *L'Orient méditerranéen*: Francis Prost (ed.), *L'Orient méditerranéen de la mort d'Alexandre aux campagnes de Pompée. Cités et royaumes à l'époque hellénistique*, Pallas 62, Rennes/Toulouse 2003.
Rhodes, Peter J., *The Delian League to 449 B.C.*, in: D. M. Lewis et al. (eds.), The Cambridge Ancient History[2] V: *The Fifth Century B.C.*, Cambridge 1992, S. 34–61.
Robert, *La Carie II*: Jeanne et Louis Robert, *La Carie II. Le plateau de Tabai et ses environs*, Paris 1954.
Schuler, *Ländliche Siedlungen*: Christof Schuler, *Ländliche Siedlungen und Gemeinden im hellenistischen und römischen Kleinasien*, Vestigia 50, München 1998.
Schuler, Christof, *Landwirtschaft und königliche Verwaltung im hellenistischen Kleinasien*, in: V. Chankowski/F. Duyrat (eds.), *Le roi et l'économie*, Lyon 2004, S. 509–543.
Schuller, *Herrschaft*: Wolfgang Schuller, *Die Herrschaft der Athener im Ersten Attischen Seebund*, Berlin/New York 1974.
Schwahn, Walter, Φόροι, in: RE 20.1, 1941, Sp. 545–644.
Schwahn, Walter, Σύνταξις, in: RE IVA.2, 1932, Sp. 1453–1456.
Schwahn, Walter, Τέλη, in: RE VA.1, 1934, Sp. 226–310.
Sherwin-White, Susan M., *Ancient Archives: The Edict of Alexander to Priene, a Reappraisal*, in: JHS 105, 1985, S. 69–89.
Thür et al., *Symposion 1999*: Gerhard Thür/Francisco Javier Fernández Nieto (eds.), *Symposion 1999. Vorträge zur griechischen und hellenistischen Rechtsgeschichte*, Köln/Weimar/Wien 2003.
Walbank, Frank W., *A Historical Commentary on Polybios I*, Oxford 1957.
Wirth, Gerhard, *Die συντάξεις von Kleinasien 334 v.Chr.*, in: Chiron 2, 1972, S. 91–98; wieder in: ders., *Studien zur Alexandergeschichte*, Darmstadt 1985, S. 160–167.
Wörrle, Michael, *Inschriften von Herakleia am Latmos I: Antiochos III., Zeuxis und Herakleia*, in: Chiron 18, 1988, S. 421–476.

Abkürzungen

FGrHist	Felix Jacoby, *Die Fragmente der griechischen Historiker*, Berlin 1923ff.
I. Erythrai	Helmut Engelmann/Reinhold Merkelbach, *Die Inschriften von Erythrai und Klazomenai*, 2 Bde., Inschriften griechischer Städte aus Kleinasien 1–2, Bonn 1972.
I. Iasos	Wolfgang Blümel, *Die Inschriften von Iasos*, 2 Bde., Inschriften griechischer Städte aus Kleinasien 28, Bonn 1985.
I. Mylasa	Wolfgang Blümel, *Die Inschriften von Mylasa*, 3 Bde., Inschriften griechischer Städte aus Kleinasien 34–35, Bonn 1987/1988.
I. Prusa ad Olympum	Thomas Corsten, *Die Inschriften von Prusa ad Olympum*, 2 Bde., Inschriften griechischer Städte aus Kleinasien 39–40, Bonn 1991/1993.
I. Sardis	W. H. Buckler/D. M. Robinson, *Sardis VII. Greek and Latin Inscriptions I*, Leiden 1932.
IG	*Inscriptiones Graecae*
Milet VI.1	Milet VI: Inschriften von Milet, Teil 1, Berlin/New York 1997.

ML	Russell Meiggs/David Lewis (eds.), *A Selection of Greek Historical Inscriptions to the end of the fifth century B.C.*, Oxford ²1988.
OGIS	Wilhelm Dittenberger, *Orientis Graeci inscriptiones selectae*, 2 Bde., Leipzig 1903/1905.
RE	*Realencyclopädie der Classischen Altertumswissenschaft*
RC	C. Bradford Welles, *Royal Correspondence in the Hellenistic World*, New Haven 1934.
SEG	*Supplementum epigraphicum Graecum*
SV II	Herrmann Bengtson/Robert Werner, *Die Staatsverträge des Altertums II*, München ²1975.
Syll.³	Wilhelm Dittenberger, *Sylloge inscriptionum Graecarum*, 3 Bde., Leipzig ³1915–1924.

VECTIGAL, TRIBUTUM UND STIPENDIUM – ABGABENFORMEN IN RÖMISCHER REPUBLIK UND KAISERZEIT

Reinhard Wolters (Tübingen)

Die in römischer Zeit an eine politisch-administrative Handlungseinheit zu entrichtenden und als Steuern ansprechbaren Abgaben setzten sich zusammen aus einer Vielzahl von direkten und indirekten Abgaben, von regelmäßig und unregelmäßig erhobenen, von Zahlungen an die Reichszentrale oder zugunsten einer untergeordneten Einheit wie Provinz oder Kommune. Die Gruppe der unmittelbar auf eine Person und ihren Besitz gelegten direkten Steuern war weiterhin gebunden an unterschiedliche Bürgerrechtskategorien und an verschiedene rechtliche Einordnungen des Bodens, die eine je spezifische Besteuerung nach sich zogen. Auch wenn sich mit diesen Koordinaten ein Raster durch das römische Steuerdickicht erstellen läßt, das grundsätzliche Orientierung zu geben verspricht, so wurde dieses durch Ausnahmen und unterschiedlichste Privilegierungen immer wieder durchbrochen.[1]

Zumal auf die Größe und Dauer des Römischen Reiches bezogen ist ein Großteil der steuerlichen Wirklichkeit für uns unbekannt. Unterschiedliche wirtschaftliche und gesellschaftliche Strukturen in Spanien und auf den Balkanprovinzen, in Gallien und Ägypten, Britannien, Griechenland und Nordafrika, zwischen den germanischen Provinzen, Italien und Kleinasien kreuzen sich mit steuerlichen Entwicklungen in der mehrhundertjährigen Geschichte des *Imperium Romanum*. Dabei sind die zur Verfügung stehenden Quellen durchaus reichhaltig: Neben der literarischen Überlieferung – Historiographie, dazu insbesondere Gerichtsreden und Briefliteratur – sind die Rechtstexte anzuführen, es gibt eine reiche inschriftliche Überlieferung und selbst eine durchaus

[1] Zum römischen Steuersystem: Nicolet, *Tributum*; Neesen, *Staatsabgaben*; Überblicke bei Hildesheim, *Steuerordnung*, S. 18ff.; Shaw, in: Grant/Kitzinger, *Civilization*, S. 809ff.; Duncan-Jones, *Structure and Scale*, S. 30ff; 187ff.; Duncan-Jones, *Money and Government*, S. 33ff.; Wolters, *Nummi Signati*, S. 202ff.; Lo Cascio, *Princeps*, S. 177ff.; Galsterer, in: Der Neue Pauly 11, 2001, Sp. 982ff.; Drexhage et al., *Wirtschaft*, S. 42ff.; Woytek, in: Historicum 2004, S. 27ff.

beachtliche Zahl von Münzmotiven, die an steuerliche Maßnahmen erinnerten oder diese verkündeten.[2] Doch zumal für die regional oder die zeitlich nur begrenzt auftretenden Abgaben, für die Kleinst- und Bagatellsteuern, haftet der vorliegenden Überlieferung stets auch etwas Zufälliges an.

Allein das ägyptische Gebiet macht aufgrund des reichen papyrologischen Materials eine Ausnahme.[3] Inwieweit die hier vorgefundenen Verhältnisse jedoch auf andere Regionen des Reiches übertragen werden dürfen, ist wegen der schwerlich vergleichbaren Rolle der Bodenbewirtschaftung in Ägypten, der konsequenten Zentralisierung der politisch-administrativen Strukturen und nicht zuletzt des zähen ägyptisch-ptolemäischen Erbes strittig. Allerdings scheint die große Skepsis der älteren Literatur neuerdings einer optimistischeren Einstellung zu weichen, wonach ein Befund in Ägypten zumindest nicht ausschließt, daß es in anderen Teilen des Römischen Reiches genauso gewesen sein könnte.[4]

Wollte man schließlich versuchen, das vorgegebene Thema auf die zentrale Untersuchungsregion des Graduiertenkollegs einzuschränken, nämlich auf das Steuerwesen in Anatolien und seinen nächsten Nachbarn, so könnte man für die römische Zeit nur wenig Spezifisches sagen. Ungewöhnlich detailreich wäre hingegen das Wissen über Zölle: Zollfreiheit für Herden bei ihrem Auf- oder Abtrieb von den Sommerweiden, Zollfreiheit für nachweisliche Gegenstände des persönlichen Gebrauchs und für kultische Geräte, Zollfreiheit für Wasser oder auch für mitgeführte Münzen. Detailliert beschrieben werden kann der Vorgang der Pfandnahme sowie die Art und Höhe zu verhängender Strafen in Relation zu den Vergehen. Wir wissen, daß eine freigeborene Römerin an der Zollgrenze von einer Leibesvisitation ausgenommen war, sofern ihre Vermählung in einer ganz bestimmten Eheform stattgefunden hatte. Das meiste davon verdanken wir einer singulären, im Jahre 1976 gefundenen Inschrift aus Ephesos.[5]

Über verbleibendes Nichtwissen hinsichtlich der Steuervielfalt im Römischen Reich mag hinwegtrösten, daß es manchem römischen Steuerzahler wohl nicht viel besser ging: Die Vielfalt der Abgaben

---

[2] Wolters, in: Beutler/Hameter, *„Eine ganz normale Inschrift“*, S. 507ff.

[3] Wallace, *Taxation*; Duncan-Jones, *Money and Government*, S. 47ff.

[4] Konsequente Trennung etwa bei Neesen, *Staatsabgaben*; vgl. Brunt, in: JRS 71, 1981, S. 162f. Weniger skeptisch Strobel, in: ders., *Monetarisierung*, S. 207ff.

[5] Engelmann/Knibbe, *Zollgesetz*; Dreher, in: Münstersche Beiträge zur antiken Handelsgeschichte XVI 2, 1997, S. 79–96; dazu Ps.Quint. decl. 359.

machte die Überprüfung ihrer Legitimität undurchsichtig, und die daraus entstandenen Freiräume wurden offensichtlich im letzten Jahrhundert der Republik von den Steuereintreibern und Beamten in besonders eklatanter Weise genutzt. Ciceros Reden gegen Verres geben ein kleines Kompendium erfundener Sonderabgaben und Zuschläge, Kosten fiktiver oder tatsächlicher Adaerierung, von Höchst- und Mindestschätzungen, von trickreichen Zinsberechnungen, eingeforderten oder berechneten Transportleistungen und was sonst noch der Phantasie von Steuerpächtern und den sie eigentlich kontrollierenden Magistraten entsprungen ist.[6]

So überrascht es nicht, daß zeitgenössische Beschwerden nicht nur der Praxis der Eintreibung, sondern auch der mangelnden Transparenz galten. Als der durch seinen verschwenderischen Lebensstil klamm gewordene Caligula zahlreiche neue Steuern einführte, ließ er diese nach dem Bericht seines Biographen Sueton „durch Heroldsruf nur mündlich verkünden, ohne sie schriftlich durch Anschlag bekanntzugeben. Da niemand den eigentlichen Wortlaut des Gesetzes kannte, demzufolge aber viele Verstöße dagegen vorkamen, ließ er, auf inständiges Bitten des Volkes, es endlich öffentlich anschlagen, aber in so kleiner Schrift und an einem so unzugänglichen Orte, daß, wie es seine Absicht war, niemand eine Abschrift davon nehmen konnte". Der Historiker Cassius Dio ergänzt, daß die Aufhängung des Gesetzestextes in unlesbarer Höhe das Ziel hatte, auch noch Bußgelder für Verstöße gegen die Neuregelungen zu kassieren.[7] Abermaligen Beschwerden über unbekannte Abgaben setzte Nero eine Publikationspflicht entgegen, was bestätigt, daß fehlende Transparenz über zu leistende Abgaben keine Ausschmückung der Historiographie, sondern ein durchaus anstehendes Problem war.[8]

Ungetrübt von den Fragen nach Zahl, Repräsentativität und Geltungsbereich unserer Quellen sowie der steuerlichen Realität im Einzelfall soll hier dennoch der Versuch unternommen werden, die Hauptlinien des römischen Abgabensystems nachzuzeichnen – gewissermaßen zum Mitschreiben auf dem Bierdeckel.[9] Aus dieser Reduktion resultiert, daß vieles notwendigerweise glatter erscheint, als es tatsächlich war. Dennoch wird

[6] Zum Steuersystem auf Sizilien: Schäfer, in: Münstersche Beiträge zur antiken Handelsgeschichte XI 2, 1992, S. 23–38.

[7] Suet. Cal. 41; Dio 59,28,11.

[8] Tac. ann. 13,51,1f.: *occultae ad id tempus*.

[9] ©Friedrich Merz, MdB: als treffsicherer Gegenentwurf zu einer allzu komplex gewordenen modernen Gesellschaft.

in einem historischen Ansatz, der auf die Anfänge der Besteuerung in der Republik zurückgeht und die mit der Expansion des Reiches jeweils eingetretenen Entwicklungen nachzeichnet, die Chance gesehen, die zentralen Prinzipien der Besteuerung im Römischen Reich zu erfassen.

Einschränkungen ergeben sich daraus, daß in diesem Entwurf nur die regulären Abgaben an die Reichszentrale aufgenommen werden. Unberücksichtigt bleiben ebenso die *munera*, d.h. bezahlte oder unbezahlte Leistungen, die verschiedene Personengruppen auf Gemeinde-, Provinz- oder Reichsebene erbringen mußten, wie Beteiligung am Straßenbau, Duldung von Einquartierungen, Stellung von Reit- und Zugtieren oder von Transportkapazität.[10] Auch die widerrechtlichen Forderungen bleiben ausgeklammert, als dem „System", wenn auch nicht der zeitgenössischen Realität fremde Abgaben, schließlich die aus freiem Willen, in vorauseilendem Gehorsam oder unter direktem Druck gegebenen Geschenke an römische Magistrate. Anders ist es in der römischen Kaiserzeit mit den dem Princeps gegebenen Zuwendungen: Da die Idee des Staates mehr und mehr in dem Herrscher ihre Verkörperung fand, zu deren Ausgestaltung auch sein Privatvermögen herangezogen wurde, wächst diesen Zuwendungen eine Zwitterstellung in Richtung auf öffentliche Abgaben zu, die eine Berücksichtigung innerhalb des Steuersystems sinnvoll erscheinen läßt.

Die cives Romani und Rom

Das Finanzgebaren des Römischen Staates in der Zeit der Republik unterschied sich im Prinzip nicht von dem eines privaten Haushalts. Der Staat deckte seinen Finanzbedarf grundsätzlich aus eigenem Vermögen und dem von ihm erzielten Einkommen. Die Möglichkeiten dazu boten in seinem direkten Eigentum stehende Ländereien, der *ager publicus*: Aus Ackerflächen, Obstwiesen und Weingärten, Wäldern und Seen, Salinen und Bergwerken bezog er Fruchtquoten und Pachtgelder oder ließ sich Nutzungsrechte bezahlen. Der gebräuchliche Terminus für diese Abgaben war *vectigalia* – „Fuhren", in Anlehnung an die Anteile, die ein Nutzer dem Grundeigentümer abzuliefern hatte.[11]

[10] Dazu die übersichtliche Zusammenstellung, gemeinsam mit den schließlich als Last empfundenen *honores*: Neesen, in: Historia 30, 1981, S. 203ff.; zu den Leistungen für den *cursus publicus*: Kolb, *Transport*, S. 123ff.; für Ägypten: Drecoll, *Liturgien*.

[11] Neesen, *Staatsabgaben*, S. 4ff.

Über diese Einnahmen als Eigentümer konkreter Ländereien hinaus forderte der Staat auf seinem Staatsgebiet Zölle und Umsatzsteuern. Sie wurden gleichfalls als *vectigalia* bezeichnet, doch fand für die Zölle in Anlehnung an die Umschlagsstationen auch zunehmend der Begriff *portoria* Verwendung.[12] Weitere Einnahmen waren Strafen, die für Rechtsverletzungen innerhalb seines Territoriums an den Staat zu zahlen waren. Kriegsbeute bzw. gegebenenfalls am Ende eines Krieges festgelegte – und oft lang andauernde – Kriegskostenentschädigungen waren dem Staat von außen zufließende Einnahmen; als Kriegsfolge erweiterte er zudem durch direkte Inbesitznahme häufig den *ager publicus*.

Erst wenn diese Quellen für anstehende Ausgaben nicht mehr ausreichten, wurden die Bürger zu Beisteuern herangezogen.[13] Dies beschränkte sich zumeist auf Krisen-, insbes. Kriegszeiten. Die Beteiligung der Bürger erfolgte dann in Form einer auf den Kopf umgelegten, häufiger jedoch nach Vermögen gestaffelten Umlage, welche die Leistungskraft des einzelnen berücksichtigte. Für sie konnte man sich auf die im Zensus getroffenen Schätzungen stützen, die zunächst nur den Grund der militärischen Teilhabe und politischen Mitsprache regelten. Bezeichnet wurden diese Abgaben als *tributum*, d.h. das „Abgeteilte" bzw. der „Umlageanteil". Der Begriff lehnte sich an die römischen *tribus* an, die für das Bürgersein und die Mitsprache konstitutive Einteilung in die Stimmbezirke.[14]

Der grundsätzliche Unterschied zwischen den beiden Einnahmeformen zeigt sich auch in der Form ihrer Eintreibung. Denn während die *vectigalia* durch zensorische Verpachtung vergeben wurden – für die sich dann eigene Gesellschaften, die *publicani*, bewarben –, wurde das *tributum* direkt an die Beauftragten des *aerarium* gezahlt.[15] Zumindest in Einzelfällen war für das *tributum* eine Zurückzahlung vorgesehen, in Form einer Kriegsanleihe, die unter günstigeren politischen und wirtschaftlichen Verhältnissen z.T. auch tatsächlich und mit Zinsen erfolgte.[16]

[12] De Laet, *Portorium*; Vittinghoff, *Portorium*; France, *Quadragesima Galliarum*.

[13] Zum Grundsatz: Cic. off. 2,74.

[14] Ersteinführung: Liv. 4,59,11–60,8; vgl. Pol. 1,58,9; Galsterer, in: Der Neue Pauly 11, 2001, Sp. 982.

[15] Neesen, *Staatsabgaben*, S. 5. Für einen ähnlichen Unterschied zwischen der von den Zensoren ausgeschriebenen Steuerpacht und den von den Statthaltern eingeforderten Liturgien: Bernhardt, in: Historia 29, 1980, S. 206.

[16] Liv. 39,7,4f.

Die Entwicklung seit der mittleren Republik

Nach dem Galliersturm von 387 v.Chr. charakterisiert eine abermalige kontinuierliche territoriale Expansion die Geschichte Roms. Aus den Kriegen in Mittelitalien resultierte eine ständige Vermehrung des *ager publicus*, während aus den Überseekriegen ab der Wende vom 3. zum 2. Jahrhundert v.Chr. ein nicht gekannter Zustrom von Beute sowie den Besiegten dauerhaft auferlegten Lasten die Stadt erreichten. Jahr für Jahr wurden in groß inszenierten Triumphzügen Massen erbeuteter Edelmetalle öffentlich durch Rom geführt, und nach Abzug des Anteils für die Soldaten in der zentralen Kasse des römischen Staates, dem *aerarium*, deponiert. In der mit buchhalterischer Genauigkeit vorgenommenen Zählung der Beute wurden der Rang des jeweiligen Feldherrn sowie des errungenen Sieges meßbar und vergleichbar gemacht.[17]

Die Beuteeinnahmen überstiegen jeden Kriegsaufwand, und die Vorräte des *aerarium* füllten sich immer mehr.[18] Eine Konsequenz dieser neuen Einnahmen von außen war, daß die römischen Bürger, die in der mittleren Republik noch sehr regelmäßig einer direkten Besteuerung unterlagen, nach dem Sieg über Makedonien 167 v.Chr. nicht mehr dazu aufgefordert wurden.[19] Weiterhin wurde der italische *ager publicus* zunehmend in vollgültigen Privatbesitz übergeführt, im Jahre 60 v.Chr. beseitigte man schließlich auch die Zollerhebung innerhalb Italiens: Die Inhaber des römischen Bürgerrechts profitierten unmittelbar von den aus der Expansion erzielten Gewinnen. Die steuerlichen Besserstellungen gegenüber den sonstigen Bewohnern des Römischen Reiches wuchsen zu einem weithin sichtbaren Element der Privilegierung als *cives Romanus*, und die *libertas* als persönliche und politische Freiheit des Bürgers wurde in immer stärkerem Maß auch steuerrechtlich verstanden.[20]

---

[17] Vgl. Szaivert/Wolters, *Löhne, Preise, Werte*, S. 8f.; 16f., mit ausgewählten Quellen S. 141ff.

[18] Zu den Beständen des *aerarium*: Plin. n.h. 33,55f. Mit dem Beuteeinstrom vollzog sich auch ein Übergang von den Bronze- zu den Silbernominalen als Standardmünzen und Verrechnungseinheit.

[19] Plin. n.h. 33,56. Es handelte sich dabei um einen faktischen, keinen rechtlichen Verzicht des Staates. Zur wiederaufgeflammten Besteuerung in den Bürgerkriegsjahren: Neesen, *Staatsabgaben*, S. 12f.; Woytek, in: Historicum 2004, S. 27. Für vergleichsweise regelmäßige Besteuerung in der mittleren Republik: Liv. 7,27,4; Cic. off. 2,74.

[20] Wolters, in: Beutler/Hameter, „*Eine ganz normale Inschrift*", S. 512f.; 519f.

Die Provinzen

Die außeritalische Expansion führte einen grundsätzlichen Wandel in der Struktur des Römischen Reiches herbei, der mit der Eroberung Siziliens in der Mitte des 3. Jahrhunderts v.Chr. eingeleitet und ab der Mitte des 2. Jahrhunderts v.Chr. konsequent fortgesetzt wurde: die Übernahme der direkten Herrschaft in den besiegten Gebieten durch Rom. In Form dauerhafter Untertänigkeit wurden die besiegten Gemeinwesen dem *Imperium Romanum* als *provincia* attribuiert, d.h. als magistratischer Zuständigkeitsbereich und direktes römisches Herrschaftsgebiet.

Die Provinzen waren dem römischen Staat zu direkten Abgaben verpflichtet. Ein weit verbreiteter Begriff für die Abgaben war *stipendium*, und die Bezeichnung *provincia stipendiaria* wurde zum *terminus technicus*, daß ein Gebiet tatsächlich als römisches Untertanengebiet eingerichtet, also abgabenpflichtig war.[21] Der Begriff setzte sich aus *stips* für „Geld, Gabe, Beitrag" und *pendere* für „zählen, wiegen" zusammen und umschrieb allgemein die „Geldzahlung". *Stipendium* war auch die übliche Bezeichnung für den Sold. So gerieten die Abgaben der Provinzen in inhaltliche Nähe zu einer fortdauernd von ihnen zu leistenden Soldzahlung, als eine Art Kriegskostenentschädigung bzw. ein Beitrag zur Finanzierung ihrer Kontrolle oder auch ihres Schutzes.[22]

Nicht weniger häufig wurde für die Provinzabgaben allerdings auch die Bezeichnung *tributum* gebraucht, zumal in den Formen *tributum soli* für die auf den Boden und *tributum capitis* für die auf die Person gelegten Abgaben. Die Einzelbezeichnungen verdeutlichen die Art der Umlage, und der Begriff *tributum* gibt dabei die Perspektive der Provinzialbevölkerung wieder. Der Verwendung von *tributum* für die Gesamtabgaben einer Provinz an Rom liegt dann jedoch eine Perspektivenumkehr zugrunde: Gemeinsam mit der jetzt ausgelaufenen direkten Besteuerung der römischen Bürger konnte sich der Begriff so zu einer Bezeichnung entwickeln, die nicht mehr die *tributim* eingeforderten Solidarbeiträge der eigenen Bürger, sondern die Abgaben an eine imperiale Macht umschrieb.[23] Wie wenig präzise das begriffliche Vokabular für die Abgaben aus den Provinzen jedoch insgesamt war, zeigt sich darin, daß für ihre Gesamtheit ebenso der Begriff *vectigalia* verwendet wurde.

---

[21] Vgl. etwa Vell. 2,37,5; 38,4; 97,4.

[22] Neesen, *Staatsabgaben*, S. 26; Boren, in: Historia 32, 1983, insbes. S. 430f.

[23] So Brunt, in: JRS 71, 1981, S. 161; vgl. Neesen, *Staatsabgaben*, S. 26ff.

Schließlich fanden in Anlehnung an den auferlegten Satz auch noch die Begriffe *decuma, septima, quinta (pars)* etc. Verwendung.[24]

In aller Regel übernahm Rom in den jeweiligen Provinzen das vorgefundene Steuersystem, sowohl was die Höhe der Steuern, als auch die Art der Veranlagung betraf. Gleichbleibende Belastungen, die jetzt nur an einen anderen Herrn abzuführen waren, erleichterten bei der Provinzbevölkerung sicherlich die Akzeptanz. Für Rom bedeutete dies jedoch, daß das eigene Steuersystem reichsweit gesehen uneinheitlich blieb. Präzisere Einblicke in die je unterschiedliche Art der Besteuerung haben wir für Africa aufgrund der *lex agraria* von 111 v.Chr., für Sizilien durch Ciceros Reden gegen Verres sowie für Ägypten aufgrund der Papyri.[25]

Vom Provinzboden wurde das *tributum soli* und von der nichtrömischen Bevölkerung das *tributum capitis* eingezogen.[26] Dem abgabenpflichtigen Boden, von dem entweder ein Fixbetrag oder häufiger ein definierter Ertragsanteil eingehoben wurde, stand der privilegierte Boden römischen Rechts gegenüber, der *ager privatus ex iure Quiritium*. Nach den Italikerkriegen galt dieser Status für ganz Italien, ebenso verfügte der Boden der römischen Bürgerkolonien über dieses Privileg. In den Provinzen waren die *civitates foederatae* von der Bodenbesteuerung ausgenommen, mit Rom verbündete autonome Gemeinden, die wie Inseln innerhalb des römischen Herrschaftsgebietes lagen.[27] Gleiches galt für die abgestuft privilegierten *civitates liberae*, soweit ihnen auch die *immunitas* zugestanden wurde. Privilegierungen als *civitas foederata* oder *civitas libera* bewahrten entweder alte Vertragsverhältnisse aus der Zeit vor der Provinzialisierung oder sie belohnten besonderes Wohlverhalten. Trotz der gewählten rechtlichen Form scheute sich Rom jedoch nicht, die ungleichen Machtverhältnisse gegebenenfalls wirksam werden zu lassen und einen derartigen begünstigten Status einseitig zu entziehen.[28]

In analoger Weise waren auch die römischen Vollbürger nicht vom *tributum capitis* betroffen. Innerhalb bestimmter Altersgrenzen erfaßte es

[24] Neesen, *Staatsabgaben*, S. 28f.

[25] Hildesheim, *Steuerordnung*, S. 19ff.; Johannsen, *Lex agraria*.

[26] Grundlegend Neesen, *Staatsabgaben*, S. 25ff.; 117ff.; dazu Brunt, in: JRS 71, 1981, S. 161ff.

[27] Bernhardt, in: Historia 29, 1980, S. 190ff.; Bernhardt, in: Historia 31, 1982, S. 34ff.; Wolters, *Herrschaftsorganisation*, S. 77ff.; 109ff. Nach außen hin abgegrenzte Geldumlaufgebiete konnte für die *civitates liberae* jetzt van Heesch, *Muntcirculatie*, S. 70ff. wahrscheinlich machen.

[28] Wolters, *Herrschaftsorganisation*, S. 96ff.

alle Männer und in der Regel auch Frauen, doch schwankte die Höhe der Kopfabgaben von Region zu Region, zwischen Stadt und Land, unabhängig von individuell oder für bestimmte Gruppen ausgesprochenen Reduzierungen und Befreiungen.[29] Auch hier hatte die Bürgerrechtsausweitung im letzten Jahrhundert der Republik die Italiker von dieser Abgabe befreit. Darüber hinaus erfolgten Einzelprivilegierungen von Personen, Personengruppen oder ganzen Gemeinden relativ großzügig: Der stets als zusätzliches Bürgerrecht vergebene Status als *cives Romanus*, ein bewährtes Mittel der Integration nicht nur der fremden Eliten, war für diese auch in materieller Hinsicht von Reiz.

Auf welche Weise private Vermögen und Produktionsmittel in das *tributum soli* oder *tributum capitis* einbezogen waren, ist strittig: Ihrer systematischen Nähe zu den Bodenabgaben auf der einen Seite stehen sehr unterschiedliche Höhen der Kopfsteuer auf der anderen Seite gegenüber. Sie ließen sich durch die Miterfassung von zur jeweiligen Person gehörendem festem und beweglichem Besitz leicht erklären.[30] Doch möglicherweise ist auch hier von Provinz zu Provinz ein jeweils anderes Verfahren in Anwendung geblieben.

Begründungen der provinzialen Besteuerung

Die nicht entwickelte begriffliche Schärfe für die direkten Steuern der Provinzen deutet schon an, daß es keine feste Begründungssystematik für ihre Einforderung gab. Vielmehr betonen die antiken Quellen, je nach Kontext und gegenwärtiger Nützlichkeit, unterschiedliche Aspekte, die eine Besteuerung legitimierten. Dabei lassen sich insgesamt vier Argumentationslinien feststellen, deren Charakter trotz rechtlicher Bezugnahmen primär politisch ist:[31]

1 *Steuererhebung als Rechtsnachfolge*

In seiner Rede gegen Verres erörtert Cicero, Rom habe die Gebietskörperschaften Siziliens derart in Freundschafts- und Vertrauensverhältnisse aufgenommen, „daß sie dieselbe Rechtsstellung, die sie gehabt hatten,

[29] Zur Kopfsteuer-Pflichtigkeit: Neesen, *Staatsabgaben*, S. 132f.
[30] So Brunt, in: JRS 71, 1981, S. 168 gegen Neesen, *Staatsabgaben*, S. 120ff.
[31] Neesen, *Staatsabgaben*, S. 7f.

behalten und zu denselben Bedingungen dem römischen Volke untertan sein sollten, zu denen sie ihren Herrschern vorher untertan waren (*Siciliae civitates sic in amicitiam fidemque accepimus ut eodem iure essent quo fuissent, eadem condicione populo Romano parerent qua suis antea paruissent*)".[32] Cicero nimmt hier die Perspektive der sizilischen Städte ein und sieht Rom an Stelle der ehemaligen Territorrialherren – etwa Karthago oder Syrakus – treten, so daß sich für die Städte nur der Herr, an den sie ihre Abgaben zu entrichten hatten, nichts jedoch hinsichtlich der Höhe der Abgaben oder ihrer Stellung im Herrschaftsverband änderte. Für die Provinz *Asia* betont Cicero in gleicher Perspektive, daß sich für die Gemeinden durch die Herrschaft Roms nichts verändert hätte, vielmehr alles gleich geblieben sei: *sine imperio populi Romani suis institutis per se ipsi ita fuerunt.*[33]

2 *Aus Kriegs- und Siegerrecht*

Andere Provinzen, namentlich Spanien und die punischen Gebiete, stellt Cicero in einen Gegensatz zu Sizilien. Für sie leitet er die Besteuerung aus dem Recht Roms als Sieger im Krieg ab: „Gleichsam als Siegespreis und Strafe für den Krieg" habe Rom für sie „ein bestimmtes *vectigal* festgesetzt", damit die Gebiete in einen Status versetzt, „den man *stipendium*-pflichtig nenne (... *impositum vectigal est certum, quod stipendiarium dicitur,*... *quasi victoriae praemium ac poena belli*)".[34] *Stipendiarius* wird hier zu einem auf Dauer angelegten Zustand, weit über eine Kriegsentschädigung hinaus, der in dieser Interpretation allerdings auch einer wirklichen Integration dieser Gebiete ins *Imperium Romanum* entgegenstehen mußte.

3 *Beitrag zur Bewahrung des inneren und äußeren Friedens*

Die dritte Argumentationslinie geht dahin, die Besteuerung der Provinzen nicht mehr aus Herrschaft, sondern als Teil eines reziproken Verhältnisses zu interpretieren, dem adäquate Gegenleistungen des römischen Staates gegenüberstanden. Auch diese Argumentation findet sich bei

---

32 Cic. Verr. 2,3,6 (12).

33 Cic. Q. fr. 1,1,11 (33): „Ohne die Herrschaft des Römischen Volkes sind die Einrichtungen aus sich selbst heraus genauso gewesen".

34 Cic. Verr. 2,3,6 (12). Ähnlich App. civ. 2,140 (581ff.); Tac. hist. 4,74; Tert. apol. 13,6; Lact. mort. pers. 23,5f.; 26,2 vgl. auch oben Anm. 22.

Cicero,[35] besonders deutlich jedoch in der von Tacitus ausgeformten Rede des Cerialis vor den Galliern zur Zeit des Bataveraufstands:

> *Regna bellaque per Gallias semper fuere, donec in nostrum ius concederetis. Nos, quamquam totiens lacessiti, iure victoriae id solum vobis addidimus, quo pacem tueremur; nam neque quies gentium sine armis neque arma sine stipendiis neque stipendia sine tributis haberi queunt.*
>
> Despotie und Kriege hat es in Gallien immer gegeben, bis ihr in unsere [= römische] Rechtsordnung eintratet. Wir haben, sooft wir auch gereizt wurden, von dem Recht des Siegers nur insoweit Gebrauch gemacht, daß wir Euch nicht mehr aufbürdeten, als was zum Schutz des Friedens diente. Es kann nämlich Ruhe unter den Völkern nicht bestehen ohne Waffenmacht, Waffenmacht nicht ohne Soldzahlung, Soldzahlung nicht ohne Tribute.[36]

In der Betonung, daß die Tribute nur in einer Höhe eingefordert würden, wie es zur Sicherung des Friedens erforderlich sei, scheint allerdings als rechtliche Grundlage abermals das prinzipiell unbegrenzt gedachte Rechts des Siegers durch, in dessen Ausübung sich Rom nur selbst beschränkte.

4 *Als praedia des römischen Volkes*

Auch die vierte Argumentationslinie, die das provinziale Gebiet mit den im römischen Eigentum stehenden Landgütern vergleicht, findet sich bei Cicero. Dabei setzt Cicero die Provinzen mit den *vectigalia* gleich – ein Begriff, der hier sicherlich für die auf dem Staatsgebiet erhobenen Umsatzsteuern bzw. das Recht zu ihrer Einforderung steht – und führt in Anlehnung an ihre Erträge aus, daß beide „gewissermaßen die Funktion von Landgütern des römischen Volkes einnähmen (... *quasi quaedam praedia populi Romani sunt vectigalia nostra atque provinciae*)".[37] Im gewählten Bild schwingt mit, wie die stets nachwachsenden Umsatzsteuern und Provinzerträge regelmäßig „abgemäht" werden, um so das Auskommen des römischen Staates zu sichern. Rechtlich ähnlich bezeichnet der Jurist Gaius in der Kaiserzeit den Provinzboden als „Eigentum des römischen Volkes oder des Herrschers (*In provinciali solo dominium populi Romani est vel Caesaris*)".[38] Gerade bei dieser Argumentationslinie

[35] Cic. Q. fr. 1,1,11 (34) (Asia).
[36] Tac. hist. 4,74,1.
[37] Cic. Verr. 2,2,3 (7); vgl. auch 2,2,2 (5); Cic. leg. agr. 3,4 (15).
[38] Gaius Inst. 2,7; Bleicken, in: Chiron 4, 1974, S. 360ff.

werden noch einmal die Grenzen der Terminologie deutlich: Denn wo die Provinzen als *praedia* des römischen Volkes verstanden werden, sind die daraus geleisteten Abgaben dem Sinn nach weniger „Steuern" als Nutzungsentgelte, also *vectigalia*.

Indirekte Steuern

Neben den bislang angeführten direkten Steuern existierten im Römischen Reich zahlreiche indirekte Steuern, die Römer und Provinziale zu entrichten hatten.

Eine der ältesten, ertragreichen und kontinuierlich eingeforderten Steuern war die *vicesima libertatis*, die sogenannte Freilassungssteuer.[39] Die der Überlieferung nach 357 v.Chr. eingeführte Steuer forderte anläßlich der Freilassung eines Sklaven 5% von seinem geschätzten Wert, wobei die Steuer wohl nur für Freilassungen nach römischem Recht zu zahlen war. Die Steuer ging in einen staatlichen Reservefond, das eigens für Gallierbedrohungen angelegte *aerarium sanctius*. In gewisser Weise entsprach ihre Einforderung so grundsätzlich noch einer finanziellen Beteiligung der Bürger aus Anlaß einer Notlage.

Von ganz anderer wirtschaftlicher Bedeutung waren die Zölle.[40] Verzollt werden mußte nicht nur an den Außengrenzen, sondern auch an genau festgelegten Binnengrenzen. Dazu war das gesamte Römische Reich in schließlich fünf große Zollbezirke eingeteilt, bei deren Überschreiten jeweils eine Abgabe von in der Regel 2,5% des Warenwertes zu entrichten war. Zehnmal so hoch war der aus ptolemäischer Zeit beibehaltene Zollsatz an der Ostgrenze des Reiches, wohl auch, weil hier in großem Stil Luxusprodukte wie Gewürze, Edelsteine oder Seide mit jeweils erheblichem Gewinnpotential gehandelt wurden.[41] Zölle und Zollbezirke bezeichnete man schließlich überwiegend als *portoria* bzw. *portorium*, doch blieb für diese Abgaben *vectigalia* nicht unüblich.

Weitere indirekte Steuern wurden erst von Augustus eingeführt: Eine Umsatzsteuer für Sklavenverkäufe in Höhe von 4% (*quinta et vicesima*

[39] Neesen, *Staatsabgaben*, S. 140f.; Eck, *Staatliche Organisation*, S. 114ff.; Bradley, in: Klio 66, 1984, S. 175ff.

[40] Vgl. oben Anm. 5 u. 12; Drexhage et al., *Wirtschaft*, S. 145ff.

[41] Drexhage, in: Münstersche Beiträge zur antiken Handelsgeschichte XIII 2, 1994, S. 3ff.

venalium mancipiorum), die auf den Kaufpreis aufgeschlagen wurde und zunächst vom Käufer, ab Nero vom Verkäufer zu bezahlen war.[42] Ihre Einführung wurde mit der Notwendigkeit zum Unterhalt der neugegründeten Feuerwache begründet, den *vigiles*, allerdings lassen sich keine Nachweise für eine langfristige Zweckbindung oder separate Behandlung dieser Abgabe finden.

Zweckgebunden waren die *vicesima hereditatium*, eine 5 = prozentige Erbschaftssteuer, sowie die *centesima rerum venalium*, eine Auktionssteuer im Umfang von 1%. Beide wurden im Jahre 6 n.Chr. von Augustus zur Auffüllung des neugegründeten *aerarium militare* eingeführt.[43] Aus dieser Kasse sollten in Zukunft die Entlassungsgelder für die Soldaten des neugegründeten Berufsheeres gezahlt werden. Beide Steuern trafen auf erbitterten Widerstand: Ein ständiger Streit bei der *vicesima hereditatium* um Freigrenzen und betroffene Verwandtschaftsgrade ist bis zum Beginn des 2. Jahrhunderts n.Chr. zu verfolgen.[44] Auch die Umsatzsteuer wurde nach heftigen Protesten unter Tiberius vorübergehend halbiert, dann schließlich für Italien gänzlich abgeschafft, was der Mehrzahl der römischen Bürger wieder eine steuerliche Privilegierung sicherte.[45]

Neben diesen großen und kontinuierlich erhobenen Steuern gab es, wie eingangs erwähnt, eine Vielzahl kleinerer, die teils reichsweit oder regional, teils auf Provinz- oder insbesondere kommunaler Ebene eingefordert wurden. Die meisten von ihnen sind aufgrund der Überlieferungslage für Ägypten bekannt, einige andere aus der stadtrömischen Historiographie. Hier dient ihre Erwähnung zumeist dem Zweck, die Geldgier einzelner Herrscher anzuprangern: Bekannt werden Steuern für bestimmte Berufsgruppen wie Lastenträger oder Prostituierte; spezifische Abgaben für Prozesse und Vergleiche; für den Archivgebrauch und in Garküchen gekaufte Speisen; spezielle Steuern auf Esel, Bienenwachs, Bier oder auch Urin:[46] Gerade das letzte Beispiel – bekannt durch Vespasians Entgegnung *non olet* auf Vorhaltungen seines Sohnes Titus – dokumentiert noch einmal sinnfällig die Zufälligkeit der Überlieferung.[47]

[42] Dio 55,31,4; Tac. ann. 13,31,2; Wolters, *Nummi Signati*, S. 206f.

[43] Dio 55,24,9–25,6. Verbindung auch der Auktionssteuer mit dem *aerarium militare* bei Tac. ann. 1,78,2. Corbier, *Aerarium*; Wolters, in: Beutler/Hameter, *„Eine ganz normale Inschrift"*, S. 509ff.

[44] Plin. Paneg. 17ff.

[45] Wolters, in: Beutler/Hameter, *„Eine ganz normale Inschrift"*, S. 510f.

[46] Suet. Cal. 40; Dio 59,28,8ff.; Ios. Ant. 19,1,5 (28).

[47] Suet. Vesp. 23,3. Die Kürschner benötigten den Urin zum Gerben.

Dem Bereich der kleineren Abgaben sind schließlich die zahlreichen, hier nicht weiter berücksichtigten einmaligen oder kontinuierlichen Sonderabgaben zuzuordnen, die von einzelnen Personen oder Personengruppen gefordert wurden: bezahlte und unbezahlte Lebensmittellieferungen, Beiträge für Spiele und Bauten, für Statuen und Gesandtschaften, für Geschenke an den Statthalter, an Rom und ähnliches mehr. Auf der anderen Seite gab es auch bei den direkten Abgaben zahlreiche Privilegierungen, wie etwa weitgehende Zollfreiheit für Soldaten,[48] oder an den Familienstand gebundene Sonderregelungen bei der Erbschaftssteuer.

Die Praxis der Steuereintreibung

Die Eintreibung der direkten und indirekten Steuern erfolgte in der Republik weitgehend durch Steuerpacht: Dies entsprach der verwaltungsarmen Struktur des römischen Staates. Die Pächter ersteigerten ein bestimmtes Steuergebiet und gingen dafür mit eigenem Geld in Vorleistung. Für die großen Gebiete, wie beispielsweise *Asia*, erfolgte die Versteigerung durch die Zensoren in Rom; auf Sizilien wurden einzelne Pachten, für die dann auch die Betroffenen selbst bieten konnten, vor Ort versteigert.[49] Die Größenordnung der aufzubringenden Gelder förderte die Bildung eigener Steuerpachtgesellschaften, der *publicani*. Ihr Gewinn bestand darin, über die garantierte Steuersumme hinaus in den Provinzen Geld einzutreiben – was sich durch eigenen Verwaltungsaufwand begründete –, oder auf damit in Zusammenhang stehende Weise, etwa durch Kreditvergabe, mit den Gemeinden in ein gewinnbringendes Geschäft zu kommen. Für die konkrete Eintreibung vor Ort stützten sich die *publicani* auf vorhandene Verwaltungsstrukturen wie die Gemeinden, mit denen Vereinbarungen über Höhe und Art der Steuerzahlung getroffen wurden. Auch wenn römische Magistrate in den Provinzen die Steuerpächter kontrollieren sollten, so hatte vielfacher Mißbrauch das System am Ende der Republik in Verruf gebracht.[50]

---

[48] Tac. ann. 13,51,1.

[49] Hildesheim, *Steuerordnung*, S. 23.

[50] Allgemein zu den *publicani*: Badian, *Zöllner*.

In der Kaiserzeit verschwand die Steuerpacht zwar nicht gänzlich, sie wurde aber weitgehend zurückgedrängt.[51] Mit einem vergrößerten Beamtenapparat nahm der Staat mehr in direkte Verwaltung und reagierte mit Institutionalisierung, Professionalisierung und Bürokratisierung auf die gestiegenen Anforderungen in der Organisation eines Weltreiches. Weiterhin war jedoch ein Rückgriff auf die Kommunen unerläßlich: Den weniger urbanisierten Regionen im Westen des Reiches wurde eigens eine *civitas*-Struktur gegeben, zusammengehalten durch die Gründung von Provinziallandtagen, um so als Ansprechpartner dienende Selbstverwaltungsstrukturen zu schaffen.

Die Bemessung der direkten Steuern, des *tributum soli* und *tributum capitis*, stützte sich auf den Zensus, den das kaiserzeitliche Rom auch in den Provinzen abhielt. Der Zensus wurde reichsweit durchgeführt, allerdings nicht in Form eines einheitlichen Reichszensus zu einem bestimmten Stichtag. Die Abhaltung des Zensus war an die jeweils individuelle Provinz gebunden, wo er mit einer gewissen Regelmäßigkeit stattfand.[52]

Die Steuern wurden auch noch in der Kaiserzeit in signifikanter Größenordnung in Naturalien eingehoben.[53] Allein schon die wesentlich vom Staat administrierte Getreideversorgung, nicht nur für die Stadt Rom, sondern insbesondere auch für die dezentral stationierten Soldaten in den Provinzen, ließ dieses sinnvoll erscheinen. Der abermalige Übergang von Geldleistungen zu Naturalquanten in der Spätantike, als die *annona* sich zur wichtigsten Abgabe entwickelte,[54] war entsprechend keineswegs der oft betonte Paradigmenwechsel, sondern verstärkte allenfalls in einem existierenden Spektrum einen Trend.

In der Kassenstruktur der einzelnen Provinzen gab es *fisci* als Unterabteilungen des *aerarium*. In die *fisci* gingen die Einnahmen der Provinzen, und aus ihnen wurden die hier anfallenden Ausgaben getätigt. Nach Rom gingen nur die Überschüsse, von wo gegebenenfalls auch ein Ausgleich für vor Ort nicht ausreichende Geldmittel getroffen werden mußte. Physisch kam das Geld in diesen Fällen sicherlich nicht von Rom, sondern zur Ersparung des Transports von einer ertragreicheren Nachbarprovinz, und nur die Verrechnung lief über die Bücher des

[51] Brunt, in: ders., *Roman Imperial Themes*, S. 354ff.

[52] Braunert, in: Historia 6, 1957, S. 194ff.; Neesen, *Staatsabgaben*, S. 30ff.; Brunt, in: JRS 71, 1981, S. 166.

[53] Duncan-Jones, *Structure and Scale*, S. 187ff.

[54] Mit weiterer Literatur: Neesen, *Staatsabgaben*, S. 104ff.; 157ff.

aerarium. Dabei läßt die getrennte Finanzverwaltung für die sogenannten kaiserlichen Provinzen einerseits und die senatorischen Provinzen andererseits erwarten, daß diese in der Kaiserzeit getrennte Finanzkreisläufe entwickelten.[55]

Der Princeps und der Staat

Der Ausbau der Verwaltung im Principat forderte erhöhte Einnahmen, zumal die Bürgerkriege die Reserven des *aerarium* vollkommen aufgezehrt hatten. Noch gewichtiger aber war, daß der faktisch längst erreichte Übergang zu einem Berufsheer jetzt institutionell nachvollzogen wurde: Annähernd 400.000 Mann standen von nun an für ca. 20–25 Jahre unter Waffen und erhielten regelmäßigen Sold und, soweit sie in den Legionen dienten, eine Entlassungsprämie am Ende ihrer Dienstzeit.[56] Struktur und vor allem Umfang des römischen Haushalts hatten sich damit grundlegend geändert. Die für den Unterhalt des Heeres Jahr für Jahr aufzubringenden Mittel umfaßten von nun an ca. 2/3 aller Staatsausgaben.[57]

Hinzu kam, daß die Zeit der beutereichen Feldzüge vorbei war. In diesem Kontext ist die Einführung neuer Steuern durch Augustus zu sehen, der Sklavenverkaufssteuer, der *vicesima hereditatium* sowie *centesima rerum venalium*. Von allen neuen Steuern waren auch die römischen Bürger betroffen. Möglicherweise sind dies Ansätze für einen intendierten Belastungsausgleich zwischen Römern und Provinzialen,[58] ein Weg, der auf eine allgemeine Reichsbürgerschaft verweisen konnte und in einer monarchischen Staatsform fraglos leichter zu bewerkstelligen war. Entsprechend energisch und langwierig war der Widerstand gegen diese Abgaben, denen sich nicht zuletzt die Senatoren entgegenstellten: Unabhängig vom Grad der wirtschaftlichen Betroffenheit ging es für sie der Sache nach um Freiheitsrechte.[59]

Ein ganz neuer wirtschaftlicher Faktor wurde schließlich der Princeps selbst, der mit seiner eigenen Finanzmacht und auch Finanzorganisation

[55] Wolters, in: Lo Cascio, *Credito e moneta*, S. 150ff.

[56] Raaflaub, in: Binder, *Saeculum Augustum I*, S. 246ff. Die in den Auxilien dienenden Nichtbürger erhielten am Ende ihrer Dienstzeit das römische Bürgerrecht und weitere Privilegierungen.

[57] Wolters, *Nummi Signati*, S. 211ff.; insbes. 223.

[58] So Neesen, *Staatsabgaben*, S. 141f.

[59] Vgl. oben Anm. 20.

in den Staat hineintrat. Als Privatmann war er am Ende der Bürgerkriege der größte Bodeneigentümer und verfügte mit Abstand über das größte Privatvermögen (*patrimonium*) seiner Zeit: Ihm gehörten Landgüter und Wälder, Bergwerke, Steinbrüche und Ziegeleien, die er bewirtschaften ließ oder verpachtete.[60] Neben seiner politischen Position als Inhaber wesentlicher Staatsämter und seiner gesellschaftlichen Stellung als Patron mit der größten Klientel war seine überragende wirtschaftliche Potenz die dritte Säule der Ausnahmestellung als Princeps. Schon das *patrimonium* des Augustus entwickelte sich zu einer Art Krongut, dessen möglichst ungeteilte Weitergabe zentral für die Stellung des Nachfolgers wurde, ja, der Akt der Herrschaftsnachfolge kann geradezu mit der Investitur in das *patrimonium* des Vorgängers gleichgesetzt werden.[61] Im späteren zweiten Jahrhundert ist dann festzustellen, wie aufgrund dieser Verstaatlichung des *patrimonium* sich ein neuer privater Vermögensbereich der römischen Herrscher herausbildete, die *res privata*.

Neben diesem im Privateigentum wurzelnden Vermögensbereich war der Princeps als „Magistrat" für die Verwaltung gleich mehrerer Provinzen zuständig, der ihm vom Senat übertragenen kaiserlichen Provinzen. Als unbefriedete Gebiete waren dies nicht nur die Provinzen mit besonders hohem Heeresanteil, sondern unter ihnen befanden sich auch die wirtschaftlich besonders ertragreichen. Für die Summe seiner Provinzen entwickelte der Herrscher eine übergeordnete Finanzadministration, den kaiserlichen *fiscus*. Er trat faktisch neben das *aerarium* und war ihm auch in den zur Verfügung stehenden Geldmitteln überlegen, obwohl dem *aerarium* formal die Finanzen der kaiserlichen Provinzen unterstanden. Die Aufnahme einer von der Münzstätte Rom unabhängigen Münzprägung im gallischen Lugdunum ließ dem Fiscalbereich schon unter Augustus weitgehende Selbständigkeit zuwachsen.[62]

Ob und gegebenenfalls wie lange eine Abgrenzung zwischen den von ihm verwalteten öffentlichen Geldern und dem *patrimonium* des Herrschers beibehalten wurde, ist in der Forschung strittig. Die Betonung, daß staatliche und private Gelder nicht vermischt würden, entwickelte sich in der antiken Literatur zu einem Topos für den „guten Herrscher".

[60] Hirschfeld, in: Klio 2, 1902, S. 45ff.; Crawford, in: Finley, *Studies in Roman Property*, S. 35ff.

[61] Nesselhauf, in: *Bonner Historia Augusta-Colloquium*, S. 81; Bellen, in: *Aufstieg und Niedergang der Römischen Welt II 1*, S. 91ff.; Wolters, *Nummi Signati*, S. 174ff., insbes. 194ff.; Lo Cascio, *Princeps*, S. 97ff.

[62] Wolters, *Nummi Signati*, S. 61ff.; 115ff.

Von Grenzfällen und Übertretungen im Einzelfall abgesehen scheint es aber so, daß das Bemühen sich am normativen Anspruch orientierte. Augustus und selbst Nero überwiesen aus eigenem Vermögen Gelder an das *aerarium*, um Finanznöten abzuhelfen. Schwierigkeiten der Abgrenzung sowohl bei Zeitgenossen wie für uns heute dürften darauf zurückzuführen sein, daß die Principes öffentliche und private Gelder unter dem *a rationibus* in einer gemeinsamen Finanzverwaltung hatten: Dies erleichterte zwar prinzipiell Übergriffe, sagt allerdings nichts darüber aus, ob nur eine oder doch zwei Kassen geführt wurden.[63]

Auf den Princeps bezogene neue Einnahmen und Ausgaben

In der Kaiserzeit tritt eine neue Gruppe zentralisierter und auf den Princeps bezogener Einnahmen und Ausgaben hinzu, die sich aus seiner Zwitterstellung einerseits als Privatmann und andererseits als Magistrat bzw. Repräsentant des Staates erklären. Sie sind am besten als „staatlich-kaiserlich" zu bezeichnen.[64]

Zu den diesbezüglichen Einnahmen gehören die Erbschaften, da es sich weit verbreitete, den Herrscher als Begünstigten in den Testamenten mitzuberücksichtigen – und sei es nur als „Versicherung" für die wunschgemäße Vollstreckung des letzten Willens. Den Umfang dieser Einnahmen veranschaulicht die Aussage des Augustus, innerhalb von 20 Jahren rund 1,4 Milliarden Sesterzen erhalten zu haben:[65] eine Größenordnung, die ausgereicht hätte, für 2–3 Jahre sämtliche Staatsausgaben zu begleichen.

In ganz ähnlicher Weise aktualisierten kleinere Geschenke zu Neujahr, Geburtstagen, Regierungsjubiläen oder Siegesfeiern die Bindung an den Herrscher, hier in seiner Stellung als Patron oder *Pater Patriae*. Eine auch wirtschaftlich gewichtige Rolle nahm das *aurum coronarium* ein, das in der Regel die Gemeinden dem Herrscher schenkten. Das Spektrum reicht von aus freiem Willen offeriertem bis zu unter offenem Druck gefordertem Kranzgold. Gelegentlicher Verzicht auf die Annahme des *aurum coronarium* von den italischen Städten oder Begnügung mit

[63] Alpers, *Finanzsystem*, insbes. S. 59ff.; Wolters, *Nummi Signati*, S. 196ff.
[64] Dazu ausführlich Millar, *Emperor*, insbes. S. 133ff.
[65] Suet. Aug. 101; Rogers, in: TaPhA 78, 1947, S. 140ff.; Bund, in: *Fs Wieacker*, S. 50ff.

einer Teilmenge privilegierten wieder die Vollbürger. Die in Zeiten der zerfallenden Silberwährung mehr und mehr erpreßte Einforderung des *aurum coronarium* im 3. Jahrhundert n.Chr. läßt erkennen, daß das Kranzgold zu einer wesentlichen öffentlichen Einnahmequelle des römischen Staates geworden war.[66]

Einen neuen Umfang, nicht zuletzt durch die *maiestas*-Prozesse, nahmen Strafen und Konfiskationen ein. Die verwirkten Güter der Verurteilten (*bona damnatorum*), die dem Staat aufgrund der Ehegesetze des Augustus anheimfallenden Güter (*bona caduca*) sowie die herrenlosen Güter (*bona vacantia*) finden sich später oft im Besitz des Princeps. Ob sie jetzt jedoch in der Regel ihm – wie zumal die übelwollende Überlieferung hervorhebt – statt dem *aerarium* anheimfielen, scheint keineswegs gesichert.[67]

Zu den neuen Ausgaben zählten die im Namen des Princeps aus unterschiedlichen Anlässen dem Heer (*donativa*) bzw. der stadtrömischen Plebs gegebenen Geldgeschenke (*congiaria*) sowie die zumindest noch in der frühen Kaiserzeit erfolgte Berücksichtigung beider Gruppen im Testament des Princeps:[68] Beträge von 60–75 Denaren pro Person, was ungefähr dem dreifachen Monatslohn eines Soldaten entsprach, waren übliche Höhen dieser Spenden. Trotz der anfallenden Summen dürfte alles aus der Privatkasse des Princeps bezahlt worden sein. Hinzu traten Geldgeschenke an Einzelpersonen, nicht nur im Kreis der Günstlinge, sondern ebenso an Ritter und Senatoren, denen teils größere Summen zur Wahrung ihres sozialen Status überwiesen wurden.

Weiterhin sind Steuernachlässe, Steuerstundungen, Schuldentilgung oder verbilligte Kredite zu nennen, die der Princeps anbot oder für die er sich einsetzte, um wirtschaftliche oder soziale Not zu mildern, insbesondere in der Folge von Katastrophen. Teils erstattete er dem *aerarium* den so verursachten Einnahmeausfall aus eigenen Mitteln.[69]

Gänzlich neu war schließlich auch der Bereich der herrscherlichen Repräsentation. Sie betraf nicht nur die Hofhaltung, sondern drückte sich auch in der Errichtung repräsentativer oder für die Infrastruktur hilfreicher notwendiger Bauten in Rom, Italien und den Provinzen,

---

[66] Neesen, *Staatsabgaben*, S. 142ff.

[67] Millar, *Emperor*, S. 158ff.; Wolters, *Nummi Signati*, S. 188ff.

[68] Kloft, *Liberalitas*, S. 85ff.; Wolters, *Nummi Signati*, S. 219ff.; quantifizierte Zusammenstellung bei Szaivert/Wolters, *Löhne, Preise, Werte*, S. 166ff.; 255ff.

[69] Tac. ann. 1,75,2; Dio 54,30,3.

in der Ausrichtung von Spielen und Festen, in Bewirtungen und Anlage von Stiftungen aus. Auch diese Mittel kamen wohl zum überwiegenden Teil aus privatem Vermögen, erfüllten aber öffentlich-staatliche Funktionen.

Haushalt und Haushaltsführung im Principat

Der Anteil des römischen Staates an der Wirtschaft hat in der Kaiserzeit drastisch zugenommen, ohne jedoch mit dem Umfang der Privatwirtschaft konkurrieren zu können. Die Höhe der eingeforderten Steuern wird im Durchschnitt auf maximal 10% der Erträge geschätzt. Sie dürfte sich nicht wirtschaftshemmend ausgewirkt haben.[70] Nach dem Modell von Keith Hopkins hat die Einforderung von Steuern sogar den reichsweiten Handel angeregt und zur Integration der Wirtschaft im Römischen Reich beigetragen: Viele Regionen wurden durch die Pflicht zur Steuerzahlung gezwungen, Überschüsse zu produzieren und mit den über mehr bares Geld verfügenden Gebieten in Austausch zu treten.[71]

Die Art der Haushaltsführung des römischen Staates war eher Jahr für Jahr fortschreibend als wirklich planend. Es scheint, daß in der Kaiserzeit das *aerarium* über keine substantiellen Reserven mehr verfügte, so daß unerwartete Ausgaben ein direktes Handeln erforderten: Auf steuerlicher Seite waren derartige Sofortmaßnahmen die Einforderung von Sonderabgaben und Zuschlägen (*indictiones*). Die Einführung neuer Steuern, insbesondere von Umsatzsteuern, zeitigte erst längerfristig Folgen, wurde aber als Maßnahme gegenüber den eher seltenen Steuererhöhungen bevorzugt.[72] Wenn diese eintraten, folgten sie drastischen Sprüngen – ähnlich wie die Solderhöhungen oder auch die Besoldungsstufen in Heer und Verwaltung.[73] Zu einem wesentlichen

---

[70] Neesen, *Staatsabgaben*, S. 68ff.; Hopkins, in: JRS 79, 1980, S. 116ff.; Duncan-Jones, *Structure and Scale*, S. 188ff.; Duncan-Jones, *Money and Government*, S. 47ff. Skeptischer ist MacMullen, in: Latomus 46, 1987, S. 737ff., der allerdings auf die durch Steuererhöhungen und Steuerrücknahmen erreichte Flexibilität hinweist.

[71] Hopkins, in: JRS 79, 1980, S. 101ff.; dagegen Duncan-Jones, *Structure and Scale*, S. 30ff.; vgl. Howgego, in: JRA 7, 1994, S. 10ff.

[72] Neesen, *Staatsabgaben*, S. 153. Vgl. auch Chantraine, in: *Gesellschaft und Universität*, S. 207ff.

[73] So etwa die Verdoppelung der *vicesima hereditatium* und *vicesima libertatis* unter Caracalla, die jedoch von Macrinus zurückgenommen wurde: Dio 77,9 u. 78,12. Vgl. auch Suet. Vesp. 16; Dio 65,8,3; MacMullen, *Tax-Pressure*, S. 354.

Mittel der Begegnung kurzfristiger Finanzengpässe wurde hingegen die Verschlechterung des Münzstandards: Bereits Nero hatte nach den Zerstörungen durch den Brand Roms damit begonnen, die durch Steuereinnahmen wieder in die Hände des Staates kommenden Gold- und Silbermünzen einzuschmelzen und zu einem verschlechterten Standard neu auszugeben, um so aus derselben Edelmetallmenge mehr Münzen unveränderten Nennwerts herzustellen. Im 3. Jahrhundert n.Chr. wurde dieses schleichende Verfahren geradezu routinemäßig eingesetzt und führte zu einer dann von jedem erkennbaren Verschlechterung der Münzsubstanz. Doch die Massengewohnheit der Annahme und ein nicht zuletzt durch die Rechtsprechung gestütztes Vertrauen in die Währung hielten dies lange Zeit folgenlos, während die inflationären Auftriebe des Geldmengenzuwachses durch eine immer noch anhaltende Monetarisierung in den äußeren und ländlichen Regionen des Reiches gebremst wurden.[74]

Resumée

Steuerlich gesehen war das Römische Reich kein nach einheitlichen Prinzipien geordnetes Staats- und Verwaltungsgebiet, und ebenso wenig gab es die Idee der rechtlichen oder finanzpolitischen Gleichstellung seiner Bewohner.[75] Konstitutiv blieb der Unterschied zwischen den steuerlich privilegierten römischen Bürgern einerseits und den Nichtbürgern andererseits sowie zwischen römischem Boden und dem als Untertanengebiet gesehenen Provinzialland. Für dieses blieb zudem regionale Differenzierung das vorherrschende Paradigma: Die in den Provinzen vorgefundenen vorrömischen Verhältnisse wurden auch in Art und Höhe der Steuerforderung weitgehend übernommen, und selbst in der Kaiserzeit finden sich kaum Bemühungen zu einer systematischen Vereinheitlichung des Besteuerungswesens. Dem Staat dienten die Steuern in erster Linie zur Erzielung von Einnahmen, wirtschaftslenkend, politisch oder sozialpolitisch steuernd waren sie allenfalls in Ansätzen.

Jederzeit einforderbare Sonderabgaben stellten finanzielle Flexibilität dort her, wo die dem Grundsatz nach Jahr für Jahr fortgeschriebene

[74] Wolters, in: Strobel, *Monetarisierung*, S. 188ff.

[75] Zu den Unterschieden zum modernen Staat: Neesen, *Staatsabgaben*, S. 1ff.

Haushaltsführung nicht aufging. Der allgemeinen Heterogenität entspricht es auch, daß sich für die einzelnen Steuerarten keine präzise Terminologie entwickelte: Die Ausdrücke *vectigal, stipendium* oder *tributum* wurden in römischer Republik und Kaiserzeit sehr willkürlich gebraucht und waren allenfalls davon abhängig, welchen Aspekt man als Grundlage der Einforderung gerade betonen wollte.

Bibliographie

Alpers, *Finanzsystem*: Michael Alpers, *Das nachrepublikanische Finanzsystem. Fiscus und fisci in der frühen Kaiserzeit*, Berlin/New York 1995.

Ausbüttel, Frank M., *Die Verwaltung des Römischen Kaiserreiches. Von der Herrschaft des Augustus bis zum Niedergang des Weströmischen Reiches*, Darmstadt 1998.

Badian, *Zöllner*: Ernst Badian, *Zöllner und Sünder. Unternehmer im Dienst der römischen Republik*, Darmstadt 1997 (engl. Erstveröffentl. 1972).

Bellen, Heinz, *Die Verstaatlichung des Privatvermögens der römischen Kaiser im 1. Jh. n.Chr.*, in: *Aufstieg und Niedergang der Römischen Welt II 1*, 1974, S. 91–112.

Bernhardt, Rainer, *Die Immunitas der Freistädte*, in: Historia 29, 1980, S. 190–204.

Bernhardt, Rainer, *Immunität und Abgabenverpflichtung bei römischen Kolonien und Munizipien*, in: Historia 31, 1982, S. 343–352.

Beutler/Hameter, *„Eine ganz normale Inschrift"*: Franziska Beutler/Wolfgang Hameter (eds.), *„Eine ganz normale Inschrift"*, Festschrift für Ekkehard Weber, Wien 2005.

Binder, *Saeculum Augustum I*: Gerhard Binder (ed.), *Saeculum Augustum I. Herrschaft und Gesellschaft*, Darmstadt 1997.

Bleicken, Jochen, *In provinciali solo dominium populi Romani est vel Caesaris*, in: Chiron 4, 1974, S. 359–414.

Boren, Henry C., *Studies Relating to the Stipendium Militum*, in: Historia 32, 1983, S. 427–460.

Bradley, Keith R., *The vicesima libertatis: Its History and Significance*, in: Klio 66, 1984, S. 175–182.

Braunert, Horst, *Der römische Provinzzensus und der Schätzungsbericht des Lukas-Evangeliums*, in: Historia 6, 1957, S. 192–214.

Brunt, Paul A., *The Revenues of Rome*, in: JRS 71, 1981, S. 161–172.

Brunt, Paul A., *Publicans in the Principate*, in: ders., *Roman Imperial Themes*, Oxford 1990, S. 354–432.

Bund, Elmar, *Erbrechtliche Geldquellen römischer Kaiser*, in: Okko Behrends u.a. (eds.), Festschrift für Franz Wieacker, Göttingen 1978, S. 50–65.

Chantraine, Heinrich, *Ausgabenpolitik, Defizite und Sanierung des Staatshaushaltes in den beiden ersten Jahrhunderten der römischen Kaiserzeit*, in: *Gesellschaft und Universität.* Festschrift zur 75-Jahr-Feier der Universität Mannheim, Mannheim 1982, S. 207–242.

Corbier, *Aerarium*: Mireille Corbier, *L'aerarium Saturni et l'aerarium militare. Administration et prosopographie sénatoriale*, Rome 1974.

Crawford, Dorothy J., *Imperial Estates*, in: Moses I. Finley (ed.), *Studies in Roman Property*, Cambridge 1976, S. 35–70.

Drecoll, *Liturgien*: Carsten Drecoll, *Die Liturgien im römischen Kaiserreich des 3. und 4. Jh. n.Chr. Untersuchungen über Zugang, Inhalt und wirtschaftliche Bedeutung der öffentlichen Zwangsdienste in Ägypten und anderen Provinzen*, Stuttgart 1997.

Dreher, Martin, *Das Monumentum Ephesenum und das römische Zollwesen*, in: Münstersche Beiträge zur antiken Handelsgeschichte XVI 2, 1997, S. 79–96.

Drexhage, Hans-Joachim, *Einflüsse des Zollwesens auf den Warenverkehr im römischen Reich – handelshemmend oder handelsfördernd?*, in: Münstersche Beiträge zur antiken Handelsgeschichte XIII 2, 1994, S. 1–15.

Drexhage et al., *Wirtschaft*: Hans-Joachim Drexhage/Heinrich Konen/Kai Ruffing, *Die Wirtschaft des Römischen Reiches (1.–3. Jahrhundert). Eine Einführung*, Berlin 2002.

Duncan-Jones, *Structure and Scale*: Richard Duncan-Jones, *Structure and Scale in the Roman Economy*, Cambridge 1990.

Duncan-Jones, *Money and Government*: Richard Duncan-Jones, *Money and Government in the Roman Empire*, Cambridge 1994.

Eck, *Staatliche Organisation*: Werner Eck, *Die staatliche Organisation Italiens in der hohen Kaiserzeit*, München 1979.

Engelmann/Knibbe, *Zollgesetz*: Helmut Engelmann/Dieter Knibbe, *Das Zollgesetz der Provinz Asia. Eine neue Inschrift aus Ephesos* (= Epigraphica Anatolica 14), Bonn 1989.

Finley, *Studies in Roman Property*: Moses I. Finley (ed.), *Studies in Roman Property*, Cambridge 1976.

France, *Quadragesima Galliarum*: Jérome France, *Quadragesima Galliarum. L'organisation douanière des provinces Alpestres, Gauloises et Germaniques de l'empire Romaine*, Rom 2001.

Fs Wieacker: Okko Behrends u.a. (eds.), Festschrift für Franz Wieacker, Göttingen 1978.

Galsterer, Hartmut, *Steuern: IV. Rom*, in: Der Neue Pauly 11, 2001, Sp. 982–986.

Grant/Kitzinger, *Civilization*: Michael Grant/Rachel Kitzinger, *Civilization of the Ancient Mediterranean: Greece and Rome*, New York 1988.

van Heesch, *Muntcirculatie*: Johan van Heesch, *De muntcirculatie in het noordwesten van Gallia Belgica. De civitates van de Nerviersen en de Menapiers (ca. 50 v.C.–450 n.C.)*, Brüssel 1998.

Hildesheim, *Steuerordnung*: Ulrich Hildesheim, *Personalaspekte der frühbyzantinischen Steuerordnung: Die Personalveranlagung und ihre Einbindung in das System der capitatio – iugatio*, Pfaffenweiler 1988.

Hirschfeld, Otto, *Der Grundbesitz der römischen Kaiser in den ersten drei Jahrhunderten*, in: Klio 2, 1902, S. 45–72, 284–315.

Hopkins, Keith, *Taxes and Trade in the Roman Empire (200 B.C.–A.D. 400)*, in: JRS 70, 1980, S. 101–125.

Howgego, Christopher J., *Coin Circulation and the Integration of the Roman Economy*, in: JRA 7, 1994, S. 5–21.

Johannsen, *Lex agraria*: Kirsten Johannsen, *Die lex agraria des Jahres 111 v.Chr. Text und Kommentar*, München 1971.

Kloft, *Liberalitas*: Hans Kloft, *Liberalitas Principis: Herkunft und Bedeutung. Studien zur Prinzipatsideologie*, Köln/Wien 1970.

Kolb, *Transport*: Anne Kolb, *Transport und Nachrichtentransfer im Römischen Reich*, Berlin 2000.

De Laet, *Portorium*: Siegfried J. De Laet, *Portorium. Étude sur l'organisation douanière chez les Romains, surtout à l'époque du Haut-Empire*, Brügge 1949.

Lo Cascio, *Princeps*: Elio Lo Cascio, *Il princeps e il suo impero. Studi di storia amministrativa e finanziaria romana*, Bari 2000.

Lo Cascio, *Credito e moneta*: Elio Lo Cascio (ed.), *Credito e moneta nel mondo romano*, Bari 2003.

MacMullen, Ramsay, *Tax-Pressure in the Roman Empire*, in: Latomus 46, 1987, S. 737–754.

Millar, *Emperor*: Fergus Millar, *The Emperor in the Roman World (31 B.C.–A.D. 337)*, London 1977.

Neesen, *Staatsabgaben*: Lutz Neesen, *Untersuchungen zu den direkten Staatsabgaben der römischen Kaiserzeit (27 v.Chr.–284 n.Chr.)*, Bonn 1980.

Neesen, Lutz, *Zur Entwicklung der Leistungen und Ämter (munera und honores) im römischen Kaiserreich des zweiten bis vierten Jahrhunderts*, in: Historia 30, 1981, S. 203–235.

Nesselhauf, Herbert, *Patrimonium und res privata des römischen Kaisers*, in: *Bonner Historia Augusta-Colloquium 1963*, Bonn 1963, S. 73–94.

Nicolet, *Tributum*: Claude Nicolet, *Tributum. Recherches sur la fiscalité directe sous la république romaine*, Bonn 1967.

Raaflaub, Kurt A., *Die Militärreformen des Augustus und die politische Problematik des frühen Prinzipats*, in: Gerhard Binder (ed.), *Saeculum Augustum I. Herrschaft und Gesellschaft*, Darmstadt 1997, S. 246–307.

Rogers, Robert Samuel, *The Roman Emperors as Heirs and Legates*, in: TaPhA 78, 1947, S. 140–158.

Schäfer, Christoph, *Steuerpacht und Steuerpächter in Sizilien zur Zeit des Verres*, in: Münstersche Beiträge zur antiken Handelsgeschichte XI 2, 1992, S. 23–38.

Shaw, Brent D., *Roman Taxation*, in: Michael Grant/Rachel Kitzinger, *Civilization of the Ancient Mediterranean: Greece and Rome*, New York 1988, S. 809–827.

Strobel, *Monetarisierung*: Karl Strobel, *Forschungen zur Monetarisierung und ökonomischen Funktionalisierung von Geld in den nordwestlichen Provinzen des Imperium Romanum*, Trier 2004.

Strobel, Karl, *Das Geldwesen des Imperium Romanum im Spiegel der papyrologischen Zeugnisse*, in: ders. (ed.), *Forschungen zur Monetarisierung und ökonomischen Funktionalisierung von Geld in den nordwestlichen Provinzen des Imperium Romanum*, Trier 2004, S. 207–221.

Szaivert/Wolters, *Löhne, Preise, Werte*: Wolfgang Szaivert/Reinhard Wolters, *Löhne, Preise, Werte. Quellen zur römischen Geldwirtschaft*, Darmstadt 2005.

Vittinghoff, Friedrich, *Portorium*, in: RE XXII, 1953, Sp. 346–399.

Wallace, *Taxation*: Sherman Leroy Wallace, *Taxation in Egypt from Augustus to Diocletian*, Princeton 1938.

Wolters, Reinhard, *Römische Eroberung und Herrschaftsorganisation in Gallien und Germanien. Zur Entstehung und Bedeutung der sogenannten Klientel-Randstaaten*, Bochum 1990.

Wolters, *Nummi Signati*: Reinhard Wolters, *Nummi Signati. Untersuchungen zur römischen Münzprägung und Geldwirtschaft*, München 1999.

Wolters, Reinhard, *The Emperor and the Financial Deficits of the aerarium in the Early Roman Empire*, in: Elio Lo Cascio (ed.), *Credito e moneta nel mondo romano*, Bari 2003, S. 147–160.

Wolters, Reinhard, *Geldwesen und Wirtschaftsstrukturen in der Römischen Kaiserzeit*, in: Karl Strobel (ed.), *Forschungen zur Monetarisierung und ökonomischen Funktionalisierung von Geld in den nordwestlichen Provinzen des Imperium Romanum*, Trier 2004, S. 181–195.

Wolters, Reinhard, *REMISSIO. Die Ankündigung von Steueraufhebungen in der Römischen Kaiserzeit*, in: Franziska Beutler/Wolfgang Hameter (eds.), *„Eine ganz normale Inschrift"*, Festschrift für Ekkehard Weber, Wien 2005, S. 507–520.

Woytek, Bernhard, *Die römischen Staatsfinanzen von der spätrepublikanischen Zeit bis in das 3. Jahrhundert n.Chr.*, in: Historicum 2004, S. 26–33.

GABE UND GESCHENK IN DER RÖMISCHEN STAATSKUNST

Andreas Grüner (München)

Die synoptische Analyse von Bild- und Textquellen erfordert eine präzise Scheidung der jeweiligen Kontexte und Funktionen. Ohne eine solche Scheidung ist ein Vergleich, der die Grenzen der Quellengattungen überschreitet, nicht möglich. Erst die Einbindung in individuelle Kontexte und Modelle, erst eine differenzierte Untersuchung der Bildquellen als Gattung mit eigenen Regeln und Gesetzlichkeiten ermöglicht eine angemessene historische Bewertung. Das Bild ist weder Illustration noch voraussetzungslos verwertbare Quelle.

Das Thema „Gabe und Geschenk" in der römischen Staatskunst ist dafür ein Paradebeispiel. Es zeigt, wie weit historische Wirklichkeit und politische Ikonographie voneinander entfernt sein können – nicht nur im Sinne intentional verfälschender Propaganda. Was in den Bildern der früheren Kaiserzeit so gut wie gar nicht thematisiert wird – Steuern, Tribute, Geschenke –, spielte im gleichzeitigen gesellschaftspolitischen Alltag eine zentrale Rolle. Die Befunde erscheinen dabei auf den ersten Blick oft paradox. Was sich ein Gutsbesitzer im Rheinland erlauben darf, versucht der Kaiser zu vermeiden; was im 2. Jh. n.Chr. undenkbar ist, wird im 4. zur Regel; Steuern und Tribute, finanzielle Säulen des Imperiums, erscheinen in der früheren Kaiserzeit auf keinem einzigen Bild.

Der Begriff der Gabe wird in der folgenden Untersuchung weit gefaßt. Er umfaßt alle sichtbaren Gegenstände, die den Akt der Übergabe durchlaufen oder durchlaufen haben; das können konkrete Wertgegenstände, Symbole und auch Menschen sein. Im Mittelpunkt steht dabei die Gabe an den römischen Kaiser und ihre Darstellung in der Staatskunst. Die Bezeichnungen Geschenk, Tribut und Gabe werden im folgenden bisweilen synonym verwendet. Diese egalitäre Verwendung der Begriffe beruht nicht auf Willkür, sondern auf einer Eigenart der bildlichen Zeugnisse. Die antike Ikonographie läßt (bis auf einige Ausnahmen) keine Unterscheidung dieser Termini zu;[1] das wertvolle Gefäß,

[1] Vgl. Schneider, in: RAC Supplement-Band I, Sp. 938, s.v. Barbar II. Ploumis, in: Isager/Poulsen, *Patron and Pavements*, S. 125. Wichtige Bemerkungen zum Unterschied

das ein Barbar trägt, kann – je nach Situation – Tribut, Geschenk, vielleicht sogar Lösegeld sein. Welche Option zutrifft, kann man aus dem Bildkontext allein oft nicht entscheiden. Sofern möglich, werden wir diese Problematik am Einzelfall erörtern.

Spätantike Gabenszenen

Die Reihe von Darstellungen, die den römischen Kaiser als Empfänger wertvoller Gaben ausweist, setzt erst mit dem 4. Jh. n.Chr. ein.[2] Das erste uns bekannte Beispiel ist ein Relief des Galeriusbogens in Thessaloniki, genauer, das unterste, leider stark beschädigte Register der Südostseite von Pfeiler B des Bogens (Taf. XIVa).[3] Man erkennt einen Zug von orientalisch gekleideten Persern, die sich von rechts nach links bewegen. Der Zug beginnt auf der rechten Seite mit sieben Persern in einem Toreingang. Viele der Figuren haben Gaben in den Händen. Das Spektrum der Gegenstände ist groß. Einige Perser tragen kostbare Gefäße, gefüllte Kästen und Stoffe; andere führen Elefanten und Panther als Gaben heran, und sogar ein Zwerg, der ein teures Tuch als Gabe in Händen hält, ist als Kuriosum mit von der Partie.[4] Das linke Ende des Reliefs ist heute verloren. Dort könnte vielleicht der Kaiser dargestellt gewesen sein, der die Barbaren und ihre Geschenke in Empfang nimmt.

Auf der Basis des Theodosiusobelisken im Hippodrom von Konstantinopel, die in den Jahren 390–392 n.Chr. geschaffen wurde, erscheint eine Szene, in der Barbaren dem Kaiser Gaben überbringen (Taf. XIVb).[5] Auf den ersten Blick erkennt man, daß sich die Distanz

zwischen Gaben in der Spätantike und der früheren Kaiserzeit ebd., S. 127. Für wertvolle Hinweise und Ergänzungen danke ich R. M. Schneider (München).

[2] Die spätantiken Gabenbringerdarstellungen stellen zusammen und interpretieren Schneider, ebd., Sp. 930–956; Ploumis, ebd., passim.

[3] Laubscher, *Galeriusbogen*, S. 57–61, Taf. 40.1, 43f.; Ploumis, ebd., S. 127f., zum Galeriusbogen insgesamt zuletzt Mayer, *Rom*, S. 47–65, Taf. 2; im Kontext der spätantiken Gabenbringerikonographie Deckers, in: Budde, *Die Heiligen Drei Könige*, S. 25f.

[4] Zu den Geschenken und ihren ikonographischen Parallelen s. Laubscher, ebd., S. 59f. Zu mißgebildeten Menschen als exklusivem Gesandtschaftsgeschenk in der Kaiserzeit s. Millar, *Emperor*, S. 140.

[5] Die Reliefs der Basis des Theodosiusobelisken behandelt eingehend Rebenich, in: IstMitt 41, 1991, S. 447–476; vgl. Engemann, in: Stutzinger, *Spätantike und frühes Christentum*, S. 264, Abb. 90; Kolb, *Herrscherideologie*, S. 228–242 (Kat. M 23); Ploumis, ebd., S. 129f.; Mayer, ebd., S. 123.

zwischen Kaiser und Barbaren verstärkt hat: Die Audienzszene verteilt sich auf zwei Register.[6] Sie spielt eben dort, wo der Obelisk steht, im Hippodrom. Die Herrscherfamilie sitzt in der kaiserlichen Loge, dem Kathisma, deren Architektur durch Säulen und eine baldachinartige Überdachung angedeutet wird; neben der Loge stehen hohe Beamte und Senatoren.

Die Gesandten sind in das untere Register verbannt. Sie nähern sich von links und rechts auf Knien dem Kaiser und seiner Familie.[7] Den phrygischen Mützen nach zu schließen, handelt es sich auf der linken Seite um Orientalen bzw. Sasaniden; die Personen auf der anderen Seite tragen Hosen und Pelzmäntel und sind als solche eindeutig als Nordbarbaren charakterisiert. Die Barbaren tragen große offene Gefäße, in denen man sich wertvolle Gegenstände vorstellen muß. Zumeist interpretiert man die Gaben als *aurum coronarium*, als Kranzgold also.[8] Es mag sich aber auch um Geld oder Goldbarren handeln.[9]

Im Gegensatz zum Relief vom Galeriusbogen bezieht sich das Bild nicht auf ein bestimmtes historisches Ereignis, sondern zielt auf eine allgemeinere Aussage. Es verherrlicht den Kaiser als universalen Herrscher und Sieger, als *victoriosus semper* und *triumphator omnium gentium.*[10] Ob die dargestellte Szene jemals in dieser Weise stattgefunden hat, ist für diese globale Aussage unerheblich, denn man hat es hier mit einer „virtuellen Repräsentationsszene, mit einem ideologischen Konstrukt“[11] zu tun.

Trotz derartiger Modifikationen laufen alle spätantiken Gabenbringerdarstellungen auf eine eindeutige Aussage hinaus: Der Gabenbringer veranschaulicht mit seinem wertvollen Geschenk die Macht des Kaisers.

Die Gabenikonographie der frühen und mittleren Kaiserzeit entzieht sich einer solch klaren Interpretation. Nicht nur in der Bildaussage,

---

[6] Gabenbringerszene auf zwei Register verteilt auch beim Siegesmonument von Prusa, Ploumis, ebd., S. 131f. Abb. 8. Zur zweizonigen Komposition von Audienzszenen s.u. das letzte Kapitel.

[7] Zum Gestus des Kniefalls innerhalb der *adoratio* s. Kolb, ebd., S. 230.

[8] Rebenich, ebd., S. 455. Zum Kranzgold in der Staatskunst s.u.

[9] Vgl. die Darstellung eines barbarisch gekleideten Gabenbringers mit Goldbarren auf einem Relieffragment aus unbekanntem Kontext im Rheinischen Landesmuseum Trier (Inv. G. 73c), Schneider, in: *Bilder der Parther und des Orients in Rom*, in: Wiesehöfer, *Das Partherreich*, S. 114, 126, Abb. 4,1; ders., in: RAC Supplement-Band I, Sp. 928, s.v. Barbar II.

[10] Engemann, in: Stutzinger, *Spätantike und frühes Christentum*, S. 264; Rebenich, ebd., S. 456f.; Kolb, ebd., S. 230; Mayer, ebd., S. 123. Die Darstellung mag auf verschiedene politische Erfolge der theodosianischen Politik anspielen; als solche ist sie aber unabhängig von einem bestimmten historischen Ereignis.

[11] Kolb, ebd., S. 232.

auch in der Bildstruktur gibt es gravierende Unterschiede. Ida Malte Poulsen konnte zeigen, daß das Herrscherbild der Spätantike in puncto Gabenbringer von dem der früheren Kaiserzeit grundsätzlich abweicht: "Iconographically speaking, gift-processions to the emperor seem to be a theme belonging to the late empire rather than to the earlier Roman period; on state monuments dating to the first and second centuries depictions of defeated barbarians frequently occur, but other aspects of victory are usually dwelt upon (...). Though state monuments are less abundant than in earlier periods, the rendering of gift- and tribute procession to the emperor is known from several such monuments dating to the Late Antique period."[12]

In der Tat fehlen ‚Prozessionen' von Gabenbringern, wie sie auf dem Galeriusbogen, der Theodosiusbasis und vielen anderen offiziellen Monumenten ab dem 4. Jh. n.Chr. erscheinen, in den vorhergehenden Jahrhunderten der römischen Kaiserzeit völlig. Es kommen allenfalls einzelne, verstreute Elemente der spätantiken Ikonographie vor, wie etwa die kniefälligen Barbaren.[13] Die uns so vertraut wirkenden spätantiken Gabenszenen scheinen bei oberflächlicher Betrachtung aus dem Nichts zu entstehen.

Die orientalischen und griechischen Vorläufer der Gabenbringerikonographie

Das Fehlen von ausgereiften Gabenbringerszenen ist wohl auch der Grund dafür, daß der Ikonographie der Gabe auf staatlichen Bildern der frühen und mittleren Kaiserzeit bislang wenig Beachtung geschenkt wurde. Zu dieser Problematik wurden auf Seiten der Klassischen Archäologie bislang nur sehr wenige, sporadische Bemerkungen geäußert.[14] Nur in der frühchristlichen Archäologie stieß das Thema auf einiges Interesse; dort nicht nur deswegen, weil entsprechende Darstellungen zum Grundbestand der spätantiken Herrscherikonographie gehören, sondern auch, weil die Ikonographie der Heiligen Drei Könige auf einzelne Elemente der kaiserzeitlichen Repräsentationskunst zurückgreift.[15]

[12] Ploumis, in: Isager/Poulsen, *Patron and Pavements*, S. 125ff., 138f.
[13] Dazu s. das folgende und übernächste Kapitel.
[14] Vgl. Schneider, in: RAC Supplement-Band I, Sp. 944–953, s.v. Barbar II.
[15] Zur Ikonographie der Hl. Drei Könige in der Spätantike Cumont, in: *Atti della*

Nun ist gerade diese christliche Dreikönigsikonographie symptomatisch für das Problem der Gabendarstellung in der römischen Kunst, und zwar aus zwei Gründen. Zum einen betritt sie genau zu dem Zeitpunkt die Bühne, zu dem sich auch die großen Staatsmonumente ausgereifter Gabenbringerszenen zu bedienen beginnen, nämlich am Beginn des vierten nachchristlichen Jahrhunderts.[16] Bestimmte Elemente der Dreikönigsdarstellung finden sich, wie wir weiter unten sehen werden, schon in der früheren römischen Staatskunst. Konsequenterweise geht die bisherige Forschung mangels näherliegender Vorläufer davon aus, daß das Dreikönigsbild aus der kaiserlichen Repräsentationskunst der vorangegangenen Jahrhunderte abgeleitet wurde.[17] Nun handelt es sich bei den Parallelen aber immer nur um einzelne Elemente und Formeln, nie um das Motiv der Gabenbringerszene insgesamt. Aus der kaiserlichen Staatskunst der früheren Zeit können die gabenbringenden Magier also zumindest nicht direkt abgeleitet werden.[18] Für die christliche Ikonographie der Magierhuldigung gibt es genauso wenig direkte Vorbilder wie für die Gabenbringerszene unter dem Theodosiusobelisken.

Zum zweiten deutet das Motiv der gabenbringenden Drei Könige – vielleicht durch Zufall – auf die Ursprungsregion des Motivs hin: den Vorderen Orient. Im assyrischen Reich zählten Gabenbringerdarstellungen bekanntermaßen zu den wichtigsten Formen herrscherlicher Selbstdarstellung.[19] Gleiches gilt für die Hofkunst des Perserreiches.[20] Das Verhältnis zwischen den altorientalischen und persischen Tributbringerszenen und den griechisch-römischen Beispielen ist aber nur sehr schwer zu definieren. Zumindest die wenigen expliziten Gabenbringerszenen,

Pontificia Academia Romana di Archeologia. Serie III. Memorie. Volume III, Rom 1932–33, passim, bes. S. 99–105; Deckers, in: Budde, *Die Heiligen Drei Könige*, S. 20–32; Schneider, ebd., mit ausführlichen Literaturhinweisen, S. 944f.; Ploumis, ebd., S. 136–138.

[16] Das früheste Beispiel bietet ein Fresko im Cimitero SS. Pietro e Marcellino um 300 n.Chr., Schneider, ebd., S. 945; vgl. Deckers, ebd., S. 26f.

[17] Deckers, ebd., S. 24f.; Schneider, ebd., S. 944–953; wiederholt von Engemann, in: Brands, *Rom und die Provinzen*, S. 57. Die Magierhuldigung gilt als Paradebeispiel für den Einfluß der kaiserlichen Kunst auf die christliche Bildwelt, vgl. ders., in: Stutzinger, *Spätantike und frühes Christentum*, S. 266.

[18] Wohl denkbar (und sehr wahrscheinlich) ist freilich eine Ableitung aus der spätantiken Gabenbringerikonographie, wie sie zum ersten Mal auf dem Galeriusbogen erscheint.

[19] S. dazu den Beitrag von Jürgen Bär in diesem Band; die Monumente zusammengestellt und interpretiert von dems., *Tribut*.

[20] S. den Beitrag von Hilmar Klinkott in diesem Band.

die wir aus dem griechischen Kulturbereich kennen, weisen in eben diese Richtung, nämlich den Orient.[21]

Auf dem Dareioskrater in Neapel (spätes 4. Jh. v.Chr.) sitzt im mittleren Register der Großkönig auf einem reichen Thron mit Fußschemel (Taf. XVa).[22] Im Bildfries darunter knien drei Männer in persischer Tracht, die sich an den Herrscher über ihnen wenden. Der erste streckt dem König die Arme im Bittgestus entgegen, der zweite hält die Arme mit derselben Intention ausgestreckt vor den Körper, der letzte hebt den rechten Arm dem König entgegen. Von den knienden Bittstellern durch ein Thymiaterion getrennt, folgt eine Tributbringerszene. In der Mitte, direkt unter dem Thron des Großkönigs, steht ein Tisch, an dem ein Rechnungsbeamter mit einer Schreibtafel in der Linken sitzt; er zählt Münzen, die auf dem Tisch liegen. Vor dem Tisch kommt ein ebenfalls persisch gekleideter Mann in gebückter Haltung heran, der in den Händen einen großen Geldsack trägt. Hinter dem Zahlmeister nähert sich ein weiterer Perser, der drei große, wohl goldene Schalen anbringt.

Der Gebälkfries des Nereidenmonuments von Xanthos (um 390–380 v.Chr.) zeigt auf der Westseite im Mittelbereich eine Gruppe von persisch bekleideten Männern (Hosen!), die sich nach rechts bewegen.[23] Diese Männer tragen wertvolle Gewänder oder Stoffe über den Armen; andere führen ein Pferd als Gabe. Links schließen sich die Empfänger an, die in griechischer Mode und lässiger Haltung den Zug der Gabenbringer betrachten. Hinter ihnen laufen weitere Personen heftig gestikulierend herbei, um die Attraktion nicht zu verpassen.

Die Gabenbringer des Nereidenmonuments wurden mit den großen Reliefs von Persepolis verglichen.[24] Allerdings bleibt unklar, ob in Xanthos eine orientalische Bildformel adaptiert wurde oder ob das Bild auf

---

[21] Ob es sich bei den Fragmenten einer attisch-rotfigurigen Schale in Oxford (Tuchelt, *Tiergefäße*, Taf. 25,1), die auf der Innenseite auf zwei Fragmenten jeweils einen ausgestreckten, mit langem persischen Gewand bekleideten Arm mit Trinkgefäß (Rhyton bzw. Phiale) zeigt, um eine Gabenbringerszene handelt, ist nicht zu entscheiden, aufgrund der Trinkgefäße zumindest zweifelhaft. Vgl. Hölscher, *Historienbilder*, S. 291 Anm. 1081; Raeck, *Barbarenbild*, S. 104, 148 (zur Deutung), 327 Kat. Nr. P 579.

[22] Neapel, Museo Nazionale 3253 (inv. 81497); Trendall/Cambitoglou II, S. 495 Kat. Nr. 38, Taf. 176, 1; Hölscher, ebd., S. 177–180, Taf. 14, 2; Schneider, *Barbaren*, S. 23; ders., in: RAC Supplement-Band I, Sp. 906f., s.v. Barbar II.

[23] Fragmente BM 895–897. X 2461. Childs/Demargne, *Monument*, S. 194–197, 282f., Taf. 124–126, LI–LIII (Umzeichnungen), LXXVIII, LXXXVIII; zur Rekonstruktion des Frieses ebd., S. 240–251; zur Datierung ebd., S. 377–404. Zur Stellung innerhalb der Gaben-/Barbarenikonographie vgl. Cumont, ebd., S. 89f.; Schneider, in: RAC Supplement-Band I, Sp. 895–962, s.v. Barbar II.

[24] Ebd., S. 282f.

reale Ereignisse, d.h. die Ankunft einer östlichen Delegation, rekurriert. Problematisch bleibt auch die Identität der Ankommenden, ihre Mission (Handel oder Diplomatie?) und der Bezug zum Grabinhaber.

Abgesehen von der Tatsache, daß es sich in Neapel und Xanthos um das Thema östliche Gabenbringer handelt, lassen sich zwischen beiden Bildern keine großen Ähnlichkeiten feststellen. Während auf dem Dareioskrater eigentlich keine echte Gabenbringerprozession dargestellt ist, sondern nur zwei Tributbringer und eine Reihe von Bittstellern, entspricht die Reihe der Gabenträger in Xanthos schon eher der altorientalischen und spätantiken Idee des Prozessionsschemas. In Xanthos wiederum fehlt der exponierte Herrscher, die Empfänger wirken dort eher wie Zaungäste. Außerdem verteilt sich die Handlung nicht auf zwei Register, welche die Hierarchie widerspiegeln. Zweifellos entstanden beide Darstellungen völlig unabhängig voneinander; eine ikonographische Tradition kann man selbst mit bestem Willen nicht erkennen. Der Dareiosmaler spielt mit Topoi, die von Griechen konstruiert wurden, während der Künstler in Xanthos die Ankunft östlicher Gesandter vielleicht sogar aus eigener Anschauung ins Bild zu setzen versuchte.

In jedem Fall bleiben die Gabenbringerszenen von Neapel und Xanthos eine Ausnahme innerhalb der griechischen Kunst. Beide Ausnahmen stehen nun aber in direktem Zusammenhang mit dem Osten, was durchaus aufschlußreich ist. Der Dareiosmaler evoziert mit dem Zug der Bittsteller und Tributbringer die Atmosphäre am persischen Königshof. Offenbar erkannte man darin ein typisches Element der Herrscherrepräsentation, sei dies nun durch Augenzeugen, Bildquellen oder literarische Werke wie etwa Theateraufführungen vermittelt worden. Auch die Gabenbringer auf dem Nereidenmonument rühren, wie ihre Tracht zeigt, von der Begegnung mit dem Osten her. Die Ikonographie der Gabenbringerprozession als Bildformel zu etablieren, daran hatten die griechischen Künstler aber offensichtlich kein Interesse. Die Gabe und der Akt des Gebens als Strategie der Herrscherrepräsentation dürfte dem griechischen Betrachter schlichtweg fremd gewesen sein, ganz abgesehen davon, daß die Polisstruktur eine solch starke Akzentuierung eines Bürgers im Bild gar nicht zuließ. Hinzu kommt, daß der Akt der Übergabe in der griechischen Ikonographie für einen ganz bestimmten Kontext reserviert war: die Gabe von Weihgeschenken an die Götter. Den Gott im Bild durch den Herrscher zu ersetzen, war wohl selbst für die hellenistischen Dynasten nicht denkbar.

Für unseren Zusammenhang sind Krater und Nereidenmonument eher aus methodischen Gründen interessant. Vergleicht man nämlich die Tributbringerszene auf dem Dareioskrater mit der mehr als sechshundert Jahre jüngeren Basis des Theodosiusobelisken, so zeigen sich erstaunliche Parallelen. In beiden Fällen sehen wir eine Audienzszene, die auf zwei Register verteilt ist; oben thront der Herrscher, unten nähern sich gebückte Barbaren, die dem Herrscher Gaben überbringen.

Das Entscheidende sind nun freilich nicht so sehr diese formalen Parallelen, als vielmehr die Tatsache, daß das Relief des Theodosiusobelisken nach sechs Jahrhunderten die erste Darstellung des gesamten griechisch-römischen Kulturkreises ist, die das Schema einer zweizonigen Gabenbringerszene mit thronendem Herrscher zeigt. Obwohl die Tributbringerszene des Dareioskraters der viel späteren Darstellung des vierten nachchristlichen Jahrhunderts also strukturell stark ähnelt, hängen die Denkmäler sicher nicht voneinander ab, auch nicht indirekt. Dazu war der Dareioskrater viel zu unbedeutend; sein Bildschema fiel nicht einmal im griechischen Umkreis auf fruchtbaren Boden. Offenbar entwickelte sich zu verschiedenen Zeiten aus den gleichen Bedürfnissen heraus eine ähnliche Bildstruktur – wie sollte man den Empfang einer Gesandtschaft mit wertvollen Geschenken auch anders darstellen?[25]

Anders verhält es sich mit dem Schema, das der Gabenbringerprozession zugrunde liegt. Das Gabenbringerbild ist immer auch Audienzbild: Untergebene stehen einem Machthaber gegenüber, der durch Körperhaltung, Körpergröße, Thron etc. als solcher zu erkennen ist. Letztlich ist das Gabenbringerbild nur ein durch Gaben angereichertes Audienzbild. Eine Abgrenzung ist sinnvoll, weil – wie wir später sehen werden – das Element der Gabe dem Bildganzen eine ganz andere Bedeutung verleihen kann. Im Prinzip aber liegt Audienz- und Gabenbringerbild das gleiche Schema zugrunde. Definiert man das Gabenbringerbild nun als historische Darstellung, so beschränkt es sich auf die von Hanns Gabelmann untersuchten Zeitrahmen, in denen auch das Audienzbild erscheint: im Vorderen Orient, in Persien, im Lykien der klassischen Zeit und in der späten römischen Republik und Kaiserzeit.[26] Verläßt man den Kreis der historischen Darstellungen, so begegnen Gabenbringerprozessionen aber auch in anderen Epochen und Kontexten. Die standardisierte Form des griechischen Weihreliefs

[25] Zum Problem der Abhängigkeit griechischer Motive vom Orient vgl. Hölscher, ebd., S. 25, 34, 37; ders., in: JdI 95, 1980, S. 316 Anm. 181; Schneider, ebd., S. 898.

[26] Gabelmann, *Audienzszenen*, passim.

etwa entspricht eben diesem Schema. Eine oder mehrere Gottheiten treten an die Stelle des Herrschers.

Es wäre lohnenswert, den Zusammenhang zwischen Weihrelief und Gabenbringer- bzw. Audienzbild in der klassischen und hellenistischen Zeit näher zu untersuchen. Das gilt besonders für das oben kurz angerissene Problem, warum das historische Gabenbringerbild nach den lykischen Beispielen bis in römische Zeit verschwindet. Diese Frage führt aber über das Ziel dieses Artikels hinaus und sollte an anderer Stelle geklärt werden. Hier genügt der Hinweis, daß das Schema der Gabenbringerprozession in verschiedenen Kontexten und für verschiedene Zwecke eingesetzt wird, und zwar sowohl im Bereich des historischen Audienzbilds als auch im Weihrelief. Man sollte also klar unterscheiden zwischen der Tradition des Bildschemas und der Interpretation dieses Schemas durch den jeweiligen Bildkontext.

Gabenbringer auf Denkmälern der späten Republik und augusteischen Zeit

Nach einem Hiat von drei Jahrhunderten setzen die Gabenbringerbilder erst wieder in der späten römischen Republik ein. Die Reihe führt ein Denar des Faustus Cornelius Sulla aus den Jahren um 56 v.Chr. an (Taf. XVb). Wir sehen eine Person, die erhöht auf einem Thron bzw. einer *sella* sitzt und durch die Beischrift *Felix* eindeutig als der Dictator L. Cornelius Sulla identifiziert werden kann. Links unter und hinter Sulla kniet ein gefesselter Mann in barbarischer Tracht; vor dem Thron, ebenfalls auf Knien, überreicht ein weiterer Barbar dem Dictator einen Lorbeerzweig.

Handlung, Gesten und Attribute machen unmißverständlich klar, daß es sich bei der Szene um ein konkretes historisches Ereignis handelt: die Auslieferung des Numiderkönigs Iugurtha durch Bocchus, den König von Mauretanien, an L. Cornelius Sulla im Jahre 107 v.Chr. Die Darstellung rekurriert wohl auf das Siegel Sullas, das wiederum das rundplastische Siegesmonument des Bocchus auf dem Kapitol abbildete.[27] Tonio Hölscher

[27] Plut. Sulla 6,1. – Die dargestellte Szene, das Siegesmonument des Bocchus auf dem Kapitol und dessen Verhältnis zur Münze diskutieren Gabelmann, *Audienzszenen*, S. 111–113 (Kat. Nr. 33), Taf. 12, 1; Hölscher, in: Cahn/Simon, *Tainia*, S. 351–371; ders., in: Hofter, *Kaiser Augustus*, S. 384–387 (mit Christoph Reusser); Schäfer, in: Horn/Rüger, *Die Numider*, S. 243–250; ders., *Insignia*, S. 75–83; Behr, *Selbstdarstellung*,

rekonstruierte nach diesen Münzdarstellungen die Statuengruppe des Bocchusmonuments, von dem lediglich Teile der Basis erhalten blieben.[28] Danach stand vor Sulla König Bocchus, der sowohl einen Lorbeerzweig (bzw. Olivenzweig)[29] als auch den gefesselten Iugurtha – neben Sullas Thron kauernd – übergab.

Eine denkwürdige Variation der sullanischen Münze bieten zwei kurz vor bzw. nach der Emission des Faustus Sulla geprägte Denare. Der erste wurde 58 v.Chr. im Anschluß an eine Militäraktion des M. Aemilius Scaurus gegen den Nabatäerkönig Aretas ausgegeben.[30] Die Vorderseite zeigt über der Legende *Rex Aretas* einen knienden Barbaren, der wie der Bocchus des Bocchusmonuments auf dem Boden kniet und einen Zweig nach oben reicht; hinter ihm steht ein Dromedar, das der König an der Leine hält. Man vermied es aber wohlweislich, den Empfänger der symbolischen Unterwerfungsgabe, den ja noch lebenden Aemilius Scaurus, ins Bild zu setzen – der Betrachter muß sich den Empfänger in Gedanken ergänzen!

Die Auslassung der Empfängerfigur, die den zeitgenössischen Betrachter nur allzu deutlich an die Darstellung des Dictators in der Statuengruppe auf dem Kapitol erinnert hätte, ist bezeichnend für den Umgang mit Geschenk, Tribut und Gabe in der römischen Staatskunst. Sie nimmt in gewisser Weise das auffällige Schweigen der kaiserzeitlichen Bildquellen vorweg, das den Akt des Gebens an den Kaiser bis zum Ende des dritten nachchristlichen Jahrhunderts verhüllt – ein Sachverhalt, mit dem wir uns gleich auseinanderzusetzen haben.

Zunächst sei noch kurz auf die Rolle des Dromedars hingewiesen, das der König an der Leine hält und das den meisten Platz auf der Münze einnimmt. Bei diesem (für die römischen Zeitgenossen recht exotischen)[31] Tier könnte man durchaus an ein wertvolles Gastgeschenk

S. 114–121. Eine eingehende Untersuchung der Prägung (mit zahlreicher Lit.) findet sich bei Hollstein, *Münzprägung*, S. 273–293 (Kat. Nr. 426 Nr. 1); vgl. darüber hinaus Sehlmeyer, *Ehrenstatuen*, S. 194ff.

[28] Hölscher, in: Cahn/Simon, *Tainia*, S. 351–371; ders., in: Hofter, *Kaiser Augustus*, S. 384–387 (mit Christoph Reusser). Vgl. Schäfer, in: Horn/Rüger, *Die Numider*, S. 243–250; ders., *Insignia*, S. 75–83. – Gegen eine Zugehörigkeit der Reliefs von S. Omobono zum Siegesmonument des Bocchus Hafner, in: RdA 13, 1989, S. 46–54.

[29] Zu diesem Problem Hollstein, ebd., S. 280 mit Anm. 29 (vgl. Alföldi, *Lorbeerbäume*, S. 8).

[30] Crawford, *Coinage*, S. 446f., Nr. 422, 1b, Taf. 51.14; Schneider, *Barbaren*, S. 24f. mit Anm. 50 (weitere Lit.).

[31] Vgl. Schneider, ebd., S. 24 Anm. 50.

des Nabatäerkönigs denken.[32] Allerdings dürfte das Dromedar wohl eher als signifikantes Attribut für die östliche Herkunft des Wüstenherrschers stehen. Auf der fast identischen Prägung des A. Plautius aus dem Jahre 55 v.Chr. jedenfalls, die nun einen jüdischen Exponenten namens Bacchius zeigt, sieht man das gleiche Dromedar an derselben Position hinter dem knienden Barbaren.[33]

Eigenartigerweise war der einprägsamen Bildformel des knienden Barbaren in der Folgezeit nur wenig Erfolg beschieden. Die einzige Darstellung, in der ein Barbarenkönig einem römischen Herrscher auf Knien gegenübertritt und einen Gegenstand überreicht, findet sich auf Münzen der Jahre 114–115 n.Chr.[34] Ein Orientale beugt vor dem Tribunal Trajans die Knie und reicht dem Kaiser ein Diadem; die Legende lautet *rex Parthus*. Im Hintergrund stehen die versammelten Heeresabteilungen mit ihren Feldzeichen.

Das dargestellte Ereignis überliefert uns Cassius Dio.[35] Parthamasiris, König von Armenien, wird von Trajan während des Partherfeldzugs empfangen und legt dem Kaiser sein Diadem zu Füßen; Parthamasiris wird in einem anschließenden Tumult erschlagen.

Wie bereits Alföldi bemerkte, hängen immerhin einige Münzdarstellungen der augusteischen Zeit mit der Ikonographie der sullanischen Münze zusammen.[36] Die zwei Münzen, um die es sich handelt, zeigen siegreiche Mitglieder des Kaiserhauses vor Augustus; sie wurden zwischen 15 und 12 v.Chr. in Lyon geprägt. Auf der einen Münze[37] übergeben Tiberius und Drusus, mit dem Feldherrnmantel bekleidet, ihrem Stiefvater einen Lorbeerzweig. Augustus sitzt auf der *sella curulis*, die wiederum auf einem *suggestus* steht. Der Zweig bezeichnet die militärischen Erfolge, die beide 15 v.Chr. in den Alpen und in Rätien errungen hatten (Taf. XVc). Auf dem zweiten Beispiel[38] findet sich

[32] Vgl. Schneider, in: RAC Supplement-Band I, Sp. 946f., s.v. Barbar II.

[33] Crawford, ebd., S. 454f., Nr. 431, 1, Taf. 52.7; Schneider, *Barbaren*, S. 25.

[34] BMC III 103 Nr. 215, Taf. 40.8; Gabelmann, ebd., S. 171–175 (Kat. Nr. 76), Taf. 23.2.

[35] Dio 68, 19f. Zur Deutung der Szene vgl. Gabelmann, ebd., S. 172.

[36] Alföldi, *Lorbeerbäume*, S. 8.

[37] BMC I 77f. Nr. 443–449, Taf. 10.15–19; RIC I 88 Nr. 326, Taf. 2.37; RIC^2 I 52 Nr. 164b. Vgl. Alföldi, *Lorbeerbäume*, S. 8, Taf. 1, 3–6; ausführliche Interpretation bei Gabelmann, ebd., S. 118–120 (Kat. Nr. 36), Taf. 12, 4; Trillmich, in: Hofter, *Kaiser Augustus*, S. 489, 523 (Kat. Nr. 365), Abb. S. 523.

[38] BMC I 78 Nr. 449, Taf. 10.19; RIC I88 Nr. 325. Alföldi, *Lorbeerbäume*, S. 8, Taf. 1.9, 10; Gabelmann, ebd., S. 120f. (Kat. Nr. 37), Taf. 12.5; Trillmich, ebd., S. 523.

(mit kleinen Abweichungen) nahezu dieselbe Darstellung, diesmal jedoch mit nur einem Überbringer, Drusus allein.

Obwohl die Bildformel der Lyoner Prägungen dem sullanischen Monument durchaus vergleichbar ist, gibt es doch einen wesentlichen Unterschied, der den Status der Gebenden deutlich markiert: Bocchus erscheint in Proskynese, Drusus und Tiberius stehen vor Augustus.[39] Auch erhält der Zweig durch den Kontext eine andere Nuance. Auf den Lyoner Münzen treten ja nicht verbündete Könige, sondern engste Verwandte des Kaisers nach einem römischen Sieg auf.

In augusteische Zeit fällt eine weitere Münzdarstellung, die eine Übergabe zum Thema hat (Taf. XVd).[40] Wiederum handelt es sich um einen sehr spezifischen historischen Anlaß, wieder ist der Kontext militärisch; wieder sitzt der *princeps* auf einem Podium und nimmt von dort die „Gabe" in Empfang: Ein stehender Barbarenfürst, ausgezeichnet durch den Mantel, reicht dem Kaiser mit ausgestreckten Armen sein kleines Kind. Augustus sitzt auf der *sella curulis*, die wiederum auf einem Podium steht; er nimmt mit der ausgestreckten Rechten das Kind in Empfang.

Die Darstellung hängt mit den Militäraktionen in der *Germania libera* 8 v.Chr. zusammen; in diesem Jahr wurde die Münze zumindest ausgegeben.[41] Die genaue Interpretation der Szene ist umstritten. Möglicherweise zeigt die Münze in verkürzter Form, wie ein germanischer Fürst dem Augustus seine Kinder als Geiseln übergibt.[42]

Bemerkenswert ist in jedem Fall, wie das Münzbild das Verhältnis der beiden Anführer zueinander charakterisiert. Daß der Barbar dem

[39] Zur Proskynese in der römischen Ikonographie vgl. Gabelmann, ebd., S. 101ff.; Schneider, *Barbaren*, passim.

[40] BMC I 84f. Nr. 492–494, Taf. 12, 13, 14; RIC I 89 Nr. 346; RIC^2 I 55 Nr. 201a. – Vgl. Gabelmann, ebd., S. 121–124 (Kat. Nr. 38), Taf. 12.6; Hölscher, in: JdI 95, 1980, S. 284; Trillmich, ebd., S. 489, 523f. (Kat. Nr. 366), Abb. S. 524. Zu den folgenden Darstellungen ausführlich R.-Alföldi, in: Evers/Tsingarida, *Rome et ses provinces*, S. 15–27.

[41] Vgl. R.-Alföldi, ebd., S. 25.

[42] Einer anderen Deutung zufolge rekurriert die Darstellung auf ein Ereignis, das Cassius Dio im Kontext des Tiberiusfeldzugs überliefert; damals hatte Augustus einige vornehme germanische Gesandte als Geiseln inhaftiert, die sich anschließend das Leben nahmen (vgl. Dio 55, 6. – Vgl. Gabelmann, ebd., S. 121f.). Vielleicht steht auch das große Umsiedlungsprogramm germanischer Stämme hinter der Abbildung (so Trillmich, ebd., S. 524). Es ist freilich keineswegs sicher, daß die Darstellung auf ein bestimmtes historisches Ereignis anspielt. Es könnte sich auch um eine typisierte Unterwerfungsszene handeln; der zeitliche Zusammenhang mit den Germanenfeldzügen ist freilich auffallend.

Kaiser nicht in Proskynese entgegentritt, suggeriert dem Betrachter, daß der Germanenfürst sein Kind nicht in totaler Unterlegenheit ausliefern muß. Er macht dies scheinbar freiwillig – in festem Vertrauen, daß das Kind von dem Römer fair behandelt werden wird.

Diese eher zurückhaltende Unterwerfungsgeste war steigerungsfähig. Auf der Übergabeszene des Augustusbechers von Boscoreale sind die Rollen klarer verteilt (Taf. XVIa).[43] Die Szene spielt im Feld. Augustus, mit dem Feldherrenmantel bekleidet und eine Schriftrolle in der rechten Hand haltend, sitzt auf der *sella castrensis*, die auf einem niedrigen Podium steht. Er empfängt eine Delegation von Barbaren. Ein älterer Mann mit Bart in Barbarentracht kniet vor dem römischen Feldherren und bietet ihm seinen wertvollsten Besitz: Er schiebt Augustus sein Kind entgegen. Der wohlwollende Gestus der geöffneten Rechten, mit der Augustus dem Barbaren entgegnet, dokumentiert die *clementia* des Siegers.

Der Unterschied zwischen dem Germanen auf dem Boscorealebecher und dem Barbarenfürsten auf der Münze ist offensichtlich. Obwohl im Prinzip dieselbe Handlung zu sehen ist – Germane übergibt römischem Feldherrn sein Kind –, könnte die Beziehung zwischen beiden Protagonisten kaum unterschiedlicher konstruiert sein. Auf der Münze kommuniziert ein Germanenfürst mit dem römischen Gegner beinahe von gleich zu gleich. Er steht aufrecht und erhobenen Hauptes, während sich Augustus sogar mit dem Haupt nach unten neigt, um das Kind entgegenzunehmen.

In Boscoreale tritt dem Herrscher ein geschlagener Barbar gegenüber. Der Toreut verdeutlicht das durch den Gestus der Proskynese, den vorgebeugten Körper des Germanen, sein devotes Aufblicken zum römischen Feldherrn; ferner durch den gebückten Landsmann im Bittgestus dahinter und nicht zuletzt durch die beiden zwischengeschalteten römischen Mittlerfiguren im Hintergrund, die den Bittzug ordnen und die Barbaren flankieren. Der Künstler zieht hier alle Register, um die Schere zwischen Römer und Germane so weit wie möglich zu öffnen. Im Vergleich zur Münze macht dieses Vokabular nicht nur

[43] Zu dieser Darstellung zuletzt ausführlich Maria R.-Alföldi, ebd., S. 15–27 mit Abb. 1–3; vgl. Hölscher, ebd., S. 281–290, Abb. 14f.; Simon, *Augustus*, S. 143f.; Zanker, *Augustus*, S. 229–232 mit Abb. 180b; Boschung, in: Hesberg, *Das Militär als Kulturträger*, S. 203f.; ausführliche Interpretation der Augustusbecher bei Kuttner, *Dynasty*. Zum Schatz von Boscoreale insgesamt Baratte, *Boscoreale* (zur vorliegenden Szene ebd., S. 68–80, Abb. S. 71); Scarfoglio, *Tesoro di Boscoreale*, bes. S. 52–56 mit großformatiger Abbildung (heutiger Zustand), Abb. 29; zu den Fundumständen Cirillo/Casale, *Tesoro*.

den Unterlegenen noch unterlegener, sondern steigert gleichzeitig die Position des römischen Herrschers.[44]

Das unterschiedliche Verhältnis von Römer zu Barbar auf den beiden Darstellungen ist erklärungsbedürftig. Die – trotz gleicher Handlung – abweichenden Darstellungsmodi sind nur dann zu erklären, wenn auf Münze und Becher verschiedene Ereignisse oder Rituale gemeint sind. Auf der Münze gibt ein germanischer Anführer seinen Sohn, der in Rom wie ein römischer Aristokrat erzogen werden wird, in die Hände des Augustus. Auf dem Becher dagegen kommen Gesandte eines germanischen Stammes in das Lager des römischen Feldherrn und stellen eine bestimmte Anzahl von Kindern als Geiseln, um eine militärische Aktion Roms zu verhindern – eine aus Caesars *De bello Gallico* notorisch bekannte Handlung. Die verschiedene Situation der Barbaren in den beiden Bildern (germanischer König als Verbündeter Roms; Stammesgesandte bei *submissio* im Feld) wird durch die Bildsprache genau differenziert.[45]

Der Mensch als Gabe ist – mit Ausnahme eines späten Reflexes in der privaten Kunst[46] – ein Sonderfall der augusteischen Zeit. Die Übergabe von Kindgeiseln findet keinen Eingang in das Repertoire der späteren kaiserzeitlichen Staatskunst. Das ist besonders deswegen verwunderlich, als schon alleine die zwei genannten Beispiele zeigen,

[44] Die Kinder haben hier unter anderem die wichtige Funktion, die Dramatik der Niederlage zu steigern. In späteren, zunächst recht ähnlich erscheinenden Szenen auf Staatsreliefs und Sarkophagen reduziert sich die Rolle der Kinder auf diese Pathosfunktion. Auf der Markussäule ist die „zielgerichtete Verwendung der Kinder zwecks Erzeugung pathetischer Effekte" (Zanker, in: Scheid/Huet, *Colonne*, S. 167) eindeutig. Das antoninische Relief im Museo Torlonia (Kuttner, ebd., Abb. 89; zur Abhängigkeit vom Boscorealebecher ebd., S. 165f.) zeigt ein stehendes Barbarenkind hinter seinem knieendem Vater, der sich dem Kaiser unterwirft; auf dem Feldherrnsarkophag in Mantua (Zanker/Ewald, *Mythen*, S. 228. Abb. 205) tritt eine Mutter in gebückter, flehender Haltung an den Feldherrn heran, während ihr Kind demselben bittend an die Lederriemen seiner Rüstung faßt. In beiden Fällen geht es nicht mehr um die Übergabe von Geiseln, die auf dem Boscorealebecher dadurch gekennzeichnet wird, daß der Römer in Rüstung das hintere Kind schützend an der Hand führt. Auf dem Relief Torlonia steht das Kind hinter dem Vater, in Mantua kann es sich um keine Geiselübergabe handeln, da der Barbarenvater in Fesseln – also nach einer militärischen Niederlage – vorgeführt wird. Zu diesem Phänomen s. Zanker, in: Scheid/Huet, *Colonne*, S. 167–169 (mit weiteren Beispielen).

[45] Daß beide Szenen das gleiche Ereignis abbilden (Baratte, ebd., S. 72; Kuttner, ebd., S. 164; nach R.-Alföldi, ebd., S. 20 zeigt die Münze eine „auf das Wesentliche verkürzte Paralleldarstellung zum Relief"; vorsichtiger Hölscher, ebd., S. 284), scheint mir durch die skizzierten Unterschiede ausgeschlossen. Zur umstrittenen Datierung der Szene Hölscher, ebd., S. 282–284; vgl. R.-Alföldi, ebd., S. 17 Anm. 7.

[46] Der Sarkophagdeckel Ludovisi in Mainz, s.u.

welches Spektrum an Gestaltungsmöglichkeiten die Ikonographie der (Über-)Gabe bietet. Die Rolle von Geber und Empfänger kann je nach Absicht und politischer Situation gestärkt oder geschwächt werden, ohne die Position des Empfängers in Frage zu stellen.

Die Rückseite des Bechers von Boscoreale führt uns zur zweiten Gruppe von Darstellungen, die das Thema von Gabe und Übergabe formulieren (Taf. XVIb).[47] Die Komposition entspricht vollkommen dem, was wir bislang kennengelernt haben. Man sieht einen Herrscher bzw. Feldherr auf einem Podium sitzen; vor ihm steht eine Person, die ihm einen Gegenstand überreicht. Die vom Bocchusmonument bekannte Bildformel hat sich hier im Prinzip nicht verändert. Was sich gewandelt hat, ist sowohl die Gabe selbst als auch der Status der überreichenden Person. Es ist keine geringere als die Göttin Venus selbst, gefolgt vom Genius des römischen Volkes und der Göttin Roma. Sie reicht Augustus – der *nota bene* die Götter überragt – eine Victoriastatuette. Genauer: Venus setzt diese Statuette auf einen Globus, den der *princeps* in der Rechten hält. Der Globus als Zeichen der umfassenden Herrschaft wird zusätzlich betont durch sieben Personifikationen, die dem Gott Mars, hinter Augustus stehend, folgen, und die für sieben Provinzen des Römischen Reiches stehen. Die zentrale Plazierung des Herrschers, seine überragende Position und die herantretenden Personifikationen nehmen Bildformeln vorweg, die erst Jahrhunderte später in der Staatskunst erscheinen werden.

Wiederum auf einen ganz konkreten historischen Anlaß bezieht sich die wohl prominenteste Übergabeszene der kaiserzeitlichen Ikonographie. Gemeint ist die Auslieferung der parthischen Feldzeichen, die auf dem Panzer der Augustusstatue von Primaporta zu einer prägnanten Formel verkürzt wurde.[48] Ein bärtiger Mann in Barbarentracht, der die Parther vertritt, übergibt ein römisches Feldzeichen, das für die von

---

[47] Hölscher, in: JdI 95, 1980, S. 281–290, Abb. 14; Zanker, *Augustus*, S. 229–232 mit Abb. 180a; Scarfoglio, *Tesoro di Boscoreale*. (großformatige Abbildung (heutiger Zustand) Abb. 29); Kuttner, *Dynasty*, passim, Abb. 1–3; Boschung, in: Hesberg, *Das Militär als Kulturträger*, S. 204 mit Abb. 5; Baratte, *Boscoreale*, S. 69, Abb. S. 70); Maria R.-Alföldi, ebd., S. 15–27 mit Abb. 4–6 (in der Bildunterschrift Abb. 5f. wird die Szene fälschlicherweise dem zweiten Skyphos zugeschlagen).

[48] Aus der weitläufigen Literatur zur Statue von Primaporta sei herausgegriffen Simon, *Augustus*, S. 53–57; Zanker, *Augustus*, S. 192–196 (mit früherer Literatur im Anhang); zur Ikonographie der Parther in Rom s. Schneider, in: Wiesehöfer, *Das Partherreich*, S. 95–127.

Crassus verlorenen Legionszeichen steht, einem Feldherrn in römischer Rüstung. Auch bei dieser Gabe-Szene handelt es sich nicht um die eigentliche Abbildung eines historischen Ereignisses, sondern um dessen fast emblematisches Kürzel. Die einprägsame Formel, die ganz in der Tradition der besprochenen Übergabeszenen in der Nachfolge des sullanischen Denkmals steht, wurde auf Münzen noch einmal verkürzt. Auf mehreren Denaren der mittelaugusteischen Zeit sieht man nur noch den Barbaren (das kann nun auch ein Germane sein), der das Feldzeichen nach oben reicht.[49] Reflexe der Primaporta-Formel finden sich vereinzelt auch in der Privatkunst.[50]

Kaiserzeitliche Gabenbringerszenen: Ein Manko?

Obwohl für die Übergabeszene der parthischen Feldzeichen auf dem Primaportapanzer also einige ikonographische Parallelen auszumachen sind, setzt sich die Gabenbringerszene als Demonstration kaiserlicher Siege in der nachaugusteischen Zeit eigenartigerweise nicht durch. Bis in tetrarchische Zeit kennen wir kein Bild, auf dem Barbaren (oder andere Personen) dem Kaiser eine wertvolle Gabe überreichen. Wenn überhaupt, dann erscheinen nur Einzelelemente, die auf das ausgereifte Gabenbringerbild der Spätantike vorgreifen.

Nun bedeutet das aber wiederum nicht, daß die Gabe in der kaiserzeitlichen Kunst überhaupt keine Rolle spielen würde. Aber die Kontexte, in denen Gaben und Geschenke dargestellt werden, sind nun einmal schwer auf einen Nenner zu bringen, und die Liste der Denkmäler, die wir am ehesten mit einer Gabenbringerszene in Verbindung bringen würden, ist kurz. Im 1. Jh. n.Chr. gibt es überhaupt nur eine marginale Münzdarstellung, die den Akt der Übergabe thematisiert. Eine Prägung domitianischer Zeit kopiert wortwörtlich den Parther mit den Feldzeichen, den Augustus auf Münzen schlagen ließ.[51] Aus dem 2. Jh. n.Chr. erwähnten wir bereits die trajanischen Denare, auf denen der Partherkönig Parthamasiris dem römischen Kaiser ein Diadem überreicht. Das Vorbild des Bocchusmonuments liegt auf der Hand.

[49] Zur Rezeption des Bildes des kniefällig das römische Feldzeichen präsentierenden Parthers mit Belegen Schneider, *Barbaren*, S. 39–42, Taf. 17.7, 10.

[50] Ebd., Taf. 18.

[51] Denar von 77/78 n.Chr.: ebd., S. 40f. mit Anm. 183 (mit Erläuterung der historischen Situation) und Taf. 17.9.

Aus dem 3. Jh. n.Chr. kennen wir vor der Tetrarchie den Deckel des Ludovisischen Schlachtsarkophags in Mainz, auf dem der römische Feldherr eine Gruppe von Barbaren empfängt.[52] Der Feldherr sitzt hoch erhoben auf einem *suggestus*, während zwei barbarisch gekleidete Männer ihre beiden Kinder vorführen; ein römischer General vermittelt. Die Komposition greift auf die *submissio*-Szene des Augustusbechers von Boscoreale zurück.[53]

Was die Figur des spätantiken Gabenbringers als solche betrifft, so lassen sich in der mittleren Kaiserzeit keine sicheren Vorläufer ausmachen. Auf einem fragmentierten Relief, das sich heute im Norwegischen Institut in Rom befindet, schreitet ein bartloser Mann in exotischer Kleidung mit Phrygerkappe nach rechts.[54] Vor dem Mann erkennt man die Reste eines weit nach oben aufwehenden Gewands. Der Barbar hat einen großen Krater geschultert, den er mit der Linken hält; in der Rechten trägt er eine Kanne. Allerdings bleibt es im Unklaren, ob es sich wirklich um einen Gabenbringer handelt; Mischgefäß, Kanne und Bartlosigkeit könnten auch auf eine Dienerfigur hinweisen.

Weitere unsichere Kandidaten sind die Barbaren, die auf den Postamentreliefs eines unbekannten kaiserzeitlichen Triumphbogens abgebildet sind. Die Datierung dieser Reliefs ist äußerst umstritten.[55] Sollten die Postamente spätantik sein, wie des öfteren angenommen wurde,[56] so kämen sie als Vorläufer der spätantiken Gabenbringer natürlich nicht in Frage.

[52] Gabelmann, *Audienzszenen*, S. 186–188 (Kat. Nr. 88), Taf. 30, 2; Kuttner, ebd., Abb. 88. Hier sitzt der Kaiser auf der *sella castrensis*, während einer seiner Generäle ihm zwei Barbarenkinder vorführt, denen eine Schar erwachsener Barbaren folgt. Der schützende Gestus des Generals, der einem der Kinder die Hand auf den Kopf legt, macht (im Gegensatz zu den in der vorletzten Anmerkung erwähnten Szenen des Reliefs Torlonia und des Sarkophags Mantua) deutlich, daß es hier um die Kinder als Geiseln geht.

[53] Zur Abhängigkeit von der Boscorealeszene ebd., S. 163–171 (überzeugend für direkte Verwandtschaft).

[54] Matz/Duhn, *Bildwerke III*, S. 18, Nr. 3497; Schneider, *Barbaren*, S. 18 Anm. 13; ders., in: RAC Supplement-Band I, Sp. 927. Das Relief stammt vermutlich aus antoninischer Zeit, ebd.

[55] Cumont, in: *Atti della Pontificia Academia Romana di Archeologia*. Serie III. Memorie. Volume III, Rom 1932–33, passim (vollständige Publikation mit Abb. aller Sockelreliefs); Krauser, in: RM 59, 1944, S. 143f.; Laubscher, *Galeriusbogen*, S. 60 Anm. 289 mit Diskussion der älteren Literatur; Spannagel, in: AA 1979, S. 349f.; De Maria, *Archi* 302, Kat. Nr. 87f., Taf. 77, 2f.; Deckers, in: Budde, *Die Heiligen Drei Könige*, S. 25, Abb. 6; Schneider, ebd., Sp. 927f.

[56] So etwa von Spannagel, ebd.; kritisch Laubscher, ebd.

Von den ursprünglich mindestens vier Sockeln haben sich drei erhalten. Einer dieser Sockel steht heute im Casino der Villa Borghese. Auf der Frontseite schreitet eine Victoria mit Mantel und Tropaion auf dem Rücken.[57] Auf diese Victoria geht auf den Nebenseiten jeweils ein Barbar zu, der eine Gabe in Händen hält. Auf der rechten Seite ist es ein bartloser Mann mit wehendem Untergewand und Rückenmantel (Taf. XVId).[58] Seine Vorderarme und Hände verhüllt er mit einem herabhängenden Tuch.[59] Mit diesen verhüllten Händen umfaßt er den Fuß eines großen Kraters. Der Wert des Kraters ist nicht zu übersehen: Kreise, Rauten und Rechtecke überziehen den Gefäßkörper. Sie deuten aufwendige Toreutik, vor allem aber Edelsteinbesatz an. Den Körper selbst dürfen wir uns sicherlich golden denken.[60] Auf der gegenüberliegenden, linken Seite läuft ein Mann in Hosen und Mantel, sein kurzes Untergewand ist gegürtet (Taf. XVIc).[61] Die Hände scheinen wieder verhüllt zu sein. Sie tragen einen großen Kranz, an dessen Stirn ein Medaillon mit dem Bild einer Büste befestigt ist. Der bärtige Kopf ist nicht antik.

Die zwei anderen Sockel, die in der frühen Neuzeit in der Kirche SS. Nereo ed Achille wiederverbaut wurden, zeigen ähnliche Motive. Die Frontseiten führen wiederum Victorien vor.[62] Die Nebenseiten der einen Basis schmückt rechts wieder ein bartloser Kranzträger mit Perserkappe; der Kranz besteht nun aus abwechselnd runden und eckigen Segmenten, die sicher aus Edelmetall gearbeitet waren.[63] Links lassen sich die Umrisse eines Gefäßträgers ausmachen (das Relief wurde nachantik abgemeißelt).[64] Auf der anderen Basis steht links ein Tropaion,[65] rechts erkennt man nur noch in Konturen einen weiteren knienden Barbaren, der die Hände zwar verhüllt hatte, aber offenbar keinen Gegenstand trug.[66]

Selbst wenn diese Postamente in antoninischer Zeit entstanden, erklären sie keineswegs die ausführlichen Gabenbringerszenen der

---

[57] Cumont, ebd., Taf. 1.1.

[58] Ebd., Taf. 1, 2; De Maria, ebd., Taf. 77.2.

[59] Zum Gestus *manibus velatis* s.u.

[60] Zu edelsteinbesetzten Prunkgefäßen s. Schneider, ebd., Sp. 928 mit Quellen und Literatur.

[61] Cumont, ebd., Taf. 2.1; De Maria, Taf. 77, 2.

[62] Cumont, ebd., Taf. 2.3; 3.1.

[63] Ebd., Abb. 2.

[64] Ebd., Taf. 2.2.

[65] Ebd., Taf. 3.2.

[66] Ebd., Taf. 3.3.

späteren Antike. Sie dokumentieren allenfalls einen Zwischenschritt: das Anreichern der herkömmlichen Formel des knienden Barbaren mit wertvollen Geschenken. Der Kontext bleibt ein anderer. Die Barbaren sind nur als isolierte Figuren dargestellt; sie übergeben ihre Gaben nicht dem Kaiser, sondern der Personifikation des Sieges.[67]

Nun sind die Kranzträger allerdings noch in einem anderen Zusammenhang wichtig. Sie bewegen sich im Kontext des Triumphs, der durch die Victorien und möglicherweise auch die architektonische Funktion der Basen als Säulenpiedestale eines Triumphbogens gekennzeichnet ist. Welche Rolle spielt in diesem Kontext aber der Kranz? Eine unnatürlich vergrößerte *corona triumphalis* kann es nicht sein; dazu ist das Objekt viel zu groß, und der Kranz des Triumphators würde sicher nicht von einem Barbaren, sondern von einer Personifikation (wie eben Victoria) verliehen werden.

Das Standardgeschenk der Reichsbevölkerung an den Kaiser war das *aurum coronarium*, das sogenannte Kranzgold.[68] Dieses Gold in Form eines Kranzes war eine spezifische Form des Tributs, die dem Kaiser nicht regelmäßig, sondern zu bestimmten Anlässen durch Delegationen übersandt wurde. Einer dieser Anlässe war der Triumph. Vor diesem Hintergrund erklärt sich der Kranz des Barbaren: Bei dem Kranz handelt es sich nicht um einen Symbolgegenstand, sondern um eine ganz konkrete Gabe: das Geschenk einer Stadt oder Völkerschaft zu Ehren des Triumphs.

Der Barbar mit Kranz führt uns zu einem anderen, claudisch datierten Relief, das als einzige Darstellung überhaupt ein offizielles Geschenk an den Kaiser zeigt (Taf. XVIIa).[69] Bei dem Relief, das sich heute im Nationalmuseum in Neapel befindet und aus der Sammlung Farnese stammt, handelt es sich um das Fragment eines Triumphzugs. Es geht um die rechte Hälfte des Fragments: Dort sehen wir vier Träger, die ein *ferculum* geschultert haben und im Begriff sind, die Prozession fortzusetzen.

---

[67] Vgl. aber das Gabenbringerrelief des Galeriusbogens, wo Victoria den Zug der Gabenbringer anführt, Schneider, in: RAC Supplement-Band I, Sp. 948.

[68] Zum Kranzgold grundlegend Krauser, in: RM 59, 1944, passim. Die bildlichen Zeugnisse ebd., S. 143–147 (ohne das Neapler Fragment, s.u.); abgesehen von unseren Basen zweifelhaften Datums führt Krauser nur spätantike Bilder an. Zum Kranzgold in der spätantiken Gabenbringerikonographie s. Ploumis, in: Isager/Poulsen, *Patron and Pavements*, passim.

[69] Neapel, Museo Nazionale Inv. 6722 (7516); Koeppel, in: BJb 183, 1983, S. 97 Kat Nr. 11, Abb. 12.

Flankiert werden sie von zwei weiteren, nicht näher definierbaren Teilnehmern des Zugs. Das *ferculum* selbst besteht aus einem Kasten mit Trägern, auf dem ein riesiger Kranz liegt. Im Kranz befindet sich ein nicht näher definierbarer Gegenstand mit konischem Abschluß (Aufsatz, Halterung?). Der Kranz hat nicht nur eine enorme Größe, sondern muß angesichts der vier erwachsenen Träger auch immens schwer sein – das Material ist also Gold. Ganz offensichtlich handelt es sich aber auch hier nicht um einen Goldkranz, der zum Tragen bestimmt ist, sondern um Kranzgold, das im Triumph mitgeführt wird.

Die Darstellung des Kranzes auf dem Relief Neapel ist bezeichnend für den Umgang mit der Gabe in der kaiserzeitlichen Staatskunst. Wenn überhaupt, so kann der Vorgang des Gebens an den Kaiser nur indirekt dargestellt werden. Die Strategie der Bildhauer ist dabei ebenso einfach wie trickreich. Die Städte des Reiches schicken zwar das Gold anläßlich des Triumphs durch Delegationen nach Rom, die dort vom Kaiser sicherlich in allen Ehren empfangen werden. Das Relief zeigt aber nicht die ankommenden Gesandten oder die folgende Übergabeszene im Palast, was mit den gängigen Bildformeln sehr leicht darzustellen gewesen wäre. Vielmehr isolieren die Künstler die Gabe vom Geber und überführen sie in einen anderen Kontext, den Kontext des eigentlichen Triumphzugs. Damit bekommt der Betrachter die Stifter nicht zu sehen; sie bleiben anonym und nicht näher definierbar. Es ist schließlich nur der schwere Goldkranz, der, auf einem von Römern getragenen *ferculum* liegend, im Bild erscheint. Der Akt des Schenkens und die Schenkenden selbst werden damit völlig eliminiert und schwingen allenfalls im Kopf des Betrachters mit; das Geschenk als materieller Wertträger ist eingebettet in *virtus* und *pietas* des Triumphators.

Der Kranz bezeichnet also zunächst weniger die Loyalität der Reichsbewohner oder die weltumspannende Macht des Kaisers. Es zeigt vor allem den Stellenwert des Triumphs und damit die konkrete Leistung des triumphierenden Feldherrn. Die Macht des Kaisers, die sich im extrem wertvollen Tribut äußert, erreicht den Betrachter nur über den Umweg der kriegerischen *virtus*. Damit dämpft der Bildkontext das immense Potential, das im Motiv der Gabe liegt – wir werden weiter unten sehen, warum.

Dieser zurückhaltende Umgang mit der ikonographischen Sprengkraft des Tributs verflüchtigt sich im Laufe der Kaiserzeit. Auf den Basen Borghese/SS. Nereo ed Achille ist die Aussage viel direkter: Hier übergibt der Barbar selbst das Gold. Die spätantiken Denkmäler gehen dann noch einen Schritt weiter. Indem sie die Figur des Kaisers in den Bildzusammenhang integrieren und nun den konkreten Akt des Schenkens präsentieren, schöpfen sie die Konstellation besiegter Barbar – Tribut – allmächtiger Kaiser völlig aus. Was die formale Gestaltung der spätantiken Szenen betrifft, so verstärkt das Prozessionsschema mit erhöht dargestelltem Kaiser und später die registerüberschneidende Anordnung das Kräfteverhältnis zwischen Herrscher und Barbar.

Symbolische Gaben

Während die Bilder der früheren Kaiserzeit es also tunlichst vermeiden, die Übergabe von konkreten Wertgegenständen an den Kaiser vorzuführen, so scheuen sie doch nicht zurück, mit symbolischen Gaben zu arbeiten. Das beste Beispiel ist der goldene *clupeus virtutis*, den Augustus 27 v.Chr. von Senat und Volk von Rom als Geschenk erhielt.[70] Münzdarstellungen verbreiteten diese Auszeichnung in der ganzen Welt.[71] Die Bedeutung dieses Geschenks war so groß, daß man nicht nur Bilder von diesem Geschenk verbreitete, sondern das Geschenk selbst aus billigerem Material kopierte, wie die berühmte Kopie in Arles lehrt.[72]

Auch wenn der *clupeus* aus Gold bestand, sind auf den Münzen niemals Wertgegenstände im eigentlichen Sinne zu sehen, sondern stets Gaben mit stark allegorischer Bedeutung. Das gilt im Übrigen auch für eine Gruppe von Darstellungen, die – entgegen der Regel – den Kaiser, den Gebenden und die Gabe gemeinsam im Bild zeigen. Gemeint ist die Übergabe von Herrschaftszeichen durch Götter. Nur hier konnte die Übergabe eines Gegenstandes an den Kaiser eine längere ikonographische Tradition entfalten. Allerdings handelt sich um eine fiktive und allegorische Ikonographie, die mit einem konkreten Akt des Gebens oder Schenkens nichts mehr zu tun hat.

Das erste ausgereifte Beispiel eines solchen allegorischen Gabenbringerbildes betrachteten wir bereits. Auf dem Augustusbecher von Boscoreale setzte Venus dem thronenden Augustus eine kleine Victoria auf den Globus. Im öffentlichen Raum treten solche legitimierenden Übergabeszenen dann ab dem 1. Jh. n.Chr. auf, für uns zunächst auf

---

[70] Aug. RG 34. Vgl. Zanker, *Augustus*, S. 101f.
[71] Ebd., Abb. 76 a, 80 a–c.
[72] Ebd., Abb. 79.

Münzen faßbar. Die Darstellung konzentriert sich aus Platzmangel auf das Wesentliche: Gott, Gabe, Kaiser.[73] Sinn dieser Münzbilder ist es zum einen, die dynastische Kontinuität der kaiserlichen Herrschaft zu betonen. Zum anderen vermitteln die Bilder, daß der gegenwärtige Herrscher seine Macht von den Göttern erhalten hat. Einige Beispiele.

Ein in der Regierungszeit des Titus geprägter As zeigt auf dem Revers zwei Männer in Toga (Taf. XVIIb):[74] rechts der amtierende Kaiser Titus, links sein verstorbener Vater, Vespasian der Gott, der ihm den Globus als Herrschaftszeichen überreicht. Das gleiche Spiel wiederholt sich auf Sesterzen des Hadrian:[75] links der Divus Traianus, der seinem Nachfolger Hadrian rechts einen Globus mit Zodiakusband verleiht. Häufig nehmen auch Roma oder Iupiter selbst die Stelle des Amtsvorgängers ein (Taf. XVIIc).[76] Im 3. Jh. n.Chr. erscheinen dann nur noch Götter als Übergeber, Iupiter, Sol oder Mars.[77]

Auf Staatsdenkmälern wird spätestens seit trajanischer Zeit die allegorische Übergabe von Herrschaftszeichen eingesetzt, um die Legitimation der kaiserlichen Herrschaft durch die Götter zu demonstrieren. Auf der Attika des Trajansbogen von Benevent flankieren zwei große Relieftafeln links und rechts die Inschrifttafel in der Mitte.[78] Auf der rechten Seite wird der Kaiser von der Bürgerschaft, Quirinus-Romulus und Roma auf dem Capitol empfangen.[79] Links sehen wir eine Götterversammlung, die – über die Inschrift hinweg – auf den *Ingressus Augusti in Capitolium* Bezug nimmt.[80] Im Vordergrund steht die capitolinische Trias, Iupiter zwischen Iuno und Minerva. Iupiter wendet sich dem Kaiser auf der anderen Seite zu und reicht ihm ein großes Blitzbündel, belehnt ihn also mit göttlicher Macht.[81] Auch die *adventus Augusti*, die auf der unteren Zone des Bogens dargestellt war, könnte eine symbolische Übergabe gezeigt haben. Man geht aufgrund ikonographischer Parallelen davon

---

[73] Zu dieser Gruppe von Münzen Alföldi, *Repräsentation*, S. 237; Schneider, in: Kodikas/Code, Ars Semiotica 20, 1997, S. 105–107.

[74] BMC II, S. 259, Nr. 180, Taf. 49.3; Schneider, ebd., S. 107, Taf. 5.1. (zum Problem der Identifikation der dargestellten Personen ebd., Anm. 49).

[75] BMC II, S. 269, Nr. 242, Taf. 51.8; Schneider, ebd., Taf. 5.2.

[76] Schneider, ebd., Taf. 5.3.

[77] Alföldi, ebd., S. 237 mit Taf. 6.7–10.

[78] Rotili, *Arco*, Taf. 129–142; Fittschen, in: AA 1972, S. 773–782; Torelli, in: Buitron-Oliver, *Architectural Sculpture*, S. 160–162, Abb. 23f.

[79] Rotili, ebd., Taf. 129 rechts; Fittschen, ebd., Abb. 27; Torelli, ebd., Abb. 23.

[80] Rotili, ebd., Taf. 129 links; Fittschen, ebd., Abb. 23; Torelli, ebd., Abb. 24.

[81] S. Fittschen, ebd., S. 780f. Zum Blitzbündel als Herrschaftszeichen s. Alföldi, *Repräsentation*, S. 238f.

aus, daß der *Genius Senatus* dem Kaiser eine Weltkugel reichte.[82] Wie auf den Münzen würde die Kugel hier den Empfang der Herrschaft signalisieren, und die ganze Szene wäre dann das Pendant zur Blitzgabe Iupiters in der Attika.

Noch stilisierter erscheint eine andere Allegorie auf einer Münze hadrianischer Zeit.[83] Etwas nach rechts aus dem Zentrum der Münze gerückt, steht dort der Kaiser in Toga. Er hebt den rechten Arm gen Himmel, wo der Adler Iupiters mit dem Szepter in den Krallen herabschwebt; um den Himmel zu suggerieren, ist der Adler im Bildfeld ganz ungewöhnlich weit nach links oben gerückt, wo er sogar das Buchstabenband der Legende durchbricht.

Reziproke Gabenszenen lassen sich in unserem Denkmälerbestand gar nicht nachweisen. Der einzige, wenn auch sehr schwache Hinweis darauf, daß es solche Darstellungen gegeben haben könnte, liefert eine Textstelle der *Historia Augusta*. Im 3. Jh. n.Chr. soll gemäß einer Information in der Vita des Tetricus Iunior im Haus der Tetrici auf dem Caelius ein Mosaik existiert haben, auf dem eine eindeutig reziproke Gabenszene zu sehen war: Aurelian übergibt den beiden Tetrici die *toga praetexta* als Zeichen der senatorischen Würde, während diese wiederum dem Kaiser Szepter, Kranz und *kyklas* reichen.[84] Das Schema dieses Mosaikbildes erinnert aber derart an Bildschemata der kaiserlichen Denkmäler des 4. Jhs. n.Chr., daß es gut möglich ist, daß der spätantike Autor das Mosaikbild nach den Konventionen der eigenen Zeit fingierte.

Es ist sehr bezeichnend, daß die einzigen Personen, die dem Kaiser im Bild eine Gabe überreichen dürfen, die Götter sind. Römische Bürger, Ritter und Senatoren erscheinen nicht einmal isoliert als Geschenkbringer. Wenn Barbaren Gegenstände überreichen, dann sind es entweder symbolische, historisch definierte Gaben (wie die Crassusfeldzeichen oder das Diadem des Parthamasiris), oder der Barbar ist ohne den Kaiser dargestellt (im Falle der Borghesebasis). Der Kaiser als Empfänger wertvoller Gaben wird vermieden.

Diese Regel gilt auch für die zahlreichen *submissio*-Szenen der kaiserzeitlichen Kunst. Das ist besonders deswegen erstaunlich, weil die Komposition der *submissio*-Bilder regelrecht nach Geschenken ruft;

---

[82] Fittschen, ebd., S. 767–770, Abb. 21.

[83] Alföldi, ebd., S. 232, Taf. 15.4f.

[84] SHA Tyr. Trig. 25, 4: *Tetricorum domus (...) in qua Aurelianus pictus est utrique praetextam tribuens et senatoriam dignitatem, accipiens ab his sceptrum, coronam, cycla[dem].*

der Gestus der knienden oder unterwürfig geduckten Barbaren, die hintereinander mit ausgestreckten Armen vor den Feldherren rutschen, entspricht doch exakt dem Bocchus mit dem Zweig und dem Parther mit dem Feldzeichen.

Aber die Hände der kaiserzeitlichen Barbaren sind leer. Die besiegten oder sich ergebenden Daker der Trajanssäule strecken ihre Arme in heftiger Geste dem Kaiser entgegen.[85] Ihre Handflächen zeigen zwar nach oben, halten aber keine Gegenstände. Die barbarischen Bittsteller, die sich dem Kaiser auf der Marcussäule nähern, verhüllen ihre Arme und Hände, gemäß einem Ritual, das sich im Laufe der Kaiserzeit nach östlichem Vorbild am kaiserlichen Hof etablierte (Taf. XVIId).[86] Die prozessionsartige Reihe der Barbaren ähnelt zwar den spätantiken Gabenbringerprozessionen. Aber, um das noch einmal zu betonen: Die Bittsteller tragen keine Gaben.

Ziehen wir eine kurze Zwischenbilanz.

1. Die früh- und hochkaiserzeitlichen Darstellungen von Gabenbringern lassen sich in zwei ikonographische Formeln bündeln. Erstens die stehende Person, die dem Kaiser ein symbolisches Zeichen reicht. Zweitens die Topik des knienden Barbaren mit ausgestreckten Händen; fast alle Bilder des knienden Barbaren sind letztlich vom Prototyp des Bocchusmonuments abzuleiten. Die *submissio*-Szenen bleiben frei von Gaben, Geschenken oder Lösegeldern.

[85] Vgl. z.B. Szene CXXX/349, s. Settis, *Colonna*, S. 501, Taf. 243.

[86] Szene XLIX, s. Scheid/Huet, *Colonne*, Abb. 68f. Zum System der Gesten auf der Markussäule s. Robert, in: Scheid/Huet, *Colonne*, S. 175–196. Die vorliegende Szene deutet Deckers, in: Budde, *Die Heiligen Drei Könige*, S. 25 mit Abb. 5 als Vorläufer der Dreikönigsikonographie; zur Abhängigkeit von vor-spätantiker Staatskunst und spätantikem Gabenbringerbild s. aber u. – Zum Gestus der verhüllten Hand ausführlich Cumont, in: *Atti della Pontificia Academia Romana di Archeologia*. Serie III. Memorie. Volume III, Rom 1932–33, S. 93–99; Ploumis, in: Isager/Poulsen, *Patron and Pavements*, S. 127. Daß die Sitte der verhüllten Hände mit Geschenken zunächst einmal nichts zu tun hat, zeigen die Denkmäler sehr klar. Zum einen zeichnen sich unter den Mänteln der Barbaren auf der Marcussäule keine Gegenstände ab; ein Geschenk, das man nicht sieht, würde auf einem Bild auch überhaupt keinen Sinn machen. Zum zweiten erweist die Borghesebasis, wie man einen geschenkbringenden Barbaren einfach hätte darstellen können, wenn man das nur gewollt hätte: Der Barbar dort hat seine Hände verhüllt, trägt mit den verhüllten Händen aber das unverhüllte Mischgefäß. Zum dritten zeigt ein Wandgemälde im Kaiserkultraum von Luxor, daß die gesamte Entourage des Kaisers die Arme verhüllt trägt (Deckers, in: JdI 96, 1979, Abb. 33f.); hier deutet nichts auf Geschenke hin, im Gegenteil, die sichtbaren Gegenstände (wie etwa das Feldzeichen) sind mit Sicherheit keine Geschenke.

2. Ein auffälliges Moment ist die geringe Häufigkeit, in der Gabenbringer in der Kaiserzeit erscheinen. Die Darstellung von Gabe und Übergabe in der Staatskunst der ersten drei nachchristlichen Jahrhunderte ist die große Ausnahme.
3. Die wenigen greifbaren Szenen erscheinen sehr heterogen und lassen sich nicht auf einen gemeinsamen semantischen Nenner bringen.
4. Mit Ausnahme der Globusübergabe spielen sie immer in militärischem Kontext.
5. Sie beziehen sich meist auf einen konkreten historischen Anlaß.
6. Innerhalb eines relativ einheitlichen Kompositionsschemas entfaltet sich – den verschiedenen Anlässen entsprechend – eine Vielzahl an Nuancen und Hierarchien. Diese werden durch die Semantik der Gaben sowie Status und Gestus der Beteiligten gesteuert.
7. Die Gaben selbst sind fast immer von hochgradig symbolischer oder allegorischer Natur, Lorbeer, Herrschaftsinsignie, Feldzeichen, Kind; nur die problematische Basis Borghese zeigt mit Krater und Goldkranz Geräte, die einen größeren materiellen Wert besitzen. In den meisten Fällen handelt es sich um historisch eng definierte Zeichen, welche die militärische Leistung oder die politische Legitimation des Beschenkten verkörpern.
8. Die einzigen Personen, die dem Kaiser Gaben reichen, sind Götter, Personifikationen oder Mitglieder des Kaiserhauses. Geschenkbringende Barbaren werden nie zusammen mit dem Kaiser dargestellt, römische Bürger erscheinen nirgends als Gabenbringer.
9. Bisweilen werden Geschenke bzw. Tribute isoliert ins Bild gesetzt. Das betrifft v.a. Ehrengeschenke an den Kaiser, aber auch das Kranzgold.

Fazit: Eine etablierte Ikonographie, die teure Gaben oder Abgaben zum Zeichen herrscherlicher Macht einsetzen würde, gibt es in der Kaiserzeit nicht; ganz abgesehen von ausgereiften Gabenbringerszenen im Prozessionsschema, wie wir sie im Alten Orient und dann erst wieder auf dem Galeriusbogen finden. Während die frühe und hohe Kaiserzeit Gabenszenen im kaiserlichen Repräsentationsbild vermeidet, erscheint die Gabenbringerszene ab constantinischer Zeit in zahlreichen Beispielen und wird schnell zu einem der wichtigsten Topoi der spätantiken Herrscherikonographie.

Dieser Befund wirft zwei Fragen auf. Erstens: Wie läßt sich der auffallend zurückhaltende Umgang mit dem Thema „Gabe und Geschenk“

in der kaiserzeitlichen Kunst erklären? Zweitens: Wie kommt es zur spätantiken Gabenbringerikonographie?

Gabe und Geschenk in der politischen Praxis

Auf die erste Frage gibt es keine pauschale Antwort; dazu sind die Motive und Kontexte der Bilder viel zu unterschiedlich. Für manche Szenen läßt sie sich relativ einfach beantworten. So hat die Tatsache, daß bei der *submissio* niemals Geschenke präsentiert werden, einen guten Grund. Der Sinn der Unterwerfungsbilder liegt bekanntlich darin, die *clementia* des Kaisers vor Augen zu führen. *clementia* ist aber kein Wert, den man sich erkaufen kann. Die Gnade der Schonung liegt einzig und allein in der Person des Kaisers. Und der Kaiser läßt sich bei einer solchen Entscheidung natürlich nicht durch wertvolle Geschenke bestechen.

Andere Bilder sind nicht so einfach zu erklären. Das Fehlen ausländischer Gesandtschaften beispielsweise hat mit *clementia* nichts zu tun. Gehen wir das Problem also zunächst mit einer Arbeitshypothese an. Wenn die Ikonographie der kaiserzeitlichen Staatskunst politische Ideen und Strukturen in Bildern spiegelt – dürfen wir dann aus den wenigen, sehr heterogenen Gabenbringerdarstellungen schließen, daß der Akt des Schenkens an den Kaiser im politischen und gesellschaftlichen System dieser Zeit keine oder nur eine untergeordnete Rolle gespielt hat?

Genau das Gegenteil ist der Fall. Zahlreiche Quellen zeigen, daß Gaben und Geschenke essentieller Bestandteil des öffentlichen Lebens waren. Ganz besonders betrifft das jene Gelegenheiten, bei denen man mit dem Kaiser kommunizierte. Am Jahresanfang etwa brachten die Bürger Roms dem Kaiser zahllose Geschenke in den Palast – eine Prozedur, die bald zu wochenlangen Geschenkexzessen ausartete, so daß sich Tiberius gezwungen sah, das ‚Große Schenken' per Edikt auf den ersten Januartag zu begrenzen.[87]

[87] Suet. Tib. 34, 2. – Zum Neujahrsgeschenk an den Kaiser s. Millar, *Emperor*, S. 142f.; zum Neujahrsgeschenk allgemein Heres, in: FuB 14, 1972, S. 182–193 (das einzige erhaltene Neujahrsgeschenk an einen römischen Kaiser ist eine Gemme mit einem Glückwunsch für Commodus, heute in Berlin, ebd., S. 185).

Doch nicht nur die römischen Bürger, auch ausländische Gesandtschaften lieferten Unmengen an Geschenken. Nikolaos von Damaskus sah in Antiochia eine indische Gesandtschaft an Augustus, deren Geschenke von acht Männern getragen wurden. Außerdem gab es einen Zoo von wilden Tieren und einen körperbehinderten Spaßmacher.[88] Der Austausch von Geschenken – auch von römischer Seite – war essentieller Bestandteil der Diplomatie.[89] Dem Augustus schenkte eine Gesandtschaft aus Gallien hundert Pfund schwere Goldtorques.[90] Die Mengen an Kranzgold, die von den Städten des Reiches zu bestimmten Anlässen an den Kaiser geschickt wurden, müssen immens gewesen sein.[91] Und es war nicht etwa so, daß sich der Kaiser dieser Geschenke geschämt und sie in den dunklen Schatzkammern seines Palastes verstaut hätte – ganz im Gegenteil, besonders seltene und wertvolle Geschenke wurden vor dem Palatium zur Besichtigung ausgestellt.[92]

Für eine Ikonographie der Gaben, wie wir sie aus Assyrien oder Persepolis kennen, hätte es also auch in Rom hinreichend Anlaß gegeben. Funktion und Rahmenbedingungen waren vorhanden, und auch die Bildformeln standen zur Verfügung. Wie wir sahen, gab es Darstellungen von Barbaren in Proskynese, die Gegenstände überreichen; es gab Übergabeszenen von Gleich zu Gleich und von Gott zu Kaiser. Trotzdem begegnen wir auf keiner Darstellung einem Barbar oder einer Provinzpersonifikation, die wertvolle Gaben, Steuern oder Tribut vor den Kaiser brächte. Mit einer mangelnden gesellschaftlich-politischen Bedeutung von Gabe und Geschenk kann dieses ikonographische Manko jedenfalls nicht erklärt werden.

Kehren wir noch einmal zur früh- und hochkaiserzeitlichen Staatskunst zurück. Bislang suchten wir mit nicht allzu großem Erfolg nach Personen, die dem Kaiser Geschenke oder Gaben reichen. Wechselt man die Perspektive, ändert sich die Situation schlagartig. So selten,

[88] Strabo 15, 1, 73.
[89] Dazu Millar, ebd., S. 139–142.
[90] Quint, inst. 6, 3, 79.
[91] Krauser, in: RM 59, 1944, passim; Millar, ebd., S. 140–142 mit Belegen. – Die Bedeutung des *aurum coronarium* zeigt nicht zuletzt die Darstellung des riesigen Kranzes auf dem Fries in Neapel MN Inv. 6722 (7516), die einzige Darstellung eines offiziellen Geschenks in der römischen Staatskunst (s.o.).
[92] Belege bei Millar, ebd., S. 140.

wie der Kaiser auf den Bildern Gaben bekommt, so häufig sieht man ihn, wie er Gaben verteilt. Auf zahlreichen Münzen und Staatsreliefs übergibt der Kaiser Geldgeschenke an das Volk oder läßt Schuldbücher verbrennen.[93]

Bei diesen Gabenszenen erscheint nun genau die Personengruppe im Bild, die bei den allegorischen und triumphalen Gabenszenen gemieden wurde: die römischen Bürger. Die Bilder interessieren sich dabei weniger für Senatoren und Ritter (die Geschenke ja auch gar nicht nötig hätten) oder für Personifikationen. Im Zentrum steht vielmehr der einfache römische Bürger, und um diese Einfachheit zu charakterisieren, brennt die Bildersprache ein ganzes Feuerwerk an einprägsamen Formeln ab. Ein einfaches Mittel, um die *plebs* zu kennzeichnen, ist die Kleidung. Die Empfänger tragen oft gar keine Toga, sondern nur eine Tunica;[94] auf dem constantinischen Liberalitasrelief des Constantinsbogens später sogar Mäntel. Raffinierter und in vielerlei Variationen ausgespielt werden zwei Themen, die nicht nur die materiellen Verhältnisse, sondern auch das charakteristische Erscheinungsbild des Bürgers auf der Straße bezeichnen: der Aspekt der Masse und der Aspekt des Kindes. Die Ikonographie der Masse würde Raum für eine eigene Arbeit bieten; auf sie kann hier nicht näher eingegangen werden. Was die Kinder betrifft, so seien aus der Masse von Denkmälern zwei Beispiele herausgegriffen.

Auf dem Liberalitasrelief des Marc Aurel vom Constantinsbogen verteilt der Kaiser, hoch auf den *rostra* sitzend, Geld an das römische Volk (Taf. XVIIIa).[95] Das Volk vertreten sechs Personen vor der Tribüne, drei Männer, eine Frau und immerhin zwei Kinder; der Mann ganz links hat uns den Rücken zugewandt und nimmt die Gabe vom Kaiser entgegen. Der Vater rechts trägt sein Kind auf den Schultern, der andere Knabe blickt dem Betrachter entgegen. Ein Aureus Trajans zeigt den Kaiser, der ein Stück Brot an zwei kleine Kinder reicht.[96] Drastischer könnte der Rollentausch im Vergleich zu den Investiturszenen mit dem Globus nicht sein: Auf der rechten Seite steht die große Figur des Kaisers,

[93] Beispiele bei Brilliant, *Gesture*, S. 170–173; vgl. auch das große Liberalitasrelief vom Constantinsbogen, s.u. Vernichtung von Schuldbüchern beispielsweise auf den *Anaglypha Traiani*, Rüdiger, in: AntPl 12, 1973, Abb. 4. Taf. 70–72.

[94] Mann in Tunica beispielsweise auf dem großen Liberalitasrelief der Attikanordseite des Constantinsbogens, Nr. 10 bei Koeppel, in: BJb 186, 1985, S. 72–74, Kat. Nr. 33, Abb. 39.

[95] Dazu Becatti, in: ArchCl 24, 1972, S. 59–74; Hannestad, in: AnalRom 8, 1977, S. 79–88; Koeppel, ebd.

[96] Fittschen, in: AA 1972, S. 749, Abb. 7.

der sich nach unten beugt, um zwei kleinen, unterversorgten Kindern auf der linken Seite eine Gabe zu reichen.

Szenen dieser Art haben eine eindeutige, stereotype Aussage. Sie verweisen auf die *liberalitas* des Kaisers. Die *liberalitas principis* gehört bekanntermaßen zu den Standardtugenden des Kaisers. Sie hat einen festen Platz im semantischen System der kaiserlichen Selbstdarstellung und kehrt dementsprechend häufig wieder.[97]

Die *liberalitas*, und damit in engerem Sinne die Verteilung von Geschenken an den römischen Bürger, ist in gewisser Hinsicht konstitutiv für die römische Monarchie. Bereits in republikanischer Zeit besitzt die Reziprozität von Gabe und Gegengabe, von *beneficium* und *gratia*, für die römische Gesellschaft eine zentrale Bedeutung. Soziale Beziehungen werden in hohem Maße durch Gaben und Gefälligkeiten, *beneficia*, gestiftet. Das gilt einerseits für sozial gleichrangige Beziehungen innerhalb der Aristokratie, gefaßt im Prinzip der *amicitia*. Es gilt auf der anderen Seite aber auch für die Beziehungspflege zwischen den Ständen, institutionalisiert im Klientelwesen. *beneficium* verpflichtet zu *gratia* – wenn mir jemand eine Wohltat erweist, so bin ich ihm etwas schuldig. Aus dieser Reziprozität entstehen Bindungen, und auf diesen Bindungen beruht wiederum das politische System, sei es im Verhältnis von Klient zu Patron oder – innerhalb der Elite – von *amicus* zu *amicus*.

Die althistorische Forschung der letzten Jahrzehnte konnte zeigen, daß der Gabentausch, vor allem aber die daraus resultierende beidseitige Verpflichtung, in der römischen Gesellschaft einen höheren Stellenwert als in anderen antiken Sozialstrukturen besaß.[98] Hierzu nur ein besonders prägnantes Beispiel: Das exzessive Schenken führte in der späten Republik zur bizarren Situation, daß sich der Senat gezwungen sah, das Schenken gesetzlich zu reglementieren. Die *lex Falcidia* verbot, daß Erblasser mehr als drei Viertel ihres Vermögens verschenken durften.[99]

In der Kaiserzeit erhält das Gabentausch-System durch den Monarchen ein Zentrum, „d.h. einen überlegenen Geber, der alle Gruppen und Personen seines Reiches mit *beneficia* dermaßen überhäuft, daß sie

---

[97] Zu Idee und Begriff der *liberalitas* s. Kloft, *Liberalitas*; Stylow, *Libertas*, S. 58–98. – Wie die Liberalitasdarstellungen den Akt der kaiserlichen Schenkung formulieren, wäre – gerade als Gegenkonzept zum Geschenk an den Kaiser – sicherlich eine interessante Frage, der in diesem Zusammenhang aus Platzgründen aber leider nicht näher nachgegangen werden kann.

[98] Zuletzt Flaig, in: Heinz, *Zwischen Erklären und Verstehen?*, passim.

[99] Ebd., S. 37f.

ihm allesamt zu *gratia*, zu Dankbarkeit verpflichtet sind".[100] Aufschlußreich ist dabei eine Passage aus Senecas *De Clementia*: „Derjenige, der für alles sorgt, der das eine mehr, das andere weniger schützt, der aber jeden Teil des Staates fördert, als ob es sein Eigentum wäre (...) der wird von der ganzen Bürgerschaft geliebt, verteidigt, geehrt. Dieser *princeps* lebt durch sein *beneficium* sicher und braucht keinen Schutz, Waffen hat er zum Schmuck."[101] Kurz gesagt: Der Kaiser herrscht, weil er schenkt. Solange der *princeps* schenkte, funktionierte dieses System perfekt. Problematisch wurde es erst dann, wenn der Kaiser Geschenke erhielt – auf diese Weise begab er sich nämlich in eine Abhängigkeit zum Schenkenden.

Im Gegensatz zu normalen Sterblichen war das Erhalten von Geschenken für den Kaiser also eine extrem heikle Angelegenheit. Entsprechend umsichtig gingen die Kaiser damit um. Wie sie das taten, zeigt das Beispiel der *res gestae* des ersten *princeps*.

Liest man den Tatenbericht des Augustus unter dem Aspekt des Gabentauschs, so gewinnt man nach einiger Zeit den Eindruck, daß das Werk nicht zuletzt deswegen verfaßt wurde, um dem Publikum (und den folgenden Monarchen) den korrekten Umgang mit Gaben jedweder Couleur vor Augen zu führen. Korrekter Umgang bedeutet dabei zunächst, daß Geschenke nur in Ausnahmefällen angenommen werden. Um die Schenkenden nicht zu brüskieren, erfordert das Zurückweisen aber ein hohes Maß an Fingerspitzengefühl. Gänzlich zurückzuweisen sind lediglich platte materielle Gaben, also etwa das Kranzgold, das anläßlich von Triumphen und imperatorischen Akklamationen nach Rom kommt. Diese Bescheidenheitsgeste wendet Augustus bei den italischen Städten an: „35.000 Pfund Kranzgold, das die Munizipien und Kolonien Italiens anläßlich meiner Triumphe im fünften Konsulat zusammengebracht hatten, schickte ich wieder zurück; und auch später nahm ich, wenn man mich zum Imperator ausrief, nie das Kranzgold an, das die Munizipien und Kolonien mir zu diesem Anlaß ebenso bereitwillig wie zuvor zu schenken beschlossen hatten."[102]

---

[100] Ebd., S. 45.

[101] Sen. clem. 1, 13, 5 *Is, cui curae sunt universa, qui alia magis, alia minus tuetur, nullam non rei publicae partem tamquam sui nutrit (...) a civitate amatur, defenditur, colitur (...). Hic princeps suo beneficio tutus nihil praesidiis eget, arma ornamenti causa habet.* Zur Passage vgl. Flaig, ebd., S. 43–46.

[102] Aug. res gestae 21 *Auri coronari pondo triginta et quinque millia municipiis et colonis Italiae conferentibus ad triumphos meos quintum consul remisi et postea quotienscumque imperator appellatus sum, aurum coronarium non accepi decernentibus municipiis et colonis aeque benigne adque antea decreverant.*

Statuenweihungen von Privatleuten an die eigene Person lassen sich nicht so einfach aus der Welt schaffen. Am elegantesten ist es, diese teuren, aber in ihrer Masse unliebsamen Gaben weiterzuschenken, und zwar an die Götter. So umgeht man nicht nur den Vorwurf der *avaritia*, den die Menge eingeschmolzenen Silbers unweigerlich hervorrufen würde – sondern man münzt ihn im wahrsten Sinne des Wortes in *pietas* um: „In Rom standen etwa achtzig Statuen aus Silber, die mich zu Fuß, zu Pferd oder in der Quadriga zeigten; ich ließ sie persönlich entfernen und stellte aus dem Erlös goldene Weihgeschenke im Tempel des Apollo auf, die meinen Namen und die Namen derjenigen tragen, die mich der Ehre einer Statuenweihung für wert erachtet hatten."[103]

Eine ähnliche Strategie eignet sich im Übrigen auch für die zahllosen kleineren Geschenke, die vom Volk zu Jahresbeginn in den Palast gebracht werden. Augustus kauft von diesem Geld exquisite Götterstatuen, die er auf die einzelnen *vici* Roms verteilt.[104] Die Zurückhaltung geht sogar so weit, daß der *princeps* jene Spenden, die alle möglichen Privatleute und Personengruppen nach dem Brand seines Hauses zusammentragen, nicht annimmt – bis auf einen einzigen symbolischen Denar pro Spender.[105] Auch hier offenbart sich wieder die schwierige Balance zwischen *avaritia* und Anerkennung des Schenkenden.

All diese Geschenke haben eines gemeinsam: Kranzgold, Geld und Silberstatuen sind Gaben, die zwar sehr wertvoll sind, aber nicht unbedingt eine raffinierte Symbolik aufweisen. Außerdem werden diese Geschenke nicht von der Gemeinschaft, sondern von Einzelpersonen gestiftet; im besten Fall treten einzelne Interessensgruppen als Schenker auf, Veteranen etwa oder italische Gemeinden.

Augustus vergibt sich nichts, wenn er bestimmte Geschenke nicht annimmt. Die Gaben erfüllen ihren Wert nämlich auch dann, wenn man nur an sie erinnert. Es genügt, all die zurückgewiesenen oder umgemünzten Gaben im Gedächtnis zu halten. In seinem Testament konsolidiert Augustus damit gewissermaßen einen Subtext – und dieser

---

[103] Ebd. 24. *Statuae meae pedestres et equestres et in quadrigeis argenteae steterunt in urbe XXC circiter, quas ipse sustuli exque ea pecunia dona aurea in aede Apollinis meo nomine et illorum, qui mihi statuarum honorem habuerunt, posui.* Zu den Stiftern und den Umständen dieser Statuenweihungen an den *princeps* vgl. Stewart, *Statues*, S. 172f.

[104] Suet. Aug. 57, 1 *Omnes ordines in lacum Curti quotannis ex voto pro salute eius stipem iaciebant, item Kal. Ian. strenam in Capitolio etiam absenti, ex qua summa pretiosissima deorum simulacra mercatus vicatim dedicabat, ut Apollinem Sandalarium et Iovem Tragoedum.*

[105] Ebd. 57, 2 *In restitutionem palatinae domus incendio absumptae veterani, decuriae, tribus atque etiam singilatim e cetero genere hominum libentes ac pro facultate quisque pecunias contulerunt, delibante tantummodo eo sumarum acervos neque ex quoquam plus denario auferente.*

Subtext ist trotz (oder gar wegen) der penetranten Bescheidenheitstopik nicht zu überlesen: Masse, Wert und Stifter der Geschenke zeigen die Akzeptanz des Herrschers durch die Beherrschten.

Umwandeln, zurückgeben, zurückschenken – die Beispiele zeigen deutlich, daß Augustus peinlich darauf achtet, sich weder durch große materielle Geschenke noch durch Gaben von Individuen in Abhängigkeit bringen zu lassen. Er versucht, die an ihn herangetragenen Geschenke gezielt zu kanalisieren. Akzeptabel sind lediglich solche Geschenke, die bestimmte Kriterien erfüllen. Da sind zunächst religiöse Stiftungen zugunsten des Herrschers, die Ara Fortunae Reducis und die Ara Pacis.[106] Hinzu kommen die offiziellen Ehrengeschenke, etwa die Quadriga auf dem Augustusforum.[107] Auf einige Gegenstände, die ihm aus bestimmten Anlässen überreicht werden, ist Augustus besonders stolz: die Lorbeerbäume vor seiner Haustür, die *corona civica* über derselben und der goldene *clupeus*, den Augustus in der Curie aufhängen läßt.[108] Symbolische Gegenstände dieser Art dürfen auch seine Familienmitglieder entgegennehmen, so zum Beispiel die im Tatenbericht erwähnten Schilde und Lanzen aus Silber, die Caius und Lucius erhalten.[109]

Diese Gegenstände lassen sich – wie zuvor die abgewiesenen oder umgewandelten Gaben – auf einen einfachen Nenner bringen. Augustus akzeptiert und erwähnt in den *Res gestae* nur solche Gaben, die von der gesamten Bürgerschaft und/oder dem Senat angeboten werden. Jedwede Verpflichtung gegenüber Einzelpersonen oder Parteien ist damit ausgeschlossen. Die Gaben selbst zeichnen sich durch drei Eigenschaften aus. Erstens handelt es sich um ungewöhnliche Gaben, die sich von den üblichen Wertgeschenken wie Kranzgold oder Geld formal sehr stark abheben – Bäume, Schilde, Altäre. Zweitens besitzen diese Gegenstände durch ihre Form einen hohen symbolischen Wert – der Lorbeer als Zeichen Apolls, der *clupeus* als Verweis auf die Ehrenschilde im altrömischen Atrium, die Altäre als Ausdruck der *pietas*. Drittens spielt der materielle Wert nicht unbedingt eine Rolle, wie etwa bei den Lorbeerbäumen.

---

[106] Aug. RG 11f.

[107] Ebd. 35.

[108] Ebd. 34 *Quo pro merito meo senatus consulto Augustus appellatus sum et laureis postes aedium mearum vestiti publice coronaque civica super ianuam meam fixa est et clupeus aureus in curia Iulia positus, quem mihi senatum populumque Romanum dare virtutis clementiaeque et iustitiae et pietatis causa testatum est per eius clupei inscriptionem.*

[109] Ebd. 14. *Equites autem Romani universi principem iuventutis utrumque eorum parmis et hastis argenteis donatum appellaverunt.*

Vor allem aber verweisen alle Gaben auf die Leistungen des *princeps*, seien es die Altäre als Zeichen der kriegerischen *virtus* oder der Schild als Demonstration der Kardinaltugenden des Herrschers.

Was hat dies nun alles mit den Bildern zu tun?

Die *Res gestae* spiegeln exakt die Kriterien wider, nach denen das Thema der Gaben in der Staatskunst behandelt wird. Während Gaben von Privatleuten oder einzelnen Interessensgruppen vermieden werden, erscheinen ab Augustus nur solche Gaben im Bild, die von Senat und/oder Volk von Rom angeboten werden. Zumeist sind diese Gaben von einer hohen Symbolik und beziehen sich auf konkrete Anlässe, die mit spezifischen Leistungen des Herrschers verbunden sind. Offensichtlich besteht ein direkter Zusammenhang zwischen der verpflichtenden Kraft der Gabe innerhalb der römischen Gesellschaft und dem skizzierten Negativ-Befund in der offiziellen Ikonographie.

Auf den Münzbildern und Reliefs sehen wir keinen Kaiser, der von Barbaren oder Privatleuten wertvolle Geschenke erhält, weil die Konsequenzen einer solchen Darstellung für den Kaiser fatal gewesen wären. Nehmen wir den Fall, ein Kaiser hätte von einem Senator oder einer kleinasiatischen Stadt ein sehr teures Geschenk erhalten und würde dieses Geschenk, anstatt es zurückzuschicken oder in der kaiserlichen Schatzkammer verschwinden zu lassen, zum Thema eines Staatsreliefs machen. Der Kaiser hätte nach den sozialen Spielregeln der römischen Gesellschaft damit öffentlich proklamiert, daß er in der Schuld des betreffenden Senators oder der entsprechenden Stadt stehen würde, eine für den Kaiser undenkbare Vorstellung. Das Bild wäre ein Manifest der *gratia* gegenüber einem Individuum, einer Gruppe oder einer Völkerschaft gewesen, ein *faux-pas*, dessen Folgen im Konkurrenzkampf um die Gunst des Kaisers unabsehbar gewesen wären. Zudem hätte eine Szene, die den Kaiser beim Empfang einer Reihe von wertvollen Geschenken zeigt, sehr leicht zum Vorwurf der *avaritia* führen können. Zumindest hätte er damit die stete Propagierung der *liberalitas* auf den Bildern der Staatsmonumente konterkariert.

Von hier aus erklärt sich natürlich auch, daß der umgekehrte Vorgang, das Geschenk des Kaisers an die Bürger, in den staatlichen Bildprogrammen einen solchen Rang einnahm. Durch das Geschenk von Geld oder die Stundung von Schulden hat der Kaiser den Bürgern einen Gefallen erwiesen, den diese durch Loyalität vergelten müssen. Und eben diese Verpflichtung bekommen die Bürger – unter dem Deckmäntelchen der grenzenlosen Freigebigkeit des Herrschers – im Bild vorgeführt.

Die Wurzeln der spätantiken Gabenbringerikonographie

Es bleibt zu klären, warum in der Staatskunst des 4 Jhs. n.Chr. plötzlich an prominentester Stelle genau jene Szenen auftreten, nach denen wir zuvor vergeblich suchten; vor allem aber, wie diese Bilder zustande kommen. Gemeint sind die zu Beginn untersuchten Bilder des Galeriusbogens und des Theodosiusobelisken, in denen der Kaiser nicht mehr in der Rolle des Schenkenden, sondern in der Situation des Beschenkten erscheint.

Führen wir uns das Relief auf der Basis des Theodosiusobelisken in Konstantinopel noch einmal kurz vor Augen. Mit den Gabenszenen der Kaiserzeit, die wir oben erläuterten, hat diese Darstellung *prima vista* wenig zu tun. Die raffinierte und zurückhaltende Symbolik der früheren Kaiserzeit ist verschwunden. Die Barbaren rutschen in der Schlange mit wertvollen Gegenständen von links und rechts an den Kaiser heran. Sie bringen keine Lorbeerzweige oder Kinder. Ihre Gaben sind ganz konkret und von immensem Wert: Gefäße, in denen wir uns wertvolle Gegenstände, vermutlich Gold oder Geldstücke, vorzustellen haben.[110] Diese neue Situation bezeichnet einen Paradigmenwechsel, wie er größer kaum vorstellbar ist. Der Kaiser mutiert vom Schenkenden zum Beschenkten; die Gabe vom Symbol zum massiven Wertgeschenk; der Kontext vom historischen Spezialfall zur allgemeingültigen Aussage.

Sind die Unterschiede zwischen der Theodosiusbasis und den Bildern der früheren Zeit aber tatsächlich so groß? Analysiert man das Relief genauer, so stellt man fest, daß die Änderungen eher Details als die Bildstruktur insgesamt betreffen. Diese Details vergrößern den Abstand zwischen Kaiser und Barbaren gegenüber den früheren Beispielen allerdings beträchtlich. Nehmen wir etwa die Darstellung konkreter Geschenke in den Händen der Barbaren. Ein kleiner Kunstgriff mit großen Folgen: Er bewirkt nicht nur die Verkehrung der Gabensituation, sondern auch die materielle Konkretisierung der Gaben, die nun keine Symbolgegenstände mehr sind.

Im Gegenzug stößt man bei näherem Hinsehen auf Bildelemente der früheren römischen Staatskunst. Es scheint, als ob die *submissio*-Formel durch Gaben bereichert und modifiziert wurde.[111] Man denke an den

---

[110] Ähnlich dem eingangs erwähnten Relief in Trier (Schneider, in: Wiesehöfer, *Das Partherreich*, S. 114, 126, Abb. 4.1), auf dem ein Barbar einen Korb mit Barren heranträgt.

[111] In ihrer Bildstruktur ähneln die *submissio*-Szenen der frühen und mittleren Kaiserzeit prinzipiell der ausführlichen spätantiken Gabenbringerikonographie – nur

knienden Barbar mit Geschenk auf der Borghesebasis oder an den Kaiser, der auf dem Podium sitzt und Germanen empfängt, die vor ihm um Gnade flehen. Angesichts dieser Rückgriffe auf das Reservoir der früheren römischen Staatsbilder liegt es zunächst durchaus nahe, das spätantike Gabenbringerbild als ikonographische Neuschöpfung zu erklären, die durch Klitterung früherer Bildelemente entstand.[112]

Nun ist das Modell der Klitterung aber nur solange plausibel, als keine Tradition der Gabenikonographie ausgemacht werden kann, die länger zurückreicht und auf die sich die spätantiken Bilder beziehen. Genau dies ist aber der Fall. Schon in der frühen und mittleren Kaiserzeit finden sich Darstellungen, in denen das Bild der Gabe bzw. des Tributs dezidiert die Macht des Beschenkten illustriert – nicht die Macht des Kaisers allerdings.

Das Grabrelief des T. Paconius Caledus, das sich heute im Vatikan befindet, formuliert zum ersten Mal die hierarchische Konfrontation von Gabenbringern und Gabenrezipient (Taf. XVIIIb).[113] Im zentralen Bildfeld des Reliefs, das seitlich von zwei Porträtbüsten in Profilansicht flankiert wird, ließ Paconius (oder seine Erben) eine typische Szene aus dem Leben des Verstorbenen anbringen. Die *tabula ansata*, auf der die Namen des Paconius und seiner Frau Octavia verzeichnet sind, bildet eine Art Podium. Mitten auf dem Podium, vor einem Baum, stapelt sich ein Haufen ländlicher Produkte: Knollen, lauchartiges Gemüse und Körbe mit nicht näher definierbaren Früchten. Rechts spielt ein Junge mit einem Hund, der mit Schmetterling und Baum die ländlich-bukolische Atmosphäre unterstreicht. Von links nähert sich – zum ersten Mal in der römischen Kunst – eine ‚Prozession' von Gebern. Vor dem Haufen steht

ohne Gaben. Der Kaiser, erhöht auf einem Podium sitzend oder stehend, empfängt Gruppen von Barbaren, die sich geduckt oder kniend mit ausgestreckten Armen dem Herrscher nähern. Diese strukturelle Ähnlichkeit darf nicht darüber hinwegtäuschen, daß der Kontext – abgesehen von den dargestellten Gaben – in den spätantiken Darstellungen ein völlig anderer ist. Hier geht es nicht um Krieg: Bei der Szene auf dem Galeriusbogen etwa handelt es sich um eine Gesandtschaft, auf der Basis des Theodosiusobelisken sehen wir symbolisch zu interpretierende Tributbringer in einer zeitlich nicht näher definierbaren, fast schon formelhaften Repräsentationsdarstellung. Auch der Fries des Septimius-Severus-Bogens auf dem Forum Romanum kann nicht herangezogen werden: Die knienden Barbaren haben keine Gaben in den Händen, es handelt sich somit um eine reine *submissio*-Szene.

[112] Dieses Modell schlägt Deckers, in: Budde, *Die Heiligen Drei Könige*, passim für die Ikonographie der Heiligen Drei Könige vor.

[113] Musei vaticani, Gab. delle maschere Inv. 808 (CIL VI 23687). Schäfer, *Insignia*, S. 169, 175, Taf. 26.3.

ein Mann, der seine Produkte soeben abgelegt hat und nun in gebückter Haltung und mit unterwürfigem Gestus seine Gaben präsentiert. Hinter ihm in der Schlange kommt ein weiterer Bauer heran, der einen riesigen Korb mit Abgaben auf dem Rücken trägt und sich auf einen Stock stützt. Beide Figuren korrespondieren mit der Figur des Verstorbenen auf der rechten Seite des Bildes. Toga, erhobener rechter Arm, das Rechnungsbuch in der Linken, vor allem aber die überproportionale Größe führen die soziale Überlegenheit des Paconius unmittelbar vor Augen. Leider ist der Beruf des Paconius in der Inschrift nicht angegeben; ob es sich um einen Pächter oder eher um einen Gutsbesitzer handelt, muß also offen bleiben.

Das Relief des Paconius Caledus ist kein Einzelfall. Der Fries vom Grabmal des M. Vergilius Eurysaces vor der Porta Maggiore in Rom konfrontiert ebenfalls eine ‚Prozession' von Trägern mit ihrem Herrn.[114] Die Szene ist natürlich komplizierter und elaborierter, gehorcht aber grundsätzlich dem gleichen Schema. Auf dem Fries der Westseite nähern sich von links drei Männer, die auf ihren Schultern große Körbe voll mit Brotlaiben tragen. Das Brot wird anschließend auf einer großen Waage gewogen und registriert. Das Geschehen läuft auf drei Männer in Toga im rechten Teil des Frieses zu. Einer von ihnen ist sicher der Grabinhaber.

Nicht nur im Kontext der Gutsbesitzer und Pächter, auch im Repräsentationsbild der städtischen Magistrate spielt das Element der Übergabe eine wichtige hierarchiebildende Funktion. Mehrere Monumente italischer Beamter des ersten und zweiten nachchristlichen Jahrhunderts zeigen Audienzszenen, in denen der Magistrat Schriftstücke (Rechnungen, Bittschriften o.ä.) in Empfang nimmt. Dieses Übergabeschema liegt bereits zu Beginn der Kaiserzeit auf den Frontreliefs steinerner *sellae curules* in topischer Form vor.

Ein spätaugusteisch-tiberisches Beispiel im Palazzo Colonna präsentiert im Zentrum der Bildfläche einen sitzenden Beamten auf der *sella curulis* (Taf. XIXa).[115] Dem Beamten nähern sich von beiden Seiten her zahlreiche *togati*, unter ihnen ein Knabe. Einige der Männer sind durch

---

[114] Zimmer, *Berufsdarstellungen*, S. 106–109, Abb. 18 unten. – Ähnlich die Darstellung auf dem Grabaltar des L. Calpurnius Daphnus (Boschung, *Grabaltäre*, S. 113, Kat. Nr. 953, Taf. 56, Abb. 953); in der Mitte der Verstorbene mit einer Schreibtafel in der Rechten, links und rechts von ihm jeweils zwei Träger mit riesigen Körben auf den Schultern, die sich dem Calpurnius zuwenden. Vgl. Zimmer, ebd., S. 224, Abb. 187 und S. 226 Abb. 191f.

[115] Schäfer, ebd., S. 256f., Kat. Nr. 11, Taf. 31.2f.

Rutenbündel als Liktoren gekennzeichnet. Bei den anderen dürfte es sich um Bittsteller handeln. Das ist zumindest bei dem Bürger ganz vorne der Fall. Ihm wendet sich der sitzende Magistrat gerade zu. Der Bürger reicht dem Beamten mit der Rechten einen Gegenstand, der Form nach sicherlich eine Tafel.[116] Der Beamte nimmt die Tafel mit ausgestrecktem Arm entgegen.[117]

Ein weiteres, drastischeres Beispiel für diese Art der Selbstdarstellung liefert ein ungewöhnlicher, erst vor kurzem *in situ* gefundener Grabaltar von der Via Appia.[118] Der Altar entstand in der ersten Hälfte des 1. Jhs. n.Chr. Er zeigt auf der Vorderseite im oberen Register den Verstorbenen, den *scriba* Q. Fulvius Priscus, der mit seinen Amtsdienern auf einem Podium sitzt. Im unteren Bereich des Altars, noch unter der Inschrifttafel, steht eine Menge von Personen. Sie wenden sich mit ausgestreckten Armen an den Schreiber im Register darüber. Die meisten von ihnen haben Schriftstücke, Tafeln oder Rollen, in Händen.[119]

Indem sie den konkreten Akt der bittenden Übergabe zeigen, markieren solche Szenen den gesellschaftlichen Einfluß des Beamten. Sie konfrontieren eine untergebene Masse mit dem Machtträger und vermitteln zwischen beiden durch einen Gegenstand. Damit sind diese Denkmäler das direkte Äquivalent zu der Tributszene, die wir am Grabrelief des Paconius Caledus kennenlernten. Und wohl nicht nur ein Äquivalent:

---

[116] Schäfer, ebd., S. 256. Vielleicht handelt es sich um eine Testamentseröffnung durch den Praetor, ebd.

[117] Diese Bittstellerikonographie konnte – vielleicht unter Einfluß der kaiserlichen Repräsentationskunst – noch verstärkt werden: Ein Relieffragment der frühen Kaiserzeit im Vatikan, auch Teil eines *sella curulis*-Monuments, zeigt eine Gruppe von Männern, Frauen und Kindern, die nach rechts stehen (Schäfer, ebd., S. 255f., Kat. Nr. 10, Taf. 33.2). Den Kopf dieser Gruppe bildet ein Mann, der auf die Knie fällt und nach oben blickt. Leider bricht das Fragment gerade an dieser Stelle ab, so daß man sich den Beamten, der hier mit Sicherheit folgte, ergänzen muß. Ob der Bittsteller einen Gegenstand trug, läßt sich nicht mehr feststellen. Bemerkenswert ist freilich die Tatsache, daß der Kniende keine Toga trägt; offensichtlich war die vollständige Proskynese bei römischen Bürgern (zumindest im Bild, vgl. Schäfer, ebd., S. 156f.) nicht denkbar; insofern wird der römische Bürger einer ähnlichen Szene im Museo Nazionale in Rom (Schäfer, ebd., Taf. 30.1) nicht vollständig in Proskynese gezeigt, sondern nur im Vorgang des Hinsinkens.

[118] S. Mocchegiani Carpano, in: Forma Urbis 5, 2000, Nr. 10 (mit zahlreichen Detailabbildungen).

[119] Die Darstellung ist auch im Hinblick auf die Darstellung der Masse interessant. Die Personen werden dicht gedrängt in zwei Ebenen geschildert, s. ebd., Abb. S. 18–22. Sie tragen keine Togen, sondern Tunicen; wie auf den großen Staatsreliefs erscheinen Kinder. Die einzelnen Personen sind bemerkenswerterweise stark individuell gekennzeichnet: Sie haben verschiedene Frisuren, zeigen unterschiedliche Alterszüge, und einer der Bittsteller trägt sogar einen Bart.

Offensichtlich bediente sich Paconius eben dieser Bildstruktur, um dem Betrachter seine Position zu veranschaulichen. Zu seiner Zeit lagen die Bittstellerszenen doch bereits in topischer Form vor. Der frühkaiserzeitliche Gutsherr (bzw. -pächter) modifizierte lediglich ein Bildschema, das ihm die kleinstädtischen politischen Eliten auf ihren Grabdenkmälern vorführten: Die wartenden Bittsteller mit ihren Rollen werden durch eine ‚Prozession' von Bauern mit ihren Produkten ersetzt. Das Gabenbringerbild in Prozessionsform war damit geschaffen.

Nun handelt es sich bei Paconius Caledus und dem Eurysacesfries natürlich nicht um Gaben im eigentlichen Sinne, allenfalls um Abgaben. Trotzdem stehen diese Berufsbilder am Anfang einer Bildtradition, die in durchgehender Linie auf das spätantike Gabenbringerbild zuläuft.

In formaler Hinsicht völlig ausgereift erscheint das Gabenbringerbild auf einem Klinenmonument, das an der Via Portuensis gefunden wurde und heute im Thermenmuseum von Rom steht. Es datiert einhellig in spätflavische oder frühtrajanische Zeit (Taf. XIXb).[120] Das ungewöhnliche Grabmal stellt ein steinernes Bett dar, auf dem ein Mann in Toga liegt. Am Bettrand, am Kopfende, sitzt ein kleiner dargestelltes Mädchen. Unter der Bettfläche zieht sich ein Reliefband um das Monument. Der Fries zeigt an der Frontseite eine ganze Abfolge von Szenen, die das Leben des Verstorbenen – im wahrsten Sinne des Wortes – von der Wiege bis zur Bahre schildern. Nach der Geburt, dem Erlernen des Gehens, der Schule usw. folgt der Berufsalltag als Gutsbesitzer, den die Nebenseiten zeigen. In unserem Zusammenhang interessiert besonders die Rückseite, wo neben Jagd und Olivenernte der Empfang der Klienten oder Pächter geschildert wird.[121] Links sitzt der *dominus* auf einem Sessel, die Füße auf einen Schemel gestellt. Dem Herrn gegenüber steht die Schlange der Untergebenen. Es sind vier Männer in Mantel und Untergewand. Der vorderste hat die Rechte erhoben; er ist gerade im Begriff, dem Herrn mit dieser Hand einen nicht näher definierbaren Gegenstand zu reichen. Er hält auch in der Rechten eine Gabe, ebenso wie die drei folgenden Männer, die knapp hintereinander folgen und sich mit ihren Körpern teilweise überdecken.

---

[120] Facenna, in: BullCom 73, 1949–50, passim; ders., in: NSc 76, 1951, passim; Kähler, *Rom*, S. 250–252; Wrede, in: AA 1977, S. 410, Abb. 76f.; Veyne, in: RA 1981, 1, S. 247f.; Kampen, in: AJA 85, 1981, passim; Musso, in: Antonio Giuliano (ed.), *Museo Nazionale Romano. Le Sculture I*, 8, Rom 1985, S. 472–476, Kat. Nr. IX, 3.

[121] Facenna, in: BullCom 73, 1949–50, S. 229f., Abb. 8; ders., in: NSc 76, 1951, S. 118f., Abb. 5; Wrede, ebd., Abb. 77.

Für die Deutung der Szene kommen grundsätzlich zwei Möglichkeiten in Frage. Zum einen der morgendliche Empfang der Klientel durch den Patron; Geschenke waren bei dieser Gelegenheit durchaus üblich. Zum zweiten die Ablieferung von Pachtzins, den die Pächter der Latifundie in Form von Naturalien entrichten. In diesem Fall trifft wohl letzteres zu. Das legt nicht nur der Kontext des Frieses nahe, auf dem typische Szenen des Landlebens geschildert werden. Auch die ikonographischen Parallelen weisen darauf hin – vor allem natürlich das Relief des Paconius Caledus.[122]

Im Vergleich mit dem Relief des Paconius Caledus hat die Szene an Detailreichtum und Lebendigkeit verloren, dafür an Prägnanz gewonnen. Auf bukolisierende Elemente wie Kind, Hund und Baum wurde verzichtet. Auch die realistische Darstellung des Abgabenhaufens fehlt. Der Gutsherr hat kein Rechnungsbuch mehr in der Hand, Diener und Buchhalter gibt es nicht, und es bleibt unklar, wo der *dominus* den Tribut nach Empfang ablegt. Die Handlung ist auf das Wesentliche konzentriert, das bedeutet, auf Patron, Pächter und Pacht reduziert. Hält man sich das spätantike Tributbringerrelief des Galeriusbogens vor Augen, gibt es im Hinblick auf Situation (Gabenbringer), Bildstruktur (Antithese sitzender Herr – stehende Gabenbringer) und Komposition (‚Gabenbringerprozession‘) keine Unterschiede mehr.

Dieses Bildschema fand vor allem in den Provinzen weite Verbreitung. Zahlreiche Grabreliefs zeigen Pächter, die ihren Zins beim Gutsherren abliefern.[123] Auf einem Relief aus Trier sitzt links auf einem Stuhl mit Kissen der Gutsherr, die Rechnungstafeln in Händen.[124] Vor ihm schüttet ein Bediensteter einen Sack voller Münzen auf einen Tisch. Dem Herrn gegenüber beugt sich der Pächter über die Tischplatte und beginnt bereits zu zählen. Hinter ihm wartet schon der nächste Bauer.

Etwas elaborierter erscheint die Szene auf einem Relief aus Neumagen, dessen untere Hälfte leider verloren ist.[125] Die Bildstruktur ist

---

[122] Bei den weiter unten angeführten, nahezu identischen provinziellen Reliefs läßt sich das Bild allerdings eindeutig als Morgenbesuch der Klientel identifizieren.

[123] Veyne, RA 1981, 1, S. 246f. mit zahlreichen Beispielen. Veyne, ebd., S. 252 interpretiert die bereits von Facenna, in: NSc 76, 1951, S. 119 im Kontext des Klinenmonuments von der Via Portuensis angerissene Gruppe und bindet sie sehr kursorisch in eine ikonographische Tradition ein, die angeblich von der altägyptischen Kunst bis zum Evangeliar Ottos III. reicht. Dazu s.o. die Bemerkungen zum Nereidenmonument von Xanthos.

[124] Espérandieu, *Recueil XI*, S. 48f., Nr. 7725 mit Abb. ebd.

[125] Espérandieu, *Recueil VI*, S. 374–378, Nr. 5175 mit Abb. S. 376.

wieder die gleiche: Der *dominus*, diesmal am rechten Bildrand unter einem Vorhang, schreibt in sein Rechnungsbuch. Vor ihm warten die Pächter, die große Säcke, durch deren Leinen die einzelnen Münzen durchscheinen, herantragen. Der vorderste Mann dürfte gerade dabei sein, seinen Geldsack auf dem Tisch auszuschütten; leider ist diese Partie verloren. Zwei weitere Männer mit Geldsäcken – der vordere hat auch noch einige Schreibtafeln in der Hand – folgen hinter ihm. Anders als in dem Relief aus Trier eröffnet der Künstler noch eine zweite Bildebene, in der sich drei Männer bewegen. Ihre Funktion (weitere Pächter, Bedienstete des Gutsherrn?) bleibt unklar.

Wichtiger ist in unserem Zusammenhang ein heute nur noch in einem Fragment erhaltenes Monument aus Arlon, dessen Reliefs aber durch alte Zeichnungen überliefert sind.[126] Hier handelt es sich bei den Gaben nämlich nicht um Geld. Die Leute bringen – wie bei dem Klinenmonument von der Via Portuensis – symbolische Gegenstände, genauer gesagt, Geschenke.

Betrachten wir das Relief genauer. Auf einer der vier reliefierten Seiten eines großen Blocks sitzt rechts der Gutsherr in einem großen Sessel (Abb. 1a).[127] Vor ihm der Tisch, dahinter, sich von links nähernd, die Prozession der Gabenbringer. Soweit die Zeichnung eine sichere Interpretation zuläßt, hielt der erste ein Geflügel in Händen, der zweite wohl zwei Fische.[128] Der dritte trug einen Korb, der vierte ein Ferkel.[129] Ob die Person ganz links, die in der linken Hand einen großen Stab hält, auch zu den Gabenbringern gehört, ist nicht mehr zu entscheiden. Auf einer anderen Seite des Reliefblocks wurde das Bildschema ein zweites Mal aufgegriffen, diesmal allerdings spiegelverkehrt und mit der Hausherrin als Empfängerin (Abb. 1b).[130]

---

[126] Espérandieu, *Recueil V*, S. 271–274, Nr. 4102; Veyne, ebd., S. 247.

[127] Espérandieu, ebd., Abb. S. 272 oben.

[128] Vgl. einen entsprechenden Gabenbringer auf der Igeler Säule, bei dem die Fische eindeutig kenntlich sind, s.u.; Veyne, ebd.

[129] Espérandieu, ebd., S. 273; Nach Veyne, ebd. ein Lamm.

[130] Espérandieu, ebd., Abb. S. 273 oben. Die Hausherrin ist bei der Morgentoilette zu sehen. Sie sitzt auf einem Hocker, eine Dienerin richtet ihre Frisur. Rechts, durch einen großen Dreifußtisch von der *domina* getrennt, treten drei Personen heran: Der erste trug wohl einen leeren, der zweite einen vollen Sack auf dem Rücken, beim dritten ist kein Gegenstand zu erkennen. Ob es sich um eine Gabenbringerszene handelt, läßt sich nicht sicher sagen. Zum einen sind keine konkreten Gaben zu sehen, zum anderen dürfte es nicht Aufgabe der Herrin gewesen sein, die Pacht der Kleinbauern in Empfang zu nehmen. Andererseits entsprechen große Säcke nicht gerade einem adäquaten morgendlichen Geschenk für die Herrin des Hauses. Vielleicht soll gezeigt werden, wie die Herrin Anweisungen für die am Tag zu erledigenden Arbeiten ausgibt.

Abb. 1a: Ehem. Arlon, zerstörtes kaiserzeitliches Grabmonument, Relief mit Dominus und Gabenbringern, Zeichnung.

Abb. 1b: Ehem. Arlon, zerstörtes kaiserzeitliches Grabmonument, Relief mit Domina bei der Toilette, Zeichnung.

Die Bestimmung der genannten Gaben als Pacht bereitet im Vergleich zu den Geldsäcken der anderen Beispiele Schwierigkeiten. Einerseits gibt es keinen triftigen Grund, warum es sich bei den Gaben nicht um Pacht in Form von Naturalien handeln sollte. Dann müßte man aber erklären, warum sich der Grabinhaber – selbst wenn es sich bei Ferkeln und Fischen um eine verkürzte Darstellung handelt – nicht für die wesentlich eindrucksvollere Version mit den Geldsäcken entscheidet. Vielleicht sind die Gaben einfach Geschenke der ländlichen Klientel.

Nach einer dritten Variante wären die Gabenbringer weder Pächter noch abhängige Kleinbauern, sondern schlichtweg das Gesinde des Landgutes, das dem Gutsherren die Erzeugnisse des Tages präsentiert. Und schließlich versucht Lambert Schneider für die Darstellungen des 3. Jhs.

n.Chr., die Gabenszenen als „Einschätzen der Höhe der Ernte auf dem Feld“[131] respektive als „das Vorweisen der Erträge und die Kontrolle der Erntemengen unter den Augen der Domänenherren“[132] zu erklären.

Dasselbe Problem besteht für das wohl prominenteste Beispiel der kaiserzeitlichen Gabenbringerdarstellungen, dem Westfries der Igeler Säule bei Trier (Taf. XXa).[133] Ganz rechts steht der Hausherr vor einem zurückgeschobenen Vorhang, der das luxuriöse Anwesen des Gutsbesitzers andeutet. In der Linken hält er eine Buchrolle, mit der erhobenen Rechten empfängt er eine Prozession von Gabenbringern, die dem verlorenen Relief von Arlon stark ähnelt. Die Leute tragen Kapuzenmäntel, in der Rechten bringen sie die Geschenke: der erste einen Hasen, der zweite ein Bündel Fische, der dritte wohl ein Lamm, die Gabe des vierten bleibt unklar, dann folgt Geflügel und ein gefüllter Korb. Der letzte der Reihe, der sich wie seine zwei Vordermänner auf einen Stab stützt, tritt durch ein prachtvolles Tor, wohl den Eingang zur Villa.

Letztlich bleibt die Bestimmung der Gaben als Pacht, Geschenk oder Tageserzeugnisse ebenso wie in Arlon unklar. Aus den Bildern lassen sich jedenfalls keine Informationen gewinnen, die zu einer Entscheidung führen würden, und so hat es wenig Sinn, eine der Varianten auszuschließen. Entscheidend ist die Tatsache, daß sich mit dem Charakter der Gaben auch die Aussage des Bildes ändert.

Die Naturalien eröffnen – im Gegensatz zu den Geldsäcken – eine ganze Bandbreite an Interpretationsmöglichkeiten.[134] Unabhängig von der Frage, ob es sich bei den Gaben um Geschenke oder Pacht handelt, verweisen die verschiedenen landwirtschaftlichen Erzeugnisse zunächst auf die große Produktpalette und damit auf Fülle und Reichtum des prosperierenden Landguts.[135] Es sind „symbolische Gaben, die stellvertretend für Ernte, Viehzucht, Fischerei und Jagderträge präsentiert werden“.[136] Daneben zeigt die Szene das reibungslose Funktionieren

[131] Schneider, *Domäne*, S. 81.

[132] Ebd.

[133] Dragendorff/Krüger, *Igel*, Taf. 9, 4; Veyne, in: RA 1981, 1, S. 246f., Abb. 1.

[134] Das Problem der ländlichen Gabenbringer wurde vor allem anhand des spätesten und elaboriertesten Beispiels der hier behandelten Bildtradition diskutiert, dem Dominus-Julius-Mosaik aus Karthago; Raeck, in: RM 94, 1987, S. 295–308; Schneider, ebd., S. 68–84.

[135] Eine Interpretation, die sich beim viel späteren Dominus-Julius-Mosaik aus Karthago noch verstärken wird, s.u.

[136] Schneider, ebd., S. 100.

der Latifundie: Eine lange Schlange von Menschen liefert diszipliniert die Produkte an den Hausherrn ab. Das demonstriert wiederum die „totale Verfügbarkeit sämtlicher Bereiche der Domäne für Herrn und Herrin"[137] und damit die Machtposition des *dominus*.

Sollte es sich bei den Gaben um Geschenke handeln, so würden die *domini* in Arlon und Trier nicht so sehr ihren materiellen Wohlstand als vielmehr das enge Verhältnis zu ihren Untergebenen dokumentieren. Vielleicht wollte man mit den Naturaliengaben auch nur die recht prosaische Pachtzahlung idealisieren. Der Auftraggeber hätte dann weniger Wert auf eine realistische Wiedergabe der Auszahlung gelegt, so wie es bei den Geldzählungen von Trier und Neumagen der Fall war. Er hätte den Vorgang vielmehr bukolisch verfremdet. Aus dem Pächter im dicken Mantel mit dem hart erwirtschafteten Geld wäre der fröhliche Landmann geworden, der von der Arbeit heimkehrt und dem Großbauern stolz seine vielfältigen Produkte vorführt. Das Thema legt schon früh eine gewisse Affinität zur bukolischen Szenerie nahe: Bei Paconius Caledus war dieses bukolische Element mit Kind, Hund und Baum greifbar, auch wenn das gewiß nicht zu einer idealisierten Gesamtstimmung führte – wofür schon allein das Rechnungsbuch des Paconius sorgte.

Im bekannten Mosaik des *Dominus Iulius* aus Karthago, einem späten, elaborierten Exponenten der privaten Gabenbringerikonographie, wird Ende des 4 Jhs. n.Chr. das gleiche Thema dann um so idealisierter und heiterer werden (Taf. XXb).[138] Auf diesem Mosaik sehen wir in drei Registern zahlreiche Szenen aus dem Leben eines spätantiken Großgrundbesitzers, die um das Bild einer großen Villa gruppiert sind. Jeweils in der Mitte des oberen und unteren Registers stehen Gabenbringerdarstellungen, die direkt an die kaiserzeitliche Bildtradition anschließen. Im unteren Register werden, wie in Arlon, Hausherr und Hausherrin mit Gaben bedacht. Die Hausherrin erhält eine Kette, drei große Fische werden ihr zu Füßen gelegt, und von hinten tritt ein Diener mit einem Früchtekorb heran. Der Hausherr auf der rechten Seite empfängt von einem Mann in Tunica eine Schriftrolle. Derselbe Mann bringt auch zwei Vögel bei.

---

[137] Raeck, ebd., S. 302f.

[138] Tunis, Musée National du Bardo Inv. 1. Dunbabin, *Africa*, S. 119, Taf. 43, Abb. 109; Parrish, *Season*, S. 111–113, Kat. Nr. 9, Taf. 15f.; Veyne, Raeck, ebd., passim; Dunbabin, *Mosaics*, S. 118f., Abb. 122. Gute Farbabbildung bei Blanchard-Lemée, *Sols*, Abb. 121.

Diese Szene fällt aus dem Kontext der übrigen Gabenbringerepisoden des Mosaiks heraus. Offensichtlich überbringt hier ein Diener das Geschenk eines Standesgenossen samt Begleitschreiben.[139] Hinten nähert sich noch ein weiterer Mann, der einen Korb mit Trauben geschultert hat. Überall wachsen Bäume und Blumen, Kleinvieh und Hunde sind zu sehen.

Unbenommen der geschilderten Deutungsprobleme zeigt dieser kurze Überblick zur Gabenbringerikonographie doch eines ganz deutlich: Die private Repräsentationskunst der Kaiserzeit scheute sich nicht, Gabenbringer und Gabenempfänger zu thematisieren. Damit ist in der Bildwelt der städtischen Eliten und Großgrundbesitzer genau das üblich, was in der gleichzeitigen Staatskunst fehlt: Audienzszenen, deren Sinn darin besteht, durch den Akt des Gebens die Gewalt des Beschenkten zu demonstrieren. Wie die Beispiele zeigen, war es für den städtischen Beamten und dann vor allem den reichen Gutsherren durchaus akzeptabel, sich als Gaben- bzw. Abgabenempfänger darstellen zu lassen. Die Abgabe war ein probates Instrument, um die eigene gesellschaftliche Position im Bild zu markieren, und entsprechend häufig setzte man dieses Instrument auch ein. Das ikonographische Schema bleibt dabei spätestens ab dem Ende des 1. Jhs. n.Chr. mit einigen Varianten immer gleich. Der *dominus* tritt einem Zug von Gabenbringern gegenüber, die in ihren Händen die Gaben tragen oder im Begriff sind, diese Gaben an den Herrn zu übergeben.

Es ist also wohl die Bilderwelt der privaten Denkmäler, aus der die Ikonographie der Gabenbringer schließlich in die staatliche Ikonographie der Spätantike gelangte. Der Schritt von der privaten zur staatlichen Repräsentationskunst war dabei nur graduell. Die Bildformel, die zuvor nur die Macht eines *dominus* veranschaulichte, illustrierte nun die Macht des Kaisers. Aus dem Großgrundbesitzer wurde der Kaiser, aus den Bauern mit Fischen und Früchten Barbaren mit Gold und Silber.[140]

Daß man diese Barbaren dann nach der eingängigen Typologie des knienden Barbaren gestaltete, ist kaum verwunderlich und nicht mehr

[139] Schneider, ebd., S. 70–72.

[140] Eine Vorstufe hierfür könnte wiederum das provinzielle Relief mit dem Barrenträger in Trier vom Ende des zweiten Jahrhunderts darstellen (Schneider, in: *Bilder der Parther und des Orients in Rom*, in: Wiesehöfer, *Das Partherreich*, S. 114, 126, Abb. 4,1); leider ist der Empfänger (Gutsbesitzer, Kaiser?) nicht mehr erhalten.

als eine Modifikation im Detail. Denn im Prinzip liegt die spätantike Gabenbringerikonographie in Monumenten wie dem Klinenmonument von der Via Portuensis oder der Igeler Säule vollständig vor. Das gilt sowohl für das Thema der Gabenbringer als auch für die Bildstruktur. Eine Klitterung diverser Bildelemente der kaiserzeitlichen Staatskunst zu einem neuen Bild des Schenkens war gar nicht nötig, da die entsprechende Ikonographie im Bildrepertoire der privaten Repräsentationskunst schon lange vorhanden war. Das Schema des spätantiken Gabenbringerbildes ist damit keine Neuschöpfung der Spätantike, sondern lediglich die konsequente Fortsetzung einer längst etablierten ikonographischen Tradition.

Nicht zufällig entnimmt der Kaiser das Gabenbringerbild einem gesellschaftlichen Bereich, der wie kein anderer den autokratischen Charakter der spätantiken Regierung spiegelt. Die Struktur der spätantiken – wie zu einem gewissen Maße auch schon der republikanischen und frühkaiserzeitlichen – *villa* erinnert in ihrer Autarkie an einen Staat im Staat. Und zwar an einen monarchischen Staat im Staat: Der Kaiser ist wie der Gutsbesitzer *dominus*. So erstaunt es nicht, daß sich gerade in diesem Bereich Bildformeln entwickeln, die dem spätantiken Repräsentationsbedürfnis wie auf den Leib geschneidert sind: „Schließlich entsprechen die hier betrachteten Bilder einer veränderten Situation, in der der Domänenherr geradezu teilstaatliche Hoheitsfunktionen übernimmt".[141] Wie das Gabenbringerbild zuvor „Ausdruck der Macht und zugleich Machtmittel in den Händen der Domäneninhaber"[142] war, ist es ab dem Galeriusbogen Formel der kaiserlichen Gewalt; eine Formel, die innerhalb kurzer Zeit zu einem kanonischen Element der Herrscherrepräsentation wird.

Während der ikonographische Sprung von der Igeler Säule zum Galeriusbogen also nur ein kurzer ist, sind die politischen Implikationen dieses neuen Herrscherbilds umso gravierender. Die Bedingungen, die solche Szenen in der Staatskunst zuvor unmöglich machten, hatten sich geändert. Der Kaiser war nun absoluter Herrscher. Auf die diffizilen sozialen Gleichgewichte und Empfindlichkeiten der stadtrömischen Sozialstruktur brauchte keine Rücksicht mehr genommen zu werden. Erhielt der Herrscher Gaben, so bedeutete das nun nicht mehr,

[141] Schneider, *Domäne*, S. 82 (im Kontext des Dominus-Julius-Mosaiks).
[142] Ebd.

eine Verpflichtung einzugehen; vielmehr spiegelte der Wert einer Gabe die Macht des Beschenkten wider.

Wie Ida Malte Ploumis zeigte, hatte sich auch die Rolle der Gabe in der politischen Praxis grundsätzlich geändert. Das Geschenk wurde stark reglementiert und kodifiziert; so durften Privatpersonen bei Spielen keine reinen Seidenstoffe verteilen; nur Konsuln verschenken Goldmünzen und Elfenbeindiptychen, und auch das nur am Tag ihres Amtsantritts:[143] "High officials, who entered a new post, thus emulated the imperial example, not only by choosing the gift, but also in the very way they celebrated and maintained their position through the distribution of gifts."[144]

Der Wert des Geschenks gab nun die politische Hierarchie wieder. Es verkörperte die Machtstellung des Schenkenden wie des Beschenkten. Im Vergleich zur vorangegangenen Epoche wurde der Wert eines Geschenks (und damit das Geschenk selbst) in der offiziellen Kommunikation innerhalb der Eliten ungleich wichtiger. Von hier ist es nur ein kurzer Schritt zur Aufwertung der Gabe in der bildlichen Repräsentation.

In der staatlichen Bildkunst der Spätantike geht es bekanntermaßen vornehmlich darum, die totale Macht des Kaisers zu demonstrieren, nicht seine Einordnung in das bürgerliche System. Um diese Machtstellung zu visualisieren, griff man folgerichtig nicht mehr nur auf das etablierte Repertoire der römischen Staatskunst, sondern auch auf Bildtypen der privaten Repräsentation zurück, wo Machtentfaltung im Bild schon früh sehr direkt ausgedrückt wurde. Die private Repräsentation ergänzte man mit Formeln, die in der Staatskunst schon lange zuvor in anderem Kontext geprägt worden waren. So entsprechen die knienden Barbaren des Theodosiusobelisken natürlich dem besagten Schema des knienden Barbaren. Die Verteilung der Szene auf zwei Register – um das dritte wesentliche Element der theodosianischen Darstellung zu nennen – entsprang wiederum ursprünglich der bildlichen Selbstdarstellung im privaten Bereich.[145]

---

[143] Ploumis, in: Isager/Poulsen, *Patron and Pavements*, S. 125f.

[144] Ebd., S. 126.

[145] Vgl. als sehr frühes Beispiel den oben erwähnten, neuen Grabaltar von der Via Appia. Weitere Beispiele bei Gabelmann, *Audienzszenen*, S. 198–204 (dort Anm. 750 auch die frühere Literatur zum Thema). Zu dieser registerüberschreitenden Akklamationskomposition vgl. auch Engemann, in: JbAC, 22, 1979, S. 152–160.

Diese zweizonige Kompositionsform, die in der Spätantike zum gängigen Modus des Herrscherbilds avanciert, durchläuft im Übrigen eine Entwicklung, die derjenigen des Gabenbringermotivs sehr ähnelt. Audienzszenen, die auf zwei Register verteilt sind – oben der Potentat und seine Entourage, unten die Bittsteller –, tauchen schon zu Beginn der Kaiserzeit auf. Das Grabrelief des M. Valerius Anteros Asiaticus in Brescia aus der Mitte des 1. Jhs. n.Chr. zeigt im Zentrum ein Podium.[146] Dieses Podium trennt die Szenen in zwei Register: oben der Verstorbene im Kreis seiner Kollegen und Helfer, darunter, vor dem Podium eine Gruppe von Leuten. Sie wendet sich an Valerius Anteros, zum Teil mit erhobenen Armen. Das extremste Beispiel der frühen zweizonigen Audienzbilder ist aber der erwähnte, neu gefundene Grabaltar des Q. Fulvius Priscus von der Via Appia. Auch hier sitzt der Beamte im Kreis seiner *apparitores* auf einem stilisierten Tribunal; seine Vorderseite mit einem (maßstäblich gedacht) riesigen Mäander belegt. Und auch hier gibt es eine Menschenmenge, die sich an den Beamten darüber wendet. Für den Betrachter ist dies zunächst aber gar nicht so klar. Denn der hybride Altar ist zweigeschossig, gewissermaßen ein gewöhnlicher Grabaltar mit Aufsatz. So sind Beamter und Bittsteller nicht nur durch die Oberkante des Tribunals voneinander getrennt. Zwischen ihnen liegt der große Mäander auf der Vorderseite des Podiums, dann eine Abfolge von Profilen, die das untere Stockwerk des Altars vom oberen trennt, dann der profilierte Rahmen und schließlich – besonders erstaunlich – die gesamte fünfzeilige Grabinschrift, wiederum im eigenen Rahmen. Erst ganz unten, unter dieser Inschrift, stehen die Bittsteller. Der Bezug zwischen beiden Szenen ist nur dann gegeben, wenn man die Frontseite des Altars auf die bildlichen Szenen reduziert oder den Blicken und Gesten der Menschenmenge nach oben folgt. Diese starke Trennung verstärkt die Hierarchie zwischen dem Beamten und seinem Publikum – ein Effekt, dem der stolze Auftraggeber sicher nicht abgeneigt war.

In der Staatskunst erscheint die Verteilung einer Audienzszene auf zwei Register erst in der Spätantike: Wie wir eingangs sahen, wurden die gabenbringenden Barbaren auf der Basis des Theodosiusobelisken in das untere Register verbannt. Im Gegensatz zum Grabaltar von der Via Appia aber kann das Bild durchaus noch als Raumeinheit verstanden werden: Nur die Brüstung des *circus* teilt die zwei Zonen voneinander.

[146] Gabelmann, ebd., S. 200f., Kat. Nr. 97, Taf. 36 (Detailaufnahme); Schäfer, *Insignia*, S. 403f., Kat. Nr. C 69, Taf. 121.

Die extreme hierarchische Trennung des neuen Fulvius-Priscus-Altars bleibt also bis in die Spätantike unerreicht. Erst die Elfenbeindiptychen erlauben es sich, eine Szene auf zwei Bildfelder zu verteilen, die nicht durch architektonische Elemente, sondern durch Rahmen mit Zierelementen voneinander getrennt sind.[147]

Die Parallele zum Motiv der Gabenbringer liegt nahe. Das doppelzonige Audienzbild und die Gabenbringerprozession sind Darstellungsformen, die beide bereits auf privaten Denkmälern der frühen Kaiserzeit erscheinen. Die kaiserlichen Monumente greifen aber erst Jahrhunderte später auf sie zurück. In beiden Fällen vergleichbar ist die unverhohlene Art, wie individuelle Macht in Szene gesetzt wird. In beiden Fällen lebt dieses Machtbild von der Konfrontation von Mächtigen und Unterlegenen. Und in beiden Fällen verhinderte es das nirgends kodifizierte, aber nichtsdestoweniger peinlich genau geregelte Verhältnis zwischen Kaiser, Senat und Volk, daß der Herrscher sich derartiger Formeln bedienen konnte.

Resümee

Das Erstaunliche an der Entwicklung des Gabenbringerbildes ist, daß man über Umwege und durch die Vermischung verschiedener Motive letztlich zu einer Bildformel zurückkehrte, die lange zuvor im Alten Orient entwickelt worden war.[148] Sie brachte die Rolle des Kaisers als Herrscher der Welt auf einen knappen, einprägsamen Nenner. So nimmt es nicht wunder, daß dieses neue ‚alte' Herrschaftsbild zu einer der erfolgreichsten

[147] Vgl. etwa Gabelmann, ebd., Taf. 38 (Kat. Nr. 100, Diptychon des Rufus Probianus, Staatsbibliothek Berlin).

[148] Welche Rolle bei dieser Eroberung der Kontakt zum Orient selbst spielte, wo das institutionalisierte Empfangen von Geschenken als Zeichen der Herrschaft niemals abriß, kann an dieser Stelle nicht mehr geklärt werden; die Ähnlichkeiten sind auffallend, könnten aber auch auf allgemeinen strukturellen Analogien beruhen, s. o. zum Harpyienmonument von Xanthos. Vgl. Cumont, in: *Atti della Pontificia Academia Romana di Archeologia*. Serie III. Memorie. Volume III, Rom 1932–33, S. 91–93 (die ebd., Abb. 5 reproduzierte Münze des Partherkönigs Artaban III. scheint allerdings doch eher auf römische Vorbilder wie die Sullaprägung zurückzugehen). Schneider, in: RAC Supplement-Band I, Sp. 898 bemerkt zu Recht, daß ein direkter Einfluß der orientalischen Motivik auf die griechisch-römische Kunst bislang nicht nachzuweisen ist. Zentral für diese Problematik ist u.a. die Frage, woher die Anregungen für die Ikonographie des Bocchusmonuments, das mittel- oder unmittelbar alle späteren Gabendarstellungen beeinflußt, stammen.

Bildformeln der europäischen Kunstgeschichte avancierte, dem Bild der Heiligen Drei Könige (Taf. XXc).[149]

Der römischen Staatskunst dient die Gabe – trotz aller Unterschiede in den einzelnen Darstellungen – letztlich immer als Instrument, um das Verhältnis zweier Personen oder Gruppen zu charakterisieren. Dieses Verhältnis ist stets ein Machtverhältnis, das es zu akzentuieren oder kaschieren gilt. Schenkt der Kaiser zwei kleinen Kindern ein Stück Brot, so fährt das Bild die Gewalt des Herrschers zugunsten dessen Ethos zurück. Schenken dagegen Barbaren dem spätantiken Kaiser Gold und Elfenbein, dient die Gabe als Mittel, um die Position des Herrschers zu demonstrieren – um nur an die plakativsten Formeln zu erinnern. Der Akt des Schenkens erweist sich als äußerst flexibles Motiv, das je nach Kontext und Zeichnung der Beteiligten subtil differenziert und gesteuert werden kann, am Ende aber dennoch klare Botschaften vermittelt. Hat man einmal den Code verstanden, mit dem die Künstler operieren, so liefern die Gabendarstellungen eine ganze Bandbreite an historischen Informationen: Das Bild des Schenkens ist immer auch ein aufschlußreicher Gradmesser, der die Position des Kaisers im politischen System illustriert.

Ein aufschlußreicher Gradmesser aus zwei Gründen: einmal weil, wie gesagt, der Akt des Gebens so vielfältig und nuancenreich in Szene gesetzt werden kann, zum zweiten, weil das Schenken in der römischen Gesellschaft eine extrem heikle Form der politischen und sozialen Kommunikation darstellte. In vielen Fällen folgte der Austausch von Gaben informellen Gesetzlichkeiten. Es zeigt sich, daß die Bilder des Schenkens gerade deswegen eine Bandbreite an Kommunikationsformen und Hierarchien beschreiben, nach denen wir in den Texten vergeblich suchen. Wenn das Thema der Gaben an den Kaiser auf den Staatsdenkmälern der frühen und mittleren Kaiserzeit nur mit Samthandschuhen berührt wird, so kommt darin die ambivalente Stellung von Gabe und

[149] Ob die christliche Ikonographie unter dem Vorbild der spätantiken kaiserlichen Gabenbringerszene entstand oder sich schon vorher aus den privaten Gabenbringerszenen ableitete, ist schwer zu entscheiden. Wie die Beeinflussung der christlichen Motive durch den Bildschmuck großer Staatsmonumente funktioniert haben könnte, könnte eine Magierhuldigung auf einem frühen Ambo in Thessaloniki zeigen. Die Huldigungsszene wurde vielleicht nach dem Relief des Galeriusbogens gestaltet, Klauser, in: RM 59, 1944, S. 148; Laubscher, *Galeriusbogen*, S. 60; Schneider, ebd., Sp. 948.; Ploumis, ebd., S. 137; vgl. aber gegen eine Abhängigkeit Engemann, in: Brands, *Rom und die Provinzen*, S. 57–60.

Geschenk im politischen Alltag zum Ausdruck. Das liegt daran, daß der Akt des Schenkens im politischen Bereich offenbar unauslöschlich mit der Erlangung, Anerkennung und Verteilung von Einfluß verknüpft war – zumindest steht dieses Phänomen hinter allen Gabenbildern, auch denen der Republik und frühen Kaiserzeit. Und es scheint, als ob die kaiserlichen Bilder Angst hatten, diese Assoziationen, die mit dem Akt des Schenkens verknüpft waren, voll auszuspielen. Die eigenartige Spannung löste sich erst in der Spätantike. Der Akt des Schenkens war institutionalisiert, das Gabenbild kein Anlaß mehr für politische Bedenken, sondern erwünschtes Gleichnis der kaiserlichen Gewalt.

Bibliographie

Alföldi, *Repräsentation*: Andreas Alföldi, *Die monarchische Repräsentation im römischen Kaiserreiche*, Darmstadt 1970.

Alföldi, *Lorbeerbäume*: Andreas Alföldi, *Die zwei Lorbeerbäume des Augustus*, Bonn 1973.

Bär, *Tribut*: Jürgen Bär, *Der assyrische Tribut und seine Darstellung. Eine Untersuchung zur imperialen Ideologie im neuassyrischen Reich*, AOAT 245, Neukirchen-Vluyn 1996.

Baratte, *Boscoreale*: Francois Baratte, *Le trésor d'orfèvrerie romaine de Boscoreale*, Paris 1986.

Becatti, Giovanni, *Il rilievo della Liberalitas di Marco Aurelio*, in: ArchCl 24, 1972, S. 59–74.

Behr, *Selbstdarstellung*: Holger Behr, *Die Selbstdarstellung Sullas. Ein aristokratischer Politiker zwischen persönlichem Führungsanspruch und Standessolidarität*, Frankfurt a.M. 1993.

Blanchard-Lemée, *Sols*: Michèle Blanchard-Lemée et al. (eds.), *Sols de l'Afrique Romaine. Mosaiques de Tunisie*, Paris 1995.

Boschung, *Grabaltäre*: Dietrich Boschung, *Antike Grabaltäre aus den Nekropolen Roms*, Bern 1987.

Boschung, Dietrich, *Militärische Aspekte im Bild des Kaisers*, in: Henner von Hesberg (ed.), *Das Militär als Kulturträger in römischer Zeit*, Köln 1999, S. 201–211.

Brands, *Rom und die Provinzen*: Gunnar Brands et al. (eds.), *Rom und die Provinzen*. Gedenkschrift für Hanns Gabelmann, Mainz 2001.

Brilliant, *Gesture*: Richard Brilliant, *Gesture and Rank in Roman Art. The Use of Gestures to Denote Status in Roman Sculpture and Coinage*, New Haven, Connecticut 1963.

Budde, *Die Heiligen Drei Könige*: Rainer Budde (ed.), *Die Heiligen Drei Könige – Darstellung und Verehrung*, Ausst.-Kat. Köln 1. 12. 1982–30. 1. 1983, Köln 1982.

Buitron-Oliver, *Architectural Sculpture*: Diana Buitron-Oliver (ed.), *The Interpretation of Architectural Sculpture in Greece and Rome*, Washington 1997.

Cahn/Simon, *Tainia*: Herbert A. Cahn/Erika Simon (eds.), *Tainia* (Festschrift Roland Hampe), Mainz 1980.

Childs/Demargne, *Monument*: William A. P. Childs/Pierre Demargne, *Le Monument des Néréides. Le décor sculpté*, Fouilles de Xanthos VIII, Paris 1989.

Cirillo/Casale, *Tesoro di Boscoreale*: Antonio Cirillo/Angelandrea Casale, *Il Tesoro di Boscoreale e il suo scopritore. La vera storia ricostruita sui documenti dell'epoca*, Pompei 2004.

Crawford, *Coinage*: Michael H. Crawford, *Roman Republican Coinage*, Cambridge 1974.

Cumont, Franz, *L'Adoration des Mages et l'art triomphal de Rome*, in: *Atti della Pontificia Academia Romana di Archeologia*. Serie III. Memorie. Volume III, 1932–33, S. 81–105.

Deckers, Johannes G., *Die Wandmalerei im Kaiserkultraum von Luxor*, in: JdI 94, 1979, S. 600–660.

Deckers, Johannes G., *Die Huldigung der Magier in der Kunst der Spätantike*, in: Rainer Budde (ed.), *Die Heiligen Drei Könige – Darstellung und Verehrung*, Ausst.-Kat. Köln, Köln 1982, S. 20–32.

De Maria, *Archi*: Sandro De Maria, *Gli archi onorari di Roma e dell'Italia Romana*, Rom 1988.

Dragendorff/Krüger, *Igel*: Hans Dragendorff/Emil Krüger, *Das Grabmal von Igel*, Trier 1924.

Dunbabin, *Africa*: Katherine M. D. Dunbabin, *The Mosaics of Roman North Africa. Studies in Iconography and Patronage*, Oxford 1978.

Dunbabin, *Mosaics*: Katherine M. D. Dunbabin, *Mosaics of the Greek and Roman World*, Cambridge 1999.

Engemann, Josef, *Akklamationsrichtung, Sieger- und Besiegtenrichtung auf dem Galeriusbogen in Thessaloniki*, in: JbAC 22, 1979, S. 150–160.

Engemann, Josef, *Die imperialen Grundlagen der frühchristlichen Kunst*, in: Dagmar Stutzinger (ed.), *Spätantike und frühes Christentum*, Ausst.-Kat. Frankfurt a.M., Frankfurt a.M. 1983, S. 260–266.

Engemann, Josef, *Zur Hinzufügung eines Engels in die Magierhuldigung auf dem Ambo aus Thessaloniki*, in: Gunnar Brands et al. (eds.), *Rom und die Provinzen.* Gedenkschrift für Hanns Gabelmann, Mainz 2001, S. 57–60.

Espérandieu, *Recueil*: Émile Espérandieu, *Recueil Général des Bas-Reliefs, Statues et Bustes de la Gaule Romaine*, Paris 1907ff.

Evers/Tsingarida, *Rome et ses provinces*: Cécile Evers/Athéna Tsingarida, *Rome et ses provinces. Genèse et diffusion d'une image du povoir.* Hommages à Jean-Charles Balty, Brüssel 2001.

Facenna, Domenico, *Monumento Funerario della Via Portuense*, in: BullCom 73, 1949–50, S. 215–235.

Facenna, Domenico, *Monumento Funerario*, in: NSc 76, 1951, S. 114–120.

Fittschen, Klaus, *Das Bildprogramm des Trajansbogens zu Benevent*, in: AA 1972, S. 742–788.

Flaig, Egon, *Können wir den Majestätsprozeß gegen C. Silius (24 n.Chr.) verstehen? oder Wir verstehen nur, was erklärt ist*, in: Marlies Heinz et al. (eds.), *Zwischen Erklären und Verstehen?* Beiträge zu den erkenntnistheoretischen Grundlagen archäologischer Interpretation, Münster u.a 2003, S. 23–52.

Gabelmann, *Audienzszenen*: Hans Gabelmann, *Antike Audienz- und Tribunalszenen*, Darmstadt 1984.

Hafner, German, *Zu den vermeintlich sullanischen Waffenreliefs von S. Omobono*, in: RdA 13, 1989, S. 46–54.

Hannestad, Niels, *The Liberalitas Panel of Marcus Aurelius once again – is Herodes Atticus represented on it?*, in: AnalRom 8, 1977, S. 79–88.

Heinz, *Zwischen Erklären und Verstehen?*: Marlies Heinz et al. (eds.), *Zwischen Erklären und Verstehen?* Beiträge zu den erkenntnistheoretischen Grundlagen archäologischer Interpretation, Münster u.a 2003.

Heres, Gerald, *Römische Neujahrsgeschenke*, in: FuB 14, 1972, S. 182–193.

Hesberg, *Das Militär als Kulturträger*: Henner von Hesberg (ed.), *Das Militär als Kulturträger in römischer Zeit*, Köln 1999.

Hölscher, *Victoria*: Tonio Hölscher, *Victoria Romana. Archäologische Untersuchungen zur Geschichte und Wesensart der römischen Siegesgöttin von den Anfängen bis zum Ende des 3. Jhs. n.Chr.*, Mainz 1967.

Hölscher, *Historienbilder*: Tonio Hölscher, *Griechische Historienbilder des 5. und 4. Jahrhunderts v.Chr.*, Würzburg 1973.

Hölscher, Tonio, *Die Geschichtsauffassung in der römischen Reliefkunst*, in: JdI 95, 1980, S. 264–321.

Hölscher, Tonio, *Römische Siegesdenkmäler der späten Republik*, in: Herbert A. Cahn/Erika Simon (eds.), *Tainia* (Festschrift Roland Hampe), Mainz 1980, S. 351–371.

Hölscher, Tonio, *Historische Reliefs*, in: Matthias Hofter et al. (eds.), *Kaiser Augustus und die römische Republik*, Ausst.-Kat. Berlin, Berlin 1988, S. 351–400.
Hofter, *Kaiser Augustus*: Matthias Hofter et al. (eds.), *Kaiser Augustus und die römische Republik*, Ausst.-Kat. Berlin, Berlin 1988.
Hollstein, *Münzprägung*: Wilhelm Hollstein, *Die stadtrömische Münzprägung der Jahre 78–50 v.Chr. zwischen politischer Aktualtät und Familienthematik*, München 1993.
Horn/Rüger, *Die Numider*: Heinz Günter Horn/Christoph B. Rüger, *Die Numider. Reiter und Könige nördlich der Sahara*, Ausst.-Kat. Bonn 29. 11. 1979–29. 2. 1980, Bonn 1979.
Isager/Poulsen, *Patron and Pavements*: Signe Isager/Birte Poulsen (eds.), *Patron and Pavements in Late Antiquity*, Odense 1997.
Boymel Kampen, Natalie, *Biographical Narration and Roman Funerary Art*, in: AJA 85, 1981, S. 47–58.
Klauser, Theodor, *Aurum Coronarium*, in: RM 59, 1944, S. 129–153.
Kloft, *Liberalitas*: Hans Kloft, *Liberalitas Principis. Herkunft und Bedeutung. Studien zur Prinzipatsideologie*, Köln 1970.
Koeppel, Gerhard M., *Die historischen Reliefs der römischen Kaiserzeit I. Stadtrömische Denkmäler unbekannter Bauzugehörigkeit aus augusteischer und julisch-claudischer Zeit*, in: BJb 183, 1983, S. 61–144.
Kolb, *Herrscherideologie*: Frank Kolb, *Herrscherideologie in der Spätantike*, Berlin 2001.
Kuttner, *Dynasty*: Ann. L. Kuttner, *Dynasty and Empire in the Age of Augustus. The Case of the Boscoreale Cups*, Berkeley 1995.
Laubscher, *Galeriusbogen*: Hans Peter Laubscher, *Der Reliefschmuck des Galeriusbogens in Thessaloniki*, Berlin 1975.
Matz/Duhn, *Bildwerke*: Friedrich Matz/F. von Duhn, *Antike Bildwerke in Rom. Mit Ausschluß der größeren Sammlungen*, Leipzig 1881 (= Rom 1968).
Mayer, *Rom*: Emanuel Mayer, *Rom ist dort, wo der Kaiser ist. Untersuchungen zu den Staatsdenkmälern des dezentralisierten Reiches von Diocletian bis zu Theodosius II.*, Mainz 2002.
Millar, *Emperor*: Fergus Millar, *The Emperor in the Roman World (31 BC–AD 337)*, London 1971.
Mocchegiani Carpano, Claudio et al., *Uno straordinario rinvenimento*, in: Forma Urbis 5, 2000 Nr. 10, S. 4–22.
Musso, Luisa, in: Antonio Giuliano (ed.), *Museo Nazionale Romano. Le Sculture I*, 8, Rom 1985, S. 472–476.
Parrish, *Season*: David Parrish, *Season Mosaics of Roman North Africa*, Rom 1984.
Ploumis, Ida Malte, *Gifts in Late Roman Iconography*, in: S. Isager/B. Poulsen (eds.), *Patron and Pavements in Late Antiquity*, Odense 1997, S. 125–141.
Raeck, *Barbarenbild*: Wulf Raeck, *Zum Barbarenbild in der Kunst Athens im 6. und 5. Jahrhundert v.Chr.*, Bonn 1981.
Raeck, Wulf, *Publica non despiciens. Ergänzungen zur Interpretation des Dominus-Julius-Mosaiks aus Karthago*, in: RM 94, 1987, S. 295–308.
R.-Alföldi, *Bildersprache*: Maria R.-Alföldi, *Bild und Bilderspache der römischen Kaiser*, Mainz 1999.
R.-Alföldi, Maria, *Das Jahr 8 v.Chr.: Augustus in Gallien. Zum Skyphos mit dem Bild der Germanen im Schatz von Boscoreale*, in: C. Evers/A. Tsingarida, *Rome et ses provinces. Genèse et diffusion d'une image du povoir.* Hommages à Jean-Charles Balty, Brüssel 2001, S. 15–27.
Rebenich, Stefan, *Zum Theodosiusobelisken von Konstantinopel*, in: IstMitt 41, 1991, S. 447–476.
Robert, R., *Ambiguité de la gestuelle «pathétique» dans la Colonne Aurélienne*, in: J. Scheid/V. Huet (eds.), *La Colonne Aurélienne. Autour de la Colonne Aurélienne*, Turnhout 2000, S. 175–196.
Rotili, *Arco*: Mario Rotili, *L'Arco di Traiano a Benevento*, Rom 1972.
Rüdiger, Ulrich, *Die Anaglypha Traiani*, in: AntPl 12, 1973, S. 161–174.

Scarfoglio, *Tesoro di Boscoreale*: A. Scarfoglio (ed.), *Il tesoro di Boscoreale. Una collezione di argenti da mensa tra cultura ellenistica e mondo romano. Pitture, suppellettili, oggetti vari della „Pisanella"*, Ausst.-Kat. Pompei, Casina dell'Aquila 20. 8–30. 9. 1988, Mailand 1988.
Schäfer, Thomas, *Das Siegesdenkmal vom Kapitol*, in: H. G. Horn/C. B. Rüger, *Die Numider. Reiter und Könige nördlich der Sahara*, Ausst.-Kat. Bonn, Bonn 1979, S. 243–250.
Schäfer, *Insignia*: Thomas Schäfer, *Imperii Insignia. Sella curulis und fasces. Zur Repräsentation römischer Magistrate*, Mainz 1989.
Scheid/Huet, *Colonne*: John Scheid/Valérie Huet (eds.), *La Colonne Aurélienne. Autour de la Colonne Aurélienne. Geste et image sur la Colonne de Marc Aurèle à Rome*, Turnhout 2000.
Schneider, *Domäne*: Lambert Schneider, *Die Domäne als Weltbild. Wirkungsstrukturen der spätantiken Bildersprache*, Wiesbaden 1983.
Schneider, *Barbaren*: Rolf Michael Schneider, *Bunte Barbaren. Orientalstatuen aus farbigem Marmor in der römischen Repräsentationskunst*, Worms 1986.
Schneider, Rolf Michael, *Roma Aeterna – Aurea Roma. Der Himmelsglobus als Zeitzeichen und Machtsymbol*, in: Kodikas/Code. Ars Semiotica 20, 1997, S. 103–122.
Schneider, Rolf Michael, *Die Faszination des Feindes. Bilder der Parther und des Orients in Rom*, in: Josef Wiesehöfer (ed.), *Das Partherreich und seine Zeugnisse*. Beiträge des internationalen Colloquiums Eutin, Stuttgart 1998, S. 95–127.
Schneider, Rolf Michael, in: RAC, Supplement-Band I, Stuttgart 2001, Sp. 895–962 s.v. *Barbar II (ikonographisch)*.
Sehlmeyer, *Ehrenstatuen*: Markus Sehlmeyer, *Stadtrömische Ehrenstatuen der republikanischen Zeit. Historizität und Kontext von Symbolen nobilitären Standesbewußtseins*, Stuttgart 1999.
Settis, *Colonna*: Salvatore Settis u.a., *La Colonna Traiana*, Turin 1988.
Simon, *Augustus*: Erika Simon, *Augustus*, München 1986.
Spannagel, Martin, *Wiedergefundene Antiken. Zu vier Dal-Pozzo-Zeichnungen in Windsor Castle*, in: AA 1979, S. 348–376.
Stewart, *Statues*: Peter Stewart, *Statues in Roman Society. Representation and Response*, Oxford 2003.
Stutzinger, *Spätantike und frühes Christentum*: Dagmar Stutzinger (ed.), *Spätantike und frühes Christentum*, Ausst.-Kat. Frankfurt a.M. 16. 12. 1983–11. 3. 1984, Frankfurt/Main 1983.
Stylow, *Libertas*: Arnim U. Stylow, *Libertas und Liberalitas. Untersuchungen zur politischen Propaganda der Römer*, Diss. München, 1972.
Torelli, Mario, *„Ex his castra, ex his tribus replebuntur": The Marble Panegyric on the Arch of Trajan at Beneventum*, in: Diana Buitron-Oliver (ed.), *The Interpretation of Architectural Sculpture in Greece and Rome*, Washington 1997, S. 144–147.
Trillmich, Walter, *Münzpropaganda*, in: Matthias Hofter et al. (eds.), *Kaiser Augustus und die römische Republik*, Ausst.-Kat. Berlin, Berlin 1988, S. 474–528.
Tuchelt, *Tiergefäße*: Klaus Tuchelt, *Tiergefäße in Kopf- und Protomengestalt. Untersuchungen zur Formengeschichte tierförmiger Gießgefäße*, Berlin 1962.
Veyne, Paul, *Les cadeaux des colons a leur propriétaire: La Neuvième Bucolique et le Mausolée d'Igel*, in: RA 1, 1981, S. 245–252.
Wiesehöfer, *Das Partherreich*: Josef Wiesehöfer (ed.), *Das Partherreich und seine Zeugnisse*. Beiträge des internationalen Colloquiums Eutin (27.–30. Juni 1996), Stuttgart 1998.
Wrede, Henning, *Stadtrömische Monumente, Urnen und Sarkophage des Klinentypus in den beiden ersten Jahrhunderten n.Chr.*, in: AA 1977, S. 395–431.
Zanker, Augustus: Paul Zanker, *Augustus und die Macht der Bilder*, München [4]2003.
Zanker/Ewald, *Mythen*: Paul Zanker/Björn Christian Ewald, *Mit Mythen leben. Die Bilderwelt der römischen Sarkophage*, München 2004.
Zanker, Paul, *Die Frauen und Kinder der Barbaren auf der Markussäule*, in: J. Scheid/V. Huet (eds.), *La Colonne Aurélienne. Autour de la Colonne Aurélienne*, Turnhout 2000, S. 163–174.
Zanker, Paul, *In Search of the Roman Viewer*, in: Diana Buitron-Oliver (ed.), *The Interpretation of Architectural Sculpture in Greece and Rome*, Washington 1997, S. 178–191.
Zimmer, *Berufsdarstellungen*: Gerhard Zimmer, *Römische Berufsdarstellungen*, Berlin 1982.

Bildnachweis

Abb. 1: Espérandieu, Recueil V (1913) 272 o. 273 o.
Taf. XIVa–b, XVa, XVIIIa: Photothek des Instituts für Klassische Archäologie der Universität München; Taf. XVb: John P. C. Kent u.a., *Die römische Münze*, München 1973, Taf. 17, 68 u.; Taf. XVc,d: Matthias Hofter et al. (eds.), *Kaiser Augustus und die römische Republik*, Ausst.-Kat. Berlin 7.6.–14.8. 1988, Berlin 1988, 523 Abb. 365 Rs. 524 Abb. 366 Rs; Taf. XVIa,b: Monuments Piot 5, 1899, Taf. XXXI 1. 2; Taf. XVIc,d, XXc: Cumont, in: *Atti della Pontificia Academia Romana di Archeologia*. Serie III. Memorie. Volume III, 1932–33, I, 2. VIII, 2. Taf. II, 1; Taf. XVIIa: Koeppel, in: BJb 183, 1983, 97 Abb. 12; Taf. XVIIb,c: Schneider, in: Kodikas/Code. Ars Semiotica 20, 1997, 127 Taf. 5.1. 5.3; Taf. XVIId: Scheid/Huet, *Colonne* 358 Abb. 68; Taf. XVIIIb, XIXa: Schäfer, *Insignia* Taf. 26, 3. Taf. 31, 3; Taf. XIXb: nach Facenna, in: NSc 76, 1951, 118 Abb. 5; Taf. XXa: Dragendorff/Krüger, *Igel* 76 Abb. 45; Taf. XXb: Blanchard-Lemée, *Sols* 170 Abb. 121.

RESÜMEE

Hilmar Klinkott

Für das stark terminologisch geprägte Thema der Bedeutungsebenen und Bewertungsperspektiven von Abgaben und deren Transaktionwegen bietet wohl am besten ein Beitrag die Grundlage, der sich dem Bedeutungsgehalt der modernen Termini widmet. Nicht zuletzt sind es diese Begriffe, die in den Deutungen und Übersetzungen der antiken Quellen ihre Verwendung finden. Umso wichtiger ist es, die verschiedenen Transaktionsmuster und ihre Handlungsvorgänge zunächst in abstrahierender Weise und von einem wirtschaftsethnologischen Ansatz zu bestimmen. Die Gaben erscheinen als zentrales Element für die Aufrechterhaltung vieler Gesellschaften, wobei ihre zahlreichen Varianten das gesamte Spektrum zwischen den Extremen des Geschenks als ‚reiner Gabe' und der erzwungenen Abgabe als Beute oder Tribut ausfüllen. Obwohl Gaben und Waren grundsätzlich einen gewissen Gegensatz darstellen, sind allerdings „alle Wirtschaftsformen aufgebaut aus miteinander verbundenen Sphären kommunalen und kommerziellen Wertes" (Rössler). Damit wird bereits die Schwierigkeit einer klaren Abgrenzung und Definition grundsätzlich deutlich. Aufgrund der strukturellen Gemeinsamkeiten lassen sich drei wesentliche Transaktionsformen: die Reziprozität, die Redistribution und der Markttausch, unterscheiden. Dabei vollziehen die betroffenen Güter stets einen Statuswechsel, da alle Transaktionen von ökonomischen, sozialen, politischen und ideologischen Aspekten beeinflußt sind, wobei die Ausformungen jeweils den spezifischen sozialen (und kulturellen) Strukturen unterliegen und verschiedene Transaktionsmuster und -handlungen gleichzeitig nebeneinander bestehen können. Innerhalb der frühen Kulturen mit komplexeren politischen Systemen bewegen sich die Abgaben meist in asymmetrischen soziopolitischen Beziehungen. Allerdings gehen die politischen Strukturen der ‚Häuptlingstümer' und der ‚frühen Staaten' fließend ineinander über und mit ihnen, entsprechend der jeweiligen wirtschaftlichen und politischen Komplexität, auch die Organisation der Abgaben. Ein entscheidender Faktor neben dem ‚staatlich' organisierten Abgabe- oder Redistributionswesen ist die Ausbildung eines Markt- und Handelswesens. Dieses ist seinerseits wieder mit verschiedenen Abgabenformen und Transaktionsmustern verknüpft. Allerdings sind Steuern, Zölle und Tribute in der materiellen Zusammensetzung der Gaben identisch und lassen sich allein in ihrer konzeptionellen Anwendung unterscheiden. Dennoch verweist Rössler besonders darauf, daß alle Abgabenformen jeweils in spezifischer Weise ausgeprägt, strukturell miteinander verbunden sein und historischen Entwicklungsprozessen unterliegen konnten. Grundsätzlich wurden sie dabei maßgeblich beeinflußt von den politischen, sozialen und ökonomischen Strukturen, deren Heterogenität aber kaum eine Kategorisierung erlaubt. Ein definierender Zugang zum Verständnis der Abgabenformen erscheint deshalb nur aus dem jeweils spezifischen historischen, politischen und kulturellen Kontext möglich.

Bereits die erste Sektion zu Ägypten entspricht diesem Postulat in beispielhafter Weise. In den Reliefs und Fresken ist kaum zu übersehen, daß die Abgabe bzw. das Bringen und Empfangen von Gaben ein omnipräsentes Thema darstellt. Eine Besonderheit des archäologischen Befundes ist es dabei, daß sich in den Gräbern die unterschiedlichsten sozialen Ebenen fassen lassen. Das Spektrum reicht von den königlichen Darstellungen über die Gräber hoher Beamter und Priester bis zu den privaten Bestattungen ‚einfacher Leute'. Die Wertung der Abgaben ist dabei von der Perspektive und dem gesellschaftlichen Status der Empfänger abhängig: In königlichen Bauwerken zeigt sich, daß es die Rolle der Untertanen war, Abgaben zu leisten, ohne daß dies näher begründet werden müßte. In Gräbern hoher Beamter spielen Abgaben für den Totenkult eine zentrale Rolle und bezeugen ihren Stellenwert in der realen Welt, wobei detaillierte Verwaltungstexte diesen Sachverhalt bestätigen. Zugleich beziehen sich die Darstellungen im Grab- und Kultkontext auf eine rituelle Ebene, die kulturell bedingt „einem Weltbild sakraler Konstellationen" (Seidlmayer) angehört, aus dem allerdings nicht die historische und ökonomische Realität zu rekonstruieren ist. Die Dichte von literarischen und archäologischen Befunden ermöglicht zudem, für Ägypten verschiedene Transaktionswege zu fassen. Vor allem die Grabungsbefunde dokumentieren in einzigartiger Weise – wie ein Vergleich mit anderen archäologischen Befunden zeigt – Austauschvorgänge von Gütern an der gesellschaftlichen Basis. Aus der Zusammensetzung der Güter wird zum einen deutlich, daß sich diese Vorgänge auf horizontaler Gesellschaftsebene nicht nur regional, sondern auch international in einem dichten Transaktionsnetz bewegten. Zum anderen lassen sich anhand der Qualität der Gaben nicht nur aufsteigende, sondern auch absteigende Transaktionswege belegen. Grabbeigaben bei den Untertanen zeigen die Verteilung von zentral produzierten Konsumgütern nach unten. Damit wird nicht nur die Differenzierung in der sozialen Hierarchie erkennbar, sondern es werden inhaltlich auch die Bedeutungsebenen von Huld- und Ehrengaben, Geschenken und Entlohnungen einbezogen. Allerdings lassen sich diese Befunde ebenso wenig spezifischen ägyptischen Abgabe- und Gabenformen zuweisen wie den modernen Begrifflichkeiten.

Die ägyptischen Texte bezeugen zwar eine Vielzahl unterschiedlicher Abgabenbegriffe, doch läßt sich keine inhaltliche Systematik erkennen, aufgrund der sie den modernen Größen zuzuordnen wären. Vielmehr ergibt sich als durchgängiges Bild, daß vom Alten Reich bis in die Spätzeit in Ägypten keine präzise verwaltungstechnische Begrifflichkeit entwickelt wurde. Die Quellen der Spätzeit bestätigen die Befunde vom Alten bis zum Neuen Reich geradezu in einer kulturellen Kontinuität, in der die Ausbildung einer echten Abgabenterminologie zu fehlen scheint. In den Texten ist zwar eine elaborierte Begriffsvielfalt für Abgaben zu finden, diese sind aber nicht eindeutig als bestimmte Abgabentypen, wie etwa Steuer, Zoll oder Tribut, zu definieren. Alle Kriterien für eine charakterisierende Abgrenzung lassen sich bei fast allen Begriffen gleichermaßen nachweisen. Erst recht sind die ägyptischen Begriffe nicht mit den modernen Termini zu verbinden, da sie jeweils in entscheidenden Merkmalen von der heutigen Semantik abweichen.

Wie spezifisch ein derartiger Befund trotz seiner Komplexität an den jeweiligen Kulturraum gebunden ist, zeigt der Vergleich mit dem zu Ägypten benachbarten Levanteraum und Syrien. Am Beispiel des zweiten Tempels im Yehud wird deutlich, daß auf dieser regionalen Ebene in der Achaimenidenzeit ein ausdifferenziertes Steuersystem bestand, das aus unterschiedlichen, begrifflich und inhaltlich getrennten Steuerformen bestand, die auch im Tempel- und Zivilrecht verankert waren, wie ausdrückliche Bestimmungen für Steuerbefreiungen zeigen. Betroffen von diesem System waren regional die Bewohner im Yehud wie auch überregional die Juden der Diaspora. Der thematische Fokus konzentriert sich auf die bestimmte Abgabeform der Steuer, räumlich auf das Gebiet Yehud und zeitlich auf die Perserherrschaft. Die Abgrenzung zu anderen Abgabeformen wie etwa dem Tribut oder zu den Geschenken bleibt dabei zunächst ausgeklammert, zumal wenn sie die übergreifende Struktur der Reichsverwaltung betreffen. Immerhin lassen sich durch den speziellen Blickwinkel Steuern nicht nur grundsätzlich bestimmen, sondern es sind auch alte von neuen zu unterscheiden und Entwicklungen unter dem allmählichen Einfluß der Geldwirtschaft beobachten. Die historische Dimension der Steuerbegriffe ist letztendlich in der frühen rabbinischen Literatur zu fassen. Es begegnen dieselben Steuerbegriffe, in detaillierten Erläuterungen und Kommentaren sogar noch nach vielfachen Unterguppen und Sonderformen klassifiziert, allerdings auch mit verschiedenen zeitlich bedingten Bedeutungsebenen, die maßgeblich unter dem Einfluß fremder Kulturräume in der Diaspora standen. Hier zeigt sich auch ein Wechsel in der Perspektive: Für die Juden der Diaspora existiert zwar weiterhin der Hintergrund des jüdischen Rechts, er ist aber dem Gesetz der Regierung, unter der man lebt, untergeordnet. Die frührabbinische Literatur nimmt eine bislang kaum beachtete Schlüsselstellung im Verständnis der Abgabenformen ein: Zum einen erfaßt sie lange Traditionen und die damit verbundenen Entwicklungsprozesse, zum anderen bietet sie die Gleichsetzung aramäischer bzw. jüdischer Abgabenbegriffe mit den griechischen und römischen. Dabei werden die gemeinsamen und unterschiedlichen Aspekte der gleichgesetzten Begriffe durch die Kommentare und Fallbeispiele erklärt.

Die Komplexität der yehudischen und rabbinischen Steuersysteme erfaßt nicht die Ebene des zwischenstaatlichen oder diplomatischen Austausches, wie er etwa für das 2. vorchristliche Jahrtausend für die Fürstentümer von Qatna und Mari sowohl archäologisch als auch textlich zu fassen ist. Allerdings geben alle diese Quellen keine zuverlässige Auskunft über den Status, die Qualität und den Typus der Gaben und ihre Transaktionen. Die Begriffe des Gabenaustausches sind auffallend unpräzise und unterliegen – durch das Genre der Texte bedingt – einer diplomatischen Sprache; sie geben also kaum Aufschluß über ein administratives Verständnis, wenn es dieses auf der zwischenstaatlichen Ebene dieser frühen Königtümer überhaupt gab. Der Befund insgesamt erinnert auffallend an die Definitionsschwierigkeiten, wie sie in Ägypten auftreten.

Diskussionsbedürftig bleibt dabei der Versuch, die antiken Befunde auf der Grundlage moderner sozioökonomischer Modelle, wie etwa dem K. Polanyis zu erklären. Zumindest hat die altorientalistische Forschung mittlerweile zeigen können, daß seine Theorie nur bedingt die antiken Verhältnisse trifft und teilweise durch die Belege eindeutig widerlegt wird (vgl. hierzu den Beitrag von P. Pfälzner). Nicht abzustreiten ist dennoch, daß die fürstlichen Geschenke und Gegengeschenke sowie ihre direkte und massive Einforderung in den Texten eine kommerzielle und verpflichtende Dimension besaßen. Dadurch wird bewußt, daß auch Geschenke inhaltlich verschiedene Bedeutungsebenen besitzen konnten, deren konkretes Verständnis von den Textgattungen abhängig, aber weder sprachlich noch aus materieller Zusammensetzung zu erschließen war. Der Kontext macht deutlich, daß die diplomatische Sprache sich wohl gezielt einer diffusen Begrifflichkeit bedient, deren konkreter Aussagewert allerdings von den Empfängern richtig verstanden bzw. ‚dechiffriert' werden konnte. Damit eröffnet sich eine sprachstilistische Ebene in der Verwendung der Abgabenbegriffe, aus der die realen Verhältnisse und deren Verständnis nicht direkt zu rekonstruieren sind.

Die dritte Sektion „Mesopotamien" widmete sich den Kulturen und Reichen des Zweistromlandes von der altassyrischen bis in die altpersische Zeit. Ähnlich der ägyptischen Sektion stehen sich, abgesehen von den verschiedenen Perspektiven durch das archäologische und schriftliche Quellenmaterial, die Ebenen königlicher und nichtköniglicher Leistungen gegenüber, denen ein historischer Überblick über die politische Entwicklung zur Seite gestellt ist und der letztendlich die Traditionskette der Abgabensysteme bis zur Perserzeit schließt.

In altassyrischer Zeit war die Entwicklung des vielseitig differenzierten Abgabensystems Assyriens unmittelbar bedingt durch den Ausbau eines überregionalen und internationalen Handelsnetzes, gestützt auf die Gründung zahlreicher Faktoreien. Die weitreichenden Verbindungen und der zugehörige, grenzüberschreitende Güterverkehr bewegten sich nicht nur in verschiedenen politischen Strukturen, sondern auch in unterschiedlichen Rechtsräumen. Entsprechend läßt sich zeigen, daß Abgabemodus, Höhe der Zahlung, Zahlungsmittel und Bezeichnung der Abgaben für die gehandelten Güter maßgeblich von ihrem Weg bestimmt waren. Vor allem die Berechnung der Abgaben erfolgte je nach politischer Größe zum Teil nach Pauschalsummen, nach dem Realwert der gehandelten Güter oder nach einer Standardisierung.

Ohnehin ist grundsätzlich zwischen den ‚privaten' und den ‚staatlichen' Bereichen der Abgabenerfassung zu unterscheiden. Während ersterer in den Handelsdokumenten zu fassen war, ist letzterer diesem übergeordnet und in seiner Entwicklung stärker von der politischen Geschichte des Landes geprägt. Die „staatlichen" bzw. königlichen Abgabenforderungen sind administrativ auf den jeweiligen Status der betroffenen Gebiete ausgerichtet und gebrauchen folglich auch andere Begriffe: Aus unabhängigen Gebieten flossen aufgrund militärischen Zwangs Beute und aus abhängigen Vasallenreichen aufgrund rechtlicher Bindungen Tribute an den König, wobei letztere in ihrer Höhe und Regelmäßigkeit festgelegt und von den lokalen, einheimischen

Führungsschichten eingefordert wurden. Mit der Provinzialisierung setzte auch eine administrative Eingliederung dieser Gebiete in das assyrische Reichsgebiet ein. Die Tribute als „Gaben aus dem Ausland" wurden abgelöst von einem genau strukturierten System der „inländischen Besteuerung" mit eigener Klassifizierung (so etwa verschiedene Steuern aus der Landwirtschaft, dem Handel, der Viehzucht, dem Grundbesitz etc.). Diese Veränderung scheint sich in der finanziellen Belastung kaum auf lokaler Ebene niedergeschlagen zu haben, sondern vor allem in der übergeordneten Verwaltungsstruktur, in der Registratur und Zuweisung der Abgaben. Auffällig ist, daß alle Güter, die als Abgaben an den König gingen, letztendlich durch ein redistributives System in den inländischen Warenverkehr einflossen, in ihrem Weg und Status genau dokumentiert und terminologisch entsprechend differenziert wurden.

Die Ausbildung einer präzisen Terminologie für die verschiedenen Abgabenarten, die sich durchaus den modernen Begriffen für Steuern, Zölle und Geschenke zuweisen lassen, scheint mit dem grenzüberschreitenden Handelsverkehr in Verbindung zu stehen. Wie ausgefeilt die offizielle administrative Erfassung der Abgaben und ihre rechtliche Verankerung waren, zeigt sich durch die ebenso genaue Bestimmung von Vergehen und deren Strafen. Besonders am Problem des Schmuggels wird die wirtschaftliche Bedeutung der einzelnen Transaktionen in der offiziellen ‚staatlichen' wie auch in der ‚privaten' Wahrnehmung deutlich (Dercksen). Ideeller und realer Warenwert werden durch das offizielle Strafmaß für die betroffenen Vergehen und Güter erkennbar. Wie sehr dieses ausgearbeitete Besteuerungssystem Altassyriens mit der Handelsstruktur verbunden war, zeigt das Verschwinden dieses Systems und seiner Begrifflichkeit mit dem Zusammenbruch der Handelsorganisation, während die Verwaltungsstrukturen weiter bestehen blieben. An seine Stelle treten nun die babylonischen Begriffe einschließlich ihres charakterisierenden Verständnisses.

Von diesen zu unterscheiden sind die politisch geprägten Abgabengrößen des Tributs und der Beute. Sie sind offizielle Repräsentationsmittel für die königliche Selbstdarstellung und die machtpolitische Legitimation. In der Tat lassen sich anhand der bildlichen Darstellungen in der assyrischen Kunst die schriftlich belegten Begriffe des Tributs und der Beute auch ikonographisch fassen und wesenseigen identifizieren. Vor allem die Lieferung des Tributs ist nach bestimmten Kriterien klar zu definieren: Während alle Formen der Bildträger sowohl in der Monumental- als auch in der Kleinkunst vorkommen, sind die Einbettung in einen narrativen Kontext und die öffentliche Wahrnehmbarkeit entscheidende Kriterien. Vor allem in den königlichen Palästen wird die repräsentative Funktion der Tributdarstellung durch die Verbindung mit der architektonischen Gestaltung unverkennbar. Dabei werden die Herkunft der Lieferanten, der Ort der Abgabe, die Produkte und die bürokratische Erfassung des Tributs genau dargestellt und entsprechen den schriftlichen Nachrichten.

Nicht zufällig fällt eine derartige künstlerische Präzisierung in die entscheidende Expansionsphase des neuassyrischen Reichs, in der das Kernland ökonomisch auf die Leistungen abhängiger Vasallenstaaten angewiesen war. Mit neuen Entwicklungen in der machtpolitischen Struktur verändert sich auch rapide die Zielrichtung der Bildthematik. Obwohl Einzelelemente der Motivik weiter benutzt werden, sind sie nicht mehr in ihrem inhaltlichen Verständnis den speziellen Abgabentypen zuzuweisen.

Deutlich wird dies in der achaimenidischen Kunst: Auch wenn sich dort ebenfalls Darstellungen von Gabenbringern finden, die offensichtlich der Motivik nach in assyrischer und babylonischer Tradition stehen, können sie nicht auf einen bestimmten Abgabentyp oder einen speziellen Anlaß präzisiert werden.

Im Perserreich als „Vielvölkerstaat" begegnet auch das Phänomen, daß es ein übergeordnetes Abgabensystem der Reichsverwaltung gibt, das die jeweils lokal oder regional spezifische Abgabenpraxis integriert (siehe hierzu auch den Beitrag von H. Niehr). Demnach ist nicht nur zwischen verschiedenen Abgabenformen zu unterscheiden, sondern auch nach ihrem Status innerhalb einer „Abgabenhierarchie". Dies hat zur Folge, daß zum einen die Abgaben auf den verschiedenen Ebenen eigene Begrifflichkeiten besitzen und in ihrer Zusammensetzung, Art und Zeitpunkt der Ablieferung sowie in ihrem Wert durch ihren Status bzw. die einheimische Tradition geprägt sind. Zum anderen können einzelne Abgabenbegriffe durch ihr semantisches Spektrum jeweils unterschiedlich präzise Bedeutung besitzen, oder die Begrifflichkeiten gehen in ihren Definitionskriterien ineinander über. Erinnert sei etwa an die sogenannten freiwilligen Geschenke, die in vom Großkönig erwarteter, aber nicht fixierter Regelmäßigkeit steuer- oder tributähnlichen Charakter annehmen. Die Beschreibung derartiger Formen bereitete bereits den antiken Autoren Schwierigkeiten. Ihr Verständnis war von der politischen Perspektive und von kulturbedingten Aspekten bestimmt, war was vor allem die Verbindung der Abgabenbegriffe in den verschiedenen Reichssprachen zeigt. Dabei können alte Begriffe parallel zu neueren bestehen, inhaltlich weiterentwickelt oder in einem neuen Kontext modifiziert werden. Besonders deutlich wird dies in den kulturellen und politischen Einschnitten, die sich für Kleinasien und Griechenland fassen lassen.

Wie bereits aus ‚assyrischer Perspektive' erkennbar wurde, lassen sich die Abgabensysteme Kleinasiens, speziell die des Hethiterreiches nur bedingt mit den mesopotamischen Verhältnissen vergleichen. Dies liegt nicht zuletzt an der Tatsache, daß verhältnismäßig wenige hethitische Quellen über die administrative Struktur des Reiches und erst recht über die Begrifflichkeit und Charakterisierung der verschiedenen Abgaben Auskunft geben. Dieses Bild wird durch den archäologischen Befund bestätigt. In diesem sind zwar Fremdgüter in hethiterzeitlichen Horizonten zu erkennen, aus der materiellen Qualität ist aber weder eine allgemeine Bestimmung als Abgabe noch eine spezielle Funktion zu erschließen. Ohnehin fällt auf, daß angesichts der langen politischen Geschichte und der Größe des Hethiterreiches verhältnismäßig wenige Güter als ‚Endprodukte' der Thematik ‚Gaben und Abgaben' zuzuordnen sind. Möglicherweise ließe sich dieses signifikante Desiderat teilweise dadurch erklären, daß das Hethiterreich entsprechende Lieferungen vor allem in Rohstoffen einforderte, die dann weiterverarbeitet wurden und deshalb nicht mehr in ihrer Abgabenfunktion archäologisch zu fassen sind.

Allerdings gewährt die große Gruppe der Kult- und Festtexte Einblick in ein differenziertes Abgabensystem, in dem sich sogar steuerähnliche Lieferungen aus dem Inland und tributähnliche Zahlungen von außen unterscheiden lassen. Die Texte bestätigen den archäologischen Befund insoweit, als für die großen „Staatsfeste und -kulte" vor allem Rohstoffe im weitesten Sinne eingetrieben wurden (so auch Dienstleistungen, Arbeitskräfte, landwirtschaftliche Güter, Vieh, Edelmetalle etc.). Die Besonderheit dieser Texte liegt allerdings darin begründet, daß sie nicht nur konkreten Anlaß und Zeitpunkt für die Lieferungen nennen und diese in ihrer Zusammensetzung genau beschreiben, sondern daß auch der weitere Weg der Güter nach der offiziellen Abgabe an den König oder die Tempel nachvollzogen werden kann. Die Abgaben waren – möglicherweise durch die spezifischen religiösen Bedingungen der Feste vorgegeben – nicht Teil eines redistributiven Systems der Tempelwirtschaft. Kultische und königliche Transaktionen vermengen sich undefinierbar, da sie in ihrer Zusammensetzung identisch waren und sich derselben palatialen Netzwerke bedienten. Eine Identifikation und Zuweisung zu den modernen Abgabentermini (als Steuer, Tribut,

Geschenk, Beute etc.) ist daher nicht möglich, nicht zuletzt auch, weil diese bedingt sind durch die unterschiedlichen theoretischen Modelle zur Wirtschaft und Gesellschaft des Hethiterreiches. Immerhin deuten die begriffliche Vielfalt mit ihrer rechtlichen Verankerung wie auch die Festlegung von Strafen bei Delikten (wie etwa Korruption oder Betrug) darauf hin, daß die Abgaben genau systematisiert und dementsprechend auch in ihrem Typus und Status definiert waren.

Ein gänzlich anderes Bild liefern die epigraphischen Quellen zu den Abgabenformen der mykenischen Palastkultur, zumal sich für diese gelegentlich eine sprachliche und semantische Kontinuität bis in die Zeit des klassischen und hellenistischen Griechenlands verfolgen läßt. Problematisch am mykenischen Material ist seine enge zeitliche und funktionale Fokussierung auf die administrativen Verhältnisse der Palastwirtschaft, durch die z.B. nichts über die Außenbeziehungen der Paläste zu erfahren ist. Daß diese aber vor allem in Form von Geschenkaustausch bestanden, zeigen die wenigen Nachrichten über diplomatische Kontakte Ägyptens und Hattušas mit den verschiedenen mykenischen Fürstentümern. Umso mehr ist über die innenpolitische Besteuerung und die zugehörige administrative Struktur zu erfahren. Allerdings lassen sich die mykenischen Abgabenbegriffe, auch wenn sie durch Ableitung aus dem klassischen Griechisch zu erschließen sind, kaum inhaltlich definieren oder typisieren (ist die „mutmaßliche Frondienstpflicht" nun eine Steuer- oder eine Tributleistung?). Allerdings ist festzuhalten: Die mykenische Palastkultur besaß ein zentralisiertes Redistributionssystem, deren Gaben- und Abgabenleistungen in ihrer Zusammensetzung vielseitig waren (von der Abgabe von Naturalien und Rohstoffen bis zu Dienstleistungen), sich hierarchisch in verschiedene Ebenen staffelten und sich nach rechtlichem, administrativem und fiskalischem Status in der Begrifflichkeit und bürokratischen Erfassung unterschieden. Das Verständnis der Abgabenformen ist nicht zuletzt bedingt durch die politische Struktur der mykenischen Königtümer, die teilweise aus späteren Nachrichten zu rekonstruieren ist. Anders als in den orientalischen Kulturen scheinen die Abgabenleistungen keinen repräsentativen oder legitimierenden Wert für die mykenische Palastelite besessen zu haben. Dies bestätigt der archäologische Befund in der Architektur der Paläste. Die Freskodarstellungen monumentaler Gabenbringerprozessionen rücken nicht die Bezugsperson oder den speziellen Akt, sondern das ‚symbolische Kapital' der Güter in den Vordergrund. Die mykenische Darstellung und die orientalischen Gabenbringerszenen scheinen damit zwar motivisch verwandt zu sein, sind aber in ihrer inhaltlichen Aussage grundsätzlich verschieden. Die mykenischen Fresken thematisieren den „Glanz des Königtums" als politischer Staatsform, deren Erhalt von einer reziproken Beziehung zu den Untergebenen gewährleistet wurde, auch wenn diese seitens des Palastes ‚nur' einen symbolisch oder materiell begrenzten Gegenwert besaß. Obwohl über eine genauere Definition nichts zu erfahren ist, so wird damit doch deutlich, daß in der mykenischen Palastkultur das Verständnis der Abgaben unmittelbar mit der politischen Struktur verbunden war oder, anders gesagt: eine Politisierung im Wert und Verständnis der Abgaben stattfand.

Dieses Phänomen läßt sich auch in klassischer Zeit an der Entwicklung des Tributbegriffs nachvollziehen, der durch die politischen Verhältnisse Griechenlands und die ideologischen Vorstellungen vom Perserreich seine Terminologie wechselte (siehe ausführlich Chr. Schuler). Darüber hinaus fällt mit Blick auf die mykenischen Strukturen umso mehr auf, wenn Chr. Schuler konstatiert: „Charakteristische Züge der Abgabenerhebung im hellenistischen Kleinasien sind also Differenziertheit, Flexibilität und die Verbindung fiskalischer Interessen mit politischen Zielen."

Überhaupt lassen die Quellen für das hellenistische Kleinasien erkennen, daß der bislang allgemein und aus klassischer Tradition als Tribut verstandene Begriff nicht dessen inhaltliche Kriterien erfüllt, sondern in den hellenistischen Gemeinwesen als Steuer zu verstehen ist. Grundsätzlich wird bei der Entwicklung der Tribut- bzw. Steuerbegriffe offensichtlich, daß bei radikalen politischen Einschnitten jeweils eine fiskalische Begriffsverschiebung zu beobachten ist. Mit dem Zusammenbruch der Perserherrschaft durch die Eroberungen Alexanders des Großen und der Ausbildung der hellenistischen Staatenwelt auf dem Territorium des ehemaligen Perserreichs vollzog sich beispielsweise ein administrativer und politischer Paradigmenwechsel. Die – z.T. griechisch geprägten – kleinasiatischen Gebiete wurden nun zu konstituierenden Elementen der hellenistischen, also griechischer, Teilreiche. Folglich wurden ihre Abgaben als ‚interne' Leistungen und nicht mehr als oktroyierte Fremdzahlungen verstanden, obwohl sie sich von diesen in der Zusammensetzung und Höhe wohl kaum unterschieden. Der *phoros* als eine der Zahlungsgrößen veränderte damit seine ehemals negativ besetzte Bedeutung als Tribut zum positiven Wert als Steuer, als welche er auch für die griechischen Gemeinden akzeptabel blieb. Steuerpflicht und Steuerbefreiung blieben dabei in modifizierter Form Kampfbegriffe politischer Konzepte (Autonomie). Geradezu symptomatisch erscheint, daß mit dem Bedeutungshorizont der Steuer eine systematische Differenzierung in zahlreiche Untertypen auftritt.

Der Tribut verschwindet der Sache nach damit nicht, der alte Begriff wird aber semantisch weiterentwickelt. Dieser umfaßt den Tribut als einen Teilaspekt, der vor allem aus dem Zusammenhang (z.B. bei fremden Außenleistungen) zu erschließen ist. Damit paßt sich der Begriff im Prinzip sprachlich seinem materiellen Charakter an.

Durch die Qualität und Quantität der Quellen besonders gut erkennbar, scheint sich auch im Hellenismus ein Phänomen abzuzeichnen, das sich für alle antiken (Groß-)Reiche findet: Mit der Expansion und einsetzenden Provinzialisierung steigt die fiskalische Systematisierung, die sich in einer Begriffsvielfalt der verschiedenen Abgabenformen niederschlägt. Dies erklärt sich wohl in erster Linie aus einer Herrschaftssicherung der unterworfenen, angegliederten oder integrierten Gebiete. Im Vordergrund stand dabei das ökonomische Interesse, die wirtschaftliche Kraft dieser Gebiete für sich zu nutzen. Dafür mußte man sie aber verwalten, kontrollieren, dauerhaft an sich binden und in ihrer Loyalität sichtbar machen. Aus diesem Grund wurde wohl das Aussetzen der Abgabenzahlungen von der herrschenden Zentrale stets als Revolte gedeutet.

Für Rom lassen sich ähnliche Strukturen feststellen, obwohl dort wie in der griechischen Welt die Darstellung der Abgabenlieferung bzw. -pflicht keine herrschaftslegitimierende Repräsentationsfunktion besaß. An den sogenannten Staatsreliefs läßt sich ablesen, daß von der Republik bis in die Kaiserzeit dem Thema keine offizielle Darstellungsplattform gegeben wurde. Die Kaiser lassen sich vielmehr als großzügige Geber darstellen und kommen damit eher dem hellenistischen Euergetismusgedanken nahe. Erst in der Spätantike scheint sich das herrscherliche Selbstverständnis zu verändern. Aus dem privaten Bereich dringen Abgabendarstellungen in die offizielle Repräsentationskunst ein, wobei sie in erstaunlicher Weise eine weit ältere Motivik verwenden, wie sie aus der altorientalischen Kunst bekannt ist. Derartige Darstellungselemente und deren zugehöriges Verständnis waren demnach nicht ‚verschwunden', sondern hatten wohl auf privater Ebene fortbestanden. Daß ihr Verständnis besonders in der Verbindung mit politischen Aussagen nicht verloren ging, zeigt gerade die bewußte Vermeidung derartiger Themen in der offiziellen Repräsentationskunst der Republik und Kaiserzeit.

Dieses Bild scheinen die schriftlichen und numismatischen Zeugnisse zu bestätigen. Allerdings fällt auf, daß sich mit der wachsenden Expansion des Reichs und der Provinzialisierung unterworfener Gebiete keine einheitliche Abgabenstruktur für den gesamten Reichsverband ausbildete. Vielmehr ist das Abgabenwesen durch eine unüberschaubare Vielzahl von regionalen Eigenheiten, Sonderformen oder Ausnahmen geprägt. Entsprechend unscharf fällt auch die begriffliche Erfassung der Abgabenformen aus. Die verschiedensten Varianten werden unter denselben Oberbegriffen subsumiert, und gleichzeitig entsprechen sich gewisse Bezeichnungen inhaltlich oder überschneiden sich in bestimmten Aspekten. Mit dem Ausbau der Verwaltung in den Provinzen und der Festigung der Reichseinheit nimmt die Differenzierung des Steuer- und Zollwesens tendenziell zu. Dies erklärt sich zum Teil mit dem auch aus anderen Reichen bekannten System, die regionalen, einheimischen Abgaben bestehen zu lassen und in die reichsübergreifenden Strukturen zu integrieren. Das römische Steuersystem ist vor allem durch seine Heterogenität gekennzeichnet und war in erster Linie auf den ökonomischen Nutzen ausgerichtet. Die politischen Funktionen der verschiedenen Abgabentypen traten stark in den Hintergrund, weshalb möglicherweise Begrifflichkeiten für das moderne Verständnis von Tributen – im römischen war *tributum* eine Steuerform! – zu verschwinden scheinen. Der römische Herrschaftsanspruch wurde nicht durch eine Tributpflicht der Untergebenen legitimiert bzw. in seiner Akzeptanz formalisiert. Unterworfene Gebiete wurden militärisch gesichert und als Provinzen staatsrechtlich, administrativ und fiskalisch in den Reichsverband integriert. So wenig wie die römischen Abgaben politische Funktionen erfüllten, so stark nutzte die Politik die Besteuerung als ‚Mittel zum Zweck'. Die Elastizität der Abgabenbegriffe erlaubte eine flexible Anwendung, die jeweils aus speziellen Aspekten erklärbar waren.

Allgemein ist festzuhalten, daß es in allen Kulturen eine Vielzahl von Abgabenbegriffen gibt, die meist noch weiter in Untergruppen differenziert werden können. Alle diese Begriffe sind in erster Linie durch das jeweilige, unmittelbare kulturelle Verständnis in ihrer Beschaffenheit und Wertung geprägt. Damit wurde für alle behandelten Kulturräume übereinstimmend klar, daß eine unkommentierte Gleichsetzung mit den modernen Termini nicht anwendbar und übertragbar ist. Folglich ist es für eine kulturspezifische Definition zunächst unausweichlich, von der indigenen Begrifflichkeit auszugehen und diese in ihren Merkmalen zu beschreiben. Als Hauptschwierigkeit ergibt sich hierbei, das jeweils kulturimmanente, antike Verständnis zu erschließen, das durchaus gänzlich von modernen Vorstellungen oder wirtschaftsgeschichtlichen Theoriemodellen abweichen kann. Hinzu treten die Schwierigkeiten in der Überlieferungslage: Diese ist oft nicht nur lückenhaft, sondern ihre Aussagen sind in ihrer Bewertung auch stark von der jeweiligen Textgattung und ihrer Perspektive abhängig.

Die archäologischen Beiträge haben ebenfalls fast durchgängig gezeigt, daß Fremdgüter sich zwar erkennen lassen, aber allein durch den Befund nicht funktional zuzuweisen sind. Dies liegt vor allem in der materiellen Zusammensetzung begründet, die in allen Abgabenformen (innerhalb eines Kulturraumes) annähernd gleich ist. Die Charakterisierung der Abgabenform erfolgt also nicht materiell, sondern allein über die konzeptionelle Einbettung. Die bildliche Präsentation von Abgaben, die in fast allen Kulturräumen reichlich vorhanden ist, ist etwas aussagekräftiger, da sie sich meist in einen situationsbedingten Darstellungskontext einfügt. Eine klare Funktionsdeutung gelingt allerdings auch hier meist nur in Kombination mit textlichen Kommentaren. Nur in seltenen Fällen entsprechen die ikonographischen Unterschiede auch den funktionalen.

So abweichend die Abgabenbegriffe und deren Verständnis in den verschiedenen Kulturräumen zutage treten, so ist doch überall eine zuverlässige und umfassende Definition als gemeinsames Problem zu konstatieren. Eine kulturübergreifende Typisierung oder Zuweisung zu den modernen Abgabenbegriffen scheint um so schwieriger.

Allerdings ergaben die Einzelresultate einen Katalog von Kriterien, nach denen eine derart grundlegende Terminologie zu entwickeln wäre. In der von Stefan Seidlmayer und Reinhard Wolters geleiteten Abschlußdiskussion wurden folgende Punkte in den Fokus gerückt, die sich bei den Diskussionen im Verlauf der Tagung als zentrale und weiterführende Fragen herauskristallisiert hatten:

1. die Begrifflichkeit oder die Sprache der Quellen vs. präskriptive Begriffe;
2. die textliche vs. die archäologische Überlieferung;
3. Innen vs. Außen oder Ideologie vs. politische Realität, banaler: Anspruch vs. Wirklichkeit;
4. die politische, wirtschaftliche und soziale Realität der Transaktionen, das Verhältnis von Gabe, Gegengabe und Geschenk.

Zu 1.: Die Sprache der Quellentexte und die der modernen Wissenschaftler klaffen auseinander. Hier stellt sich die Frage nach der Selektion der Überlieferung. Ein entscheidender Aspekt für die Beurteilung der Quellenaussagen ist der antike Entscheidungsvorgang, welche Daten überhaupt für wert befunden wurden, überliefert zu werden. Daneben steht das grundsätzliche Problem, daß nur ein Bruchteil des antiken

Schriftmaterials, sei es in Form literarischer Texte, administrativer Dokumente oder Inschriften, überliefert ist. Zudem haben uns antike Autoren keine systematische Darstellung der Sachverhalte überliefert, und nur sehr selten thematisieren sie Alltagsprobleme wie die Finanzverwaltung. Umso schwieriger ist es, aufgrund der Lückenhaftigkeit und tendenziösen Selektion der Quellen und unter Berücksichtigung der verschiedenen Textgattungen die einzelnen Abgabenbegriffe zu charakterisieren, voneinander abzugrenzen und einer übergreifenden Terminologie zuzuweisen. Die meisten Wörter sind sehr allgemein – häufig bezeichnen sie der Etymologie nach „Gebrachtes" – und erhalten erst in ihrem speziellen Kontext und Kotext eine konkrete Bedeutung; diese allerdings verschließt sich vielfach dem modernen Interpreten, da das indigene, kulturspezifische und wirtschaftliche Verständnis kaum vollständig in der historischen Rekonstruktion zu erfassen ist. Zudem unterliegen die Abgabenbegriffe im Lauf der Zeit meist einem Bedeutungswandel, so daß entweder mit verschiedenen Bedeutungsebenen und -aspekten zu rechnen ist oder die Texte nur „Momentaufnahmen" der jeweiligen Wirtschafts- und Gesellschaftsordnung sind. Die internationalen politischen Verhältnisse (z.B. bei Fremdherrschaften) und Beziehungen (z.B. bei überregionalem Handel) begünstigten zusätzlich die Übernahme von Fremdwörtern, die zum einen das einheimische Abgabensystem beeinflussen, zum anderen gleichfalls einem Bedeutungswandel unterworfen sein konnten. Der auffallend oft zu konstatierende Mangel an begrifflicher Schärfe könnte darauf hindeuten, daß die Einforderung der Abgaben nicht systematisch begründet worden ist. Die quellensprachlichen Wörter haben damit in der Regel also nicht den Charakter von Termini.

Zu 2.: Texte und archäologische Befunde werden häufig als sich unvermittelt gegenüberstehende Quellen empfunden. Während Textquellen zugestanden wird, den Typus und den Weg von Abgaben direkt zu beschreiben, sagt man archäologischen Quellen nach, hierüber keine Auskunft zu geben. Dagegen stehen Texte in dem Ruf, mitunter ideologisch gefärbt zu sein und nicht die „Wirklichkeit" wiederzugeben, während man den archäologischen Objekten einen „Sitz im Leben" zuschreibt. Daß beide Typen von Quellen sich gegenseitig erhellen und ergänzen können, wird häufig übersehen. In der Tat können beide Materialgattungen jeweils spezielle Aspekte des gemeinsamen Themenkomplexes beleuchten, die durch die anderen Quellen nicht zu erschließen sind. Erst die Kombination der verschiedenen Ergebnisse ermöglicht einen möglichst zuverlässigen Zugang zum kulturellen Verständnis des Abgabenwesens und daraus resultierend dessen treffende Charakterisierung.

Bei dem archäologisch relevanten Material handelt es sich zum einen um Darstellungen von Gabenbringern, zum anderen um Objekte, die offenbar ihren Besitzer gewechselt haben.

Die Darstellungen sind häufig stilisiert, so daß sich die Herkunft der Personen oft nicht nachweisen läßt und die Funktion der Gaben im unklaren bleibt. Auch Beischriften helfen hier nur bedingt weiter, da Darstellungen wie Texte auf ältere Vorlagen zurückgehen können. Nur in seltenen Fällen läßt sich – durch die Texte bestätigt – eine genaue Zuweisung zu speziellen Abgabenformen verifizieren. Im Allgemeinen überwiegt aber – ähnlich dem schriftlichen Befund – eine eher unpräzise Typisierung, deren Motivik oftmals auf ältere Traditionen zurückgreift. Allerdings werden diese alten Darstellungselemente inhaltlich und kulturell in neue Kontexte eingebettet. Grundsätzlich müßten also die bildlichen Darstellungen in ihrem kulturellen Zusammenhang auf diese Weise systematisch und im Detail nach der Aufnahme älterer Motivelemente hinterfragt werden. Erst dann ist der Anteil ermessen, den die Bedeutung derartiger Traditionen für die inhaltliche Aussage der bildlichen Präsentation besitzt.

Bei den archäologischen Funden ist zu berücksichtigen, daß die meisten Konsumgüter, wie z.B. Getreide, nicht mehr auffindbar sind und daß der Fundort nur den Endabnehmer bezeichnet, nicht aber die Zwischenträger und den Weg. Dafür aber belegen sie im Gegensatz zu den meisten Texten nicht nur aufsteigende Transaktionen wie Abgaben, sondern auch absteigende wie Gunstgaben. Auch horizontale Austauschvorgänge, insbesondere an der Basis, lassen sich auf diese Weise plausibilisieren. Die starke Fokussierung auf staatlich institutionalisierte Verteilungs- und Austauschvorgänge, die die Texte suggerieren, vermag jedenfalls durch die Auswertung archäologischen Materials gemildert werden.

Nicht zuletzt führen die Darstellungen und Funde für die Frage nach der Definition der Abgabenformen eine Erkenntnis vor Augen, die in den Texten bestätigt wird, allerdings nicht in dieser markanten Deutlichkeit: Die Abgaben lassen sich nicht nach ihrer materiellen Zusammensetzung unterscheiden, sondern konzeptionell nach ihrem Verständnis und anhand ihrer Transaktionswege.

Zu 3.: Texte wie Bilder können die Leistung von Abgaben suggerieren, die *de facto* gar nicht oder in einem ganz anderen Kontext erbracht wurden. Oder anders ausgedrückt: Die Überlieferung kann Ansprüche wiedergeben, die nicht der historischen Wirklichkeit entsprechen. In den bildlichen wie auch in den literarischen Darstellungen können Stilisierungen oder „Chiffrierungen" begegnen. Sie können etwa durch die Stilistik der Quelle (siehe diplomatische Korrespondenz) oder durch ideologische Bedeutungsebenen bedingt sein. So kann die Leistung von Gaben und Abgaben, die in früherer Zeit vielleicht einmal eine konkrete Gültigkeit gehabt haben mögen, inzwischen aber längst obsolet geworden sein. In diesem Fall reproduziert man lediglich alte Vorbilder. Derartige Befunde können nur Rückschlüsse auf die älteren Verhältnisse erlauben, nicht aber auf das kontemporäre reale Abgabenwesen. Es bleibt dabei zu klären, aus welchem Grund diese älteren Bedeutungsinhalte in ihrem Anspruch aufgegriffen werden und wie die Selektion repräsentativer Elemente erfolgte. Es hat sich gezeigt, daß fast immer nur wiedergegeben wird, was der eigenen Legitimation gilt. Vor diesem Hintergrund lassen sich auch gewisse Beleglücken erklären: So wollte sich z.B. niemand als Tributbringer und damit Unterlegener präsentieren.

Nicht zuletzt ist die Beschreibung der Abgaben in den erzählenden Medien (wie Bildern und literarischen Texten) stark von der Perspektive der Empfänger oder Geber abhängig. Ihre Wertung gibt daher keine Rückschlüssse auf den tatsächlichen Grad der ökonomischen Belastung.

Zu 4.: Dies bestätigt den Eindruck, daß bei der Bearbeitung der Abgabenformen grundsätzlich „Anspruch" und „Wirklichkeit" zu trennen sind. Letzteres ist zwar teilweise in ersterem enthalten, und beide Aspekte beeinflussen sich auch gegenseitig, aber dennoch ist die ökonomische Realität nicht aus den intentionalen Ansprüchen abzuleiten oder zu rekonstruieren.

Diese sind durch vielfache Faktoren bedingt: die historische Qualität der Quellen, die Bedeutung der sozialen, politischen, kulturellen und wirtschaftlichen Verhältnisse des Autors/Künstlers und in seiner Darstellung, das Verhältnis beider zueinander, die Gattung der Texte und Bilder (diplomatische Korrespondenz, Erzählungen, ‚historische' Berichte oder Annalen, Dekrete, Erlasse, Ehreninschriften, Repräsentationstexte oder -darstellungen, Verträge, administrative Akten, private oder königliche Denkmäler, Darstellungen und Inschriften in Gräbern, im kultischen oder im offiziellen Umfeld etc.) und ihre Darstellungsregeln, stilistische oder motivische Traditionsketten, die Perspektive von Empfänger und Gebendem mit der intendierten Aussageabsicht und der zugehörigen Wertung, den sozialen und rechtlichen Status von Empfangendem und Gebendem, die administrative Ebene der Transaktionen usw. Neben den ideologisch verbrämten Darstellungen in Wort und Bild sind die schon öfter thematisierten Beleglücken ein Grund für die Unterschiede zu den Realitäten. In den Quellen findet sich zwar die Darstellung der Transaktionen, aber unklar bleibt häufig die weitere Verwendung der gelieferten Güter. Inwieweit wurden sie einzelnen ‚Kassen' zugeordnet oder gehortet, inwieweit weiterverteilt und an wen? Transparenz in diesem Bereich war möglicherweise gar nicht beabsichtigt oder so offensichtlich und alltäglich, daß die Vorgänge nicht detailliert thematisiert wurden. Gleiches gilt selbstredend für definitiv illegale Transaktionen wie z.B. Schmuggel, der nur selten in den Quellen aufscheint und auch dann in seiner wirtschaftlichen Bedeutung nicht zu greifen ist. Des weiteren wird meist nicht deutlich, welche Motivation die Liefernden zu ihren Lieferungen veranlaßte und welche Sanktionen einsetzten, wenn die geforderten oder erwünschten Sendungen ausblieben.

Der Güterfluß von unten nach oben ist in offiziellen Quellen relativ gut bezeugt, der von oben nach unten hingegen wesentlich schlechter. In den Textquellen ist er meist nur dann zu finden, wenn er der Legitimation der Herrschenden dient. Für den Bereich der Redistribution wird also in der Regel nur eine Transaktionsrichtung greifbar. Erst recht ist diese kaum nachzuvollziehen, wenn sie sich begrifflich in schwer zu definierenden Zwischenbereichen bewegt. So ist im Besonderen das Verhältnis von Gabe, Gegengabe und Geschenk kaum eindeutig zu bestimmen.

Dennoch geben die fragmentarischen ‚Momentaufnahmen' in den Quellen insgesamt eine Ahnung von der vielfältigen und speziellen Komplexität der Gaben und Abgaben in den verschiedenen Kulturen und Zeiten. Auf dieser Grundlage wird offensichtlich, daß eine oberflächliche Gleichsetzung mit modernen Begriffen wie Steuer, Tribut oder Geschenk trotz gewisser Gemeinsamkeiten weder gerechtfertigt noch möglich ist. Ebenso wird deutlich, daß sozioökonomische Theorien und ethnoanthropologische Parallelen kaum weiterhelfen, da sie dem spezifischen Verständnis in den antiken Kulturen nicht präzise entsprechen, auf die Qualität und die besonderen Bedeutungsebenen der Quellen nicht vollständig zu übertragen sind und selbst einer Definitionsproblematik in ihrem kulturellen, politischen, gesellschaftlichen und wirtschaftlichen Umfeld unterliegen. Ebenso wenig kann man aber auch nicht von den antiken Abgabenbegriffen als Termini ausgehen, da sie nur selten diese administrative und rechtliche Präzision besitzen. Als Ausweg zeichnet sich ab, daß ausgehend von dem linguistischen Befund eine Matrix zu entwickeln wäre, in der die einzelnen Begriffe durch die verschiedenen positiven und negativen Konstituenten in umschreibender Form charakterisiert werden. Die diversen Konstituenten von Abgaben wie z.B. das Vorhandensein bzw. Nicht-Vorhandensein von Zwang oder Regelmäßigkeit wären hier zu berücksichtigen. Auszugehen ist dabei von den jeweils spezifischen Sachverhalten und Aspekten, wie sie hier entwickelt wurden.

INDICES

SACHINDEX

ORTS- UND VÖLKERNAMEN

PERSONENNAMEN

FREMDSPRACHIGE BEGRIFFE

a) ägyptisch/koptisch

b) assyrisch/babylonisch/akkadisch

c) altpersisch/elamisch

d) hebräisch/aramäisch

e) hethitisch

f) griechisch/Linear B

g) lateinisch

TAFEL

ASTRID NUNN TAFEL I

a) Persepolis, Apadana VI, Delegation

b) Persepolis, Apadana VIII

TAFEL II JÜRGEN BÄR

a) Kaḫu (Nimrūd), Nordwest-Palast – Relief mit Beuteszene

b) Schwarzer Obelisk, Frontseite

JÜRGEN BÄR TAFEL III

a) Balawat-Tor, Band III.2

b) Balawat-Tor, Band VII.4

TAFEL IV JÜRGEN BÄR

a) Kaḫu (Nimrūd), Nordwest-Palast – Relief mit Tributbringern

b) Kaḫu (Nimrūd), Thronbasis Salmanassars III

a) Kaḫu (Nimrūd), Thronbasis Salmanassars III

b) Balawat-Tor, Band VI.5

Tafel VI Jürgen Bär

Schwarzer Obelisk, Register B5–C2

JÜRGEN BÄR TAFEL VII

a) Rassam Obelisk, Register A1–3

b) Kaḫu (Nimrūd), Zentralpalast – Schreiber notieren Beute

Tafel VIII Jürgen Bär

a) Ninive (Nebi Yunus), Eingang *zum ekal mašarti*

b) Dur Šarrukin (Khorsabad), Assyrer mit Löwenkopfsitulen

JÜRGEN BÄR TAFEL IX

a) Kaḫu (Nimrūd), Zentralpalast – Lieferung von Dromedaren

b) Dur Šarrukin (Khorsabad), Tributbringer

TAFEL X JÜRGEN BÄR

a) Thronfragmente (Akkad-Zeit)

b) Statue des Ur-Ningirsu (Neusumerische Zeit)

JÜRGEN BÄR TAFEL XI

Persepolis, Apadana-Relief – Lydische Schalenträger

Tafel XII Diamantis Panagiotopoulos

Drei orientalische Rollsiegel aus dem mykenischen Palast von Theben

32

32

32

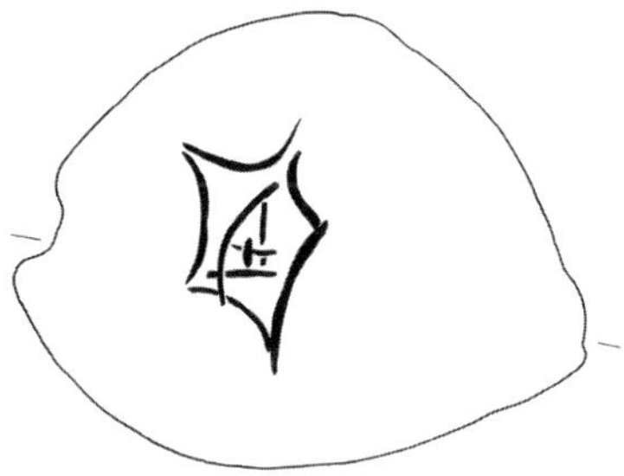

32/Wr 1457.α

32

32/Wr 1457.β

Beschriftete Tonplomben aus dem Archivraum des mykenischen Palastes von Pylos

TAFEL XIV ANDREAS GRÜNER

a) Thessaloniki, Galeriusbogen, Pfeiler B, unterstes Register der Südostseite

b) Konstantinopel, Hippodrom, Reliefbasis des Theodosiusobelisken

ANDREAS GRÜNER TAFEL XV

a) Neapel, Nationalmuseum, Dareioskrater (Ausschnitt)

b) Denar des Faustus Cornelius Sulla, um 56 v.Chr.

c) ureus des Augustus, Lyon, 15–12 n.Chr.

d) Denar des Augustus, 8 v.Chr.

Tafel XVI Andreas Grüner

a) Neapel, Nationalmuseum, Dareioskrater (Ausschnitt)

b) Augustusbecher von Boscoreale, Augustus im Kreis der Götter

c) Villa Borghese, Casino, Postamentrelief eines Ehrenbogens, linke Nebenseite

d) Villa Borghese, Casino, Postamentrelief eines Ehrenbogens, rechte Nebenseite

ANDREAS GRÜNER TAFEL XVII

a) Neapel, Nationalmuseum, Fragment eines historischen Reliefs mit der Darstellung eines Triumphzugs

b) As des Titus

c) Aureus des Hadrian

d) Rom, Markussäule, Submissioszene

Tafel XVIII Andreas Grüner

a) Rom, Constantinsbogen, Liberalitasrelief des Marc Aurel

b) Rom, Vatikan, Relief des T. Paconius Caledus

a) Rom, Palazzo Colonna, Relieffragment eines Grabdenkmals in Form einer *sella curulis* (Ausschnitt)

b) Rom, Thermenmuseum, Relief eines Klinenmonuments von der Via Portuensis (Ausschnitt)

Tafel XX Andreas Grüner

a) Igel, Pfeilermonument der Secundinii, Westfries

b) Tunis, Musée national de Bardo, sog. Dominus-Julius-Mosaik aus Karthago

c) Ravenna, Sarkophag des Isaacius